Alle Karten zum Gratis-Download – so funktioniert's
In diesem Reisehandbuch sind alle Detailpläne mit sogenannten QR-Codes versehen, die vor der Reise per Smartphone oder Tablet-PC gescannt und bei einer bestehenden Internet-Verbindung auf das eigene Gerät geladen werden können. Alle Karten sind im PDF-Format angelegt, das nahezu jedes Gerät darstellen kann. Für den Stadtbummel oder die Besichtigung unterwegs hat man so die Karte mit besuchenswerten Zielen und Restaurants auf dem Telefon, Tablet-PC, Reader oder als praktischen DIN-A-4-Ausdruck dabei.
Mit anderen Worten – der „gewichtige" Reiseführer kann im Auto oder im Hotel bleiben und die Basis-Infos sind immer und überall ohne Roaming-Gebühren abrufbar.

Überblick

Reiserouten

Reiserouten

Reiserouten

Reiserouten

Reiserouten

info

Weiterführende Informationen:

Karten:

Karten in den Umschlagklappen:

vordere Umschlagklappe: Florida Übersicht mit Seitenverweisen
hintere Umschlagklappe: Orlando Übersicht

Legende

© *graphic*

i	Information		⚠	Zeltpalz
★	Sehenswürdigkeit		🚣	Kanufahren
🏰	Fort/Festung			Strand
⚓	Kirche		🚩	Golfplatz
🗼	Leuchtturm		✈	Internat. Flughafen
T	Theater		✈	Flugplatz
M	Museum		P	Parkplatz
🏠	besonderes Gebäude		🚌	Busbahnhof
✉	Post		🚂	Bahnhof
✚	Krankenhaus		ⓞ	Hotel
🚢	Schiffsverkehr/Fähre		ⓞ	Restaurant
⚓	Hafen		ⓞ	Shopping
🏠	Ranger Station		(Toll)	Gebührenpflichtige Straße

EINLEITUNG

Florida, der in den Werbebroschüren der Tourismusmanager zum *Sunshine State* gekürte südlichste Bundesstaat des kontinentalen Teils der Vereinigten Staaten, ist eines der beliebtesten Ferienziele der Europäer: Es gibt unzählige Linien- und Charterflüge, und das fast stets warme, sonnenreiche Klima lockt das ganze Jahr über Besucher an. Sowohl an der floridianischen Atlantik- als auch an der Golfküste verwöhnen unendlich weite, feinsandige Strände. Die Touristiker haben es verstanden, für jeden Geschmack und jeden Geldbeutel passende Angebote zu entwickeln.

Sonne satt!

Wie bei jedem Feriengebiet der Welt gibt es auch über Florida ebenso Positives wie nachdenklich Stimmendes zu vermerken:

- Von der Geografie her ist das Land flach: Die höchste Erhebung „gipfelt" in 105 Metern. Spektakuläre und auf den ersten Blick wahrnehmbare grandiose Landschaften wie im Westen der USA finden sich hier nicht.
- Weite Gebiete Floridas sind Sumpflandschaften und nur per Boot zu erreichen. Manche sehen hier das „wahre" Florida mit seiner großartigen, unberührten Natur, den herrlichen Fischgründen und der einmaligen Vogelwelt. Schon früh hat man sich entschlossen, bestimmte Teile dieser Natur zu schützen, indem man erhaltenswerte Gebiete zu State Parks bzw. National Parks deklarierte. Andere Besucher wissen jedoch mit den in ihren Augen „langweiligen" Landschaften nicht viel anzufangen.
- In so manchen Gegenden wurde die Natur Opfer eines Baubooms, und ohne Rücksicht auf Palmen und Zypressen wurden Strandgebiete wie Miami Beach oder St. Petersburg Beach zubetoniert. Allenthalben machen sich „Fun Parks" breit, die dem Unterhaltungs- und Vergnügungsbedürfnis dienen.

Natur und Funparks

In den vergangenen Jahren geriet Florida auch durch Hurrikans in die Schlagzeilen. Doch in der sommerlichen Hurrikansaison wird lange Zeit vorher über die Entwicklung berichtet, sodass eine akute Gefahr kaum entstehen kann. Trotz der Wirbelstürme wurde noch nie ein Tourist ernstlich verletzt. Wenn ein Hurrikan im Anzug ist, sollte man vor allem die südlichen Gebiete des Bundesstaates meiden.

In diesem Buch möchte ich Ihnen die lohnenden bekannten Ziele Floridas vorstellen, aber auch Regionen abseits des Massentourismus nahebringen. Florida steckt voller verborgener Schönheiten, die einmalig auf der Welt sind! Traumhafte Strände – vor allem an der Westküste und im Panhandle (dem Pfannenstiel Floridas im Norden) –, quirlige Metropolen, weltberühmte Attraktionen wie Walt Disney World, der Weltraumbahnhof Kennedy Space Center oder die Sumpflandschaft des Everglades-Nationalparks sind touristische Höhepunkte.

Bekannte und unbekannte Ziele

Doch daneben bietet Florida viele eher unbekannte Ziele: Wer in Europa kennt schon die älteste Stadt des amerikanischen Kontinents, das liebevoll restaurierte St. Augustine? Oder wer folgte schon den alten Entdeckerspuren im Lande des Dixie im Norden Floridas und aalte sich an den weißesten Sandstränden der Welt? Wer kennt schon die unzähligen kristallklaren Quellen und Flüsse Zentral-Floridas und die versteckten Naturparadiese, z. B. den Rainbow River bei Dunnellon? Haben Sie schon einmal vom Suwannee River State Park gehört?

Für viele sportliche Aktivitäten bietet Florida ideale Rahmenbedingungen: Freunde des Tennis und Golfs kommen hier auf ihre Kosten. Alle Wassersportarten sind *Sport* möglich. Kanutrips auf einem der vielen Flüsse oder die Erkundung des Everglades-Nationalparks per Hausboot eröffnen einmalige Chancen, die urtümliche Natur zu erleben. Zudem sind in den letzten Jahren in fast allen Landesteilen Fahrrad-Trails entstanden.

Ziel dieses Buches ist es, individuelles Reisen zu ermöglichen. Bei den praktischen Tipps steht Aktualität an erster Stelle, doch bei der Fülle an Informationen und der Schnelllebigkeit touristischer Angebote ändert sich häufig etwas. Bitte schreiben Sie mir, wenn Sie Veränderungen feststellen oder wenn Sie persönliche, als wertvoll empfundene Eindrücke und Erfahrungen teilen möchten.

Danken möchte ich Dr. Margit Brinke und Dr. Peter Kränzle für die Erlaubnis, Informationen zu Geschichte und Gesellschaft zu übernehmen. Außerdem danke ich Bettina Götz für die Texte zu Kultur und Sprache.

Michael Iwanowski

Florida auf einen Blick

Fläche:	170.451 km² (45 % der Gesamtfläche Deutschlands). Von dieser Fläche nehmen Gewässer 30.486 km² ein (17,9 %).
Einwohner:	19,9 Mio.
Bevölkerungs-zusammensetzung:	76,7 % Weiße (davon etwa 20 % Hispanics), 15,3 % Afro-Amerikaner, 2,2 % Asiaten, 0,3 % Indianer
Hauptstadt:	Tallahassee (188.000 Einwohner)
Gewässer:	größter Binnensee ist der Lake Okeechobee (1.813 km², Durchschnittstiefe 5 m).
Sprachen:	Englisch, Spanisch (in Südflorida weit verbreitet)
Flagge:	rotes Andreaskreuz auf weißem Untergrund mit rundem Staatssiegel in der Mitte
Nationalfeiertag:	4.7. (Independence Day)
Staats- und Regierungsform:	Zwei-Kammern-System: 40-köpfiger Senat, Repräsentantenhaus mit 120 Abgeordneten. Derzeitiger Gouverneur (seit 2011) ist der Republikaner Rick Scott.
Staatsmotto:	In God We Trust
Wirtschaft:	Haupterwerbszweig ist der Fremdenverkehr. Florida ist in den USA führender Produzent von Zitrusfrüchten und ebenfalls (nach Kalifornien) führend in der Produktion von Wintergemüse. Bedeutend ebenso die Fischerei und Holzverarbeitung sowie der High-Tech-Sektor.
Bodenschätze:	Phosphate, Titan- und Zinkerz, Erdöl und Erdgas (teilweise off-shore)
Zeitzonen:	Im größten Teil Floridas gilt die Eastern Standard Time (MEZ minus 6 Stunden). Westlich von Tallahassee beginnt die Zeitzone der Central Time (MEZ minus 7 Stunden).
Städte:	Jacksonville (843.000 Einwohner), Miami (418.000 Ew.), Tampa (350.000 Ew.), Orlando (255.000 Ew.), St. Petersburg (250.000 Ew.), Fort Lauderdale (172.000 Ew.)
Arbeitslosigkeit:	Florida: knapp 6 %, Gesamt-USA leicht darunter.

I. FLORIDA –
LAND UND LEUTE

Historischer Überblick

Zeittafel

Ca. 35000 v. Chr.	Von Sibirien nomadisieren Stämme aus Asien nach Alaska und ziehen von hier aus weiter südwärts.
800 v. Chr.	Diese „Ureinwohner" überschreiten den Mississippi und leben zunächst von der Jagd und dem Fischfang, später vom Maisanbau.
1492	**Christoph Kolumbus** entdeckt „Westindien" – zu dieser Zeit dürften um die 10.000 Indianer in Florida gelebt haben.
1513	**Juan Ponce de León** betritt wahrscheinlich als erster Weißer floridianischen Boden genau in der Osterzeit. Er benennt die Halbinsel nach dem spanischen Osterfest „pascua florida".
1565	**Pedro Menéndez de Avilés** landet an der Nordostküste Floridas und gründet die erste Dauersiedlung, aus der St. Augustine entsteht.
1586	**Sir Francis Drake** lässt St. Augustine abbrennen. In der Folgezeit wird Florida zum Zankapfel zwischen Engländern, Spaniern und Franzosen.
1698	**Pensacola** wird an der Westgrenze Floridas gegründet.
1763	Ende des Siebenjährigen Krieges: Spanien tauscht **Florida gegen Kuba**.
1783	Erneuter Tausch: Nun erhalten die Engländer die Bahamas und die Spanier wieder Florida.
1817/18	**Erster Seminolenkrieg**: Die Indianer werden in die südlichen Sumpfgebiete zurückgedrängt.
1819	Die Vereinigten Staaten kaufen den Spaniern Zug um Zug die Halbinsel ab.
1824	**Tallahassee** wird gegründet und zur Hauptstadt des Florida Territory erklärt.
1835–42	**Zweiter Seminolenkrieg**: Zunächst weigern sich die Seminolen, nach Oklahoma umzusiedeln. Kurz vor Ablauf der von Präsident Jackson gesetzten Frist greifen sie die Regierungstruppen an. Folge: ein siebenjähriger Krieg – zum Schluss müssen 4.000 Indianer in das Reservat ziehen, wenige entfliehen in den Süden.
1845	Florida wird offiziell der **27. Bundesstaat der USA**.
1861	Im Bürgerkrieg kämpft Florida auf Seiten der **Südstaaten** und tritt demzufolge aus der Union aus.
1884	Das **Eisenbahnzeitalter** beginnt, der erste Zug von Henry Plant erreicht Tampa.
1886	Die Ostküste erhält durch die neue Bahnlinie von Henry Flagler neue Wachstumsimpulse. St. Augustine wird von der Bahn 1890 erreicht, Palm Beach 1894, Miami 1896 und Key West 1912.
1926	Ein gewaltiger **Hurrikan** zerstört Miami.
1935	Der **„Labor Day"-Hurrikan** zerstört die Eisenbahnbrücken an den Keys – 400 Todesopfer sind zu beklagen.
1941	Während des Zweiten Weltkriegs werden in Florida **Ausbildungscamps** für Soldaten errichtet. Die Soldaten lernen das Klima schätzen … und kehren nach dem Krieg als Urlauber nach Florida zurück.
1959	Nach Fidel Castros Sieg in Kuba fliehen etwa 500.000 **Kubaner nach Florida** und siedeln zumeist in der Gegend um Miami.

1961	**Cape Canaveral** wird offiziell zum Weltraum-„Bahnhof" bestimmt. Die US-Regierung unterstützt Exilkubaner bei dem Versuch, Kuba einzunehmen. Die Operation „Schweinebucht" schlägt aber fehl.
1963	Cape Canaveral wird zu Ehren des ermordeten Präsidenten in **Cape Kennedy** umbenannt.
1969	Apollo 11 startet mit Neil Armstrong, Edwin E. Aldrin und Michael Collins zum Mond. Armstrong betritt als erster Mensch den **Mond.**
1971	**Walt Disney World** in Orlando wird am 1. Oktober eröffnet.
1981	Der erste **Spaceshuttle** startet in Florida.
1986	Am 28. Januar explodiert kurz nach dem Start der Spaceshuttle **Challenger** – sieben Astronauten sterben.
1992	Am 24. August erreicht der **Hurrikan „Andrew"** den Südosten Floridas und richtet südlich von Miami große Schäden an (65 Tote).
1996	Zwei Privatflugzeuge von Exilkubanern werden vom kubanischen Militär kurz vor Kuba abgeschossen.
1998	**Flächenbrände** gefährden im Sommer 1998 Teile der dicht besiedelten Ostküste. Ursache sind Auswirkungen des El Niño, Trockenheit und lang andauernde Hitze.
2000	Bei der **Präsidentschaftswahl** wird Florida Schauplatz eines spektakulären Auszählchaos. Nach wochenlangen Auseinandersetzungen vor Gerichten um die Auszählung der Stimmen wird George W. Bush mit einem Vorsprung von nur 537 Stimmen gegenüber seinem Gegner Al Gore zum Sieger in dem Bundesstaat erklärt und erhält damit die entscheidenden 25 Stimmen der Wahlmänner Floridas.
2003	Die Raumfähre **Columbia** zerbricht beim Landeanflug auf Cape Canaveral – sieben Astronauten sterben.
2004	Eine Rakete mit Messenger-Sonde startet in Cape Canaveral ihre Reise zum Planeten Merkur.
2004	Die Hurrikans Charley und Frances treffen mit Winden von über 160 km/h auf Florida und richten Verwüstungen an.
2006	Im Juli startet die US-Raumfähre Discovery mit einer siebenköpfigen Besatzung, darunter dem deutschen Astronauten Thomas Reiter, zur Internationalen Raumstation.
2008	Bei den Präsidentschaftswahlen ist Florida hart umkämpft und wählt schließlich demokratisch – erst das vierte Mal seit den 1950er-Jahren.
2008–09	Im Zuge der **Wirtschaftskrise** bricht der Immobilienmarkt in Florida drastisch ein, die Zahl der Zwangsversteigerungen steigt, ebenso die Zahl verlassener Häuser.
2010	Im April explodiert im Golf von Mexiko die Tiefseebohrinsel Deepwater Horizon. Elf Menschen kommen ums Leben, Millionen Liter Rohöl gelangen ins Meer, bis das Loch im September geschlossen werden kann.
2011	Der aktuelle Gouverneur Rick Scott (Republikaner) tritt am 4. Januar sein Amt an.
2011	Am 8. Juli startet zum letzten Mal eine Raumfähre der NASA zur ISS. Die Atlantis landet am 21. Juli wieder am Kennedy Space Center; damit ist das Space-Shuttle-Programm der USA Geschichte.
2015	Der Republikaner Jeb Bush – ehemaliger Gouverneur Floridas und Bruder von George W. Bush – gibt seine Kandidatur für die Präsidentschaftswahlen 2016 bekannt.

Indianer: die ersten Siedler

Die geologischen Bedingungen vor etwa 35.000 Jahren ermöglichten es den Ur-Indianern, von Asien nach Nordamerika überzuwandern. Damals konnte die heute überflutete Beringstraße als Landbrücke zwischen beiden Kontinenten genutzt werden, ein Umstand, der den Eiszeiten zu verdanken war: Ein Großteil des irdischen Wassers war zu Eis gefroren, die Weltmeere hatten einen wesentlich tieferen Wasserstand (weshalb Florida zweimal größer war als heute!).

Es gibt zwei Theorien darüber, wie die Indianer das Gebiet von Florida erreicht haben:

- Diese ersten „Amerikaner" zogen südwärts in wärmere Regionen, über die Rocky Mountains, die zentralen Great Plains und schließlich bis zum trennenden Mississippi. Und etwa vor 10.000 Jahren dürften sie das Gebiet des heutigen Georgia sowie den Nordwesten Floridas erreicht haben.
- Die Indianer sind – davon zeugen archäologische Funde – eventuell von Süden her nach Florida gekommen, denn es gab eine Reihe belegbarer kultureller Parallelen zwischen ihnen und den Ureinwohnern Mittel- und Südamerikas.

Indianer-Zuwanderung

Als Jäger fanden die Indianer in Florida ein mit Wild gesegnetes Land vor: In den ausgedehnten Wäldern lebten Wisente, Wildschweine, Rotluchse, ja sogar Mammuts. Durch die Wassernähe gab es stets genügend Fisch, aber auch Gänse, Enten und Wachteln. Die Indianer erlegten ihre Beute mit an speerähnlichen Stöcken befestigten, scharf zugehauenen Feuersteinen.

Bereits um 5000 v. Chr. gründeten sie dauerhafte Siedlungen. Funde legen Zeugnis von der damaligen Kultur ab: Die Indianer ernährten sich u. a. von Muscheln und Austern. Deren scharfe Schalen benutzten sie zur Aushöhlung von Baumstämmen,

Indian Mounds in Crystal River

um so Kanus herzustellen. Die erlangte Mobilität ließ sie neue Gegenden entdecken und damit neue Fangmöglichkeiten erschließen. Prähistorische Müllhaufen, *Indian Mounds* die als **Indian Mounds** bezeichnet werden, sind für Archäologen eine wahre Fundgrube: Hier fand man haufenweise Schalen und Tonscherben. Die kulturelle Fortentwicklung wird deutlich durch das Hinzukommen von Halsschmuck und Pfeifen. Um 2.000 v. Chr. begannen die Indianer mit der Herstellung von Tongefäßen. Ein markanter Hinweis auf Parallelitäten zu Südamerika: Eingeritzte Zeichen deuten auf Ähnlichkeiten mit Indianer-Sprachen im Orinoco-Delta hin.

Beim Bau der ersten Bewässerungsanlagen in Florida

Etwa um 1000 v. Chr. gingen die floridianischen Indianer allmählich vom ausschließlichen Jagen und Sammeln auf Ackerbau über. Wahrscheinlich bauten sie Mais und Getreide an und wussten sich selbst in Trockenzeiten zu helfen: Sie bauten Bewässerungsanlagen (so in der Nähe des Lake Okeechobee). Gegen Mücken rieb man sich mit Fischtran ein.

Die allmählich besser werdenden Lebensbedingungen führten zu einem immer stärkeren Bevölkerungswachstum; die Indianer breiteten sich langsam über das gesamte Gebiet Floridas aus. Aus dieser Zeit stammen imposante Begräbnishügel. Archäologen stellten fest, dass die meisten Toten so bestattet waren, dass sie zur Sonne blickten. Oft wurden den Toten Tongegenstände und Holzschnitzereien beigegeben. Um 2000 v. Chr. entwickelten sich teilweise regelrechte unterirdische Totenstädte, die durch Wege und Wassergräben verbunden waren.

Europäische Entdeckung und Kolonisierung

Die Spanier in Florida

In den Geschichtsbüchern Floridas werden gewöhnlich die Spanier als europäische „Entdecker" Floridas angeführt. Juan Ponce de León landete am 2. April 1513 in der Nähe von St. Augustine. Zuvor aber hatte schon der Italiener Giovanni Caboto im Auftrage des englischen Herrschers König Heinrich VII. die Küsten Labradors und *Die ersten Karten* die von Kolumbus 1492 entdeckten „westindischen" Inseln kartografiert. Ein Schwenk führte ihn bis zum Cape Florida, das er als „Kap am April-Ende" bezeichnete. Die anschließend in der Alten Welt herausgegebenen Karten zeigen in groben Zügen den Küstenverlauf Floridas.

Insgesamt unternahmen die Spanier vier Anläufe, Florida zu erkunden, zu erforschen und zu besitzen. Als **erster Spanier** gelangte Ponce de León an Floridas

Nordostküste. Schon 1493 hatte er Kolumbus auf dessen zweiter Reise nach Amerika begleitet. In der Gegend von St. Augustine ging er um Ostern an Land. Zu dieser Zeit blühte das Land herrlich, und er gab ihm den noch heute sehr werbeträchtig klingenden Namen *Pascua Florida* (*Pascua* = Ostern, *Florida* = blühend).

De León ging davon aus, dass Florida eine Insel sei. Er segelte die Ostküste hinunter bis zu den Florida Keys, umrundete die Dry Tortugas (als Tortugas bezeichneten die Spanier die Meeresschildkröten, die sie an den Inselstränden entdeckten) und setzte dann seine Fahrt an der Westküste fort. Beim früheren Bahia Juan Ponce, heute Charlotte Harbour, verweilte er und hatte auch erste, nicht gerade freundliche Begegnungen mit Indianern. Er kehrte dann nach Puerto Rico zurück, fasste seine Erfahrungen mit La Florida in Form von Karten zusammen, um 1521 auf Befehl des Königs die vermeintliche Insel Florida zu besiedeln. Missionare sollten die Indianer zum katholischen Glauben bekehren.

Florida eine Insel?

Und wieder landete de León in der Nähe von Charlotte Harbour. Die ersten europäischen Geistlichen betraten damit amerikanischen Boden. Die Indianer, den Stämmen der Calusa und Mayaima angehörend, widersetzten sich der „Missionierung" mit Gewalt: Pfeile und Steine sowie Hunde waren ihre Waffen. Ponce de León wurde schwer verletzt; die Überlebenden traten per Schiff die Flucht nach Kuba an. Hier erlag der Konquistador seinen Verletzungen.

Missionierungsversuche

Als nächster spanischer Eroberer meldete Pánfilo de Narváez Ansprüche an. Er erreichte in der Nähe von Tampa Bay am Karfreitag des Jahres **1528** mit 200 Mann die floridianische Westküste. Narváez, ein wahrer Haudegen, war für seine Entschlossenheit bekannt. Bei einem Kampf mit Hernán Cortés in Mexiko hatte er ein

Weltkarte aus dem 16. Jh.

Gold als Irrweg Auge eingebüßt. Ein wichtiger Anreiz für die Spanier war stets **Gold** – dieses Wissen machten sich die Indianer zu Nutze, um den Eroberer ins Verderben zu schicken. Sie berichteten ihm, dass es weit oben im Norden, einem Land, das sie „Apalachee" nannten, Gold gebe.

Narváez machte sich auf den Weg: Während er sich zum sagenumwobenen Goldgebiet Richtung Norden begab, sollten ihm die Schiffe nach Norden folgen, um ihn wieder aufzunehmen. Doch die Rechnung ging nicht auf: Indianer attackierten die Truppe, die Moskitos setzten den Männern zu und die Motivation ließ immer stärker nach, je länger der Marsch dauerte. Als man das angebliche Goldland Apala-

Hernando de Soto

chee am Panhandle erreichte, waren alle ermattet – und kein rettendes Begleitschiff in Sicht. Durch den Bau von sechs einfachen Booten glaubte man, sich retten zu können. Doch auf der Höhe des Mississippi gingen die „Nussschalen" im Sturm unter, nur wenige Männer gelangten mit letzter Kraft ans Ufer, darunter der Berater von Narváez, Alvaro Núñez Cabeza de Vaca. Die Schiffbrüchigen wurden bald von Indianern aufgegriffen und zeitweise versklavt. Erst nach Jahren der Irrfahrt erreichten sie die kalifornische Küste.

Im Mai 1539 startete ein weiterer Eroberungszug der Spanier unter dem damaligen „Super-Konquistador", **Hernando de Soto**. Südamerikaerfahren und von Ehrgeiz besessen, erhielt er von Kaiser Karl V. den Auftrag, Florida endgültig für Spanien zu erobern und besiedelbar zu machen. Mit etwa 100 Rittern soll er in der Bucht von Tampa gelandet sein. Entschieden – und mordend – bahnte er sich seinen Weg nach Norden, besessen von dem Glauben, Gold und Edelsteine zu finden. Schließlich gelangte man in den Panhandle, zog von hier aus weiter nördlich, irrte nach Georgia, nach North Carolina, nach Alabama, schließlich bis zum Mississippi. Drei Jahre währte das Abenteuer, die Truppe schmolz dahin, de Soto erlag dem Fieber …

Einen **vierten Eroberungsversuch** unternahm ein früherer Gefährte de Sotos, der spanische Edelmann Tristán de Luna y Arellano. Er landete ebenfalls in der Bucht von Tampa und versuchte mit einem Gefolge von 1.500 Leuten ab 1559 an der Pensacola Bay eine Siedlung aufzubauen. Doch auch dieser Versuch der Spanier, dauerhaft in Florida Fuß zu fassen, scheiterte 1561.

Französische Interessen

Den Spaniern ein Dorn im Auge Spanien gelang es nicht, in Florida dauerhaft Fuß zu fassen. Englische, französische und holländische Seepiraten hatten es auf die Schatzschiffe der Spanier abgesehen. 1562 landete **Jean Ribault** am St. Johns River und gründete eine protestantische Siedlung mit einem Fort namens „Carolina". Die küstennahen Flüsse benannten die Franzosen nach der Heimat: Somme, Seine und Gironde. Den Spaniern aber waren die Franzosen ein Dorn im Auge. Sie stellten unter Pedro Menéndez de Avilés eine Flotte mit 11 Schiffen und 1.500 Mann auf und landeten am Tage des heiligen Augustinus, am 28. August 1565, südlich der französischen Siedlung. Bereits am 8. September ließ Menéndez mit dem Aufbau einer Siedlung beginnen: St. Augustine. Bald jedoch machte sich Menéndez nach Norden auf, überfiel die französische Siedlung und ließ alle Menschen – außer den Katholiken, Frauen und Kindern – töten. Auch Ribault wurde umgebracht.

Die Rache ließ nicht lange auf sich warten. 1568 eroberte Ribaults Gefährte Dominique de Gourgues das Fort San Mateo zurück, welches die Spanier an der Stelle des Forts Carolina erbaut hatten.

Floridas Jahre der Wirren

Florida wurde zum Spielball unterschiedlicher Interessen. Die Spanier konnten nur in **St. Augustine** und in Pensacola relativ dauerhafte Siedlungen etablieren. Die weiter nördlich siedelnden Briten versuchten, den Arm nach Florida auszustrecken. Bereits 1586 „besuchte" Sir Francis Drake St. Augustine. Die Spanier traten im Norden Floridas mal französischen, mal englischen Siedlern in den Weg.

Eine Wende markierte der im Jahr 1763 geschlossene **Frieden von Paris**: England gab Kuba an die Spanier zurück, Spanien überließ Florida den Engländern, welche die Halbinsel administrativ in Ost- und Westflorida teilten. Die Engländer sorgten *Frieden von Paris*

für – manchmal zweifelhafte – Neuerungen: Sie entwickelten **Plantagen** für Indigo, Reis und Zitrusfrüchte und weiteten in diesem Zusammenhang den **Sklavenimport** aus. Zudem bauten sie das Straßen- und Wegesystem aus.

1776 erklärten die dreizehn Kolonien Nordamerikas ihre Unabhängigkeit. Die Floridianer aber hielten (noch) treu zum englischen Mutterland und stellten gar eine Hilfstruppe auf, die im amerikanischen **Unabhängigkeitskrieg** bei der Verfechtung englischer Interessen mithalf. Die Spanier nutzten die Gelegenheit: Unter Führung des Gouverneurs von New Orleans, Bernardo de Gálvez, wurden im Jahre 1781 die britischen Stützpunkte im Nordwesten besetzt und die Stadt Pensacola eingenommen, während Ostflorida weiter unter britischem Einfluss blieb.

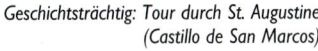

Geschichtsträchtig: Tour durch St. Augustine (Castillo de San Marcos)

Guter
Tausch?
Im in Versailles unterzeichneten **Frieden von Paris von 1783** mussten die Briten endgültig weichen: Die Spanier erhielten Florida; im Gegenzug trat Spanien Gibraltar und die Bahamas an England ab. Zur gleichen Zeit erkannten die Briten die Unabhängigkeit der „Vereinigten Staaten von Nordamerika" an. 1795 einigten sich die Spanier mit den USA über den Verlauf der Nordgrenze entlang dem 31. Breitengrad, heute die Nahtstelle zwischen Florida und Georgia.

Eine Zeit weiterer Wirren folgte. Ein buntes Völkergemisch fühlte sich von Florida angezogen: Aus Europa kamen Engländer, Griechen, Holländer, Dänen, Deutsche, Franzosen, Spanier. Afrikaner und Indianer (Seminolen und Choctaw) machten die Bevölkerungszusammensetzung noch vielfältiger.

Die Zeit der Seminolenkriege

Im Jahre 1813 erlangten die USA Einfluss über Alabama und standen damit an der Westgrenze Floridas und im Westen Floridas artikulierten Amerikaner ihre Unabhängigkeitsbestrebungen. Im Jahre **1814** marschierten überraschenderweise britische Truppen in Pensacola auf, um vermeintliche spanische Interessen zu schützen. In der Person von Andrew Jackson stießen die Briten auf heftigen Widerstand. Jackson gelangte von Tennessee über Alabama nach Florida, metzelte in der Schlacht von Horseshoe Bend unzählige Indianer nieder, deren Überlebende in den Süden zum Seminolenstamm flüchteten. Und er verjagte dabei auch die Briten aus Pensacola. Eine Folge von Seminolenkriegen bestimmte den weiteren Verlauf der floridianischen Geschichte.

I. Seminolenkrieg (1817/18)

Indianer-
kriege
Die Indianer formierten im 1. Seminolenkrieg 1817/18 einen ersten Widerstand, was wiederum Jackson auf den Plan rief. All das geschah – juristisch betrachtet – auf dem Boden der Spanier, die jedoch immer mehr an Einfluss verloren und deshalb ein Angebot Washingtons annahmen, gegen einen Schuldenerlass von 5 Millionen Dollar Florida den USA zu übertragen. Andrew Jacksons wurde für drei Monate zum Gouverneur von Florida und später, 1829, Präsident. Die Verwaltung von Florida aber gestaltete sich schwierig, zumal die Entfernung von Pensacola nach St.
Neue
Hauptstadt
Augustine über 600 km beträgt. Deshalb wurde 1824 Tallahassee als **Hauptstadt Floridas** gegründet, sozusagen auf der halben Strecke zwischen St. Augustine und Pensacola. Hier siedelten die Talasi-Indianer, die man einfach aus ihrem angestammten Lebensraum verdrängte.

Ein trauriges Kapitel Geschichte spielte sich in den folgenden Jahren ab: Die Ermordung vieler Indianer und die Deportation der Überlebenden in den menschenleeren Westen. 1823 formierten sie sich unter dem Mikasuki-Häuptling Neamathla zum Widerstand, konnten sich aber auf diplomatischer Ebene mit den Amerikanern in Form eines Vertrages einigen. Dieser Vertrag sah Folgendes vor:
- Den Indianern wurde im mittleren Florida ein **Reservat** von einer Million ha Größe zugesprochen.

- Sie sollten das Heimatland, das sie verließen, **bezahlt bekommen**.
- Die amerikanische Seite verpflichtete sich, **bei der Neuansiedlung finanzielle Unterstützung** zu gewähren.

Doch der neue Siedlungsraum eignete sich nur bedingt zum Ackerbau, da er teilweise sumpfig war. Die versprochene finanzielle Unterstützung der Amerikaner blieb aus – neuer Konfliktstoff wurde damit angesammelt. Einen Tropfen auf den heißen Stein bildete das „Umsiedlungsgesetz" von 1830, wonach alle Indianer aus dem Osten in den menschenleeren Westen der USA umgesiedelt werden sollten.

Osceola

Die Washingtoner Regierung drängte die Indianer, diesen Knebelvertrag zu unterschreiben. Schließlich sah sich der Häuptling Micanopy gezwungen, dem Druck nachzugeben und den Vertrag zu unterschreiben. Wütend über so viel Obrigkeitstreue stieß der junge Indianer **Osceola** seinen Dolch in das Dokument – ein Signal für die bedrängten Indianer, nicht aufzugeben. Die Seminolen formierten sich zum Aufstand, überfielen den Major Francis L. Dade und töten ihn sowie fast alle seiner 111 Gefolgsleute: Der 2. Seminolenkrieg brach aus. *Rebell Osceola*

2. Seminolenkrieg (1835–1842)

Sieben Jahre sollte er währen; die Amerikaner bissen sich an den immer wieder in die Sümpfe zurückweichenden Indianern die Zähne aus. Schließlich war Osceola zum Waffenstillstand bereit – als Zeichen dafür sollte er, dem Versprechen des amerikanischen Generals Thomas Sydney Jesup folgend, mit einer weißen Fahne nach St. Augustine reiten. Doch Jesup war hinterhältig; er nahm den Indianerführer mitsamt Gefolge gefangen. Nach einem Jahr Gefangenschaft erlag Osceola dem Fieber. General Jesup aber setzte sein betrügerisches Spiel fort. Bei später vereinbarten Gesprächen über einen Waffenstillstand nahm er den Indianerführer Alligator mitsamt 400 Mann Gefolgschaft gefangen. Die Seminolen wurden aufgerieben und mussten schließlich aufgeben. 1842 deportierte man über 3.000 Indianer in ein Reservat jenseits des Mississippi.

Nicht alle Seminolen konnte man aufgreifen. Einige flüchteten in die Wildnis der Everglades sowie der Big-Cypress-Sümpfe. Einen letzten verzweifelten Widerstand leisteten sie 1855 unter ihrem Führer Bowlegs, als sie eindringende Landvermesser ermordeten. *Indianer unterworfen*

3. Seminolenkrieg (1855–1858)

Dieses Ereignis führte zum 3. Seminolenkrieg; die restlichen Indianer wurden nun verfolgt. 1858 schließlich gaben sie auf und wurden ebenfalls in den Westen deportiert. Doch eine Gruppe von etwa 150 Indianern konnte in die Einsamkeit der undurchdringlichen Sümpfe flüchten.

27. Bundesstaat der USA – das moderne Florida

Am 3. März **1845** schloss sich Florida den Vereinigten Staaten an. Auf die Sklaverei wollte man aber nicht verzichten: Die reichen Plantagenbesitzer drängten schließlich das Parlament Floridas, 1861 die Union wieder zu verlassen. Florida schloss sich den Südstaaten an. Um es kurz zu machen: 1865 verlor Florida den Bürgerkrieg, büßte über 5.000 Menschenleben ein und wurde wieder Bestandteil der Vereinigten Staaten.

Eines der ersten Hotels: das Breakers

Floridas Entwicklung ging nur sehr langsam voran. Die Einwohnerzahl stieg zwar, doch wurde ihr Wachstum von Krankheiten und Epidemien (Cholera, Gelbfieber, Malaria) gebremst. Wirtschaftlich gab es vor allem folgende Impulse: Die Täler des Kissimmee und Coloosahatchee wurden entwässert, die **Flüsse** selbst für Schiffe befahrbar gemacht. Zudem entstand in Tampa ein Zentrum für die Herstellung von **kubanischen Zigarren**. Einem chinesischen Einwanderer gelang die Züchtung einer frostresistenten Orangensorte – das war der Grundstein der sich auf dieser Basis entwickelnden **Zitrusindustrie**.

Doch den wesentlichen **Wachstumsschub** gaben dem jungen Staat die Eisenbahnmagnaten Henry Plant und Henry Morrison Flagler: Plant verband Richmond in Virginia mit Tampa in Florida durch seine **Atlantic Coast Line Railroad**. Am Ziel in Tampa erbaute er eine Luxusherberge, das Tampa Bay Hotel. Flagler baute seine Eisenbahnstrecke entlang der Atlantikküste über St. Augustine schließlich bis nach Palm Beach aus. Entlang der Eisenbahnlinie entstanden die ersten floridianischen **Touristikhotels**: das Ponce de León (St. Augustine), das Ormond (bei Daytona), das Breakers (Palm Beach).

Eisenbahn-
Bau

Auf dem Weg ins 20. Jahrhundert

Die Eisenbahn brachte den (damals für viele fragwürdigen) Fortschritt Floridas. Parallel zu den Eisenbahnlinien entstanden Siedlungen, aus denen sich die heutigen Großstädte entwickelten. 1895 wurde Florida wieder in einen kriegerischen Konflikt, wenn auch nur mittelbar, hineingezogen. Amerikanische Truppen unterstütz-

Henry Morrison Flagler und seine Florida East Coast Railroad

info

Flagler, 1830 geboren, gründete gemeinsam mit John D. Rockefeller die Standard Oil Company. In diesem Ölgeschäft verdiente er ein Millionenvermögen, bevor sich sein Interesse Florida zuwandte. Er galt zeitlebens als spitzfindiger, harter Geschäftsmann. Flagler besuchte Florida im Jahre 1883, wo sich seine Frau im warmen Klima erholen sollte. Sogleich bemerkte er, dass es hier an geeigneten Verkehrsverbindungen fehlte und erkannte den Trend der Zeit: Viele begüterte Menschen aus den nördlichen Bundesstaaten würden gerade in der Winterzeit die warme Sonne Floridas genießen wollen, wären die Verkehrsverbindungen besser. Er begann, kleine, regional operierende Eisenbahngesellschaften aufzukaufen, so die Jacksonville, St. Augustine und Halifax Railroad. Er verband diese Teilstrecken, schuf die Anbindung an das nördliche Schienennetz und trieb den Strang südwärts die Küste entlang. Bald waren Jacksonville und St. Augustine mit Ormond Beach, Palm Beach und auf Bestreben von Julia Tuttle (siehe Kapitel Miami) mit Miami verbunden. In jeder der großen Städte baute er ein **Luxushotel**, was wiederum andere Investoren ermunterte.

Henry Morrison Flagler

Dann begann Flaglers ehrgeizigstes Projekt: die Verbindung zwischen Miami und Key West. Eine Bahnlinie mit einer Länge von 200 km über das Meer sollte entstehen! Er begann 1905 mit dem Bau der ersten Brücken, welche die Kette der Keys erstmals miteinander verbanden. Knapp acht Jahre baute man an diesem gigantischen Projekt, über 700 Menschen ließen dabei ihr Leben: So ertranken bei dem Hurrikan im Jahre 1906 alleine fast 130 Mann. Chefingenieur war J. C. Meredith. Er starb, als im Jahre 1908 die Seven Mile Bridge fertig gestellt war. Bald darauf mussten sich die Brückenbauwerke in einem Hurrikan bewähren – und sie hielten stand. In Key West musste man dem Meer Land abringen, um Platz für einen Bahnhof zu schaffen. Am 22. Januar 1912 war es endlich so weit. Nach nur 5-stündiger Fahrt von Miami aus erreichte der erste Zug mit seinem Erbauer Flagler Key West. Das Ungeheuerliche war, dass nun eine durchgängige Eisenbahnverbindung von New York bis hier in den Süden fertig gestellt war. In Key West nahm eine Fähre Gäste auf, die weiter nach Havanna (Kuba) wollten. Eine Fahrt von New York nach Havanna und zurück kostete damals 24 US$.

Die Overseas Railroad wurde im Jahre 1935 von einem verheerenden Hurrikan so zerstört, dass sich ihr Wiederaufbau nicht lohnte. Beim Hurrikan wurde ein Zug mit über 800 Menschen einfach fortgeweht. Die Brückenpfeiler wurden fortan benutzt, um den US 1 Highway nach Key West zu führen.

Flagler starb 83-jährig im Jahre 1913.

ten Kuba in seinen Bemühungen, die spanische Herrschaft abzuschütteln. 1898 explodierte aus ungeklärter Ursache der US-Marinekreuzer Maine. Für die USA war dies ein Freibrief dafür, gemeinsam mit kubanischen Befreiungskämpfern gegen die Spanier loszuziehen. Tampa wurde die logistische Zentrale. Hier befand sich das militärische Hauptkommando, hier etablierte Clara Barton als „Mutter" des Roten Kreuzes ihre Zentrale. Und auch der spätere Premierminister von England, Winston Churchill, zu dieser Zeit junger Journalist, berichtete vom Tampa Bay Hotel aus über die kriegerischen Ereignisse.

Spanier aus Spanien musste sich schließlich aus Kuba zurückziehen. Die heimkehrenden ameri-
Kuba kanischen Soldaten sangen dagegen Loblieder von Florida – ein **Zuwanderer-**
vertrieben **boom** begann, der nach 1920 seinen Höhepunkt erreichen sollte. Die Grund-
stücksspekulation blühte, und so manches unglaubliche Vermögen entstand.

Mit einigen Namen ist der geschäftliche Boom in besonderer Weise verbunden: **Walter Fuller** baute St. Petersburg aus, während **William Jennings Bryan** es als demokratischer Präsidentschaftsanwärter sogar zum Außenminister brachte. Er war der Erste, der in Coral Gables Eigentumswohnungen verkaufte. **Carl Fisher** rodete Mangrovenküste vor dem entstehenden Miami Beach und schüttete

sie mit Sand aus der Biscayne Bay auf. Der Zirkuszar **John Ringling** baute an der floridianischen Westküste Sarasota auf.

1926 holte eine Naturkatastrophe Floridas Enthusiasten auf den Boden zurück: Wirbelstürme forderten viele Todesopfer, und so manche Bauten stürzten ein. 1929 sorgten der Schwarze Freitag und der anschließende wirtschaftliche Niedergang für den Rest, und so mancher reiche Spekulant blieb auf der Strecke. Trotzdem erholte sich Florida allmählich, der

Beginn des Touristenbooms – hier am Pier von St. Petersburg

Schwarzer Touristenstrom nahm zu, die Bevölkerungszahl wuchs **1940** bis auf etwa zwei Mil-
Freitag und lionen an. Nach dem 2. Weltkrieg, in dessen Verlauf Florida eine wichtige Nach-
Wirbel- schubbasis für die Militäroperationen in Europa war, boomte Florida weiter: Die
stürme Region um Miami wurde touristisches Zentrum, um Tampa siedelten sich Industriebetriebe an. In dieser Zeit wurden **beeindruckende Bauwerke** geschaffen, wie die Seven Mile Bridge zwischen den Florida Keys und die Eleven Mile Bridge über die Tampa Bay, die 1954 erbaut wurde und 1979 in die Schlagzeilen der Nachrichten geriet: Ein Schiff rammte die Pfeiler, 35 Menschen rasten mit ihren Wagen in die Tiefe. Der Bau des Weltraumbahnhofes **Cape Canaveral** wurde nach dem 2. Weltkrieg ebenfalls forciert – der erste bemannte Mondflug startete von floridianischem Boden.

Kuba- Einen **neuen Bevölkerungsschub** bekam Florida durch die vielen Flüchtlinge aus
Flüchtlinge **Kuba**, nachdem Fidel Castro die Macht erlangte. Ab den 1960er-Jahren veränderte sich auch die Zusammensetzung des Touristenstroms: Neben Amerikanern ka-

men zunehmend auch Europäer in den Sunshine State. Und als 1971 Walt Disney World bei Orlando seine Pforten öffnete, war der Zustrom von Besuchern nicht mehr zu bremsen.

USA: Die Suche nach einer neuen Identität und aktuelle Entwicklung
(Text: *Margit Brinke, Peter Kränzle*)

Im Jahr 1989 wurde George Bush Sen. 41. US-Präsident. Er übernahm das Amt in einer Zeit des vielschichtigen Umbruchs, die durch mehrere Faktoren gekennzeichnet war: Zum einen war es während der Reagan-Administration zu einer Zuspitzung der sozialen Problematik gekommen, andererseits war ein Niedergang der einstigen wirtschaftlichen Vormachtstellung und ein Anstieg des Handelsdefizits u. a. aufgrund des Fehlens einer staatlichen Energiepolitik eingetreten. Zusätzlich wirkten sich das Ausufern des Dienstleistungssektors und das Fehlen einer nachhaltigen Technologie- und Industriepolitik sowie das ökonomische Vorpreschen der Japaner, aber auch der Europäer, negativ aus.

Vielschichtiger Umbruch

Durch die weitgehende Entschärfung des West-Ost-Konfliktes und die demokratischen Entwicklungen in Osteuropa begann die US-Außenpolitik nach neuen Formen zu suchen. Ein wichtiger Wendepunkt in dieser Situation war der **Erste Golfkrieg** 1991. Nach dem Einmarsch des irakischen Diktators Saddam Hussein in Kuwait drängten die von den USA angeführten Truppen im Namen der UN den Despoten rasch wieder zurück.

Auch Miami blieb von den Folgen der Wirtschaftskrise 2008/2009 nicht verschont: Der bis dahin anhaltende Bauboom wurde vorerst gestoppt

Neue Blüte

Unter der Regierung des 42. Präsidenten Bill Clinton stabilisierte sich während seiner Regierungszeit von 1993 bis 2001 erlebte das Land, angeführt von der boomenden „New Economy", eine neue wirtschaftliche Blüte und die Staatsverschuldung sank. In der Wirtschaftspolitik wurde weiterhin der Kurs der Liberalisierung verfolgt, der zur Unterzeichnung des Welthandelsabkommens (GATT) sowie zu der Schaffung der Freihandelszone FTAA aller Staaten Nordamerikas führte.

Die terroristischen Angriffe islamistischer Fundamentalisten am **11. September 2001** – als „Nine Eleven" in die Geschichte eingegangen – auf New York und Washington haben die USA im Mark getroffen. Zuletzt war das Land am 7. Dezember 1941 direkt angegriffen worden, durch die Japaner am Navy-Stützpunkt in Pearl Harbor auf Hawaii, und damals waren die Amerikaner zum Eintritt in den Zweiten Weltkrieg gezwungen worden. US-Präsident George W. Bush reagierte nach einer Phase der Trauer nicht viel anders: Der „Krieg gegen den Terrorismus" begann im Oktober 2001 mit der Zerschlagung des fundamentalistischen Taliban-Regimes in Afghanistan. Als der US-Präsident mit dem Diktator Saddam Hussein und dem Irak 2003 jedoch ein neues Ziel ins Visier fasste, geriet die einst so fest zusammenstehende westliche Allianz in eine Krise.

Dass die Bush-Administration in ihrem „Krieg gegen den Terrorismus" über das Ziel hinausschoss und sowohl uramerikanisch-demokratische Bürgerrechte in Gefahr gerieten wie auch die Wirtschaft in gewaltige Turbulenzen stürzte, brachte schließlich die Mehrzahl der US-Bürger in Rage. Kein Wunder, dass der Präsidentschaftswahlkampf 2008 das Land mit einer bislang kaum gekannten politischen Begeisterung infizierte.

*Diploma-
tischer
Präsident*

Dennoch trat der seit dem 20. Januar 2009 amtierende erste afroamerikanische Präsident, **Barack Obama**, in Zeiten der Wirtschaftskrise kein leichtes Amt an. Allerdings gab er den USA wieder Hoffnung und man traute diesem charismatischen Politiker auch zu, dass er Wirtschafts- und Umweltkrise meistern und Krisenherde beruhigen könne. Obama versuchte zunächst über den Weg der Diplomatie, die Beziehungen unter anderem zu Kuba und Iran zu verbessern, anstatt durch Sanktionen. Doch nach anfänglicher Euphorie und trotz der Verleihung des Friedens-Nobelpreises an Obama im Dezember 2009 ist sowohl außen- als auch innenpolitisch längst Ernüchterung eingekehrt: Die Lage in Afghanistan ist alles andere als entspannt und bei den Reizthemen Gesundheits- und Rentenwesen, Steuern und Regulierung der Finanzmärkte hat sich gezeigt, wie schwer es ist, Veränderungen zugunsten der Allgemeinheit gegen die Lobby der Unternehmen und der reichen Oberschicht durchzusetzen. 2012 wurde Obama im Amt bestätigt, bei den 2016 anstehenden Präsidentschaftswahlen darf er allerdings nicht mehr antreten, da die Verfassung höchstens zwei aufeinanderfolgende Amtszeiten vorsieht. Als Favoriten für die Präsidentschaftskandidaturen der beiden großen Parteien gelten bei den Demokraten die frühere First Lady und Außenministerin Hillary Clinton sowie bei den Republikanern Jeb Bush, der ehemalige Gouverneur von Florida (1999–2007) und Sohn bzw. Bruder der letzten beiden republikanischen Präsidenten.

Geografischer Überblick

Lage, Größe und Landschaften

Mit seiner Größe von 170.451 km² nimmt Florida in der Rangskala amerikanischer Bundesstaaten den 22. Platz ein. Einige Bemerkungen zur topografischen Lage machen die Sonderstellung deutlich: Florida ist der **südlichste Bundesstaat** der kontinentalen USA. Miami liegt etwa 500 km südlich von Kairo und gar 1.000 km südlich der südlichsten Grenze Kaliforniens. Und nur 150 km trennen Florida von **Kuba**, etwa 100 km sind es zu den Bahamas. Im Norden grenzt Florida an Alabama und an Georgia, die Westküste ist dem Golf von Mexiko zugewandt, die Ostküste vom Atlantik umspült.

Topografische Sonderstellung

Geografisch lassen sich in Florida folgende **Regionen** unterscheiden:
- Pfannenstiel (Panhandle, der Nordwesten);
- Nord-, Zentral-, Südost-, Westflorida;
- Westküste, Ostküste;
- das Everglades-Gebiet;
- die Florida Keys.

In den Prospekten werden die unterschiedlichen Regionen Floridas mit werbewirksamen Namen bedacht:
- als „Floridas Crown" wird der nördlichste Teil bezeichnet;
- als „Miracle Strip" oder „Emerald Coast" wird die Küste des Pfannenstiels deklariert;
- „Suwanneeland" heißt das Sumpfland im Mündungsbereich des Suwannee River; „Nature Coast" nennt sich der Küstenabschnitt um Crystal River zwischen den Mündungsläufen des Homosassa River und des Withlacoochee River;
- „Big Bend" wird die Region um Tallahassee genannt; mit „Sun Coast" meint man das Küstengebiet um St. Petersburg – Clearwater;

Miami ist die unbestrittene Metropole Floridas

- „Platinum Coast" wird die Südwestküste in der Region um Naples – Sanibel Island genannt;
- „Mangrove Coast" heißt das südwestliche Gebiet der Everglades und der Keys;
- zur „Gold Coast" wird das Ballungszentrum zwischen Miami und Palm Beach verklärt;
- „Space Coast" – oder sportlicher: „Surf Coast" – nennt man das Gebiet der mittleren Ostküste.

Interessante Fakten

- Florida verfügt über 2.000 km Sandstrände.
- Die höchste Erhebung ragt 105 m über den Meeresspiegel.
- Die Länge des Bundesstaates misst maximal 800 km, die Breite 260 km (Panhandle: 578 km).
- Knapp 20 % des Bundesstaates sind Gewässer.
- Das geografische Zentrum (Mitte) liegt zwölf km nordwestlich von Brooksville (Hernando County).
- Florida verfügt über 17.600 km an Flüssen und Wasserwegen.
- Der längste Fluss ist der St. Johns River mit 437 km Länge.
- Florida hat fast 8.000 Seen, die eine Größe von über 40.000 km² haben.
- Etwa 4.500 Inseln sind größer als 40.000 km².
- Die größte Stadt ist Jacksonville.
- Florida baut 50 % aller in den USA verbrauchten Zitrusfrüchte an.

Geologische Entwicklung

Dem Besucher Floridas fällt sofort auf: Wohin er auch fährt, überall ist es eben. Es fehlt an Höhen, an markanten landschaftlichen Charakteristika. Die höchste Erhebung im Norden misst gerade 105 m – selbst Amerikaner sind nicht so übermütig, diese als „Gipfel" zu bezeichnen. Florida wird deshalb nicht zu Unrecht als landschaftlich monoton empfunden. Keine Steilküsten und Buchten säumen seine Küsten: Die Gerade und die Ebene dominieren.

Ideal für eine Bootstour: der St. Johns River

Florida ist ein im Zuge der Kontinentalverschiebung nach Westen abgedrifteter *Ursprünglich*
Bestandteil des afrikanischen Kontinents. Vor ca. 300 Millionen Jahren, in der *Teil von*
Übergangzeit der geologischen Zeitalter Perm und Trias, trennten sich Teile Afri- *Afrika*
kas und formierten sich zum Kontinent Nordamerika. Florida war ursprünglich mit
dem heutigen Gambia und Senegal verbunden. Geologen fanden heraus, dass es
Entsprechungen in der Gesteinsstruktur tief liegender geologischer Schichten gibt und dass sich eine **Magnetanomalie** vom afrikanischen Kontinent lü-
ckenlos nach Florida fortsetzt.

Während der Kaltzeiten (volkstümlich als Eiszeiten bezeichnet) war Florida aufgrund seiner südlichen Lage nicht mit Gletschern bedeckt, während der Norden
des amerikanischen Kontinents, ebenso wie der Norden Europas, von z. T. Tausende Meter dicken Eispanzern bedeckt war. Damals, vor ca. 100.000–10.000 Jahren
(Kaltzeiten und Warmzeiten wechselten) sank aufgrund der als Eis auf den Kontinenten gebundenen Wassermasse der Meeresspiegel weltweit um etwa 120 m. *Florida war*
Das reichte aus, um Florida zur doppelten Größe zu verhelfen! Und während die *doppelt so*
Lebensbedingungen im unter Eis erstarrten Norden immer mehr beschnitten wur- *groß*
den, präsentierte sich Florida als rettendes Land für die nach Nahrung suchenden
Tiere. Und an üppiger Vegetation mangelte es hier nicht.

Das flache Florida ist auch heute noch ein Land des Wassers: Über 2.000 km misst
die Küstenlinie, etwa 15 % der Landfläche ist von bald 30.000 Seen durchsetzt, keine Siedlung Floridas ist mehr als 100 km vom Meer entfernt.

Klima

Florida gehört zum subtropischen Bereich. Generell kann man zwischen **drei Kli-
maperioden** unterscheiden:
* dem **heißen, schwülen Sommer** mit beinahe täglichen Gewittern (Juni bis
  September);
* den angenehmen **Übergangsjahreszeiten** („Herbst/Frühjahr") mit sommerlichen Temperaturen und wenig Niederschlägen (Oktober/November/März/
  April/Mai);
* den **milden**, z. T. manchmal recht kühlen, aber stets sonnenreichen Monaten
  Dezember/Januar/Februar/März (**Winter**).

Diese grobe Klassifizierung gibt nicht die doch sehr großen regionalen Unterschiede wieder:
* die **höchsten Jahresniederschläge** erhält der Pfannenstiel, die geringsten
  die Florida Keys (1.520 mm Niederschlag/Jahr zu 1.015 mm/Niederschlag/Jahr);
* die **höchsten Temperaturen** verzeichnen die Keys, die niedrigsten der
  Nordwesten;
* den Nord- und Zentralteil Floridas können manchmal **Fröste** und in seltenen
  Fällen gar Schnee (wenn auch nur stundenweise) überraschen.

Zu diesem Klimabild gesellen sich allerdings noch einige weniger angenehme Er-
scheinungen.

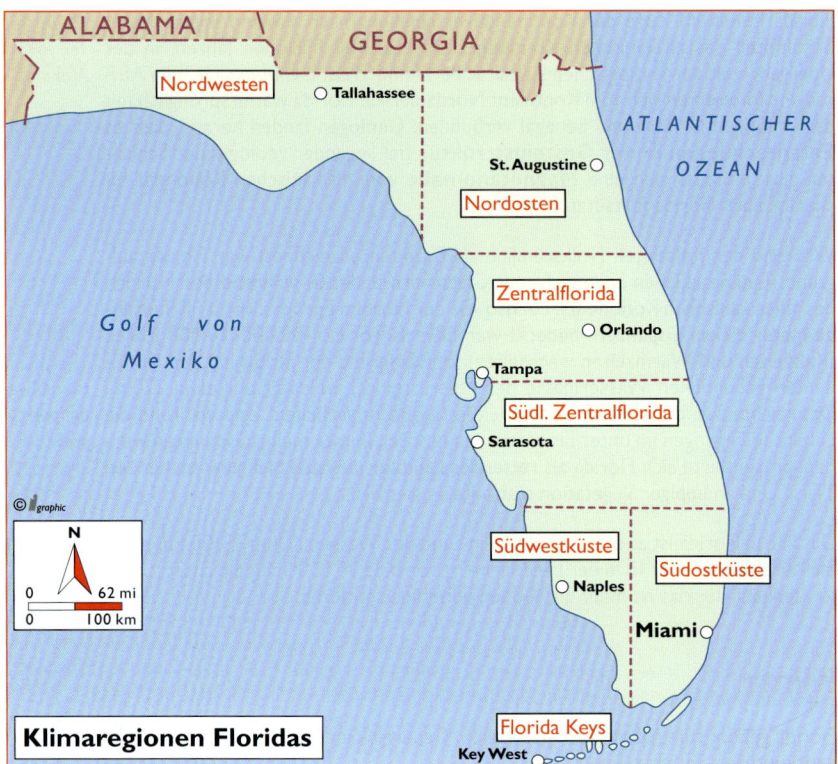

Klimaregionen Floridas

Labels on map: ALABAMA · GEORGIA · Nordwesten · Tallahassee · ATLANTISCHER OZEAN · St. Augustine · Nordosten · Zentralflorida · Orlando · Golf von Mexiko · Tampa · Südl. Zentralflorida · Sarasota · Südwestküste · Naples · Südostküste · Miami · Florida Keys · Key West · N · 0 — 62 mi · 0 — 100 km · © graphic

Gewitter

Gewitter gehören im floridianischen Sommer zu den bald täglichen Naturerscheinungen. Florida selbst bezeichnet sich als „lightning capital of the world" – ein nicht gerade verlockender Ruf. In der Tat gibt es in der Umgebung von Fort Myers 100 Tage pro Jahr mit Gewittern, statistisch werden elf Menschen pro Jahr durch Blitzschlag getötet.

Hurrikans

Eine weitere, wenn auch glücklicherweise seltene, Naturerscheinung sind die Hurrikans. Durchschnittlich einmal jährlich ist mit diesen tropischen Wirbelstürmen zu rechnen. Ihre „Saison" sind die Monate Juni bis Oktober, wobei sie besonders gehäuft im September auftreten. Aber sie können durchaus auch jahreszeitlich ganz aus der Reihe tanzen und wie der Hurrikan Alice im Januar 1953 die Südostküste Floridas verwüsten. 1935 zerstörte ein Hurrikan die Eisenbahnlinie von Flagler im Bereich der Florida Keys.

Klimadaten Floridas

Nordwesten (Tallahassee)

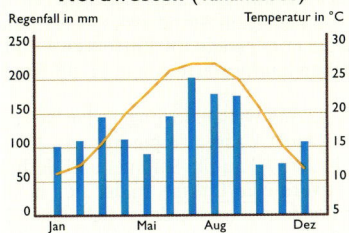

Regenfall in mm — Temperatur in °C

Nordosten (St. Augustine)

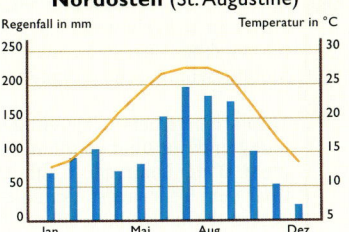

Regenfall in mm — Temperatur in °C

Zentralflorida (Orlando)

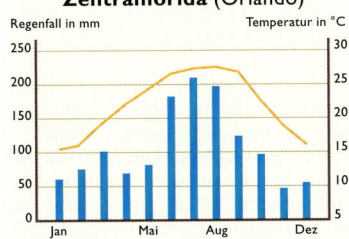

Regenfall in mm — Temperatur in °C

Südl. Zentralflorida (O'Keechobee)

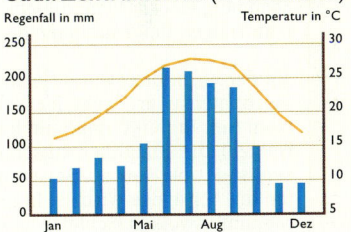

Regenfall in mm — Temperatur in °C

Südwestküste (Naples)

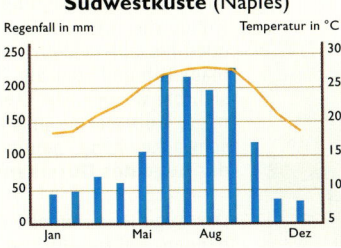

Regenfall in mm — Temperatur in °C

Südostküste (Miami)

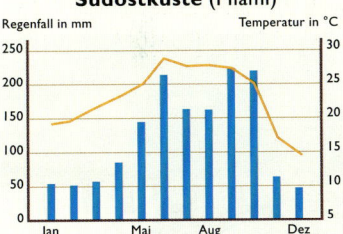

Regenfall in mm — Temperatur in °C

Florida Keys (Key West)

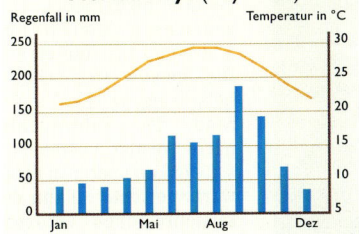

Regenfall in mm — Temperatur in °C

Regenfall in mm

Temperatur in °C

© graphic

info

Was ist ein Hurrikan?

Das Wort kommt vom indianischen *Hura* = Wind bzw. wegblasen. Hurrikans gehören zu den **tropischen Wirbelstürmen** und zeichnen sich generell durch ein Tiefdruckgebiet mit ausgesprochen niedrigem Kerndruck aus. Der Durchmesser eines Hurrikans misst in der Regel mindestens 100 km (bis zu 1.000 km), und die Windgeschwindigkeiten erreichen häufig Werte von über 200 km/h.

Tropische Wirbelstürme entstehen meist aus Wellenstörungen der Passatströmung und nur über warmen Meeren mit einer Wassertemperatur von 26 ˚C und mehr. Daher kommen sie auf der Nordhalbkugel nur im Sommer und Herbst vor. Über dem Meer lagert dann eine feuchtwarme Luftmasse, in der sich hoch aufgetürmte Quellwolken bilden. Bei der Kondensation werden erhebliche Wärmemengen frei, die der auftreibenden Luft einen zusätzlichen Auftrieb verleihen. Sie gelten als Hauptenergiequelle der Wirbelbildung. Damit aber eine Zirkulation in Gang gesetzt werden kann, ist in den unteren Schichten eine konvergente Strömung erforderlich, die am Südrand des Subtropenhochgürtels in den wellenförmigen Deformationen der Isobaren (Drucklinien) vorhanden ist.

Mit der Ausbildung eines flachen Tiefs, das sich durch rapiden Luftdruckabfall rasch intensiviert, weht der Wind der unteren Schichten spiralförmig zum Zentrum hin. In den Cumulonimbuswolken (die großen „Gewitterwolken" – Quellwolken), die allmählich zu schweren, dunklen Wolkenmassen zusammenwachsen, steigt die Luft stürmisch in die Höhe und rotiert gleichzeitig kreisförmig um die Achse des Wirbels. In großen Höhen wird die Luft, mit Cirrus- und Cirrocumuluswolken (Schleier- bzw. Schäfchenwolken) durchsetzt, nach außen geworfen und sinkt, über ein großes Areal verteilt, wieder ab. Auch im Zentrum des Wirbels stellt sich eine absinkende Luftbewegung ein, wobei die Wolken hier von oben her abtrocknen und der blaue Himmel oder die Sterne sichtbar werden. Die kreisförmige, wolkenarme und windschwache Zone nennt man das **Auge des Hurrikans**.

Das Auge wird von einer drohenden, tief herabhängenden Wolkenwand umschlossen, aus der sintflutartige Regenfälle niedergehen. Die Regenmengen können bis zu 1.000 mm pro Tag erreichen. Die meisten tropischen Wirbelstürme werden am Südrand des Subtropenhochs nach Westen gesteuert und schwenken später in eine polwärts gerichtete Bahn ein. In Küstenregionen verursachen die starken Winde auch die

Hurrikan-Schaden in Homestead

Die Entwicklung eines tropischen Tiefausläufers

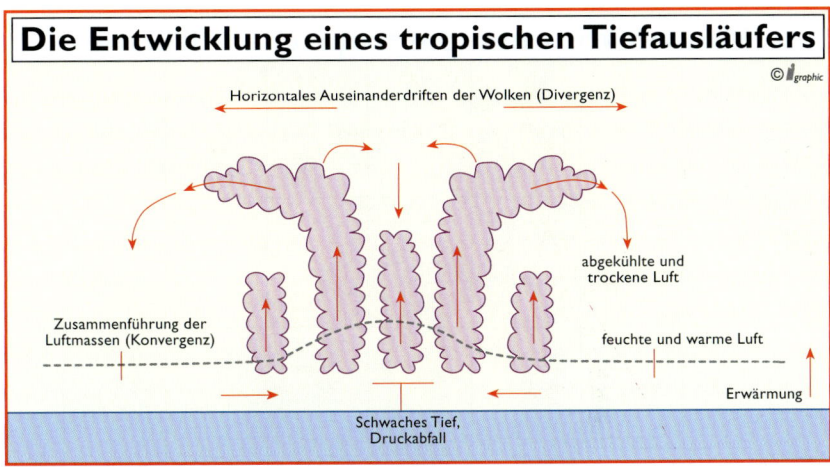

© graphic

Horizontales Auseinanderdriften der Wolken (Divergenz)

abgekühlte und
trockene Luft

Zusammenführung der
Luftmassen (Konvergenz)

feuchte und warme Luft

Erwärmung

Schwaches Tief,
Druckabfall

Querschnitt durch einen Hurrikan

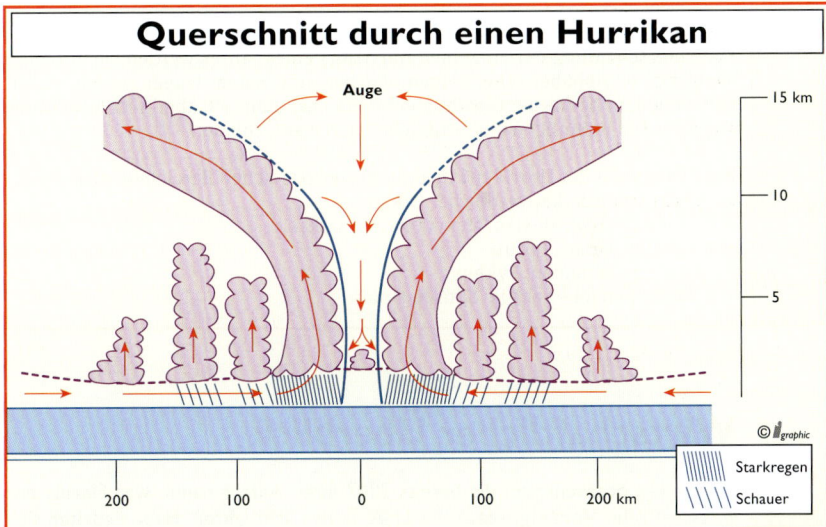

Auge

15 km

10

5

© graphic

200   100   0   100   200 km

||||||| Starkregen

\\\\\ Schauer

gefürchteten, meterhohen Flutwellen. Über Land dann verliert der Wind schnell seine Energie.

Ein schlimmes Hurrikan-Jahr war z. B. 2005: Vom 4.–12. Juli wütete Hurrikan Denis, mit der Stärke 4 traf er Florida und richtete Sachschäden in Höhe von 3 Milliarden Dollar an. Und im August 2005 folgte der Hurrikan Katrina, der die Golfküste beim Panhandle traf.

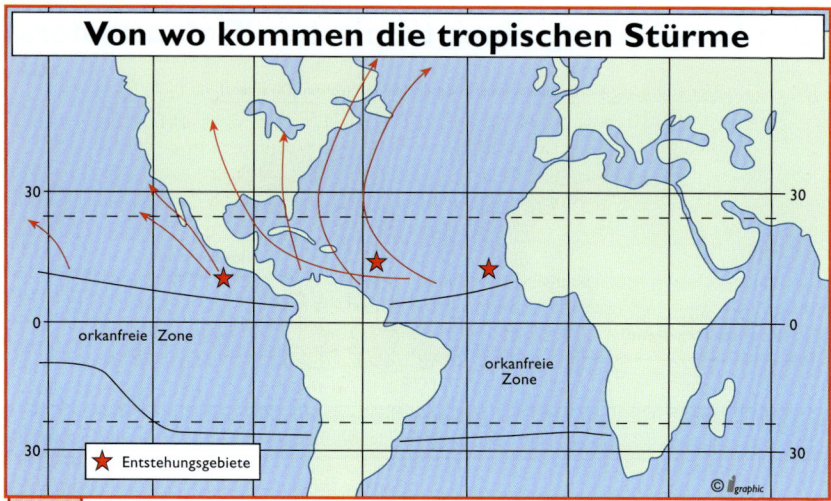

Von wo kommen die tropischen Stürme

orkanfreie Zone

orkanfreie Zone

★ Entstehungsgebiete

© globus graphic

Zur Unterscheidung der einzelnen Hurrikans eines Jahres werden sie mit engl. Vornamen in alphabetischer Reihenfolge benannt. Früher trugen sie nur weibliche Namen, im Sinne der Gleichberechtigung hat man sich aber mittlerweile für abwechselnd männliche und weibliche Namen entschieden.

Bezeichnungen der Hurrikans in anderen geografischen Bereichen:
• Östl. Atlantik: Kapverdischer Orkan
• Westküste von Mexiko: Mexikanischer Orkan
• China u. Japan: Taifun
• Golf von Bengalen: Zyklon
• Südhalbkugel – Pazifik: Südsee-Orkan

Wirtschaftlicher Überblick

Bis zur Hypothekenkrise, die bereits 2007 ihren Anfang nahm, war Florida der wirtschaftliche **Vorzeigestaat** der USA. In den acht Jahren davor siedelten sich rund 290.000 neue Bürger jährlich in Florida an, das waren knapp 800 pro Tag, angelockt vom milden Klima, aber auch von den guten wirtschaftlichen Aussichten. Florida ist z. B. einer der wenigen Staaten, in denen die Bürger keine Einkommenssteuer zahlen.

Nach einem beispiellosen Wachstumsboom brach mit dem Beginn der **Finanzkrise** der Immobilienmarkt zusammen. Der Zuzug aus dem Norden blieb aus. Viele Käufer konnten die Hypotheken nicht mehr bezahlen und verloren ihr Heim, das in vielen Fällen leer stand und verfiel, manche Häuser wurden gar nicht erst bezogen. Jahrelang hatte es bei der Vergabe von Immobilienkrediten kaum Grenzen gegeben, so gut wie jeder Interessent hatte einen Kredit bewilligt bekommen. *Kredite ohne Grenzen*

Im Sommer 2009 brach die Bank United FSP in Florida mit einer Bilanzsumme von 12,8 Mrd. Dollar zusammen, die 34. Bankpleite im Jahr 2009; ein typisches Beispiel für die sorglose Vergabe von **Immobilienkrediten** vieler Banken ohne jegliche Sicherheiten, die die weltweite Wirtschaftskrise ins Rollen gebracht hatte. Die Bank wurde in einer Versteigerung an ein Konsortium von US-Finanzinvestoren verkauft.

Der Zusammenbruch des Immobilienmarktes und damit der tragenden Bauwirtschaft ging mit einem massiven **Rückgang des Tourismus** einher – mit allen dazugehörigen Folgen für Hotels, Restaurants, Geschäfte etc. Die Krise war allgegenwärtig und manifestierte sich in unglaublich vielen zum Verkauf angebotenen Häusern, geschlossenen Shoppingmalls und Geschäften. Der rasante Preisverfall sowie eine Welle an Zwangsversteigerungen machten Floridas Immobilien für viele Europäer interessant. Inzwischen hat sich die Lage am Immobilienmarkt jedoch wieder einigermaßen normalisiert.

Durch die Krise wurde deutlich, dass der Sonnenstaat mehr investieren muss – nicht in ungehindertes Bauwachstum, sondern unter anderem in die im nationalen Vergleich schlechte Ausbildung und vor allem in alternative Industrien.

Ein wichtiger Wirtschaftszweig ist nach wie vor die **Landwirtschaft**. Aufgrund des bevorzugten Klimas sowie guter Böden ist Florida ein großes Gemüse- und

Gutes Klima für Landwirtschaft

Touristenmagnet: die Strände Floridas

Obstanbaugebiet. Insbesondere im südöstlichen Teil wird viel Frühgemüse für die Konsumenten an der Nordostküste produziert. Im südlichen Teil wird auch etwas Zuckerrohr angebaut. Im mittleren und nördlichen Teil Floridas werden Rinder gezüchtet. Bodenschätze gibt es wenig: An der Westküste landeinwärts von Tampa gibt es größere Phosphatvorkommen. Kleine Erdölvorkommen im Südwesten sind eher unbedeutend.

Für Florida ist der **Tourismus** mit über einer Million Arbeitsplätzen besonders bedeutend, die Krise ist hier inzwischen überwunden. Alleine 2014 kamen fast 99 Millionen Besucher – und das schafft jede Menge Jobs. Die deutlichen Zuwächse der vergangenen Jahre kommen allerdings überwiegend den Ballungszentren zugute.

Gesellschaftlicher Überblick

Bevölkerungsstruktur

Die Bevölkerung Floridas ist bunt gemischt. Mit seinen rund 20 Mio. Einwohnern ist Florida die Nummer 4 der US-Bundesstaaten. Neben zahlreichen Zuwanderern aus den gesamten USA gibt es viele Exilkubaner und Einwanderer aus anderen lateinamerikanischen Ländern sowie eine kleine Minderheit von Indianern. Ebenso prägen viele Rentner, die wegen der Sonne hier ihren Lebensabend verbringen, das Bevölkerungsbild.

Indianer

Die Indianer stellen die Urbevölkerung Floridas dar. Sie haben hier schon vor etwa 12.000 Jahren gesiedelt, wie Waffen- und Skelettfunde in einem See bei Tampa beweisen. Als die Spanier 1513 zum ersten Mal nach Florida gelangten, fanden sie im Norden Indianerstämme vor, die vorwiegend vom Ackerbau und von der Viehzucht lebten. Sie wohnten in Dorfgemeinschaften, die von hohen Palisadenzäunen umgeben waren. Den Spaniern traten die Indianer im Allgemeinen feindlich gegenüber, nur im Norden, im Panhandle, schienen sie freundlicher gesonnen. Hier entwickelten sich bald gute Handelsbeziehungen.

„Feindliche" Indianer

In Florida waren **unterschiedliche Indianervölker** ansässig:
*   Im **Südwesten** lebten etwa 3.000 **Calusa-Indianer**.
*   An der **Ostküste** waren die **Ais, Jiga und Tekesta** heimisch.
*   In **Zentralflorida** lebten die **Timucua** (ca. 10.000).

Im 18. Jahrhundert dezimierten Krankheiten einen Großteil der Indianer im Norden Floridas. In diese Regionen drangen die Vorfahren der heutigen Seminolen, Angehörige des Oconee-Stammes, nach. Sie gehörten zum Volk der sog. Creeks, die ihre Heimat im heutigen Bundesstaat Georgia hatten.

Krankheiten

Im 19. Jahrhundert wurde der Zuzug der Weißen immer stärker. Sie zogen südwärts, suchten nach neuem Land vor allem für Baumwollplantagen und nahmen den Indianern ihre Gebiete einfach fort. Doch die Seminolen, ein stolzes Volk, fühlten sich hintergangen und schworen Rache. In den Jahren 1835 bis 1842 eskalierten im Rahmen der Seminolenkriege die Schlachten (s. S. 24). Die Weißen siegten, unterstützt von den Regierungstruppen und ausgestattet mit einer überlegenen Waffentechnik. Als Rache für die Aufstände beschlossen die Weißen, die Indianer in Regionen westlich des Mississippi zu deportieren. Eine Handvoll Widerständler – nur 150 – flüchtete sich in die Undurchdringlichkeit der Sümpfe.

Seminolenkriege

Heute besinnen sich die floridianischen Indianer immer stärker auf ihr angestammtes Recht, und immer mehr werden sie sich ihrer kulturellen Eigenständigkeit bewusst. Nie wurden die indianischen Sprachen schriftlich fixiert. Doch sowohl die Miccosukee als auch die Seminolen arbeiten seit einigen Jahren an der Herausgabe eigener Wörterbücher. Sie kämpfen gegen die Zeit, denn immer mehr indianische Kinder lernen eher Englisch. In der Miccosukee-Schule lernen die Indianerkinder allerdings zunächst

Alligator-Show im Miccosukee Village

Erwachtes
Indianer-
Bewusstsein

ihre eigene Sprache – natürlich parallel zum Englischen. „Indian Power" – darin drückt sich der Anspruch auf eigene Stärke aus. Doch die Chancen für die indianische Minderheit stehen schlecht: Was will schon eine Minderheit von nur 7.000 Seminolen gegen die gewaltige Übermacht der weißen Floridianer ausrichten? Aber „kosmetischer" Goodwill wird den Stolz der Indianer kaum befriedigen können. Das Zugeständnis, keine Auto- oder Tabaksteuer zahlen zu müssen, wirkt gegenüber der jahrhundertelangen Unterdrückung fast wie Hohn.

 Indianer-Reservate in Florida

Sowohl die Seminolen als auch die Miccosukee verfügen über Reservate in Florida, die von der Bundesregierung anerkannt sind. Den Seminolen wurden Areale im Bereich des Big Cypress National Preserve *(s. S. 245)*, in Brighton (Lake Okeechobee), bei Hollywood, Tampa und Dania zugewiesen. Die Miccosukee leben in einem Reservat am Tamiami Trail *(s. S. 192)*.

Afro-Amerikaner

Vor etwa 150 Jahren war Florida für Afro-Amerikaner ein gelobtes Land. Im 19. Jh., als im tiefen Süden der USA die Sklaverei noch gang und gäbe war, verhieß ihnen Florida Befreiung von ihrer Unterjochung. Viele flüchteten von den Baumwoll- und Tabakplantagen in Georgia und Carolina. Die Verhältnisse im Norden Floridas waren zwar ähnlich, aber der Süden versprach die ersehnte Freiheit, denn hier war

Mehr
Freiheit

das Land nur sehr dünn besiedelt. Hier durften sie Land besitzen und selbstständig Geschäfte führen. Um 1860 meldete die Statistik einen Landbesitz in Händen von Afro-Amerikanern im Gesamtwert von ca. 100.000 US$. Und das alles war hier schon zu einer Zeit möglich, als es in den Südstaaten noch über 60.000 Sklaven gab.

Schwarze als
Handwerker

Die Spanier hatten bereits auf ihren ersten Erkundungszügen stets schwarze Begleiter mitgenommen, die ihnen z. T. als Soldaten dienten. Später konnten Schwarze in den spanischen Siedlungen wie St. Augustine oder Pensacola Handwerksberufe erlernen und ausüben, was in den Südstaaten erst Jahrhunderte später gestattet wurde. Das Verhältnis der Schwarzen zu den Indianern war von Anfang an zum größten Teil positiv: Die Seminolen nahmen geflohene Sklaven auf, und sie gingen sehr human mit ihnen um. Für überlassenes Land verlangten sie als Pacht einen kleinen Teil der Ernte, mehr nicht. Berühmt wurde ein schwarzer Mann namens Abraham, der bei den Seminolen zunächst Sklavenarbeit leistete, später jedoch zum Anführer im 2. Seminolenkrieg erkoren wurde.

Nach dem Bürgerkrieg schritt die politische Emanzipierung der floridianischen Schwarzen fort: Zeitweise bestimmten 19 schwarze Abgeordnete in Tallahassees Parlament mit über die Geschicke des Staates. Und 1868 gab es bereits den ersten schwarzen Staatssekretär, Jonathan Gibbs.

Florida war
beliebtes
Zuzugsgebiet

Solche Nachrichten blieben nicht ohne Wirkung. Florida wurde mehr und mehr beliebtes Zuzugsgebiet für Schwarze: Um 1900 betrug ihr Bevölkerungsanteil fast 45 %. Doch mit dem immer stärkeren Zuzug von weißen Siedlern wurde nicht nur ihr Bevölkerungsanteil geringer (1990 nur noch 14 %), sondern auch ihre gesellschaftliche Stellung schwächer. Die Diskriminierungen gipfelten z. B. darin, dass bis 1967 am Strand von Palm Beach keine Schwarzen baden durften. Restaurants, Busse, Hotels, viele öffentliche Einrichtungen waren Weißen vorbehalten. Und auch die Siedlungsstruktur spiegelte die Trennung wider: Schwarze wohnten vorwiegend westlich der Bahnlinie Jacksonville – Miami, während die Weißen in den besseren, meernahen Gebieten unter sich blieben. Auch heute noch gibt es zum größten Teil eine Siedlungsapartheid, was sich vor allem in ghettoähnlichen Stadtteilen der Großstädte zeigt. Heute stellen Afro-Amerikaner rund 15% der Bevölkerung.

Weiße

Knapp 80% der Einwohner Floridas sind weiß, davon werden rund 20 % als *Hispanics* bezeichnet, Tendenz steigend. Die „weißen Eingeborenen" bezeichnen sich manchmal als *„crackers"* und meinen damit diejenigen, die z. T. schon seit Generationen im ländlichen Florida leben. Sie verkörpern das eher konservative Bevölkerungselement, sprechen den typischen Südstaaten-Slang und gelten als bodenständig. Allerdings sollte man mit der Bezeichnung vorsichtig umgehen, denn ihr haftet eher ein negatives Image an. Der Name leitet sich (nach einer von mehreren Erklärungen) von den Cowboys auf den Rinderfarmen ab, die des Öfteren die Wasserlöcher der Rinder von Alligatoren befreien mussten, wobei sie die Alligatoren im heute als „Gator Wrestlin" benannten Kampf von hinten angehen und deren Gebiss „cracken" mussten.

Crackers: die weißen „Ureinwohner"

Zahlreich sind auch die Zugereisten, meist aus den Staaten des Nordostens und des Mittleren Westens. Ursprünglich bezeichnete man als „Yankees" die Siedler in den Neuengland-Kolonien vor der amerikanischen Unabhängigkeit. Die „Yankees" stehen eher für Fortschritt und Veränderung. Sie stellen den Großteil der städtischen Bevölkerung und importierten ihre urbanen Vorstellungen in das von ihnen bevorzugte Südflorida; sie siedelten hier unmittelbar entlang der Atlantik- oder Golfküste.

Yankees: die Zugereisten

Zweifelsohne bilden die ehemaligen Bewohner des Nordostens Floridas größten Bevölkerungszustrom. Die nötige Infrastruktur schufen die beiden Eisenbahnkönige Flagler und Plant. Damit wuchs bei vielen Nordstaatlern die Lust, unter Floridas Sonne zu leben. Der 2. Weltkrieg brachte noch mehr Menschen in den wärmeren Süden: Viele dienten beim Militär in Jacksonville, Tampa, Key West oder Pensacola. Als das Kriegstreiben vorüber war, blieben sie in Florida.

Kubaner

Seit 1959 strömten Kubaflüchtlinge, aber auch Menschen aus anderen mittelamerikanischen Staaten nach Miami. Ihnen gemeinsam ist die spanische Sprache, großer Freiheitsdrang, eine hohe emotionale Ausdruckskraft – und ein bisschen auch der Hang, unter sich zu bleiben. Die meisten „Exilados" – allein aus Kuba kamen über 1,5 Millionen Menschen zwischen 1960 und 1980 – bleiben größtenteils in bzw. um Miami. Im Miami Dade County waren 2010 65 % der 2,2 Millionen Einwohner *Hispanics*, die meisten von ihnen Kubaner.

Das Zentrum Little Havanas: die Calle Ocho

In der Geschäftswelt haben Kubaner ihren festen Platz erobert. Die Mehrzahl hat sich „nordamerikanisiert" und dem Dollar verschrieben: Aus armen Flüchtlingen wurden z. T. wohlhabende Leute. Das Durchschnittseinkommen der ehemaligen Flüchtlinge liegt etwa auf dem Level der übrigen floridianischen Amerikaner.

Nach über 50 Jahren Isolationspolitik und mehreren schweren politischen Krisen startete der amerikanische Präsident Barack Obama Mitte 2009 eine **Annäherung an Kuba**. Alle Reisebeschränkungen für Exil-Kubaner wurden aufgehoben, auch Geldsendungen in die Heimat wurden freigegeben. Die Dollarsendungen an *Wichtige* Familienangehörige in Kuba sind eine der wichtigsten Devisenquellen des Landes. *Devisen-* Das seit 1962 bestehende Handelsembargo gegen Kuba ist formal weiterhin in *quelle* Kraft, allerdings gab es inzwischen erhebliche Lockerungen. Zu der Annäherung hat auch beigetragen, dass der seit 2008 amtierende Präsident Kubas Raúl Castro sich offener für einen Dialog mit den USA zeigte als sein Bruder Fidel Castro.

(Mehr über die Rolle der Kubaner siehe S. 128)

Floridas Neubürger und Einwanderer

Immer mehr Von allen US-Bundesstaaten hatte Florida bis 2008 den höchsten Zuzug vorzuwei-*Jüngere* sen. Nicht, dass nur Pensionäre sich hier niederließen: Zunehmend entdeckten auch jüngere Semester die Attraktivität Floridas und wählten den Sunshine State zu ihrem Domizil, obwohl das Lohnniveau in der Regel niedriger ist als in den nördlichen Staaten. Erstaunlicherweise wirkt aber die Attraktivität Floridas auch außerhalb der USA: So haben viele Europäer Florida als ihren ersten oder zweiten Wohnsitz entdeckt. Gerade zu Zeiten der Immobilienkrise mit stark gesunkenen Häuserpreisen wurde für Europäer eine Investition in Florida attraktiv.

Religion in den USA – „God's own country"

(Text: Margit Brinke, Peter Kränzle)

In den USA gelten **zwei Grundsätze**: Jeder darf seinem eigenen Glauben anhängen, solange er die Verfassung nicht gefährdet, und das Verhalten eines Menschen ist wichtiger als sein Glaube. Diese Ideen haben sich jedoch erst im Verlauf der Geschichte manifestiert, zu Anfang waren die einzelnen religiösen Gruppen weit weniger tolerant. Dies bekamen nicht nur die Indianer zu spüren, sondern auch die eigenen zweifelnden Glaubensbrüder.

Erst mit der Verankerung der **Religionsfreiheit** und der Trennung zwischen Staat und Kirche in der Verfassung wurden die USA zu „**God's own country**", einem Land, in dem jeder seinen Glauben ausleben kann, solange er nicht die Gesellschaft oder den Staat in Gefahr bringt.

Trennung zwischen Staat und Kirche

„*Episcopal, Baptist, Methodist, Pentecostal, Presbyterian, Roman-Catholics, Latter Day Saints, Mennonites, Lutheran, Adventist*" – die Gottesdienstkalender in lokalen Tageszeitungen füllen Seiten. Das Spektrum an religiösen Gruppen bzw. Kirchengemeinden ist in den USA enorm, allerdings gibt es gemeinsame Züge: Es handelt sich fast durchweg um **protestantische Richtungen**, alle glauben an die Allmacht der Bibel und die meisten pflegen eine eher informelle Gottesverehrung.

Religionszugehörigkeit ist in den USA nichts „Lebenslängliches". Ein Methodist kann bei einem Wohnungswechsel durchaus Mitglied einer Episkopalgemeinde werden, wenn beispielsweise diese Kirche näher zum Wohnsitz liegt oder besondere Dienstleistungen bietet. Solche können in Kinderbetreuung, Alten- und Kran-

Religiöse Vielfalt wird in den USA großgeschrieben

kenpflege, Familienberatung oder Kultur- und Fortbildungsprogrammen bestehen. Da staatlicherseits keine finanziellen Zuwendungen fließen und es keine Kirchensteuer gibt, gilt der „Blessing Pact": Gott liefert den Segen (und die entsprechenden Einrichtungen), der „Kunde" das Geld. Speziell für Florida gilt, dass etwa 2/3 der Bevölkerung **Protestanten** sind, die meisten davon gehören den Baptisten in unterschiedlichen Ausrichtungen an. Die Katholiken haben verglichen mit den südlichen Anrainerstaaten einen hohen Anteil, vor allem in den Regionen um Tampa und Orlando. Viele Katholiken sind Hispanics.

Protestanten und Katholiken

Im Süden Floridas wächst die **muslimische Gemeinde**, hier gibt es mittlerweile mehr als 50 Moscheen. Die **jüdische** Gemeinde bekommt vor allem durch zugezogene Rentner aus dem Nordosten Zuwachs. Sie leben zumeist im Süden Floridas. Eher zu Splittergruppen gehören die Anhänger der **„Santería"**. Hierbei handelt es sich um eine ursprünglich von schwarzen Kubanern gelebte Glaubensrichtung: eine Verschmelzung westafrikanischer und katholischer Glaubenselemente, „angereichert" durch Voodoo-Elemente von Haitianern. Die Santería wird von der katholischen Kirche offiziell als Heidentum angesehen und damit auch abgelehnt, aber dennoch geduldet. Seit den 1970er-Jahren verbreitete sich Santería auch unter den weißen Kubanern, bis dahin war sie fast ausschließlich bei den schwarzen Kubanern verbreitet. In Kuba gab es schon früher einen starken Einfluss der Santería auf die katholischen Gläubigen. Santería kennt keine fixierten religiösen Regeln, sie verändert sich ständig. Über 200 Gottheiten werden verehrt, wobei 20 davon dominierend sind.

Voodoo und Katholizismus

Kultur und Sprache
Text: Bettina Götz

Das ganze Jahr über gibt es in ganz Florida ein vielfältiges kulturelles Angebot. Zudem finden jährliche Festivals und Veranstaltungen statt, dazu mehr Infos bei den jeweiligen Orten.

Vielfältiges kulturelles Angebot

Musik

Frederick Delius, berühmtester Komponist Floridas und Sohn eines deutschen Wollhändlers, war von den Rhythmen der Schwarzen besonders fasziniert, die er in den Kirchen und auf den Plantagen hörte. Den Stoff für seine erste Oper „Koanga" von 1897 entnahm er daher dem Alltag der schwarzen Plantagenarbeiter.

Im Rahmen des **Jacksonville-Jazz-Festivals** findet jedes Jahr im Mai der nationale Wettbewerb um den besten Nachwuchs-Jazz-Pianisten der USA statt. Während der Wintersaison kann man Symphoniekonzerte und andere musikalische Darbietungen im Adrienne Arsht Center for the Performing Arts in Miami besuchen (*www.arshtcenter.org*). Zum Erfolg des **Florida-Folk-Festivals** am Memorial Day Weekend Ende Mai tragen sowohl Country-Musiker bei als auch ethnische Gruppen, die ihre Musik, Tänze und ihr Kunsthandwerk präsentieren (*www.florida stateparks.org/folkfest*).

Die Gelegenheit, Broadway-Inszenierungen zu erleben, hat man z. B. in Fort Lauderdale (Parker Playhouse, *http://parkerplayhouse.org*).

Theater und Literatur

Besonders eng mit Florida verbunden ist **Ernest Hemingway**, Nobel- und Pulitzerpreisträger, der 1928 erstmals nach Key West kam. Die Stadt faszinierte ihn sofort, möglicherweise auch weil die Prohibition hier nicht so streng gehandhabt wurde – seine „Sauftouren" mit dem Barbesitzer Sloppy Joe Russell und weiteren trinkfesten Freunden wurden legendär. 1931 kaufte Hemingway mit seiner damaligen Frau Pauline auf der Insel ein malerisches Haus an der Whitehead Street, das auch heute noch fast unverändert besichtigt werden kann. Hier verbrachte er eine insgesamt sehr produktive, aber auch exzessive Zeit. Nach seinem schriftstellerischen Schaffen in den Morgenstunden verbrachte er den Nachmittag mit Freunden beim Angeln und abends traf man sich zum Trinken in der Bar seines Freundes. Dort begegnete er 1936 seiner dritten Frau Martha Gellhorn, mit der er später nach Kuba zog.

Hemingway House – heute ein Museum

In dieser Zeit schrieb er Klassiker wie „Schnee auf dem Kilimandscharo" und „Tod am Nachmittag" sowie Werke, die seine Eindrücke vor Ort widerspiegeln, etwa „Haben und Nichthaben", ein Roman, der die Schmugglerszene darstellt, oder „Inseln im Strom". Im Juni/Juli werden in Key West die „Ernest Hemingway Days" gefeiert. Das Festival dauert sechs Tage und spielt sich vor allem auf der Duval Street und bei „Sloppy Joe's" ab. *Hemigway-Festival*

Beim **Literary Seminar** in Key West, das jedes Jahr veranstaltet wird, stehen Stücke von Tennessee Williams, z. B. „Endstation Sehnsucht" und „Die Katze auf dem heißen Blechdach", und von Ernest Hemingway, wie „Schnee am Kilimandscharo" und „Der alte Mann und das Meer", im Mittelpunkt der Aufführungen und Workshops. Viele Schriftsteller kamen schon nach Florida, in der Regel, um dort Urlaub zu machen und die Sonne zu genießen, außer den bereits genannten z. B. Elizabeth Bishop, John Dos Passos und Robert Frost (*www.kwls.org*).

Kunst

Kunstliebhaber haben in Florida zahlreiche Möglichkeiten, auf ihre Kosten zu kommen. Die oftmals sehr lebendig präsentierten Ausstellungen eignen sich auch hervorragend für einen Besuch mit Kindern. Erwähnenswert ist vor allem die Rubens-Sammlung im **John and Mable Ringling Museum** in Sarasota, die zu den größten der Welt zählt. Besonders lohnend ist ein Besuch im **Salvador-Dalí-Museum** in St. Petersburg, die weltweit umfangreichste Sammlung mit zahlreichen Werken des Künstlers aus allen Phasen seines Schaffens. Die größte Auswahl an Museen hat **Miami**. Das Museum of Contemporary Art, das Pérez Art Museum sowie HistoryMiami sind dafür nur einige Beispiele; in Miami Beach gibt es u. a. das Bass Museum of Art mit Werken von van Gogh, Botticelli und Picasso und das Wolfsonian Museum mit etwa 70.000 Exponaten aus Kunst und Kunstgewerbe.

Darüber hinaus kann man sein Wissen bezüglich Geschichte und Naturkunde Floridas in den Heimatmuseen, die es in jedem größeren Ort gibt, anhand zahlreicher Exponate erweitern.

Architektur

Floridas Gebäude spiegeln die Besiedlungsgeschichte wider. Während die Pioniere schlichte Häuser bauten, stiegen im Eisenbahnzeitalter die Ansprüche. Unternehmer ahmten die Architektur des Nordens nach, um Einwanderer in den Süden zu locken. Somit entwickelte Florida eigentlich keinen eigenen Architekturstil, trotzdem gibt es bemerkenswerte Bauwerke, deren Stil vor allem durch besondere klimatische Bedingungen beeinflusst wurde.

Floridas frühe Architektur übte großen Einfluss auf die zukünftige Baukunst in den USA aus. In der Zeit um 1800 richteten sich die Pioniere beim Hausbau in erster Linie nach dem Klima und den übrigen lokalen Bedingungen. Sie verwendeten Holz, das ausreichend vorhanden war, und bemühten sich um eine gute Luftzirkulation in den Häusern. Nur wenige dieser „Cracker-Häuser" sind erhalten. In vielen Landes-

Art déco in South Miami Beach

1982 erbaut: der Gebäudekomplex von Star-Architekt Philip Johnson in Miami Downtown

teilen, vor allem im mittleren Teil Floridas und im Panhandle, darf man sich am Süd- *Südstaaten-*
staaten-Stil erfreuen: Große Holzvillen, von wunderschönen Veranden umgeben, *Stil*
vermitteln auch heute noch einen Hauch der alten Zeit. Ein kleines, aber schönes
Beispiel dafür ist vielleicht das Coombs House Inn in Apalachicola.

Es folgte ein kreativer Bau-Boom: Seit den 1920er-Jahren entwickelte sich im Ur-
laubsparadies Florida eine einzigartige Freizeitarchitektur: In kurzer Zeit wurden
zahlreiche Hotels und Apartmenthäuser im Stil des **Art déco** gebaut, sodass ein *Fassaden-*
Fassaden-Mosaik entstand, das heute u. a. von zahlreichen Architektur-Studenten *Mosaik*
besichtigt wird. Ebenso entstanden Bauwerke im maurischen Stil. Viel gebaut wurde auch im **neo-mediterranen Stil**, mit Architekten wie Addison Mizner in Palm
Beach und George Merrick in Coral Gables.

In Orlando und Umgebung gibt es die berühmten Vergnügungsparks, so genannte
„Theme Parks" von Disney, Seaworld und Universal Studios, Fantasiewelten und
Zeichen einer neuen Art Ferien zu machen. Das Schlagwort heißt **Fantasy Ar-
chitecture**. Hier wird der Besucher in ferne Länder, Fantasieabenteuer oder andere Zeiten versetzt, bzw. in eine heile Urlaubswelt. Ein herausragendes Beispiel
ist das Walt Disney Swan und Dolphin Resort *(www.swandolphin.com)*.

Sprache

Amerikanisches Englisch (*American English,* kurz *AE* oder *AmE*) ist nicht gleich
Englisch und umgekehrt. Trotz aller grundsätzlichen Gemeinsamkeiten in Grammatik, Aussprache und Vokabular haben sich in den letzten 200 Jahren doch z. T.
erhebliche Unterschiede herausgebildet. Mit etwas Gewöhnung ist die amerikanische Sprache aber leicht zu verstehen.

Amerik. Englisch	Britisches Englisch	Deutsch	Amerik. Englisch	Britisches Englisch	Deutsch
after	past	nach (zeitlich)	grain	corn	Getreide
aisle	gangway	(Durch-) Gang	guy	fellow, chap	Bursche, Kerl
apartment	flat	Wohnung	hood	bonnet	Kühlerhaube
baggage	luggage	Gepäck	icebox	refrigerator	Kühlschrank
billion	milliard	Milliarde	kids	children	Kinder
block	/	Häuserblock	rest room	lavatory	Toilette
to call, to phone	to ring up	anrufen	last name	surname	Familienname
campus	college ground	Universitäts-gelände	long distance call	trunk call	Ferngespräch
can	tin	Konserven-dose	mail	post	Post
candy	sweets	Süßigkeiten	movie	cinema	Kino
center	centre	Zentrum	observatory	view tower	Aussichtsturm
check	bill	Rechnung	one way ticket	single ticket	einfache Fahrt
checkroom	cloakroom	Garderobe, Gepäckraum	pants	trousers	lange Hosen
closet	cupboard	Schrank	Pentecost	Whitsuntide	Pfingsten
color	colour	Farbe	railroad	railway	Eisenbahn
comforter	eiderdown	Steppdecke	round trip ticket	return ticket	Rückfahrkarte
commence-ment	graduation	Schulab-schluss	sales girl	shop assistant	Verkäuferin
cookies	biscuits	Kekse	second floor	first floor	1. Stock
cop	policeman (bobby)	Polizist	shoeshine	boot polish	Schuhputz-mittel
corn	maize	Mais	sidewalk	pavement	Bürgersteig
cute	nice, dainty	niedlich	sticker	label	Anhänger, Aufkleber
date	appointment	Verabredung, Termin	store	shop	Geschäft
daylight sa-ving time	summertime	Sommerzeit	stove	cooker	Herd
depot, station	station	Bahnhof	streetcar	tram	Straßenbahn
drugstore	chemist	Drogerie	subway	underground	U-Bahn
elevator	lift	Fahrstuhl	suspenders	braces	Hosenträger
erasor	rubber	Radiergummi	tenderloin	undercut	Rinderfilet
eyeglasses	spectacles	Brille	third floor	second floor	2. Stock
fall	autumn	Herbst	track	platform	Bahnsteig
faucet	tap	Wasserhahn	trailer	caravan	Wohnwagen
to fill out	to fill in	ausfüllen	truck	lorry	Lastwagen
first floor	ground floor	Erdgeschoss	two weeks	fortnight	14 Tage
first name	Christian name	Vorname	underpass	subway	Unterführung
to fix	to repair	reparieren	vacation	holidays	Urlaub, Ferien
flashlight	torch	Taschenlampe	wrench	spanner	Schrauben-schlüssel
freeway	motorway	Autobahn	zip code	postcode	Postleitzahl
gas	petrol	Benzin			

Table title: **Unterschiede zwischen amerikanischem und britischem Englisch**

Es fällt auf, dass die Amerikaner zu Wortneuschöpfungen neigen (z. B. *U* für *You*, *4sale* für *for sale*, *xing* für *crossing*, *Xmas* für *Christmas*) und immer häufiger so ähnlich schreiben, wie sie sprechen (z. B. *center* für *centre*, *color* für *colour*, *nite* für *night*). Nebenstehend sind einige Wörter aufgeführt, die sich im britischen und im amerikanischen Englisch unterscheiden. *Wortneu-schöpfungen*

In der Schule lernen die amerikanischen Schüler als 1. Fremdsprache bevorzugt Spanisch, gefolgt von Französisch. Deutsch wird nur relativ selten als Fremdsprache an den Highschools gewählt.

Leben in Florida

Mentalität

Wer das erste Mal nach Amerika kommt, wird über die allenthalben anzutreffende **Freundlichkeit** positiv erstaunt sein. Die Bedienung, der Busfahrer, die Angestellten an der Rezeption eines Hotels – stets wird man auffallend freundlich behandelt. Dem netten Umgang miteinander mag nach einer Weile die Ernüchterung folgen, dass es sich dabei um einen Ausdruck der vielen Konformismen handelt, die Amerika und seine Menschen „funktionieren" lassen. Oberflächlichkeit? Natürlich kann man die freundliche Grundhaltung des Amerikaners „hinterfragen" und dazu sicherlich unterschiedliche Antworten finden. *Freundliche Amerikaner*

Das Miteinander im Alltag wird durch die standardisierte Freundlichkeit jedoch einfacher. Nicht verwunderlich, dass es in den Highschools manchmal sogar ausgesprochene Trainingskurse für höfliches Verhalten gibt … Wie dem auch sei: Beim Besucher hinterlässt der freundliche Umgangston spätestens dann Spuren, wenn ihm der manchmal mufflige Umgangston zu Hause wiederbegegnete.

Im Gegensatz zu Europa reicht der Amerikaner dem Fremden nur selten die Hand. Dies ist guten Freunden und Bekannten vorbehalten. Schnell geht man auch in einer ersten Begegnung dazu über, sich beim Vornamen zu nennen. Allerdings darf man diese „Vertraulichkeit" nicht mit dem Duzen bei uns gleichsetzen, es ist wesentlich weniger gewichtig. Als ungewöhnlich mögen wir die Hemdsärmeligkeit der Amerikaner empfinden, wenn sie bei einer auch nur flüchtigen Begegnung unbekümmert über ihre persönlichen Verhältnisse berichten. Dabei sind Angaben über Beruf oder Verdienst überhaupt kein Tabu.

Der „Durchschnittsamerikaner" ist über die politische Lage außerhalb der USA verhältnismäßig wenig informiert und auch kaum daran interessiert. In den Tageszeitungen und Fernsehsendungen nehmen außeramerikanische Themen nur einen sehr geringen Teil ein.

Die **Einstellung zum deutschen Besucher** ist durchgängig positiv. Viele Amerikaner haben deutsche Vorfahren, einige Ältere waren während ihrer Militärzeit in Deutschland stationiert. Obwohl die Amerikaner die Deutschen im 2. Weltkrieg besiegten, haben die amerikanischen Soldaten kein Feindbild aufgebaut. Schnell *Positiv!*

bauten sie die von der Regierung zunächst gar nicht erwünschten Kontakte zur Bevölkerung auf, und viele brachten eine deutsche Braut mit nach Amerika. Dem Deutschen werden Werte wie Fleiß, Tüchtigkeit und Wissensdrang zugesprochen. Man schwärmt von deutschen Autos und Autobahnen … und von deutschem Essen und Bier. Dass das Deutschlandbild des Amerikaners in unseren Augen mitunter naiv und oberflächlich ist, mag stimmen – aber er verbindet mit diesem Bild starke positive Vorstellungen wie „Gemütlichkeit" und „Treue".

Während des Irak-Krieges hatte Amerika Sympathien auch bei seinen engsten Freunden eingebüßt, die Glaubwürdigkeit war bis zum Nullpunkt gesunken. Eine kritische Freundschaft war zu einer skeptischen geworden. Mit der Wahl Barack Obamas zum Präsidenten wandelte sich die Stimmung im Ausland drastisch. Inzwischen hat sich die anfängliche europäische Euphorie über den vermeintlichen „Heilsbringer" im Weißen Haus jedoch weitgehend gelegt. Drohnenkrieg und Abhörskandal haben ihren Teil dazu beigetragen.

Heile Welt Gerade in Florida fällt auf: Überall gibt es „Fun Parks" und Attraktionen, die wie Wegelagerer auf den Touristen lauern. Der Amerikaner hat Spaß an dieser Art Unterhaltung, und je mehr „Show" dabei ist, desto besser … Hier werden Probleme bewusst ausgeklammert – wozu soll man für schlechte Nachrichten bezahlen. Stattdessen wird die heile Welt der Vergangenheit, Gegenwart und Zukunft dem Besucher förmlich eingebläut.

Junk food Viele Amerikaner ernähren sich **extrem kalorienreich** und vitaminarm. Durch das Überangebot an Essensmöglichkeiten und die Werbung für „neue" Gerichte wird der Appetit ständig angeheizt. Auf einem Automaten für Chips und Schokoladeriegel – am Aufgang zu einem Motel installiert – entdeckten wir den unwiderstehlichen Slogan: „Don't go around hungry". Dabei wird gesunde Ernährung und kalorienbewusstes Essen leicht gemacht: Auf allen Lebensmitteln sind peinlich genau Kalorien, Vitamine, Cholesteringehalt, Fette etc. aufgeschlüsselt. Doch wie alles in Amerika, kennt man im „Land der unbegrenzten Möglichkeiten" auch den gegenpoligen Trend zur **Biokost** (*health* oder *natural food* genannt). Längst gibt es Biofarmen und eine Vielzahl von Biorestaurants. Zum Glaubensbekenntnis einer **aktiven Lebensgestaltung** gehört auch die sportliche Betätigung. Entlang der Straßen und der Strände trifft man z. B. sehr viele Jogger und Walker an.

Wording Allgegenwärtig ist auch die **Werbung**, sei es im Fernsehen, sei es entlang der die Highways begleitenden Schilderwälder. Dem Hang zur Übertreibung sind hier keine Grenzen gesetzt, es gibt wahre Exzesse des *Wording*, jener Kunst, Selbstverständliches durch hochtrabende Beschreibung zur Einmaligkeit und Sensation zu befördern. Damit einher geht die Neigung, Superlative sehr oft zu gebrauchen. „World famous Steakhouse" nennt sich schnell irgendeine Bratenbude …

Arbeitsleben
(Text: Margit Brinke und Peter Kränzle)

Wer das erste Mal in die USA kommt, wird **einige Besonderheiten** bemerken. Dazu gehört das fast unüberschaubare Angebot an Gütern aller Art, in Supermärk-

Weit verbreitet und beliebt: Shopping Center und Malls

ten, in Malls (Einkaufszentren), auf Märkten oder in Spezialitätenläden. Die Geschäfte stehen in Konkurrenz zueinander und überbieten sich mit Vergünstigungen, Rabatten und Dienstleistungen. Auffällig sind die große **Kundenfreundlichkeit** und das stärkere **Service-Bewusstsein**. Der Kunde ist hier tatsächlich König und wird entsprechend hofiert.

In einem Land, das keinen Geburts-, sondern nur einen **Geldadel** kennt, zählt *Kunde ist* wirtschaftlicher Erfolg mehr als alles andere. Die Gesellschaft erkennt „Vom-Tel- *König* lerwäscher-zum-Millionär-Karrieren" und gewinnbringende Geschäftsideen neidlos an. Verschiedene Jobs zu haben ist etwas ganz Normales, und anders als in Europa werden **Arbeitsplatzwechsel** im Allgemeinen positiv bewertet, da Erfahrungen und Kenntnisse in verschiedenen Bereichen nur von Nutzen sein können. Im Vergleich zu Deutschland haben weniger Amerikaner im klassischen Sinne einen *Viele* Beruf „erlernt", die Regel ist „**learning by doing**" und entsprechend wächst mit *Einsatz-* dem Alter das Spektrum an Einsatzmöglichkeiten. Dabei ist „Berufsethos" bzw. *möglich-* Überheblichkeit gegenüber anderen Sparten wenig ausgeprägt. Man ist sich nicht *keiten* zu fein, in einem komplett anderen, auch „niedrigeren" Berufsfeld zu arbeiten.

Um eine Stelle zu bekommen oder ein Geschäft zu gründen sind nicht beigebrachte Zeugnisse und Zertifikate maßgebend, sondern Allround-Kenntnisse, Teamgeist, Ehrgeiz und Einsatz. **Absolute Effizienz** ist das oberste Ziel und dafür arbeiten die Amerikaner im Durchschnitt wesentlich härter und länger hier zu Lande: bis zu 50 Wochenstunden, bei nur zwei Wochen Jahresurlaub! Viele Menschen, die in ihrem Hauptjob nur wenig verdienen, gehen **Nebentätigkeiten** nach. Auch Senioren bessern mit Nebenjobs ihre Renten auf, arbeiten aber vielfach zusätzlich ehrenamtlich. Ohne diese „**Volunteers**" – eine weitere „Spezialität" des Landes – könnten in den USA zahlreiche Institutionen, Vereine und Museen nicht existieren.

Die **Mobilität im Berufsleben** spiegelt sich auch geografisch wieder: Amerikaner sind stets bereit, wenn nötig oder vorteilhaft eine neue, auch weit entfernte Arbeitsstellen anzunehmen und dafür den Wohnsitz zu ändern. Ein Eigenheim ist ebenso wie eine Arbeitsstelle keine „Sache auf Lebenszeit". Andererseits ist es in ländlichen Regionen, vor allem des Südens, auch üblich, den Geburtsort nie für längere Zeit zu verlassen.

Nicht auf Lebenszeit

Chancengleichheit ist nominal gewährleistet, in der Realität aber nur ansatzweise umgesetzt. Einerseits sind vor allem Frauen und Afroamerikaner, daneben aber auch andere Nationalitäten wie Latinos oder Asiaten bis heute benachteiligt. Ausbeutung auf Feldern, Zitrusplantagen oder am Fließband ist immer noch gang und gäbe.

Kulinarische Genüsse

Amerikas Küche ist so vielseitig wie das Land. Die Vorurteile gegenüber amerikanischen Essensgewohnheiten mögen zum Teil stimmen, sie sind aber nur ein Teilausschnitt der Wirklichkeit. Neben Hamburgern und Fast Food gibt es erstklassige Restaurants.

Spezialitäten der floridianischen Küche

Das Interessante an der Küche in Florida ist, dass es Gerichte aus verschiedenen Ländern gibt. Nicht nur die Einwanderer aus Europa haben den Speisezettel bereichert, sondern auch die aus Kuba, Mittel- und Südamerika Zugewanderten. Dass es an guten Zutaten nicht mangelt, verdankt Florida seiner geografischen Lage. Im milden Klima gedeihen praktisch alle Gemüse- und Obstsorten; die Nähe zum Meer sorgt für einen Reichtum köstlicher Salzwasserfische. Zudem werden in den vielen Binnengewässern hervorragende Süßwasserfische gefangen. Und auf saftigen Wiesen im Zentrum Floridas werden Rinder gezüchtet, deren zartes Fleisch als fantastische Steaks auf den Tisch kommt.

Gemüse, Obst, Fisch

Manche Restaurants bieten auch Alligatorenfleisch an. Das Alligatorensteak ist ähnlich zäh wie Tintenfisch und ähnelt dem Geschmack von Kalbfleisch. Der Alligator Tail ist das Gourmetstück, ähnelt einem (festen) Fisch (z. B. Haifisch) und hat einen angenehmen Eigengeschmack. Am besten schmeckt dieses Fleisch in einer Suppe oder gekocht, z. B. mit einer Senf-Honig-Sauce. Leider wird aber auch der Tail häufig frittiert angeboten, und das nimmt ihm seinen eigenen besonderen Geschmack.

☞ Hinweis
Eine kleine kulinarische Sprachhilfe finden Sie im Anhang ab S. 578, allgemeine Infos zu Essen & Trinken auf S. 75.

Typisch floridianisch sind folgende Gerichte:

Key Lime Pie: Dieses Dessert finden Sie praktisch auf jeder Speisenkarte. Ursprünglich kommt die Key Lime Pie aus Key West, wo kleine, sehr aromatische Limonen wachsen. Auf einem dünnen Teigboden liegt eine dicke Schicht gelber Zitronenbaisers, der Geschmack ist etwas säuerlich.

Erdbeeren: Erdbeersaison in Florida ist vorwiegend im März und April.

Orangen-Pampelmusensaft: Beliebt sind frische Fruchtsäfte, vor allem frisch gepresster Orangensaft und Pampelmusensaft. Die bekanntesten Orangensorten nennen sich Hamlin, Pineapple und Valencia.

Conch Chowder: Es ist eine gewürzte, dicke Suppe aus Milch, Kartoffeln und Muscheln, ursprünglich aus den Neuengland-Staaten stammend.

An **Fischen und Meeresfrüchten** werden vor allem angeboten:

Steinkrebse *(stone crabs)*: In den Zangen dieser Krebsart findet man das zarte Fleisch. Das Gesetz schreibt vor, dass man zwischen dem 15. Oktober und 15. April den stone

Schön zum Speisen und Gucken: Restaurants in Miami Beach

crabs die Scheren abschneiden darf, allerdings muss man das Tier wieder freilassen. Die Scheren wachsen dann langsam wieder nach.

Langusten: In Florida *spiny lobster, crawfish, crayfish* oder auch *Florida Lobster* genannt – der echte Hummer mit Zangen kommt aus Maine im Nordosten.

Krabben *(shrimps)*: Sie werden zu *shrimp cocktail* oder zu *shrimp salad* weiterverarbeitet. Shrimps sind eine alltägliche Speise in Florida. Sie werden zumeist im Golf von Mexiko gefangen.

Austern *(oysters)*: Diese Spezialität, bei uns sündhaft teuer, gehört mittlerweile zum Standardangebot eines jeden Restaurants. Austern – sicherlich nicht jedermanns Sache – werden meist roh geschlürft. Am besten, das heißt saftigsten, sind sie in der kühleren Jahreszeit.

Wels *(catfish)*: Es ist ein Süßwasserfisch, der gebraten angeboten wird.

Goldmakrele *(pompano)*: Sie werden meistens in Folie im Ofen gebacken, oft sind sie zusätzlich mit Shrimps gefüllt.

Seeforelle *(spotted sea trout)*: Ein köstlicher Fisch, der verschieden zubereitet und gebraten oft mit Mandeln serviert wird.

Barsche *(grouper)* sowie der **Red Snapper**: Diese Fische werden zumeist gegrillt angeboten.

2. REISETIPPS

Allgemeine Reisetipps A–Z

 Hinweis

In den **Allgemeinen Reisetipps A–Z** finden Sie – alphabetisch geordnet – reisepraktische Hinweise für die Vorbereitung Ihrer Reise und Ihres Aufenthalts in Florida. Regionale Reisetipps – Infostellen, Sehenswürdigkeiten, Unterkünfte, Restaurants etc. – finden sich im Reiseteil bei den jeweiligen Städten.

Alle Angaben über Preise, Telefonnummern, Öffnungszeiten etc. waren zum Zeitpunkt der Drucklegung gültig, sind aber konstant Änderungen unterworfen. Auf die Angabe von Faxnummern wurde weitestgehend verzichtet, da das Internet bzw. E-Mail dieses Medium weitgehend ersetzt hat.

Abkürzungen

Ave.	Avenue	M.R.	Military Reservation
B.	Beach	Mt., Mtn.	Mount, Mountain
Bldg.	Building	Mts.	Mountains
Blvd.	Boulevard	Mun.	Municipal
Cr.	Creek	Nat.:	National
Cy.	City	N.B.	National Battlefield
Dept.	Department	Nat'l Rec. A. (NRA):	National Recreational Area
Dr.	Drive	N.F. oder Nat. For.	National Forest/Wald
Fwy.	Freeway	N.M.	National Monument
Ft.	Fort	N.P.	National Park
H.M.	Historical Monument	N.S.	National Seashore
H.P.	Historical Park	N.W.R.	National Wildlife Refuge
Hts.	Heights	Pk.	Peak
Hwy.	Highway	R.	River
Ind. Res. (auch I.R.):	Indian Reservation	Rd.	Road
Int.	International	Res.	Reservation oder Reservoir
L.	Lake/See	Spr., Sprs.	Spring, Springs
Ln.	Lane	St.	State oder Street
M.M.	Mile marker		

Alkohol

Bier und Wein kann man in vielen Supermärkten kaufen; stärkere Alkoholika (sowie ebenfalls Wein und Bier) werden in speziell lizenzierten **Liquor Stores** angeboten. Personen unter 21 Jahren dürfen keine alkoholischen Getränke erwerben. Stets müssen Alkoholika verpackt nach draußen getragen werden. Sonntags bis 13 Uhr werden alkoholische Getränke nicht verkauft – an der Supermarktkasse wird rigoros alles „beschlagnahmt". In öffentlichen Anlagen (Schwimmbädern, State Parks etc.) darf kein Alkohol konsumiert werden.

In den Coffeeshop-Ketten am Highway gibt es keine alkoholischen Getränke. In normalen und in jedem teureren Restaurant dagegen *(fully licenced)* werden alle alkoholischen Getränke ausgeschenkt.

Anreise

Per Flugzeug: Die wichtigsten Flughäfen in Florida sind **Miami**, **Orlando, Fort Lauderdale** und **Fort Myers**. Der angenehmste Anreiseflughafen ist Orlando (hier meist schnelle Abfertigung, da wenige internationale Flüge abgewickelt wer-

Luxusliner im Hafen von Miami

den). In Miami kostet die Einreise mitunter viel Zeit, da viele Flüge, vor allem aus Südamerika, ankommen. Von Deutschland aus werden Nonstopflüge angeboten, u. a. von Lufthansa (ab Frankfurt nach Miami und Orlando, www.lufthansa.com), AirBerlin (von Düsseldorf nach Miami und Fort Myers, von Berlin nach Miami, www.airberlin.com), Condor (von Frankfurt nach Fort Lauderdale, www.condor.com). AirBerlin hat außerdem ein Codesharing-Abkommen mit American Airlines, wodurch verschiedene inneramerikanische Anschlussflüge (z. B. über Miami nach Key West) direkt über AirBerlin buchbar sind. Die amerikanischen Gesellschaften fliegen in der Regel über ihre „Hubs" von Europa nach Florida, was Umsteigen bedeutet (z. B. in New York oder Atlanta). British Airways fliegt von London aus Miami, Tampa und Orlando an. Mehr zu Flügen s. S. 80.

☞ Individuell Reisen

America Unlimited ist ein kleiner Nordamerika-Spezialist, der Mietwagenrundreisen mit oder ohne Flug anbietet. Das Besondere ist, dass die Routen individuell abgeändert werden können. Es stehen mehrere verschiedene Touren durch Florida auf dem Programm.
America Unlimited, *Leonhardtstr. 10, 30175 Hannover,* ☎ *(0511) 37444750, www.america-unlimited.de.*

Per Schiff: Miami ist der größte Kreuzfahrthafen der Welt. Hier beginnen oder enden die Kreuzfahrten in die Karibik, nach Mittelamerika oder nach Südamerika.

Per Bahn: Amtrak verbindet Florida mit Chicago, Boston, New York und Washington. Zwischen Washington DC und Sanford bei Orlando verkehrt täglich ein

Autoreisezug (rund 17 Stunden, man spart sich 1.500 km nervenaufreibende Fahrt auf dem Interstate 95, www.amtrak.com).

Per Auto: Über den Interstate 95 ist Florida mit dem Nordosten der USA verbunden. Doch sind diese Highways in den Ferienzeiten sehr stark frequentiert.

Apotheken

Amerikanische Apotheken sind meist große Läden (*drugstores*), in denen die eigentliche Apotheke (*pharmacy*) untergebracht ist. Hier bekommt man die verschreibungspflichtigen Medikamente, alle anderen nicht verschreibungspflichtigen Mittel nimmt man selber aus den Regalen. Apotheken mit Notdienst gibt es nicht, man wendet sich in diesen Fällen stets an das nächstliegende Krankenhaus (Ambulanz). Drugstores/Pharmacies haben zwischen 9 und 18, manchmal auch bis 21 Uhr geöffnet. In Florida sind besonders verbreitet Walgreens und CVS Pharmacy (meistens in den Einkaufszentren zu finden).

s. auch Stichwort Gesundheit

Auto fahren

Insgesamt gesehen fährt man in den USA **viel weniger hektisch** als in Europa und insbesondere in der Bundesrepublik. Die Einstellung zum „rollenden Blech" ist eher nüchtern und zweckorientiert. Man bewegt sich gemächlich, überholt auf den Highways im Zeitlupentempo, isst, trinkt und telefoniert während der Fahrt. Viele Autos haben am Armaturenbrett Halterungen für Dosengetränke, es gibt Flachbildschirme im Fond von Vans. Für den Amerikaner ist ein Auto mehr ein Wohnzimmer auf Rädern, verbringt man doch aufgrund der weiten Wege viel mehr Zeit darin als bei uns. Und so nebenbei fährt man – nicht immer gerade aufmerksam. Da man auf den Highways links und rechts überholen kann und man oft aufgrund sehr geringer Geschwindigkeitsdifferenz lange nebeneinander fährt und sich Fahrzeuge im toten Winkel der Spiegel befinden, kann es rasch krachen …

Eine andere Angewohnheit sollte man ebenfalls mit einkalkulieren: Der Fahrbahnwechsel wird sehr selten durch Blinken angezeigt. Auch beim Abbiegen in Städten und kleinen Orten scheint das Blinken manchmal ein unnötiger Luxus zu sein – man muss also aufpassen, dass der Vordermann statt geradeaus zu fahren doch vielleicht abbiegen wird.

Florida besitzt ein **dichtes Straßennetz**. Obwohl die Höchstgeschwindigkeit bei maximal 75 mph liegt, kommt man zügig voran, da es aufgrund der breiten Highways kaum Staus gibt. Ausnahme: Ballungsräume wie Fort Lauderdale – Miami oder St. Petersburg – Tampa – Clearwater. Allerdings sollte man Fernstraßen meiden, die durch die Ortschaften führen, denn eine „grüne Welle", wie wir sie kennen, gibt es quasi nicht, und man muss pausenlos anhalten. Das ist beispielsweise auf dem parallel zur Ostküste verlaufenden US 1 oder am US 19/Westküste der Fall.

Speziell in Florida sollte man beachten, dass es überdurchschnittlich viele ältere Autofahrer gibt, die sich manchmal unsicher fühlen, langsam fahren, beim Abbiegen nicht blinken oder lange zum Einparken brauchen.

Besondere Verkehrsregeln

- Generell gilt rechts vor links. Größere Kreuzungen sind, wenn nicht durch Ampeln gesichert, mit 4 Stoppschildern versehen. Also jede in die Kreuzung mündende Straße hat ein Stoppschild. Regel: Wer zuerst die Kreuzung erreicht und hält, kann als Erster fahren.
- Die Höchstgeschwindigkeit ist auf einigen Highways in den USA von 55 mph (88 km/h) auf bis zu 75 mph (120 km/h) erhöht worden. In der Regel wird diese Geschwindigkeitsbegrenzung sehr beachtet, allerdings gibt es einige, die mit mehr als 75 mph „rasen". Dem Übertreter winken deftige Geldstrafen – zahlbar in bar an Ort und Stelle. In Schulgebieten (*school zones*) sowie in Abschnitten mit Straßenbauarbeiten (*construction areas*) verdoppeln sich die Strafen.
- Anders als bei uns ist das Rechtsabbiegen bei Rot generell erlaubt, jedoch erst nach vorausgegangenem Stopp. Nur in Ausnahmefällen ist dies verboten, dann steht allerdings an der Ampel *no right turn* bzw. *right turn only on green arrow*.
- Hat eine Straße mehrere Spuren, so ist das Rechtsüberholen erlaubt. Man darf die Spur dann wechseln, wenn der Verkehr hinter einem es erlaubt. Allerdings nicht abrupt zum Fahrbahnwechsel ansetzen; damit rechnet der Amerikaner nicht.
- Das Anlegen von Sicherheitsgurten ist gesetzlich vorgeschrieben.
- Highway-Fahrten: Am besten passt man sich dem Verkehrsfluss an und benutzt bei 3-spurigen Bahnen die mittlere Spur. Man muss aufpassen, wenn man auf der rechten Fahrspur fährt: Sehr oft heißt es plötzlich *this lane must turn right* (auf dieser Fahrbahn muss rechts abgebogen werden). Dann muss man rechtzeitig wieder auf die linke, in der Regel mittlere Spur zurück.
- Vorsicht bei Schulbussen: Blinkt deren Warnanlage oder sind die Stoppzeichen ausgeklappt, darf der Bus nicht überholt werden. Auch der Gegenverkehr muss halten.
- Beim Parken und Anhalten außerhalb von Ortschaften muss man mit dem Wagen die Straße völlig verlassen.
- Parken vor Hydranten und Bushaltestellen ist verboten.
- Es herrscht völliges Alkoholverbot für Autofahrer: 0,0 ‰ Alkohol heißt die Devise. Jede Art von angebrochenen Flaschen mit alkoholischem Inhalt muss im Kofferraum bleiben.

Parken

Parken, v. a. in Parkhäusern, kann in den Metropolen, aber auch in den Hotels gehobener Kategorien, teuer werden. Auf Überlandstraßen und Autobahnen darf nur in Notfällen abseits der Fahrbahn angehalten werden; in Städten sind Hydranten und „Tow Away"- bzw. „No Parking"-Zonen ein absolutes Tabu.

Auf Straßen signalisieren **farbige Randsteinmarkierungen** die Parkregeln – **Rot**: absolutes Halteverbot; **Gelb/Gelb-Schwarz**: Liefer/Ladezone, über Nacht ist Parken erlaubt; **Grün**: 10-Minuten-Parken; **Weiß**: Anhalten zum Ein/Aussteigen erlaubt; **Blau**: Behinderten-Parkplätze.

 **Tipp**
Für unterwegs eine Kühlbox kaufen. In Hotels und Motels gibt es meist kostenlos Eis. Unterwegs ist man froh, eisgekühlte Getränke dabei zu haben.

Führerschein

Man benötigt nur den nationalen Führerschein. Kleinere Vermieter wollen manchmal zusätzlich einen Internationalen Führerschein vorgelegt bekommen. Dieser allein reicht aber nicht. Generell sollte man ihn – sofern vorhanden –sicherheitshalber mitnehmen.

Highways

Highways sind autobahnähnliche Fernstraßen, meist dreispurig. Viele Highways sind gebührenpflichtig, man muss *toll* (Maut) zahlen. Um schnell voran zu kommen, empfiehlt es sich, entweder mit der Kreditkarte zu bezahlen oder Kleingeld bereitzuhalten (1-Dollar-Noten, 25-Cent-Münzen). Man fährt dann direkt zu den Einfahrten „Exact Fare" und wirft die entsprechenden Münzen in einen Korb.

Der **Florida Turnpike** ist ein gebührenpflichtiger Highway, der bei Wildwood beginnt, über Orlando an die Ostküste führt und bei Florida City endet. Der Turnpike führt stets an den Städten vorbei. Die Höhe der Benutzungsgebühr richtet sich nach der gefahrenen Strecke. Seit Februar 2011 braucht man für die Strecke zwischen Florida City und Miami-Dade/Broward County den Sunpass (ein elektronisches Abbuchungssystem, für das man einen kleinen Sender benötigt; abgebucht wird über die Kreditkarte, Infos unter www.sunpass.com). Die Barzahlung ist dort nicht mehr möglich. Vorteil: Man muss nicht mehr an den Mautstationen anhalten. Kaufen kann man den Sunpass in Supermärkten und Drogerien, u. a. *Publix, CVS Pharmacy, Sedano's*, Tankstellen und Souvenirshops an den *Turnpike service plazas*. Die großen Autovermieter bieten gegen eine Gebühr an, die Maut direkt über die hinterlegte Kreditkarte abzurechnen.

Eine andere mautpflichtige Strecke ist der **Suncoast Parkway** an der Westküste nördlich von Tampa Richtung Crystal River.

Benzin

An der Zapfsäule wird das Benzin in Gallonen angezeigt (1 US-Gallone = 3,78 l). Beinahe alle Tankstellen akzeptieren eine Bezahlung mit Reiseschecks (Travellerschecks, wird aber selten genutzt) oder Kreditkarten (auf jeden Fall einfacher). Fast alle Tankstellen sind Selbstbedienungstankstellen. An den meisten Tanksäulen kann man die Kreditkarte einschieben, sie wird elektronisch überprüft, und nach der Freischaltung kann getankt werden. Preisbeispiel für 1 Gallone Regular unleaded (Normalbenzin) 2015: ca. $ 2,80 (Durchschnittspreis). In Ballungsgebieten (bes. Orlando) liegt der Preis häufig deutlich höher, an Tankstellen auf von außen sichtbare Preisangaben achten. Meist muss man den Zapfhahn gedrückt halten, sonst fließt nichts.

 **Tipp**
Internet-Adresse für tagesaktuelle Benzinpreise in Florida, auf Regionen bezogen: www.floridastategasprices.com.

Notfall und Pannen

Notruf ist **911**. Auf den Highways gibt es im Abstand von ½–1 Meile Notrufsäulen. Der AAA-Pannendienst (**AAA Emergency Road Service: (1-800) 222-4357**), hilft ebenfalls weiter.

Die internationale Notruf-Nummer des ADAC von den USA nach Deutschland: (+49-89) 222-222, Internationaler Ambulanzdienst: (+49-89) 767-676.

Bei Pannen mit einem Mietwagen wenden Sie sich bitte zunächst an die Mietwagenfirma.

Automobilclub AAA

Der größte amerikanische Automobilclub heißt **American Automobile Association**, abgekürzt **AAA** (auch „Triple A" genannt) und ist auch für ausländische Besucher eine nützliche Einrichtung. Mit einem deutschen **ADAC**- oder **AvD**-, einem österreichischen **ÖAMTC**- oder Schweizer **TCS**-Ausweis erhält man gratis vor Ort aktuelle Karten und Stadtpläne, außerdem hilfreiche Tour- und Camp-Books, in denen Sehenswürdigkeiten, Unterkünfte und Restaurants aufgelistet sind. Jede größere Stadt verfügt über eine AAA-Niederlassung (Adressen s. Gelbe Seiten des Telefonbuchs bzw. www.aaa.com), in der man sich bestenfalls zu Reisebeginn mit allen nötigen Karten, Stadtplänen und TourBooks eindeckt.

Büros des AAA gibt es in ganz Florida, u. a.:
* Miami: 6643 South Dixie Highway, South Miami, Florida 33143, ☏ (305) 661 6131, Mo–Fr 9–18.00 Uhr.
* Orlando: 7339 West Sand Lake Rd., Orlando, Florida, 32819, ☏ (407) 351 5610, Mo–Fr 8.30–17.30 Uhr.

Adressen und Öffnungszeiten aller Niederlassungen unter www.aaa.com oder www.aaasouth.com

Autokauf in den USA

Wer länger als 6 Wochen durch die USA reisen möchte, könnte sich überlegen, ein Fahrzeug zu kaufen. Autos sind in den USA verhältnismäßig günstig, und das macht sich auch auf dem Gebrauchtwagenmarkt deutlich bemerkbar. Ab etwa $ 3.500 bekommt man bereits ein sehr verlässliches, gebrauchtes Fahrzeug der Mittelklasse, das man mit etwas Glück hinterher zu einem guten Preis wieder verkaufen kann. Steuern sind auch billiger als bei uns. Man muss aber für Kauf und Verkauf jeweils 7 Tage einplanen.

Leider liegen die Versicherungsbeiträge für diejenigen, die keinen amerikanischen Führerschein besitzen, sehr hoch. Außerdem stellen viele Versicherungen keinen Versicherungsschutz aus für Ausländer. Halten Sie sich daher an die so genannten „unabhängigen" Versicherungsmakler. Eine weit verbreitete und empfehlenswerte Gesellschaft hierfür ist die AAA (s. o.). Ein (englischsprachiges) Schreiben der heimischen Versicherung in Europa über unfallfreies Fahren während der letzten 12 Monate ist für einen Vertragsabschluss ein nützliches Papier und senkt sogar in manchen Fällen die Prämie.

Die bereits in Deutschland abschließbaren Versicherungen sind in der Regel minimal teurer. Aber eine Buchung dort erspart einige Lauferei in den USA. Die Versicherung stellt **Blankoverträge** aus, in die Sie dann nach dem Autokauf nur die Fahrzeugdaten eintragen müssten.

Beim Kauf sollte man nicht zu sehr sparen und versuchen, ein Fahrzeug zu bekommen, das nicht älter als fünf Jahre und nicht mehr als 70.000 Meilen gefahren ist. Denn obwohl es in den USA mit Sicherheit genügend Werkstätten gibt, „pflegen" die Amerikaner ihre Fahrzeuge nicht so, wie wir es meist von Europa gewohnt sind. Selten findet man ein „scheckheftgepflegtes Auto". In den USA ist ein Auto ein reiner Gebrauchsgegenstand und wird häufig dann verkauft, wenn die ersten größeren Kosten auftreten. Prüfen Sie Ihr Wunschfahrzeug also vorher genau und achten Sie dabei auch auf Dinge wie Reifenabnutzung, Bremsbelagstärke und auf die Kupplung (Fuß auf die Bremse bzw. Handbremse feststellen, in den 2. Gang schalten und vorsichtig anfahren – dreht dann der Motor durch und rüttelt das Auto, ohne dass es losfährt, ist die Kupplungsscheibe nicht mehr einwandfrei – das klappt auch bei Automatikgetrieben).

Empfehlenswert ist es, auch wenn es etwas teurer wird, ein Fahrzeug bei einem Händler zu kaufen. Hier ist die Chance auf ein besseres Auto größer, und man hat in der Regel auch ein Rückgaberecht während der ersten Tage. Vielleicht kann man sogar das Fahrzeug hinterher beim Händler für einen Preisnachlass wieder abgeben. Ein weiterer Vorteil bei einem Händler ist, dass er einigen Papierkram übernehmen kann, allemal die Anmeldung und die Beschaffung der Nummernschilder. Die geringen Mehrkosten lohnen den vermiedenen Mehraufwand.

Falls man ein Fahrzeug privat kaufen möchte und sich zutraut, Mängel rechtzeitig zu erkennen, sollte man erst einmal, wie bei uns, die Wochenendausgabe der örtlichen Zeitungen lesen und sich über die Preise informieren. Zudem gibt es in den größeren Buchhandlungen aktuelle Bücher, die die Marktpreise von Gebrauchtwagen nennen, genau aufgeschlüsselt nach Typ, Jahr und Kilometerstand. Da sollte man unbedingt reinschauen.

Last but not least: Handeln ist üblich (auch bei den Händlern), und 10 % Rabatt sollten dabei rausspringen.

Eine weitere Kaufvariante wäre, sich an eine **europäische Firma** zu wenden, die sich mit dem Kauf und Versichern von Fahrzeugen in den USA auskennt wie TransAtlanticAutomobile (www.transatlantic-rv.com):
- Für Deutschland: Ernst Muller, 1245 Park St., Peekskill, NY 10566, USA, ① 914-739 8314, muller@transatlantic-rv.com
- Für die Schweiz: Paul Müller, Rotenstein 3, CH-9056 Gais, AR, Schweiz ① (071) 999 30 38, transatlantic@bluewin.ch

Die Firma hat sich vorwiegend auf den Verkauf und Rückkauf von Campern, Wohnmobilen und Kombis („Stationwagon") spezialisiert. Es werden aber auch normale KFZ und Motorräder angeboten. Fahrzeugaus- und Wiederabgabe aber nur in New York, Los Angeles, San Francisco, Miami oder Vancouver/Kanada. Die Firma kauft also das Fahrzeug hinterher wieder zurück. Versicherungsangelegenheiten und andere Formalitäten werden übernommen, inkl. Garantie. Natürlich ist dieser Kauf teurer, als wenn man das selbst in die Hand nehmen würde, aber dafür hat man auch eine gewisse Garantie und nicht die Laufereien.

Informationen zu **Versicherungen in Deutschland** erteilt: **TourInsure GmbH**, Herrengraben 5, 20459 Hamburg, ☎ (040)25172150, www.tourinsure.de.

Hier sind die Versicherungen zwar etwas teurer (ca. 10 %) als in den USA, aber der Anbieter kümmert sich dafür um alles. Eine Versicherung kann man auch abschließen, ohne die Fahrzeugdaten zu kennen, also vor dem Kauf. Diese Daten trägt man einfach vor Ort in den Vertrag ein. Unbedingt daran denken, alle in Frage kommenden Fahrer mit in die Versicherungspolice aufnehmen zu lassen, denn in den USA sind vor allem die Fahrer, nicht alleine die Fahrzeuge versichert.

Eine Versicherung in den USA für einen Fahrer zu finden, der keinen amerikanischen Führerschein besitzt, ist dank der „Lawsuits" (hohen Versicherungsfälle) ausgesprochen schwierig.

Was benötigt man für einen und nach einem Autokauf in den USA?

- Title Card: Diese weist einen als Fahrzeughalter aus. Man erhält dieses Dokument unter Vorlage des Kaufvertrages beim staatlichen *Motor Vehicle Department* (MVD), das meistens in der Stadtverwaltung untergebracht ist. Oft übernimmt diese Verwaltungsarbeit übrigens auch der AAA. Die Ausstellung der Karte dauert einige Wochen, sodass man sich die Title Card an eine verlässliche Stelle nachschicken lassen muss (das kann ein Hotel oder auch der Händler sein, bei dem man das Fahrzeug wieder verkaufen will). Aber die Adresse muss in den USA sein. Ohne diese Card kann man das Fahrzeug nicht wieder veräußern.
- Die Nummernschilder (*license plate*) erhält man sofort nach Vorlage der Versicherungspolice, der Title Card und ggf. der Abgas- und Fahrtüchtigkeitsbescheinigung (ebenfalls Stadtverwaltung bzw. AAA). Bei Gebrauchtwagen ist diese meistens noch vorhanden.
- Die Entrichtung der Steuern erfolgt in o. g. Behörde bzw. beim AAA.
- Eine Versicherung (teuer für Nichtamerikaner: ab etwa $ 300/Monat – je länger der Vertrag, desto günstiger).

Behinderte

Insgesamt betrachtet, ist Florida sehr behindertenfreundlich. Alle großen Vergnügungsparks *(attractions)* sowie Naturparks bieten Rollstühle häufig sogar kostenlos an. Stets findet man auch viele Parkplätze für Behinderte (*parking for handicapped persons*). Die Zugänge zu öffentlichen Gebäuden, Warenhäusern, Hotels, Motels, Restaurants, Büros etc. weisen Rampen auf (gesetzlich vorgeschrieben). In den Städten sind im Bereich der Kreuzungen die Bordsteinkanten abgesenkt. Viel mehr als bei uns trifft man auch auf Toiletten für Behinderte (*restrooms for handicapped persons*). Insgesamt tritt man Menschen mit Behinderung sehr freundlich, natürlich und hilfsbereit gegenüber.

Boot fahren

Bei der Anreise wird vom Flugzeug aus deutlich: Florida ist durchzogen von Seen, Seenplatten und Flüssen. In der Nähe der Küste „zerfleddert" das Land allmählich in viele Inseln und Inselchen: Florida ist ein „Land im Wasser"! Die Schönheit, Einmaligkeit und Faszination des Landes erschließt sich so richtig erst durch eine „Wanderung" auf den Wasserwegen.

In Florida findet man daher den **größten Bootsmarkt der Welt**, und die Mehrzahl der Floridianer hat ein wie auch immer dimensioniertes „Wasserfahrzeug": Das reicht vom kleinen Fischerkahn, der 3 Meter lang ist und einen 20-PS-Zweitakt-Motor hat, über ein Sportboot bis hin zur Luxusyacht. Die vielen Häfen (*marinas*) verdeutlichen, dass hier Boote und Schiffe aller Größenordnungen liegen.

Auch wenn man kein geübter „Skipper" ist, macht es nichts. Fangen Sie klein an und mieten ein *pontoon boat*: Das sind Boote mit einer Plattform, auf der die Fahrerkonsole sowie bequeme, gepolsterte Bänke montiert sind, darunter befinden sich an den Seiten in Längsrichtung zwei Schwimmer. Diese Boote sind gut im Fahrverhalten und ideal für alle (flachen) **Binnengewässer**, da sie quasi keinen Tiefgang haben. Kein Bootsschein? Auch kein Problem: Der **nationale Führerschein und eine Kreditkarte** reichen, und nach einer freundlichen Einweisung kann es losgehen. Auf den vielen kleinen Flüssen Floridas, die durch eine herrliche, unberührte Natur führen, kann man neben Motorbooten auch Kanus mieten.

Per Boot auf dem Intracoastal Waterway bei Gasparilla Island

Zieht es einen auf das **Meer** hinaus, dann sollte man an einer der unzähligen Marinas eine kleine Kajütenyacht mit Sitzplätzen hinter dem Fahrer mieten. Da das Boot vorne geschlossen ist, ist man im Gegensatz zu einem offenen Motorboot (*bowrider*) nicht so sehr den Wellen ausgesetzt.

In Meeresnähe gibt es zwei sehr gut **markierte Wasserwege**, die über lange Strecken vom offenen Meer durch schmale, flache Inseln geschützt sind, aber über *inlets* und *passages* mit dem Meer verbunden sind. An der Ostküste nennt sich dieser Wasserweg **Atlantic Intracoastal Waterway**, an der Westküste heißt er **Gulf Intracoastal Waterway**. Die Verbindung durch das Inland stellt der **Okeechobee Waterway** her, der von Stuart an der Ostküste über eine Distanz von etwa 160 Meilen, 5 Schleusen und unter mehr als 20 Brücken an die Westküste nach Fort Myers bzw. genauer: zur Mündung des Caloosahatchee River führt.

Das Hinausfahren aus dem Intracoastal Waterway auf das Meer führt durch mehr oder weniger breite Meeresengen. Auch hier sind selbstverständlich die meisten „Durchbrüche" durch Marker gekennzeichnet. Manchmal jedoch sind die Wege aufs Meer (so z. B. nördlich von Anna Maria Island) nicht markiert. Hier muss man also aufpassen, da es Sandbänke gibt. Es gilt dabei, das Wasser zu lesen: Dort, wo sich Wellen brechen, sind flache Stellen sicher zu vermuten, ebenso verrät die Farbe des Wassers, ob es flacher oder tiefer wird (je heller die Farbe, desto flacher).

Zu beachten sind in erster Linie die **roten und grünen Bojen** (nummerierte *marker*). Welche davon links oder rechts den Weg begleiten, fragen Sie am besten Ortskundige beim Bootsverleih. Auf jeden Fall muss man penibel darauf achten, den Marker von der richtigen Seite zu nehmen. Manchmal ist der markierte *channel* (Fahrkanal) sehr schmal, und gleich an der Seite lauern Untiefen, Felsen oder Sandbänke.

Es gilt außerdem zu beachten, dass es **Fahrzonen** gibt, in denen man keine Wellen verursachen und daher nur in niedrigem Tempo fahren darf (*idle speed zone – no wake*). Ist eine Geschwindigkeitsbegrenzungszone zu Ende, heißt es *resume to safe operation* (also in normalem Tempo fahren, etwa 25 m/h).

Vorsicht ist also stets geboten. Kommt man in durch größere Boote verursachte **Wellen**, dann die Fahrt verlangsamen und nicht über die Wellen brettern. Am besten nimmt man sie in einem Winkel von etwa 45 Grad.

 Informationen

Dozier's Southern Waterway Guide: jährliche Ausgaben, Infos und Bestellung unter www.waterwayguide.com. Dies ist der beste und ausführlichste Guide für Bootfahrer. Hier gibt es neben ausgezeichneten Karten jede Menge an Adressen von Marinas, Boots- und Yachtverleihern sowie detailgetreue Beschreibungen von Strecken und Sehenswürdigkeiten unterwegs.
www.marinalife.com: Routenplaner für Wasserwege, Reservierung von Marinas, Wetterberichte, Tiden etc.

Busse

Busreisen sind eine vergleichsweise unkomfortable, aber auch billigere und populäre Alternative zu Flügen und Zugreisen. Landesweit operiert **Greyhound**, dessen Busnetz eigentlich jede Stadt berührt. Die Greyhound-Stationen liegen oft in der Nähe der Bahnhöfe, haben manchmal einen Coffee-Shop, sanitäre Einrichtungen und Schließfächer. Für Verpflegung während der Fahrt wird nicht gesorgt, aber etwa alle 3 Stunden ein längerer Stopp eingelegt, bei dem man in einem Fast-Food-Restaurant einkehren kann.

Weitere Informationen über Routen, Fahrpreise und -pläne sowie Pauschalangebote samt Jugendherbergs-Unterkunft geben Spezialreisebüros oder erhält man direkt bei **Greyhound** (① (1-800) 231-2222, www.greyhound.com – auch Direktbuchungen möglich).

Camper

Für eine Tour durch Florida ist ein Camper, auch Motorhome genannt, als Transportmittel im Unterschied zum US-Westen oder Südwesten normalerweise nicht die erste Wahl. Die Region ist nämlich aufgrund ihrer teilweise dichten Besiedelung weniger geeignet für große Gefährte, und es gibt überall Unterkunftsmöglichkeiten. Ebenso ist es in Florida nicht erlaubt, wild irgendwo am Straßenrand oder auf Parkplätzen zu campieren.

Die Beweglichkeit ist gegenüber dem Pkw eingeschränkt und hinzu kommen die Kosten, die selbst in Vergleich zu Mietwagen plus Unterkunft meist um einiges höher ausfallen: Zu den Mietkosten kommt außerdem der hohe Benzinverbrauch und die Stellplatzkosten. Ein kleines Gefährt kostet pro Tag inklusive einer gewissen Zahl von Freimeilen mindestens 60 €, in der HS mehr, dazu kommen meist Übergabegebühren und Endreinigungskosten, Kosten für Zubehör, Zusatzversicherungen und ggf. Wochenendgebühren.

- Vorteile: Der Camperurlaub dürfte für all diejenigen ideal sein, die des ständigen Kofferpackens müde sind. Auch für Familien mit Kindern ist ein Camper ideal: Während der Fahrzeiten können die Kleinen im Wohnteil spielen oder schlafen.
- Nachteile: Camper schlucken sehr viel Benzin (20–25 l auf 100 km). Ebenso sollte man – zumindest zwischen April und September – auf jeden Fall einen Camper mit Klimaanlage mieten. Zeitaufwändig ist auch die tägliche Wartung: Man muss ab und zu die Abwässer an erlaubter Stelle am Campingplatz ablassen, Herd, Kühlschrank und „Badezimmer" pflegen, Wassertanks auffüllen etc. Leider muss auch gesagt werden, dass die Camper oft ziemlich heruntergewirtschaftet sind.

Bei einer Campermiete werden alle Längenangaben in foot (1 foot = 30,5 cm) gemacht. Bei den größeren Campern, Motorhomes genannt, bezieht sich die Längenangabe stets auf das ganze Fahrzeug (Fahrerkabine + Wohnteil), bei den kleineren Fahrzeugen (Camper) beziehen sich diese Angaben nur auf den Wohnteil.

Es gibt bei den Gefährten die unterschiedlichsten **Typen und Größen**. Das Spektrum beginnt beim kompakten VW-Camper – Platz für 2 Erwachsene und ein Kind, geringer Spritverbrauch, kaum Umgewöhnung in der Fahrweise notwendig – und endet beim Motorhome mit allem Komfort – teilw. riesige Gefährte für beispielsweise 2 Erwachsene und 4 Kinder, bis zu 40 ft. lang, mit voll ausgestattetem Bad, Klimaanlage etc.

Eine Direktbuchung eines Campers in den USA mag auf den ersten Blick verlocken, da sie eventuell billiger erscheint. Aber das Risiko ist relativ groß: Wenn die Camperfirma zumacht und man die Anzahlung geleistet haben, kann man das Geld abschreiben. Besser ist es, über einen deutschen Veranstalter das Fahrzeug zu mieten. Dann hat man die Gewähr, dass die Camperfirma solide ist und unterliegt keinem Währungsrisiko.

Infos über Preise und Ausstattung u. a. unter www.crd.de – North America Travel House; www.usareisen.de/wohnmobil; www.camperboerse.de; www.CANUSA.de/Wohnmobile-USA oder www.billiger-camper.info.

Camping

Florida ist schon aufgrund des Klimas zum Campen prädestiniert. Überall gibt es Campingplätze, wenn auch unterschiedlicher Qualität. Generell kann man sagen, dass die Plätze gepflegt sind und vor allem über saubere sanitäre Einrichtungen verfügen. Die schönsten Campingplätze findet man in den National Forests und in den State Parks. Die Stellplätze sind im Vergleich zu Europa sehr großzügig bemessen. Zu beachten ist aber auch: In den heißen Sommermonaten ist Zelten sehr strapaziös. Leider ist es schwierig, Campingplätze direkt am Strand zu finden, denn *water access* ist nicht gleichbedeutend mit Badestrand, sondern heißt in der Regel Bootsrampen und Piers. *Near beaches* deutet meist auf eine kurze Autofahrt zum Badestrand hin.

Sehr weit verbreitet sind die **KOA-Campingplätze** (Kampgrounds of America, s. u.). Doch wirken diese Anlagen immer gleich und liegen oft „zentral", was im Klartext „laut" bedeutet.

Schön zum Campen: Garden Key im Dry Tortugas National Park

 Hinweis

Wildes Campieren ist in den gesamten Vereinigten Staaten verboten!
Tipp für saubere und preiswerte Campingplätze: die Florida State Parks. Sie liegen immer sehr schön in der Natur, sind sehr sauber, sicher und mit allem Komfort ausgestattet. www.floridastateparks.org – auch hier sind Buchungen möglich.

In den Hauptferienzeiten sind die Campingplätze sehr stark besucht, und eine Vorreservierung ist dringend ratsam. Die Platzgebühren für Camperfahrzeuge sind relativ hoch und betragen in der Regel zwischen $ 40 und 80. Für das einfache Zelten zahlt man auf privaten Plätzen ca. $ 20–50, in den State Parks ca. $ 15–30. In der Hochsaison ist eine Vorausbuchung empfehlenswert.

Hilfreich bei der **Campingplanung** sind das *AAA CampBook* sowie:
- The Florida Association of RV Parks and Campgrounds, ☎ (850) 562-7151, 1340 Vickers Rd., Tallahassee FL 32303, www.campflorida.com; Infos zu Lage und Ausstattung aller Campingplätze Floridas.
- Florida State Parks: www.floridastateparks.org
- Nationalparks: www.ohranger.com („Park Guide") – Reservierungen unter www.recreation.gov (NP Service Reservation Center) „Camping", ☎ 1-877-444-6777 bzw. (518) 885 3639
- National Forests: ☎ 1-877-444-6777, www.reserveamerica.com; große Anzahl und Vielfalt an Campingplätzen, auch private Campgrounds. Sofortreservierung ist möglich und es gibt ein Suchprogramm nach dem passenden Platz mit weiteren touristischen Infos.
- KOA International: P.O Box 30558, Billings, MT 59114, (406) 248 7414, camping@koa.net, www.koakampgrounds.com
- Hilfreich im Internet außerdem: www.camping-usa.com (Verzeichnisse).

Diplomatische Vertretungen

In Deutschland
- US-Botschaft, Pariser Platz 2, 10117 Berlin; Konsularabteilung: Clayallee 170, 14195 Berlin, ☎ (030) 8305-0, http://germany.usembassy.gov
- US-Generalkonsulat Frankfurt, Gießener Str. 30, 60435 Frankfurt, ☎ (069) 75 35-0
- US-Generalkonsulat München, Königinstr. 5, 80539 München, ☎ (089) 2888-0, keine allgemeinen Öffnungszeiten, Terminvereinbarung notwendig

In Österreich
- US-Botschaft, Boltzmanngasse 16, A-1090 Wien, ☎ (01) 313 39-0, Visaabteilung: Parkring 12, A-1010 Wien, E-Mail ConsulateVienna@state.gov, www.usembassy.at.

In der Schweiz
- US-Botschaft, Sulgeneckstr. 19, CH-3007 Bern, ☎ (031) 357-7011, http://bern.usembassy.gov

Listen sämtlicher **US-Konsulate** mit Adressen und Öffnungszeiten im jeweiligen Heimatland befinden sich unter http://germany.usembassy.gov, www.usembassy.at bzw. http://bern.usembassy.gov.

Die **Botschaften** von D, AU und CH befinden sich **in Washington**, D.C.:
- Deutsche Botschaft, 4645 Reservoir Rd. NW, ☎ (202) 298 4000, www.germany.info

- Österreichische Botschaft, 3524 International Court NW, ☎ (202) 895 6700, www.austria.org
- Schweizer Botschaft, 2900 Cathedral Ave. NW, ☎ (202) 745 7900, www.eda.admin.ch/washington

In Florida:
- Generalkonsulat der Bundesrepublik Deutschland: 100, N. Biscayne Blvd., Miami, FL 33132, ☎ (305) 358 02 90/91, 7 (305) 358 0307, www.germany.info
- Honorarkonsulat der Republik Österreich: 2445 Hollywood Blvd., Hollywood, FL 33020, ☎ (954) 925-1100, 7 (954) 925-1101, E-Mail office@AustrianConsulateMiami.com
- Consulate of Switzerland, c/o Panalpina Inc., 703 Waterford Way, Suite 890, Miami, FL 33126, ☎ (305) 377 6700, miami@honrep.ch

In anderen Städten helfen (Honorar-)Konsulate im Notfall weiter. Eine Liste aller **Auslandsvertretungen** findet sich auf folgenden Webpages: www.auswaertiges-amt.de (**D**); www.bmaa.gv.at (**AU**) und www.eda.admin.ch (**CH**).

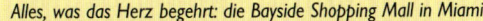

Einkaufen

Es gibt **kein verbindliches Ladenschlussgesetz**. Manche Geschäfte – vor allem kleinere Supermärkte – werben mit *24 hours year around*. Die meisten Läden haben Mo–Sa von 10–21, So manchmal auch von 10–18 Uhr geöffnet.

Die großen Einkaufszentren und Malls liegen stets an den Ausfallstraßen und bieten riesige Parkflächen. In diesen Shopping Centers gibt es außer überdimensionalen

Alles, was das Herz begehrt: die Bayside Shopping Mall in Miami

Supermärkten (z. B. die Kette Publix oder Safeway) auch Ansammlungen kleinerer Spezialgeschäfte, Friseursalons und Coffeeshops.

In den letzten Jahren konnte man u. U. Geld sparen, wenn man Tickets für Unternehmungen wie Vergnügungsparks, Eintritt in diverse Museen etc. online bestellt. Coupons gibt es auch auf den Webseiten www.destinationcoupons.com/Florida/FLORIDA.asp und http://goflorida.about.com/od/couponsdiscounts/.

Einreise

Deutsche, Schweizer und österreichische Staatsbürger brauchen für einen Aufenthalt von bis zu 90 Tagen kein Visum (**Visa Waiver Program** [VWP]). Außer einem Rückflugticket muss jeder einreisende Besucher im Besitz eines **maschinenlesbaren (bordeauxroten) Reisepasses** sein mit einer Restgültigkeit bis mindestens zum Reiseende. Die alten Kinderausweise und Einträge in den Reisepässen der Eltern werden nicht mehr akzeptiert.

Seit Januar 2009 müssen sich Bürger, die ohne Visum einreisen, als Teil des Visa Waiver Program (VWP) spätestens 72 Stunden vor Abflug **online registrieren** lassen (Electronic System for Travel Authorization – ESTA). Das kann bereits im Reisebüro oder aber im Internet erfolgen: https://esta.cbp.dhs.gov (Antrag und Erläuterungen gibt es auch auf Deutsch, die Sprachauswahl findet sich auf der Startseite oben rechts neben dem ESTA-Schriftzug). Dabei werden abgefragt: Name, Geburtsdatum, Adresse, Nationalität, Passnummer, Aufenthaltsort, Zweck und Dauer der Reise etc. Wer einmal registriert ist, kann innerhalb von zwei Jahren mehrfach einreisen, sofern der Pass solange gültig ist. Updates, wie die Ergänzung bzw. Änderung der ersten Adresse vor Ort, sind nachträglich möglich. Nach der Registrierung erfolgt im Allgemeinen sofort eine Mitteilung (*Authorization Approved*). Bei Besitz eines Visums ist keine Registrierung nötig.

❗ Achtung

Im Internet kursieren dubiose Angebote zur Hilfestellung bei der Ausfüllung des – nicht besonders komplizierten und auf Deutsch vorliegenden – ESTA-Antrags, diese soll oft bis zu $ 50 kosten. Wer unsicher ist, sollte sich lieber an sein Reisebüro oder auch an seine Fluggesellschaft wenden.

Seit 2010 wird bei der Registrierung eine Gebühr von $ 14 fällig („Einreisegebühr"), die per Kredit- oder Debitkarte bezahlt werden muss. Bei einer Buchung im Reisebüro kann die Gebühr auch über die Sammelkreditkarte des Reisebüros bezahlt werden.

Visum: Ein Visum ist für „Normaltouristen" nicht nötig. Nur wer länger als 90 Tage im Land bleiben möchte (z. B. als Schüler, Student oder Angehöriger bestimmter Berufsgruppen), muss sich der aufwändigen Prozedur der Visumsbeschaffung unterziehen. Dazu ist eine persönliche Vorsprache in den Konsulaten (siehe „Diplomatische Vertretungen") nach vorheriger Terminvereinbarung nötig. Vorgelegt werden muss dabei das ausgefüllte Antragsformular, Reisepass, Passbild und ein Online-Zahlungsbestätigungsformular über geleistete Gebühren. Außerdem muss nachgewiesen werden, dass man die USA nach vorübergehendem Aufenthalt wieder verlassen wird und finanzielle Vorkehrungen zur Deckung der Reise- und Aufenthaltskosten getroffen hat. Über das aktuelle Prozedere informieren die Botschaften und Konsulate.

 Wichtige Info

Da sich die Einreisebestimmungen kurzfristig ändern können, empfiehlt es sich, vor Abflug die Webpages http://germany.usembassy.gov/visa/ bzw. www.auswaertiges-amt.de oder in Österreich www.bmaa.gv.at, in der Schweiz www.eda.admin.ch zu checken.

 Verwechslungsgefahr

Die Reisepassnummer enthält niemals den Buchstaben „O", sondern nur die Ziffer „0"!

Kontrollen: Seit September 2001 sind **verschärfte Kontrollen** an den Abflughäfen in Deutschland und in den USA üblich. Reisende sollten sich darauf einrichten und genügend Zeit für Check-in bzw. Umsteigen einplanen. **Konkrete Auskünfte** erteilen die Fluggesellschaften bzw. **www.tsa.gov/traveler-information**.

Einreise in die USA
Im Flugzeug muss pro Familie mit gleicher Adresse ein weißes Zollformular – die **Customs Declaration** – ausgefüllt werden. Auf diesem sind ggf. über die Richtwerte hinaus eingeführte Waren und Devisen anzugeben. Streng verboten ist die Einfuhr von Frischprodukten aller Art (Obst, Gemüse, Wurst etc.), Samen, Drogen/Medikamente, Waffen, Tiere etc. (siehe auch „Zoll").

Angekommen am ersten Flughafen in den USA durchläuft jeder Tourist im Rahmen des *US-VISIT*-Programms aus einer Visa-Waiver-Nation **am Einreiseschalter** (*Immigration Counter*) folgende **Prozedur**: Während der Pass gescannt, das ausgefüllte Formular geprüft wird und der *Officer* Fragen zu Reiseroute, Zweck der Reise, Beruf, Bekannten oder Freunden in USA, evtl. auch zum Reisebudget stellt, werden tintenlose Fingerabdrücke (jeweils linke/rechte vier Finger sowie beide Daumen) abgenommen und ein digitales Foto gemacht. Daraufhin wird die Aufenthaltsdauer auf normalerweise drei Monate festgelegt und in den Pass eingestempelt. Dazu geheftet wird gegenwärtig noch der untere Teil der *Immigration Card*, der *Departure Record*, der bis zur Ausreise im Pass bleiben muss. Der Vorgang dauert im Allgemeinen nicht länger als früher.

Danach geht es Richtung **Gepäckband** (*baggage claim*), auch wenn ein Weiterflug gebucht ist. Letzte Station: der **Zoll**. Beim Ausgang mit der Aufschrift „*Nothing to declare*" wird die Zollkarte abgegeben und abgestempelt; gelegentlich finden Stichproben statt. Bei inneramerikanischem Anschlussflug muss das Gepäck anschließend neu eingecheckt werden. Automietstationen – *Car Rental* – und *Ground Transportation/Public Transport* bzw. Taxis sind im Ankunftsgebäude im Allgemeinen gut ausgeschildert und leicht zu finden.

Eisenbahn

Die Eisenbahnorganisation **AMTRAK** verbindet Florida mit New York und Washington. Man kann also von hier aus per Zug die Florida-Städte Jacksonville, Orlando, St. Petersburg, Tampa, Fort Lauderdale und Miami erreichen. Von New York bis Miami dauert die Fahrt ca. 26 Stunden. Innerhalb von Florida ist das Zugfahren nicht so ratsam, weil die Bahnstationen oft weit weg von den touristisch interessanten Stellen liegen. Teile des Nordens sowie Naples, Fort Myers und Key West haben überhaupt keine Bahnanschlüsse. Einige Stationen wie Ocala oder Gainesville sind nur Bushaltestellen, die Verbindungen zu Bahnhöfen in der Nähe bieten (Thruway Bus Service).

Amtrak bietet ein Railpass-System an, wobei für den europäischen Touristen besonders preisgünstige 15-, 30- und 45-Tage-Tickets angeboten werden. Diese Bahnpässe müssen in Europa gekauft werden. Die preisgünstigen Pässe unterscheiden sich bzgl. Geltungszeit und -raum, sie gelten im **Coach** (Sitzwagen) und kosten je nach Saison (HS: Ende Mai–Anfang Sept. und Mitte Dez.–Anfang Jan.) unterschiedlich viel:

Der **USA Rail Pass** kostet (Stand 2015) für
    15 Tage/8 Abschnitte $ 459/ca. 411 €
    30 Tage/12 Abschnitte $ 689/ca. 617 €
    45 Tage/18 Abschnitte $ 899/ca. 805 €

AMTRAK-Stationen in Florida
(in der Reihenfolge etwa von Norden nach Süden folgend):
Jacksonville – Palatka, DeLand – Sanford – Winter Park – Orlando – Kissimmee, Lakeland – Tampa – Clearwater – St. Petersburg – Wildwood – Winter Haven – Sebring – Okeechobee – West Palm Beach – Delray Station – Deerfield Beach – Fort Lauderdale – Hollywood – Miami

i **Informationen**
Amtrak *(http://deutsch.amtrak.com) wird in Deutschland vertreten durch die Firma CRD International, Stadthausbrücke 1–3, 20355 Hamburg, www.crd.de/amtrak/bahnpaesse.php, ☎ 040-300-616-0.*
Bahnpässe gibt es auch bei
Flug- und Reiseservice Hageloch & Henes, *Reutlingen, www.buspass.de*
Meso-Reisen, *Berlin, www.meso-berlin.de*
AMTRAK, *☎ (215) 856 7953, Hotline: ☎ 1-800-USA-RAIL (von den USA aus), www.amtrak.com*

Hingewiesen sei nochmals auf die Tatsache, dass das Eisenbahnnetz sehr dünn ist und dass die Züge länger brauchen als die Busse. Dafür reist man aber ausgesprochen komfortabel.

Essen & Trinken

Über das Essen in den Vereinigten Staaten kursieren noch immer eine Menge Vorurteile. Die amerikanische Küche besteht nämlich nicht nur aus Hamburgern und Hot Dogs, Budweiser und Coke und die Amerikaner ernähren sich nicht ausschließlich von Dosen- und Tiefkühl-Fertigkost. In den letzten Jahren hat sich das kulinarische Angebot in den USA zum Positiven gewandelt und die amerikanischen Restaurants vermögen heute jeden Geschmack zu befriedigen: vom einfachen Snack über Hamburger bis hin zu raffinierten Gerichten beispielsweise der französischen oder italienischen Küche. Floridas Gastronomie bietet für jeden Geldbeutel und jeden Geschmack etwas. Zunächst einmal sei gesagt, dass das Essen im Restaurant oder Coffeeshop für den Amerikaner etwas Alltägliches ist. Restaurants werden viel mehr als bei uns besucht. Schon zum Frühstück sind die Tische vor allem der großen Restaurant-Ketten gut gefüllt. Und auch den ganzen Tag über ist etwas los.

Restaurants lassen sich grundsätzlich in **drei Kategorien** einteilen: Fast-food/Diner/Eatery für den schnellen Imbiss, Cafés/Snackbars/Grills/Family Restaurants zum preiswerten Lunch und Restaurants der gehobenen Kategorie („Fine Dining") für kulinarische Höhenflüge. Die amerikanischen Essenszeiten unterscheiden sich kaum von den unsrigen: Mittagessen (*lunch*) gibt es zwischen 12 und 14 Uhr, Abendessen (*dinner*) etwa von 18 bis 21 Uhr; die spätere Variante heißt auch „*supper*".

 Tipp

Wenn Sie ein Restaurant betreten, schauen Sie sich die Größe der Portionen an. Teilweise sind diese so riesig, dass auch zwei Esser davon satt werden. Ohne schief angesehen zu werden, kann man ein Menü mit zwei Gedecken bestellen. Und was übrig bleibt, wird ohne Murren in ein **Doggy Bag** (Hundetüte) gepackt und kann später aufgegessen werden.

Frühstück

Das Frühstück ist in aller Regel nicht im Übernachtungspreis mit eingeschlossen. Generell unterscheidet man zwischen dem

*   Continental breakfast, das frische Früchte, Saft, Toast, Marmelade, Kaffee oder Tee einschließt, und dem

Key-Lime-Fabrik in Key West

Spezialität: Stone Crabs

Häufig paniert: Seafood

- American breakfast, einer üppigen Mahlzeit mit warmen und kalten Gerichten, wozu neben Saft, Toast, Marmelade vor allem alle möglichen Eierspeisen, Schinken, Speck, Kartoffeln, Waffeln, Kuchen, Steaks, Getreideflocken usw. gehören.

Lunch
Lunch ist im Gegensatz zum „großen" Mittagessen im deutschsprachigen Raum eher bescheiden. Man nimmt sich dafür nicht so viel Zeit, denn die Hauptmahlzeit

info

Was „typisch amerikanisch" ist, wenn's ums Essen geht

- In den meisten Restaurants – das betrifft vor allem die Ketten, aber auch bessere Restaurants – wird schnell serviert und abgerechnet. Man sitzt nicht im Restaurant, um gemütliche Stunden mit Freunden zu verbringen – dazu zieht man nach dem Essen in den Barbereich. Sinn: Die Tische müssen Umsatz machen!
- Beim Eintritt in ein Restaurant muss man warten, bis man einen Platz zugewiesen bekommt *(„wait to be seated")*. Sinn: Gleichmäßige Auslastung (= Verdienstmöglichkeiten) der Bedienung.
- Viele Amerikaner essen nicht gleichzeitig mit Messer und Gabel. Mit dem Messer schneidet man vor dem Essen das Fleisch klein – dann isst man nur mit der Gabel weiter. Angeblich stammt diese Sitte aus den Zeiten des Wilden Westens, wo man stets eine Hand frei haben musste, um schnell den Colt zu ziehen.
- Auf den Speisekarten gibt es oft sehr blumige Beschreibungen, die das Gericht – meist unberechtigt – zu einer ausgesprochenen Delikatesse aufwerten *(„wording")*. Wenn Sie dort von „special garden grown peas" lesen, sind das schlicht und einfach grüne Erbsen.
- Der Kaffee ist meistens wesentlich dünner als bei uns, dafür bekommt man ihn in Restaurants i. d. R. kostenlos nachgegossen.
- Erfreulich sind die Salat-Buffets *(salad bars)*, an denen man sich nach Herzenslust bedienen kann. Ebenso steht eine Reihe von Dressing-Saucen zur Auswahl.
- Als Trinkgeld erwartet der Kellner – falls nicht schon im Preis inbegriffen – etwa 15–20 % *(service charge, tip* oder *gratuity* genannt). Man hinterlässt es entweder auf dem Tisch oder lässt es auf die Abrechnung des Kreditkartenformulars setzen. In Touristengegenden wird oft automatisch 15–20 % gratuity berechnet – also aufpassen und nicht doppelt zahlen! Die Arbeitskräfte sind schlecht bezahlt und leben zum Großteil von Trinkgeldern.
Einpacken von Essensresten in ein *doggy bag* ist selbst in einem Feinschmeckerrestaurant durchaus üblich.
- Die Butter ist in der Regel gesalzen.
- Vorwiegend wird Weiß- und Toastbrot serviert, nur in seltenen Fällen und dann stets in teureren Restaurants dunkles Brot.
- Am Sonntag bieten viele Restaurants einen „Brunch" an, den es meist zwischen 11 und 14 Uhr gibt.
- Lunch (Mittagessen) wird merklich preiswerter angeboten als das Dinner (Abendessen).
- Preiswert werden die so genannten **„early bird-Dinners"** angeboten. Ab etwa 16.30–18 h kann man dann zum Teil für nur 50 % des normalen Preises das Abendessen einnehmen. Diese Alternative wird sehr gerne von den vielen Rentnern in Florida aufgegriffen.

ist das abendliche Dinner. In den USA sind die Mittagspausen sehr kurz (nicht länger als 45 Minuten), und deshalb nimmt man Kleinigkeiten in den Fast-Food-Ketten, einem Coffeeshop oder einer Cafeteria ein, z. B. Hamburger oder Sandwiches. Oft gibt es Lunch Specials, und die (gleichen) Gerichte sind günstiger als am Abend.

Dinner

Das Dinner, mindestens aus Vorspeise, Hauptgericht und Nachspeise bestehend, ist die Hauptmahlzeit des Tages – neben dem üppigen Frühstück.
Die edleren „Dining Rooms", die Restaurants für das Abendessen, zeichnen sich oft durch Lichtarmut aus. Die Dunkelheit, durch Kerzenschein notdürftig erhellt, gibt den Anschein von Gediegenheit und Vornehmheit – so zumindest amerikanischer Glaube.

Preiswert kann man auch in den Imbissabteilungen der Warenhäuser essen, so z. B. in der überall vertretenen Kette K-Mart. Natürlich kann man sich auf diese Weise – billig – ernähren, doch man legt sicherlich einige Pfunde zu.

Die gängigsten Restaurantketten in Florida, meist an den Highways und Ausfallstraßen gelegen, wo sich Motel an Motel reiht	
Burger King (Hamburger)	Checkers (saftige Hamburger)
Dairy Queen (Milchprodukte)	Wendy's (Hamburger)
Howard Johnson's („American style")	Kentucky Fried Chicken (Hähnchen)
Jack-in-the-Box („American Style")	McDonald's (Hamburger)
Pizza Hut (Pizzas)	Ponderosa (Steaks)
Mister Donut (in Fett ausgebackene Kringel)	Olive Gardens (ital. Küche, gut!)
Outback Restaurant (saftige Steaks)	Red Lobster (Meeresfrüchte)
Taco Bell (mexikanische Speisen)	IHOP (u. a. Pfannkuchen)

 Tipp
Aktuelle Restauranttipps findet man im Internet unter: www.floridatrend.com, „Dining&Spirits", www.zagat.com (zu Miami, Orlando und Tampa).

Getränke

Kaffee und Tee

Kaffeetrinker werden sich in normalen Restaurants an den etwas schalen Geschmack des schwach gerösteten amerikanischen Kaffees gewöhnen müssen. Auch der gepriesene „filter coffee" ist nur ein schwacher Trost. Allerdings wird der Kaffee ohne weiteren Aufpreis, so oft man will, nachgeschenkt. In den zahlreichen Cafés aber, auch der Ketten wie z. B. Starbucks, bekommt man natürlich eine große Auswahl von guten Kaffeesorten.

Bei **Tee** bekommt man meist Teebeutel. Sehr beliebt und erfrischend ist in der heißen Jahreszeit der *iced tea*, mit Eiswürfeln, Zitrone und Zucker.

Beliebt: Light Beer

Root Beer
Dies hat nichts mit Bier zu tun. Wer es trinken möchte, sollte wissen, womit der Gaumen konfrontiert wird: Es ist ein etwas gewöhnungsbedürftiges Gemisch aus kohlensäurehaltigem Wasser, Maiszucker, Substanzen des Yucca-Kaktus, Zitronensäure, Akaziengummi …

Bier *(beer)*
Trotz des schlechten Rufes ist das amerikanische Bier recht trinkbar. Es ist schwächer und kohlensäurehaltiger als das europäische und wird meist eiskalt serviert. Eine Blume oder Schaumkrone ist vollkommen unbekannt, und häufig sieht man sich vor die Aufgabe gestellt, das bis zum Rand gefüllte Glas vom Tresen zum Tisch zu befördern.

Sehr beliebt ist auch das Light(-Bier), ein um 20–40 % schwächeres Bier mit 40–70 % weniger Kalorien. Besonders die gängigen Light-Biere haben allerdings nur um ca. 25 % weniger Alkohol. D.h. auch hier: Trinken und Fahren verträgt sich nicht! Viele Biersorten tragen deutsche Namen (z. B. „Löwenbräu"), doch gehören diese Brauereien amerikanischen Firmen. In größeren Städten entstehen immer mehr Microbreweries (Kleinst-Brauereien), die jeweils ihr eigenes Bier herstellen und nur im eigenen Restaurant verkaufen. Deren Bier ist besser und stärker.

Wer nun gar nicht auf das gute europäische Bier verzichten möchte, kann es sich in Spirituosenläden in Flaschen kaufen bzw. in einigen Restaurants/Bars auch bestellen. Besonders englische Biersorten und das bekannte dänische Carlsberg sind in Florida weit verbreitet. Es ist aber etwas teurer. Deutsche Marken tun sich in

Amerika immer noch schwer. Am häufigsten gibt es Becks aus der Flasche und seltener Warsteiner vom Fass.

Wein
Zwar gibt es auch in Florida vereinzelte Weingüter (z. B. www.lakeridgewinery. com), die größten und bedeutendsten Anbaugebiete finden sich in den USA aber nach wie vor in Kalifornien. Nicht nur die kalifornischen Spitzenweine, sondern auch die Tischweine sind durchaus schmackhaft und sehr bekömmlich, da zumeist trocken. Auch Rotweine werden in den USA gekühlt serviert. Gute und sehr gute Flaschenweine verlangen ihren Preis; man muss zwischen $ 10 und $ 40 anlegen. Aber auch die Hausweine (*house wines*), in kleinen oder großen Karaffen angeboten, sind meistens trocken und bekömmlich. Die Bedienung bringt gerne ein Probiergläschen. Auch in den Bundesstaaten Oregon und Washington, ja sogar im Staate New York wird Wein in großem Stil angebaut.

Es gibt kein Güte-Klassifikationssystem für Weine. Als Qualitätsgarant halten die Namen der Winzer her.

Feiertage und Ferientermine

Da die Ferienpläne wechseln, können hier nur die ungefähren Termine angegeben werden.

Feiertage USA	
01. Januar:	New Year's Day (Neujahr)
Dritter Montag im Januar:	Martin Luther King jr. Day
Dritter Montag im Februar:	President's Day (George Washington's Birthday)
Letzter Montag im Mai:	„Memorial Day" (Heldengedenktag)
04. Juli:	Independence Day (Unabhängigkeitstag)
Erster Montag im September:	Labor Day (Tag der Arbeit)
Zweiter Montag im Oktober:	Columbus Day
11. November:	Veteran's Day (Soldatengedenktag)
Vierter Donnerstag im November:	Thanksgiving Day (Erntedankfest)
25. Dezember:	Weihnachten

Ferientermine USA		
	Schulen	**Universitäten**
Osterferien	in der auf Ostersonntag folgenden Woche	2 Wochen, eine Woche vor und eine Woche nach Ostern
Sommerferien	von der 2. Juniwoche bis einschl. 1. Septemberwoche	von Anfang Juni bis einschl. 3. Septemberwoche
Weihnachten	vom 25. Dezember bis einschl. 2. Januar	vom 17. Dezember bis einschl. 2. Januar

Wichtig: *Wenn ein Feiertag auf einen Sonntag fällt, dann ist der nachfolgende Montag arbeitsfrei. Wenn mit einem Feiertag ein verlängertes Wochenende möglich ist, dann sind* viele Amerikaner unterwegs. Folgen: ausgebuchte Flüge, höhere Preise für Übernachtungen, überfüllte Vergnügungsparks. An den offiziellen Feiertagen sind alle öffentlichen Institutionen geschlossen.

FKK

Florida ist, wie die gesamten USA, eher prüde. Offizielle Nacktbadestrände gibt es nicht, die Polizei schreitet gnadenlos ein (hohe Geldbußen). Ausnahme sind bestimmte Badestrände in MiamiBeach (zwischen 6th und 21st) sowie in Key West, wo „oben ohne" toleriert wird. Trotzdem: Vorsicht!

Flüge

Das **Angebot an Transatlantikflügen** ist dank des Preiskampfes der einzelnen Airlines mitunter recht unübersichtlich geworden. Dies umso mehr, als sich nicht nur die offiziellen Flugpreise ständig ändern (bei Inlandsverbindungen in den USA fast stündlich!), sondern dazu eine Vielzahl an Sonder- und Last-Minute-Angeboten, unterschiedliche Saisonzeiten, evtl. Wochenendzuschläge u.v.m. kommt. Gerade deshalb ist es sinnvoll, sich vor der Buchung über Routen, Preise und Bedingungen (Steuern/Kerosinzuschläge) zu informieren.

Unerlässlich ist ein **Preisvergleich**, etwa zwischen den Angeboten eines Reisebüros und den diversen Billigfluganbietern im Internet (z. B.: www.ebookers.com, www.followme.de, www.orbitz.com, www.expedia.de, www.cheaptickets.com, www.travelcity.com, www.flug.de). Letztgenannte Möglichkeiten sind oft 50–100 € billiger – wer aber mehr als nur den Transatlantik-Flug buchen möchte (z. B. Anschlussflüge, Mietwagen, Unterkünfte etc.), sollte lieber auf ein renommiertes Reisebüro zurückgreifen.

Man sollte, obwohl es keine Pflicht mehr ist, den Flug vor Rückflugtermin rückbestätigen (*reconfirmation*), vor allem, um sich über die Flugzeiten zu vergewissern. Dies kann im Internet oder durch Anruf der Fluggesellschaft geschehen. Telefonnummern von Airlines sind über die Hotelrezeptionen oder die Gelben Seiten erfragbar.

Fluglinien:
   Air France: www.airfrance.de, **American Airlines**: www.americanairlines. de, **British Airways**: www.britishairways.com, **Delta**: www.delta.com, **Lufthansa**: www.lufthansa.com, **Air Berlin**: www.airberlin.com, **Northwest/ KLM**: www.klm.com, **Swiss**: www.swiss.com, **United Airlines:** www.united. com
Flughäfen:
   Miami International Airport: ☏ (305) 876 7000, www.miami-airport.com; **Orlando International Airport**: ☏ (407) 825 2001, www.orlandoairports. net; **Tampa International Airport**: ☏ (813) 870 8770, www.tampaairport. com; **Southwest Florida International Airport**: ☏ (239) 590 4800, www. swfia.com

Tipp

Wenn möglich, sollte man ab Europa direkt zu der Destination nach Florida ohne Umsteigen in den USA fliegen. Jedes Umsteigen in den USA kostet viel Zeit. Beim Hinflug, wenn man z. B. über New York oder Atlanta fliegt kann es passieren, dass man den Anschlussflug wegen langer Wartezeiten bei der Einreise versäumt. Oder die Maschine aus Europa fliegt etwas später ab – schon ist der US-Anschlussflug gefährdet!

Fotografieren

Speicherkarten und Akkus für Digitalkameras sind in Fotoläden, Elektronikshops und mittlerweile auch in Fotoabteilungen von Drugstores und Supermärkten zu bekommen. Dort gibt es häufig auch digitale Druckservices, *photo kiosks*. Mitgebrachte Ladegeräte müssen „reisetauglich" sein, d. h. der anderen Spannung angepasst werden können, zudem ist ein **Adapter** für die anderen Steckdosen nötig, gleiches gilt für ein evtl. mitgebrachtes Kartenlesegerät. Kleinbildfilme – vor allem der Firma Kodak – sind ebenso wie Wegwerfkameras in jedem Supermarkt, Drugstore oder Souvenirladen erhältlich, und preiswerter Entwicklungs-Schnellservice steht zur Verfügung.

In Museen und manchen anderen Sehenswürdigkeiten sowie im Umkreis von militärischen Anlagen ist Fotografieren verboten bzw. nur zu Privatzwecken erlaubt, ohne Blitz und Stativ. Bei Personenaufnahmen ist Respekt oberstes Gebot (ggf. vorher Fotografiererlaubnis einholen).

Postkartenmotiv: floridianischer Sonnenuntergang

Kameras und Zubehör sind in den USA preiswerter als hierzulande, beim Kauf ist allerdings zu prüfen, ob die Garantie weltweit gilt und ob die Stromspannung von Netzgerät und sonstigem Zubehör passen bzw. angepasst werden können. Zum annoncierten Preis addiert werden muss meistens noch die Steuer, außerdem u.U. Zoll am deutschen Einreiseflughafen.

Geldangelegenheiten

Die amerikanische Währungseinheit ist der US-Dollar (US$, meist nur $), wobei 1 $ aus 100 Cents besteht. Folgende Nennwerte werden ausgegeben (in Klammern die gebräuchlichen Bezeichnungen):

Münzen: 1 Cent (Penny), 5 Cents (Nickel), 10 Cents (Dime), 25 Cents (Quarter), 50 Cents (Half Dollar) und 1 Dollar. Die beiden letztgenannten Münzen sind selten und spielen für Automaten, Telefonapparate etc. keine Rolle. Der wertlosere Nickel ist größer als der Dime.

Banknoten: 1-, 2-, 5-, 10-, 20-, 50-, 100-, 500- und 1.000-Dollar-Scheine (die beiden letzten sind sehr selten).

Alle Dollar-Noten sind **gleich groß** und haben die **gleiche Farbe**, d. h., sie unterscheiden sich nur durch den Nennwert und die aufgedruckten Bilder auf der schwarzen Vorder- und grünen Rückseite (daher im Volksmund auch *Green backs* genannt; umgangssprachlich redet man von *Bucks*). Deshalb sollte man beim Bezahlen, Trinkgeldgeben oder beim Rückgeldempfang ganz genau aufpassen.

Da beim Geldumtausch in den USA höhere Provisionen berechnet werden als in Europa, sollte man sich seine ersten Dollar bereits zu Hause besorgen. Dabei empfiehlt es sich, sich eine Menge kleiner Noten (1-, 2-, 5- und 10-Dollar-Noten) geben zu lassen, die einem bei der Ankunft gute Dienste leisten können, denn z. B. Taxifahrer führen aus Sicherheitsgründen wenig Wechselgeld bei sich.

Kreditkarten

Wichtiger als Bargeld ist dem Amerikaner aber die Kreditkarte, von der er meistens mehrere Exemplare unterschiedlicher Firmen besitzt. Auch kleinere Beträge können problemlos mit Karte bezahlt werden, einen Wagen zu mieten ist ohne Kreditkarte gar nicht möglich. Manche bieten zudem in vielen Fällen Versicherungsschutz. Nicht nur deswegen ist der Tourist gut beraten, ebenfalls (wenigstens) eine Kreditkarte in die Staaten mitzunehmen. Denn ein Mensch ohne „Plastikgeld" ist dort sozusagen nicht gesellschaftsfähig, zumindest aber sehr suspekt. Am weitesten verbreitet sind MasterCard und Visa, American Express (Amexco) wird in vielen Geschäften und Restaurants akzeptiert, Diner's Club hingegen seltener.

Kreditkarten sind versichert und bei Verlust oder Diebstahl sorgt die Gesellschaft nach einem Anruf unter ihrer Notfallnummer (s. Kartenrückseite bzw. Merkblatt, Nummer vor der Reise notieren!) für Sperrung und raschen Ersatz (siehe auch: www.kartensicherheit.de). In Deutschland gibt es seit 2005 eine **einheitliche Sperrnummer** 0049-116116, im Ausland zusätzlich 0049 (30) 4050-4050. Sie gilt mit wenigen Ausnahmen (siehe www.sperr-notruf.de) für alle Arten von Karten (auch Maestro/EC-Karten) bzw. Banken.

Am einfachsten ist es, sich mit einer Kreditkarte am Geldautomaten (ATM) an Banken und Supermärkten mit Hilfe der Pin-Nummer Bargeld abzuheben, dabei fallen bei einigen Anbietern gar keine, bei anderen bis zu 5,5% Gebühr an. Am besten vor Abflug bei der Hausbank erkundigen. Viele Banken setzen seit 2011 aus Sicherheitsgründen einen neuen Chip in ihre **EC-Karten** ein (sog. V Pay), was dazu führt, dass man mit der Karte außerhalb Europas weder Geld abheben noch damit bezahlen kann.

Reiseschecks

Die Mitnahme von Reiseschecks ist inzwischen eine Frage der persönlichen Vorlieben – unbedingt notwendig sind sie nicht mehr. Am gebräuchlichsten sind die **Travelers Cheques** (TC) von *American Express*. Diese sind bei jeder Bank erhältlich und sollten am besten in kleinen Stückelungen von $ 20 oder $ 50 bestellt werden. Sie verhelfen vor Ort schnell zu Bargeld (z. B. bei American-Express- oder Travelex-Schaltern, aber auch in Hotels (meist bis max. $ 50/ Tag „to cash a cheque") und gelten als Zahlungsmittel in Läden und Supermärkten, wobei die Restsumme bar herausgegeben wird.

Die Seriennummern der ausgegebenen Schecks immer notieren, da sie bei Verlust oder Diebstahl mit der Kopie der Empfangsbestätigung von der Bank verlangt werden. Bei Verlust oder Diebstahl ist umgehend Meldung bei American Express nötig: Telefonnummern und Hinweise erhält man zusammen mit den gekauften Schecks bzw. der Travelers Cheque Card (vorher notieren!). Schecks werden dann innerhalb von 24 Stunden ersetzt. Zusätzlich ist gegebenenfalls ein Polizeiprotokoll erforderlich und muss ein Rückerstattungsformular ausgefüllt werden. Telefonische Sperrung **AmEx** Reiseschecks: in D: 0800-1012 362 (kostenfrei); AU: 0043-1-5450120; CH: 0041-17454020; in den USA hilft das deutschsprachige AmEx-Kunden-Service Center unter 1-888-412-6945.

Ratsam für eine **Aufteilung Ihrer Reisekasse** wäre es somit, etwas amerikanisches Bargeld für die ersten Tage mitzunehmen (ca. $ 100–200 pro Person), evtl. Reiseschecks, die Bankcard und zwei Kreditkarten dabeizuhaben. Europäische Währungen können Sie zwar als Notreserve auch noch mitnehmen, aber es kann Ihnen passieren, dass die Umtauschkurse in den USA schlechter bzw. die Gebühren hoch sind.

Gesundheit

Besondere **Gesundheitsrisiken** für eine Reise nach Florida gibt es nicht. Ernährungsbedingte Umstellungsprobleme sind selten, das Leitungswasser kann unbesorgt getrunken werden, besondere Impfungen sind nicht nötig. Häufig sind Erkältungen aufgrund der Vollklimatisierung der Räume (*Air Conditioning* oder *AC*).

Zudem sollte man Folgendes berücksichtigen:
• Aufgrund des Zeitunterschiedes sollte man sich in den ersten Tagen nicht allzu viel vornehmen. So kann sich der Körper auf die Klima- und Zeitdifferenzen besser einstellen.

- Die Sonne Floridas brennt unwahrscheinlich stark. Bitte behutsam sonnenbaden, denn Wasser und Sand verstärken die ohnehin starke Sonneneinstrahlung. Auch bei bedecktem Himmel kann man einen Sonnenbrand bekommen. Insbesondere Menschen mit heller Hautfarbe und Kinder sind gefährdet. Bei starken Verbrennungen sollte man einen Arzt konsultieren.
- An manchen Stränden, z. B. bei Clearwater Beach, findet man Warnhinweise vor giftigen Stachelrochen (*stingrays*). Diese sollte man beherzigen und darauf achten, beim Gehen im Wasser durch den Sand zu „schlurfen" (*shuffle your feet*), damit die Tiere gewarnt werden und wegschwimmen. Die meisten Unfälle mit Stachelrochen passieren durch Drauftreten.
- Besonders in den sumpfreichen Gebieten wie den Everglades, aber auch in den anderen Teilen Floridas können Mücken (vor allem in den regenreicheren Sommermonaten) zur Plage werden. Hilfe leisten hierbei die überall an den „geplagten" Stellen angebotenen Schutzmittel gegen Moskitos.

An qualifizierten **Ärzten** (*physicians*) bzw. **Zahnärzten** (*dentists*) besteht kein Mangel; der Spezialisierungsgrad ist hoch, die Konkurrenz groß. Namen und Adressen von Ärzten können leicht über die Hotelrezeption bzw. die Gelben Seiten des Telefonbuchs herausgefunden werden. Hausbesuche sind unüblich und meist sind die in größeren Orten bzw. Städten existierenden *Health Care* oder *Family Centers*, Gemeinschaftspraxen, die ohne Terminvereinbarung (walk-in) weiterhelfen, die bequemste Version des Arztbesuchs. Arzt-, Medikamenten- und Krankenhauskosten sind hoch und jeder Patient wird systembedingt als „Privatpatient" behandelt. Das setzt auch beim Besucher einen Nachweis der Zahlungsfähigkeit (Kreditkarte) voraus. Zudem muss für jeden Arztbesuch sofort und häufig bar bezahlt werden. Ein **Arztbesuch** oder Krankenhausaufenthalt in den USA kann somit sehr teuer werden. Der Abschluss einer **Auslandskranken- und Unfallversicherung** ist daher unbedingt empfehlenswert.

Apotheken in unserem Sinn gibt es nicht, sondern Medikamente erhält man in den *pharmacies*, die sich in *drugstores* befinden, wo auch andere Waren verkauft werden. Harmlosere Medikamente sind hier ohne weiteres zu bekommen, nicht aber rezeptpflichtige! Sofern man solche Medikamente benötigt, sollte man diese von zu Hause mitbringen (und sich für eventuelle Fragen des Zolls dafür ein Arztattest ausstellen lassen). (S. a. S. 60.)

Impfvorschriften bestehen für die USA nur, wenn man sich kurz zuvor in Seuchengebieten aufgehalten hat. Um sicherzugehen, fragt man in solchen Fällen bei den diplomatischen Vertretungen nach. Allgemein sollte man sich vergewissern, dass die letzte Tetanus-Impfung nicht länger als neun Jahre zurückliegt.

Haustiere

Tierhalter müssen für ihre Lieblinge ein tierärztliches Gesundheitszeugnis mitbringen und eine Impfung gegen Tollwut nachweisen. Die Dokumente dürfen nicht länger als einen Monat vor der Anreise ausgestellt sein und gelten längstens ein Jahr.

Immobilien

Durch die ehemals hohe Zuzugsrate (bis zu 1.000 neue Einwohner täglich) war Florida – generell gesprochen – ein Land der stetig steigenden Immobilienpreise (s. S. 38). Nach dem Platzen der Immobilienblase und der Tatsache, dass Florida im Jahr 2009 der Bundesstaat mit den meisten Zwangsversteigerungen war, wurden die Häuserpreise für Ausländer interessant. Inzwischen hat sich der Markt wieder einigermaßen normalisiert. Ausländer dürfen in Florida ohne Auflagen Immobilien erwerben und wieder veräußern. Generell gilt: Je näher man am Wasser wohnt, desto teurer wird es. Zudem ist der Unterhalt eines Hauses relativ kostspielig: Als non-resident, also als jemand, der nicht ständig im Haus wohnt, sind Steuern („property tax") und Versicherungen höher.

Die Grundsteuern in Florida werden jährlich neu festgesetzt. Dabei spielt eine wesentliche Rolle, zu welchem Preis Grundstücke bzw. Häuser in der Umgebung verkauft wurden. Haben Nachbarn ihr Haus teuer verkauft, dann steigen die Steuern. In den Grundsteuern sind auch Schulsteuern und die Gebühren für Müllentsorgung enthalten.

Bei Interesse ist es empfehlenswert, sich an einen der zahllosen, oft auch deutschsprachigen Makler zu wenden. Einen guten Fundus an Adressen für Makler und Rechtsanwälte bietet das deutschsprachige Magazin **Florida Sun**: www.florida sunmagazine.com.

Auch nach der Krise nicht ganz billig – Eigenheim in Florida

Informationen

Viele der im Reisegebiet liegenden Regionen sind durch deutsche PR-Agenturen vertreten, die auch Informationsmaterial versenden. Allgemeine reisepraktische Infos finden sich unter www.vusa-germany.de und www.discoveramerica.com.
Visit Florida, Florida-Hotline ☏ (1-888) 735-2872, Broschüren und Reiseführer (gedruckt und als e-book) über Bestellfunktion auf der Webseite erhältlich, www.visitflorida.com/deutsch.

Websites (meist auch auf Deutsch) mit Bestellfunktion/☏ für Infomaterial gibt es zu folgenden Gegenden:
- Fort Myers/Sanibel: www.fortmyers-sanibel.com, info@touristiksommer.de, ☏ (06021) 325303
- Florida Keys: www.fla-keys.de, fla-keys@getitacross.de, ☏ (0221) 2336 451
- Bradenton Gulf Islands (Anna Maria Island, Longbaot Key, Bradenton und Umgebung): www.bradentongulfislands.com/german
- Greater Fort Lauderdale CVB: www.sunny.org, fortlauderdale@aviarepsmangum.com, ☏ (089) 2366 2133
- Greater Miami CVB: www.miamiandbeaches.com, rp.Lang@t-online.de, Fax: (06027) 5748
- Orlando Tourism Bureau: www.visitorlando.com, orlando.tourism@t-online.de, ☏ (0261) 9730 673 und 0800-1007 325 (gebührenfrei für D/A)
- Palm Beach County CVB: www.palmbeachfl.com, palmbeach@circlesolution.com, ☏ (08177) 9989 509
- Sarasota Tourist Information: www.sarasotafl.org, sarasota-info@t-online.de, ☏ (030) 3150 44044
- Visit St. Petersburg/Clearwater: www.visitstpeteclearwater.com, info@floridasbeach.de, ☏ (06172) 3880 9480

in Florida
- Es gibt vier Official Florida Welcome Centers nahe der Staatsgrenzen zu Alabama und Georgia (I-10 bei Pensacola, US 231, I-75, I-95) und eines in der Hauptstadt Floridas, Tallahassee:
- Visit Florida, am Westeingang des Capitol Building von Tallahassee, ☏ (850) 4886 167, www.visitflorida.com

Daneben beraten in zahlreichen Orten die regionalen Handelskammern und Convention & Visitor Bureaus (CVB). Die Adressen und Telefonnummern der **lokalen Informationsstellen** stehen bei den entsprechenden Orten.

Infos im Internet
Natürlich sind alle Städte, Museen, Parks, Firmen und Hotelketten in Florida auch im Internet vertreten. Wer vor seiner Abreise noch etwas „surfen" möchte, kann sich auf den folgenden Websites einmal umschauen:
Florida:
- www.myflorida.com: offizielle Seite von Florida
- www.florida-interaktiv.de: ein lebendiges Florida-Forum
- www.southbeach-usa.com: Infos zu Miami Beach

- www.floridasunmagazine.com: sehr informativ ist das Magazin „Florida Sun" (*siehe Stichwort Zeitungen*)

USA:
- www.us-infos.de: ausführliche Infos zu den ganzen USA
- www.usa.de: Seite mit Buchungsfunktion für Flüge, Mietwagen etc.
- www.us-botschaft.de: Amerikanische Botschaft
- http://docsouth.unc.edu/: Dokumente zur Geschichte der Südstaaten
- www.census.gov: statistische Daten des U.S. Bureau of the Census
- www.hti.umich.edu/m/moagrp/: Recherchemöglichkeiten nach Quellen zur US-Sozialgeschichte mit Schwerpunkt auf der Bürgerkriegsepoche

Kanu-Trails

Kanu fahren auf ruhigen Flüssen ist eine bislang noch wenig entdeckte Möglichkeit, die schönen Gegenden Floridas zu erkunden. Dazu gibt es eine Übersichts-Broschüre über die schönsten Kanu-Trails in Florida, kostenlos erhältlich über Florida Fish and Wildlife, Conservation Commission Office of Policy and Stakeholder Coordination, 620 South Meridian St., Farris Bryant Building, Tallahassee, FL 32399, ① (850) 488 4676, www.myfwc.com/recreation, „Boating".

Für Kanufans einige Adressen von Vermietern – alle an „First-Class-Flussläufen" gelegen:

Chipola River/westlicher Panhandle bei Pensacola: Bear Paw Adventures, 2100 Bear Paw Lane, Marianna, FL 32448, ① (850) 482 4948, www.bearpawescape.com

Suwannee River und **Withlacoochee River**/Nordwestflorida: Suwannee Canoe Outpost, 2461 95th Dr., Live Oak, FL 32060, ① (308) 364 4991, www.suwanneeoutpost.com, www.canoeoutpost.com (auch an anderen Stellen Floridas vertreten)

Ocklawaha River/nördliches Zentralflorida, Flusslauf ab Lake Griffin: Ocklawaha Outpost, 15260 N.E. 152nd Place, Ft McCoy, FL 32134, ① 1-866-236-4606, www.outpostresort.com

> **Tipp**
> **www.dep.state.fl.us/gwt/guide**: *Hier gibt es exzellente Detailinformationen und Karten zum Ausdrucken.*
> **www.floridapaddlingtrails.com**: *die Florida Paddling Trails Association biete detaillierte Infos und Tipps*

Kartenmaterial

Neben der diesem Buch beigefügten Reisekarte im Maßstab 1:1.075.000 besonders zu empfehlen: **Florida Atlas & Gazetteer**, Verlag DeLorme (www.delorme.com): sehr gute detaillierte Karten aller Florida-Regionen. Hier sind auch kleinste Straßen verzeichnet.
National Geographic Society, Serie Close Up, 1:1.331.000
Rand-Mc-Nally-Straßenkarte 1:1.100.000

Kinder

Amerika ist kinderfreundlich und auf Reisende mit Kindern eingestellt. Es gibt wesentlich mehr Spielplätze als bei uns – viele sind Restaurants oder Hotels/Motels angegliedert. So hat beispielsweise McDonald's häufig einen Kinderspielplatz – und die Eltern haben ihre Ruhe beim Essen. Überall, wo es einen Swimmingpool gibt, gibt es auch ein Kinderplanschbecken.

In den Restaurants sind die Bedienungen viel mehr als bei uns auf Kinder eingestellt: Für die ganz Kleinen gibt es stets Babystühle, für die Noch-Kleinen einen Aufsatz (*booster*). Immer gibt es spezielle Kindergerichte, die sehr preiswert sind. Kleinkinder dürfen durchgängig kostenlos bei den Eltern mitessen.

Das milde Klima Floridas sowie die allgegenwärtige Nähe zu Wasser und Sand machen einen Ferienaufenthalt auch für die Kleinen zu einem schönen Erlebnis. Vorsicht ist nur bei der starken Sonneneinstrahlung geboten.

Kleidung

In den warmen Monaten, d. h. von April bis Oktober, kommt man mit leichter, legerer Sommerkleidung bestens durch den Urlaub. Für die übrigen Monate empfiehlt sich noch einen Pullover oder eine Jacke für die kühleren Tage. Von Dezember bis Mitte Februar kann es von Norden her zu Kaltlufteinbrüchen kommen; und dann wird es auch in Florida empfindlich kalt. Wer in diesen Monaten nach Florida reist, kann zwar den Wintermantel getrost zu Hause lassen, sollte aber auf jeden Fall warme Sachen im Gepäck haben. Am besten nimmt man Kleidungsstücke mit, die nach dem „Zwiebelprinzip", d. h. in mehreren Schichten, über- und untereinander getragen werden können.

In der Region um Miami bis hin zu den Florida Keys kommt man ganzjährig mit Sommerkleidung und einem leichten Pullover aus.

Klima und Reisezeit

Generell kann man Floridas Klima als **sonnenreich** und warm bezeichnen, auch wenn es große jahreszeitliche und regionale Unterschiede gibt. Im Sommer wird es in Florida sehr heiß, zum Teil (besonders im Süden) schwül, in den Wintermonaten kann es morgens und abends überraschend stark abkühlen. Baden im Dezember und Januar ist in der Regel nur für abgehärtete Naturen angesagt.

Die **Moskito-Hochsaison** dauert von Mai-November. **Mosquito repellants** (Mückenschutzmittel) schützen dann vor Stichen. Allerdings hat man durch Versprühen von Vernichtungsmitteln die Mückenplage weitgehend im Griff. Nur im Everglades National Park und anderen Naturschutzgebieten darf nicht gesprüht werden.

Vorsicht vor Floridas Sonne: Sie (ver-)brennt unbarmherzig. Man sollte daher ein starkes Sonnenschutzmittel benutzen und zumindest in den ersten Tagen des Urlaubs nicht zu lange in der Sonne sein. Manchmal ist das jedoch unvermeidlich – z. B. beim Besuch von Disney World, wenn man lange in den Schlangen stehen muss (deshalb sollte man sich diese Sehenswürdigkeiten nicht am Anfang einer Reise vornehmen).

In den Monaten mit den höchsten Temperaturen fällt auch der meiste Niederschlag. Es kann also ziemlich schwül werden. Meist kommen die oft von Gewittern begleiteten Schauer in den Nachmittagsstunden herunter. Für die Routenplanung in den Sommermonaten ist die Tatsache der nachmittäglichen Regengüsse sehr wichtig: Wenn es schüttet, wird sehr langsam, z. T. im Schritt-Tempo, und mit Licht gefahren, sodass man nur langsam vorankommt.

Hurrikans kommen häufig zwischen August und Oktober vor. Sie werden von den Wetterstationen frühzeitig vorhergesagt. Von ihnen sind insbesondere die küstennahen Regionen bedroht.

Eine **Klimatabelle** findet sich auf S. 35. Florida wird vom Fremdenverkehrsamt (Florida Division of Tourism) in sieben Regionen aufgeteilt, denen durchschnittliche Klimadaten (Temperatur und Niederschlag) zugeordnet werden. Durchschnittliche Temperaturwerte sagen, dass es um die Mittagszeit wärmer ist als der Wert ansagt, da im Mittelwert auch die kühleren Temperaturen des Morgens und des Abends einbezogen sind. Ähnlich verhält es sich mit den Niederschlagswerten: Sie geben nicht die Verteilung an. Hierbei muss man berücksichtigen, dass sich die größte Menge der Niederschläge auf eine relativ kurze Zeit verteilt (Nachmittagsgewitter). Weitere Infos ab S. 33.

Maßeinheiten

Temperaturen			
Umrechnung: (Grad F - 32) x 0,56 = Grad C			
23 °F ▶ -5 °C	32 °F ▶ 0 °C	41 °F ▶ 5 °C	50 °F ▶ 10 °C
59 °F ▶ 15 °C	68 °F ▶ 20 °C	77 °F ▶ 25 °C	86 °F ▶ 30 °C
95 °F ▶ 35 °C	104 °F ▶ 40 °C		

Hohlmaße	Flächen
1 fluid ounce ▶ 29,57 ml	1 square inch (sq.in.) ▶ 6,45 cm²
1 pint ▶ 16 fl. oz. = 0,47	1 sq.ft. ▶ 929 cm²
1 quart ▶ 2 pints = 0,95 l	1 sq.yd. ▶ 0,84 m²
1 gallon ▶ 4 quarts = 3,79 l	1 acre ▶ 4.840 squ.yd. ▶ 4.046,8 m² o. 0,405 ha
1 barrel ▶ 42 gallons = 158,97 l	1 sq.mi. ▶ 640 acres ▶ 2,59 km²

Längen	Gewichte
I inch (in.) ▶ 2,54 cm	I ounce ▶ 28,35 g
I foot (ft.) ▶ I2 in. ▶ 30,48 cm	I pound (lb.) ▶ 16 oz. ▶ 453,59 g
I yard (yd.) ▶ 3 ft. ▶ 0,91 m	I ton ▶ 2.000 lb ▶ 907 kg
I mile ▶ 1.760 yd. ▶ 1,61 km	

Größentabelle Bekleidung						
Herrenbekleidung						
Deutsche Größe (z. B. 50) minus 10 ergibt amerikanische Größe (40)						
Herrenhemden						
D	36	37	38	39	40/41	42	43
USA	I4	14,5	15	15,5	16	16,5	17
Herrenschuhe						
D	39	40	41	42	43	44	45
USA	6,5	7,5	8,5	9	10	10,5	11
Damenbekleidung						
D	36	38	40	42	44	46
USA	6	8	10	12	14	16
Damenschuhe						
D	36	37	38	39	40	41	42
USA	5,5	6	7	7,5	8,5	9	9,5
Kinderbekleidung						
D	98	104	110	116	122
USA	3	4	5	6	6x

Medien

Rundfunk

Im Radio dominieren die privaten Sender. Sie sind mehr oder weniger stark spezialisiert, z. B. auf Country, Jazz, Rock, Klassik, Sport, Talkshows oder Nachrichten, und je nach Finanzen unterschiedlich stark von Werbung abhängig.

Fernsehen

Jedes auch noch so billige Motelzimmer verfügt über einen **Fernseher**, wobei Empfang und Senderzahl enorm unterschiedlich sein können. Satellitensender wie HBO (Spielfilme) oder Kabelsender wie ESPN (Sport), Pay-TV oder Movie Channels senden nicht immer und überall.
Überregionale Sender sind ABC, CBS, NBC, PBS, CNN, TNT, FOX, viele Sender sind hingegen auf bestimmte Genres spezialisiert, z. B. auf Nachrichten (CNN), Wetter (*Weather Channel*), Kochen (*Food Network*), Kirche, Soap operas (z. B. *Soap-Net*), Comics (*Disney Channel, Cartoon*), Wissenschaft (*Discovery Channel, History*) oder Verkaufspräsentationen.

Zeitungen

Neben den überregionalen Tageszeitungen gibt es zahlreiche regionale Zeitungen wie etwa *Florida Times Union, Miami Herald, Orlando Sentinel, Pensacola News Journal, Sarasota Herald Tribune, Tampa Tribune* und *West Palm Beach Post*. Ausländische, besonders deutschsprachige Zeitungen, gibt es nur vereinzelt.

 Tipp

Ein gutes und informatives deutschsprachiges Magazin ist „Florida Sun". Redaktionsschwerpunkt sind touristische Themen, aber auch Fragen zu Visa und Investments werden erörtert (www.floridasunmagazine.com). Das Magazin ist in gut sortierten Zeitungsläden zu kaufen, der Bezug im Abo ist auch in Europa möglich Das Jahresabo (4 Ausgaben) kostet dann EUR 19,90 bzw. $ 29,90.

Mietwagen

Es birgt finanzielle und sicherheitstechnische Vorteile, einen Mietwagen bereits zu Hause, im Reisebüro oder über das Internet zu buchen, besonders wenn die Mietdauer mindestens eine Woche beträgt. Abgesehen von den alteingesessenen Anbietern wie Avis, Alamo oder Hertz gibt es Broker, die oft günstige Konditionen bieten, z. B.:

ADAC: www.adac.de/autovermietung
Holiday Autos: www.holidayautos.de
Sunny Cars: www.sunnycars.de
FTI: www.driveFTI.de
TUI: www.tui.de/mietwagen
DERTOUR Cars: www.dertour.de

Im Allgemeinen sind die **Wochenpreise** am günstigsten, wobei meist eine Mindestmietdauer von vier Tagen gilt. Normalerweise muss ein Wagen an ein- und demselben Ort abgeholt und abgegeben werden. One-Way-Strecken sind gegen Bezahlung je nach Veranstalter und Strecke unterschiedlichen Pauschale (**Rückführgebühr/Einwegmiete**) möglich. Es ist wichtig, dass sich am **Ankunfts-** und **Abflugort**, d. h. am Flughafen bzw. Bahnhof tatsächlich eine Mietstation befindet.

Versicherungen

Für Europäer etwas verwirrend sind die verschiedenen **Versicherungen**, die man abschließen kann/sollte/muss. Dabei unterscheidet man folgende:

1. **LDW** (Loss Damage Waiver), **CDW** (Collision Damage Waiver): Vollkasko mit Haftungsbefreiung für Schäden am Mietwagen, auch bei Diebstahl. Abschluss dringend empfohlen und meist Pflicht.
2. Zusatzversicherungen zu LDW/CDW:
   · **ALI** (Additional Liability Insurance): Pauschale Erhöhung der Haftpflicht-Deckungssumme (zzt. auf eine bzw. zwei Millionen Dollar).

- **LIS** (Liability Insurance Supplement): Analog zu ALI, zusätzlich bis ca. 100.000 Dollar Deckung für Personenschäden (Alamo, Hertz, Dollar) bei unterversicherten Unfallgegnern.
3. **UMP** (Uninsured Motorist Protection): Zusatzversicherung bei Unfall, Verletzung oder Tod durch unterversicherte/flüchtige Unfallgegner.
4. **PAI** (Personal Accident Insurance): Insassenversicherung bei Verletzung oder Tod bis zzt. etwa $ 250.000 (variiert nach Anbieter)
5. **PEP** (Personal Effects Protection), PEC (Personal Effects Coverage): Gepäckversicherung bis zzt. $ 600 (New York: $ 500) pro Person. Auf $ 1.800 pro Fahrzeug begrenzt. Nur zusammen mit PAI buchbar. Alle Schäden unterliegen aber einer Selbstbeteiligung.
6. **PERSPRO/CCP** (Carefree Personal Protection): Personen- und Gepäckversicherung, nur USA. Schutz für Mieter und Mitfahrende sowie beim Ein- und Aussteigen. Zudem Deckung für einige Notfalldienste. Lohnt i.d.R. nicht, da o.g. Versicherungen bzw. die zu Hause abgeschlossenen Auslandskranken- u. Gepäckversicherungen diese Fälle abdecken.

Grundsätzlich:
Folgende Versicherungen sollte man abschließen: CDW/LDW, ALI (bzw. LIS) und PAI. Wichtig ist, dass man sich schon in Europa beim Reisebüro darüber erkundigt, welche Versicherungen man bereits beim Anmieten mitbekommen hat und ob eine Zusatzversicherung überhaupt nötig ist. Leicht versichert man sich doppelt. Und manche Kreditkarten beinhalten auch einige Versicherungen für Mietwagen. I.d.R. muss man den Wagen dann aber mit dieser Karte auch bezahlen.

Die gekoppelte Buchung von Flug und Mietwagen („**Fly&Drive**") kann u.U. eine Alternative sein. Große Reiseveranstalter bieten oft günstige Varianten, allerdings sollte man diese speziell in der Nebensaison, wenn Flüge billig sind, genau mit den Einzelpreisen vergleichen.

Fahrzeugkategorien
Die großen Vermieter besitzen neuwertige Fahrzeugflotten meist spezieller Automarken, sodass es kaum Probleme mit Pannen gibt. Eine spezielle Marke oder ein bestimmter Wagentyp kann nicht reserviert werden, doch ist es vor Ort möglich, Wünsche zu äußern. Alle Wagen haben **Automatik** (s. S. 94), Airbags, Klimaanlage (letztere ist für Floridas Klima – vor allem im Sommer – unabdingbar) und CD-Player, zudem Cruise Control (Tempomat), Servolenkung und -bremsung, meist auch Zentralverriegelung und manchmal automatisches Tages-Fahrlicht.

Folgende Fahrzeug-Klassen werden angeboten (teilweise werden auch andere Bezeichnungen verwendet):
- Economy (A):   Kleinwagen (vergleichbar mit Golf)
- Compact (B):   untere Mittelklasse
- Intermediate (C):   obere Mittelklasse
- Full Size (D):   Luxusklasse
- Station Wagon (E):   Kombiwagen
- Van: Kleinbus (vergleichbar mit dem VW-Mikrobus)

Wagenübernahme

An jedem **internationalen Flughafen** sind die großen **Mietwagenfirmen** – wie *AVIS, Alamo, Hertz, Budget, National* oder *Enterprise* – vertreten. Zum Teil gibt es nur einen Schalter, an dem die Formalitäten erledigt werden und von wo aus dann kostenlose Shuttlebusse den Kunden zum Parkplatz des Unternehmens, wo sich ebenfalls Schalter befinden, bringen. **Rental Car Return** ist an allen Flughäfen gut ausgeschildert und die Rückgabe verläuft meist unkompliziert und schnell, direkt am Auto per Handcomputer. Am Schalter muss außer dem Voucher vom Reisebüro bzw. der Reservierungsnummer eine Kreditkarte (Bargeld oder Schecks werden nicht akzeptiert!) zur Stellung der Kaution und Begleichung sonstiger anfallender Kosten vorgelegt werden. Dazu kommt der Führerschein (ein internationaler ist allein ungültig, wird jedoch derzeit in manchen Südstaaten verlangt) und die Heimatadresse, die man am besten in Form einer Visitenkarte vorlegt. Man vereinbart, sofern als nötig erachtet, vor Abfahrt noch Zusatzversicherungen, Extraservice und mietet Sonderzubehör, wie Kindersitz oder Dachgepäckständer. Das vielfach angebotene Upgrading und das Angebot, eine Tankfüllung im Voraus (teuer) zu bezahlen, lehnt man hingegen besser ab und tankt statt dessen vor Abgabe selbst noch einmal. Das muss nicht direkt am Flughafen sein, ein gewisser Spielraum ist bei der Tankanzeige nämlich immer gegeben.

Der **Mietvertrag** muss mehr oder weniger aufwändig per Initial (z. B. Ablehnung von Zusatzversicherungen oder Tankfüllung) und Unterschrift bestätigt werden. Sicherheitshalber sollte man einen Blick auf die auf dem Mietvertrag angegebene **Rückgabezeit** werfen, da sich hier gerne „Fehler" zu Ungunsten des Mieters einschleichen. Da viele Firmen im 24-Stunden-Takt berechnen, kostet jede Verspätung von mehr als meist 30 Minuten extra. Auf dem Umschlag mit dem Mietvertrag ist der Stellplatz des gemieteten Autos angegeben, gelegentlich auch nur die Reihe mit der Kategorie (freie Wahl). Vor Fahrtantritt sollte kurz der äußere Zustand, vor allem der **Reifen**, die Sauberkeit (auch innen) sowie **Funktionstüchtigkeit** von Lichtern, Blinker, Scheibenwischern, Gurten, Fensterhebern, Motorhaube- und Kofferraumöffnern und Schlössern und die Tankanzeige gecheckt werden.

Direktbuchung vor Ort

Ein Leihwagen kann auch kurzfristig vor Ort, gleich am Flughafen oder in der Stadt, gechartert werden; Mindestalter ist meist 21 Jahre (unter 25 Jahren fällt ein Zuschlag an). Direktbuchung ist jedoch **meist teurer**, wobei man trotzdem wegen Service, Sicherheit, Fahrzeugflotte und Netz die großen Anbieter den kleineren, lokalen Firmen (in den Gelben Seiten des Telefonbuchs zu finden) vorziehen sollte. Vor allem ist darauf zu achten, dass *unlimited milage* und CDW/LDW (*full coverage*) in der Buchung enthalten ist. Man sollte auf alle Fälle nach „Specials" (z. B. Weekend/Senior/AAA-Specials) fragen. **Telefonische Reservierung** ist in solchen Fällen sinnvoll (1-800-Nummern gebührenfrei in USA):

* Alamo: (1-800) 462 5266, in D: (0130) 819226, www.alamo.com
* Avis: (1-800) 230 4898, in D: (06171) 681882, www.avis.com
* Budget: (1-800) 527 0700, in D: (0180) 521 4141), www.budget.com
* Dollar: (1-800) 800 4000, in D: (0180) 522 1122), www.dollar.com
* Enterprise: (1-800) 325 8007, www.enterprise.com
* Hertz: (1-800) 654 3131, in D: (0180) 533 3535, www.hertz.com

- National: (1-800) 227 7368, in D: (0180) 522 1122, www.nationalcar.com
- Thrifty: (1-800) 847 4389, in D: (06131) 99330, www.thrifty-car.com

Genereller Rat: Bei den großen Mietwagenfirmen mieten, die in ganz Florida Niederlassungen haben. Preiswerte, aber nur lokale Vermieter sind i.d.R. nicht zu empfehlen, da man sich im Schadensfalle selbst ums Fortkommen kümmern muss und eventuell Kosten für Reparaturen zu bezahlen hat, die man vom Vermieter nicht zurückerhält.

Amerikanische Wagen

Wer noch nie mit einem **Automatikwagen** gefahren ist, sollte Folgendes wissen: Zunächst einmal muss man sich daran gewöhnen, dass der linke Fuß „still" bleibt und nichts zu tun hat, denn in Automatikwagen gibt es nur Bremse und Gas. Als Handbremse gibt es oft ein weiteres, links oben gelegenes Pedal.

Die **Symbole des Automatikgetriebes** bedeuten:

P Parken; das Getriebe ist während dieser Stufe blockiert. Wagen startet bei „P", ebenso kann man den Zündschlüssel nur in der Stellung „P" abziehen. Bei manchen Modellen muss man zusätzlich einen Knopf an der Lenksäule drücken.

N Neutral; bedeutet: Leerlauf

R Rückwärtsgang

D Drive = Fahrstufe. Das ist die Stufe, mit der man praktisch in Florida stets fahren kann.

2 entspricht dem 2. Gang, bei mittleren Steigungen zu empfehlen. Eine Höchstgeschwindigkeit von 50 mph sollte nicht überschritten werden.

1 entspricht dem 1. Gang – nur für steile Steigungen und Gefälle. Eine Höchstgeschwindigkeit von 25 mph sollte nicht überschritten werden.

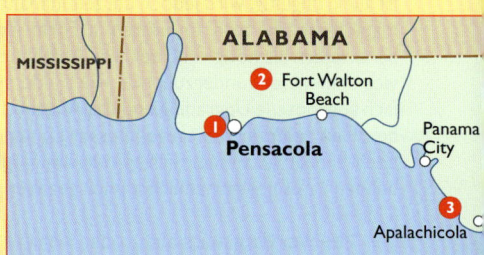

1   Gulf State Park
2   Blackwater River State Park
3   St. Joseph Peninsula State Park
4   Apalachicola National Forest
5   St. George Island State Park
6   Suwannee River State Park
7   Osceola National Forest
8   Cedar Keys National Wildlife Refuge
9   Homosassa Springs Wildlife State Park
10 Caladesi Island State Park
11 Fort de Soto Park
12 Myakka River State Park
13 Cayo Costa State Park
14 JN 'Ding' Darling National Wildlife Refuge
15 Corkscrew Swamp Sanctuary
16 Collier Seminole State Park
17 Big Cypress National Preserve
18 Everglades National Park
19 Dry Tortugas National Park
20 Bahia Honda State Park
21 John Pennekamp Coral Reef State Park
22 Biscayne National Park
23 Merritt Island National Wildlife Refuge
24 Canaveral National Seashore
25 Ocala National Forest

Naturparks/National Parks/National Forests/State Parks

Man unterscheidet zwischen

National Parks: Diese werden von der Bundesbehörde verwaltet. Dazu gehören der Biscayne National Park, der Dry Tortugas National Park und der Everglades National Park. Infos und genaue Übersicht: *www.nps.gov/findapark/index.htm.*
Florida State Parks: Sie werden von der Landesbehörde, also von Florida selbst verwaltet (www.floridastateparks.org). Es gibt mittlerweile mehr als 160 Florida State Parks, die über das ganze Land verteilt sind.

Great Egret im Everglades National Park

National Forests: Das sind ausgedehnte Waldgebiete, die zentral von Washington aus verwaltet werden. Dazu gehören Apalachicola, Ocala und Osceola National Forest. Übersicht: www.fs.fed.us.

Notfall

Im Notfall, egal welcher Art, hilft ein Polizist (*cop*), das nächste Polizeirevier (*Operator* 0) und die gebührenfreie **Emergency Number 911** (Notrufzentrale). Auch **Traveler's Aid** hilft Besuchern weiter. Es gibt in allen größeren Städten Filialen (www.travelersaid.org). Wird z. B. der Reisepass gestohlen, muss man sich auch an die nächste diplomatische Auslandsvertretung seines Landes wenden, damit ein Ersatz-Reiseausweis zur Rückkehr ausgestellt wird.

Auch in dringenden Notfällen, z. B. medizinischer oder rechtlicher Art, sind die Auslandsvertretungen bemüht, vermittelnd zu helfen. Bei **Diebstahl** oder **Verbrechen** ist im nächsten Polizeirevier Anzeige zu erstatten, denn nur bei Vorlage eines Polizeiprotokolls ersetzen Versicherungen den erlittenen Verlust. Ebenfalls zu melden ist der Vorfall bei der betreffenden Stelle, wie der Bank, möglichst mit Nummern bzw. Kopien der entsprechenden Papiere. Bei Verlust der Kreditkarte oder der Reiseschecks muss umgehend die Sperrung bei der auf der Kartenrückseite oder auf dem zugehörigen Merkblatt angegebenen und vorher notierten variablen Notfallnummer veranlasst werden (siehe auch „Geldangelegenheiten"). Eine Ersatzkarte wird normalerweise innerhalb von 24 Stunden zur Verfügung gestellt. Bei Schecks sind die Vorlage des Kaufnachweises und die Nummern der ausgegebenen Schecks nötig.

Über **Western Union** (www.westernunion.com, www.reisebank.de) kann im Notfall innerhalb von Minuten Geld in die USA überwiesen werden.

Checkliste für die Reise
Kreditkarte beantragen, Notrufnummern notieren, Geld auf dem Konto deponieren
Reiseversicherungen, vor allem Auslands-Krankenversicherung bzw. Reise-Notfallversicherung abschließen
Kopien aller wichtigen Dokumente (Pass, Versicherungsscheine, Führerschein, Flugticket etc.) anfertigen und sämtliche Nummern und Telefonnummern in einer Art „Notfallpass" aufschreiben
Originaldokumente aus Sicherheitsgründen am Körper (Brustbeutel, Gürteltasche o. Ä.) tragen oder, wenn möglich, im Hotelsafe deponieren
Wertgegenstände, Dokumente und Karten zwischen zwei Personen aufteilen.

Öffnungszeiten Banken

Normalerweise sind in Florida die Banken von Montag bis Freitag von 9–16 Uhr geöffnet. An Samstagen, Sonntagen und Nationalfeiertagen sind sie ganztägig geschlossen.

Post

Postämter (geöffnet werktags ca. 9–17 Uhr) sind nicht immer leicht zu finden, aber zum Glück benötigt man sie normalerweise nur einmal zum Kauf einer größeren Menge Briefmarken. Diese sind zwar auch in Automaten erhältlich, dort allerdings oft in ungünstigen Stückelungen und mit Preisaufschlag. Standardbriefe und Postkarten nach Europa brauchen im Schnitt eine Woche und kosten jeweils $ 1,15.

Im Gegensatz zu uns steht das Kürzel für den Bundesstaat sowie die **Postleitzahl hinter** dem Ortsnamen. Bsp.: Miami, FL 33130.

Briefkästen sind blau-rot mit Aufschrift „US-MAIL". Normale Briefpost wird als „first class mail" verschickt, teurer sind „Express" oder „Priority mail", dafür schneller und teils versichert.

Das kleinste Postamt der USA steht in Ochopee, Florida

Preisermäßigungen

In den USA gibt es jede Menge Möglichkeiten, Preisnachlässe oder Rabattangebote wahrzunehmen. **Schüler**, **Studenten**, **Rentner** und **Behinderte** sollten einen internationalen Ausweis mitnehmen. Mit diesem sind erhebliche Preisnachlässe möglich. Bei den **Hotels/Motels** sind die Zimmerpreise kein Dogma. Hartnäckiges Nachfragen nach einem „billigeren Zimmer" führt nicht selten zum Erfolg. Einige Hotels bieten auch Sonderpreise für AAA-Mitglieder.

Eine weitere Sparmöglichkeit sind die zahlreichen **Coupons**, die man in den Touristenbüros, den Infoständen an den Grenzen der Bundesstaaten, den Büros der Autovermieter, in Zeitungen oder Werbeprospekten findet und mit denen Restaurants, Hotels und Geschäfte mit Preisnachlässen um Kunden und Gäste buhlen. Mit diesen Coupons kann man mitunter deutlich billiger übernachten oder erhält Rabatte bei Einkäufen. Fährt man in einen neuen Bundesstaat hinein, kann man diese Couponheftchen beim staatlichen Infocenter (am Interstate/Highway) einsammeln. Auch **Airlines** bieten in Verbindung mit den Flugtickets häufig verbilligte Eintritte zu Vergnügungsparks o. ä. und Rabatte bei der Unterkunft in bestimmten Hotelketten oder bei der Wagenmiete bei bestimmten Firmen.

 Hinweis

Bei den Eintrittspreisen etc. in diesem Buch ist immer der volle Preis für einen Erwachsenen angegeben. **Kinder** zahlen fast durchweg weniger, in vielen Fällen – je nach Alter – auch nichts.

Rauchen

Raucher stellt der Aufenthalt in Amerika vor einige Schwierigkeiten. In Restaurants, Kneipen, Pubs, Clubs und Bars sowie in öffentlichen Gebäuden, in Bahnhöfen und an vielen anderen Plätzen ist das Rauchen verboten. Wer nun trotzdem nicht auf den blauen Dunst verzichten möchte, muss sich vor die Bars und Kneipen stellen. Das ist noch erlaubt.

Restaurants

Überall gibt es unzählige **gute und preiswerte Möglichkeiten zum Essen**. Von den Restaurant-Ketten sind stets z. B. zu empfehlen „The Olive Garden" (italienische Küche), „Outback" (Steaks) und „Red Lobster" (Fischgerichte).

Man kann in Florida natürlich auch exzellent speisen – vorausgesetzt, dass man bereit ist, dafür auch $ 25–50 pro Person zu zahlen. Obwohl in Amerika so vieles nach Effekthascherei aussieht, machen viele Spitzenrestaurants eine rühmliche Ausnahme: Sie gedeihen im Verborgenen, man muss deshalb wissen, wo diese Schätze versteckt sind. Dass diese Restaurants überhaupt nicht den europäischen

Vergleich scheuen müssen, sollten Sie selber testen. Kein Wunder, denn von den Voraussetzungen her verfügen die Köche über allerbeste Zutaten: tropische Früchte, fantastisch frischen Süß- und Salzwasserfisch, Hummer, erstklassige Fleischsorten (vor allem Rind) – und last not least sehr gute Weine aus den Anbaugebieten Kaliforniens und Washingtons, aber auch des Bundesstaates New York. Bitte beachten, dass viele Restaurants sonntags geschlossen haben. Bei den reisepraktischen Informationen sind u. a. auch Spitzenrestaurants beschrieben.

s. auch Stichpunkt Essen & Trinken

Schlangen

Es gibt zwar einige Wasser- und Landschlangen in Florida, doch die wenigsten sind giftig. Außerdem lauern die Schlangen nicht gerade auf Touristen. **Übermäßige Angst ist deshalb nicht angebracht.** Trotzdem sollte man auf den Weg achten. In der Regel flüchten die Tiere schon lange bevor man sie sehen kann. Sollte es dennoch passieren, dass man von einer Schlange gebissen wird: keine Panik! Merken Sie sich vor allem Farbe, Muster und Kopfform der Schlange, damit ein behandelnder Arzt oder anderer sachkundiger Helfer weiß, welche Gegenmaßnahmen angebracht sind.

Sport

Man kann in Florida fast alle Sportarten betreiben. Natürlich stehen die Wassersportarten an erster Stelle. Sehr populär sind aber auch Tennis und Golf, beide längst zum Volkssport geworden.

Angeln
Florida ist ein Anglerparadies. **Hochseeangeln** (*Big Game Fishing*) zielt vor allem auf Grouper, Haie, Barrakuda, Thunfisch und Schwertfisch ab. Von beinahe allen Küstenorten werden Touren angeboten. **Süßwasserangeln** zielt vor allem auf Barsche und Catfish ab. Vor jedem Angeln muss man sich auf jeden Fall eine Lizenz besorgen (z. T. in den Angelshops oder dem County House erhältlich, Kosten etwa $ 12). Ebenso müssen bestimmte Angelzeiten, Größe von Fischen etc. streng beachtet werden.
Einer besonderen Beliebtheit erfreut sich das Fly Fishing. Die kristallklaren Gewässer machen Florida in dieser Beziehung zu einer prädestinierten Destination. Infos u. a. unter www.worldwidefishing.com/florida/fly.htm.
Und noch ein Hinweis auf ein Angelgeschäft der besonderen Art: „World Wide Sportsman" liegt direkt am Overseas Hwy. 81576 auf Islamorada. Die Einrichtung im Kolonialstil und die Anzahl der Angelutensilien sind beeindruckend. Inmitten des zweistöckigen Gebäudes steht eine polierte Holzyacht von Ernest Hemingway, die besichtigt werden kann. Daneben gibt es noch ein Meerwasseraquarium mit den gängigsten heimischen Fischarten und eine Bar, an der Kaffee und kalte Getränke zu bekommen sind. **Öffnungszeiten:** So–Do 9–20.30, Fr–Sa 9–21 Uhr, ☎ (305) 664 46 15, www.basspro.com.

Tipps für Fliegenfischer

Sollten Sie Urlaub in Florida machen wollen, vergessen Sie Ihre Fliegenrute nicht! Die Möglichkeiten, die sich Ihnen hier bieten, sind nahezu unbegrenzt. Es gibt kostengünstige Lizenzen für die Fischerei im Salz- und Süßwasser, mit deren einmaligem Erwerb Sie in ganz Florida fischen können. Ob vom Ufer oder vom Boot aus, die Fischerei kann hier zu einem einzigartigen Erlebnis werden.

Ganz besonders gilt dies für die **Keys**. Hier benötigen Sie nicht unbedingt ein Boot, um Fische mit der Fliegenrute zu fangen. Es reicht i. d. R., wenn Sie am späten Nachmittag ans Wasser gehen und sich einen ruhigen Strandabschnitt suchen.

Sobald es dunkel wird, sollten Sie das Wasser verlassen, denn auch größere Raubfische können dann dicht unter Land kommen. Nehmen Sie die Warnungen der Einheimischen ernst.

Fahrrad fahren

Fahrrad fahren ist in den vergangenen Jahren in Florida sehr populär geworden. Es wurde eine große Anzahl von Fahrradwegen (*trails*) angelegt, wo man ungestört vom üblichen Verkehr, meist auf attraktiven Routen, radeln kann. Unüblich ist das Fahrrad fahren auf normalen Straßen. Der amerikanische Autofahrer ist daran nicht gewöhnt. Also nicht einfach auf einer Straße fahren – das Unfallrisiko ist zu groß.

Überall in Florida gibt es Bike Trails

In allen Touristenorten kann man über spezielle Vermieter oder Hotels Fahrräder und Mopeds leihen. Das Florida Department of Transportation gibt gute Fahrradwanderkarten heraus, auf denen Touren von 150–500 km verzeichnet sind, die 2–7 Tage in Anspruch nehmen. Das Kartenmaterial mit Beschreibungen der Sehenswürdigkeiten gibt es online unter www.dep.state.fl.us/gwt, auch bei www.visitflorida.com gibt es eine *Florida Bicycle Trails*-Broschüre.

Websites für Fahrradwanderer:
- www.bikeflorida.net: Hier werden u. a. der Pinellas Trail und der Withlacoochee Trail beschrieben.
- www.railstotrails.org: Hier werden alle Bahnstrecken aufgezeigt, die zu Fahrrad-Trails gestaltet wurden.

Golf
Golf ist **der** Sport in Florida, kein anderer US-Bundesstaat verfügt über mehr Golfplätze. Auf den meisten Plätzen geht es leger zu. Im Gegensatz zu Europa ist Golf in Florida **eine Sportart für jedermann**. Auf den Driving Ranges können auch Nicht-Golfer ihre ersten Lektionen lernen. Weitere Informationsstellen:
- Florida State Golf Association, 12630 Telecom Drive, Tampa, FL 33637, ☎ (813) 632 3742, www.fsga.org
- World Golf Foundation Inc., One World Golf Place, St. Augustine, FL 32092, ☎ (904) 940 4123, www.worldgolffoundation.org.

Tauchen
Vor allem die vielen klaren Flüsse Floridas, aber auch die Küsten, z. B. die der Florida Keys, sind beliebte Tauchgebiete.

 Hinweis

Die unterseeischen **Korallenriffe** sind wohl die faszinierendsten Bereiche der Meereslandschaft, sehr empfindlich und einzigartig in ihrer Schönheit, deshalb ist das **Herausbrechen von Korallen** unter allen Umständen verboten! Es wird an das Verantwortungsgefühl der Taucher appelliert, dieses sensible Ökosystem nicht zu zerstören. Außerdem kann man bei der Ausreise aus den USA und der Einreise ins Heimatland große Probleme bekommen, wenn man Korallen mitführt.

Wandern
- www.floridastateparks.org: In beinahe allen Florida State Parks kann man hervorragend wandern. Infos bei den jeweiligen Parks im Routenteil des Buches.
- www.florida-trail.org: Hier wird der 1.400 Meilen lange Florida-Trail dargestellt, der vom Panhandle bis nach Südflorida reicht.

Sprache und Verständigung

Es dürfte schwierig sein, ganz ohne Englisch in den USA auszukommen, doch wahrscheinlich ist es eher möglich als an vielen Orten Europas. Fremdsprachenkenntnisse unter Amerikanern sind gering, doch dafür zeigen sie Geduld und freuen sich auch über spärliche Englischkenntnisse.

Das Amerikanische weicht in mehreren Punkten vom Schulenglisch ab, es gibt Unterschiede in Wortschatz, Grammatik und Aussprache. Auffällig ist vor allem, dass viele Substantive auf -re, wie centre, im Amerikanischen auf -er enden, *ou* zu *o* wird (*color*), dass Doppellaute (*travelling*) negiert werden und abgekürzt wird, wo es geht: z. B. *Xmas* (Christmas), *Xing* (Crossing). Außerdem sind bestimmte Vokabeln komplett anders als im Oxford-Englisch (in Klammern), z. B. *baggage* (*luggage*), *gas* (*petrol*), *fall* (*autumn*), *vacation* (*holiday*), *truck* (*lorry*) (s. a. Sprachglossar S. 50).

Es gibt gewisse Universalfloskeln, die man sich möglichst schnell angewöhnen sollte, da sie zum guten Ton gehören: *How are you?* ist nicht nur die Frage nach dem Befinden, sondern vor allem eine Begrüßungsformel, auf die ein *fine* oder *good* meist genügt. *Have a nice day* (*trip*) dient der Verabschiedung, ebenso wie *it was a pleasure to meet you*. *I would appreciate it* ist Bitte und Aufforderung zugleich, während man sich mit *I (really) appreciate it* für einen Gefallen bedankt. *See you* ist weniger eine Einladung als ein legerer Abschiedsgruß.

Man beginnt eine Unterhaltung über das Wetter, die letzten Sportergebnisse oder Herkunft und Reisen. Europäer sind beliebt, „Good Old Europe" – ein (selten realisiertes) Traumziel vieler Amerikaner.

Strände

Beinahe an allen Küstenabschnitten Floridas kann man ausgezeichnet baden. Das mildere Klima sowie den schöneren Sand findet man an der Westküste. Die feinsten weißen Strände liegen nach wie vor im Panhandle („Pfannenstiel", Nordwestflorida), in der Gegend zwischen Destin und Pensacola.

Das Baden an den Stränden ist in der Regel ungefährlich. Die viel besuchten Strandabschnitte sind zudem noch von Lebensrettern überwacht.

Die schönsten Strände Floridas (Auswahl):

An der Atlantikküste:
- Amelia Island: Im Nordosten an der Atlantikküste, nördlich von Jacksonville gelegen. Die der Küste vorgelagerte Insel, durch eine Straße mit dem Festland verbunden, bietet einen 20 km langen Traumstrand mit aquamarinfarben schimmerndem Wasser und mit bis zu 10 m hohen Dünen. Durch den Fort Clinch State Park kann man zu diesen schönen Stränden gelangen.
- Little Talbot Island: Im Nordosten an der Atlantikküste, östlich von Jacksonville gelegen. Schöne sandige Strände, dichter Wald im Hinterland.
  Nicht weit von Titusville – vorgelagert auf der Insellagune, befindet sich das **Merritt Island National Wildlife Refuge** sowie das **Canaveral National Seashore**. Der Strand ist wunderschön, die Brandung hervorragend und die Natur noch gut erhalten. Dieser Strand ist vor allem etwas für Naturliebhaber.

Einer der schönsten Strände: Caladesi Island State Park

Fastfood- und Souvenirläden sowie Restaurants und Ähnliches sucht man hier aber vergeblich.

- Zwischen Jupiter Beach und Boca Raton: Hier reihen sich etwa 25 Strandabschnitte aneinander, die „kultiviert" sind. Es gibt Parkplätze, Toiletten, Picknicktische und Sonnenschirmverleih. Besonders schön (allerdings z. T. felsig) sind Jupiter Beach und Coral Cove. Besonders empfehlenswert ist die Strandanlage Spanish River in Boca Raton.
- Crandon Park und Bill Baggs: Key Biscayne, bei Miami, Die Strände von Crandon Park und Bill Baggs Florida RCA sind weniger überlaufen. Bill Baggs verfügt über besonders gute Picknickeinrichtungen. Das gesamte Strandgebiet von Key Biscayne eignet sich im Übrigen sehr gut für Windsurfer.

Entlang den Florida Keys:
- Bahia Honda: Florida Keys. Sehr schöne Strände, palmenbestanden, ausgezeichnete Wasserqualität, mit den höchsten Luft- und Wassertemperaturen der kontinentalen USA. Kurz: ideal zum Baden.

An der Küste des Golfs von Mexiko:
- Perdido Key bis St. Joseph State Park: Golfküste/Panhandle. Praktisch alle Strände zwischen Pensacola und Panama City sind blendend weiß und fein wie Puderzucker, das Wasser ist türkis- bis aquamarinfarben und sehr sauber. Besonders schön sind Perdido Key, Eastern Key in der Nähe von Pensacola, Grayton Beach Area (östlich von Fort Walton), St. Andrews State RCA (östlich von

Panama City), Beacon Hill und St. Joseph State Park auf St. Joseph Peninsula (zwischen Panama City und Apalachicola).

- St. George Island: Golfküste/Panhandle. Die Insel ist zu erreichen über eine 6,5 km lange Brücke bei Apalachicola. Hier gibt es über 60 km blendend weiße und unberührte Strände. Die Wassertemperatur sinkt fast nie unter 20–22 °C ab. Besonders interessant ist die Insel für Ornithologen, Angler und Taucher. Nur wenige Unterkünfte, u. a. das St. George Inn sowie einige Apartmenthäuser, dafür aber zahlreiche teure, aber schöne und luxuriös ausgestattete Ferienhäuser.
- Sand Key: Sand Key liegt südlich von Clearwater Beach. Der Strand ist sauber, wird allerdings von vielen Touristen frequentiert.
- St. Petersburg Beach: Golfküste, St. Petersburg. Flach abfallende Sandstrände mit wenig Brandung, die sich vor allem für Kinder eignen. Allerdings ist der gesamte Strandabschnitt mit Hotels und Ferienwohnungen bebaut, kaum jedoch mit riesigen Betonkästen.
- Fort de Soto Park: Der Park liegt südlich des St. Petersburg Beach und weist wunderschöne Sandstrände auf, die sich über 11 km und 5 Inseln erstrecken.
- Siesta Key/Longboat Key/Anna Maria Island: Golfküste, in der Höhe von Sarasota. Schöne, weite Sandstrände, die sich vor allem für den Familienurlaub eignen.
- Lover's Key: Golfküste nördlich von Ft. Myers Beach. Vom Parkplatz aus gelangt man mit einer Bahn zum herrlich weißen Strand. Die Strandanlage ist sehr gepflegt.
- Gasparilla Island/Golfküste: Diese der Westküste vorgelagerte Insel liegt westlich zwischen Fort Myers und Port Charlotte.
- Bowman's Beach: Golfküste, Sanibel Island. Naturbelassene Strände, vor allem für Muschelsucher interessant. Der Zugang zum Bowman's Beach erfolgt über die Sanibel Captiva Road in nördlicher Richtung.

👉 Und was meint Dr. Beach?

Hinter der populären Bezeichnung „Dr. Beach" steckt Dr. Stephen P. Leatherman. Er ist Professor für Umweltstudien an der Florida International University und begann mit seiner publikumswirksamen Arbeit bereits 1991. Penibel nimmt er unterschiedliche Aspekte der Strandqualität wissenschaftlich unter die Lupe, so z. B. die Sandqualität, Wassertemperatur und den Verschmutzungsgrad des Strandes. Persönliche Besuche und Gespräche mit Naturschützern, Park Rangers und Wissenschaftlern runden seinen Gesamteindruck ab.

2015 landeten auf der Top-10-Liste der besten Strände der USA folgende Strände in Florida:

- Barefoot Beach Bonita Springs
- St. George Island State Park (Florida Panhandle)
- Cape Florida State Park Key Biscayne
- Delnor-Wiggins Pass State Park Naples

Aktuell kann man sich auf der Website www.drbeach.org informieren.

Strom

In Florida herrscht 110 V Wechselspannung/60 Hertz. Also auf jeden Fall daran denken, Ihr Gerät umzustellen. In den USA sind Flachstecker üblich – Adapter müssen also besorgt werden.

Taxi

Taxis werden in den USA häufig auch als *yellow cab* bezeichnet. Man kann Taxis **telefonisch** bestellen oder man steht an der Straße und **winkt eines herbei**. Häufig stehen sie bereits an den großen Hotels und werden eigens von dem Türsteher herbeigerufen. Da es wenige öffentliche Verkehrsmittel (besonders spät am Abend) gibt, ist es in den USA und Kanada üblich, auch kürzere Strecken mit dem Taxi zurückzulegen. Entfernungen von nur 1-2 km werden durchaus akzeptiert, da die Taxifahrer sowieso auf der Suche nach Fahrgästen im Sinne eines *Cruising* bzw. *Drive Ins* durch die Stadt hin- und herfahren. In jedem Fall muss man eine Grundgebühr bezahlen, danach zählt der Taxameter die Kilometer, wobei der Zeitfaktor auch einberechnet wird (z. B. bei Staus). Also nicht wundern, wenn der Preis für eine Strecke manchmal um 50 % variiert. Nachts zahlt man einen kleinen Zuschlag. Preise sind am/im Taxi angeschlagen.

Telefonieren

**Wichtige Telefonnummern
von den USA**
- nach Deutschland: 01149 + Ortsvorwahl (ohne 0) plus Teilnehmernummer
- nach Österreich: Ländervorwahl 01143
- in die Schweiz: Ländervorwahl 01141

von Deutschland in die USA: 001
Operator: 0
internationale Fernsprechauskunft: 00; internationale Vermittlung: 01

Bei amerikanischen **Telefonnummern** folgt einem dreistelligen Area Code (etwa 561 für Palm Beach) die siebenstellige Rufnummer, die manchmal als werbewirksame Buchstabenkombination angegeben ist. Die Buchstabenzuordnung steht auf jedem Telefon unter den Zifferntasten.

Handys (amerikanisch korrekt: *cell(ular) phone* – den Begriff Handy verstehen Amerikaner nicht) haben in weiten Teilen der USA guten Netzempfang. Mit den in Deutschland weit verbreiteten Tribandhandys (1.900 MHz) bekommt man in Florida meist problemlos eine Verbindung. Die Telefonkosten mit einem deutschen Mobilfunkvertrag können bei Anrufen in und aus den USA immer noch ganz schön ins Geld gehen. Für das Roaming (Nutzung eines fremden Mobilfunknetzes) berechnen deutsche Mobilfunkanbieter oft bis zu 2 € je Minute. Man sollte sich auf jeden Fall vor der Abreise bei seinem Anbieter über Handykosten in den USA erkundigen. Passive Kosten entstehen bei Anrufen von zu Hause, da die Rufweiterleitung von Deutschland in die USA immer auf Kosten des Angerufenen geht. Zudem sollte dringend die Rufumleitung auf die Mailbox deaktiviert werden.

Die hohen Roamingkosten können mit einer eigenen amerikanischen SIM-Karte vermieden werden. Eine solche gibt es ohne Grundgebühr, Mindestumsatzverpflichtungen oder Aktivierungsgebühren z. B. bei Cellion (www.cellion.de, mit dieser Karte ist allerdings keine Datennutzung möglich, man kann nur telefonieren und SMS schreiben). Man erhält eine amerikanische Rufnummer, unter der man für jeden erreichbar ist. Anrufer aus Deutschland können bereits für wenige Cent zu einer amerikanischen Handynummer telefonieren. Falls das Mobiltelefon verloren geht oder gestohlen wird, sollte man die Nutzung der SIM sofort beim Provider sperren lassen.

Telefonkarten (Calling Cards) gibt es in zwei Varianten. Bei der Postpaid-Variante werden die Telefoneinheiten nachträglich in Rechnung gestellt und anschließend z. B. von der Kreditkarte abgebucht (z. B. von www.att.com, www.idt.net). Bei Verlust können diese Karten gesperrt und ersetzt werden. Die zweite Variante ist eine Prepaid Calling Card, bei der man ein gewünschtes Guthaben im Voraus erwirbt. Vor Ort verkaufen auch Supermärkte oder Tankstellen solche Prepaid Calling Cards, deren Minutenpreise und Zusatzgebühren sehr unterschiedlich sind. Das Telefonieren mit einer Calling Card läuft in drei Schritten ab: Man wählt eine Einwahlnummer zum Calling-Card-System, identifiziert sich anschließend mit einer Kartennummer und wählt dann die gewünschte Zielrufnummer.

Vorsicht ist bei der Beurteilung von Calling-Card-Preisen amerikanischer Anbieter geboten. Steuern und Abgaben sind in der Werbung im Minutenpreis meist nicht enthalten und müssen noch hinzugerechnet werden, daher vor dem Kauf die Kartenrückseite durchlesen.

Calling Cards kann man von verschiedenen Telefonanschlusstypen aus verwenden. Dabei entstehen jedoch teilweise Zusatzkosten:
1. vom Festnetzanschluss: in der Regel keine Zusatzkosten
2. von der Telefonzelle: ohne Bargeld, evtl. Zuschlag vom Calling-Card-Anbieter
3. von Hoteltelefonen: teilweise Zusatzkosten durch das Hotel für die Verbindung zur Einwahlnr.
4. von Mobiltelefonen: Zusatzkosten durch den Mobilfunkanbieter für die Verbindung zur Einwahlnummer

Internetnutzung ist eine Frage des persönlichen Bedarfs. Wer nur abends einmal die E-Mails checken und sich über das Weltgeschehen informieren möchte, der ist mit dem meist im Hotelpreis inbegriffenen WLAN-Angebot gut bedient. Zudem bieten viele Restaurant- und Café-Ketten sowie andere Geschäfte kostenlosen Internet-Zugang per Hotspot. Wer jedoch von unterwegs mit dem Handy häufig Informationen zur Reiseroute (die besten Restaurants, Eintrittspreise von Museen oder Parks, das nächstgelegene Hotel einer bestimmten Kette o.ä.) abrufen oder soziale Netzwerke nutzen möchte, der hat zwei Möglichkeiten, die Kosten in überschaubaren Grenzen zu halten: beim heimischen Mobilfunkanbieter ein Datenpaket fürs Ausland buchen (Angebote variieren stark) oder eine amerikanische SIM-Karte besorgen, mit der auch die Internetnutzung möglich ist (beispielsweise bei http://tourisim.de).

Trinkgeld

Trinkgeld – **als tip oder auch gratuity** bezeichnet – beträgt in der Regel 15–20 %, falls nicht schon im Bedienungspreis inbegriffen. Man hinterlässt das Trinkgeld auf dem Tisch. Bedenken Sie, dass die amerikanische Bedienung von den Trinkgeldern zum größten Teil lebt – also bitte nicht vergessen! Einige Restaurants sind dazu übergegangen, 15–20 % von sich aus schon auf die Rechnung aufzuschlagen. Prüfen Sie also Ihre Rechnung! Gepäckträger erwarten ca. \$ 1 pro Gepäckstück; Taxifahrer erhalten in der Regel 10 % vom Fahrpreis.

Unterkunft

Florida ist eines der beliebtesten Reiseziele der Vereinigten Staaten, trotzdem gibt es selbst in der Hochsaison immer noch Unterkünfte, denn entlang der Highways stehen ein Hotel und Motel neben dem nächsten. Allerdings sind dann alle wirklich guten Häuser und schönen Strandhotels ausgebucht. Vorher buchen ist daher zur Hochsaison empfehlenswert. Das Schild „Vacancy" bedeutet, dass es noch freie Zimmer gibt. „Sorry" oder „No Vacancy" signalisiert, dass alles ausgebucht ist. Im Allgemeinen sind die Unterkünfte in den Hotels und Motels sauber. Die Zimmer verfügen über ein Bad mit Dusche, Klimaanlage, Telefon und Fernsehen. Fast alle Hotels und Motels haben einen Swimmingpool.

Gemütliche B&B-Unterkunft: das Coombs Inn in Apalachicola

Klassifizierung der Unterkünfte

Die Preiskategorien der Unterkünfte verstehen sich pro Standard-Doppelzimmer (DZ), sofern nicht anders angegeben, ohne Frühstück und Tax. An Wochenenden, in der Nebensaison, mit Rabattcoupons, bei Sonderaktionen usw. können z. T. erheblich abweichende Tarife gelten.

$	unter $ 70 (= einfacher Standard)
$$	$ 70–130 (= Mittelklasse-Hotel)
$$$	$ 130–200 (= Hotel der gehobenen Mittelklasse)
$$$$	$ 200–320 (= First-Class-Hotel)
$$$$$	über $ 320 (= Luxushotel)

Wichtig bei der Reservierung zu wissen ist der Unterschied in der **Art der Betten**: **Double** (auch Queen- oder King Size Bed genannt) meint immer ein französisches Doppelbett. **Twin** ist stets ein Zimmer mit zwei getrennten Betten. In den meisten Hotels stehen in den Zimmern zwei „Doubles".

Die Übernachtungspreise schwanken naturgemäß je nach Lage, Ort und Qualität der Unterkunft. Die Saison-Unterschiede sind enorm. Am preiswertesten sind die Übernachtungen in den Sommermonaten, am teuersten zwischen Weihnachten und April. Im kühleren Panhandle (Nordflorida) ist der Sommer die Hochsaison. Generell sind Motels billiger als Hotels. Der Zimmerpreis gilt stets für 2 Personen. Kinder und Jugendliche erhalten, sofern sie im Schlafzimmer der Eltern schlafen, entweder eine starke Ermäßigung oder sie zahlen sogar nichts.

 **Tipps**

Sparen: *Überall in den touristischen Infobüros der Orte, Hotels, Motels, Restaurants etc. liegen Discount-Hefte (kostenlos) aus. Oft werden dadurch Übernachtungen um 10–25 % billiger. AAA-Mitgliedern (ADAC ist assoziiert) werden ebenfalls oft Nachlässe gewährt.*
Bewertungen: *Unter www.tripadvisor.de finden Sie quasi zu allen Orten begründete Kundenmeinungen zu Hotels, Motels und Restaurants. Sehr hilfreich bei Entscheidungen!*

Sobald man in ein Hotel eincheckt, werden zwei Dinge verlangt:
- Man muss ein Anmeldeformular ausfüllen. In der Rubrik „Fahrzeug" braucht man lediglich den Hersteller (z. B. Toyota) und sonst nur „rental" zu schreiben.
- Man muss seine Kreditkarte vorlegen oder den Zimmerpreis bar oder per Reisescheck bezahlen.

Auswahl von Hotel- und Motelketten mit US-Rufnummern und Internet-Adressen			
Name	**☎-Nr.**	**Internet-Adresse**	**Preiskategorie**
Adam's Mark	1-800-444-2326	www.adamsmark.com	hoch
Best Western	1-800-528-1234	www.bestwestern.com	mittel

Budget Host	1-800-283-4678	www.budgethost.com	niedrig
Clarion Hotels	1-800-424-6423	www.choicehotels.com	mittel
Comfort Inns	1-800-228-5150	www.choicehotels.com	mittel/teilw. niedrig
Courtyard	1-800-321-2211	www.courtyard.com	hoch
Days Inn	1-800-325-2525	www.daysinn.com	mittel
Doubletree	1-800-222-8733	www.doubletree.com	hoch
Econo Lodges	1-800-446-6900	www.choicehotels.com	niedrig
Embassy Suites	1-800-362-2779	www.embassysuites.com	mittel bis hoch
Fairmont Hotels	1-800-527-4727	www.fairmont.com	mittel
Four Seasons Hotels	1-800-819-5053	www.fourseasons.com	hoch
Hampton Inn	1-800-426-7866	www.hampton-inn.com	niedrig bis mittel
Hilton	1-800-445-8667	www.hilton.com	teuer
Holiday Inn	1-800-465-4329	www.ichotels-group.com	mittel bis hoch
Howard Johnson	1-800-446-4656	www.hojo.com	niedrig bis mittel
Hyatt	1-800-233-1234	www.hyatt.com	hoch
Inter Continental	1-800-327-0200	www.ihg.com	hoch
La Quinta	1-800-531-5900	www.lq.com	niedrig bis mittel
Marriott	1-800-228-9290	www.marriott.com	hoch
Motel 6	1-800-466-8356	www.motel6.com	niedrig
Omni Hotels	1-800-843-6664	www.omnihotels.com	hoch
Quality Inns	1-800-228-5151	www.qualityinn.com	niedrig bis mittel
Radisson	1-800-333-3333	www.radisson.com	mittel bis hoch
Ramada Inn	1-800-228-2828	www.ramada.com	mittel
Red Roof Inn	1-800-733-7663	www.redroof.com	mittel
Renaissance	1-800-468-3571	www.renaissance-hotels.com	hoch
Ritz-Carlton	1-800-241-3333	www.ritzcarlton.com	hoch
Sheraton	1-800-325-3535	www.starwood.com/sheraton	hoch
Shilo Inn	1-800-222-2244	www.shiloinns.com	niedrig
Sleep Inn	1-800-753-3746	www.sleepinn.com	niedrig
Super 8	1-800-800-8000	www.super8.com	niedrig
Travellodge	1-800-578-7878	www.travelodge.com	niedrig bis mittel
Vagabond Inns	1-800-522-1555	www.vagabond-inns.com	niedrig
Westin	1-800-937-8461	www.westin.com	hoch
Wyndham	1-800-822-4200	www.wyndham.com	hoch

Generell unterscheidet man in den USA folgende Übernachtungsmöglichkeiten:

Hotel: Hier reicht die Skala vom heruntergekommenen Haus bis zur Luxusherberge. Hotels verfügen in aller Regel über ein eigenes Restaurant.
Motel: Motels liegen zumeist an den Hauptausfallstraßen. Man fährt mit dem Wagen praktisch bis vor das Zimmer, die meisten gehören irgendeiner Kette an. Einfach, aber in der Regel sauber.
Inn: In der eigentlichen Bedeutung „Gasthaus", heute oft ein Haus für den gehobenen Anspruch.
Lodge: Lodges liegen meistens in der Natur, sind rustikal-ländlich.
Resort: Hierbei handelt es sich um ausgesprochene Ferienanlagen, die zumeist ruhig liegen und vor allem viele sportliche Möglichkeiten bieten.
Country Club: Häuser mit zumeist hohem Standard, oft einem Golfplatz angeschlossen.
Bed and Breakfast (B&B): Hierbei handelt es sich um Privatpensionen. Manche der B&B-Häuser in Florida sind stilvoll restaurierte alte Gebäude im Südstaaten-Stil. In der Regel teurer als die Mittelklasse der Hotel-Ketten/Motel-Ketten.

Adressen, auf denen zahlreiche B&B vorgestellt werden und auch buchbar sind:
• Florida Bed & Breakfast Inns, ☎ 877-303-FBBI (3224), www.florida-inns.com
• B&B Inns online: www.bbonline.com/fl/

☞ Hinweis
Wer sich von zu Hause aus via Internet eine Unterkunft in einer größeren Stadt reservieren möchte, kann das u. a. über folgende Broker tun (kostenfrei und häufig günstiger als direkt beim Hotel):
• *www.usareisen.de – Hotels aller Kategorien*
• *www.opodo.de – über 100.000 Hotels weltweit*
• *http://crshotels.com – kostenloser Hotelreservierungs-Service*
• *www.hotel.de – über 210.000 Hotels weltweit*
• *www.hotelbook.com – sofortige Hotelreservierung in verschiedenen amerikanischen Städten*
• *www.hrs.de – weltweite Hotelreservierungen, außerdem Auskünfte zu Airports, Fluggesellschaften etc.*
• *www.quikbook.com – landesweite Hotel-„Schnäppchen" zum Sofortbuchen*
• *www.booking.com – Zimmersuche und allgemeine Infos (Sightseeing, Restaurants, Stadtpläne usw.)*
• *www.worldres.com – mehr als 40.000 Hotels weltweit*

Eine gute Übernachtungsalternative für Individualisten, Naturfreunde und Campingfans sind die zahlreichen State Parks, National Parks und National Forests, s. Stichpunkt Camping. Häufig werden auch einfache Hütten (*cabins*) vermietet.

Jugendherbergen
Ein Internationaler Jugendherbergsausweis (zu Hause erwerben!) macht sich in **American Youth Hostels** mit den ihnen assoziierten privaten Herbergsunternehmen, die zur **AAIH** (*American Association of International Hostels*) zusammenge-

fasst sind, bzw. in **HI-Hostels** (*American Youth Hostel Federation/AYHF*, www.hi hostels.com) bezahlt.

- **Hostelling North America** (www.hostels.com) gibt ein Verzeichnis heraus, das ebenso wie ein Jugendherbergsausweis über den DJH (☎ 05231-74010, www.jugendherberge.de) bezogen werden kann; in AU hilft weiter: www.oejhv. at, ☎ 01-5335353, in der Schweiz: www.youthhostel.ch, ☎ 01-36014414.
- **YMCA/YWCA** sind weitere Alternativen, wobei YMCA Gäste beiderlei Geschlechts aufnimmt. Infos: www.ymca.net oder www.ywca.com.
- **CVJM**-Gesamtverband, Im Druseltal 8, 34131 Kassel, ☎ (0561) 30870, www.cvjm.de.

Versicherung

Wegen der hohen Arzt- und Behandlungskosten in den USA ist für die Dauer des Amerika-Urlaubs der Abschluss **Reisekranken**- und **Reiseunfallversicherung** anzuraten. Entsprechende Policen kann man praktisch bei jeder Versicherung abschließen. Beim Abschluss einer Unfallversicherung sollte man darauf achten, dass diese eine Rücktransportversicherung enthält. Für ihren Leistungsumfang recht preiswert sind Versicherungspakete, die die Versicherung touristischer Beistandsleistungen (z. B. Rechtsanwalt) und Rücktransportkosten, eine Reisekranken- und Unfallversicherung, eine Haftpflicht- und Reisegepäckversicherung beinhalten. Bei Buchung einer Pauschalreise ist der Abschluss einer Reiserücktrittskostenversicherung ratsam.

Zeit

In Florida gibt es zwei Zeitzonen:
Eastern Standard Time: 6 Stunden hinter der MEZ zurück (d. h. wenn es in Mitteleuropa 12 h Mittag ist, ist es in Florida 6 h morgens.
Central Time (westlich von Tallahassee): 7 Stunden hinter MEZ zurück.

Der Zeitabstand ist fast stets der gleiche, da während unserer Sommerzeit in Florida auch die entsprechende Sommerzeit (*daylight saving time*) gilt. Die Sommerzeit beginnt in Florida stets vom 2. Märzwochenende bis zum ersten Novembersonntag. In dieser Zeit sind die Uhren um eine Stunde vorgerückt.

In den USA werden die Zeiten in **ante meridiem** (vormittags, abgekürzt a. m.) und **post meridiem** (nachmittags, abgekürzt p. m.) eingeteilt. So entspricht 6 a. m. unserer Morgenzeit 06 Uhr, dagegen entspricht 6 p. m. 18 Uhr.

Zoll

Gegenstände des persönlichen Bedarfs sind zollfrei, ansonsten dürfen **zollfrei in die USA** eingeführt werden: 200 Zigaretten oder 50 Zigarren, 1 Liter alkoholische Getränke, Geschenke im Gegenwert von $ 100, Zahlungsmittel im Wert von über $ 10 000 müssen deklariert werden.

Lebensmittel (Frischprodukte aller Art) sowie Pflanzen dürfen nicht eingeführt werden.

Für in größeren Mengen benötigte Medikamente sollte man vorsichtshalber ein ärztliches Attest mitführen.

Bei der **Wiedereinreise nach D** und **AU** sind zollfrei: Tabakwaren (Mindestalter des Reisenden 17 Jahre), d. h. 200 Zigaretten oder 100 Zigarillos oder 50 Zigarren oder 250 g Tabak; Alkohol (Mindestalter des Reisenden 17 Jahre), d. h. 1 Liter über 22 Prozent oder 2 Liter bis 22 Prozent sowie 4 Liter Wein und 16 Liter Bier, andere Waren bis zu einem Wert von € 430.

In die Schweiz:
5 l Alkohol bis 18 Prozent und 1 l über 18 Prozent, 250 Zigarren/Zigaretten oder 250 g Tabak, Waren im Wert von CHF 300.

Einfuhrbeschränkungen bestehen in ganz Europa für Drogen, Arzneimittel, Waffen, Lebensmittel, Feuerwerkskörper, Raubkopien, verfassungswidrige Schriften, Pornographie, Tiere und Pflanzen.

Informationen über die aktuellen Einfuhrbestimmungen
- in die USA: www.cbp.gov
- nach D: www.zoll.de (℡ 069-46997600)
- AU: www.bmf.gv.at (℡ 04242-33233)
- CH: www.ezv.admin.ch (℡ 061-2871111)

Das kostet Sie das Reisen in Florida

– Stand: August 2015 –

Auf den Grünen Seiten geben wir Ihnen Preisbeispiele für Ihren Florida-Urlaub, damit Sie sich ein Bild über die Kosten Ihrer Reise machen können. Natürlich können diese Angaben nur im Sinne einer Orientierung verstanden werden.

Aktueller Kurs: 1 US$ = 0,91 €
                   1 € = 1,10 US$

Beförderung

Flüge
Linienflüge Deutschland – Florida mit den Zielflughäfen Miami, Fort Myers oder Orlando kosten je nach Saison (Hochsaison zwischen Mitte Juni und Mitte August) etwa zwischen (Zirka-Preise, nach oben offen)
Lufthansa: 470 und 915 € (nonstop nach Miami und Orlando)
Air Berlin: 320 und 800 € (nonstop nach Fort Myers und Miami)
Delta Airlines: 380 und 800 € (mit Zwischenstopp, z. B. in New York)
British Airways: 380 und 800 € (mit Zwischenstopp, z. B. in London)

In jedem Fall ist ein Preisvergleich im Internet zu empfehlen, da sich die Preise ständig ändern und der Überblick über die zahlreichen Sonderangebote mitunter schwer fällt: z. B.: www.ebookers.com, www.followme.de, www.orbitz.com, www.expedia.de, www.cheaptickets.com, www.travelcity.com, www.flug.de.

Mietwagen
Florida bietet im USA-Vergleich sehr günstige Mietwagen an. Bei einer Mietdauer von einer Woche muss man in der kleinsten Kategorie mit Preisen ab etwa 250 € rechnen; ein Minivan kostet ab ca. 440 €. In der Hochsaison (Osterzeit, Sommerferien) kosten die Fahrzeuge geringfügig mehr. Generell sollten die Autos von Deutschland aus vorausgebucht werden, da Sie so in den Genuss der besten Tarife kommen. Auf den Webseiten der Autovermieter gibt es häufig auch einen Frühbucherrabatt. Die o.a. Preise beinhalten alle km, Vollkaskoversicherung. Dazu kommen noch die örtlichen Steuern in Höhe von 6 % sowie Kosten für zusätzliche Versicherungen (z. B. Insassenversicherung/„PAI" ab ca. $ 5 pro Tag sowie die Erhöhung der Haftungssumme auf $ 1 Mio. ab ca. $ 8/Tag). Bei noch preiswerteren Fahrzeugen bitte Vorsicht walten lassen! Die genauen Versicherungsbedingungen schwanken von Anbieter zu Anbieter.

Camper
Ein Camper für 4 Personen kostet mit unbegrenzten Kilometern je nach Saison zwischen etwa 100 und 220 €/Tag. Je nach Ausbuchung der Fahrzeugflotten werden die Camper auch billiger angeboten.

Benzinpreise

Normalbenzin (regular) $ 2,50–3,80 pro Gallone (3,8 l); in und um Orlando und Miami kann Benzin auch erheblich teurer sein. Immer auf von außen sichtbar angeschlagene Preise achten.

Rundreisen

15-tägige Mietwagenrundreise (Miami – St. Augustine – Orlando – St. Petersburg – Fort Myers – Florida Keys – Miami) inkl. Übernachtungen, Preis pro Person (im Doppelzimmer) ab ca. 800 € (zzgl. Mietwagen und Flugkosten für die Anreise)
9-tägige Busrundreise (Miami – Cape Canaveral – Orlando – Ft. Myers – Key West) inkl. Übernachtungen und deutschsprachiger Leitung, Preis pro Person (im Doppelzimmer) ca. 660–800 €(zzgl. Flugkosten für die Anreise)

Übernachtungskosten

Hier ist es kaum möglich, genaue Preise anzugeben. Vor Ort bestimmen Angebot und Nachfrage, Saison und Wochentag, Lage und Strandnähe die Preise. Entlang den Highways kämpfen die verschiedenen Hotels und Motels mit „specials" (Sonderangebote). Generell zahlt man in Florida den Preis für einen Raum, unabhängig von der Belegung.
Einige Anhaltspunkte:
    Einfache Motels und Hotels kosten je nach Saison $ 50–100/Zimmer
    Mittelklassehotels kosten je nach Saison $ 100–250/Zimmer
    Luxushotels kosten je nach Saison ab $ 250/Zimmer – nach oben offen

Verpflegungskosten

Es ist auch hier schwierig, allgemein gültige Aussagen zu machen. Wer selbst kocht und in den Supermärkten oder auf Wochenmärkten hochwertige Produkte einkauft, wird insgesamt etwas mehr fürs Essen ausgeben als zu Hause. Viel günstiger als in Europa kann man dagegen in den zahlreichen Schnellrestaurants satt werden. Je nach Reisedauer und persönlichen Präferenzen wird man die ewigen Burger mit Pommes allerdings schnell satt sein. Das Essen in guten Restaurants ist in den USA dagegen deutlich teurer als bei uns.

Eintrittspreise/Beispiele der gängigsten Vergnügungsparks

Hinweis
Bei einer Vorab-Buchung im Internet und Ausdruck des Tickets zuhause kann man einige Dollar sparen. Alle Preise zzgl. MwSt.

Walt Disney World/aktuelle Infos: www.waltdisneyworld.com:
Tagesticket (Magic Kingdom) Erwachsene: $ 105, Kinder (3–9 Jahre): $ 99
Tagesticket (Epcot oder Animal Kingdom oder Hollywood Studios) Erwachsene: $ 97, Kinder (3–9 J.): $ 91,

4-Tage-Pass (mit Park-Hopper-Option) zu Magic Kingdom Park, Epcot, Disney's Hollywood Studios, Animal Kingdom. Erwachsene: $ 369, Kinder (3–9 J.): $ 349, **5-Tage-Pass** (mit Park Hopper) zu allen Parks sowie auch zu den Water Parks Blizzard Beach und Typhoon Lagoon. Erwachsene: $ 405, Kinder (3–9 J.): $ 385.

5-Parks Orlando Flex Ticket:
beinhaltet den Besuch von Universal Studios Florida, Islands of Adventure, Sea World of Orlando, Sea World Aquatica, SeaWorld's Waterpark und Wet 'n Wild.: $ 336, Kinder (3–9 J.): $ 316
Als 6-Park-Ticket inkl. Busch Gardens/Tampa Bay: $ 356, Kinder (3–9 J.): $ 336

SeaWorld/Orlando/aktuelle Infos: www.seaworld.com:
Tagesticket: 97 $, zusammen mit dem gegenüber gelegenen Wasserpark Aquatica: $ 126 (das Kombiticket ist für die Dauer des Aufenthalts, max. 14 Tage, gültig).

Wet'n'Wild/Orlando/aktuelle Infos: www.wetnwild.com:
Erwachsene $ 57, Kinder (3–9 J.) $ 52

Universal Studios/Orlando/aktuelle Infos: www.universalorlando.com:
Das Universal Resort besteht aus den beiden Themenparks Universal Studios und Islands of Adventure. Tagesbesuch 1 Park Erwachsene $ 102, Kinder (3–9 J.) $ 97, Tagesbesuch 2 Parks $ 147, Kinder (3–9 J.) $ 142, zudem sind Mehrtagespässe und Kombinationen mit Wet'n'Wild möglich.

Spartipps

• Wer sparen möchte, sollte sich der angebotenen Coupon-Hefte bedienen. Es werden bei Vorlage eines Coupons bei dem entsprechenden Unternehmen Rabatte bis zu 20 % gewährt. Erhältlich in den regionalen Fremdenverkehrsämtern (Chamber of Commerce) oder an Tankstellen, Highways etc.
• ADAC-Mitglieder können sich mit einem AAA-Ausweis Nachlässe bei Hotels, Motels, Autovermietungen und Themenparks ergattern.
• Tickets für Themenparks werden außerhalb der Themenparks mitunter günstiger angeboten, und man braucht auch nicht in Warteschlangen zu stehen.
Ticketkauf auch unter der Internet-Adresse www.greatorlandodiscounts.com.

REISEN IN FLORIDA

Routenvorschläge

Um Florida in allen Teilen bereisen zu können, die in diesem Reisehandbuch vorgestellt werden, benötigt man etwa 4–5 Wochen.

Alternative 1: Tagesausflüge vom Urlaubsstandort aus

Viele Urlauber wollen einen Strandurlaub verbringen, doch trotzdem vom Standort aus Tagesausflüge unternehmen. Ob man nun in Miami Beach, Naples, Ft. Myers (Sanibel Island) oder St. Petersburg/Clearwater Beach wohnt: Alle eignen sich, um Tagesausflüge in die Umgebung zu unternehmen. Bitte in diesem Fall das entsprechende Kapitel lesen, das den Urlaubsort beschreibt.

Alternative 2: Florida-Rundfahrt südlich von Orlando

Die meisten Urlauber aus Deutschland kommen in Miami an und fliegen wieder in Miami ab. In ca. 14 Tagen kann man die Rundfahrt unternehmen, die das Reisegebiet der Westküste bis nach Orlando beinhaltet. Diese Rundfahrt umfasst insbesondere die bekannten landschaftlichen Ziele wie den Everglades National Park und die Florida Keys, schließt sowohl die Ost- als auch die Westküste (Golf von Mexiko) ein und führt zu den großen touristischen Magneten wie Disney World und Kennedy Space Center.

> **Tipp: individuell Reisen**
>
> *America Unlimited* ist ein kleiner Nordamerika-Spezialist, der Mietwagenrundreisen mit oder ohne Flug anbietet. Es stehen mehrere Touren durch Florida auf dem Programm, wobei die Routen individuell abgeändert werden können. **America Unlimited**, *Leonhardtstr. 10, 30175 Hannover,* ① *(0511) 37444750, www.america-unlimited.de.*

Alternative 3: Florida-Rundfahrt nördlich von Orlando

Diese Rundfahrt eignet sich vor allem für Urlauber, die in Orlando (oder Tampa) ankommen und wieder abfliegen. Im Verlauf dieser Strecke gelangt man zu Attraktionen wie Disney World und Kennedy Space Center sowie an die weiten Strände der Atlantikküste und nach St. Augustine, der ältesten Stadt der USA. Die Route führt dann weiter in den viel weniger bekannten Teil Floridas, den *Panhandle* (Pfannenstiel). Dieses Gebiet unterscheidet sich von der südlich Orlando gelegenen Region dahingehend, dass es hier viel weniger Touristen, umso mehr aber eine unverfälschte Natur, Ruhe und z. T. die schönsten Strände des Staates (am Miracle Strip) gibt. Unterwegs kann man die ruhige Hauptstadt Tallahassee besuchen und bis zum historisch bedeutsamen Pensacola fahren. Zurück geht es direkt an den herrlich weißen Stränden der Golfküste entlang über verträumte Hafen- und Fischerstädtchen wie Apalachicola und Cedar Key durch die zentralen Teile Mittelfloridas (Geheimtipp: Inverness und die Seenplatte) nach Orlando.

Alternative 4: Große Florida-Rundfahrt

Diese Rundfahrt schließt den Süden und Norden ein. Hierfür empfehlen sich wohl am besten Miami als Beginn und Orlando/Tampa als Ende der Reise. Die große Rundfahrt dürfte 4–5 Wochen Urlaubszeit in Anspruch nehmen.

Routen des Buches

ATLANTIC OCEAN

GEORGIA

ALABAMA

MISSISSIPPI

Gulf of Mexico

N

124 mi
200 km
0
0

Pensacola
Fort Walton Beach
Panama City
Apalachicola
Kap. 8
Tallahassee
Suwannee River
GEORGIA
Jacksonville
St. Johns River
St. Augustine
Kap. 7
Daytona Beach
★ *John F. Kennedy Space Center*
Ocala
Inverness
Cedar Key
Crystal River
Kap. 6
Orlando
★ *Walt Disney World*
Tampa
St. Petersburg
Sarasota
Sanibel Island
Ft. Myers
Naples
Kap. 5
Lake Okeechobee
Kap. 9
Palm Beach
Ft. Lauderdale
Miami Beach
Miami
Kap. 3
Homestead
Flamingo
Kap. 4
Florida Keys
Key Largo
Key West

Vorschlag für die Zeiteinteilung bei der großen Florida-Rundfahrt, einschließlich touristischer Interessen

Gebiet	ab Seite	Unternehmungen/Ausflugsziele	Tage	ca. km	touristische Interessen
Miami und Umgebung	120	Miami Stadtbesichtigung; Coral Gables – Coconut Grove – Key Biscayne – Miami Beach	2–3	200	Baden – Völkervielfalt – Sport – Stadt- und Strandleben – Architektur
Miami – Everglades N.P.	169	Everglades National Park: Rundfahrten – Miccosukee Indian Village	2	200	Pflanzen- und Tierwelt – Wanderungen – Boots- und Kanufahrten – Indianer
Everglades N.P. – Key West	198	Biscayne Nat. Park – John Pennekamp Coral Reef State Park – Key Largo – Islamorada – Indian Key – Seven Mile Bridge – Bahia Honda – Key West – Dry Tortugas	3	300–350	Landschaft – Geschichte – Tauchen – Baden
Key West – Naples	245	Big Cypress National Preserve – Everglades City – Collier-Seminole State Park – Marco Island – Naples	2	400	Landschaft – Geschichte – Baden – Pflanzen- und Tierwelt – Sport
Naples – Fort Myers/Sanibel Island	263	Corkscrew Swamp Sanctuary – Fort Myers – Sanibel und Captiva Island	2	100	Pflanzen- und Tierwelt – Geschichte (Edison) – Baden – Sport
Sanibel Island – Sarasota	287	Residenz und Ringling-Museum	1	120	Geschichte – Baden
Sarasota – St. Petersburg	301	De Soto Memorial – Dali-Museum – South Florida Museum – Sunken Gardens – Strände von St. Petersburg Beach – Clearwater Beach	2–3	60	Geschichte – Baden – Attraktionen – Kultur
St. Petersburg – Tampa	308	Ybor City – Busch Gardens – Tarpon Springs – Weeki Wachee	1–2	25	Geschichte – Stadtleben – Attraktionen – Griechen
Tampa – Orlando	343	Cypress Gardens – Walt Disney World (Magic Kingdom + Epcot) – SeaWorld	2–3	200	Hauptattraktion Floridas
Orlando – Kennedy Space Center (Titusville)	431	Besichtigung des Kennedy Space Center	1	100	Raumfahrt-Technik
Titusville – St. Augustine	445	Baden in Daytona Beach – Besichtigung der ältesten Stadt der USA	2	160	Baden – Geschichte

Gebiet	Seite	Unternehmungen/Ausflugsziele	Tage	ca. km	touristische Interessen
Jacksonville – Amelia Island	469	Strände von Amelia Island – Abstecher zum Okefenokee Swamp (GA)	1–2	200	Baden – Natur
St. Augustine – Tallahassee	481	Ocala National Forest – Silver Springs Osceola Nat. Forest – Suwannee River S. P. – „alte" Städtchen mit Atmosphäre	2	400	unberührte Landschaft – Pflanzenwelt – Südstaaten-Einfluss
Tallahassee – Pensacola	508	Florida Cavern State Park – Falling Waters – Blackwater River State Park	2–3	410	Geologie – Landschaft – Geschichte – Schwimmen – Kanufahrten
Pensacola – Apalachicola	523	Sandestin Beach – Shell Island – St. George Island S.P. – Apalachicola National Forest	2–3	300	Baden – Geschichte – unberührte Küstenlandschaft
Apalachicola – Crystal River	536	Manatee Springs State Park – Cedar Key – Yankeetown	2	400	Tierwelt – Landschaft – alte Siedlungen
Crystal River – Orlando	548	Inverness Seenplatte – Citrus Tower	1–3	160	Landschaft – Erholung – Sport – Ursprünglichkeit
Orlando – Miami	558	Strände – Palm Beach	2–3	420	Strand-Erholung (mondän) u. Ft. Lauderdale („Venedig" Amerikas)

3. MIAMI UND UMGEBUNG

Überblick

Miami Vice oder *CSI Miami* – die amerikanischen Krimiserien von einst und von heute malen es in allen Farben: das Klischeebild von Miami. Parallelen zur Realität sind dabei durchaus vorhanden: Miami ist tatsächlich die vom subtropischen Klima verwöhnte Stadt, das bunte Völkergemisch sorgt durch den starken Einfluss der hier lebenden Lateinamerikaner für eine exotische Note.

Einst galt Miami als Metropole des Verbrechens, denn schließlich lebte hier sogar Al Capone. In den 1980ern wurde die Stadt Drogenumschlagplatz Nummer eins der USA, was einerseits an der Nähe zu Südamerika lag, andererseits durch die Küstensituation begründet war. Insider meinen, dass damals jedes dritte Hotel von Drogengeldern finanziert worden sei. Die Kriminalitätsrate ist aber glücklicherweise längst nicht mehr so hoch wie damals.

Die Investition in Bauvorhaben, z. B. von Super-Luxus-

Miami & Umgebung

👉 **Entfernungen**

von Miami nach:

Everglades N.P. (Eingang): ----------61 km	Naples: --------------171 km
Flamingo (Evergl. N.P.): ---122 km	Orlando/ Disney World: --354 km
Fort Lauderdale:-- 40 km	Palm Beach: -------104 km
Fort Myers:---------232 km	Pensacola:------- 1.058 km
Kennedy Space Center: ------------345 km	St. Augustine:-----394 km
	St. Petersburg:----404 km
Key West: ----------249 km	Tampa: -------------398 km

Malls, war eine beliebte Methode, das Drogengeld zu waschen. In der Folge kamen die Reichen und Schönen nach Miami. Die Zeiten, in denen es im Art-déco-Gebiet von South Beach (auch SoBe genannt) preiswerte Zimmer gab, sind längst vorbei. Stattdessen erwarten einen hier aufwendig gestaltete und bis ins Detail wunderschön restaurierte Art-déco-Hotels. Hier flaniert man, um zu sehen und gesehen zu werden.

In Miami hat sich seit den 1990ern eine überraschend positive Wandlung vollzogen. Früher viel geschmäht, kann die größte Handelsmetropole Floridas dem Besucher ein buntes Kaleidoskop an Eindrücken und Erlebnissen bieten: *Zwischen hypermodern und exotisch*
• eine hypermoderne City mit immer neuen extravaganten Hochhäusern – besonders der Bauboom zwischen 2001 und dem Beginn der Krise hat der Stadt eine beeindruckende Skyline verschafft;

Redaktionstipps

▸ Das Treiben der Passagierschiffe im Hafen von Miami beobachten – am besten von einem Hochhaus aus.

▸ **Bedeutende Sehenswürdigkeiten**: Allen voran das Art-déco-Gebiet von Miami Beach (S. 147); die mondäne Shoppingwelt von Coconut Grove (S. 138); Little Havana mit seinen kubanischen Einflüssen (S. 133); ferner Vizcaya Museum & Gardens (S. 139), das Seaquarium (S. 140) und The Cloisters of the Monastery of St. Bernhard (S. 141).

▸ **Panorama**: Das Miami-Panorama kann man am besten vom Metromover (S. 166) oder vom Causeway (S. 139) nach Key Biscayne aus genießen.

▸ Besuch des mondänen Ortsteils **Coral Gables** mit dem Venetian Pool (S. 135).

• Little Havana an der Calle Ocho mit den hier heimisch gewordenen Exilkubanern, mit duftendem kubanischen Kaffee und interessanten kulinarischen Genüssen;

• den mondänen Stadtteil Coral Gables sowie das von einem künstlerischen Ambiente umgebene Coconut Grove;

• zudem, sozusagen gleich gegenüber: Miami Beach mit seinen breiten Stränden, Hotelpalästen und dem restaurierten Art-déco-Gebiet.

Wen es weiterzieht: Nördlich von Miami Beach liegt das Venedig Amerikas, Fort Lauderdale (s. S. 569). Und ein Tagesausflug führt in die Siedlung der Millionäre, in das legendäre Palm Beach (s. S. 563).

Zunächst einmal einige Fakten: Der Name Miami leitet sich vom indianischen Wort *Mayaime* ab, was so viel wie „großes Wasser" bedeutet. Gemeint ist damit der Miami River, der unmittelbar südlich des Stadtzentrums, am Brickell Point, den Atlantik erreicht. Über 2.000 km südlich von New York gelegen, liegt Miami im Bereich der Subtropen mit ganzjährig mildem Klima. Man vergegenwärtige sich, dass die Stadt einige Breitengrade südlicher liegt als Kairo. Zum Großraum Miami (Greater Miami) zählt fast der gesamte Raum des Miami Dade County mit 35 Städten. In Miami selbst leben mittlerweile ca. 418.000 Menschen, die Agglomeration von Miami, einschließlich der das Dade County umgebenden Counties, zählt rund 3 Mio. Einwohner.

Modern: Miami Downtown

Auch wirtschaftlich betrachtet geht es Miami gut. Der Port of Miami z. B. gehört *Wirtschaft* mit zu den größten Containerhäfen der USA, 2014 wurden hier fast 7,7 Millionen Tonnen Fracht umgeschlagen. Etwa 1.300 Hochseefrachter legen jährlich an – und eine steigende Anzahl von Kreuzfahrtschiffen vor allem mit Destinationen in der Karibik. Miamis Wirtschaft floriert sowohl durch die Ansiedlung von Leichtindustrie als auch durch den Sitz zahlreicher Banken. Ein wichtiger Arbeitgeber ist auch der Flughafen sowie die touristische Industrie (Hotels, Banken). Auch der Geldfluss aus südamerikanischen Ländern ist enorm.

Miami hatte sich in den 1980er Jahren als Drogenmetropole Nr. 1 einen fragwür- *Drogen* digen Superlativ hinzugefügt: Man schätzt, dass damals 75 % der in den USA gehandelten Drogen über Miami eingeführt wurden. Die dadurch gemachten „Narkodollars" dienten u. a. der Finanzierung großer Projekte, so z. B. von Hotels oder Einkaufszentren.

Auch wenn die Kriminalitätsrate bei weitem nicht mehr so hoch ist wie in den 1980ern: Miami hat – wie andere US-Städte auch – seine „no go areas", Gebiete also, wohin man auch tagsüber als Fremder besser nicht gehen sollte. Dazu zählt der Nordwesten der Stadt, etwa westlich der Biscayne Ave. in der Nähe des Interstate I95. Abends sollte man zudem nicht in der ohnehin fast menschenleeren Downtown auf Erkundungen gehen. Immerhin ist die Mordrate im Dade County während der letzten Jahre zurückgegangen (um fast 20 %), ebenso sanken die Raubüberfälle um über 25 %.

Miami wird heute als eine der exotischsten Städte Amerikas bezeichnet. Sicherlich liegt dies vor allem an der Bevölkerungsvielfalt. Weit mehr als die Hälfte der Bewohner spricht Spanisch und sorgt gemeinsam mit den Zugereisten aus allen Teilen der USA für ein lebendiges *social life*. Das dokumentiert sich wohl nirgends lebendiger

Hinweis

Eine mögliche **Zeiteinteilung** bei 2 Tagen Aufenthalt wäre folgende: Übernachtung in Miami Beach, morgens Erkundung der Umgebung und Strände. Nachmittags bietet sich ein Abstecher in Miamis Innenstadt an, evtl. noch ein Besuch der *Cloisters of the Monastery*. Anschließend über die Bay-Harbour-Broad-Causeway-Brücke zurück nach Miami Beach. Dort den Abend verbringen. Am 2. Tag sollte man sich Zeit nehmen für die *Neighborhoods* von Miami (Little Havana, Coral Gables, Coconut Grove) und das Vizcaya-Museum besuchen. Abends kubanisch bzw. südamerikanisch essen.

Mietwagen: Den Mietwagen erst am Folgetag am Hotel in Miami Beach übernehmen.

Kriminalität: Sie hat in den letzten Jahren insgesamt abgenommen, doch trotzdem gilt:
• Nicht mit offenem Wagen fahren, denn besonders an Ampeln ist man dann beliebtes Opfer von Taschendieben
• Wertsachen und Reisedokumente stets im Hotelsafe deponieren
• Nur wenig Bargeld bei sich tragen
• Bei Dunkelheit abgelegene Gegenden meiden
• Im Gedränge auf Handtasche, Fotosachen etc. achten

Exotisch! als an der Calle Ocho von **Little Havana**, dem Viertel der Exilkubaner. In **Miami Downtown**, also der Stadtmitte, erlebt der Reisende einen Hauch des futuristischen Amerika: Glitzernde Wolkenkratzer und der vollautomatische Metromover (auch People Mover genannt, eine Hochbahn) sprechen die Sprache des 21. Jahrhunderts. Im Gegensatz dazu stehen die vornehmen und z. T. recht romantischen Wohnviertel von **Coral Gables** oder **Coconut Grove**. Das hochinteressante Seaquarium oder der Zoo Miami, der größte und älteste Zoo Floridas, sind die beliebtesten Freizeitstätten. Besuchenswert ist auch das spanische Kloster St. Bernhard oder die Villa Vizcaya, von einem Landmaschinen-Millionär 1916 im italienischen Renaissancestil erbaut.

Miami Beach **Miami Beach**, durch verschiedene *Causeways* (Dammstraßen) erreichbar, dient ausschließlich dem Tourismus. Von Miami durch den *Intracoastal Waterway* getrennt, liegen auf der Westseite herrschaftliche Villen inmitten schattiger Parks, auf der Ostseite die Hotelburgen. Sehenswert ist hier vor allem das im Süden von Miami Beach gelegene Art-déco-Gebiet, wo Häuser und Hotels z. T. sehr detailgetreu restauriert wurden. Und natürlich lockt hier der kilometerlange, künstlich aufgeschüttete Sandstrand.

Ein Blick in die Vergangenheit

Missions-station Schon vor etwa 4.000 Jahren siedelten Indianer am Miami River. 1567 schließlich gründeten die Spanier hier eine Missionsstation. Nachdem diese im Jahre 1821 den Einfluss über diese Region verloren hatten (Annektierung Floridas durch die USA), begann nach der systematischen Vertreibung der Indianer die „Erschließung" der Umgebung von Miami durch Weiße (der *Removal Act* von 1830 ordnete die Übersiedlung der Indianer in Reservate der Weststaaten an).

Im Jahre 1821 waren südlich des Suwannee River nur 317 Menschen ansässig. Erste Siedlungen entwickelten sich im südlichen Florida (Key West, Indian Key, Cape Florida/auf Key Biscayne), die auf der Nutzung des landwirtschaftlichen Potenzials sowie der Bergung alter spanischer Schatzschiffe basierten. 1826 baute die US-Regierung zur Sicherung des Schifffahrtsverkehrs einen Leuchtturm am Cape Florida. Um diese Zeit siedelte hier auch der Plantagenbesitzer Richard Fitzpatrick. Er kam aus Carolina und machte mit seinen Sklaven Ländereien um den Miami River landwirtschaftlich nutzbar, indem er Baumwolle und verschiedene tropische Früchte anbaute. *Erster Leuchtturm*

Doch den verbliebenen Indianern, die sich der Deportierung in den Westen entziehen konnten, waren die neuen Herren nicht willkommen. 1835 töteten sie eine Familie, die auf den Plantagen von Fitzpatrick arbeitete, 1836 zündeten sie den Leuchtturm am Cape Florida an – eine Provokation für die USA. 1839 wollte die Staatsmacht diesem Treiben ein Ende setzen und schickte Soldaten. Der Seminolenhäuptling Chekika griff Indian Key an und tötete dabei 7 von ihnen. Durch einen Trick wurde der Indianerchef getötet: Amerikanische Soldaten verkleideten sich als Indianer und „besuchten" Chekika in den Everglades.

1842 erbte der Neffe von Richard Fitzpatrick, William English, dessen Besitz. English baute ein Dorf namens Miami am Südufer des Miami River und verkaufte Land: pro Grundstück für $ 1! Und die US-Regierung verschenkte gar Land an alle, die den ihnen übertragenen Besitz, und sei es mit Gewalt, gegen Indianer verteidigen konnten. *„Geschenktes" Land*

Promenade in Miami Beach

Nach dem amerikanischen Bürgerkrieg (1861–65) ging es kontinuierlich aufwärts. 1870 wurde in Miami eine Poststation gebaut, William Brickell gründete eine Handelsniederlassung und neue landwirtschaftliche Siedlungen entstanden, so Lemon City, Coconut Grove, Buena Vista.

1891 siedelte sich die reiche Witwe Julia Tuttle an. Ihr gehörten 65 ha Land, und sie war es, die den Eisenbahnkönig Henry Flagler überzeugte, die zunächst bis Palm Beach führende East Coast Railway bis nach Miami weiterzubauen. Als der enorme Kälteeinbruch im Winter 1894/95 den größten Teil der nördlicher gelegenen Zitrusfruchtplantagen vernichtete, konnte sich Flagler der Argumentation nicht verschließen, dass der frostfreie Süden besonders gute Entwicklungschancen habe. Julia Tuttle, eine geschickte, weitsichtige Diplomatin, schickte Flagler während des *Raffinierter* Frosteinbruchs im nördlichen Florida einen Strauß blühender Orangenzweige – *Bahn-* Flagler war überzeugt. Im Jahre 1896 ließ er seine Bahn bis Miami weiterbauen, wo *anschluss* er das Royal Palm Hotel erbaute – Grundstein für den beginnenden Tourismus.

Am 28. Juli 1896 wurde durch den Zusammenschluss mehrerer Gemeinden die Stadt Miami gegründet (343 Einwohner!). Man begann mit der Anlage von Straßen, Brücken, Geschäften, Hotels – bis zu Weihnachten des gleichen Jahres ein Brand fast alles vernichtete. Das mondäne Royal Palm Beach Hotel wurde jedoch nicht von den Flammen zerstört, sondern im Januar 1897 mit seinen 350 Zimmern eröffnet. Die ersten reichen Feriengäste kamen nach Miami.

1898 wurde die positive Entwicklung jäh unterbrochen: Mit der Versenkung des US-Marinekreuzers Maine im Hafen von Havanna brach der Spanisch-Amerikanische Krieg aus. Über 7.000 Soldaten wurden in die Gegend von Miami verlegt, und *Kriegs-* als nach wenigen Monaten das Kriegsbeil begraben war, gab es **zwei Gewinner**: *gewinner* Flaglers Eisenbahn hatte durch Truppen- und Materialtransporte gutes Geld verdient, und Miami erlebte einen großen Bevölkerungszuwachs, denn den unfreiwilligen Gästen, den Soldaten, gefiel die floridianische Umgebung sehr. Sie sorgten durch Mundpropaganda für einen weiteren Zuzug. In den darauf folgenden Jahren erweiterte Flagler die Eisenbahnlinie über Homestead und Florida City bis nach Key West (1912). Der Schienenstrang wurde gleichzeitig Leitlinie für die Besiedlung und landwirtschaftliche Erschließung.

Zu Beginn des 20. Jh. begann ein gewisser John Collins in Miami Beach mit dem Aufbau einer Avocadoplantage. Der geschäftstüchtige Farmer verdiente daneben sein Geld mit Grundstücksverkäufen und begann 1912 mit dem Bau einer Verbindungsbrücke zwischen Miami Beach und dem Festland. Doch das Unternehmen war eine Nummer zu groß für den von Ehrgeiz besessenen 70-Jährigen: Das Kapital ging ihm aus. Aus diesem Dilemma half Carl Fisher, der weitsichtig genug war, um das touristische Potenzial von Miami Beach richtig einzuschätzen. Er finanzierte nicht nur den Brückenbau, sondern er rodete und entwässerte das Land, schüttete Strand auf und legte die Grundlage für die spätere touristische Infrastruktur durch den Bau von Golf- und Tennisplätzen.

Mondäner Nach dem 1. Weltkrieg stürmten viele Menschen nach Miami, das mondäne Coral *Stadtteil* Gables entstand auf Initiative des Stadtplaners George Merrick. Die Grundstückspreise stiegen ins Unermessliche. In den folgenden Jahren stoppten jedoch zwei Ereignisse Miamis Entwicklung:

- der heftige Hurrikan im Jahre 1926, der beinahe jedes Gebäude zerstörte;
- der Börsenkrach von 1929, der zur Weltwirtschaftskrise führte und somit weitere Investitionen auf Eis legte.

Doch schneller als andere Regionen konnte sich Miami wieder erholen. Der durch den beginnenden Flugverkehr auflebende Tourismus sorgte bereits 1938/39 für mehr als 800.000 Feriengäste. Das **Art-déco-Gebiet** im Süden von MiamiBeach entstand.

Eine stürmische Weiterentwicklung kennzeichnete die Zeit nach dem 2. Weltkrieg. Den im Krieg hier stationierten Soldaten (die z. T. in Hotels untergebracht waren) folgten nun Feriengäste und neue Einwohner. Die ersten großen Hotels – wie z. B. das Fontainebleau – entstanden. Auch das Verbrechen gedieh, hatte doch schon Al Capone während der 1920er Jahre Miami als Standort seiner Unternehmungen auserkoren ...

Art déco in Miami Beach

In den Jahren 1965 bis 1980 kamen viele Kuba- und Haitiflüchtlinge nach Florida; das Bevölkerungsbild von Miami wurde dadurch bunter, die Atmosphäre erhielt lateinamerikanische Züge. Zu Beginn der 1980er Jahre entstanden in Downtown viele neue Hochhäuser, deren Skyline für ein neues Stadtbild sorgte. Die ultramoderne Metrorail sowie der vollautomatische Metromover (auch People Mover genannt) setzten neue Akzente. Liebevoll besann man sich in den vergangenen Jahren auch der alten, heruntergekommenen Viertel: Insbesondere begab man sich an die Restaurierung der Bauten im Art-déco-Bezirk von Miami Beach.

1993/94 geriet Miami aufgrund einiger Morde an Touristen in die Schlagzeilen. Besonders Touristen in Mietwagen wurden ausgeraubt oder bei geringstem Anlass getötet. Die Besucherzahl nicht nur Miamis, sondern Gesamt-Floridas erlitt einen enormen Einbruch. Sofort setzten massive Sicherheitsmaßnahmen der Polizei ein, Mietwagengesellschaften machten ihre Wagen nicht mehr identifizierbar, indem sie auf Aufkleber ihres Unternehmens verzichteten. Die Tourismusindustrie bewarb *Tourismus* ihre in den Verruf der Unsicherheit geratene Destination. Und siehe da: Miami gehört heute mit San Francisco, New York und Los Angeles zu den Top-Besucherzielen der USA mit immer weiter sinkender Kriminalitätsrate. 2008 wurde die Stadt auf forbes.com gar zur saubersten Stadt der USA gewählt.

info

Die Exilkubaner

Das Thema Exilkubaner gehört zu Miami einfach dazu, denn das politische Trauma ist es, was **Little Havana** zusammengeschweißt hat. Radikalisierte Kommunistenhasser setzten einst sogar auf militärische Aktionen, die Gruppe „Alpha 66" oder die Brigade „2506" hielten sich durch Kommandoübungen für den Ernstfall fit ...

Die *Brigada de Asalto 2506* unternahm 1961 vergeblich in der Schweinebucht den Versuch, das Castro-Regime zu stürzen, um nach Kuba zurückzukehren. Und viele Veteranen träumten jahrelang von einer Rückkehr. Doch das Klischeebild des in der Calle Ocho sitzenden Kubaners, der grimmig seinen Kaffee trinkt und Hassreden gegen Fidel Castro hält, stimmt längst nicht mehr mit der Wirklichkeit überein. Man hat sich arrangiert und dem „American Way of Life" angepasst. Natürlich: Diejenigen, die Kuba als Erwachsene im Jahre 1959 verließen, sind „kubanisch" geblieben, während ihre Kinder in hohem Maße amerikanisiert sind. Im Kongress und im Senat sind mittlerweile viele Kuba-Amerikaner vertreten und auch wirtschaftlich betrachtet sind sie ein wichtiger Faktor.

Calle Ocho in Little Havana

Die Kinder der einstigen Flüchtlinge sind auch heute in der Regel noch konsequente Antikommunisten und wählen vorwiegend republikanisch. Aber sie verstehen, was viele ältere Exilkubaner nicht verstehen wollen: dass die lokalen Politiker wenig gegen Kuba unternehmen können und die einst schrille Propaganda gegen Castro

Kommunisten viele Amerikaner abschreckte. In den 1980ern wurde z. B. die heute noch sehr aktive *Cuban American National Foundation* (CANF, www.canf. org) gegründet mit dem expliziten Ziel, das Regime in Kuba zu stürzen.

Als Fidel Castro im Jahr 2006 erkrankte, freute man sich in „Little Havana" und feierte. Als er aber im Februar 2008 nach 49 Jahren von allen Ämtern zurücktrat und sein Bruder Raúl die Führung des Landes übernahm, war das für die „alten" Exilkubaner aufregender als für ihre Nachkommen, die amerikanisiert sind und nur in manchen Lebensbereichen wie Essen, Musik und gesellschaftlichem Zusammensein ihre kubanischen Wurzeln bewusst pflegen. Für alle war es ein großer Schritt, als Barack Obama im September 2009 eine Wende in der Kuba-Politik einleitete: Die Reisebeschränkungen für Exilkubaner wurden aufgehoben und Geldüberweisungen nach Kuba nicht mehr streng reglementiert. Im Dezember 2014 gaben die USA und Kuba eine Neuausrichtung ihrer Beziehung bekannt – ein Schritt hin zu mehr Normalität zwischen beiden Ländern mit weiteren Reise- und Handelserleichterungen. 2015 folgten zwei historische Ereignisse: Im April trafen – nach fast 60 Jahren – die Staatsoberhäupter beider Länder erstmals wieder offiziell aufeinander und im August wurde die US-Botschaft in Havanna feierlich eröffnet.

Miami Downtown und Little Havana

Miami Downtown

Die Stadtmitte von Miami spiegelt architektonisch die Vielfalt der heutigen Stadt wider: Hypermodernes gesellt sich zum Alten, Spanisch-Lateinamerikanisches vermischt sich mit dem American Way of Life – was immer man damit auch verbinden mag. Kurzum: Miami ist lebendig und attraktiv.

Miami Tower

1987 erbaut, ist dieser Wolkenkratzer auch noch heute ein Wahrzeichen. Er trug schon verschiedene Namen, zuletzt hieß er Bank of America Tower, bis er 2010 umbenannt wurde. Mit 47 Stockwerken und einer Höhe von 191 m war der Tower einstmals das höchste Gebäude von Miami. Hier befindet sich auch eine Metro-mover-Station (Knight Center Station). Im 11. Stock gibt es die elegante Sky Lobby sowie die Sky Terrace, von der man einen großartigen Blick auf die Stadt hat. Beides wurde 2012 renoviert und modernisiert. Beeindruckend ist die Illuminationsanlage des Gebäudes: Die Fassade kann in weißem, rotem, blauem, dunkelgrünem, orange-, lila- und rosafarbenem Licht angestrahlt werden: auf Bestellung sogar in allen Farben gleichzeitig.

Metromover-Station

Miami Tower, *100 S.E. 2nd St., www.miamitower.net.*

Mit dem **Metromover** (s. S. 166) erreicht man zwei interessante Ziele in der Innenstadt:

HistoryMiami/Miami Dade Courthouse

Die Exponate des ehemaligen Historical Museum of Southern Florida dokumentieren die Geschichte Floridas, beginnend mit den indianischen Siedlungen, der Zeit der Spanier sowie der Inbesitznahme durch die Vereinigten Staaten. Die Ausstellungsstücke reichen bis in das Jahr 1945.

HistoryMiami, *101 West Flagler St., ☏ (305) 375 1492, www.historymiami.org, Di–Sa 10–17, So 12–17 Uhr, Erw. $ 8/Kinder (6–12 J.) 5 $.*

☞ Orientierung in Miami – eigentlich ganz einfach

- Die **Flagler Street** verläuft von Ost nach West und unterteilt Miami in Nord- und Süd-Miami. Die Miami Avenue dagegen verläuft von Nord nach Süd und gliedert die Stadt in einen kleineren östlichen und größeren westlichen Stadtteil.
- Die **Avenues** verlaufen grundsätzlich von Nord nach Süd, die **Streets** von Ost nach West. Je kleiner ihre Nummer, desto dichter liegen sie am Stadtzentrum.
- Bei einem **Besuch der Downtown** lässt man den Wagen am besten am Bay Front Park stehen und steigt dort in den Metromover ein. So gewinnt man einen Überblick über die Stadt.

Direkt dahinter liegt das **Miami Dade Courthouse** (*73 West Flagler St., www. miami-dadeclerk.com*), das Gebäude stammt aus den 1920er Jahren. Mit seinen 120 Stockwerken war es zu seiner Zeit und bis in die 1970er Jahre das höchste Gebäude Floridas und ist heute im *National Register of Historic Places* gelistet. In den 1930er Jahren fungierten die oberen neun Stockwerke als Gefängnis, da sie aufgrund der Höhe als „ausbruchssicher" galten. Dessen ungeachtet gelang während dieser Zeit über 70 Gefangenen der Ausbruch. Heute befinden sich hier das Gericht des County und das Familiengericht.

Ehemals Gefängnis

Miami Dade Courthouse

Bayfront Park/Bayside Marketplace

Der Park erstreckt sich ostwärts des Biscayne Boulevards. Hier befinden sich die Miami Public Library und die *John F. Kennedy Torch of Friendship* (eine Fackel, die die Freundschaft mit Lateinamerika symbolisieren soll). Der Park ist sehr schön angelegt (Springbrunnen, Freiflächen, Glasdach).

Lebensfreude pur

Angrenzend liegt der Bayside Marketplace, eine Einkaufsstadt. Über 150 Geschäfte und Restaurants (u. a. ein Hard Rock Café) laden zum Bummeln ein. Von hier aus kann man auch den Kreuzfahrthafen sehen und einen Blick auf schicke Privatyachten werfen. Der Bayside Marketplace wurde mit einem Aufwand von über 100 Millionen Dollar gebaut, u. a. mit dem Ziel, die Downtown von Miami auch nach Arbeitsschluss lebendig zu halten.
Bayfront Park/Bayside Marketplace, *Station Bayfront Park, 301 North Biscayne Blvd., Öffnungszeiten Bayside Marketplace: Mo–Do 10–22, Fr/Sa 10–23, So 11–21 Uhr; Restaurants z. T. länger, www.baysidemarketplace.com.*

Shoppen mit Blick auf den Yachthafen: Bayside Marketplace

Freedom Tower

Inmitten des modernen Miami verwundert der an die spanische *Giralda* in Sevilla erinnernde barock anmutende, hellgelbe Turm. 1925 erbaut und 78 m hoch (17 Stockwerke) diente er 32 Jahre lang als Haus der *Miami News*. Von 1962 bis 1974 wurden hier die Aufnahmeformalitäten von über 500.000 kubanischen Flüchtlingen abgewickelt *(Cuban Refugee Center)*. Auf der interessanten Website *www.latin americanstudies.org/refugee-center.htm* kann man anhand historischer Bilder nachvollziehen, wie es während der Flüchtlingsaufnahmen zuging.

 ### Für Wetterfreunde: das National Hurricane Center

Dieses Zentrum ist für die USA und die karibischen Nachbarstaaten die wichtigste Institution für alles, was mit Hurrikans zu tun hat. Hier wird dokumentiert und die Hurrikans verfolgt. Der sogenannte *landfall* (der Ort, wo ein Hurrikan auf Land trifft) ist besonders heikel in der Vorhersage: Stimmt sie oft nicht, dann nimmt die Bevölkerung Warnungen in Zukunft nicht ernst.

Die Tour durch das Hurricane Center dauert ca. 40 Min. und veranschaulicht die Entstehung von Hurrikans. Es werden auch die Einrichtungen gezeigt, die bei der Hurrikanvorhersage und Hurrikanverfolgung *(tracking)* zur Anwendung kommen.

National Hurricane Center, *11691 S.W. 17 St., Besichtigung nur in der hurrikanfreien Zeit von ca. Anfang Feb. bis Ende April möglich, nur nach Voranmeldung donnerstags um 10 Uhr, www.nhc.noaa.gov, ① (305) 229 4404, nhc. public.affairs@noaa.gov. Das Zentrum liegt auf dem Gelände der Florida International University (12 Meilen westlich der Downtown Miami, 8 Meilen südwestlich des International Airport).*

Der 1988 restaurierte Freedom Tower ist ein Denkmal für alle Kubaner, die in die USA flüchteten. Er wurde 2008 als *National Historic Landmark* unter Schutz gestellt und befindet sich im Besitz des Miami Dade College, das hier 2012 das **MDC Museum of Art + Design** eröffnete. Teil des Museums ist seit 2014 auch die **Cuban Exile Experience & Cuban Diaspora Cultural Legacy Gallery**, die sich in *Wechselaus-* wechselnden Ausstellungen dem Einfluss kubanischer Kultur in Süd-Florida und *stellungen* weltweit widmet.

MDC Museum of Art + Design im **Freedom Tower**, *600 Biscayne Blvd., ☏ (305) 237 7700, www.mdcmoad.org, Mi–So 12–17 Uhr, jeder 3. Sa im Monat bis 20 Uhr, Eintritt frei, Spenden willkommen.*

Vis-à-vis sieht man die 1999/2000 errichtete American Airlines Arena. Sie bietet 20.000 Personen Platz und dient als Konzert- und Sportstätte (*www.aaarena.com*).

Gleich östlich des Bay Front Parks liegt der

Port of Miami

Miami hat sich in den letzten Jahren zum größten Passagierhafen der Welt entwickelt. 4,8 Millionen Passagiere reisten 2014 per Kreuzfahrtschiff von oder nach Miami. Auch im Frachtbereich sind die Zahlen beeindruckend: Über 250 Häfen werden von hier aus bedient, 2014 wurden 7,7 Mio. Tonnen Waren umgeschlagen. Den Hafen (*www.miamidade.gov/portofmiami*) erreicht man ein wenig nördlich des Bay-side Marketplace, und zwar geht es vom Biscayne Blvd. Richtung Ozean (Osten) ab. *Toller Blick!* Hier kann man einen herrlichen Blick auf die Stadt genießen. Um den Verkehr vom/ zum Hafen und Downtown zu entlasten, wurde 2014 der Port Miami Tunnel in Betrieb genommen.

Lateinamerikanische Atmosphäre kann man anschließend in der Flagler Street schnuppern.

Flagler Street

Mittlerweile sprechen über 60 % der Bewohner des Großraums Miami Spanisch. Und hier in der Flagler Street – benannt nach dem Eisenbahnkönig Henry Flagler, der Miami im April 1896 an seine zunächst nur bis Palm Beach führende East Coast Railway anschloss – spürt man allenthalben lateinamerikanischen Einfluss: Spanisch rangiert mindestens gleichberechtigt neben Englisch. Und in der Parallelstraße, der SW 8th Street, wird karibisch-spanischer Einfluss noch deutlicher.

Pérez Art Museum Miami

Das frühere Miami Art Museum erhielt seinen heutigen, oft auf **PAMM** verkürzten Namen, als es Ende 2013 in den dreigeschossigen Neubau des preisgekrönten Schweizer Architekturbüros Herzog & de Meuron gezogen war. Diese über 18.000 m² umfassende Anlage ist allein schon einen Besuch wird, die sehenswerten Ausstellungen sind der zeitgenössischen Kunst gewidmet, ein Schwerpunkt liegt dabei auf den Arbeiten lateinamerikanischer Künstler. PAMM befindet sich auf dem

Gelände des **Museum Park**, wie der komplett umgestaltete Bicentennial Park inzwischen genannt wird. Hier entsteht derzeit auch ein neues Wissenschaftsmuseum, das **Patricia and Phillip Frost Museum of Science**, das 2016 eröffnet werden soll.

Pérez Art Museum Miami, *1103 Biscayne Blvd., ☎ (305) 375 3000, www.pamm. org, Di–So 10–18, Do–21 Uhr, Erw. $ 16, Kinder/Jugendl. (7–18 J.) $ 12.*

Adrienne Arsht Center for the Performing Arts

Nicht weit entfernt vom PAMM, nordöstlich des MacArthur Causeway, liegt **The Arsht**, eines der weltweit größten Zentren für darstellende Künste. Unter seinem Dach befindet sich u. a. ein Ballett- und Opernhaus, eine Konzerthalle, ein kleines Theater, eine „Outdoor Performance Space" und jede Menge Platz für Workshops. Gestaltet von dem argentinischen Star-Architekten César Pelli und 2006 eröffnet, bietet es eine große Entertainment-Vielfalt.

Adrienne Arsht Center for the Performing Arts, *1300 Biscayne Blvd., ☎ (305) 949 6722 (Box Office), www.arshtcenter.org.*

Little Havana

Little Havana liegt entlang der Calle Ocho (die 8. Straße, am empfehlenswertesten ist der Besuch zwischen der 11th und 17th Avenue). Diese Straße ist auch der Beginn des „Tamiami Trail" (Verbindungshighway zwischen Tampa und Miami). Hier ist Spanisch die Sprache Nr. 1. Dies ist das Viertel der Exilkubaner, das auf einem ca. 9 km² großen Stadtgebiet zwischen der West Flagler Street, dem Coral Way

Cuban Memorial Plaza

sowie des Interstate 95 und der 27th Avenue liegt. Etwa 54.000 Menschen leben hier, die Schulen sind zweisprachig, die weißen Amerikaner werden als „*Anglos*" bezeichnet. Die Calle Ocho ist die Hauptstraße und nur für (stadteinwärts gerichteten) Einbahnverkehr zugelassen.

Die Atmosphäre lebt von der spanischen Sprache, den kleinen Obstständen, Hinterhoffabriken – und vom Duft kubanischen Kaffees. Zwischen der 10th und 12th Ave. kann man der Zigarrenherstellung zusehen und Zigarren preiswert erwerben. In kleinen Schreinen wird die Verehrung spezieller Heiliger deutlich. Der Heilige Lazarus genießt dabei eine Vorzugsstellung. In der religiösen Symbolik steht er für den Umgang mit Entbehrung und Schmerz.

Zigarren   Interessant ist ein Besuch von **El Titan de Bronze Cigar Mfg**. In der kleinen Zigarrenmanufaktur werden nur handgefertigte Zigarren hergestellt und verkauft, eine von ihnen – die *La Palina Collection Goldie Laguito No. 2* – wurde 2013 vom renommierten *Cigar Journal* mit einem Preis ausgezeichnet.
El Titan de Bronze Cigar Mfg. *1071 S.W. 8th St., ① (305) 860 1412, http://eltitan cigars.com.*

Tipp: Viernes Culturales

Jeden letzten Freitag im Monat findet der „kulturelle Freitag" in der Calle Ocho statt, ein lebendiges Straßenfest mit zahlreichen Ausstellungen, Live-Musik, offenen Geschäften und Galerien und kubanischen kulinarischen Kostproben. Infos und Programm unter www.viernesculturales.org.

Der politische Bezug zur Vergangenheit der Flüchtlinge wird am Cuban Memorial Boulevard offensichtlich: Das Bay-of-Pigs-Denkmal erinnert an die vergebliche Landung kubanischer Soldaten in der Schweinebucht 1961.

Miami Design District & Wynwood Art District

info

Nördlich von Downtown Miami, zwischen N.W. 20th Street und N.E. 43rd Street, hat sich Miamis Künstlerszene etabliert: Zahlreiche Galerien, Antiquitätenhändler, Designläden, Bars und Restaurants laden zu einem Besuch ein. Wynwood ist u. a. auch für seine **Street Art** bekannt, die im Rahmen unterschiedlicher Touren besichtigen werden kann, z. B. „Sunday Street Art Tour with Lunch" oder „Weekly Graffiti/Gallery Tour". Jeden 2. Samstag im Monat finden abends Galerie- und Graffiti-Touren inkl. Begrüßungsgetränk statt, mehr Details unter http://wynwoodartwalk.com.

Fans moderner und zeitgenössischer Kunst – in Form von Skulpturen, Malerei, Fotografien, Installationen etc. – kommen hier auf ihre Kosten: **The Margulies Collection at the Warehouse** (*591 N.W. 27th St., ① (305) 576 1051, www.margu lieswarehouse.com, Wechselausstellungen, Okt.–April Mi-Sa 11–16 Uhr, $ 10*). Über die Geschäfte und Aktivitäten im Design District informiert www.miami designdistrict.net.

Die mondänen Außenbezirke Coral Gables, Coconut Grove und Key Biscayne

Coral Gables

Anfahrt

Autofahrer: Man kehrt von der S.W. 8th St. (Calle Ocho) um, benutzt die Parallelstraße (S.W. 7th St.), um wieder nach Westen zu fahren, und gelangt damit auf die US 41, die später wieder auf die S.W. 8. St. (Tamiami Trail) mündet, sobald diese nicht mehr Einbahnstraße ist.
Öffentliche Verkehrsmittel: Metrorail, Station Douglas Road
Karte: s. S. 156

Nach dem Besuch der Innenstadt und Little Havanas kann man seinen Weg fortsetzen nach Coral Gables, dem mondänen, im Grünen liegenden Stadtteil Miamis. Wer Coral Gables auf Höhe der Douglas Road/Tamiami Trail erreicht, sieht links *La Puerta del Sol*, das Sonnentor. Ein 30 m hoher Wasserturm, ein Uhrenturm und eine Stadtuhr sorgen für mediterranes Flair.

Mediterranes Flair

Coral Gables, auch heute noch eine sehr wohlhabende Gemeinde im Bezirk von Greater Miami, wurde von George Edgar Merrick in den 1920er Jahren geplant und erbaut. Coral Gables war damals die erste Privatsiedlung, die u. a. schlüsselfertige Luxusapartments anbot. Das Giebelhaus des Ortsgründers bestand aus Korallensteinen, davon leitet sich der Name Coral Gables ab. Das Haus liegt am Coral Way und wurde bereits 1906 erbaut. Merricks Anliegen war es, die Siedlung mediterran wirken zu lassen. Und so sieht man allenthalben spanische, italienische oder südfranzösische Bauelemente in der Architektur.

Biegt man in die S.W. 42nd (Le Jeune Road) ein, gelangt man direkt nach Coral Gables. An der Kreuzung mit dem Coral Way liegt die City Hall. Hier gibt es Stadtpläne oder online die interessante *City Mobile App (www.coralgables.com)*. Westlich der City Hall liegt die Miracle Mile (Coral Way) mit ihren luxuriösen Geschäften. Doch besonders sehenswert in Coral Gables ist der **Venetian Pool**, einem venezia-

Venetian Pool in Coral Gables

Miami Umgebung

nischen Lido vergleichbar. Das öffentliche Schwimmbad ist sicherlich eines der schönsten Schwimmbäder der Welt. Ein alter Korallensteinbruch wurde zu einer tropischen Wasserlandschaft mit herrlichen alten Bäumen, Blumen, Farnen und Wasserfällen gestaltet. Die Anfahrt ist ausgeschildert. *Super Swimming-pool!*

Venetian Pool, *2701 De Soto Blvd., ☏ (305) 460 5306, www.coralgablesvenetianpool.com, Kernöffnungszeiten Di–Fr 11–16.30, Sa/So 10–16.30 Uhr, im Sommer auch Mo und insgesamt länger, Erw. $ 12, Kinder (3–12 J.) $ 7.*

Das **Biltmore Hotel** *(1200 Anastasia Ave., www.biltmore hotel.com)* ist schon von weitem an seinen hohen Türmen erkennbar. Am 15. Januar 1926 öffnete das von George

Biltmore Hotel

George E. Merrick – der Visionär von Coral Gables

info

George Edgar Merrick, ein Wanderprediger aus Massachusetts, kam in den Süden Floridas, nachdem die Bahnverbindung hergestellt war. Er erstand für ungefähr 1.000 US$ ein 64 ha großes Landstück. Hier baute er zunächst ein Blockhaus, später errichtete er an gleicher Stelle ein Haus aus Korallengestein, dem er den Namen „Coral Gables" (Korallengiebel) gab.

Zusammen mit seinem Vater Solomon betrieb er eine Farm und kaufte umliegendes Land dazu. Bald kam George auf die Idee, hier eine Stadt zu entwickeln. Er ließ Architekten, Planer und Künstler nach Europa reisen, um im Mittelmeergebiet Ideen und Anregungen zu sammeln. Und bereits 1921 konnte George Merrick an baulustige Investoren Land verkaufen. 1925 wurde dann offiziell die City of Coral Gables gegründet.

Im **Merrick-House** kann man die Geschichte von Coral Gables zurückverfolgen. Sehenswert! *(907 Coral Way, ☎ (305) 460 5361, www.coralgables.com, Mi und So Führungen um 13, 14, 15 Uhr, ca. 45 Min., $ 5.)*

Merrick konzipierte Hotel nach nur 10-monatiger Bauzeit. Der 100 m hohe Glockenturm – dem *Giralda*-Glockenturm von Sevilla nachempfunden – ist so etwas wie ein Wahrzeichen geworden.

Nicht mehr weit ist es zum südlich gelegenen Interstate 1, der Miami mit den Florida Keys verbindet. Man biegt nach links in diese Straße ein und folgt ihr bis zur Kreuzung mit der Douglas Road, wo es nach rechts geht. Die Douglas Road führt direkt nach Coconut Grove.

Coconut Grove

 Hinweis
s. Karte S. 155

Der südwestlichste Stadtteil Miamis, benannt nach den Kokosnusspalmen der Umgebung, gilt als bevorzugtes Wohngebiet von Künstlern. Das Ortsbild bestimmen kleine Straßen, spanisch anmutende Privathäuser, vornehme Landsitze und schattige Alleen. Kleine Cafés, Restaurants und Boutiquen setzen die Akzente, die das

Künstler-kolonie

bunt gemischte Publikum mag; Künstler und alt gewordene Hippies, die reiche Schickeria und sportbesessene Jugend bestimmen das Bild. Hier kann man nett bummeln gehen und in einem Straßencafé die Atmosphäre genießen.

Im Coco-Walk-Zentrum sowie in der Street of Mayfair (Grand Avenue) sind exklusive Geschäfte und Restaurants untergebracht, der Yachthafen Dinner Key Marina ist ein Schauplatz exklusiver Yachten.

Wenn man vom Coconut Grove dem S. Bay Shore Drive stadteinwärts folgt, gelangt man nach etwa 5 km zur Villa Vizcaya.

Vizcaya Museum and Gardens

Erbaut wurde das der italienischen Renaissance nachempfundene Anwesen in den Jahren 1912–1916. Auftraggeber war der reiche Erntemaschinen-Produzent James Deering. Den Namen entlehnte er dem Baskischen „Vizcaya", was so viel wie „erhobener Platz" bedeutet. Das Gebäude hat 34 Zimmer und beherbergt heute das Dade County Art Museum. Die Sammlung enthält französische, spanische und italienische Kunstwerke, vor allem Gemälde, Skulpturen, Teppiche und wertvolle Möbel. Am 10. September 1987 traf Präsident Ronald Reagan Papst Johannes Paul II. in diesen historisch anmutenden Räumlichkeiten.

Italienisches Kleinod

Besonders schön sind auch die Außenanlagen der Villa: In Würde gealterte Gärten, verschlungene Wege und die Lage an der Biscayne Bay machen einen Aufenthalt sehr reizvoll. Etwas außerhalb des Geländes liegt ein von einer Kaimauer umschlossenes Hafenbecken, wo zur Bay hin ein steinernes Schiff zu sehen ist.

Vizcaya Museum and Gardens, *3251 South Miami Ave., ① (305) 250 9133, www. vizcayamuseum.org, Mi–Mo 9.30–16.30 Uhr, Erw. $ 18, Kinder (6–12 J.) $ 6.*

Vizcaya Museum and Gardens

Key Biscayne

Sobald man Vizcaya verlässt, erreicht man wieder den Interstate 1, und nach etwa 3 km kann man über den Rickenbacker Causeway (Straßengebühr) zum Seaquarium auf Virginia Key fahren.

Wenn man von Miami Beach über den MacArthur Causeway nach Miami fährt, erhascht man einen kurzen Blick auf die Kreuzfahrtschiffe im Hafen von Miami. Interessanter und erlebnisreicher ist es, vom **Bayside Marketplace** auf eine ca. 1½-stündige Bootstour zu gehen, die nicht nur Blicke auf den Hafen ermöglicht,

Am Marketplace starten die Bootstouren

sondern auch an Fisher Island, Star Island, Palm Island und Hibiscus Island vorbeiführt. All diese Inseln wurden künstlich aufgeschüttet, heute liegen hier besonders mondäne Ansiedlungen.

Bootstouren: *Island Queen Cruises, 401 Biscayne Blvd., ☎ (305) 379 5119, www.islandqueencruises.com. Die Sightseeing-Touren („Millionaire's Row Cruises", 1½ Stunden) starten stündlich um 11–19 Uhr, $ 28, auch andere Touren im Angebot.*

Die **Biscayne Bay**, die zwischen dem Festland und Miami Beach liegt, leidet wegen der vielen aufgeschütteten Inseln ökologisch am sehr schlechten Wasseraustausch mit dem Atlantik. Das Wasser in diesem Teil ist brackig und sauerstoffarm.

Seaquarium

Größtes See-Aquarium Das Seaquarium ist ein großes Meerwasseraquarium und seit 60 Jahren in Betrieb. Über 100 verschiedene Meereslebewesen sind hier untergebracht; u. a. kann man hier Seekühe und Schildkröten, Haie und Riff-Fische beobachten.

Interessant sind die verschiedenen Shows. Da füttern z. B. Taucher Haie, man kann Delfine bewundern und mit ihnen schwimmen (*Dolphin Encounter*) oder Killerwale beobachten. In typisch amerikanischer Weise ist hier die Tierwelt in Shows eingebunden. Für Kinder gibt es außerdem einen Badespielplatz rund um ein großes Piratenschiff.

Neben all dem Spektakulären sollte man wissen, dass unmittelbar ans Seaquarium meeresbiologische Forschungsstätten grenzen. Aber: Mit SeaWorld in Orlando kann das Seaquarium nicht konkurrieren.

Seaquarium, *4400 Rickenbacker Causeway, ☎ (305) 361 5705 (hier kann man auch die Shows des entsprechenden Tages erfahren), www.miamiseaquarium.com, tgl. 9.30–*

18 Uhr, Erw. $ 42,99, Kinder (3–9 J.) $ 33,99 + $ 10 Parkticket.

Vor allem an Wochenenden kann die An-fahrt über den Rickenbacker Causeway we-gen Verkehrsstaus sehr lange dauern.

Hotel-/Restaurantempfehlung
Ritz-Carlton Key Biscayne
$$$$$, *455 Grand Bay Dr., ☎ (305) 365 4500, www.ritzcarlton.com. Luxushotel mit 452 Zimmern/Suiten, 3 Restaurants, 2 Pools, Strand und 11 Tennisplätzen. Der „übliche" le-gendäre Luxus dieser Hotelkette wird wieder mal perfekt vorgeführt.*

Die Hauptprotagonisten im Seaquarium

Bill Baggs Cape Florida State Park

Wer nicht bis Key Biscayne fahren möchte, kann südlich des Virginia Key die Bear Cut Bridge *(Gebühr)* überqueren. Nördlich von Key Biscayne liegen auf der Atlan-tikseite sehr beliebte Badestrände im Bereich des Crandon Parks.

Noch weiter südlich liegt der **Bill Baggs Cape Florida State Park**, mit einem sehr schönen Sandstrand, der aktuell Platz 7 der „Top 10 Beaches in America" be-kleidet. Am äußersten Küstenende steht das historische **Cape Florida Light-house von 1825**. Im Restaurant *Boater's Grill* gibt es einfache Gerichte, im *Light-house Café* Kubanisches und Seafood mit Blick aufs Wasser. Man kann hier Fahrrä-der und Strandstühle sowie Sonnenschirme mieten. Einfache Plätze zum Zelten sind vorhanden.
Schöner Sandstrand

Bill Baggs Cape Florida State Park, *1200 S. Crandon Blvd., Key Biscayne, ☎ (305) 361 5811, www.floridastateparks.org/capeflorida, $ 8 pro Auto. Der Park ist ganzjährig von 8 Uhr bis Sonnenuntergang geöffnet, der Leuchtturm Do–Mo 9–17 Uhr.*

Weitere Ziele von Miami

☞ **Hinweis**
s. Karte S. 123

Nördlich der Stadtmitte: The Cloisters of the Monastery of St. Bernhard

Das Kloster ist das älteste Gebäude in den USA. Wenn man durch den Eingang in die Klosteranlage tritt, lässt man die Hektik hinter sich. Die Steinmauern und der schöne Garten mit den frischen Blumenbeeten wirken wohltuend, wie eine Oase der Ruhe. The Monastery of St. Bernard de Clairvaux wurde in den Jahren 1133–1141 in Sacramenia (in der spanischen Provinz Segovia liegend) erbaut. Benannt

Kreuzgang des Klosters

wurde es nach dem Zisterziensermönch Bernhard de Clairvaux. Über 700 Jahre besaßen die Zisterzienser die Klosteranlage. Nach politischen Wirren um 1835 wurde der Besitz beschlagnahmt und verkauft, um als Getreidespeicher und als Stallungen zu dienen.

Im Jahre 1925 kaufte der Großverleger Randolph Hearst das Kloster mitsamt Nebengebäuden für $ 500.000. Er beabsichtigte, es auf seinem kalifornischen Besitz San Simeon wieder zu errichten. Es sollte, so die Gerüchte damals, die passende Kulisse für seinen Swimmingpool abgeben.

In Spanien wurde das Gebäude Stein für Stein demontiert, in Heu eingepackt, nummeriert und in die Vereinigten Staaten verschifft. Da in Segovia die Maul- und Klauenseuche ausgebrochen war, befürchtete das Department of Agriculture, dass die Schiffsladung wegen der Heu-Verpackung der Steine auch verseucht sei und beschlagnahmte alles. Die Verpackungskisten wurden aufgebrochen und das Heu verbrannt. Unglücklicherweise versäumten die Arbeiter, die Steine in die gleichen nummerierten Kisten zurückzulegen, und nun konnte „The World's Largest and Most Expensive Jigsaw Puzzle" beginnen, also das größte und kostspieligste Puzzle aller Zeiten.

Kloster im „Lego"-Bau

Kurz nach Ankunft der Schiffsladung, geriet Hearst in finanzielle Schwierigkeiten. Die Steine wurden in einem Lagerhaus in Brooklyn aufbewahrt, 26 Jahre lang. 1952, ein Jahr nach dem Tode von Hearst, wurde das Sammelsurium von W. Edgemon und R. Moss gekauft, um daraus eine Touristenattraktion zu machen, und an die Stelle gebracht, an der nun das Kloster steht. Man benötigte 19 Monate und gab 1½ Millionen Dollar aus, um das Puzzle zusammenzufügen. Diejenigen Steine, die man nicht einem Bauteil zuordnen konnte, lagern noch immer.

Die Kreuzgänge sind ein Beispiel frühgotischer Architektur. Obwohl man versucht hat, sie genau nach dem spanischen Original aufzubauen, sind einige Details doch anders. So waren z. B. die Böden der Kreuzgänge in Segovia mit kleinen Steinen bedeckt, hier wurden sie durch kubanische Fliesen ersetzt. 1964 wurde die Anlage von der Episkopalkirche aufgekauft.

The Cloisters of the Monastery of St. Bernhard, *16711 W. Dixie Highway, parallel zum 11 in der Höhe der 167th St., ① (305) 945 1461, www.spanishmonastery.com, Mo–Sa 10–16.30, So 11–16.30 Uhr, $ 10.*

Südlich der Stadtmitte

Zoo Miami
Ein landschaftlich „offen" angelegter Zoo (flächenmäßig der größte der USA), der die Tiere von den Besuchern durch Wassergräben und kaum mittels Gittern

trennt. Am besten orientiert man sich mit Hilfe der Zoobahn (20 Minuten) und verschafft sich einen Überblick. Oder man fährt bis zur Station 4 und läuft zurück. Über 2.000 Tiere gibt es hier zu sehen, die 500 Arten angehören. 2011 wurde im Kinderzoo der neue Bereich *Wacky Barns* eingeweiht, in dem Kinder den Umgang mit Farmtieren wie Ziegen oder Schafen erlernen können. Ein Highlight ist der Bereich *Amazon & Beyond* mit über 100 Tierarten aus Südamerika.

Zoo Miami, *1 Zoo Blvd., 12400 SW 152 St., öffentliche Verkehrsmittel: Metrorail (Dadeland North), dann Zoobus, ① (305) 251 0400, www.zoomiami.org, Mo–Fr 10–17, Sa–So 9.30–17.30 Uhr, Erw. $ 17,95, Kinder (3–12 J.) $ 13,95.*

Monkey Jungle

Hier wurde das Prinzip von Zooanlagen umgekehrt: Während die Affen in Freiheit herumtollen, bewegen sich die Besucher in Käfigen. Die 1933 angelegte Dschungellandschaft ist auch heute noch bestimmten Forschungsprogrammen verpflichtet. Die über 90 Java Monkeys ernähren sich u. a. dadurch, dass sie an Wasserläufen und in den Sümpfen Krustentiere suchen.

Besucher in Käfigen

Monkey Jungle, *14805 SW 216th St., öffentliche Verkehrsmittel: Metrorail (Dadeland South), danach Buslinie 1/52 bis Cutler Ridge Mall, danach leider Taxi; ① (305) 235 1611, www.monkeyjungle.com, tgl. 9.30–17 Uhr, Erw. $ 29,95, Kinder (3–9 J.) $ 23,95.*

Jungle Island

Subtropische Anlage mit etwa 1.000 Vogelarten. Viele der Vögel sind sehr zahm und posieren auf dem Arm der Besucher. Daneben gibt es Leoparden, Tiger, Lamas, Pinguine, verschiedene Primatenarten sowie Reptilien, Fische und exotische Pflanzen zu sehen. Täglich finden verschiedene Vogel-, Raubkatzen- und allgemeine Wildlife-Shows statt. Auf der gesamten Anlage wird auf künstliche Dünger und Pestizide verzichtet, um den Tieren einen möglichst natürlichen Lebensraum zu bieten. Vom Lakeside Café kann man ohne Eintritt zu zahlen die herrlichen Flamingos bewundern.

Papageien-Shows

Jungle Island, *1111 Parrot Jungle Trail (Mac Arthur Causeway, Watson Park, zwischen Downtown Miami und South Beach), ① (305) 400 7000, www.jungleisland.com, Mo–So 10–18 Uhr, Erw. $ 34,95, Kinder $ 26,95.*

Miami Beach

Überblick

Miami Beach ist durch den Intracoastal Waterway, hier Teil der Biscayne Bay, vom Festland getrennt. Die Verbindung über das Wasser stellen Dämme her, so genannte „Causeways": der M. Arthur Causeway, der Julia Tuttle Causeway, der Venetian Causeway und der North Bay Causeway.

In der Biscayne Bay liegen heute 28 künstlich aufgeschüttete Inseln, die mittels Brücken oder Dämmen verbunden sind. Hier liegen die exklusiven Villen der wirklich Reichen, während für die „Massen" etwa 80.000 Hotelzimmer zur Verfügung stehen. Miami Beach ist völlig frei von jeder Art von Industrie und lebt ausschließlich

Miami Beach

vom Tourismus. Dieser Teil mauserte sich zum totalen „In-Viertel" mit restaurieren Art-déco-Häusern und superschicken neuen Hotels und Restaurants.

Reichen-
Zuflucht
Nach dem 2. Weltkrieg, teilweise aber auch schon vorher, war Miami Beach das bevorzugte „Fluchtgebiet" für Reiche aus den kalten Oststaaten. Viele verbrachten hier die Wintermonate, immer mehr fanden Miami Beach auch als Domizil nach ihrem Arbeitsleben attraktiv. Doch je mehr Menschen auf die gleiche Idee kamen, desto mehr wurden Hochhäuser mit Eigentumswohnungen immer billigerer Bauart hochgezogen.

Doch ganz im Stile Amerikas hat sich das Bild wieder gewandelt. Investoren aus allen Teilen der USA und auch aus Südamerika haben die Anziehungskraft des Artdéco-Gebietes für den Tourismus (auch den Lokaltourismus) erkannt und viele der Gebäude wieder aufgepäppelt. Damit aber wird Miami Beach für die untere Einkommensschicht immer unerschwinglicher. Ganze Straßenzüge, besonders die westlich vom Ocean Boulevard, erlangen mondänen Charakter. Langsam schreitet diese Tendenz immer weiter nach Norden, und wer sich diesen Lebensstil nicht leisten kann, der muss abwandern.

Entlang der Collins Avenue reihen sich die Hotelhochhäuser und Apartmentbauten aneinander. Der Strand ist – wie überall in Florida – für alle da. Der gelbe Sand wurde aufgeschüttet und stammt von der Biscayne Bay. Ein künstliches Paradies also, wenn man bedenkt, dass dies einst eine von Mangroven bewachsene, moskitoreiche Insel war. Ein Paradies, das im Frühjahr 2015 ausgelassen sein 100-jähriges Bestehen feierte!

Miami Beach

N

0   1,24 mi
0   2 km

Hallandale Beach

Sunny Isles Beach, Golden Beach

Florida Int. University
(Biscayne Bay Campus)

W Dixie Hwy

NE 135th St.

**NORTH
MIAMI**

NE 125th St.

Fort Lauderdale

NW 119th St.

Biscayne Park

Collins Ave.

Public Beach

Haulover Beach Park
Golf Course

Bal Harbour Dr.

Bay Harbor
Islands

Bay Bay Dr.

96th St.

Bal Harbour

Broad Cswy (Toll)

NE 123rd
St.

Surfside

81st St.

Collins Ave.

NW 103rd Ave.

**Pinewood
Park**

**Miami
Shores**

N Miami Ave.

NE 2nd Ave.

NE 6th Ave.

Biscayne Blvd.

Indian Creek
Island

Indian Creek
Village

North Shore
Open Space Park

Harding Ave.

Public Beach

**West
Little
River**

El Portal

NE 82nd St.

NE 79th St.

NE 79th St.

John F. Kennedy Cswy

North Bay
Island

La Gorce
Island

Normandy
Island

Normandy Dr. 71st St.

Public Beach

North-South Expwy

Miami Int. Airport

North Bay
Village

Collins Ave.

Pine Tree Dr.

**Caribbean Marketplace
& Little Haiti
Cultural Center**

**Little
Haiti**

Biscayne Blvd.

N Miami Ave.

Biscayne Bay

La Gorce
Rd.

Public Beach

Alton Rd.

Public Beach

**MIAMI
BEACH**

Arthur Godfrey Rd.

**ATLANTIC
OCEAN**

NW 36th St.

Wynwood

Julia Tuttle Causeway

Alton Rd.

Collins Ave.

Miami Beach
Golf Club

Miami Int. Airport

MIAMI

A. Arsht
Center

Di Lido
Island

Venetian Causeway

ArtCenter
South Florida

Bass Museum of Art

New World Symphony

Washington Ave.

Collins Ave.

Jungle
Island

Pérez Art
Mus. Miami

**Bayside
Marketplace**

Bayfront
Park

Cruise Ship Docks

Mac Arthur Causeway

Port Blvd.

The Wolfsonian Museum

Art Déco Welcome Center

Star
Island

5th St.

**Art Déco
District**

W Flagler St.

SW 1st St.

Lummus
Island

Port of Miami

Jewish
Museum
of Florida

Public Beach

SW 7th St.

SW 8th St.

Brickell
Key

Fisher
Island

South Pointe Park

Biscayne Bay

**South Miami Beach
siehe S. 159**

Coral Gables, South Miami

© graphic

info

Carl Graham Fisher – der Finanzier von Miami Beach

Carl Graham Fisher wurde 1874 in Greensburg/Indiana geboren. Er hatte starken Astigmatismus und verließ bereits mit 12 Jahren die Schule, um das Einkommen seiner Familie aufzubessern. Er hatte diverse Jobs, u. a. als Verkäufer, und fuhr Radrennen. 1891 eröffnete er ein Fahrradgeschäft in Indianapolis. Sein Unternehmen florierte, und als das Auto populär wurde, verkaufte er in seinem Fahrradgeschäft ebenfalls Fahrzeuge. Stets hielt er nach neuen Geschäftsmodellen Ausschau, spezialisierte sich bald auf Autorennen und eröffnete 1909 die noch heute bekannte Indianapolis-Autorennstrecke mit dem 500-Meilen-Rennen am Memorial Day, heute als Indy 500 bekannt. Mit einem Patent für Autolampen vermehrte Fisher sein Vermögen, ebenso war er maßgeblich am Bau des Lincoln Highway beteiligt, der ersten Teerstraße, die ab 1915 New York mit San Francisco verband.

Mit 30 verbrachte er seine Ferien in Miami und entdeckte einen schönen Strand, den die Touristen nur per Boot erreichen konnten. Zuvor war John S. Collins, dem Plantagenbesitzer von Miami Beach, das Geld zum Bau einer Holzbrücke ausgegangen. Fisher lieh ihm 50.000 $ und erhielt im Gegenzug ein Grundstück am Strand von einer Meile Länge. Er erwarb noch mehr und verkündete den Plan, das Gebiet in eine tropische Insel zu verwandeln. Dazu nahm er Boden (oder besser Sand?) aus der Biscayne Bay, um damit die Mangrovenküste von Miami Beach aufzufüllen. Auf diese Weise gewann er etwa 4 km² neues Land. Da er die reiche Gesellschaft von Palm Beach nicht für Miami Beach erwärmen konnte, gewann er stattdessen durch den Verkauf kleiner Parzellen Tausende von Käufern.

Fisher schuf – und das machte Miami Beach für die Investoren attraktiv – das, was man heute als touristische Infrastruktur bezeichnen würde: Tennis- und Golfplätze, Annehmlichkeiten wie Strandkörbe und Duschen. Immer mehr Leute legten hier ihr Geld an und Fisher wurde mehrfacher Millionär. Alleine 1925 verkaufte er Land im Wert von 25 Mio. $.

Miami Beach wurde vom Boom erfasst: Hotels, Poloplätze, Swimmingpools, Schulen, Kirchen, Apartments und Privathäuser standen Besuchern wie Bewohnern zur Verfügung. Doch die Weltwirtschaftskrise durchkreuzte Fisher's Pläne. 1932 hatte er sein gesamtes Vermögen verloren. Verarmt starb er 1939.

Sehenswertes in Miami Beach

 Hinweis
s. Karten S. 145 u. 159

Collins Avenue

Die Collins Avenue ist die Hauptverkehrsader von Miami Beach und verläuft von Süden nach Norden. Hier liegen die großen Hotels, u. a. das Fontainebleau, einst das größte Ferienhotel der Welt mit über 1.500 Zimmern. 2008 wurde dieser Mammutbau mit einem Aufwand von 100 Millionen $ renoviert. Mitten im pompö-

Größtes Ferienhotel

sen Swimmingpool des Hotels liegt eine kleine, von Palmen bewachsene Insel, Wasserfälle ergießen sich in das Becken.

Bass Museum of Art

Hier befindet sich eine Gemäldesammlung u. a. mit Werken von van Gogh, Botticelli, Picasso, Renoir, El Greco und Rubens. Ebenso sieht man Holzskulpturen sowie zwei der größten Wandteppiche der Welt, dazu kommen Ausstellungen zeitgenössischer Kunst.
Bass Museum of Art, *2100 Collins Ave. (zwischen 21st and 22nd), ① (305) 673 7530, www.bassmuseum.org, Mi–So 12–17, Fr bis 21 Uhr, $ 8. Aufgrund von Renovierungsarbeiten ist das Museum von Mai 2015 bis voraussichtl. Frühjahr 2016 geschlossen, das Ausstellungsprogramm geht aber in einer Pop-up-Galerie in der Miami Beach Regional Library (227 22nd between Collins und Liberty) weiter.*

 Tipp: New World Center

Das Anfang 2011 eröffnete Konzerthaus wurde vom Star-Architekten Frank Gehry entworfen. Hier treten in erster Linie die jungen Musiker der Orchester-Akademie New World Symphony (*www.nws.edu*) auf.

Art-déco-Gebiet

Für den Besucher ist dieser südliche Teil von Miami Beach vielleicht der interessanteste. Etwa in Höhe der 5th Street nordwärts beginnt das Gebiet, dessen besterhaltene Häuser vor allem zwischen der Collins Avenue, aber in besonderer Wei-

Belebt und beliebt: der Ocean Drive

se am Ocean Drive liegen (Gebiet zwischen 23rd St., Ocean Dr., 5th St. und Lennox Court = eine Quadratmeile, die zum National Historic District erklärt wurde).

Die ca. 800 Gebäude stammen aus den 1920er- und 1930er-Jahren. 1926 wurde Miami Beach von einem verheerenden Hurrikan getroffen, der plötzlich Raum schuf für einen architektonischen Neubeginn. In dieser Zeit – man steckte inmitten der Weltwirtschaftskrise – entstanden viele kleine Hotels und Wohnhäuser, die höchstens drei Stockwerke hoch gebaut wurden und über keine Klimaanlagen verfügten. Die Brise vom Atlantik sorgte für entsprechende Kühlung …

☞ Hinweis

Die **Miami Design Preservation League (MDPL)** *bietet verschiedene Rundgänge an, u. a. Art Déco Walking Tours, auf denen man einiges zum Thema Architektur in Miami Beach erfahren kann. Informationen zu Uhrzeiten und Preisen unter ① (305) 672 2014, info@mdpl.org, www.mdpl.org. Sie betreibt auch das* **Art Déco Welcome Center**, *in dem es reichlich Informationsmaterial gibt und wo die Touren starten, sowie den* **Official Art Déco Gift Shop**, *beides 1001 Ocean Drive.*

1979 entsprach die Stadtverwaltung den Vorschlägen der Miami Design Preservation League (s. o.) und stellte das Viertel unter Denkmalschutz, zumal Investoren große Bettenburgen planten. Dies ist eines der vielen Beispiele – besonders der vergangenen 30 Jahre –, dass sich Amerika seiner erhaltenswerten Bausubstanz bewusst wird und vermehrt große Summen in die Restaurierung investiert. Die Miami Design Preservation League hat sich zum Ziel gesetzt, diese kunsthistorisch be-

Streamline Moderne – Art déco in Miami Beach

deutsame Bausubstanz vor Baulöwen zu schützen und Besitzer zu motivieren, lie- *Rettung der*
ber in eine Restaurierung zu investieren. Besonders am Ocean Drive ist eine Reihe *Bausubstanz*
von Häusern – heute meist Hotels – liebevoll restauriert worden. Anschauen sollten man sich vor allem:

- Palm Gardens (Baujahr 1923, 760 Meridian Ave.)
- Old City Hall (Baujahr 1927, 1130 Washington Ave.)
- Waldorf Towers (Baujahr 1937, 860 Ocean Dr.)
- Essex (Baujahr 1938, 1001 Collins Ave.)
- Cardozo Hotel (Baujahr 1939,1300 Ocean Dr.)
- Breakwater (Baujahr 1939, 940 Ocean Dr.)
- Carlyle (Baujahr 1941, 1250 Ocean Dr.)

Wolfsonian Museum

In diesem Haus war ursprünglich die Washington Storage Company untergebracht,
bei der reiche Bewohner von Miami ihre guten Sachen deponierten, wenn sie im
Sommer wieder in den Norden zogen. Heute gibt es hier eine Ausstellung mit etwa
70.000 Exponaten von Kunst und Kunstgewerbe vor allem aus den Jahren 1885–
1945. U. a. gibt es einen Art-déco-Bereich, der Schwerpunkt der Sammlung liegt in
den Bereichen Nationalismus, Propaganda, Industrialisierung und Architektur.
The Wolfsonian Foundation, *1001 Washington Ave., Ecke 10th Str. und Washington Ave., ☎ (305) 531 1001, www.wolfsonian.org, tgl. 10–18 Uhr, Do & Fr bis 21 Uhr, So
ab 12 Uhr, Mi geschlossen, $ 7.*

Art déco

info

Art déco leitet sich von dem französischen Begriff *art décoratif* ab, „dekorative
Kunst". Er bezeichnet eine Kunstepoche, dessen Blütezeit zwischen dem 1. Weltkrieg und der Weltwirtschaftskrise lag. Der einfach-kühle Stil des Funktionalis-
mus wurde um jugendstilähnliche Elemente erweitert. Sind für den Funktiona-
lismus eher gerade und geometrische Figurationen typisch, so werden sie im
Art déco durch verzierte Glasfenster, pastellene Farben und verspielte Innende-
korationen bereichert, die sich z. B. in Form von esoterischen Wandbildern mit
Flamingos, Spiegeln mit eingesetzten Nymphen, Meerjungfrauen und tropischen Vögeln präsentieren. Oft finden Glasbausteine Verwendung. Art déco
wurde insbesondere durch die „Exposition des Arts Décoratifs et Industriels
Modernes" (Kunstausstellung in Paris im Jahre 1925) populär. Sowohl in der Au-
ßen- als auch Innenarchitektur entstand ein Modetrend. In diese Stilrichtung
flossen Elemente der neuen technischen Welt ein. Manche Fassadengestaltung
erinnert an Ozeandampfer (Essex). Manche Gebäude zeigen waagerechte Linien,
die an die Racing Stripes der damaligen Autos erinnern.

Aufgrund der stromlinienförmigen Gebäudeformen und Fassadenmomente
werden die Art-déco-Gebäude auch als „Streamline Moderne" bezeichnet.

Die Art-déco-Richtung von Miami Beach bezeichnet man als „Tropical Art déco".
Viele Motive, die an Seefahrt und Meer erinnern, wurden in die Gestaltung übernommen. So erinnern Bullaugen an alte Dampfer, vorspringende Überdachun-
gen an Schiffsdecks.

Nördlich von Miami Beach: Oleta River State Park

Ruhige Dieser State Park ist der größte städtische Naturpark in Florida. Er liegt an der Bis-
Natur cayne Bay und bietet stadtnah und abseits des quirligen Miami Beach ruhige Natur-
erlebnisse. Es gibt ca. 8 km lange Trails für Wanderer und Mountainbiker. Von einem Pier aus kann man angeln. Ein kleiner Strand am Mangrovenwald sowie ein
6 km langer Kanu-Trail bieten weitere Aktivitäten.

Oleta River State Park, *3400 N.E. 163rd St, off I–95 in Miami, North Miami,
① (305) 919 1844, www.floridastateparks.org/park/Oleta-River, Eintritt: $ 6/Auto, Ca-
bins und einfache Campingplätze vorhanden, ebenso Kanuverleih.*

Reisepraktische Informationen Miami und Miami Beach

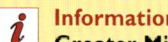 **Informationen**

Greater Miami Convention & Visitors Bureau: *701 Brickell Ave., Suite
2700, Miami, FL 33131, ① (305) 539 3000, www.miamiandbeaches.com.*

 Geführte Touren
ZU FUSS

HistoryMiami *bietet Touren zu unterschiedlichen Themen an, u. a. historische Touren
(auch mit Bus, Fahrrad und Boot). Infos unter: www.historymiami.org, ① (305) 375 1492,
101 West Flagler St.*

Miami Design Preservation League, *1001 Ocean Dr., ① (305) 672 2014, www.
mdpl.org, Touren durch das Art-déco-Gebiet in Miami Beach.*

MIT DEM FAHRRAD

South Beach Bike Tours, *① (305) 673 2002, SOBEbiketours@aol.com, www.
southbeachbiketours.com: mit dem Rad durch Miami Beach, s. auch S. 165.*

MIT DEM BUS/VAN

Duck Tours, *1661 James Ave., Miami Beach, ① (305) 673 2217, www.ducktours
miami.com. Touren zu Wasser und Land in einem Amphibienfahrzeug, mit „Unterhaltung" an Bord.*

Gray Line Tours Miami, *① (877) 643 1258, www.graylinemiami.com.*

MIT DEM HEISSLUFTBALLON

Miami Balloon Rides, *① (786) 475 3152, www.miamiballoonrides.net.*

 Konsulate
s. S. 70

Übernachtung

Wie in allen großen amerikanischen Städten gibt es auch in Miami und Miami
Beach eine Vielzahl an Hotels und Motels für jeden Geldbeutel. Viele preiswerte Unterkünfte liegen an den Ausfall- und Hauptdurchgangsstraßen – so z. B. zwischen dem Miami International Airport und der Innenstadt Miamis bzw. Miami Beach. Wem es nichts
ausmacht, außerhalb des Großraumes Miami und damit billiger zu übernachten, der findet zahlreiche preiswerte Hotels und Motels in der Umgebung von Homestead entlang
der US 1 (ideal auch als Ausgangspunkt zum Everglades National Park, Biscayne National Park, als Startpunkt zu den Keys oder an die Westküste via Tamiami Trail nach

Naples). Zwei empfehlenswerte Adressen für die Hotel-und Motel-Suche sind www.miamiandbeaches.com und www.miami.hotelguide.net. Wer sich für Boutique- und „Lifestyle"-Hotels interessiert sollte sich auf der Internetseite www.miamiboutiquehotels.com umschauen.

Restaurants

Im Folgenden werden ausgewählte Restaurants aufgeführt, die bzgl. Essen, Ambiente und Service besondere Erwähnung verdienen. Wie überall in den USA gibt es zudem unzählige preiswerte Möglichkeiten der Verpflegung, sei es in den Cafeterias der Restaurants oder in den vielen Restaurant-Ketten entlang der (Ausfall-)Straßen (weitere Restaurants in Miami Beach, Coral Gables und Coconut Grove sind in den entsprechenden Abschnitten zu finden). Viele Restaurants gibt es vor allem im Bayside Marketplace Center.

Hier eine Auswahl, nach Stadtvierteln geordnet:

FLUGHAFENGEBIET UND DOWNTOWN

Hotels

Days Inn Miami International Airport $$ **(2)**, *7250 N.W. 11th St. & 72 Ave. EW, Palmetto Expressway,* ✆ *(305) 261 4230, www.daysinn.com. Preiswert, sauber, funktional. Weitere Hotels der Kette in der Stadt.*

YVE Hotel, $$$ **(5)**, *146 Biscayne Blvd.,* ✆ *(855) 983 4636, www.yvehotelmiami.com. Sehr zentral gelegen, moderne Ausstattung, eigenes Restaurant (Biscayne Tavern) mit regionaler Küche und Cocktails.*

Hampton Inn & Suites Miami-Doral/Dolphin Mall $$$ **(3)**, *11600 N.W. 41st St.,* ✆ *(305) 500 9300, www.hamptoninn.com. Etwas außerhalb, dennoch günstig zum Zentrum, aber auch nach Coral Gables, Coconut Grove etc. gelegen. 121 Zimmer, die freundlich und hell eingerichtet sind. Swimmingpool.*

Holiday Inn Port of Miami $$ **(4)**, *340 Biscayne Blvd.,* ✆ *(305) 371 4400, www. ichotelsgroup.com. Das recht preisgünstige Hotel liegt vis-à-vis dem Bayside Marketplace, Pool.*

Courtyard Miami Downtown $$$$ **(6)**, *200 S.E. 2nd Ave.,* ✆ *(305) 374 3000, www.marriott.com. Schöne Zimmer, sehr gutes Preis-Leistungs-Verhältnis, Pool.*

Hyatt Regency Miami $$$$ **(7)**, *400 S.E. 2nd Ave.,* ✆ *(305) 358 1234, www. miamiregency.hyatt.com. Luxushotel (561 farblich sehr freundliche Zimmer/51 Suiten) mit allem erdenklichen Komfort und 2 guten Restaurants. Nahe zum Metromover.*

Hilton Miami Downtown $$$$ **(1)**, *1601 Biscayne Blvd.,* ✆ *(305) 374 0000, www. hiltonmiamidowntown.com. Vor kurzem renoviert, guter Hilton-Standard.*

Four Seasons Miami $$$$$ **(9)**, *1435 Brickell Ave. (Downtown),* ✆ *(305) 358 3535, www.fourseasons.com/miami. Sehr elegantes, 70 Stockwerke hohes Hotel mit Art-*

Redaktionstipps

▸ **Übernachten:**
In Miami: luxuriös im „Biltmore Hotel Coral Gables"
In Miami Beach: in einem der **Art-déco-Hotels**, im „Hotel Victor", im „Hotel Setai" oder im tollen „Delano".

▸ **Essen:**
Kubanisch im „YUCA"; exquisit im „Palme d'Or" im „Biltmore Hotel" oder Steinkrabben in „Joe's Stone Crab". Wer sehen und gesehen werden möchte, der sollte sich ein Restaurant am Ocean Boulevard von Miami Beach aussuchen.

▸ **Kultur und Unterhaltung:**
Das Fremdenverkehrsamt veranstaltet verschiedene jährlich wiederkehrende Aktionstage bzw. -wochen. Im „Miami Attractions Month" (Oktober) zum Beispiel gibt es bis zu 50 % Rabatt auf den Eintritt in verschiedene Attraktionen wie Seaquarium oder Jungle Island. Auch Stadtführungen werden zu ermäßigten Preisen angeboten. Informationen zu weiteren Aktionen und zu den Attraktionen generell unter www.amazingmiami attractions.com.
Street Art anschauen in Wynwood, diverse Touren, jeden 2. Samstag inkl. Begrüßungsgetränk, http:/wyn woodartwalk.com.

Miami Downtown

Hotels
1 Hilton Miami Downtown
2 Days Inn Miami International Airport
3 Hampton Inn & Suites Miami-Doral/Dolphin Mall
4 Holiday Inn Port of Miami
5 YVE Hotel
6 Courtyard Miami Downtown
7 Hyatt Regency Miami
8 Mandarin Oriental Hotel
9 Four Seasons Miami

Restaurants
1 City Hall The Restaurant
2 Los Ranchos Steak House
3 CVI.CHE 105 Restaurant
4 Ristorante Fratelli Milano
5 Zuma
6 Perricone's Marketplace and Café
7 Dolores, But You Can Call Me Lolita

Miami Metromover/
Metrorail mit Station

N

0   218 yd
0   200 m

© graphic

déco-Interieur. Riesige Poolanlage auf dem 7. Stock mit 24 Inseln, auf denen Cocktails serviert werden und wo man einen tollen Blick auf die Downtown genießen kann.

Mandarin Oriental Hotel \$\$\$\$\$ (8), *500 Brickell Key Dr., ① (305) 913 8288, www.mandarinoriental.com/miami. Auch dieses Hotel, exzellent direkt am Wasser auf einer kleinen Insel in der Biscayne Bay gelegen, bietet alles, was das Herz begehrt. Eine großzügige und sehr ansprechende Poolanlage lädt zur Entspannung ein. Dem Luxus entsprechend teuer.*

Camping

Miami Everglades Resort, *20675 S.W. 162nd Ave., ① (305) 233 5300, www.miamicamp.com. Schöner Swimmingpool – gepflegt, Stellplatz für Campmobile ab ca. \$ 43, für Zelte ab \$ 31. Auch Hütten werden vermietet.*

Larry and Penny Thompson Park, *12451 S.W. 184th St., ① (305) 232 1049, www.miamidade.gov/parks, nahe Zoo Miami. Eigener See mit Strand und Wasserrutsche, Jogging- und Fahrradtrail. Ca. \$ 33,90 pro Nacht, Zeltplatz ca. \$ 16,95.*

Restaurants

City Hall The Restaurant (1), *2004 Biscayne Blvd., ① (305) 764 3130, www.cityhalltherestaurant.com. Im lebendigen Szeneviertel Miami Midtown eröffnete Steven Haas 2011 sein eigenes Restaurant, nachdem er in drei Jahrzehnten schon einige andere für Kunden entworfen und umgesetzt hatte. Das City Hall Restaurant hebt sich wohltuend vom Mainstream in South Beach ab und setzt mehr auf Einheimische als auf Touristen. In einem sachlich-modernen Ambiente mit Art-déco-Einlagen und einer einladenden Bar wird der Gast verwöhnt. Auf den Teller kommt Altbewährtes, aber auch ungewöhnliche Kreationen. Natürlich alles nicht ganz billig, aber gut und sensationell frisch. Tgl. durchgehend geöffnet.*

Los Ranchos Steak House (2), *401 Biscayne Blvd. (Bayside Marketplace), ① (305) 375 8188, www.beststeakinmiami.com (zwei weitere Niederlassungen in Miami). Küche aus Nicaragua, Jazzmusik. Sehr interessante Karte mit schmackhaften und manchmal ungewöhnlichen Zubereitungsweisen.*

Dolores, But You Can Call Me Lolita (7), *1000 S. Miami Ave., ① (305) 403 3103, www.doloreslolita.com. Gemütliches Lokal mit Terrasse und nettem Service, italienisch und spanisch angehauchte Gerichte.*

CVI.CHE 105 Restaurant (3), *105 N.E. 3rd Ave., ① (305) 577 3454, www.ceviche105.com. Gutes und eher günstiges peruanisches Restaurant, besonders gut sind die Ceviche-Gerichte (in Zitronensaft marinierter roher Fisch), daneben gibt es u. a. Chili-Hühnchen und weitere peruanische Spezialitäten.*

Ristorante Fratelli Milano (4), *213 S.E. 1st St., ① (305) 373 2300, www.ristorantefratellimilano.com. Kleines italienisches Familien-Restaurant mit einem ausgezeich-*

☞ **Tipp: Perricone's Marketplace and Café**

Perricone's Marketplace and Café (6), 15 S.E. 10th St., Brickell Village, ① (305) 374 9449, www.perricones.com. Das ungewöhnliche italienische Restaurant befindet sich in einer 120 Jahre alten Scheune aus Vermont, die Rezepte werden von Generation zu Generation weitergereicht. Seinen Wein kauft man im hier befindlichen Spezialitätenladen und lässt ihn gegen geringes Korkgeld öffnen.

neten Preis-Leistungsverhältnis. Selbstgemachtes Brot und frische Pasta, Pizza und Salate. Hauptgerichte $ 10–20.

Zuma (5), 270 Biscayne Boulevard Way, ☎ (305) 577 0277, www.zumarestaurant.com. Unter der Leitung des deutschen Chefkochs Rainer Becker serviert das im EPIC Hotel untergebrachte Zuma moderne japanische Küche. Informell-entspannte Atmosphäre nach dem Vorbild der Izakayas, der beliebten japanischen Kneipen.

COCONUT GROVE

Informationen

www.coconutgrove.com, *Infos über Veranstaltungen, Restaurants, Hotels, Galerien etc.*

Übernachtung

Mutiny Hotel $$$ (3), 2951 S. Bayshore Dr., ☎ (305) 441 2100, www.provi dentresorts.com/mutiny-hotel. Im Herzen von Coconut Grove gelegenes, elegantes Hotel im South-Florida-Style. 120 voll ausgestattete Zimmer auf 12 Etagen, 2015 von den U. S. News Travel in die Top 20 der „besten Hotels in Miami" gewählt.

Hampton Inn $$$ (1), 2800 S.W. 28th Terrace, ☎ (305) 448 2800, www.hampton inncoconutgrove.com. Nur 1,5 km nach Coconut Grove, Metrorail Station gegenüber, ordentliche Zimmer, Swimmingpool.

Mayfair Hotel & Spa $$$$$ (2), 3000 Florida Ave., ☎ (1-800) 433 4555, www. mayfairhotelandspa.com, Luxusklasse. Ein interessantes Haus mit einer unglaublichen Formenvielfalt, Farben, Wasserfällen und Galerien, umgeben von exklusiven Geschäften, Bistros und Cocktailbars.

Restaurants

Scotty's Landing (1), 3381 Pan American Dr., ☎ (305) 854 2626. Gutes Seafood und Burger zu bezahlbaren Preisen in entspannter Atmosphäre, direkt am Wasser gelegen mit Terrasse.

Jaguar Ceviche Spoon Bar & Latam Grill (2), 3067 Grand Ave., ☎ (305) 444 0216, http://jaguarhg.com/jaguarspot. Leckere südamerikanische Küche, Ceviche und viel vom Grill. Hübsche Terrasse, drinnen fröhlich gelb gehalten. Am Wochenende Brunch.

Green Street Café (3), 3468 Main Highway, ☎ (305) 444 0244, www.greenstreet cafe.net. Leckeres Frühstück, das man draußen auf der Terrasse essen kann, auch zum Lunch und Dinner geöffnet mit Salat, Suppe, Steaks, Pasta und Pizza. Zu jeder Tageszeit empfehlenswert.

Le Bouchon du Grove (4), 3430 Main Highway, ☎ (305) 448 6060, www.lebou chondugrove.com. Nettes kleines französisches Restaurant, auf der Karte viel Fisch und Meeresfrüchte, aber auch Steaks und Geflügel – alles auf französische Art zubereitet. Gehobene Preise, tgl. zu Frühstück, Lunch und Dinner geöffnet.

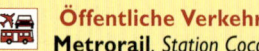

Öffentliche Verkehrsmittel

Metrorail, *Station Coconut Grove*

Miami · Coconut Grove

Hotels
1 Hampton Inn
2 Mayfair Hotel & Spa
3 Mutiny Hotel

Restaurants
1 Scotty's Landing
2 Jaguar Ceviche Spoon Bar & Latam Grill
3 Green Street Café
4 Le Bouchon du Grove

Shopping
1 Coco Walk
2 Mayfair in the Grove

N

0   0,25 mi
0   400 m

© I!graphic

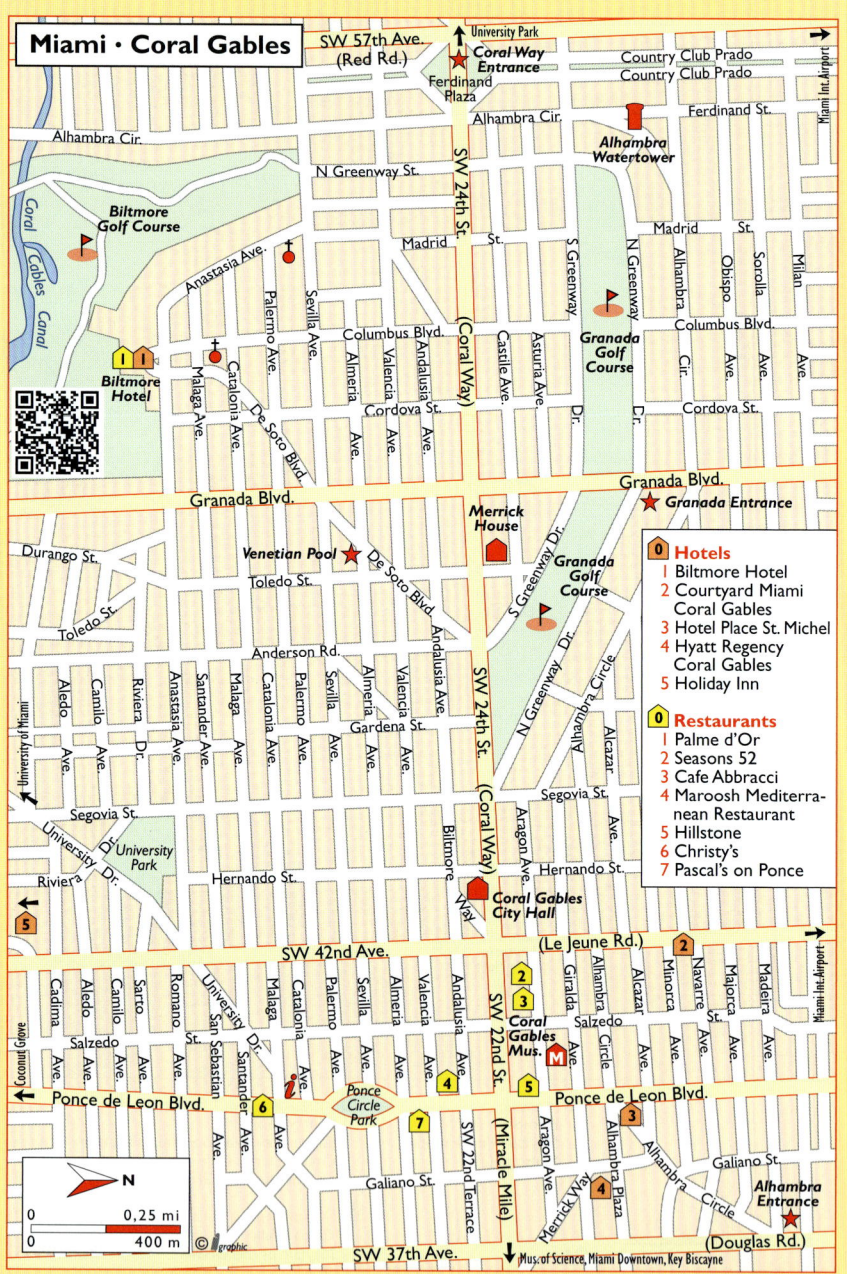

Miami · Coral Gables

Hotels
1 Biltmore Hotel
2 Courtyard Miami Coral Gables
3 Hotel Place St. Michel
4 Hyatt Regency Coral Gables
5 Holiday Inn

Restaurants
1 Palme d'Or
2 Seasons 52
3 Cafe Abbracci
4 Maroosh Mediterranean Restaurant
5 Hillstone
6 Christy's
7 Pascal's on Ponce

CORAL GABLES

 Information
Coral Gables Chamber of Commerce, 224 Catalonia Ave., Coral Gables, ➁ (305) 446 1657, http://coralgableschamber.org, www.coralgables.com.

 Übernachtung
Holiday Inn $$ (5), 1350 S. Dixie Hwy., ➁ (305) 667 5611, www.ichotelsgroup. com. Preiswertes Mittelklassehotel.
Courtyard Miami Coral Gables $$$ (2), 2051 S. Le Jeune Rd., ➁ (305) 443 2301, www.marriott.de. Sauber und modern eingerichtet, in Flughafennähe.
Hotel Place St. Michel $$$–$$$$ (3), 162 Alcazar Ave., ➁ (305) 444 1666, www. hotelstmichel.com. Individuell geführtes Haus, nahe zu den Venetian Pools, Romantik aus den 1920er Jahren pur – mit gutem Restaurant.
Hyatt Regency Coral Gables $$$$ (4), 50 Alhambra Plaza, ➁ (305) 441 1234, www.coralgables.hyatt.com. Sehr gediegener, kolonial wirkender Bau mit hervorragendem Restaurant und Spitzenservice.
Biltmore Hotel $$$$$ (1), 1200 Anastasia Ave., ➁ (855) 311 6903, www.biltmore hotel.com. Ein wirklich sehenswerter Bau, sehr luxuriös ausgestattet. Riesiger Swimming-pool, tolles Restaurant (s. u.).

⦀ Restaurants
Palme d'Or (1), 1200 Anastasia Ave. (im Biltmore Hotel s. o.), ➁ (305) 913 3200. Ganz hervorragende Menüs zum Zusammenstellen in sehr gediegener Umgebung. Etwas für den besonderen Anlass – natürlich teuer.
Pascal's on Ponce (7), 2611 Ponce de León Blvd., ➁ (305) 444 2024, www.pascal miami.com. Französische Küche mit ein bisschen Italien – So geschlossen, Hauptgericht ca. $ 30–40.
Christy's (6), 3101 Ponce de León Blvd., ➁ (305) 446 1400, www.christysrestaurant. com. Atmosphäre gleicht einem Privatclub („viktorianisch"). Steaks und Seafood mit Cesar's Salad.
Maroosh Mediterranean Restaurant (4), 223 Valencia Ave., ➁ (305) 476 9800, www.maroosh.com. Mit mediterran ist hier v. a. nordafrikanisch gemeint: Hummus, Fala-fel, Taboulé und viele weitere köstlich gewürzte Gerichte gibt es hier zu moderaten Prei-sen. Mo geschlossen.
Seasons 52 (2), 321 Miracle Mile, ➁ (305) 442 8552, www.seasons52.com. Restau-rant mit Piano-Bar, angenehme Atmosphäre, sehr guter Service. Das Speiseangebot va-riiert je nach Saison und es gibt tolle Weine dazu.
Cafe Abbracci (3), 318 Aragon Ave., ➁ (305) 441 0700, www.caffeabbracci.com. Gute norditalienische Küche.
Hillstone (5), 201 Miracle Mile, ➁ (305) 529 0141, www.hillstone.com. Klassische amerikanische Gerichte wie Burger, Hühnchen und Ribs, Cesar's Salad, aber auch Sushi. Mittlere Preisklasse.

LITTLE HAVANA

🍴 Restaurants

La Carreta, 3632 S.W. 8th St., ☏ (305) 444 7501, www.lacarreta.com. Hier kann man kubanische Sandwichs probieren (knuspriges, kubanisches Brot dient als Grundlage), sehr beliebt bei den Kubanern, preiswert, viel Leben.

La Camaronera Fish Market & Restaurant, 1952 W. Flagler St., ☏ (305) 642 3322, http://lacamaronera.com. Turbulent und authentisch, viele Einheimische. Frische Fischgerichte zu günstigen Preisen.

The Versailles, 3555 S.W. 8th St., ☏ (305) 444 0240, www.versaillesrestaurant.com. Beliebtes kubanisches Restaurant an der Calle Ocho mit typischen Gerichten, ausgezeich-

Casa Juancho in Little Havana

neten Sandwichs und tollem Service! Wenn die die Zeit zum Essengehen nicht reichen sollte auf jeden Fall außer kubanischem Kaffee einmal „Churros" probieren. Dies sind frittierte Teigspiralen, die mit Zucker bestreut werden und die man in ein Tässchen kubanische Schokolade taucht. Zum Hauptgericht könnte ein „Ropa Vieja" schmecken (würziges, geschabtes Rindfleisch auf Reis).

Casa Juancho, 2436 S.W. 8th St., ☏ (305) 642 2452, www.casajuancho.com. Gilt als bestes spanisches Restaurant in den USA. Hervorragende Tapas, sehr schmackhafte Hauptgerichte, alles in einem spanischen Ambiente. Gut ist z. B. das Red-Snapper-Filet mit Muscheln und Shrimps an Knoblauchsoße. Hauptgericht um die $ 30.

Tipp: Siehe dazu auch die Website: www.10best.com/destinations/florida/miami/restaurants/cuban.

🚌 Öffentliche Verkehrsmittel

Bus 11 ab Downtown, Bus 8 und 24 ab Coral Gables

MIAMI BEACH

ℹ️ Information

Miami Beach Visitor Information Center: 1620 Drexel Ave., www.miamibeach.org, geöffnet Mo–Fr 9–17.30 Uhr.

Post Office Miami Beach, 1300 Washington Ave., Öffnungszeiten Mo–Fr 8–17, Sa 8.30–14 Uhr. Übrigens in einem Art-déco-Haus aus dem Jahre 1937 gelegen.

🛏️ Übernachtung

Freehand Miami $–$$$$ (1), 2727 Indian Creek Dr., ☏ (305) 531 2727, http://thefreehand.com/miami. Vormals als Indian Creek Hotel bekannt, besticht das Art-déco-Gebäude aus den 1930er-Jahren mit seinem Charme. Von der Low-budget-Übernachtung im Mehrbettzimmer bis zur King Suite reicht das Spektrum der Möglichkeiten.

South Miami Beach

ATLANTIC OCEAN

Biscayne Bay

0 **Hotels**
1 Freehand Miami
2 The Alexander
3 Fontainebleau
  Miami Beach
4 W South Beach
5 The Setai
6 Cadet Hotel
7 Gale South Beach Hotel
8 Delano Hotel
9 Clay Hotel
10 The Betsy South Beach
11 Villa Paradiso
12 Cardozo Hotel
13 Hotel Impala
14 Hotel Victor
15 Hotel Astor
16 The Bentley Hotel
17 Century

0 **Restaurants**
1 StripSteak
2 Pubbelly
3 Burger and Beer Joint
4 Baires Grill
5 YUCA
6 The DiLido Beach Club
7 Osteria del Teatro
8 Taste Bakery Café
9 News Cafe
10 Tap Tap Haitian
  Restaurant
11 Monty's
12 Joe's Stone Crab

Fahrradverleih
1 Bike & Roll Miami
2 Miami Beach Bicycle
  Center

Mit ausgezeichneter, stimmungsvollen Cocktailbar und eigenem Restaurant, das auf lokale und qualitativ hochwertige Produkte setzt. Nicht weit vom Strand entfernt.

Century $$ (17), 140 Ocean Dr., ✆ (305) 674 8855, www.centurymiamibeach.com. Kleines Hotel mit Art-déco-Fassade und Zugang zum Strand, 1939 erbaut, sehr guter Service.

Clay Hotel $$–$$$ (9), 1438 Washington Ave., ✆ (305) 534 2988, www.clayhotel. com. Schönes Boutique-Hotel, 138 Zimmer, free Wi-Fi im gesamten Hotel und kontinentales Frühstück im Preis inkludiert.

Villa Paradiso $$–$$$ (11), 1415 Collins Ave., ✆ (305) 532 0616, www.villapara disohotel.com. Schöne große Zimmer mit eigener Küche, besonders lohnend für Selbstversorger, die mehrere Nächte bleiben möchten.

Cadet Hotel $$$ (6), 1701 James Ave., ✆ (305) 672 6688, www.cadethotel.com. Zentral gelegen und trotzdem ruhig. Die Zimmer sind nicht besonders groß, dafür aber sauber und geschmackvoll eingerichtet. Guter Service mit persönlicher Note.

 ### Für Individualisten

Es empfehlen sich die sehr schön restaurierten Art-déco-Hotels – viele davon am Ocean Drive im Süden von Miami Beach, direkt an der Uferstraße mit Meerblick gelegen. Allerdings sind die Art-déco-Hotels, die nicht am Ocean Drive liegen, genauso schön. Die niedrigeren Preise, der auch nicht allzu weite Weg zum Strand und die günstigen Taxipreise in Miami sprechen also für diese Hotels.

Cardozo Hotel $$$–$$$$ (12), 1300 Ocean Dr., ✆ (305) 535 6500, www.cardozo hotel.com. Eines der schönsten Art-déco-Hotels (1939 erbaut), 43 Zimmer.

The Betsy South Beach $$$$ (10), 1440 Ocean Dr., ✆ (1-866) 792 3879, www. thebetsyhotel.com. Luxuriöses Boutique-Hotel. Schöne Aussicht auf den Strand, komfortable Zimmer.

The Bentley Hotel $$$$ (16), 510 Ocean Dr., ✆ (305) 538 1700, www.thebentley hotel.com. Luxuriöses Art déco Hotel, alle Suiten haben eine Küche, zudem gibt es eine Dachterrasse mit Pool und einen schönen Spa-Bereich. Auch Madonna und Jennifer Lopez haben hier schon ihr Haupt gebettet … Guter Ausgangspunkt, um ins Nachtleben zu starten.

Gale South Beach Hotel $$$$ (7), 1690 Collins Ave., ✆ (305) 673 0199, http:// galehotel.com. Brandneues Hotel mit einer gelungen Mischung aus Tradition und Moderne, geschmackvoll eingerichtet. 87 Zimmer, Restaurant mit italienisch angehauchter Küche, 2 Lounges, Rooftop Pool und Bar.

Delano Hotel $$$$$ (8), 1685 Collins Ave., ✆ (305) 672 2000, www.morganshotel group.com. Sehr beeindruckendes Hotel, die Zimmer alle in Weiß, toller Pool, eindrucksvoller Eingangsbereich: Überall ist die Handschrift des Designers Phillip Starck zu spüren. Für Liebhaber stilvoller Einrichtung ein Muss! Empfehlenswert ist auch das italienische Hotel-Restaurant, außerdem gibt es im Haus noch eine Sushi- und zwei stilvolle Cocktailbars.

The Alexander $$$$$ (2), 5225 Collins Ave., ✆ (305) 865 6500, www.alexander hotel.com. 140 sehr geräumige Suiten mit Blick auf den Atlantik, Internetzugang, im Zimmer Zubereitungsmöglichkeit für Kaffee und Tee, hoteleigene Parkplätze, sehr schöne Poolanlage, gutes Steakrestaurant.

Fontainebleau Miami Beach $$$$$ (3), *4441 Collins Ave., ① (1-800) 548 8886, www.fontainebleau.com. Luxusklasse, schöner Pool inmitten eines herrlichen Gartens, über 1.500 Zimmer, d a s Prestigehotel.*
Hotel Astor $$$$$ (15), *956 Washington Ave., ① (305) 531 8081, www.hotelastor. com. Hotel aus den 1960er-Jahren mit einer besonderen Eleganz. Das Möbeldesign stammt von französischen Schreinern, die auf die Ausstattung von Luxusyachten spezialisiert sind, Marmorbäder.*
Hotel Victor $$$$$ (14), *1144 Ocean Dr., ① (305) 779 8700 www.hotelvictorsouth beach.com. Das superelegante Hotel liegt in unmittelbarer Nähe zur Versace-Villa. Dieses architektonische „Meisterstück" verbindet Art-déco-Elemente mit den Grundzügen des Bauhausstils. Angeboten werden 91 Zimmer und Suiten, alle sehr luxuriös eingerichtet. Der Clou: Jedes Zimmer bietet eine Bar mit – wie der hoteleigene Prospekt sagt – „essential South Beach lifestyle accessories". Die Außenanlagen setzen den Anspruch eines außergewöhnlichen Hauses fort: Von einem „rimless" Pool schaut man auf den Atlantik. Davor allerdings liegt der viel befahrene Ocean Drive …*
W South Beach $$$$$ (4), *2201 Collins Ave., ① (305) 938 3000, www.wsouth beach.com. Luxushotel mit allen Annehmlichkeiten: Privatstrand, Swimmingpool, Spa-Bereich, gediegene Bar inkl. Live-Musik und zwei hauseigene Restaurants (chinesische bzw. amerikanische Küche).*
Hotel Impala $$$$$ (13), *1228 Collins Ave., ① (305) 673 2021, www.impala-miami. com. Tolles, kleines Art-déco-Hotel mit nur 17 Zimmern, sehr schön und gediegen mit hölzernen und schmiedeeisernen Möbeln eingerichtet.*

☞ Für den besonderen Geschmack: das „Setai"

Dieses Luxushotel am South Beach repräsentiert das obere Ende auf der Luxusskala. Im klaren, etwas nüchtern anmutenden Design sind asiatische Stilelemente zu finden. Die Küche dieses zu den „Leading Hotels of the World" gehörenden Hauses ist ebenso herausragend wie das außergewöhnlich geschulte Personal. Es stehen 75 Zimmer und 50 Suiten zur Verfügung, ebenso ein wunderschöner Spa-Bereich.
The Setai (5), *2001 Collins Ave., ① (1-888) 625 7500, www.thesetaihotel.com. Ab ca. $ 1.000 pro Zimmer ist man dabei, eine 3-Zimmer-Suite kann schon mal $ 6.000 kosten – pro Nacht!*

 Preiswerte Übernachtung
Freehand Miami *(s. o.)* oder **Miami Beach International Travellers Hostel**, *236 9th St., ① (305) 534 0268, www.hostelmiamibeach.com. 1- bis 6-Bett-Zimmer, alle mit eigenem Bad, inkl. Frühstück, auch Appartements. Wird regelmäßig unter die Top 3 der besten Hostels in Nord-Amerika gewählt.*
Südlich von Miami Beach, *entlang der A1A, gibt es im Bereich Bal Harbour – Golden Beach noch das:*
The Inn of Fisher Island $$$$$, *① (305) 535 6000, www.fisherislandclub.com. Südlich von Miami Beach und Virginia Island liegt die nur per Fähre erreichbare Privatinsel* **Fisher Island**, *die einst den Vanderbilts gehörte und nun auch für den Normalbürger zur Verfügung steht. Unterkunft im Hauptgebäude und in Cottages, die inmitten schöner Gartenanlagen liegen. Golf- und Tennisplätze vorhanden.*

🍴 Restaurants

Tap Tap Haitian Restaurant (10), 819 5th St., ☎ (305) 672 2898, www. taptapmiamibeach.com. Exotische Gerichte aus Haiti. Spezialitäten wie Muscheln mit Maniok oder Garnelen in einer cremigen Kokosnuss-Sauce. Alles recht preiswert. Innenarchitektur? Sehr bunt und fröhlich. Sehr beliebt bei Haitianern.

Joe's Stone Crab (12), 11 Washington Ave., ☎ (305) 673 0365, www.joesstonecrab. com. Das Restaurant, seit 1913 existierend, ist für seine Stone Crabs (große Steinkrabben) bekannt, die jedoch nur von Mitte Oktober bis Mitte Mai (Fangzeit) serviert werden. Auch sonst für Meeresfrüchte empfehlenswert. Einziger Nachteil: Reservierungen werden nicht angenommen, und wenn man nicht frühzeitig kommt muss man lange Wartezeiten in Kauf nehmen.

Baires Grill (4), 1116 Lincoln Rd., ☎ (305) 538 1116, www.bairesgrill.com. Argentinisches Steakhouse der gehobenen Art. Perfekte Steaks, guter Service, angenehme Atmosphäre.

Osteria del Teatro (7), 1443 Washington Ave, ☎ (305) 538 7850, http://osteriadel teatromiami.com. Kleines, mit viel Engagement und Begeisterung geführtes italienisches Restaurant. Gehobene Preise.

Burger and Beer Joint (3), 1766 Bay Rd., ☎ (305) 672 3287, www.bnbjoint.com. Seit 2009 eine Erfolgsgeschichte mit einer klassischen Kombination: Bier & Burger. Über 75 Biersorten, abwechslungsreiche Burger-Auswahl von Hühnchen bis Bison. Der Veggie-Burger „Dr. Feelgood" macht Vegetarier glücklich. Wer nicht genug bekommen kann, probiert den gigantischen „Motherburger": unglaubliche 4,5 Kilo Angus-Rind für stattliche $ 125.

The DiLido Beach Club (6), 1 Lincoln Rd., ☎ (786) 276 4000, www.ritzcarlton. com. Restaurant und Lounge direkt am Strand, der allerbeste Platz zum „people-watching". Es gibt leichte Snacks mit Seafood, Salaten und Sandwiches, besonders gut ist das Sorbet.

Monty's (11), 300 Alton Rd., ☎ (305) 672 1148, www.montyssouthbeach.com. Hier kann man es sich in ungezwungener Atmosphäre bei einem kühlen Bier und Chicken Wings oder einer der Meeresfrüchte-Spezialitäten gut gehen lassen, zudem gibt es frische Austern. Mo–Fr von 16–20 Uhr ist Happy Hour – alle Cocktails zum halben Preis.

News Cafe (9), 800 Ocean Dr., ☎ (305) 538 6397, www.newscafe.com. Pasta, Pizza, Burger, Salate – das Café ist ein rund um die Uhr geöffnetes „In"-Restaurant. Treffpunkt von Schönheiten, Künstlern – und Besuchern von M. B. Schön zum Gucken!

YUCA (5), 501 Lincoln Rd., ☎ (305) 532 9822, www.yuca.com. Innovative und kreative kubanische Küche. Mi und Fr ab 19.30 Uhr Salsa Night mit Life-Musik und Tanz.

StripSteak by Michael Mina (1), 4441 Collins Ave., (877) 326 7412, www.fontaine bleau.com/web/dining/stripsteak. Innovatives Steakhouse-Konzept in der gediegenen Atmosphäre des Fontainebleau (s. o.). Auch Fischgerichte, von Kaviar bis Lobster. Höherpreisig.

Pubbelly (2), 1418 20th St., (305) 532 7555, www.pubbellyboys.com. Asiatisch-lateinamerikanisch inspirierte, innovative Küche. Das Essen wird in kleinen Portionen serviert, sodass die Gäste viel ausprobieren können. Angenehme Atmosphäre, lecker.

Taste Bakery Café (8), 900 Alton Rd., ☎ (305) 695 9930. Hier gibt es die besten Muffins – gut und günstig und in zahllosen Sorten wie Karotte-Rosine und Zitrone-Mohn. Dazu guter Kaffee.

Bar/Nachtclubs

Mac's Club Deuce Bar, *222 14th St., Miami Beach, ① (305) 531 6200. Einer der ältesten Clubs in South Beach, einst wurde er berühmt, weil hier eine Folge von Miami Vice gedreht wurde. Auch heute noch gibt es hier gute Cocktails und zahlreiche Biersorten, für Miami Beach moderate Preise.*

Rose Bar, *1685 Collins Ave. (im Hotel Delano), www. delano-hotel.com. Wer gerne schöne Menschen sieht, ist in den Bars der schicken Hotels an der Collins Ave. richtig. In der rosa gehaltenen Bar im Hotel Delano kann man bei einem gepflegten Drink sogar die Lobby sehen.*

Einkaufen

Consign of the Times, *1935 West Ave., Miami Beach, ① (305) 535 0811, www.consignofthetimes. com. Einer der besten Läden, um günstige Designer-Ware zu erstehen, von Gucci über Prada bis Dolce&Gabbana.*

Brownes & Co., *1688 Jefferson Ave., ① (305) 538 7544, Miami Beach, www.brownesbeauty.com. In diesem Schönheits-Tempel gibt es alle möglichen Kosmetika aus der ganzen Welt, zudem werden Maniküre, Pediküre und Spa-Anwendungen angeboten. Entspannung pur.*

Miami Life Center, *736 6th St., ① (305) 534 8988, Miami Beach, www.miami lifecenter.com. Im Shop des Miami Life Center gibt es alles, was im weiteren Sinne mit Yoga zu tun hat: von Designer-Yoga-Kleidung über ökologische Yoga-Matten bis zu einer großen Auswahl von CDs und Büchern zum Thema. Des Weiteren werden hier zahlreiche Kurse und Workshops angeboten.*

Shoppen in Miami

In Miami und Umgebung gibt es eine Vielzahl gehobener Shopping Malls:

Bayside Marketplace, *s. S. 130*

Mayfair in the Grove *(2/Karte Coconut Grove, S. 155), 3390 Mary St., Coconut Grove.*

👉 **Tipp: Caribbean Marketplace in Little Haiti**

Mit viel Tamtam wurde im Juli 2014 der Caribbean Marketplace restauriert wiedereröffnet. Das in bunter Farbenpracht leuchtende und architektonisch ungewöhnliche Gebäude ist schon optisch ein Hingucker. Es wurde in den 1980ern erbaut und 1990 mit dem „National Architect Award" ausgezeichnet, der Architekt Charles Harrison Pawley nannte den berühmten „Iron Market" in Port-au-Prince/Haiti als Inspirationsquelle. In der Halle bieten Händler eine abwechslungsreiche Produktpalette und exotische Speisen an. Bitte aufpassen, in Little Haiti waren Touristen in der Vergangenheit öfters Opfer von Taschendiebstählen!

5925 N.E. 2nd Ave. (neben dem Little Haiti Cultural Center), Do–Sa 9.30–20, So nur bis 18 Uhr.

Bal Harbour Shops, *9700 Collins Ave., Bal Harbour, www.balharbourshops.com, mit Edelwaren von Gucci, Cartier, Saks Avenue, Tiffany etc.*
Aventura Mall, *19501 Biscayne Blvd., www.aventuramall.com. Alle bekannten amerikanischen Markengeschäfte sind hier zu finden.*
Coco Walk (*I/Karte Coconut Grove, S. 155*), *3015 Grand Ave., Coconut Grove, www.cocowalk.net. Eine schöne Shopping Mall im mediterranen Stil mit Lokalen und Clubs – viel Leben. Mehr als 40 Geschäfte und viel Unterhaltung.*
Zum Einkaufsbummel eignen sich außerdem die vielen kleinen Geschäfte an der Calle Ocho (8th Str.) in **Little Havana** *sowie kleine Lädchen mit Töpferprodukten, Kunsthandwerk-Erzeugnissen usw. in* **Coconut Grove**.

Strände

Man sollte wissen, dass alle Strände in Florida öffentlich sind, aber: die Zugänge hierzu können durchaus privat sein.
In **Miami Beach** *sind dies die Abschnitte zwischen dem 5000er und 7100er Block. Sonst überall breiter Sandstrand, künstlich aufgeschüttet, überall zugänglich.*
Zwischen der 14 St. und der 6. St. *liegt parallel zum Ocean Drive (Art-déco-Gebiet) ein weiterer öffentlicher Strand (Public Beach). Dies ist das Gebiet des Lummus Park, wo es u. a. auch Spielgeräte für Kinder gibt. Ein Teil des Strandes wird von Rettungsschwimmern überwacht. Was diesem Strand an Idylle und landschaftlicher Schönheit fehlen mag, wiegt die quirlige Lebensfreude der Besucher und Wassersportler locker auf.*

Schöner Strand für alle

Gute und sichere Strandabschnitte *gibt es des Weiteren parallel zur A1A Richtung Norden (Gegend Bal Harbour – Sunny Isles – Golden Beach).*
Haulover Beach Park in Sunny Isles (nördlich Miami Beach) erlaubt FKK.
Key Biscayne *(zu erreichen über den Rickenbacker Causeway) und die Bear Cut Bridge (südlich von Miami Downtown, Richtung Seaquarium): Hier liegen sehr beliebte Strände (Bereich Crandon Park, mit Umkleidekabinen, Picknickplätzen etc.). Weiter südlich liegt der Bill Baggs Cape Florida State Park, wo unter Kiefern gegrillt und gepicknickt werden darf (s. S. 141).*
Die wunderschöne Anlage des **Venetian Pool** *in Coral Gables, ein unbedingtes Muss (s. S. 135).*

Golf

Golf ist in Florida nicht von solch einem exklusiven Hauch umweht. **Crandon Golf at Key Biscayne** *(http://golfcrandon.com) zählt zu den besten öffentlichen Anlagen. Die Golfanlage des Biltmore Hotels ist einen Besuch für die Freunde des grünen Sports wert. Auch lassen viele private Clubs Gäste zu. Manche Hotels haben mit Golfclubs Arrangements getroffen, damit ihre Gäste Golf spielen können – einfach nachfragen. Genaue und aktuelle Informationen erhält man über das Greater Miami Convention and Visitors Bureau (s. S. 150).*
Einige öffentlich zugängliche Golfanlagen:

Biltmore, *1210 Anastasia Ave., Coral Gables*, ☎ *(855) 311 6903, www.biltmorehotel. com/golf.*
Miccosukee Golf & Country Club, *6401 Kendale Lakes Dr., Miami*, ☎ *(305) 382 3930, www.miccosukee.com.*
Miami Beach Golf Club, *2301 Alton Rd., Miami Beach*, ☎ *(305) 532 3350, www. miamibeachgolfclub.com.*
Trump National Doral, *4400 N.W. 87th Ave., Miami*, ☎ *(305) 592 2000, früher bekannt als Doral Golf Resort & Spa, seit 2012 Teil der Trump-Gruppe und mit Riesenbudget luxuriös renoviert, nicht ganz billig. www.trumphotelcollection.com/miami.*

Jogging
Besonders beliebt bei den Joggern ist der David Kennedy Park in Coconut Grove (220 S. Bayshore Dr.). Aber auch die Strände sind beliebtes Areal der Jogger.
Weitere Jogging-Gebiete:
Greynolds Park *in Miami, 17530 W. Dixie Hwy.*
Morningside Park, *750 N.E. 55th. St.*
Miami and Tropical Park, *7900 SW. 40th St.*

Rad fahren
Städtische Leihfahrräder: **DecoBikes** *stehen an zahlreichen grünen und mit Solarenergie betriebenen Stationen im berühmten Art-Déco-Viertel zwischen 1. und 85. Straße bereit. Besonders beliebt sind auch Strecken in Coral Gables, Coconut Grove sowie Key Biscayne. Ende 2014 wurde das Angebot massiv ausgebaut, nun heißen die Deco-Bikes* **CitiBikes** *(http://citibikemiami.com) und sind blau! Bzgl. Fahrrad-Verleihern geben auch Hotels oder die gelben Seiten des Telefon-Buchs (Yellow Pages, Stichwort „bike rental") Auskunft. Einige Adressen:*
Miami Beach Bicycle Center (**2***/Karte South Miami Beach S. 159), 601 5th St.,* ☎ *(305) 531 4161 und (305) 674 0150, www.bikemiamibeach.com, Öffnungszeiten: Mo–Sa 10–19, So –17 Uhr.*
Bike & Roll Miami (**1***/Karte South Miami Beach S. 159), 210 10th St. (Ecke Collins),* ☎ *(305) 604 0001, www.bikeandroll.com/miami, Öffnungszeiten 8–20 (Dez.–Mai), 9–19 Uhr (Jun.–Nov.). Verleih von Fahrrädern und Segways, verschiedene Tour-Angebote.*
Key Biscayne Mangrove Cycles, *260 Crandon Blvd. Ste. 6, Key Biscayne*, ☎ *(305) 361 5555, www.mangrovecycles.com, Öffnungszeiten Di–So 9.30–18 Uhr, Mo geschlossen.*
Scooter Super Shop, *900 Washington Ave., Miami Beach*, ☎ *(305) 673 5121, Verleih von Motorrollern und Fahrrädern.*

☞ Tipp für Radfahrer

Tipps für Fahrrad-Trails gibt das **Miami Dade County Park and Recreation Department**, www.miamidade.gov/parks. Unter der Überschrift „Find A Route" öffnet sich auf der Homepage eine interaktive Karte, mit der man ganz wunderbar seine Fahrradtour planen kann. Man wählt die Orte, die man besuchen möchte, den Routen-Typ („einfach", „schnell", „landschaftlich reizvoll", „wenig Verkehr") sowie seine Reisegeschwindigkeit und erhält einen Streckenvorschlag. Radeln lässt es sich z. B. toll auf Key Biscayne. Oder es gibt den Old Cutler Bike Path, der am Sunset Drive in Coral Gables beginnt und zum Fairchild Tropical Garden führt.

Reiten
Bar-B-Ranch, 3500 Peaceful Ridge Rd. (SW 121 Ave.), Davie, ① (954) 424 1060, www.bar-b-ranch.com, ca. 35 km von Miami entfernt.

Windsurfing
Die meisten Windsurfer findet man entlang dem Rickenbacker Causeway, der vom Festland nach Key Biscayne führt. Verleiher ist u. a.:
Sailboards Miami, Mile Marker 6.5 on Rickenbacker Cswy., ① (305) 892 8992, www.sailboardsmiami.com. Öffnungszeiten Fr–Mi 10–18 Uhr, sonst nach Vereinbarung.

Bootsverleih
Miami Beach Marina, MacArthur Cswy., 300 Alton Rd. South Beach, ① (305) 673 6000, www.miamibeachmarina.com: Hier verleihen Firmen Motorboote.
Viele Bootsverleihe unter: www.sailmiami.com/Boat_rentals/florida.htm.

Bootstouren
Auf der Biscayne Bay können sehr schöne Bootstouren unternommen werden, in deren Verlauf man nicht nur Blicke auf den interessanten Hafen mit seinen Kreuzfahrtschiffen werfen kann, sondern auch auf die Skyline Miamis sowie die Reichen-Siedlungen auf den vorgelagerten Inseln. Touren bietet z. B. **Island Queen Cruises** an, s. S. 140.

Öffentliche Verkehrsmittel in der Stadt
Das Miami Dade Transit System bietet ausgezeichnete Verbindungen in alle Himmelsrichtungen und zu allen Sehenswürdigkeiten. Es gibt **Metrobus, Metrorail** und **Metromover**.

Eine einfache Fahrt mit **Metrobus** und **Metrorail** kostet $ 2, zum Umsteigen braucht man ein Transfer-Ticket für $ 0,50.

Metromover: Der Metromover – manchmal auch als People Mover bezeichnet – ist eine vollautomatisierte Hochbahn, die in zwei Schleifen (3 km) durch die Innenstadt –

besser: über die Innenstadt – Miamis führt und sehr schnell und in dichter Fahrfolge die Gebiete nördlich und südlich der Miami Downtown verbindet. An der Government Central Station hat man Anschluss an die Metrorail. Der Metromover, 1986 erbaut, fährt und hält vollautomatisch, es gibt keinen Zugführer. Die Bahnhöfe werden von Videokameras überwacht. Die Nutzung des Metromover ist **kostenlos**.
Die Route führt u. a. an dem höchsten Gebäude der Stadt, dem 233 m hohen Southeast Financial Center mit seinen 55 Stockwerken, vorbei. Auch der ehemalige Centrust Tower als zweithöchstes Gebäude mit 179 m Höhe und 47 Stockwerken wird an der Convention Center Station tangiert. Tolle Ausblicke!
Weitere Infos unter www.miamidade.gov/transit„ hier gibt es auch einen Fahrplan zum Runterladen sowie Informationen zu Routen.

Metromover

Taxi
Metro Taxi *(305) 888 8888*
Central Cab *(305) 532 5555*
Super Yellow Cab *(786) 618 3251*

Wassertaxi
Eine schöne Fortbewegungsmöglichkeit mit Aussicht bietet auch **Water Taxi Miami**. *Es werden verschiedene Strecken zwischen Bayside Marketplace, Miami River, Key Biscayne und Miami Beach South Beach bedient, Tickets zwischen $ 15–40. Mehr Infos zu Routen und Anlegestellen unter www.watertaximiami.com.*

Mietwagen
Wie überall in den USA sind alle großen und auch z. T. regionale Mietwagenfirmen am Flughafen, in der Innenstadt sowie in Miami Beach vertreten. Kleine, private Firmen vermieten manchmal auch Oldtimer. So ein Cruising im alten Chevy muss in Miami nicht teuer sein. Die Nummern der Autovermietungen stehen unter Car Rental in den Gelben Seiten (Yellow Pages). Für den allgemeinen Bedarf wendet man sich am besten an eine der großen, unten angegebenen Firmen. Am günstigsten ist es, gleich am Flughafen ein Auto zu mieten, da man dort mit einem Shuttlebus kostenlos zu den Autovermietungen gefahren wird. Andererseits kann man auch erst am Folgetag ein Auto vom Hotel aus nehmen. Das ist sicherer und auch nicht teurer, man muss dafür zwar das Taxi bezahlen, spart aber einen Tag Mietwagenkosten.
Stationen in der Stadt (auch alle am Flughafen und meist in Downtown und anderen Standorten in der Stadt vertreten):
Hertz, *1619 Alton Rd. Miami Beach,* ☎ *(786) 276 1121, www.hertz.com*
Avis, *2318 Collins Ave., South Miami Beach,* ☎ *(305) 538 4441, www.avis.com*
Budget, *6742 Collins Ave., Miami Beach,* ☎ *(305) 865-4447, www.budget.com*

Flughafen
Der Miami International Airport liegt ca. 15 Minuten von der Innenstadt und 30 Minuten (ca. 17 km) von Miami Beach entfernt. Taxipreis: bis zur Innenstadt ca. $ 20–25, bis Miami Beach ca. $ 35.
Miami International Airport, ☎ *(305) 876 7000, www.miami-airport.com.*

Züge
AMTRAK-*Bahnhof in 8303 N.W. 37th Ave., www.amtrak.com (relativ weit von der Innenstadt entfernt).*

Überlandbusse
Es gibt im Großraum Miami drei **Greyhound**-*Terminals (www.greyhound.com):*
Miami Greyhound Station, *4111 N.W. 27th St.,* ☎ *(305) 871 1810.*
North Miami Greyhound Station, *16000 N.W. 7th Ave, Miami North,* ☎ *(305) 688 7277.*
Miami Cutler Bay, *American Service Station, 10801 Carribean Blvd.,* ☎ *(305) 296 9072.*

4. IN DEN SÜDEN: EVERGLADES NATIONAL PARK UND FLORIDA KEYS

Everglades National Park

Streckenübersicht

Entfernungen vom Parkeingang: 64 km nach Miami, 20 km nach Homestead
Empfohlene Route: US 1 nach Homestead und Florida City, dann die Straße 9336 zum Everglades National Park

Wer die großartigen Landschaftsszenerien des Westens vor Augen hat, den werden die Everglades vielleicht auf den ersten Blick enttäuschen: das flache Land und die eher trist anmutenden Mangrovensümpfe entbehren der lauten, aufsehenerregenden Attraktivitäten. Die Everglades sind eher eine Liebe auf den zweiten Blick, ein Nationalpark für Kenner. Sie sind ein Eldorado für Ornithologen, ein Paradies für beschauliche Landschaftsgenießer – und eine Enttäuschung für die Hastigen. Umso wichtiger sind Vorabinformationen, um Gesehenes besser einordnen und würdigen zu können.

Miami – Everglades – Florida Keys

Pensacola

Tallahassee

Apalachicola

St. Augustine

Cedar Key

Crystal River

Titusville

Orlando

St. Petersburg

Sarasota

Palm Beach

Fort Myers

Naples

Miami

N

Flamingo

0   200 km   © graphic

Key West

Überblick

Größe und Lage

Der 1947 entstandene Everglades National Park umfasst eine Gesamtfläche von knapp 6.000 km². Der Park grenzt im Norden an das Big Cypress National Preserve und im Bereich des Shark Valley an den Tamiami Trail, die Verbindungsstraße zwischen Miami und Tampa. Im Osten grenzt das Naturschutzgebiet an das Farm- und Siedlungsland der Gegend um Homestead. Die Südausläufer umfassen die Florida Bay, also das Gebiet des Golfs von Mexiko bis zu den Keys. Die Westgrenze bilden die „Ten Thousand Islands" am Golf von Mexiko.

Der Everglades National Park ist ein extrem tief liegendes Gebiet mit Höhen von 0–3 m über dem Meeresspiegel. Aus dem Landesinneren, dem Seengebiet Mittelfloridas, führen der Shark River Slough und der Taylor Slough Süßwasser heran. Die Flüsse fließen sehr träge aufgrund des extrem niedrigen Gefälles. Sie sind äußerst flach, ihre kilometerweite Breite ist aufgrund der Graslandschaft, durch die sie ziehen, nur zu erahnen.

Klima

Subtropisch   Generell kann man das Klima der Everglades als subtropisch klassifizieren. Die Sommer sind heiß und feucht, Nachmittagsgewitter eher die Regel als die Ausnahme. Nach Gewittern kühlt es sich überraschend stark ab. Die Sommerregengüsse sind gewöhnlich kurz, die Regendauer entspricht im Durchschnitt ca. 2–2 ½ Stunden pro Tag. Im Winter sind die Tage sonnig, trocken und klar (Dezember–April). In diesen Monaten hält sich auch die Mückenplage in Grenzen. Die Klimaübersicht bietet einen genauen Überblick.

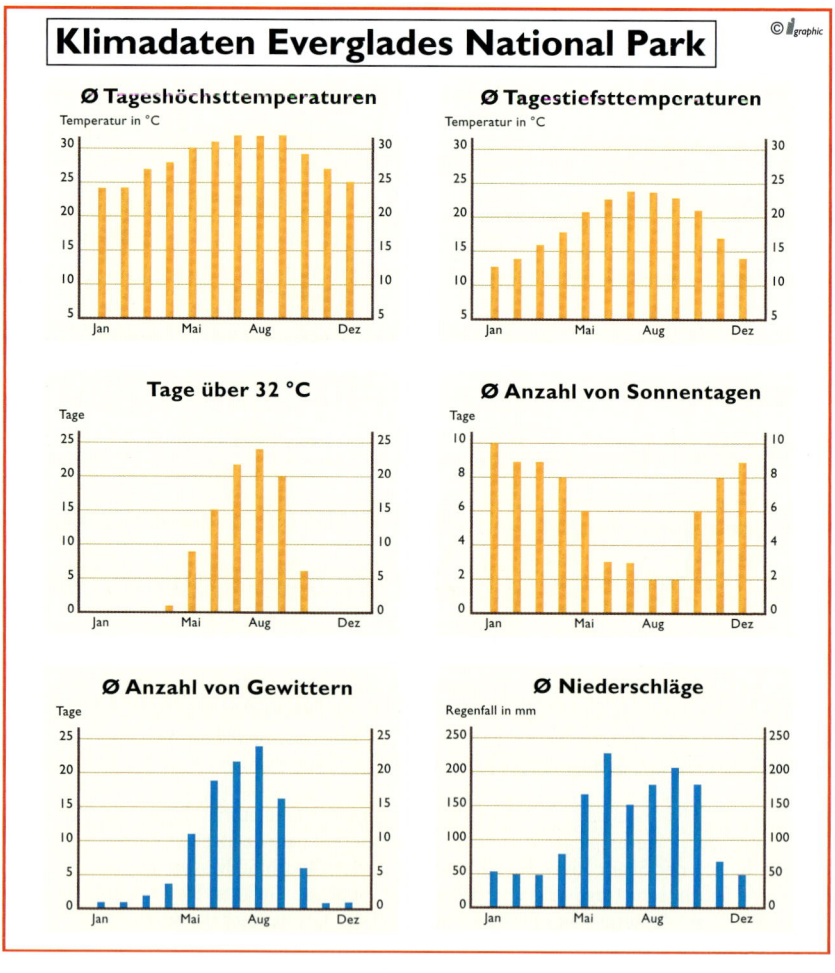

Landschaften

Obwohl die Everglades aufgrund ihrer Flachheit ziemlich monoton wirken, weist der Nationalpark doch sehr unterschiedliche Landschaften auf. Allgemein kann man die Everglades als eine Sumpfsteppe bezeichnen, von den Indianern sehr treffend als Grasfluss (*Pa-Hay-Okee*) bezeichnet. Vor dem menschlichen Eingriff bedeckte diese Feuchtregion etwa 1/3 der Gesamtfläche der Halbinsel Florida. Als vor etwa 90 Jahren mit der Entwässerung der Sumpflandschaften begonnen wurde, um neues Agrar- und Siedlungsland zu gewinnen, blieb als karger Rest nur der Süden, das heutige Nationalparkgebiet, übrig.

Hier ist – mit Einschränkungen – eine unberührte, schwer zu durchdringende Wildnis erhalten geblieben, Standort vieler tropischer und subtropischer Pflanzen sowie Heimat z. T. vom Aussterben bedrohter Tiere wie dem Puma (*Cougar*), den urweltlichen Manatees (*Seekühe*), dem Aschreiher (*Great White Heroon*), dem Weißkopfseeadler (*Southern Bald Eagle*) sowie dem Amerikanischen Krokodil.

Alle Landschaften der Everglades weisen die **typischen Charakteristika von Feuchtregionen** auf:

- **Zypressensümpfe**: Sie findet man auf den Mergelschichten über den Kalksteinablagerungen.
- **Shark River Slough**: Als *Slough* bezeichnet man aus dem Landesinneren Richtung Florida Bay fließende, breite und flache Süßwasserzuflüsse, gespeist von den zahlreichen Quellen, Flüssen und Seen (vor allem des „Sammlers" Lake Okeechobee).
- **Hammocks**: Als Hammock bezeichnet man die im „Grasfluss" liegenden Bauminseln. Sie liegen nur wenige Zentimeter über dem Wasser. Auf ihnen wachsen Hartholzbäume, wie z. B. der Mahagoni- oder Gumbo-Limbo-Baum. Hammocks sind von einem Wassergraben umgeben, der die auf dieser Insel wachsenden Bäume und Pflanzen, und natürlich auch die Tiere, vor Bränden schützt. Der Hammock schei-

Redaktionstipps

▸ Mindestens einen Tag Zeit nehmen, um den Nationalpark entlang der **Strecke nach Flamingo** zu erkunden (S. 177).
▸ **Übernachten:** In **Homestead** oder **Everglades City** (s. S. 196). Im Park selber gibt es zzt. nur Campingplätze.
▸ Ein 1- bzw. mehrtägiger **Kanutrip** ist der organisierten, z. T. etwas langweiligen Bootstour vorzuziehen; für eintägige Kanutrips ist Flamingo als Ausgangspunkt Everglades City vorzuziehen; Zeit für 2–3 Trails (Lehrpfade) sollte man sich ebenfalls nehmen (ab S. 177).
▸ **Was man dabei haben bzw. im Park besorgen sollte**: Mückenschutzmittel, Regenkleidung, einigermaßen wetterfeste Schuhe, Fernglas. Für Kanutrips: Lebensmittel, Behälter, Erste-Hilfe-Ausrüstung, eine Decke oder ein Kissen als Sitzunterlage sowie einen Lappen/ Schwamm/ Gefäß, um nach starkem Regen das Boot zu trocknen.

Alligator

Typische Sumpflandschaft mit Bauminseln

Bauminseln

det Faulsäuren aus, die wiederum bei Abfließen auf die Außenseite dafür sorgen, dass rund um die Bauminsel das Kalkgestein gelöst wird und auf diese Weise ein Graben entsteht, der auch in trockenen Zeiten mit Wasser gefüllt ist. Man vergleicht einen Hammock gerne mit einer Burg, die von einem Wassergraben umgeben ist. Da Hammocks aufgrund der hohen Bäume und der dichten Vegetation sehr schattig sind, halten sie in besonderem Maße Feuchtigkeit. Im Gegensatz zu den *Pinelands* (Nadelbaum-Gebiete) und *Glades* (Grasflächen) bleiben sie frostfrei, denn die Fäulnisprozesse der Pflanzen erzeugen Wärme. Die Vegetationsperiode auf den Hammocks umfasst das ganze Jahr.

- **Mangrovensümpfe**: Sie umfassen den südwestlichen Rand der Everglades, also das Mischgebiet von Süß- und Salzwasser, und dienen als natürliche Wellenbrecher. Nicht alle Mangroven vertragen Salzwasser. Die Salzwasser-resistenten Arten sind:
  - die Weiße Mangrove (*White Mangrove*),
  - die Buttonwoods,
  - die Schwarze Mangrove (*Black Mangrove*),
  - die Rote Mangrove (*Red Mangrove*).

„Hässlich", doch ökologisch wertvoll

John Steinbeck nannte Mangroven einmal „Bäume, die niemand liebt". Früher holzte man sie rücksichtslos ab. Doch ihr ökologischer Nutzen ist eindeutig: Sie schützen das Land und halten Boden fest, sie sind eine erstklassige natürliche Pufferzone bei Stürmen und Fluten und sie versorgen mit ihrem entstehenden Kompost Kleintiere, die wiederum Nahrung für Fleischfresser und Raubfische sind.

- **Kiefernwälder**: Sie wachsen auf erhöhtem Gelände auf Kalkuntergrund.

Pflanzenwelt

Im Folgenden werden die wichtigsten Pflanzen bzw. Begriffe, die mit diesen Pflanzen zusammenhängen, **alphabetisch** vorgestellt. Zunächst werden die **englischen Bezeichnungen** angegeben, damit man bei den verschiedenen Informationstafeln im Park leichter die nachfolgenden Beschreibungen zuordnen kann.

Diese Pflanzen können zum größten Teil am Parkplatz des Visitor Center besichtigt werden.

- **Boston Fern (Boston-Farn)**. Dieser Name irritiert, richtiger wäre die Bezeichnung Florida Fern, da dieser Farn nur in Florida beheimatet ist. Zur viktorianischen Zeit diente er als Raumschmuck. Es kam zu seinem Namen, weil Gärtner aus Boston diesen Farn als Boston Fern in alle Welt exportierten.
- **Cabbage Palm (lat.: *Sabal palmetto*, Palmenart)** erreicht eine Höhe von bis zu 15 m. Sie ist der Staatsbaum Floridas, da ihre Bedeutung früher außerordentlich hoch war: Die Indianer sowie die ersten Weißen, die nach Florida kamen, genossen ihre Früchte. Die wächsernen Blätter wurden als Dachmaterial, als Kleidung sowie als Matten benutzt.
- **Coco Plum (lat.: *Chrysobalanus icaco*, deutsch: Kokospflaume)**. Dieser Baum kann eine Höhe von 10 m erreichen. Die Früchte sind besonders bei Vögeln und Waschbären beliebt. Die Pflanze ist verwandt mit Pfirsichen, Mandeln und Kirschen. Die weißen oder roten Früchte sind im Spätsommer/Frühherbst reif.
- **Coontie (lat.: *Zamia integrifolia*)**. Die Blätter dieser Pflanze ähneln einer Kreuzung zwischen Palme und Farn.
- **Gumbo Limbo (lat.: *Bursera simaruba*, Gruppe der Balsambaumgewächse)**. Die Bezeichnung leitet sich aus dem Spanischen „Goma Elemi" ab und wurde in Jamaika zu „Gumbo Limbo" abgewandelt, womit der stark aromatische Balsam bezeichnet wird, der aus der angeritzten Rinde tropft. Charakteristisch sind die Abzweige, an denen 5 bis 7 hell- bis dunkelgrüne Blätter wachsen. Der Gumbo Limbo zählt zu den als *Torchwood* (Fackelholz) bezeichneten tropischen Gehölzen. Der Baumstamm besitzt eine rote, sich abschälende Rinde. Deswegen nennt man ihn auch *Sunburn* (Sonnenbrand) oder *Tourist Tree* (Touristenbaum).
  Das leichte Holz bricht schnell. Wirtschaftlich bedeutsam ist der Gumbo Limbo als Holzlieferant für Schwimmer und Karussellpferde. Der harzreiche Baumsaft wird u. a. für die Herstellung von Klebstoffen, Lacken sowie in der Pharmazie für Mittel gegen Asthma und Würmer verwertet.
- **Live Oak (lat.: *Quercus virginiana*, deutsch: Eiche)** ist an sich in den gemäßigten Breiten heimisch. Da die graue Rinde rau und rissig ist, finden hier Scheinschmarotzerpflanzen (Epiphyten), die auf anderen Pflanzen wachsen, gute Lebensbedingungen. Die Indianer aßen die Eicheln, die ersten europäischen Siedler nutzten das Eichenmehl als Ersatz für Getreidemehl. Das harte Holz der Live Oaks diente früher zum Bau von Schiffen.
- **Poisonwood (lat.: *Metopium toxiferum*, deutsch: Baumpflanze)**. Auch sie ist überall in Florida und der Karibik heimisch und zählt zu den giftigen Efeuarten. Vom giftigen Pflanzensaft werden bei Menschen Hautausschläge hervorgerufen. Poisonwood hat dunkelgrüne, glänzende Blätter mit gelbem Rand. Auf alten Blättern sowie der gesprenkelten Rinde findet man sehr oft dunkle Flecken, die davon zeugen, dass hier Pflanzensaft oxidiert ist. Poisonwood wächst in der Nähe von Pinien und auf Hammocks. Der Baum regeneriert sich schnell nach Bränden.
- **Satin Leaf (lat.: *Chrysophyllum olivforme*, deutsch: Seidenblatt)**. Dieser überall in Florida sowie der Karibik vorkommende, bis zu 10 m hohe Baum wächst auf den Hammocks. Auf der Unterseite weisen die Blätter eine kupferähnliche Färbung auf. Die olivenartigen Früchte sind wohlschmeckend und eignen sich als Überlebensnahrung.
- **Saw Palmetto (lat.: *Serenoa repens*, deutsch: Sägepalme)**. Diese Palmenart ist in Florida besonders häufig vertreten. Sie wächst bevorzugt zusammen mit Pinien. Der Name „Sägepalme" kommt von ihren sehr scharfen Zacken am Ende ihrer fächerartigen Blätter. Die Indianer ernährten sich früher von ihren Früchten.
- **Spanish Stopper (lat.: *Eugenia myrtoides*)**. Die Bezeichnung dieser Pflanze ist auf ihre medizinische Wirkung zurückzuführen: Sie stoppt Durchfall.

- **Tetrazygia (lat.: *Tetrazygia bicolor*, deutsch: Wildguave)**. Auch diese Pflanze wächst in der Nähe von Pinien und auf Hammocks. Im Frühjahr trägt sie viele Beeren, die bei Vögeln beliebt sind. Die Beeren sind auch für Menschen – zu Gelee verkocht – genießbar (Überlebensnahrung). Ihre Blätter sind dunkelgrün und von der Unterseite silbern schimmernd.
- **Wild Coffee (lat.: *Psychotria undata*, deutsch: Wilder Kaffee)**. Die ersten Siedler Floridas rösteten die Samenkörner des Wild Coffee, vermengten sie mit gebrannten Kartoffelschalen und nutzten diese „Mixtur" als Kaffee-Ersatz. Wie der echte Kaffee enthält auch der Wilde Kaffee Koffein in den Bohnen und Blättern. Die Früchte sind rot und ziehen in besonderer Weise Vögel an.
- **Wild Tamarind (lat.: *Lysiloma*, deutsch: Wilde Tamarinde)**. Ursprünglich stammt die Tamarinde aus Asien, kommt aber heute im gesamten Florida sowie der Karibik vor. Die Schatten spendende Pflanze ist auch in Gärten sehr beliebt. Besonders im Herbst besetzen Grasmücken (die zur Gattung der Singvögel gehören) in Schwärmen die Tamarinde, wo sie sich von den vielen Insekten ernähren. Raubvögel verwenden die äußerst weichen Blätter der Tamarinde zur Auspolsterung ihrer Nester.

Der Skunk Ape

info

Dem Yeti vergleichbar beflügelt in den Everglades ein anderes Wesen die Fantasie der Menschen: der sogenannte Skunk Ape, eine affenähnliche Gestalt, die angeblich über 2 Meter groß und 200 kg schwer werden kann und einen ziemlich unangenehmen Geruch verbreiten soll. Daher auch der Name: Skunk = Stinktier. Sein Körper soll mit langem rötlichen oder schwarzen Haar bedeckt sein, er läuft aufrecht auf zwei Beinen und hat ein sanftmütiges Wesen. Wie auch beim Big Foot (Sasquatch) wird seine Existenz angezweifelt und der Folklore/Mythologie zugeschrieben.

Nicht davon abschrecken lässt sich Dave Shealy im einzigen **Skunk Ape Research Headquarter** der Welt in Ochopee (*40904 Tamiami Trail E., auf dem Trail Lakes Campground,* ✆ *(239) 695 2275, www.skunkape.info*), der auch Skunk-Ape-„Expeditionen" anbietet. Also: Augen auf in den Everglades!

Ökologische Gefährdungen

Die Everglades, seit 1979 UNESCO-Welterbe, sind ein Spiegelbild der Klima- und Oberflächenverhältnisse Floridas: Den Grundsockel dieser Landschaft bildet Kalkstein, den die Meere durch wiederholte Überflutungen innerhalb von 6 Millionen Jahren abgelagert haben. Es ist ein extrem flaches Gebiet, selten höher über dem Meer gelegen als 1–2 m. Die hohen Niederschläge Floridas, insbesondere in den Sommermonaten, können daher naturgemäß nur langsam abfließen, wobei sie vor dem Eingriff des Menschen große Gebiete überschwemmten.

Flusstiefe: 15 cm!

Den breiten Strom, der vom Seengebiet Mittelfloridas (Gegend um Kissimmee) über 320 km in südwestliche Richtung in einer Breite bis zu 110 km „zerfließt", nannten die Indianer „Grasfluss", da er mit durchschnittlich 15 cm „Tiefe" durch die Prärie floss. Der 1.800 km² große Lake Okeechobee diente dabei als natürliches Staubecken, welches nach starken Regenfällen allmählich überfloss und Land unter Wasser setzte.

Die Everglades sind ein Paradies für Ornithologen

Die ersten Menschen, die diese Sumpflandschaft als Siedlungs- und Lebensraum *Indianer als* entdeckten, waren die Calusa-Indianer. Das war vor etwa 2.000 Jahren. Als Jäger, *Erstsiedler* Fischer und Sammler gingen die Indianer sanft mit den Naturgegebenheiten um. Sie passten sich den natürlichen Lebensrhythmen an und lebten bevorzugt auf den Hammocks. Doch diese Idylle ist längst vorbei. Ende des 19. Jahrhunderts erfasste ein Siedlungsboom Florida, nicht zuletzt ausgelöst durch die neuen Eisenbahnverbindungen. Zwei Dinge brauchten die Menschen: Trinkwasser sowie trockenes Land zum Siedeln und für die Landwirtschaft. 1909 war der Bau des Miami-Kanals, der Miami mit dem Lake Okeechobee verbindet, beendet. Unter Gouverneur Na- *Austrock-* poleon Bonaparte Broward forcierte man große Trockenlegungsprojekte. Auf den *nung der* dadurch gewonnenen fruchtbaren Torfflächen baute man wie heute Gemüse an. *Landschaften*

Es waren die Jahre der *Swamp Boomers*, jener Makler, die das gewonnene Land verkauften. Im Eifer nahm man nicht wahr, welche Gefahren lauerten. Jetzt nämlich fehlten Niederschlag aufnehmende Flächen, es gab keinen natürlichen „Schwamm" mehr, der Wasser aufsaugen und langsam abgeben konnte. Es war nur noch eine Frage der Zeit, bis eine verheerende Überschwemmung kommen sollte. 1926, dann 1928 war es so weit: Verheerende Hurrikan-Regen ließen den Lake Okeechobee überlaufen und setzten große Landflächen unter Wasser. In Trockenzeiten dagegen musste man mit einem anderen Extrem rechnen: Durch die Kanalisierung floss Wasser zu schnell ab und verstärkte Dürren. Trinkwasserbrunnen wurden plötzlich unbrauchbar, weil durch verringerten Grundwasserdruck Richtung Mündung nun das Meer Salzwasser landeinwärts in Trinkwasser führende Schichten drückte.

1947 gab die Natur ein weiteres Alarmsignal: Ein heftiger Hurrikan setzte große Teile des Dade County unter Wasser. Kaum war die Flutkatastrophe überstanden, gründete man den *Central and South Florida Flood Control District*. Diese Behörde verfolgt hauptsächlich drei Ziele:

- den **Schutz** vor Überflutungen;
- die **Sicherstellung** der Wasserversorgung;
- die **Regulierung** des Wasserzuflusses für die Glades.

Wasser-schutz-Probleme

Die Versorgung des Nationalparks mit Wasser – dem Zyklus der Jahreszeiten entsprechend – ist allerdings eine Aufgabe, die in der Vergangenheit eher vernachlässigt wurde. Man muss sich vergegenwärtigen, dass der Tamiami Trail (Verbindungsstraße Tampa – Miami) parallel zum Deich 29 gebaut wurde. Dieser verläuft quer zum Shark River Slough. Die Wasserbehörde konnte – je nach Wasserbedarf der Menschen – die Schieber öffnen und schließen. Wenn in bestimmten Jahren die Niederschlagsmenge außergewöhnlich niedrig war, stand an erster Stelle die Versorgung der Menschen und der Industrie – die Everglades gingen dann fast leer aus.

1970/71 war dies der Fall, und die Folge waren verheerende Brände im Nationalpark. Wurde man des Wassers nicht mehr Herr, dann überflutete man sozusagen künstlich die Everglades. So wie beispielsweise 1982/83, als man völlig antizyklisch zur natürlichen Trockenzeit den Everglades 3,5-mal mehr Wasser, als es von Natur aus der Fall gewesen wäre, zuleitete. Das eingeleitete Wasser war darüber hinaus ausgesprochen stark mit Resten von Dünge- und Pflanzenschutzmitteln angerei-

Hurrikan-Schäden

chert. Auch die Hurrikans Katrina und Wilma 2005 richteten beträchtlichen Schaden an, allerdings eher an den Gebäuden im Park.

Die Parkverwaltung konnte nur noch dem sicheren Niedergang des Naturschutzgebietes entgegensehen. Mitte der 1990er-Jahre wurden Initiativen ins Leben gerufen, um die Wiederherstellung des Ökosystems in den Everglades voranzutreiben:

Gefährdetes Ökosystem

der **Comprehensive Everglades Restoration Plan** (CERP, *www.everglades restoration.gov*) trat 2000 in Kraft. Er soll rund 8 Milliarden Dollar kosten und ist auf Jahrzehnte angelegt. Hauptanliegen: Entlang den Durchlässen am gesamten Tamiami Trail soll Wasser analog zu den natürlichen Rhythmen der Trocken- und Regenzeiten eingelassen werden, und zwar in ausreichender Menge. Zurzeit kommen nur 20 % der einstigen Wassermengen. Der Staat Florida kaufte teilweise umliegende Gebiete, die nun renaturiert werden sollen. Trotzdem wird es noch einige Jahrzehnte dauern, bis das ökologische Gleichgewicht wieder hergestellt ist.

Entlang der Verbindungsstraße vom Coe Visitor Center nach Flamingo

Ernest F. Coe Visitor Center

Das Besucherzentrum, in dem sich auch das Park Headquarter befindet, liegt direkt am Eingang des Parks, den man über den Palm Drive (State Road 9336) von Homestead erreicht. Hier gibt es alle notwendigen und aktuellen Informationen über den Everglades National Park, Karten und Literatur. Für Fragen zu Campingplätzen in Flamingo, Wanderungen, Kanufahrten etc. stehen die Park Ranger zur Verfügung. *Informationszentrum*

Zur Einstimmung auf die Landschaft trägt der im Auditorium gezeigte Film bei. Hier wird über die Geschichte des Parks ebenso berichtet wie über die wesentlichen Aspekte der spezifischen Fauna und Flora. Am Parkplatz des Visitor Center befindet sich eine Ausstellung, die mit der zu erwartenden Pflanzenwelt vertraut macht. Die nach Flamingo verlaufende Straße ist 61 km lang. Von ihr zweigen kurze Stichstraßen zu interessanten Besichtigungspunkten ab, die man auf kurzen *Trails* (Spazierwegen) erreichen kann. Infotafeln informieren stets über die zu sehenden Pflanzen und Tiere.

Im Folgenden werden die einzelnen Strecken und Haltepunkte auf dem Weg vom Parkeingang bis nach Flamingo vorgestellt. Die entsprechenden Hinweistafeln wurden z. T. übersetzt, damit man an Ort und Stelle den notwendigen Erklärungen leichter folgen kann. Allerdings wiederholen sich die Aussagen einiger Tafeln, da nicht alle Reisenden jeden dieser Haltepunkte aufsuchen.

Royal Palm Area (6 km vom Parkeingang)

Dieser erste Stopp, nach den hier wachsenden majestätischen Palmen benannt, ist Ausgangspunkt zweier sehr interessanter Trails, dem **Anhinga** (ca. 1.200 m lang) und dem **Gumbo Limbo Trail** (ca. 800 m lang). Im kleinen Visitor Center weisen Tafeln und Schaubilder auf die umgebende Natur hin.

Anhinga Trail

Dieser Trail (*Anhinga* bedeutet Schlangenhalsvogel) führt auf Holzstegen über den *Taylor Slough*. Dem Anhinga fehlen im Gegensatz zu seinen Artgenossen Fettdrü-

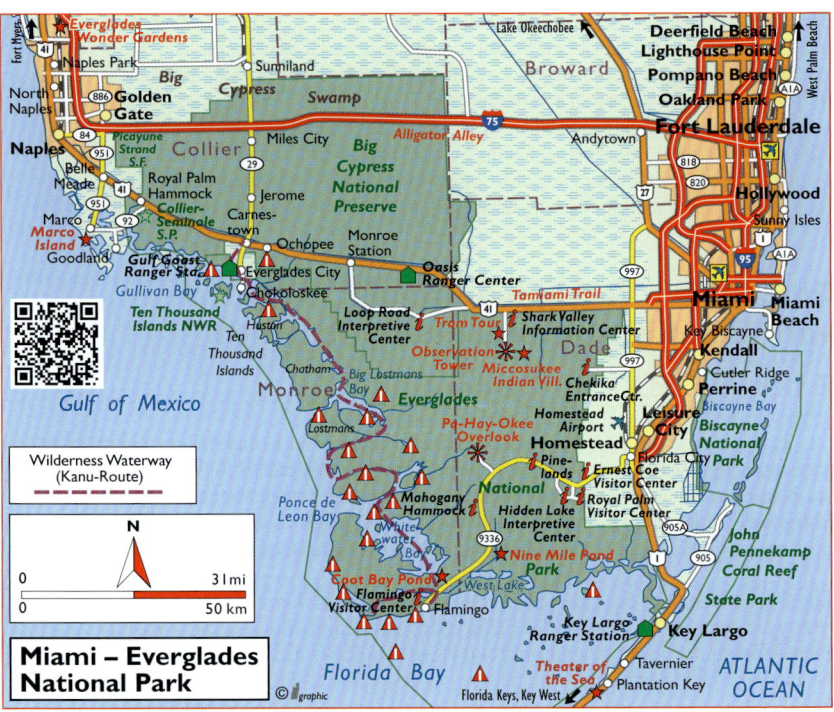

Miami – Everglades National Park

sen, sodass seine Federn nicht Wasser abweisend sind. Deshalb aber kann er umso besser unter Wasser tauchen und geschickt Fische mit seinem spitzen Schnabel aufspießen. Aufgetaucht wirft er sie dann in die Luft, um sie zu verschlingen. Danach kann man den Vogel – nun zufrieden – mit ausgebreitetem Gefieder auf Ästen beobachten.

Als *Slough* bezeichnet man flache Wasseradern, in denen aufgrund der Vertiefungen im Kalkgestein (*Dogger*) auch während der Trockenzeiten Wasser vorhanden ist. Neben dem Shark River Slough ist der Taylor Slough einer der wichtigsten Süßwasser-Lieferanten der Everglades. Aufgrund der hier herrschenden Schwüle wachsen die Pflanzen üppig. Unter der starken Sonneneinstrahlung gedeihen Algen besonders gut. Sie bieten Nahrung für Kleinstlebewesen, u. a. für Mücken.

Mosquito Fish, *Sailfin* und *Mollies* ernähren sich von Mückenlarven und werden ihrerseits wieder von größeren Fischen wie Brassen und Seebarsch gefressen. Brassen und Seebarsche werden wiederum vom *Garfish* gefressen, der wiederum Lieblingsbeute von hier überall vorkommenden Alligatoren ist.

Nur zwei Jahreszeiten! Im Gegensatz zu den ausgeprägten vier Jahreszeiten der nördlichen Regionen unterscheidet man in den Everglades nur zwei Jahresabschnitte: die Trocken- und die

Anhinga: Schlangenhalsvogel

Regenzeit. Die **Sommermonate im Slough**, beginnend mit April, Mai, Juni, führen zur verstärkten Wolkenbildung und zu häufigen starken, von Gewittern begleiteten Regengüssen. Allmählich werden die flachen Grasflächen der Glades überflutet, die Tiere verstreuen sich in der Landschaft und sind nicht mehr auf den Slough als einzige Wasserquelle angewiesen. Deshalb sieht man in den Sommermonaten entlang des Anhinga Trails viel weniger Tiere. Erst wenn im November wieder die Trockenzeit beginnt, konzentrieren sie sich wieder auf den Taylor Slough. Einige Tiere bleiben aber auch hier. In der Sommerzeit baut zum Beispiel der *Cow Alligator* unter Weidenbäumen sein Nest.

Der **Winter** im Slough bedeutet in Florida, dass es kaum regnet und die Temperaturen niedriger sind. Außer dem Slough gibt es in dieser Zeit nur wenige permanente Wasserstellen. An ihnen konzentrieren sich zunehmend die Tiere.

Unterwegs entlang dieses Trails gewinnt man einen fantastischen Überblick über Fauna und Flora der Everglades. Vielleicht wartet hier schon der erste Alligator!

Kurze Inhaltsangaben der Informationsschilder

Sharing the water (das Wasser wird geteilt)
Der Alligator wird oft als Ingenieur der Everglades bezeichnet. Er gräbt sich ein Schlammloch ins Kalkgestein, das er mit seiner Schnauze so weit vergrößert, dass ein regelrechtes Wasserbecken entsteht. Der Alligator reißt dabei viel Vegetation heraus, die ohne seine Aktivitäten bald so stark wuchern würde, dass Fische und andere Wasserbewohner nicht mehr existieren könnten. Das Alligatorenweibchen baut unterdessen mit Hilfe der abgestorbenen Pflanzenreste ein Nest, in das es seine Eier ablegt. Durch die beim Verfaulen der Pflanzen entstehende Wärme reifen die Eier. Die Bausubstanz dieses Nestes – Pflanzenreste sowie angeklebte Erde – ist wiederum ein Mikrolebensraum für Farne und Nährboden für Baumsamen. Allmählich kann sich so ein kleiner Hammock, eine Bauminsel, entwickeln.

Alligatoren lieben Stellen, wo sie das ganze Jahr über genug Wasser und Nahrung haben.

Pond Apple
Dies ist ein tropischer Baum, manchmal auch als *Alligator Apple* bezeichnet, weil der Alligator, aber auch Schildkröten, die nach Terpentin schmeckenden Früchte lieben. Das Holz dieses Baumes eignet sich aufgrund seiner Leichtigkeit als Schwimmer für Angeln (der Baum wird deswegen auch manchmal *Corkwood* (Korkholz) genannt).

Wildlife in the Slough
Der Slough ist ein langsam fließender Kanal, der sich durch die höher gelegenen Grasflächen zieht. Das ist der Lebensraum für:
• den Garfish. Er ernährt sich von kleinen Fischen und wird seinerseits von Alligatoren verspeist. Da der Garfish eine gut entwickelte Lunge hat, vermag er trockene Zeiten zu überleben und ist sogar in der Lage, sehr kurze Zeitspannen ohne Wasser zu verbringen.
• den Anhinga. Der Anhinga wird auch als Schlangenvogel bezeichnet. Anhingas kann man häufig beobachten, wenn sie nach einem Tauchvorgang (sie haben regelrechte Schwimmfüße) aus dem Wasser kommen und sich mit ausgebreitetem Gefieder in der Sonne trocknen lassen.

Airplants (Scheinschmarotzer)
Die an Bäumen wachsenden, ananasähnlichen Pflanzen gehören zur Pflanzengruppe der Epiphyten (griech. epi = auf, phyton = Pflanze). Sie ernähren sich nicht vom Baum, sondern suchen an ihm nur Halt. Ihre Ernährungsgrundlage sind Regenwasser, Luft und Reste von Pflanzen, die sich in den Vertiefungen der Blätter verfangen. Sie bieten Fröschen, Schlangen und Insekten Lebensraum. Auch das Spanische Moos (*Spanish Moss*), das so malerisch von vielen Baumzweigen in Florida herabhängt, ist wie manche Orchideenart eine Scheinschmarotzerpflanze.

Coco Plums (Kokospflaumen)
wachsen hier in den Everglades, auf den Westindischen Inseln, in Brasilien und Afrika. Die reifen Früchte sind tiefrot und essbar.

Etwas weiter entlang des Trail kann man **Sawgrass** beobachten. Übersetzt bedeutet es „Sägegras". Es bedeckt weite Flächen der Everglades und ist die auf dem Festland am weitesten verbreitete Pflanze. Die Indianer glaubten, dass immer, wenn das Sawgrass blüht, ein Hurrikan kommt. Und das ist ja jedes Jahr der Fall. Sawgrass wächst auf etwas höherem Gelände, das mal trocken, mal überflutet ist. Weiden hingegen ziehen als Lebensraum die Sumpfgewässer der Sloughs vor. Harthölzer jedoch konzentrieren sich ausschließlich auf die höher gelegenen, stets trockenen Stellen. Geringe Höhenunterschiede definieren also sehr unterschiedliche Pflanzenwelten.

An einer weiteren Tafel wird über die Hauptelemente, die den Naturhaushalt der Everglades bestimmen, informiert:
Ingredients („Zutaten")
Wasser, tropisches Klima, Höhenlage sowie Brände führten dazu, dass sich die Everglades zu einer unverwechselbar typischen Landschaft Nordamerikas entwickeln. Das Klima ist ganzjährig frostfrei, teilweise feucht und warm, sodass hier Lebewesen sowohl der gemäßigten als auch der tropischen Breiten leben. Schon geringe Höhenunterschiede (wenige Zentimeter genügen) bieten unterschiedlichen Lebensraum für unterschiedliche Tiere und Pflanzen. Selbst die Brände haben eine wichtige ökologische Bedeutung, da durch sie undurchdringliches Dickicht gelichtet und so neuen Pflanzen Raum geschaffen wird.

Auf Stegen geht es durch die Wildnis

Gumbo Limbo Trail

Der **Gumbo Limbo Trail** führt über eine für die Everglades typische Landschaft, die Hammocks. Dieses Gebiet liegt etwa 30 cm höher als das umgebende Grasland. Auf dem Hammock wachsen Schlingpflanzen und Palmen, hier *Royal Palm* genannt. Aufgrund der Vegetationsdichte ist ein Hammock vor Tropenstürmen (Hurrikans) sowie vor Frösten sicher. Diese Lebensbedingungen erlauben auch seltenen Tropentieren, hier heimisch zu sein, so der Schneckenart *Liguus Tree Snail* sowie dem Zebraschmetterling, dem *Zebra Butterfly*.

Dieser Trail (800 m) führt auf schattigen Wegen in einen regelrechten Dschungel. Entlang des Weges wird über die Landschaft durch Tafeln informiert, deren Inhalt kurz wiedergegeben werden soll:

Kurze Inhaltsangaben der Informationsschilder

Paradise Key Hammock
Als Hammock bezeichnet man die typischen höher gelegenen Bauminseln, auf denen Harthölzer wachsen. Dieser Hammock galt bis zu seiner Zerstörung durch ein großes Feuer im Jahre 1945 als der schönste.

Hammocks sind Inseln in einem Grasmeer vergleichbar. Zwischen den tropischen Harthölzern ringen andere Pflanzen um Lebensraum: so beispielsweise Scheinschmarotzer, Flechten, Sträucher. Insekten, Reptilien, Säugetiere und Vögel teilen diesen Lebensraum. Die Scheinschmarotzer hängen girlandenartig von Bäumen herunter und fangen so die nötige Feuchtigkeit, Baumsäfte, Staub und Bakterien auf („feed by the wind").

Etwa 70 % der im Everglades National Park anzutreffenden Pflanzen entstammen dem tropischen Klimabereich, der Rest ist in gemäßigten Breiten heimisch (z. B. die Pinien). Die Blattform und -oberfläche vieler tropischer Pflanzen ist ähnlich: Die Blätter sind oval, haben keine Ränder und eine wachsartige Schicht: So kann Wasser schnell ablaufen, gleichzeitig ist aber das Blatt durch seine Wachsversiegelung bei Trockenheit in besonderer Weise geschützt.

Die tropischen Pflanzen wurden ursprünglich durch Winde, Meeresströme oder Vögel zu den Hammocks gebracht. Winde transportierten ebenso wie Meeresströmungen Samenkörner von den Westindischen Inseln zu den Everglades. Auch Vögel brachten am Gefieder klebende Samenkörnchen hierher oder schieden solche mit ihrem Kot aus.

Für Hammocks typisch sind die sogenannten **Solution Holes**. Hierbei handelt es sich um Wasserlöcher, die durch Säuren in den Kalkuntergrund gefressen wurden. Man stelle sich vor, dass die Menge der tropischen Pflanzen beim Verwesungsprozess Faulsäuren produziert. Die Faulsäuren lösen allmählich den Kalkstein, an diesen Stellen sammelt sich danach Wasser. In den Löchern finden die Tiere selbst noch in der Trockenzeit genügend Wasser.

Mit „Sonnenbrand": Gumbo Limbo

Bedrock (Felsuntergrund)

Das Grundgestein Floridas ist eine Kalksteinschicht, die im Verlaufe von Jahrmillionen abgelagert wurde. Mehrmals hat das Meer Florida überflutet und dabei kalkige Ablagerungen von Meerestieren hinterlassen, die sich zu den Kalksteinschichten verdichteten. Kalkstein ist sehr porös und deshalb extrem wasserdurchlässig.

Pflanzenwelt

Strangler Fig (Würgefeige)

Sie ist ein interessanter Scheinschmarotzer. Ihre Samen beginnen, in den Rissen der Rinde anderer Bäume aufzugehen. Allmählich umschlingt die Pflanze den „Wirtsbaum". Die Feigenwurzeln werden immer dicker und stärker und klammern sich schließlich so stark am Baumstamm fest, dass sie den Baum am weiteren Wachstum hindern und zum Schluss regelrecht erwürgen.

Gumbo Limbo

Dieser Gummibaum gab dem Trail seinen Namen. Aufgrund seiner sich abschälenden roten Rinde wird er auch als „Sunburn Tree" bzw. als „Touristenbaum" (wegen der Sonnenbrände) bezeichnet. Nützlich ist dieser Baum vor allem wegen seines Harzes, das sich für Heilsalben eignet, z. B. als Gegenmittel bei Hautreizungen, die die Berührung mit *Poisonwood* (Giftbäumen) hervorruft. Die Indianer benutzten das Baumharz als Holzschutzmittel für ihre Kanus.

Recycling

Diese Tafel informiert über den Nährstoffkreislauf von Wäldern der gemäßigten und tropischen Breiten.

Im Norden der Vereinigten Staaten wachsen Harthölzer auf tiefgründigen Böden, d. h. die nährstoffhaltige Bodenschicht ist dick, sodass die Bäume auch tiefe Wurzeln treiben können. Typisch für tropische Zonen sind hingegen flachgründige Böden, d. h. ihre Nährstoffschicht ist äußerst dünn, sodass die tropischen Bäume gezwungen sind, sehr flache Wurzeln anzulegen, um möglichst viel an Nährstoffen zu erhalten. Werden diese Bäume groß, so können sie besonders leicht Opfer von Stürmen werden, da sie nicht den nötigen Halt besitzen.

Palms (Palmen)
Alleine 6 der 14 in den Vereinigten Staaten heimischen Palmenarten wachsen in den Everglades. Die *Royal Palm* – Königspalme – erreicht Höhen von 30 m und ein Alter von bis zu 100 Jahren. Ihre Blätter können über 4 m lang werden.

Long Pine Key (10 km vom Parkeingang)

Nur wenige Kilometer hinter der Royal Palm Area biegt man in Richtung Flamingo nach links zum Long Pine Key ab. Das Gebiet liegt inmitten von Pinienwäldern. Überhaupt gedeihen hier, da es trockener ist, etwa 200 verschiedene Nadelgewächse, 30 davon sind sogar endemisch, d. h. sie kommen nur hier vor. Während der Wintermonate gibt es Vorträge von Parkrangern am Lagerfeuer, zudem gibt es 108 Campingplätze (Infos s. S. 196).

Pinelands (11 km vom Parkeingang)

Der hier angelegte Trail ist insgesamt 1,2 km lang und windet sich durch die Pinienlandschaft. Auch hier geben Informationstafeln die nötigen Erläuterungen:

Kurze Inhaltsangaben der Informationsschilder

Fire
Schon immer war Feuer ein wichtiges natürliches Gestaltungselement der Everglades-Landschaft. Früher griff der Mensch nicht ein, sodass sich die Feuer unkontrolliert in den Pinienwäldern und der *Sawgrass*-Prärie ausbreiten konnten. Diese Brände verhinderten ein häufigeres Wachsen von Hartholzbäumen.

Bis vor einigen Jahren verfolgte man das Ziel, Feuer möglichst sofort zu löschen. Dadurch allerdings konnten sich sehr schnell Büsche und Gestrüpp entwickeln – neue Nahrung für ein neues Feuer. Die Gefahr von Bränden nahm vor allem durch die Maßnahmen der Wasserregulierung zu, die die Everglades von dem natürlichen Wasserzufluss teilweise abschnitt. Die nun entstandenen Brände waren bzgl. der Folgen verheerender als früher, da sie die fruchtbaren Humusschichten angriffen und verglühten. Um dies zu verhindern, hat der National Park Service ein Programm entwickelt, welches regelmäßige, kontrollierte Brände des *Pine Forest* sowie der *Sawgrass*-Prärie vorsieht.

Pinnacle Rock (14 km vom Parkeingang)

Ein kurzer Weg macht mit dem typischen Untergrundgestein, das für den größten Teil Südfloridas typisch ist, vertraut. Diese hier als *Oolitic Limestone* bezeichneten Kalkgesteine wurden vor etwa 5 Millionen Jahren abgelagert, als Florida von einem flachen Meer überflutet war. Dieser Kalkstein bildete sich aus der Ablagerung von Muscheln und anderen Skeletten von Meerestieren. Über dem Kalkstein entstand allmählich eine dünne fruchtbare Schicht aus verwittertem Pflanzenmaterial. Die Kalksteinschicht kann man mit einem porösen Schwamm vergleichen, der Wasser speichert. In der Tat sind diese Gesteinsschichten die Wasserlieferanten für Südfloridas Trink- und Bewässerungswasser.

Wasser-speicher

„Pinnacle Rock" heißt wörtlich übersetzt „Steinspitze": z. T. bildet der schnell verwitternde Kalkstein regelrechte Steinzacken, die bizarre Formen aufweisen.

Rock Reef Pass (19 km vom Parkeingang)

Pass mit 0,9 m Höhe

An diesem Pass erreicht man die „atemberaubende" Höhe von 0,9 m über dem Meeresspiegel. Diese Erhöhung besteht wie die Umgebung aus Kalkgestein, das insgesamt widerstandsfähiger gegen die Kräfte der Erosion ist. Wenn man diese Straße befährt, wird einem diese Stelle wohl nicht als Pass bewusst werden. Doch aus der Vogelperspektive betrachtet wird deutlich, dass sich entlang des Rock Reef Bäume und Hammocks häufen.

Hier in der Nähe wachsen auch die **Dwarf Cypress** (Zwergzypressen). Ihr Lebensraum sind sehr flache, wenig wasserreiche und nährstoffarme Mulden.

Pa-Hay-Okee (21 km vom Parkeingang)

Dieser kurze Trail führt nach 200 m zu einer höher gelegenen Aussichtsplattform. Hier kann man den „Grasfluss" weit überblicken. Informationstafeln erläutern die Natur.

Kurze Inhaltsangaben der Informationsschilder

Tree Island
Hierbei handelt es sich um die schon erwähnten Hammocks, d. h. Bauminseln, Heimat der Hartholzgewächse.

Water (Wasser)
Bevor der Mensch den floridianischen Naturhaushalt durch Kanäle und Staudämme „zügelte", floss ungehindert das Wasser des Lake Okeechobee als 80 km breiter und nur 20–30 cm „tiefer" Fluss zu den Everglades. Dieses Süßwasser vermischt sich allmählich mit dem salzigen Meerwasser der Florida-Bucht. Ein Problem stellen die mittlerweile installierten Schleusen für den Durchfluss des Wassers entlang des Tamiami Trail dar (siehe Kapitel „Ökologische Gefährdungen").

Mahagony Hammock (32 km vom Parkeingang)

Viele wurden gefällt

Früher waren Mahagonibäume wesentlich stärker in den Everglades verbreitet, doch man fällte sie, bevor die Landschaft zum Nationalpark erklärt wurde. Obwohl sich nun die Informationen wiederholen, hier kurz der Inhalt der englischsprachigen Tafeln:

Kurze Inhaltsangaben der Informationsschilder

A Sheltered Island (eine geschützte Insel)
So kann man Hammocks umschreiben. Wie bereits erwähnt sind Hammocks frostfrei und im Gegensatz zu den *Pinelands* (Nadelbaumgebieten) und *Glades* (Grasebenen) vor Feuer geschützt. Diesen Feuerschutz bewirken vor allem zwei Faktoren:
- der hier herrschende Schatten und damit größere gespeicherte Feuchtigkeit;
- der natürlich entstandene Wassergraben (Faulsäuren der abgestorbenen Pflanzen haben das Kalkgestein vertieft – hier sammelt sich Wasser, sodass ein natürlicher Wasserschutzgraben entsteht). Nur wenn die Trockenzeit extrem lang ist, trocknen diese Gräben aus und setzen den Hammock der Gefahr eines Brandes aus.

Hammocks and other Forests (Hammocks und andere Wälder)
Hier wird ein Vergleich der Hammocks mit den Wäldern gemäßigter Breiten angestellt.
Im Wald der gemäßigten Breiten ist die Wachstumszeit durch Frost begrenzt. Die Hammocks im Everglades National Park dagegen haben eine ganzjährige Wachstumsperiode, bestehen aus tropischen Bäumen und Pflanzen und sind quasi vor Bränden geschützt.
Der Mahagoniwald, den man hier betreten werden kann, ist erst seit 1959 zugänglich. Mahagonibäume besitzen einen raffinierten Selbstschutz: Sie verlieren ihre Blätter im Verlauf lang andauernder Dürreperioden, um sich so effektiver vor lebensbedrohendem Flüssigkeitsverlust zu schützen. Früher war dieser Mahagoni-Hammock viel dichter von Mahagonibäumen bestanden, die anderen Pflanzen unter ihrem dichten, schattigen Blätterdach keine Existenzmöglichkeiten ließen. Im Jahre 1960 raste der Hurrikan Donna mit fast 290 km/h über diese Landschaft hinweg und stürzte so manchen Baumriesen um. Damit war Raum geschaffen für andere Pflanzen.

In diesem Mahagoni-Hammock kommt auch der bereits erwähnte Gumbo Limbo Tree vor.

Mangrove Zone

Auf dem weiteren Verlauf der Straße nach Flamingo gibt es Informationen zu den Mangroven:

Kurze Inhaltsangaben der Informationsschilder

Mangroven wachsen im brackigen Wasser und haben stelzenartige Wurzeln. „Niemand liebt Mangroven", schrieb einmal John Steinbeck, doch diese so melancholisch-unattraktiv wirkenden Bäume, die sich entlang der Vermischungszone von Süß- und Salzwasser zu wahren Wäldern und Dickichten formieren, sind ein besonders guter Nahrungsraum für Garnelen und anderes Meeresgetier. Die Nährstoffe stammen von den vielen unterschiedlichen Pflanzen des Everglades-Gebietes.

Paurotis Pond (39 km vom Parkeingang)

Die Hinweistafel weiß von einer Räubergeschichte zu berichten:

Kurze Inhaltsangaben der Informationsschilder

Auf einem in der Nähe befindlichen Hammock hatte eine Bande eine Whiskey-Brennerei gebaut. Ihre Erzeugnisse mit dem Markennamen „Cape Sable Shine" bzw. „Aquadent" transportierten sie mit Booten bis an die Straße. Drei Mitglieder dieser Bande gerieten einst auf der Straße an Gesetzeshüter. Sie kamen bei der Schießerei um.

Nine Mile Pond (43 km vom Parkeingang)

In diesem Teich leben u. a. Alligatoren, Wasserschildkröten *(Terrapins)*, Wasserschlangen *(Water Snakes)*, Waschbären *(Raccoons)*. Hier vermischt sich Süßwasser mit Salzwasser.

West Lake (50 km vom Parkeingang)

Direkt am Parkplatz befindet sich eine kleine Ausstellung, hier beginnt auch der kurze Mangrove Trail durch den Mangrovensumpf. Tafeln informieren über die Welt der Mangroven:

Kurze Inhaltsangaben der Informationsschilder

Dwellers of the Mangrove (Bewohner der Mangroven)
Das Mangrovendickicht bietet vielen Lebewesen ideale Lebensbedingungen, so der *Tree Oyster* (Auster), dem Panther, der *Barred Owl* (Eule), dem *Raccoon* (Waschbär), der *Water Snake* (Wasserschlange), der *Diamond Back Rattlesnake* (Klapperschlange), der *Fiddler Crab* (Krabbe), dem *Bobcat* (Amerikanischer Luchs) sowie dem *Marsh Rabbit* (Kaninchen).

The Mangrove Forests (die Mangrovenwälder)
Mangroven helfen, Land aufzubauen. Ihre stelzenartigen Wurzeln halten Schlamm und Erde gut fest.

The Mangrove Trail (400 m lang)

Dieser Pfad führt durch einen Mangrovenwald, der insbesondere durch den Hurrikan Donna im September 1960 stark zerstört wurde. Dieser Hurrikan fegte mit fast 290 km/h über Südflorida hinweg und sorgte für über 3,5 m hohe Wellen. Doch Mangroven sind an diese Wetterkapriolen angepasst: Genau zur Hurrikan-Saison, also im September, sind ihre Samen reif, die der Wind dann verstreut. Hurrikane sorgen auch dafür, dass salzhaltiger Schlamm landeinwärts transportiert wird. Das verändert die Lebensbedingungen der Pflanzen. Generell vertragen Mangroven Salz, jedoch in unterschiedlicher Konzentration.

Vier Mangrovenarten sind im Everglades National Park vertreten:
① **Buttonwood Tree:** Diese Mangrovenart wächst nur an etwas höher gelegenen Stellen, an denen Niederschlagswasser das Salz aus dem Boden ziemlich auswäscht.

Mangrovenwald

② **White Mangrove:** Das gleiche gilt für diese Mangrovenart.
③ **Black Mangrove:** Diese Mangrovenart wächst in den tiefer liegenden Gebieten, die von Ebbe und Flut erfasst werden.
④ **Red Mangroves:** Das gleiche gilt für diese Mangrovenart.

Für den **Nährstoffhaushalt von Mangrovenregionen** sind folgende Prozesse kennzeichnend:

- Langsam werden abgestorbene Baumteile von Ameisen und Käfern zersetzt. Diese Kleintiere sind wiederum Beute von Fröschen und Eidechsen, für die sich ihrerseits Schlangen interessieren. Bussarde halten wiederum Ausschau nach den Schlangen – ein immer währender Kreislauf. Mangroven scheiden aus ihren Wurzeln *Tannic Acid* (Gerbsäure) aus, die das Wasser tiefrot färbt. Der Verwesungsprozess der Pflanzen sorgt für einen Geruch nach faulen Eiern: Das kommt von dem dabei entstehenden Schwefelwasserstoff. *Nahrungskette in Mangrovenregionen*
- Schnecken und Krabben zersetzen allmählich die Blätter. Schimmelpilze und Bakterien fördern den Fäulnisprozess. Sie verdreifachen in diesem Mangrovenblätterkompost den ursprünglichen Proteingehalt. Von diesem Kompost ernähren sich Kleintiere, die Beute von Fleischfressern und Raubfischen sind.

Ein interessanter Zahlenvergleich macht deutlich, wie kompliziert und mit welchem Aufwand die **Nahrungskette** funktioniert:
Für die Erzeugung von 0,1 Pound menschlichen Fleisches (1 Pound = 0,453 kg) werden benötigt:
- 1 Pound Seebarschfilet.
- Dazu werden wiederum 100 Pounds kleiner Fische benötigt.
- Diese brauchen 1.000 Pounds an Pflanzenteilchen, Plankton sowie Mangrovenkompost.
- Dazu sind Grundvoraussetzungen: sauberes Wasser, Sonne, natürlicher Süßwasserzufluss sowie geschützte Meeresarme.

Birds of Mrazek Pond

Dieses Gebiet ist ein Paradies für Ornithologen. In der feuchten sommerlichen Jahreszeit gibt es hier weniger Vögel als in der trockenen winterlichen Zeit.

Coot Bay Pond

Die hier angebrachte Informationstafel fasst die Unterschiede zwischen Alligatoren und Krokodilen zusammen:

info

Alligatoren und Krokodile in Florida

Während Alligatoren überall im Everglades National Park vorkommen, lebt die wesentlich kleinere Anzahl an scheuen Amerikanischen Krokodilen im nordöstlichen Gebiet der Florida Bay. Alligatoren und Krokodile sind etwa gleich groß. Das Krokodil hat eine schmalere Schnauze, ist heller und hat ein anderes Gebiss. Der Alligator zieht Süßwasser, das Krokodil Salzwasser vor.

Die Bezeichnung „Alligator" leitet sich aus dem Spanischen ab: *el lagarto* bedeutet „die Eidechse". Alligatoren kommen im Süden der USA, aber auch in China vor. Sie gehören biologisch zur Gruppe der Panzerechsen. Der Florida-Alligator wird als *Alligator mississippiensis* bezeichnet und bis zu 5 m lang. Im südöstlichen Teil der USA leben heute etwa 1,75-2 Millionen Alligatoren. Sie stehen seit Jahrzehnten unter Naturschutz und haben sich entsprechend vermehrt. Indirekt ist der Mensch weiterhin ihr Feind: Zwar tötet er Alligatoren nicht mehr, dafür aber engt er immer mehr ihren Lebensraum ein, indem er Gebiete entwässert und zu Farmland „kultiviert".

Im Ökosystem der Everglades ist der Alligator sehr wichtig: Er gräbt große, tiefe Löcher in den Boden, sogenannte *Wollows*. Diese Wollows fangen Regenwasser auf und halten es auch in der Trockenzeit. Für Tiere sind diese Wasserstellen in der Trockenzeit überlebenswichtig.

Der weibliche Alligator legt seine Eier in ein Nest aus Schlamm und Blättern. Aus den Eiern schlüpfen die Jungen, die etwa 10–15 cm lang sind. Nur etwa 10 % der Brut überlebt: Die meisten werden von Vögeln, Ottern oder Schildkröten gefressen. Feind Nr. 1 sind aber die männlichen Alligatoren, die das ganze Nest plündern und auffressen. Etwa ein Jahr lang werden die Jungen von der Mutter beschützt – und das total. Vorsicht besonders in den Monaten Mai und Juni sowie August und September, wenn die Mütter über ihre Eier wachen. In der Trockenzeit (Wintermonate) fressen Alligatoren im Allgemeinen nicht. Ihr Herzschlag geht auf

1–2 Schläge pro 2 Minuten zurück. Deshalb kann der Alligator in dieser Zeit für mehrere Stunden unter Wasser ohne Luft überleben.

Alligatoren werden etwa 25–35 Jahre alt. Man findet sie heute in allen Gebieten Floridas. Flüsse, Seen, Kanäle und sogar die Gewässer auf den Golfplätzen sind Alligatorenlebensräume. Mittlerweile dürfen Alligatoren von lizenzierten Jägern geschossen werden: Das Alligatorensteak, das manchmal in Restaurants angeboten wird, ist damit absolut legal. Alligatoren sind relativ gute Kletterer: Sie können – wenn sie etwas interessiert – über Zäune und Mauern kriechen und sogar springen: Ein knapp 2 Meter langer Alligator kann fast seine Körperlänge hoch springen.

Wie gefährlich sind Alligatoren?

Die Furcht einflößenden Tiere meiden von Natur aus den Kontakt mit Menschen. Geräusche sowie das Nähern von Menschen mögen sie nicht. Gefährlich wird es, wenn Alligatoren von Menschen gefüttert werden. Dann identifiziert der Alligator den Menschen als Nahrungsquelle – sicherlich kein angenehmes Gefühl. Selbstverständlich ist deshalb das Füttern von Alligatoren gesetzlich verboten (ein Verstoß wird mit einem Bußgeld in Höhe von ca. $ 500 und/oder Gefängnis bestraft!). Wenn man die trägen Tiere im Wasser sieht, kann man sich kaum vorstellen, dass sie auf kurzen Distanzen auf dem Lande sehr schnell laufen können, indem sie ihre Flossenbeine heben.

Die meisten Unfälle mit Alligatoren passieren im Wasser, wenn Menschen baden. Alligatoren werden dann von den Planschgeräuschen angezogen. Von 1948–2013 zählte man in Florida 22 Tote durch Angriffe (Quelle: *Florida Fish and Wildlife Conservation Commission*). Durch immer stärkere Besiedlung, aber auch während der Trockenperioden, wagen sich die an sich scheuen Tiere immer mehr in besiedelte Regionen vor.

Weitere interessante Fakten zum „Gator":
• Der größte jemals erlegte Alligator maß 5,3 m, 1956 am Lake Apopka.
• Männliche und weibliche Alligatoren kann man äußerlich nicht unterscheiden, sie haben die gleiche Farbe.
• Zur Nachahmung nicht empfohlen: Das Maul selbst eines erwachsenen Alligators kann man ohne weiteres geschlossen halten, indem man die Kiefer zusammenpresst.
• Alligatoren fressen zumeist an ruhigen Tagen, das Wasser muss mindestens 73 Grad Fahrenheit aufweisen.

Flamingo (61 km vom Parkeingang)

Flamingo, ursprünglich ein kleines Fischerdorf, wurde nach dem *Spoonbill* (Rosa Löffler), der dem Flamingo ähnelt, benannt. Hier befinden sich ein Campingplatz, ein Geschäft für Andenken und Lebensmittel (Grundversorgung), ein Fahrradverleih sowie eine Tankstelle. Am Hafen werden Kanus und Boote ausgeliehen, von hier aus legen auch die Ausflugsschiffe ab.

Das **Visitor Center** informiert über die Natur der Everglades, insbesondere über Hurrikans und die Pflanzenwelt der Everglades.

Die Marina von Flamingo

 Hinweis
Seit den Hurrikans Wilma und Katrina 2005 gibt es nur noch Campingmöglichkeiten in Flamingo, keine Lodge und kein Restaurant. Ein Wiederaufbau ist zzt. nicht geplant.

Kanuwanderungen

Eine der besten Möglichkeiten, die wahre Natur der Everglades zu entdecken, bieten Kanutrips. Die Kanu-Trails sind klar beschildert, während der Fahrt sollte man nur auf die Zeichen achten. Wenn man kein Kanuprofi ist, mag als Einstieg ein Tagestrip vorerst genügen.

Bei allen Tagestrips muss man sich am Beginn des Kanu-Trails (Trail Head) eintragen. Möchte man unterwegs übernachten (Zelt muss man selbst mitnehmen), dann benötigt man ein *Backcountry Permit* (s. S. 194). Diese Registrierung schützt den einsamen Camper, sorgt aber auch dafür, dass nur eine begrenzte Zahl an Besuchern die Wildnis aufsucht, sodass der Besucher auf jeden Fall die Gewähr hat, unberührte Natur zu erleben.

Hinweis
Für einen (Tages-)Kanutrip sollte man mitnehmen:
- **Mückenschutz** *und* **Sonnenschutzmittel***;*
- *genügend zu* **essen** *und zu* **trinken***;*
- *eine Decke oder ein Kissen als* **Sitzunterlage***;*
- *je nach Jahreszeit guten* **Regenschutz***;*
- **Lappen/Schwamm/Gefäß***, um nach starkem Regenfall das Boot zu trocknen;*
- **Fernglas/Kamera** *(in Schutzbeutel einpacken).*

In der Zeit von Februar bis Mai sind manche Strecken nicht befahrbar, da dann der Wasserstand zu niedrig ist. **Informationen über den Wasserstand** der einzelnen Trails erhält man in der Flamingo Ranger-Station oder beim Kanuverleih der Flamingo Marina.

Trotz der guten Ausschilderungen der Kanu-Trails sollte man sehr sorgfältig auf die Trail-Zeichen unterwegs achten, da man sich in der Wasserwildnis leicht verirren kann. Ebenso beachten sollte man, dass Alligatoren stärker sind ... also Augen auf!

Einer der Tages-Trips ist **Hell's Bay**: An der Parkstraße zwischen Nine Mile Pond und West Lake gelegen; insgesamt 12 km lang mit Übernachtungsmöglichkeiten unterwegs und in Hell's Bay (Zeltplätze, sind markiert). Zudem gibt es den **Nine Mile Pond Canoe Trail**, die **Gulf Coast Paddling Trails** und weitere Möglichkeiten. Aktuelle Infos über Zustand und Zugänglichkeit der verschiedenen Trails unter *www.nps.gov/ever/planyourvisit/trailguides.htm*.

Eine besondere Spezialität für Naturfreunde und kanuerfahrene Besucher ist der von Flamingo nach Everglades City führende

Wilderness Waterway

Dieser Kanu-Trail führt in die absolute Wildnis der Everglades und verbindet auf *Traumhafter* seinen 99 Meilen Everglades City mit Flamingo. Entlang des Trail gibt es Möglichkeiten, sein Zelt aufzuschlagen, allerdings gibt es hier nirgends Frischwasser oder gar Elektrizität. Der Wasserweg führt zunächst durch die Whitewater Bay, folgt dann dem Oberlauf des Shark River, führt über den Harney River an die Küste, dann weiter stromaufwärts dem Broad River folgend landeinwärts. Als Gesamtzeit muss man 1 Woche ansetzen.

Ein schöner, aber auch anspruchsvoller Trail: der Wilderness Waterway

> ### *i* Informationen zum Wilderness Waterway
>
> **Reisezeit:** *Die beste Reisezeit sind die Monate November bis Ende März. Die Temperaturen sind dann nicht hoch, ebenso regnet es praktisch nie. Auch die Moskitoplage hält sich in dieser Zeit in Grenzen. Im Sommer ist von einer Kanutour abzuraten, da sehr häufig heftige Gewitter niedergehen.*
>
> **Voraussetzungen:** *Man sollte über eine gute Kondition sowie gute Karten- und Navigationskenntnisse verfügen. Der Weg ist zwar mit roten Pfählen markiert, trotzdem kann man sich in dieser Wildnis leicht verirren.*
>
> **Kanumiete und Ausrüstung:** *In Everglades City sowie Flamingo ist das Anmieten von Kanus möglich. Man sollte einen guten Kompass mitführen. Das Zelt sollte auch ohne Heringe stehen, da man z. T. auf Holzplattformen übernachtet. Außerdem braucht man Detailkarten, Erste-Hilfe-Ausrüstung, einen leichten Schlafsack, Taschenlampe, Gaskocher, Kochgeschirr und Besteck, Sonnenschutz, Moskitomittel aller Art, wasserdichte Kleidung und wasserdichte Packsäcke. Die Nahrungsmittel sowie das Trinkwasser müssen für den gesamten Kanutrip mitgenommen werden. Wasserbedarf pro Tag ca. 4 Liter pro Person.*
>
> **Erlaubnis:** *Der Kanutrip muss beim Ranger angemeldet und ein genauer Terminplan vorgelegt werden. Die Zahl der erlaubten Kanuten ist begrenzt (wer zuerst kommt, darf zuerst fahren).*
>
> *Ausführliche Infos unter www.nps.gov/ever/planyourvisit/gulf-coast-trails.htm, hier findet man den sehr hilfreichen „Wilderness Trip Planner".*

Parkeingang bei Chekika

Nördlich des Haupteingangs liegt die **Chekika Day Use Area** (*24200 S.W. 160th St., ① (305) 242 7700*), benannt nach einem einflussreichen Indianerhäuptling. Der Eingang ist leider seit Dezember 2013 auf unbestimmte Zeit geschlossen. Das Gebiet ist aber mit speziellen permits zugänglich (es gibt hier u. a. einen Picknickplatz und einen kurzen Wanderweg durch einen Hammock).

Tram-Tour am Shark Valley

An der nördlichen Parkgrenze, entlang des Tamiami Trail (US 41, Verbindung Tampa – Miami), führt eine Abzweigung ins Shark Valley. Die genau nach Süden verlaufende 24 km lange Straße ist allerdings für den **individuellen Autoverkehr gesperrt**, kann aber zum Wandern und Radfahren (**Fahrradverleih**, $ 9 pro Stunde) benutzt werden. Entlang dieser Straße verkehrt die **Wildlife Viewing Tram Tour**. An ihrem südlichen Wendepunkt befindet sich ein Beobachtungsturm. An diesem Observation Tower wird während der Tour ein ca. 15-minütiger Stopp eingelegt.

Shark Valley Tram Tours, ① *(305) 221 8455, www.sharkvalleytramtours.com, Dauer: ca. 2 Stunden, Ende Dez.–April stündlich von 9–16 Uhr, sonst 9.30/11/14/16 Uhr, Erw. $ 23, Kinder (3–12 J.) $ 12,75.*

Miccosukee Indian Village

Das „Indianerdorf", leider längst zu einer typisch amerikanischen Touristenstätte degradiert, ist mittlerweile eher weniger an der Vermittlung indianischer Kultur als

Der Alligator muss wresteln, ob er will oder nicht

vielmehr an der Einnahme der Besucherdollars interessiert, insofern nur sehr be- *„Touri-*
dingt zu empfehlen. Mittlerweile entstand sogar das **Miccosukee Resort & Ga-** *Rummel"*
ming *(500 S.W. 177th Ave., Miami, www.miccosukeeresort.com)*, ein Casinohotel an
den westlichen Ausläufern von Miami. Geschäftstüchtigkeit also ist angesagt und
weniger die kulturellen Eindrücke …

Schon lange bevor man das Village erreicht, kündigen große Reklameschilder das
Ereignis an. Der Miccosukee-Indianerstamm *(Micco* bedeutet „Häuptling") betrachtet dieses Gebiet als seine Heimat. Im Museum werden Kleidungsstücke, Ko-
chutensilien, Spiele und andere Artikel ausgestellt, und ein kleiner Teil eines Fami-
liendorfes ist nachgeahmt. Außerdem gibt es einen kurzen Film über die Geschichte der Miccosukee sowie Schaustücke aus der Pflanzen- und Tierwelt der Everglades. Hauptattraktion sind die „Kämpfe" mit Alligatoren *(stündl. Shows von 11–16
Uhr)*.

Auf der anderen Seite der Überlandstraße werden Fahrten mit dem Luftkissen-
boot angeboten. Mit einem Propellerboot (**Air Boat**) kann man eine Fahrt (ca.
30 Minuten inkl. 10-minütigem Zwischenstopp) zu einem „Secluded Miccosukee
Camp" unternehmen. Diese Fahrt ist allerdings ohrenbetäubend laut. Dennoch:
Hier erlebt man eindrucksvoll, was „River of Grass" (Grasfluss) meint: Das Boot
flitzt über das im flachen Wasser stehende Gras. Solche Fahrten sind im Everglades
National Park verboten, da sie zu viel Lärm machen und auch die Vegetation zerstören *(ca. 9–17 Uhr; ca. $ 16)*.

Im **Miccosukee-Restaurant** mit Blick auf den River of Grass kann man Catfish
(amerikanischer Wels) und das Fry Bread (gebratenes Brot) probieren, zudem die
„Miccosukee Platter" mit verschiedenen indianische Leckereien, u. a. Alligatorenfleisch.

Miccosukee Indian Village, *Tamiami Station, Miami, Milemarker 70,* ① *(305) 480 1924, www.miccosukeeresort.com, tgl. 9–17 Uhr, Erw. $ 10, Kinder (6–12 J.) $ 6. Ende des Jahres findet das Indian Arts Festival statt (26. Dezember bis 1./2. Januar): echtes indianisches Kunsthandwerk von über 40 Stämmen sowie indianische Tänze und Musik. Im Sommer gibt es das Everglades Music and Craft Festival.*

Im weiteren Verlauf Richtung Golfküste liegt **Everglades City** (s. S. 248). Von hier aus führen die besonders bei Sportfischern beliebten Bootstouren in das Gebiet der Ten Thousand Islands.

Reisepraktische Informationen Everglades National Park

i Informationen
VISITOR CENTERS IM PARK (ALLE GANZJÄHRIG GEÖFFNET)
Ernest Coe Visitor Center/Everglades Park Headquarters, *Haupteingang, 40001 State Rd. 9336, Homestead, FL 33034,* ① *(305) 242 7700, Öffnungszeiten: 9–17, Mitte Dez.– Mitte April schon ab 8 Uhr, www.nps.gov/ever. Auf der Homepage gibt es detaillierte Infos zu Aktivitäten und Unterkunft. Eintritt $ 10/Auto, $ 5 Wanderer/Fahrradfahrer (7 Tage gültig).*
Flamingo Visitor Center *(etwa 1 Stunde vom Parkeingang entfernt),* ① *(239) 695 2945, Öffnungszeiten: Mitte Nov.–Mitte April 8–16.30 Uhr, ansonsten unregelmäßig besetzt, vorher telefonisch kontaktieren. Hier gibt es aktuelle Infos über Wanderwege, Kanu-Trails usw. Hier erhält man auch das Backcountry Permit, d. h. die* **Genehmigung** *für den Besuch des Hinterlandes (s. S. 196). Ebenso gibt es hier Informationen über Vorträge, geführte Wanderungen mit Vogelbeobachtung usw.*
Shark Valley Visitor Center, *36000 S.W. 8th St., Anfahrt über US 41 (Tamiami-Trail, S.W. 8th St),* ① *(305) 221 8776, Öffnungszeiten: 9–17, Mitte Dez.–Mitte April schon ab 8:30 Uhr. Infos, Bücher, WC vorhanden. Hier startet die Tram-Tour (s. S. 192), außerdem werden Fahrräder vermietet. Zwei kleine Wanderwege.*
Gulf Coast Visitor Center, *5 Meilen südlich des Highway 41 (Tamiami Trail) an der State Road 29, in Everglades City. 815 Oyster Bar Lane,* ① *(239) 695 3311, Öffnungszeiten: 9–16.30, Mitte Nov.–Mitte April schon ab 8 Uhr. Idealer Ausgangspunkt, um das Gebiet der Ten Thousand Islands zu erkunden. Backcountry Permits, Bootsfahrten und Kanuverleih.*

FÜR EVERGLADES CITY
Everglades Area Chamber of Commerce, *zahlreiche Links zu diversen Anbietern (Shopping, Fishing Guides, Boat Tours etc.) unter www.evergladeschamber.com.*
Welcome Center *ca. 4 Meilen nördlich der Stadt (32016 Tamiami Trail East),* ① *(239) 695 3941, Mo–So 9–16 Uhr.*

i Allgemeine Informationen für einen Besuch
Propellerboote *sowie* **Geländefahrzeuge** *sind innerhalb der Parkgrenzen verboten, da dadurch sowohl die Vegetation zerstört wird als auch die Tiere durch Motorenlärm belästigt werden.*
Die **Höchstgeschwindigkeit** *im Park beträgt 55 Meilen/h.*
Es gibt von Rangern **geführte Wanderungen** *wie auch Kanutouren. Bei der Parkverwaltung gibt es einen Veranstaltungskalender.*

Die nasse Jahreszeit *dauert etwa von Mai bis Oktober. Dann sind große Teile des Parkgebietes überflutet und unzugänglich. Die besten Tierbeobachtungsmöglichkeiten hat man gegen Ende der Trockenzeit (Dezember bis April), wenn sich die Tiere an die verbliebenen Wasserstellen zurückziehen.*

 ### Zeiteinteilung
KURZBESUCH VON 2–4 STUNDEN:
Sollte nur wenig Zeit vorhanden sein empfiehlt sich der Besuch des Visitor Center am Parkeingang sowie die Fahrt zur Royal Palm Area, hier kann dann der Gumbo Limbo sowie Anhinga Trail abgelaufen werden.

BESUCHSZEIT CA. 6 STUNDEN:
In dieser Zeitspanne kann man bis nach Flamingo fahren und beispielsweise am Pa-Hay-Okee Overlook Trail, Mahagony Hammock Trail, West Lake Trail und Mrazek Lake einen Stopp einlegen.

LÄNGERER BESUCH MIT ÜBERNACHTUNG(EN):
Bei einem längeren Aufenthalt bleibt auch Zeit für einen Bootsausflug. Ab der Flamingo Marina werden Bootstouren in die Whitewater Bay angeboten. Infos unter ☎ (239) 695 3101. Die Schönheit und Ursprünglichkeit der Everglades erlebt man hautnah bei einer Erkundung der schönen Wasser-Trails in einem gemieteten Kanu.

❗ Achtung
Besonders in den Sommermonaten Mai bis November ist die **Mückenplage** *entsetzlich. Am besten langärmelige Hemden bzw. Blusen sowie lange Hosen anziehen! Mückenschutzmittel, die in ganz Florida sowie in Flamingo und dem Visitor Center angeboten werden, begrenzen die Belästigungen durch die Plagegeister.*
Fernglas *nicht vergessen!*

Willkommen in den Everglades

Camping

Seit 2005 gibt es keine feste Unterkunft mehr im Park, sondern nur noch Camping-möglichkeiten.

Es gibt zwei „Frontcountry" Campsites, die man mit dem Auto erreichen kann. Der Campingplatz kostet zzt. $ 16 pro Nacht. $ 30 kosten die Plätze mit Stromanschluss bei Flamingo. In der „wet season" von Mai bis November ist es meistens kostenlos.

Flamingo Campground, nahe dem Flamingo Visitor Center, Buchung unter www.recreation.gov oder ① 1-877-444-6777 (International: (518) 885 3639). 234 Plätze (55 davon mit Blick aufs Wasser), Toiletten, Duschen mit kaltem Wasser, Picknicktische, Grillplätze, für Wohnwagen gibt es zwei Dump Stations für Toilette und Abwasser. Seit 2011 gibt es auf 41 Plätzen Stromanschluss.

Long Pine Key Campground, Wiedereröffnung laut Parkverwaltung im November 2015, mit Einschränkungen. Normalerweise ist der Campingplatz von Nov.–April geöffnet. Reservierung nicht möglich, hier gilt „first come, first serve". ① des Campingplatzes (305) 242 7873. Vorhanden sind 108 Campingplätze, eine Vielzahl von Wanderwegen und einen Fischteich. Toiletten, Tische, Grills und ebene Flächen zum Aufbau von Zelten sind vorhanden. Fahrer von Camperfahrzeugen finden hier eine Dump Station.

Es gibt zudem die Möglichkeit, entlang der Kanu-Trails im **Backcountry** (also in der echten Wildnis) zu übernachten. Dafür bedarf es der Anmeldung und eines Backcountry Permit, das man nur persönlich bekommt (nicht per Telefon).

Im Ernest Coe Visitor Center wird das Permit **nur** für zwei Plätze in der Long Pine Key Gegend ausgestellt: Ernest Coe und Ingraham Highway. Für alle anderen Plätze gibt es die Genehmigung am Flamingo und Gulf Coast Visitor Center. **Gebühren:** $10 pro Permit plus $ 2 p.P. pro Nacht.

Übernachtung außerhalb des Nationalparks

In **Homestead** gibt es entlang des Highway 1 sowie in **Florida City** eine Reihe von Motels, wo man auch in der Hochsaison in der Regel noch Zimmer bekommen kann (wenn man früh ankommt!), z. B. im **Holiday Inn Express**, 35200 S. Dixie Highway, Florida City, ① (305) 247 3414, www.hiexpress.com.

In **Everglades City** bietet u. a. **The Ivey House** verschiedene Unterkunftsmöglichkeiten an (s. S. 248).

Restaurants

Restaurants finden sich nur in Everglades City und entlang des Tamiami Trail.

In **Everglades City**: Camellia St. Grill, 202 Camellia St., ① (239) 695 2003, direkt am Fluss gelegen, schöne Atmosphäre, viele Fischgerichte. Mückenspray nicht vergessen!

Wanderungen

Entlang der Verbindungsstraße vom Parkeingang nach Flamingo verlaufen zahlreiche kleinere Trails. Hier erreicht man mit kurzen Spaziergängen (meist unter 1 km) eine besonders sehenswerte Stelle. Richtige Wanderwege dagegen sind z. B. der

Snake Bight Trail (insgesamt knapp 6 km lang, 6 km nördlich des Flamingo Visitor Centers gelegen)

Coastal Prairie Trail (insgesamt 24 km)

Eine Liste aller Wanderungen mit Länge und Sehenswertem unter www.nps.gov/ever/planyourvisit.

Zudem werden saisonal unterschiedliche geführte Wanderungen von den Rangern angeboten, zum Ende der Regenzeit im Oktober
z. B. ein **Slough Slog**, bei der Wanderung
watet man bis zu den Knien durch das langsam sinkende Wasser. Aktuelle Infos unter
www.nps.gov/ever/planyourvisit/sloughslog.
htm.

Nike Missile Site

Während der trockenen Monate (Janu-
ar bis Ende April) gibt es noch eine andere Attraktion in den Everglades, die nichts mit Natur zu tun hat: nämlich ein alter Militärstützpunkt aus dem Kalten Krieg, der sich seit seiner Schließung im Originalzustand erhalten
hat. Die Nike Herkules Missile Site HM-69
(oder auch Alpha Battery genannt) war 2009
das erste Mal der Öffentlichkeit zugänglich,
nachdem das Gelände 1979 dem Nationalpark übertragen wurde. Die Nähe zu Kuba
(160 Meilen) machte sie damals zu einem
wichtigen Stützpunkt. Die geführten Touren
finden bis Ende April einmal täglich statt (ca.
2 Std.). Man muss sich beim Ernest Coe Visitor Center anmelden oder unter ① (305) 242
7700, aktuelle Infos unter www.nps.gov/ever/
learn/historyculture/hm69.htm.

Die Trails im Park sind in jedem Fall lohnend

Kanuwanderungen/ Hausboote/Boote

Eine besonders intensive Art des Kennenlernens der Everglades-Wildnis sind Kanuwanderungen entlang klar ausgeschilderter Kanu-Trails. Der längste Kanuweg ist der
160 km lange „Wilderness Waterway" von Flamingo nach Everglades City (7-Tage-Tour,
wegen Mückenplage auf keinen Fall zwischen Juni und September zu empfehlen). Kanus
können in Flamingo sowie auf Anfrage in Everglades City ausgeliehen werden, ebenso
Hausboote.
Kanus und **Skiffs** (flache Motorboote) werden vermietet an der Flamingo Marina,
① (239) 695 3101, sowie Kanus an der Gulf Coast Marina, ① (979) 239 1502.

Fahrradverleih

Am Shark Valley Visitor Center (s. o.) und in Flamingo.

Einkaufen

In **Flamingo** und **Everglades City** (Lebensmittel, Souvenirs).

Krankenhaus

Das nächste Krankenhaus befindet sich in **Homestead**, 77 km von Flamingo
entfernt. An den Park-Ranger-Stationen kann Erste Hilfe geleistet werden.

Florida Keys

Streckenübersicht

Entfernung: Flamingo (Everglades N. P.) – Key West: ca. 295 km (direkt).
Empfohlene Route: von Flamingo über die 9336 zurück nach Florida City, dann auf die US 1, die direkt nach Key West führt.
Alternativen:
• Zum Biscayne N. P.: über Homestead, s. u.
• Hinter Florida City zweigt die Straße 997 ab, die über die 905 A/905 zum nördlichen Teil von Key Largo führt (John Pennekamp Coral Reef State Park). Weiter südlich mündet die 905 wieder auf die US 1.
Reisevorschlag/Übernachtung: Bei genügend Zeit sollte man auf dem Weg nach Key West auf einem der Keys übernachten. Vorschläge weiter unten.

Überblick

Floridas Landkarten-Erscheinungsbild ist durchaus interessant: Im Norden weist der *Panhandle*, Floridas „Pfannenstiel", nach Alabama. Im Süden dagegen kleckert der *Sunshine State* förmlich aus: Eine Reihe von kleinen Inseln – die Keys – ziehen einen Bogen bis zu den Dry Tortugas. Alle Eilande bis Key West sind mittels Brücken – z. T. gigantische Konstruktionen wie die Seven Mile Bridge/ca. 11 km – miteinander verbunden.

42 Brücken nach Key West

Insgesamt 42 Brücken liegen zwischen den Keys, manche extrem kurz – manche sehr lang. Von Norden nach Südwesten überquert man:

Brücke	Länge	Brücke	Länge
Jewfish Draw Bridge	68 m	North Pine	189 m
Key Largo Cut	110 m	South Pine	246 m
Tavernier Creek	41 m	Torch Key Viaduct	237 m
Snake Creek	59 m	Torch-Ramrod	187 m
Whale Harbour	188 m	Niles Channel	1.351 m
Tea Table Relief	69 m	Kamp's Channel	302 m
Tea Table	187 m	Bow Channel	397 m
Indian Key	611 m	Park Bridge	237 m
Lignum Vitae	241 m	North Harris	119 m
Channel 2	524 m	Harris Gap	11 m
Channel 5	1.376 m	Harris	119 m
Long Key	3.645 m	Lower Sugar Loaf	369 m
Tom's Harbour 3	369 m	Saddle Bunch 2	169 m
Tom's Harbour 4	425 m	Saddle Bunch 3	200 m
Vaca Cut	37 m	Saddle Bunch 4	244 m
Seven Mile Bridge	10.886 m	Saddle Bunch 5	245 m
Little Duck Missouri	425 m	Shark Channel	606 m
Missouri-Ohio	425 m	Rockland Channel	375 m
Ohio Bahia Honda	306 m	Boca Chica	784 m
Bahia Honda	1.633 m	Stock Island	110 m
Spanish Harbour	1.006 m	Key West	48 m

Brücke zu den Keys

Redaktionstipps

▶ Die **Korallenriffe** im Biscayne National Park (S. 201) oder dem John Pennekamp Coral Reef State Park anschauen (S. 206).
▶ Einen Tag Zeit nehmen für die Anreise von Miami bis Key West, um die **kleinen Naturreservate, die Inseln** und Brücken der Keys voll zu genießen (S. 200).
▶ Sich 2 Tage in Key West treiben lassen und den **Spuren Hemingways** folgen (S. 227).
▶ Mit **Delfinen schwimmen** im Dolphin Research Center (S. 213).
▶ **Bedeutendste Sehenswürdigkeiten:** die Brückenkonstruktionen (S. 198); Baden in der Bahia Honda State Recr. Area (S. 214). In Key West: Fahrt mit dem Old Town Trolley (S. 232), die **alten Häuser** im Stadtzentrum, The Wreckers' Museum (S. 224), Audubon House (S. 224), Mel Fisher Maritime Museum (S. 225) und Ernest Hemingway Home and Museum (S. 226).
▶ **Optimale Zeiteinteilung: 3–4 Tage. 1. Tag:** Früh aufbrechen und eine Bootstour zu den Korallenriffen unternehmen. Übernachten in Key Largo. **2. Tag:** Die Keys entlangfahren bis Key West. Dabei baden auf Bahia Honda und entweder das Dolphin Research Center oder Pigeon Key besuchen. Abends erste Erkundungen in Key West. **3. Tag:** Fahrt mit dem Old Town Trolley. Anschließend Hemingway Home, Shipwreck Museum und die alten Häuser erkunden. Abends unbedingt ein Fischrestaurant aufsuchen. **4. Tag** (Zusatztag): Ausflug zu den Dry Tortugas.

Apropos *Keys*: Die Bezeichnung der Inseln hat nichts mit dem englischen Wort *key* (Schlüssel) gemeinsam. Vielmehr leitet sich diese Benennung aus dem spanischen Wort *cayo* (kleine Insel) ab. In der anglikanischen Entstellung wurde daraus *key*.

Geografisch wird die Inselkette in drei Hauptabschnitte unterteilt:
- **Upper Keys**: Abschnitt von Key Largo bis Long Key
- **Middle Keys**: Abschnitt von Long Key bis an die Seven Mile Bridge
- **Lower Keys**: Seven Mile Bridge bis Key West

Auf den ersten Blick sind die Florida Keys eher etwas enttäuschend: Statt spektakuläre Szenerien durchfährt man meist einen nicht enden wollenden Wald von Reklameschildern, Motels, Schuppen und Gebäuden, und nur selten erblickt man das Meer.

Auf den langen Brücken allerdings, vor allem auf der Seven Mile Bridge, die ihren Gipfelpunkt mit 25 m über dem Meer erreicht, überkommt einen das Gefühl mit dem Wagen zwischen Himmel und Meer zu schweben. Zur linken Seite dehnt sich der zumindest in Strandnähe türkisfarbene Atlantik aus, zur Rechten blickt man auf den Golf von Mexiko. Dies ist auch das Bild, welches das Klischee der Keys maßgeblich prägt. Ihre Schönheit entdeckt man erst, wenn man von der Hauptstraße abbiegt und eventuell mit einem Boot die Inselkette von der Seeseite genießt.

info

MM – die Meilen-Markierung

Über die Keys, Inseln aus Kalk- und Korallengestein, die inmitten der drittgrößten Korallenriffe der Erde liegen, führt als einzige Hauptverbindungsstraße der Interstate 1, auch Overseas Highway genannt. So genannte *mile markers*, **abgekürzt als MM**, geben die jeweilige Meilen-Entfernung nach Key West an. Wenn man von Norden kommt, passiert man als ersten *mile marker* den MM 106, hier beginnen dann offiziell die Florida Keys. Davor gibt es schon den MM 126 von Florida City auf dem Festland. Diese grünen Schilder begleiten den Reisenden bis nach Key West (MM 0).

Die Adressen von Hotels, Motels, Geschäften, Stränden und Sehenswürdigkeiten werden nach der Lage zum nächsten *mile marker* angegeben; somit ist eine sehr leichte Orientierung möglich. Verfeinert wird das System, indem die Lage zum Ozean (also nach Süden) oder nach Norden (zur Florida Bay) kurz angegeben wird: **B/S** bedeutet *Bay Side* und meint die dem Golf (Florida Bay) zugewandte Seite, **O/S** bedeutet *Ocean Side*, also die dem Atlantik zugewandte Seite.

Unterwegs nach Key West

☞ **Hinweis**
Vermeiden sollte man die Anreise am Freitagnachmittag bzw. am Samstag. Denn viele Floridianer zieht es am Wochenende zu den Inseln, sei es zum Angeln (weniger zum Baden) oder zum „High Life" in Key West. Dann wird der Overseas Highway zu einer nicht endenden Qual: Im Tempo von 20–40 km/h kriecht die Blechlawine westwärts Rich-

Traumziel Keys

tung Keys. Das Gleiche spielt sich während der Hauptrückreisezeit am Sonntagnachmittag ab.

Vom Everglades National Park fährt man über Florida City entweder auf die US 1, die über die Florida Keys gleich nach Key West führt, oder aber man unternimmt einen Abstecher zum Biscayne National Park.

Biscayne National Park

Dieser über 700 km² große, 1980 eingerichtete Nationalpark bietet, wie der nachfolgend aufgeführte **John Pennekamp Coral Reef State Park**, einen hervorragenden Einblick in die Welt der Korallen, die aber leider zunehmend von Umweltgiften angegriffen werden. Nur 18 km² (4 %) des Parks bestehen aus Landfläche, davon der überwiegende Teil aus der Koralleninsel Elliott Key.

Welt der Korallen

Der Name verrät es bereits, auch diese Insel sowie die 44 weiteren kleinen Inseln im Park haben eine enge geologische Verwandtschaft zu den Keys weiter südlich und bestehen ebenfalls aus fossilen Resten eines alten Korallenriffs. Im Parkgebiet spürt man schon einen Hauch des karibischen Klimas: Meeresluft und Wärme schmeicheln besonders im Winter.

Schon 1513 segelte der Spanier Juan Ponce de León durch das Gebiet der Biscayne Bay, um die Quelle der ewigen Jugend zu suchen. Im 17. und 18. Jh. sanken hier viele spanische Schiffe. Allein 1733 gerieten 19 spanische Segelschiffe in einen Hurrikan und gingen samt ihrer Goldfracht unter. Danach siedelten auf den Keys Fischer und Mahagoni-Holzfäller. Mahagoni wurde damals in großen Mengen für den Schiffsbau benötigt. Nachfolgende Siedler rodeten die Landflächen, um Zitronen und Ananas anzubauen. Und um 1900 kamen Taucher, um nach Schwämmen Ausschau zu halten.

Siedlungsgeschichte

Um den Biscayne National Park zu erleben, sollte man mit mindestens einen Tag einplanen. Abgesehen von den Mangrovenwäldern an der Küste finden sich die interessanten Dinge nur auf den Inseln und vor allem unter Wasser. Während die Koralleninseln nur etwas „natürlicher" veranschaulichen, was es auch auf den Keys weiter südlich zu sehen gibt, sind es vor allem die Korallenriffe, die es zu erkunden gilt. Das geht am besten beim Schnorcheln oder Tauchen.

Ein Tag Minimum

Diese zeitaufwendige und z. T. etwas umständliche Erkundung hat auch einen großen Vorteil: Der Biscayne National Park gehört zu den am wenigsten besuchten Parks in den USA. Hat man sich also erst einmal zu einer Tour entschlossen – besonders auch einer eigenständigen mit einem Kanu –, dann wird man die Keys so erleben, wie man es in dieser Form nirgends mehr machen kann. Eines aber ist auch auf diesen Inseln nicht mehr rechtzeitig erhalten worden, und zwar der Hartholzwald. Diesen haben bereits die Spanier und später vor allem die Schiffsbauer nahezu abgeholzt. Die Bäume, die man heute noch zu sehen bekommt, sind sogenannter Zweitwuchs und großenteils von Menschen hier angepflanzt bzw. ungewollt eingeschleppt worden.

Sehr wenig besucht

Fast karibische Verhältnisse

Tolle Tierwelt! Mit etwas Geduld und Spürsinn kann man sich auch an der **Tierwelt** des Parks erfreuen. Besonders die Meerestiere sind beeindruckend. Seekühe, Delfine, bis zu 2 m lange und 700 kg schwere Meeresschildkröten sowie eine einzigartige Artenvielfalt an Fischen, von Haien über Barrakudas bis hin zu den kleinen, bunten Tropenfischen, gibt es in den Gewässern des Parks und vor allem am Riff zu sehen. Zu den über 240 **Vogelarten** gehören Pelikane, Reiher und zahlreiche Seevögel (z. B. alleine 6 Möwenarten), von denen letztere ihre Nester auf den Inseln bauen.

Seit 1985 umfasst das Parkgebiet auch die berühmte Siedlung **Stiltsville**, eine Gruppe von hölzernen Pfahlbauten, die seit den 1930er-Jahren ursprünglich von Fischern errichtet wurden und eine Meile südlich vom Cape Florida über dem Wasser zu schweben scheinen. Von den einst bis zu 27 Häusern sind nach dem Hurrikan Andrew im Jahr 1992 nur noch sieben Gebäude übrig geblieben. Stiltsville ist nicht öffentlich zugänglich, kann aber im Rahmen organisierter Bootstouren besucht werden.

info

Korallen

Riffe werden von den ineinander gehakten und verkrusteten Skeletten von Korallen, Algen und Schalentieren gebildet. Sie unterstützen die vielfältige Gemeinschaft von Riff bewohnenden Pflanzen und Tieren und bilden ein Gleichgewicht zwischen Leben und Zerstörung. Das Riff lebt nur, solange die Polypen leben – aber es wächst nur, wenn sie sterben.

„Star-Architekten" sind die winzigen, geleeartigen Korallenpolypen, Verwandte der Seeanemonen, die die Fähigkeit besitzen, Kalzium aus dem Meer aufzunehmen und es auch wieder abzugeben. Nicht weniger wichtig sind die verkrusteten kalkhaltigen Algen, welche die Korallen einzementieren, und die Winde und Wellen, die die Entstehung und den Verfall organischen Lebens rund um das Korallenfachwerk physikalisch verdichten. Die Kräfte, die das Riff zerstören und zerreißen, sind damit die gleichen, die das Riff bilden.

Die Korallenpolypen werden von zementierenden Algen erstickt, donnernde Wellen tun ihr übriges und zerren an dem Korallen-Festungswall, brechen große Blöcke heraus und zermahlen sie zu Geröll. Weniger augenscheinlich, aber nicht weniger wichtig ist die unnachgiebige Aktivität der Riffbewohner selbst. Algen, Würmer, Schalentiere, Seesterne und Schnecken sind ständig an der Arbeit, bohren an der sich verfestigenden Koralle, zerstören sie, mahlen sie zu einem feinen Sand, welcher wieder in ständigem Wechsel durch Wind und Wellen vor anderen Stützpfeilern des Riffs abgelagert wird.

Die meisten Polypen haben die Form eines kleinen zylindrischen Beutels aus fleischartiger Zusammensetzung mit einer Gruppe von Tentakeln auf dem Kopf, die sofort eingezogen werden, wenn das Lebewesen sich angegriffen fühlt. Die Fangarme dienen sowohl der Verteidigung als auch zum Heranspülen von Kleinstorganismen (Plankton).

Nahrung nehmen die Polypen üblicherweise nur nachts auf. Dadurch bleiben viele Korallen tagsüber farblos und fahren ihre Fühler nicht aus. Die Tentakel spülen die Beute in den Schlund, bzw. durch die Wasserbewegung wird das Plankton angespült und durch den Schlund in eine Art Magen bewegt. Hier werden die verwertbaren Teile verdaut und die Restteile wieder ausgeschieden. Wenn man bedenkt, dass die kleinsten Polypenarten kleiner als 1 mm sind, sind die Größen der Fangarme bzw. des Magens schwer vorstellbar.

Früher war man sich nicht einig, ob die Koralle den Pflanzen oder den Tieren zuzuordnen sei. Sextus Empiricus, ein griechischer Physiker und Philosoph des

Ein echtes Erlebnis: Schnorcheln am Elkhorn Reef

4. Jh., war der erste Wissenschaftler, der sich für das Leben der Korallen interessierte und feststellte, sie seien Tiere mit mehr oder weniger pflanzlichem Aussehen und Charakter. Tausend Jahre später wurde die Koralle von den meisten Forschern als eine Pflanze angesehen, und nur wenige benutzten die lächerlich anmutende Bezeichnung „Koralleninsekt", um dieses Naturphänomen zu beschreiben. Erst im Jahre 1744 entdeckte der französische Biologe Peysomel bei der Untersuchung von Korallen an der nordafrikanischen Küste, dass diese blumenähnlichen Organismen in Wirklichkeit Fleisch fressende Tiere sind. Unglücklicherweise wurde seine Entdeckung nicht anerkannt, und man verspottete ihn sogar. Einem jungen Landsmann – Reaunur – blieb es vorbehalten, die Lebewesen als Polypen zu bezeichnen.

Eine mögliche **Korallen-Klassifikation**:
- **Weichkorallen**: Sie haben meist abgerundete Formen und kleben an Steinen fest.
- **Ast- und Zweigkorallen**: Sie sind fest und verzweigen sich ständig weiter.
- **Stechende Korallen**: Diese Korallen rufen bei Berührung einen unangenehmen Juckreiz hervor.

Sich aktiv um den Erhalt der Korallenbänke zu kümmern ist auch bei Kurzaufenthalten auf den Keys möglich. **Keys Voluntourism** wendet sich an Leute, die ihren Urlaub in den Dienst einer guten Sache stellen möchten und vermittelt Freiwillige z. B. an die Coral Restoration Foundation, *www.keysvoluntourism. com.*

Reisepraktische Informationen Biscayne National Park

Da der Großteil des National Parks aus Wasserfläche besteht, ist er am besten mit einem (eigenen) Boot zu erkunden. Die Parkverwaltung bietet derzeit allerdings nur wenige Aktivitäten auf oder im Wasser an, verweist aber auf ihrer Homepage auf kommerzielle Anbieter. Einen Park-Konzessionär, der im Sinne der Nationalparkbehörde die touristischen Erkundungen lenkt, ist momentan nicht vorhanden.

ℹ️ Information
Convoy Point & Dante Fascell Visitor Center (Headquarter und Visitor Center), *Biscayne Nat. Park, 9700 SW 328 St., Homestead, FL 33033, ca. 15 km östlich von Homestead, ① (305) 230 1144, www.nps.gov/bisc. Öffnungszeiten: tgl. 7–17.30 Uhr. Das Visitor Center (9–17 Uhr) bietet zahlreiche Anschauungsobjekte zum Thema Korallen und Unterwasserwelt. Zudem wird ein Film gezeigt. Während der Hochsaison (hier von Nov. bis Anfang Mai) werden Ranger-Programme (Vorträge, Rundgänge usw.) durchgeführt.*

🕐 Öffnungszeiten
Das Wasser-Gebiet des Parks ist das ganze Jahr 24 Stunden offen. Adams Key ist von 8 Uhr bis Sonnenuntergang geöffnet.

☞ Anfahrt
Der wenig besuchte Park ist nur spärlich bzw. mit sehr kleinen Zeichen ausgeschildert.

Das Fascell Visitor Center

Von Miami: *Vom US 1 nimmt man den Exit S. W. 137th Ave. und folgt dieser nach Süden (später übergehend in Tallahassee Rd. bis zum North Canal Dr.). Diesen fährt man nach Osten bis zum Convoy Point Visitor Center. Vom Florida Turnpike aus nimmt man den Exit 6 und folgt, wie oben beschrieben, der Tallahassee Rd. sowie dem North Canal Dr.*
Von Homestead: *Sowohl von der US 1 als auch vom Florida Turnpike aus den Exit S. W. 328th St. nehmen. Man folgt der 328th St., die übergeht in den North Canal Drive, nach Osten, bis man zum Convoy Point Visitor Center gelangt.*

Übernachten

Am Besucherzentrum gibt es keine Hotels. Die nächsten Hotels liegen in Homestead, wobei entweder ein Tagesbesuch von Miami aus oder aber eine anschließenden Übernachtung in Key Largo empfehlenswert ist.

Camping

Es gibt zwei einfache Campingplätze auf den Keys, die nur per Boot erreichbar sind: einen am Elliott Key und den anderen auf der kleinen, nördlich davon gelegenen Insel Boca Chita Key. $ 15/Nacht. Für die Bootsanreise muss man selbst sorgen.

Bootstouren

Miami Ocean Rafting, *1574 Washington Ave., Miami Beach, FL 33139, ☎ (305) 877 7230, www.miamioceanrafting.com. Boots- und Schnorchelausflüge in den Biscayne National Park.*
Ocean Force Adventures, *Miami Beach Marina, 300 Alton Rd., Pier E, Miami Beach, ☎ (305) 372 3388, http://oceanforceadventures.com. U. a. Bootsausflüge nach Stiltsville.*
Tropic Scuba, *(305) 669 1645, http://tropicscuba.com. Privat buchbare Bootstouren und Tauchgänge, letzteres mit über 25-jähriger Erfahrung.*

Kanu und Kajak

Ein Erlebnis ganz eigener Art ist die Erkundung der Küstenmangroven mit einem Kanu oder Kajak. Um aber z. B. zum Elliott Key zu paddeln, bedarf es einer guten Kondition, denn vom Convoy Point bis zum Elliott Key Visitor Center sind es 14 km. Unabhängig davon, wie weit man fahren möchte, ist ein früher Aufbruch dringend anzuraten, denn die Mittagshitze kann extrem sein.

Derzeit bietet die Parkverwaltung keinen Kanu- und Kajak-Verleih an. Über geführte Touren (meist Ende Nov. bis April) kann man sich unter www.nps.gov/bisc/planyourvisit/guided-canoe-and-kayak-trips.htm oder ① (786) 335 3612 informieren.

Schnorchel- und Tauchtouren

*Schnorcheln und Tauchen sind sehr beliebt in den Korallenriffen des Parks. Es sei aber darauf hingewiesen, dass es nur für Geübte empfehlenswert ist. Schnorchelausflüge in den Biscayne National Park bietet z. B. **Miami Ocean Rafting** an, **Tropic Scuba** ist in Sachen Tauchen der Experte. Siehe auch „Bootstouren".*

Beste Reisezeit

Aufgrund der Sommerhitze und der Moskitoplage beschränkt sich die empfehlenswerte Reisezeit auf die Monate November bis Anfang Mai. Zu jeder Jahreszeit sollte man aber Insektenmittel dabeihaben. Die meisten Besucher kommen von Januar bis April und von Juli bis September.

John Pennekamp Coral Reef State Park, MM 102

Auf dem Weg nach Key West kann man nun – falls man den Biscayne National Park nicht besucht hat – kurz hinter Homestead die US 1 wieder verlassen, um auf die State Route 905 nach links einzubiegen. Über eine gebührenpflichtige Brücke, die über den Barnes Sound führt, erreicht man den nördlichen Teil von Key Largo. Auf Key Largo macht die Straße 905 einen scharfen Knick nach rechts (Süden). Kurz darauf erreicht man den John Pennekamp Coral Reef State Park.

Dieses Unterwasser-Naturschutzgebiet umfasst eine Fläche von 34 km Länge und 13 km Breite. Insgesamt sind etwa 460 km² unter Naturschutz gestellt. Ein Teil dieses Gebietes ist Korallenriff, knapp 10 km vom Ufer seewärts gelegen. Diese Korallen gehören zu einer Riffkette, die in der Höhe von Fort Lauderdale beginnt und sich über 300 km entlang der Küste bis zu den unteren Keys hinzieht. Benannt wurde der Park nach dem Reporter John Pennekamp, der sich als Mitarbeiter des *Miami Herald* stets für den Naturschutz der Everglades sowie der Florida vorgelagerten Korallenriffe einsetzte.

! Wichtig!

*Die unterseeischen Korallenriffe sind wohl die faszinierendsten Bereiche der Meereslandschaft, sehr empfindlich und einzigartig in ihrer Schönheit, deshalb ist das **Herausbrechen von Korallen nicht erlaubt**! Es wird an das Verantwortungsgefühl der Taucher appelliert, dieses sensible Ökosystem nicht zu zerstören. Außerdem kann man bei der Ausreise aus den USA und der Einreise ins Heimatland große Probleme bekommen.*

Man sollte unbedingt die Fahrt mit dem Glasboden-Boot zum knapp 10 km vorgelagerten Molasses Reef unternehmen, um einen Eindruck von der Zauberwelt der Korallen zu gewinnen. Die Schnorcheltouren werden von erfahrenen Tauchern begleitet. Wer noch nie geschnorchelt ist, hat hier gute Gelegenheit, dies zu lernen. Auf „Snorkel and Diving"-Touren kann man zur etwa 2,7 m großen Unterwasser-Christus-Statue („Christ of the Deep") gelangen, die in 7 m Tiefe, vom Korallenriff umgeben, steht.

Reisepraktische Informationen John Pennekamp Coral Reef State Park

Informationen
John Pennekamp Coral Reef State Park, *MM 102,5 (von Miami aus kommend links), ☎ (305) 451 1202 oder (305) 451 6300, www.floridastateparks.org/pennekamp, www.pennekamppark.com. Öffnungszeiten: Visitor Center täglich 8–17 Uhr; der State Park ist bis Sonnenuntergang geöffnet. Im Visitor Center befindet sich eine gute Ausstellung über Korallen, Fische, Mangroven und die Florida Keys. Ebenso vermittelt ein großes Aquarium einen Eindruck von Korallenriffen. Eintritt: $ 8/Wagen (2–8 Personen).*

Camping
Es gibt 47 Stellplätze, ausgestattet mit Wasser- und Elektrizitätsanschluss, $ 36 pro Campsite (max. 8 Personen). Infos unter ☎ (1-800) 326 3521.

Aktivitäten
Glasboden-Boote *verkehren 3-mal täglich zum Riff (9.15/12.15/15 Uhr), Dauer: 2 ½ Std., Erw. $ 24, Kinder (4–11 J.) $ 17.*
Schnorcheltouren *tgl. Abfahrtszeiten 9/10.30/12/13.30/15/16.30 Uhr, Dauer: 2 ½ Std., Erw. $ 29,95, Kinder unter 18 J. $ 24,95. Zweimal tgl. (9/13.45 Uhr) werden auch 4 ½-stündige Touren angeboten, $ 38,95. Schnorchel-Equipment kann ausgeliehen und ein Guide dazugebucht werden (Zusatzkosten: $ 30).*
Scuba Diving, *Tauchgänge für $ 75 p. P., Tauch-Equipment kann mitgebracht oder ausgeliehen werden. Tauchkurse und Zertifikate mögl., ☎ (305) 451 6322.*
Ein **Kanu** *kostet $ 20 pro Stunde, ein Kajak (Single) $ 12. Auch für halbe oder ganze Tage mietbar.*
Voranmeldung und Infos für alle Touren: *John Pennekamp Coral Reef State Park, ☎ (305) 451 6300, www.pennekamppark.com.*

Key Largo

Zu „Berühmtheit" gelangte die Insel durch Filmszenen im Film „Key Largo", in dem Humphrey Bogart und Lauren Bacall mitspielten (1948). Damals hieß sie noch Rock Harbor, benannte sich dann aber in Key Largo um, damit man von dem Film-Image profitieren konnte. Die Szenen mit den berühmten Schauspielern wurden damals aber ausschließlich in den Hollywood-Studios gedreht, Bogart selbst war nie in Key Largo. Ganz in der Nähe des Holiday Inn erinnert die „African Queen" an die glorreichen Filmzeiten.

Filmkulisse

Die Insel ist der erste Florida Key, hier leben etwa 11.000 Menschen. Die Infrastruktur des beiderseits des Overseas Highway gelegenen Ortes ist ganz auf den Tourismus eingestellt. Der Ort eignet sich für Übernachtungen, wenn man vom Everglades National Park kommt und von hier den oben beschriebenen John Pennekamp Coral Reef State Park besuchen möchte.

info

Schwimmen mit Delfinen

Dieses Thema wurde bereits in vielen Zeitungsberichten und TV-Sendungen einem breiten Publikum nahe gebracht. Seit dem Spielfilm und der TV-Serie „Flipper", die in den 1960er Jahren gedreht wurden, werden Delfine als sehr „menschennah" wahrgenommen. Und dieser Tatsache nehmen sich verschiedene Unternehmungen an den Keys an:

MM 102 BS: Dolphins Plus Bayside, 101900 Overseas Hwy., Key Largo, ☎ (305) 451 4060, www.dolphinsplus.com. Es wird eine Vielzahl an Programmen angeboten, bei denen man den Delfinen auf verschiedene Weise näher kommen kann, darunter das *Structured Swim Program*, bei dem man die Tiere berühren

darf, Schwimmen oder Malen mit Delfinen oder auch das *Trainer for a Day*-Programm, bei dem man einen ganzen Tag mit den Tieren verbringt und mehr über ihre Pflege und ihr Training lernt.

MM 99.5 OS: Dolphins Plus Oceanside, 31 Corinne Pl., Key Largo, ☎ (305) 451 1993, www.dolphinsplus.com. Angebot siehe oben.

MM 84.5: Theater of the Sea, 84721 Overseas Hwy., Islamorada, ☎ (305) 664 2431, http://theater ofthesea.com. Auch hier gibt es verschiedene Möglichkeiten, einem Delfin näher zu kommen, z. B. mit ihm zu schwimmen. Aber auch anderen Tieren (Seelöwen, Meeresschildkröten, Rochen oder Ammenhaien) kann man im Theater of the Sea begegnen.

MM 61 OS, Dolphin Connection at Hawks Cay Resort, 61 Hawks Cay Blvd., Duck Key, ☎ (305) 289 9975, www.dolphinconnection.com. Hier fördern Meeresbiologen das Verständnis für Delfine und ihren Schutz. Man kann in einer Lagune mit den Tieren schwimmen oder sie von einem Steg aus im Wasser anfassen und füttern.

MM 59: Dolphin Research Center, 58901 Overseas Hwy., Grassy Key, ☎ (305) 289 0002, www.dolphins.org. Diese Non-Profit-Organisation bietet sowohl ein interaktives Schwimmprogramm mit Delfinen als auch den *Dolphin Dip* an, bei dem man auf einer abgesenkten Schwimmplattform steht und zu den Delfinen Kontakt aufnimmt.

Reisepraktische Informationen Key Largo

 Information
Key Largo Visitor Center, *MM 106, gleich am Ortseingang, ☎ (1-800) 822 1088, www.floridakeys.org, geöffnet 9–18 Uhr, hier gibt es Infos zu den gesamten Keys.*
Key Largo Chamber of Commerce, *106000 Overseas Highway, Key Largo, ☎ (305) 451 1414.*

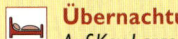 **Postamt**
Auf der Höhe MM 100/Bayside, ☎ (305) 451 3155.

Übernachtung
Auf Key Largo gibt es entlang des Overseas Hwy. eine Vielzahl von Hotels und Motels. Hier eine kleine Auswahl:
Marina Del Mar Resort and Marina $$$, *MM 100, 527 Caribbean Drive, ☎ (305) 451 4107, www.marinadelmarkeylargo.com. Die Anlage liegt an der Atlantikseite und eignet sich aus diesem Grunde gut für Taucher. Mit Swimmingpool.*
Kona Kai Resort $$$$, *97802 Overseas Hwy., ☎ (305) 852 7200, www.konakai resort.com. Schöne Zimmer, umgeben von tropischen Pflanzen, Pool mit Meerblick – ein wahre Oase der Ruhe. Die Besitzer, das Ehepaar Harris, sind Kunstliebhaber und stellen in ihrer Galerie Werke floridianischer Künstler aus (www.g-k-k.com).*
Largo Resort $$$$$, *101740 Overseas Hwy., ☎ (305) 451 0424, www.largolodge. com. Luxuriöses Resort mit gepflegtem Palmen- und Orchideengarten.*
Key West Inn $$–$$$, *MM 100, 201 Ocean Drive, ☎ (305) 451 5081, www.stay-keywesthotels.com. Geräumige Suiten mit Küche.*
Hilton Key Largo Resort $$$$– $$$$$, *MM 97, 97000 Overseas Hwy., Reservierung ☎ (1-888) 871-3437, Hotel direkt ☎ (305) 852 5553 505, www.keylargoresort. com. Schöne tropische Ferienanlage mit 200 Zimmern, zwei Pools, Tennisplatz, Hafen und weißem Strand.*
Jules Verne's Undersea Lodge $$$$$, *MM 103.5, 51 Shoreland Dr., ☎ (305) 451 2353, www.jul.com. Dieses Hotel mit nur zwei Zimmern ist ein Unikum: Es liegt 10 m unter dem Meeresspiegel. Nach dem Abtauchen findet man Hotelkomfort mit TV, Telefon und Stereoanlage. Das Essen kommt in wasserdichten Koffern. Man ist von einer tropischen Fischwelt umgeben (inkl. Taucherausrüstung), Anmeldungen mindestens einen Monat vorher.*

Ein besonderes Erlebnis: die Undersea Lodge

⚠ Camping

American Outdoors at Key Largo: *voll ausgestattet für Wohnmobile, Sandstrand, schattige Plätze, die durch Büsche und Bäume voneinander getrennt sind; nahe MM 98; Adresse: 97450 Overseas Hwy., ② (305) 852 8054, http://www.florida parks.com/floridacampgrounds/americaoutdoors.htm. Bootsvermietung, Windsurfen, Angeln.*

🍴 Restaurants

The Fish House, *MM 102.4, 102401 Overseas Hwy., ② (305) 451 4665, www.fishhouse.com. Hervorragende Fischgerichte mit den Gewürzen der westindischen Inseln verfeinert. Täglich kommt der Fang quasi durch die Hintertür herein, das Lokal wird von lokalen Fischern bedient. Die Atmosphäre ist locker-leger – den Gast erwartet keine Eleganz, dafür aber sagenhafte Frische. Wie wäre es mit Coconut Shrimps, einem Florida Lobster oder dem tagesfrischen Fang auf Jamaica-Art („Jamaican „Jerk" style catch")?*

Mrs. Mac's Kitchen, *MM 99.4, 99336 Overseas Hwy., ② (305) 451 3722, www.mrs macskitchen.com. Sehr rustikale Möglichkeit, frischen Fisch und Steak zu genießen. Seit den 1950er-Jahren, als hier nur lokale Fischer einkehrten, fast unverändert – eine wahre Institution! Die Küche ist amerikanisch orientiert. Nicht zu verachten ist das Mahi-Mahi-Filet mit einer würzigen Tomatensauce, schwarzen Bohnen und Reis. Preiswert. Seit 2012 gibt es einen Ableger,* **Mrs. Mac's Kitchen II.**, *99020 Overseas Hwy., auch für Vegetarier und Veganer geeignet.*

Marker 88, *MM 88, ② (305) 852 9315, www.marker88.info. Mehrfach prämiertes Gourmetrestaurant zu vergleichsweise moderaten Preisen. Über 300 verschiedene Weine und 60 Biere stehen zur Auswahl.*

🍸 Bar

Caribbean Club, *MM 104 am Overseas Highway, nicht zu verfehlen, ② (305) 451 4466, www.caribbeanclubkl.com. Hier wurde der Film „Key Largo" mit Humphrey Bogart, Lauren Bacall und Edward G. Robinson gedreht. In dieser urigen Bar kann man von der Veranda aus bei einem Bier und Pizza den Sonnenuntergang genießen. Interessant ist übrigens auch die Geschichte von Bar und ehemaligem Hotel, die an den Wänden anhand von Fotos und Zeitungsartikeln eindrucksvoll erläutert wird.*

🎁 Einkaufen

Pink Junktique, *MM 98.2 (auf den pinken Flamingo achten!), ② (305) 853 2620, tgl. 10–17 Uhr. Der Name lässt es bereits vermuten: in dem pinken Haus gibt es ein wunderbares Sammelsurium aus alten Möbeln, Schmuck und Vintage-Kleidung. Ein Traum zum Stöbern.*

Upper Matecumbe Key – Islamorada

Zwischen Key Largo und Islamorada liegt die erste größere Brücke, die die Keys miteinander verbindet. Hier kann sich beim Besucher erstmals das Gefühl einstellen, von Insel zu Insel zu fahren. Auf Islamorada befindet sich auch das täglich geöffnete **Theater of the Sea**. Bestaunt werden können Haie und tropische Fische, u. a. Papageienfische; auf die Delfinshow kann man verzichten, wenn man im Seaquarium von Miami war oder in Orlando Seaworld besuchen möchte.

Ideal zum Angeln: ein Bootsausflug von Islamorada

Theater of the Sea, *MM 84.5, 84721 Overseas Hwy., Islamorada, ☾ (305) 664 2431, http://theaterofthesea.com, tgl. 9.30–15:30 Uhr (Öffnungszeiten Ticket Counter), Erwachsene $ 31,95, Kinder (3–10 J.) $ 21,95.*

In der Nähe liegt auch der **Lignumvitae Key**. Hier „gipfeln" die Florida Keys mit 5 m über dem Meeresspiegel. Lignumvitae erreicht man vom Upper Matecumbe Key mit einem Boot. Die kleine Insel liegt ca. 3 km im Golf und leitet ihren lateinischen Namen von einem Baum her, der hier auf Felsuntergrund wächst. Die Lignumvitae-Bäume wurden von den Spaniern als „Lebensbäume" bezeichnet, denen man die wundersamen Kräfte eines Jungbrunnens nachsagte.

Lebensbäume

Islamorada

Islamorada ist einer der besten Orte für Sportfischen, und das seit über 100 Jahren. Berühmtheiten wie Ted Williams (Amerikas legendärer Baseballspieler), Harry S. Truman, Jimmy Carter und George W. Bush haben hier geangelt. Mehr als 400 Kapitäne bieten ihre Dienste an, Angler auf See zu fahren.

Reisepraktische Informationen Islamorada und Umgebung

ℹ Information
Islamorada Visitor Center, *Mile Marker 83.2 B/S, ☾ (305) 664 4503, www.islamoradachamber.com.*
Lignumvitae Key Botanical State Park, *77200 Overseas Hwy., Islamorada, ☾ (305) 664 2540, https://www.floridastateparks.org/park/Lignumvitae-Key. Öffnungszeiten Do–Mo 9–17 Uhr. Der Park ist nur mit dem Boot zu erreichen, Eintritt $ 2,50. Verleih von Booten und Kajaks, außerdem geführte Touren an Robbie's Marina, Infos unter ☾ (305) 664 9814.*

Übernachtung

Casa Thorn B&B $$–$$$, 114 Palm Lane, Islamorada, ☎ (305) 852 3996, www.casathorn.com. *Gemütliches Bed&Breakfast mit 5 Zimmern unterschiedlicher Ausstattung, Pool. Sehr freundliche Gastgeber.*

Lookout Lodge Resort $$$, 7770 Overseas Hwy., MM 88, Islamorada, ☎ (305) 852 9915, www.lookoutlodge.com. *Direkt am Wasser gelegene Anlage, vermietet werden 10 Studios und Suiten mit 1 oder 2 Schlafzimmern, alle inkl. Küchenzeile. Kleiner Sandstrand mit Hängematte zum Entspannen, Kajak-Verleih und eigene Marina.*

Cheeca Lodge & Spa $$$$$, 81801 Overseas Hwy., MM 82, ☎ (844) 993 9713, www.cheeca.com. *Ein wahrlich exklusives Kleinod mit nur 86 Zimmern, direkt am Palmenstrand gelegen und entsprechend teuer.*

Restaurants

Lorelei Restaurant & Cabana Bar, MM 82.5, 81924 Overseas Hwy., Islamorada, ☎ (305) 664 2692, http://loreleicabanabar.com. *Diese schöne Strandbar offeriert u. a. frische Shrimps.*

Green Turtle Inn, MM 81.5, 81219 Overseas Hwy., ☎ (305) 664 2006, www.greenturtlekeys.com. *Restaurant, das auch Einheimische lieben. Es gibt viel Fisch, Fleisch und Salate. An manchen Abenden gibt es dazu Klaviermusik. Auch gutes Frühstück.*

Atlantic's Edge, MM 82, 81801 Overseas Hwy., ☎ (844) 993 9713, www.cheeca.com. *Hier erwarten den Gast fangfrischer Fisch und ein schöner Blick auf das Meer. Recht teuer. Auch Hotel (s. o. Cheeca Lodge).*

Tipps für Sportfischer

Florida Keys Outfitters, MM 81.2 Oceanside BS, 81219 Overseas Hwy., ☎ (305) 664 5423, www.floridakeysoutfitters.com. *Dieser Laden mit der angegliederten Florida Keys Fly Fishing School zieht Angler aus der ganzen Welt an. Ein 2-Tage-Kurs (mit Verpflegung, Instruktionen) kostet ca. $ 985.*

Bud N' Mary's Fishing Marina, MM 79.8, 79851 Overseas Hwy., ☎ (305) 664 2461, www.budnmarys.com. *Bootsvermietung und Angeltouren verschiedenster Art möglich. Der Traum jeden Anglers.*

Fishabout Charters, ☎ (305) 393 1245, www.floridakeysflyfish.com. *Captain Geoff W. Colmes bietet Halb- und Ganztagstouren an, die u. a. bis in die Küstengewässer der Everglades führen (starten von Flamingo). Ein Tag Everglades kostet z. B. $ 650.*

☞ Die NautiLimo – ein Cadillac auf dem Wasser

Wer Sinn für Spaß hat und Verrücktes sehen und erleben möchte, ist auf Islamorada genau richtig. Captain Joe Fox, Erfinder und Chauffeur, bietet Ausflüge mit einem ganz besonderen Fahrzeug an, der sogenannten „NautiLimo". Die NautiLimo ist die Replik einer Cadillac-Stretch-Limousine aus Fiberglas, die auf ein Boot montiert ist. Von außen sieht es aus, als ob ein Auto übers Wasser fährt. Angetrieben wird das Ganze von einem 100-PS-Yamaha-Motor. **Infos:** *Die NautiLimo fährt vor dem Lorelei Restaurant ab (MM 82, Bayside), Islamorada, Florida Keys, ☎ (305) 942 3793, www.nautilimo.com. Kosten (für 2 Personen): $ 60 für eine, $ 110 für zwei Stunden. Jeder zusätzl. Passagier $ 10 extra, die Limo fasst 1–6 Personen. „Sunset Cruises", Sightseeing-Touren u. a. möglich.*

⛵ Wassersport
Keys Cable Car, *59300 Overseas Hwy. (im oTHErside's Adventure Park), Marathon, Grassy Key, ① (305) 414 8245, http://keyscable.com. Fahrspaß & Action pur: Eine Art Schlepplift zieht Wakeboarder über den See. Eine halbe Stunde kostet $ 22, eine Stunde $ 32. Ab März tgl. 11–18 Uhr. Nach dem grünen X Ausschau halten!*
Paradise Hanggliding Inc., *83413 Overseas Hwy., Islamorada, ① (1-888) 946 4735, www.paradisehanggliding.com. Für abenteuerlustige Urlauber: Die Tourpakete Over/Under und Fly & Dive kombinieren einen Gleitschirm-Tandemflug mit einem anschließend folgenden Tauch- bzw. Schnorchel-Gang.*

Indian Key – Duck Key

Indian Key liegt auf der Höhe des MM 78, etwa 3 km im Atlantik. Hier befand sich im 18. Jh. ein Hauptquartier der „Wreckers", jener legendär gewordenen Wrackplünderer, die von ihrer Beute lebten. 1770 gab es auf Indian Key ein Massaker zwischen Indianern und schiffbrüchigen Franzosen: 400 Franzosen sollen dabei unzählige Calusa-Indianer getötet haben. 1836 wurde Indian Key – mittlerweile über einen Hafen verfügend – zum ersten Sitz des Dade County. Anfang August 1840 bäumten sich die Indianer unter ihrem Häuptling Chekika auf: Sie zerstörten alle Bauten und töteten einige Weiße.

Ort der Wrack-Plünderer

Reisepraktische Informationen Indian Key – Duck Key

🛏 Übernachtung
Hawks Cay Resort $$$$, *MM 61, 61 Hawks Cay Blvd. Duck Key, ① (305) 743 7000, www.hawkscay.com. Die Hotelanlage gehört zu den luxuriösesten und gleichzeitig schönsten auf den Keys. Palmen, eine feine Sandbucht, vielfältige Möglichkeiten für Wassersport etc. lassen keine Wünsche für einen aktiven, erholsamen Aufenthalt offen, Tennisplatz. Familienfreundlich.*

☞ Schwimmen mit Delfinen
Das **Dolphin Research Center** *(58901 Overseas Hwy., www.dolphins.org, Grassy Key, ① (305) 289 0002) ermöglicht das Schwimmen mit diesen gutmütigen und geschickten Tieren und informiert über alle Aspekte eines Delfin-Lebens. Tgl. 9–16.30 Uhr geöffnet. Eintritt: Erw. $ 25, Kinder (4–12 J.) $ 20, Schwimmen mit Delfinen ca. $ 199 p. P. Reservierung empfohlen!*

Seven Mile Bridge

Diese mit 11 km längste Brücke, die hinter dem Knight's Key beginnt und auf dem Ohio Key endet (dazwischen fußt dieses gigantische Bauwerk auf einem Mini-Key), gipfelt an ihrem Scheitelpunkt 25 m über dem Meer. Hier stellt sich das Gefühl ein, zwischen Himmel und Wasser sozusagen in ein „Nichts" zu fahren. Diese Brücke prägt das Klischee-Bild der Florida Keys in Büchern und Prospekten, sodass man geneigt ist anzunehmen, überall entlang der Keys sähe es so aus.

Zwischen Himmel und Meer

Die längste der Brücken über die Keys: Seven Mile Bridge

Die Seven Mile Bridge war Höhepunkt der Eisenbahnstrecke nach Key West, die der Eisenbahnmagnat Henry Morrison Flagler im Rahmen seiner Florida East Coast Railway nach Süden trieb. Am 22. Januar 1912 rollte der schon 82-jährige ehrgeizige Geschäftsmann mit dem Zug in Key West ein.

Pigeon Key

Etwa 3,5 km westlich von Marathon – unterhalb der Autobrücke – liegt die winzige, gerade einmal 2 ha große Insel Pigeon Key, die von 1908 bis 1935 der Eisenbahngesellschaft als Stützpunkt und als natürlicher „Brückenpfeiler" diente. Mehrere Gebäude aus der Zeit zwischen 1912 und 1920 zeugen von dieser Wirtschaftsperiode und sind heute ins *National Register of Historic Places* aufgenommen worden. Auch nach der Stilllegung der Eisenbahn hatte Pigeon Key Bedeutung. Bis 1953 befand sich hier die Brückenzollstation für die mittlerweile auf der Eisenbahntrasse geführte Straße, und später unterhielt das meeresbiologische Zentrum der Universität von Miami hier 30 Jahre lang eine Station.

Derzeit ist Pigeon Key nur per Fähre zu erreichen, der Zugang via Old Seven Mile Bridge (Teil des geplanten *Florida Keys Overseas Heritage Trail, www.floridastateparks. org/trail/Florida-Keys*) ist momentan nicht möglich.
Infos: Pigeon Key Foundation & Marine Science Center, ✆ *(305) 289 0025. www.pigeonkey.net. Gift Shop und Abfahrt der Fähre am MM 47, 1 Knights Key Blvd., Marathon. Die historischen Touren nach Pigeon Key starten hier dreimal tgl. um 10, 12 und 14 Uhr. Rückfahrt von Pigeon Key um 12.20, 14.20 und 16 Uhr. Reservierung für die Fähre unter ✆ (305) 743 5999, Erw. $ 12, Kinder (5–13 J.) $ 9.*

Bahia Honda

Der wohlklingende Name leitet sich aus dem Spanischen ab und bedeutet „tiefe Bucht". Aus diesem Grunde war der Bau der Bahia Honda Bridge wesentlich teurer als der der viel längeren Seven Mile Bridge. Hier gibt es sehr schöne, von Palmen bestandene, weiße Strände im Bereich des Bahia Honda State Park (MM 36.5). Die Wasserqualität ist ausgezeichnet und die Luft- und Wassertemperaturen sind

Wärmster Ort der USA

die höchsten der kontinentalen USA. Bahia Honda liegt geologisch gesehen im Übergangsgebiet zwischen den nordöstlichen Koralleninseln und den südwestlichen Kalkinseln.

Reisepraktische Informationen Bahia Honda State Park

⚠️ **Camping**
Beim MM 36.5 kann man zum sehr schön gelegenen und ausgebauten **Bahia Honda State Park** *abbiegen. Hier befindet sich zweifelsohne der schönste Strand der Keys mit blaugrünem, glasklarem Wasser (leider liegt manchmal Seegras auf dem Strand). Der Campingplatz ist in einem Hammock am Sandspur Beach gelegen und bietet Schatten. Er ist ganz nahe zum herrlichen Strand und weiter von der verkehrsreichen US 1 entfernt. Ebenso gibt es hier einen kurzen Naturwanderweg (Nature Trail).* **Buchungsadresse:** *Bahia Honda State Park, 36850 Overseas Hwy., Big Pine Key, ☎ (305) 872 2353, https://www.floridastateparks.org/park/Bahia-Honda. Kosten: Eintritt $ 8 pro Auto zzgl. $ 0,50 p. P., Camping $ 36 Tag, Cabins $ 120–160.*

ℹ️ **Infos**
zu **Aktivitäten** *im Park wie Schnorcheln, Kajak- und Bootsverleih unter ☎ (305) 872 3210, www.bahiahondapark.com.*

Big Pine Key und National Key Deer Refuge

Interessant ist der Besuch des vom Bahia Honda State Park aus über einige Brücken erreichbaren Big Pine Key, der größten Insel nach Key Largo (Abzweigung in Höhe MM 33). Von hier aus gelangt man nach kurzer Fahrt (Hinweisschilder) zum National Key Deer Refuge.

Hier gibt es kleine, rehähnliche Tiere, die Key-Rehe, die eine Höhe von etwa 70 cm und eine Länge von etwa 90 cm erreichen. Diese so gar nicht ins tropische Florida passenden Tiere sind in der letzten Kaltzeit, als Gletscher die Wassermassen auf dem nordamerikanischen Kontinent eingefroren hatten und demzufolge der Meeresspiegel um etwa 7 m tiefer lag, über eine Landbrücke in diese wärmeren Regionen gekommen. Als das Klima milder wurde, sahen sich die Rehe eines Tages von Wasser umschlossen und entwickelten sich auf der nun entstandenen Insel weiter. In den vierziger Jahren gab es nur noch 50 Exemplare dieser niedlichen Tiere, da Jäger vor ihnen keinen Halt machten. Sie wurden dann unter Naturschutz gestellt, sodass ihre heutige Zahl auf 400–800 geschätzt wird. *Angepasste Florida-Rehe*

Im *Blue Hole* (Abzweigung MM 30, man folgt dem Key Deer Boulevard), einem kleinen Süßwassersee, leben Schildkröten und Alligatoren. Andere Tiere kommen hierher zum Trinken. Es gibt eine gute Aussichtsplattform. Auf dem Jack Waterson Wildlife Trail gelangt man in einen stillen Pinien- und Palmenwald (ca. 45 Minuten). **National Key Deer Refuge**, *28950 Watson Blvd., Big Pine Key, ☎ (305) 872 2239, www.fws.gov/nationalkeydeer. Das Visitor Center liegt am Key Deer Blvd., ca. ¼ Meile nördlich der Ampel auf Big Pine Key.*

Unterkunft

Barnacle Bed&Breakfast $$$, *1557 Long Beach Dr. (Abzweig am MM 33), Big Pine Key,* ☎ *(305) 872 3298, www.thebarnacle.net.* Schönes B&B mit Familienanschluss, Zimmern im Florida-Stil (auch ein Cottage mit Küche), ruhige Lage am Strand, ideal zum Entspannen.

☞ **Tipp: Kanu fahren und Angeln am No Name Key**

Etwas ab vom Weg, aber dafür umso lohnender: Eine Kanu-Tour bei Big Pine Kayak Adventures mit Captain Bill Keogh. Seit über zwei Jahrzehnten lebt er hier und kennt die Gegend wie seine Westentasche – u. a. ist er Autor des „The Florida Keys Paddling Guide". Angeboten werden zudem Angeltouren mit dem Katamaran. Start der Touren am **Old Wooden Bridge Fishing Camp** auf Big Pine Key, 1791 Bogie Drive. Anfahrt: von Miami kommend am MM 30 auf Big Pine Key rechts abbiegen (an der einzigen Ampel auf dem Key), rechts halten auf die Wilder Rd., nach ca. 1 Meile am Stoppschild links (Schild zum No Name Key), dann rechts auf den Watson Blvd. Das Camp liegt rechts, kurz vor der Brücke zum No Name Key (großes gelbes Kayak).

Info und Reservierung: *Captain Bill Keogh,* ☎ *(305) 872 7474, bigpine kayak@aol.com, www.keyskayaktours.com.*

Restaurant-Tipp: Wen das Paddeln hungrig gemacht hat: Im **No Name Pub** (30813 *Watson Blvd., Big Pine Key, (305) 872 9115, www.nonamepub.com)* nebenan kann man sich mit Salat, Sandwich oder Pizza stärken. Man kann schön im Garten sitzen oder drinnen – die Deko ist originell: Die Wände sind komplett mit 1-Dollar-Noten beklebt.

 ## Little Palm Island

Südsee-Idylle

Diese kleine, wunderschöne Insel ist nur von Little Torch Key (MM 28,5) per Boot oder Wasserflugzeug zu erreichen. 4,5 km von der Küste entfernt gelegen, erwartet den Gast hier ein tropisches Refugium: 28 Cottages mit jeweils 2 Suiten im Südseestil. Die Badezimmer sind mit mexikanischen Kacheln dekoriert. Viele Aktivitäten werden angeboten: Schnorcheln, Kanu- und Segelbootfahrten stehen obenan. Super Anlage, super Strände, sehr gutes Restaurant, und … entsprechend exklusiver Preis (☎ *(305) 872 2524 , www.littlepalmisland.com*).

Key West

„Key West – the last resort" bejubelten einst die Reiseführer die südlichste Stadt *Südlichste* der kontinentalen USA. Das letzte Paradies? Die Ankunft zumindest wirkt etwas *US-Stadt* desillusionierend: Sobald man auf dem Key ankommt, gabelt sich der Highway in den North und South Roosevelt Boulevard. An ihm liegen die einschlägigen Motels: Einheitsverschnitt mit fast steten Sonderangeboten aufgrund des Konkurrenzdrucks.

Erst wenn man sich dem alten Kern von Key West nähert, dessen Hauptstraße und gleichzeitig Flanierboulevard die **Duval Street** ist, entdeckt man liebevoll restaurierte alte Holzhäuser, von einem kaum zu entwirrenden Mischstil der Neuengland- und Bahamas-Architektur geprägt. Viele dieser z. T. sehr herausgeputzten alten Gebäude mit ihren Schatten spendenden Veranden sowie ihrer Lage inmitten tropisch-üppiger Vegetation wirken gerade wegen ihrer Über-Restaurierung nicht mehr authentisch. In den Seitenstraßen mag man dagegen mehr in Würde gealterte Häuser antreffen, die weniger Lack, dafür aber schon so manchen Besitzer überlebt haben und von verwilderten Tropengärten umgeben sind.

Key West zählt heute ca. 25.000 Einwohner und liegt 250 km südwestlich von Miami. Nach Kuba sind es gerade mal 145 km.

Auffallend und anregend ist das bunte Völkergemisch: Alte Hippies aus den Sechzigern und frühen Siebzigern tun, als sei die Zeit an ihnen vorübergegangen. Homo-Pärchen und neugierig umherstreunende Touristen, Fischer und Weltumsegler, Playboys und Lebenskünstler beleben die Straßenszenerie. All das erlebt man zum Beispiel beim Bummel entlang der Duval Street – der einzigen Straße in den USA, in der man vom Atlantik zum Golf von Mexiko spazieren kann! Das milde Klima und die herrlichen Sonnenuntergänge motivieren mehr zum Genuss denn zur Arbeit.

Key West, das im geografischen Schnittpunkt zwischen dem nordamerikanischen Kontinent und den Inseln der Karibik liegt, hat in der Vergangenheit so manch schöpferischen Geist angezogen: Harry S. Truman wählte den ehemaligen Piraten- *Schöpferische* ort zu seiner Winterresidenz und wohnte im „Little White House". Ernest He- *Geister* mingway lebte fast 10 Jahre hier, der Dramatiker Tennessee Williams ebenso. Der berühmte Ornithologe James Audubon zeichnete in Key West seine fast naturidentisch-genauen Vogelbilder.

Redaktionstipps

▸ **Übernachten:** Nach wie vor erste Adresse wegen seiner Lage und Aussicht auf das Meer ist das „Pier House". Gediegen und historisch wohnt es sich z. B. im „Amsterdam's Curry Mansion Inn".

▸ **Unternehmungen/Aktivitäten:** zu Fuß die Duval und Whitehead Street entlanglaufen (S. 221) – und schon kommt man automatisch an fast allen Sehenswürdigkeiten vorbei. Abends vor Sonnenuntergang unbedingt zum **Mallory Square** (S. 222) gehen, um hier die Gaukler, Zauberer, Darsteller und den Sonnenuntergang zu erleben. Bootsausflug zu den **Dry Tortugas** (S. 240) unternehmen.

▸ **Abendessen:** Besonders schön, da mit Aussicht auf das Meer, sind Café und Bar des „Pier House". Individuell und abseits der Touristenströme: „Martin's" (S. 236) mit seiner international-deutsch geprägten Küche auf hohem Niveau oder im „A & B Lobster House" (S. 236) mit hervorragenden Fischgerichten.

Nach Jahren des Niedergangs besann man sich auf die eigene Historie. Immer mehr Menschen werden angelockt, um die „Atmosphäre" zu schnuppern. Probleme? Ja, vielleicht die Wasserversorgung. Längst verzichtet man auf die Zisternen und transportiert Wasser vom Festland über eine 45 cm dicke Wasserleitung (die man im Verlauf des Overseas Highway zu sehen bekommt). Als sie nicht mehr reichte, baute man eine moderne Meerwasser-Entsalzungsanlage. Heute stammen 70 % des Trinkwassers (über 11 Mio. Liter täglich) aus dem Atlantik.

Meerwasser-
entsalzung

👉 **Tipp**

*Mit einem **Katamaranboot** kann man von der Westküste (Fort Myers) einen Tagesbesuch von Key West einplanen und sich lange Autofahrten ersparen (s. S. 240).*

Geschichte

Viele
Einflüsse

Key West lag stets am Schnittpunkt vieler Einflüsse: Die Nähe zum amerikanischen Festland prägte ebenso seine Entwicklung wie die Nahe zur Karibik. Wright Langley, ein Ortschronist, fand auf dem Gelände der Navy alte Knochenreste. Auch die Spanier berichteten Mitte des 18. Jh., dass sie menschliche Knochen entdeckt hatten. Ob es sich dabei um einen Beweis für Kannibalismus handelt oder um einen Hinweis auf kriegerische Auseinandersetzungen verfeindeter Indianerstämme, ist nicht auszumachen. Die Funde inspirierten die Spanier bei der Namensgebung: Sie nannten die Insel *caya hueso* (Insel der Knochen). Sprachliche Großzügigkeit anglisierte diesen Namen in Key West.

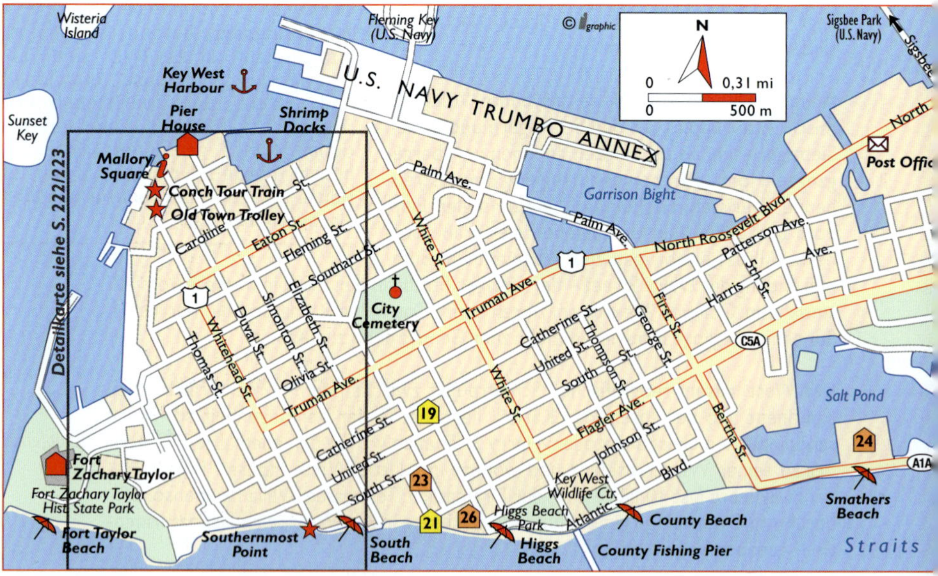

Der erste weiße Besitzer von Key West war der Spanier Juan P. Salas aus St. Augustine (1815), dem das Land von der spanischen Krone übereignet wurde. 1821 verkaufte Salas seinen Besitz für 2.000 $ an den Geschäftsmann John W. Simonton aus Alabama. Seit 1822 gilt Key West als dauerhafte Siedlung: Am 23. März 1822 setzte sich hier die US-Navy unter Kommandant Matthew Perry fest. Als er mit der Flotte hier landete, hisste er sogleich die US-Flagge: Damit wurden formell die Florida Keys sowie Key West unter US-Herrschaft gestellt.

In dieser Zeit nahm die Piraterie in den Gewässern zwischen Florida und den karibischen Inseln immer stärker zu. Unter Kommandant David Porter wurde deshalb im Jahre 1823 eine Schutzflotte, die West Indian Squadron, aufgestellt. Ihr gehörten 17 Schiffe und über 1.000 Mann Besatzung an. Heimathafen wurde Key West. Die über 2.000 Piraten lehrte man das Fürchten, selbst ihr durchtriebenster Vertreter, Gasparilla, wurde festgenommen.

Historische Häuschen

Die Entwicklung des strategisch so günstig gelegenen Key West schritt schnell voran:
• Das „Wrecking" blieb zunächst eine wichtige Einkommensquelle: Mit dem Ausbeuten von Schiffswracks war eine ganze Meute von Beutefängern beschäftigt! 1825 wurde ein Gesetz erlassen, nach dem nur US-Bürger Schiffswracks entlang der Florida-Küste bergen durften. Die eingefleischten Wrecker von den Bahamas verlegten daraufhin ihren Wohnsitz an die floridianische Küste. Diese Eingewanderten nannte man **„Conchs"** (sprich: konk), analog zur Bezeichnung einer häufig hier vorkommenden Muschelart.

Key West Übersicht

Allabendliche Show vor dem Sonnenuntergang am Mallory Square

Wirtschaft-
lich
erfolgreich

- Um 1868 brachten kubanische Einwanderer die Zigarrenfabrikation nach Key West. Etwa 100 Millionen Zigarren wurden um 1890 jährlich produziert. 2.700 Männer und Frauen rollten in 166 Betrieben Tabakblätter.
- Der Handel mit Schwämmen blühte.

Schiffs-
friedhof

Man muss sich vergegenwärtigen, dass aufgrund der Strömungen, Riffe, Sandbänke und Stürme Floridas südwestliche Küste stets ein wahrer Schiffsfriedhof war. Key West entpuppte sich als idealer Ausgangspunkt der meisten „Hilfsaktionen". Wer als erster das Wrack erreichte, durfte es ausbeuten, nachdem er die Schiffbrüchigen in Sicherheit gebracht hatte.

1888 zählte Key West 18.000 Einwohner. Damit war es die größte Stadt Floridas. Das Pro-Kopf-Einkommen in den USA lag nirgendwo höher als hier. Ab 1912 gab es einen weiteren wirtschaftlichen Impuls: Die Bahn über die Florida Keys war fertig gestellt, der **Touristenzustrom** begann und brachte neues Geld. Doch um 1930 zeigte der Börsenkrach erste Spuren: Die Weltwirtschaftskrise tangierte

Krisen von
Key West

auch Key West, die US-Navy zog sich zurück, die Schwammbänke wurden von einer verheerenden Krankheit befallen. Den letzten Stoß versetzte der Hurrikan des Jahres 1935, als die Eisenbahnverbindung völlig zerstört wurde. Auch die Zigarrenproduzenten zogen ab: Sie gingen nach Tampa, da sie der hiesigen Arbeitskonflikte überdrüssig waren.

Beginnender
Touristen-
boom

Im Zuge der Kubakrise im Jahre 1962 floss verstärkt Navy-Geld nach Key West. Die Krabbenfischerei boomte, Restaurierungsaktivitäten verschönerten den alten Stadtteil, Touristen kamen immer lieber und in immer höherer Zahl nach Key West. Die Piraten von heute haben es eher auf Touristen abgesehen …

Die Conch Republic

Als die US-Grenzbehörden 1982 an der einzigen Verbindung der Inselgruppe mit dem Festland eine Kontrollstelle eröffneten, fürchteten die Inselbewohner lange Staus und ausbleibende Touristenströme. Aus Protest erklärten die Einwohner von Key West ihre Unabhängigkeit, riefen die „Conch Republic" aus und erklärten den USA den Krieg – nur um eine Minute später bedingungslos zu kapitulieren und eine Milliarde Dollar Aufbauhilfe zu beantragen. Das Geld erhielten sie zwar nicht, dafür wurde die Kontrollstelle wieder abgebaut. 1995 kam es zu einem zweiten „Krieg" mit den USA. Ein nicht abgesprochenes Manöver der US-Marine wertete die Conch Republic als Invasion. Die Verteidigungsmaßnahmen beinhalteten insbesondere das Abfeuern von Wasserpistolen und das großflächige Bombardement mit kubanischem Brot. Auch diese Aktion war ein Erfolg: Überrumpelt zog die Marine sich zurück und entschuldigte sich mit der Aussage, es sei nie die Absicht gewesen, die Souveränität der Conch Republic infrage zu stellen – womit sie indirekt einen Staat anerkannte, den es eigentlich niemals gab.

In loser Form existiert die spaßige Mikronation bis heute und tritt immer wieder mit kreativen Protestaktionen zu durchaus ernsten Themen in Erscheinung. Jedes Jahr am 23. April wird mit großem Buhei der Unabhängigkeitstag begangen und wer Bürger der Republik werden will, kann im Internet seinen – selbstverständlich vollkommen nutzlosen – Pass beantragen.

Ein waschechter Conch muss natürlich in Key West geboren sein, wer allerdings mindestens 7 Jahre hier lebt, ist immerhin den Weihen eines „Freshwater Conch" würdig. Probieren sollte man auf jeden Fall die „Conch Chowder", eine cremige Suppe, die aus Muschelfleisch hergestellt ist. Info: www.conchrepublic.com.

Stadtbesichtigung

Es ist schwer, einen „Stadtrundgang" durch Key West festzuschreiben. Am besten lässt man sich einfach treiben. Auf dem Stadtplan sind zur Orientierung die folgenden interessanten Stellen vermerkt.

Treiben lassen!

 **Hinweis**

Man kann – außer in den heißen Sommermonaten von Juni bis Mitte September – Key West am besten zu Fuß erkunden. Praktisch alle Hauptsehenswürdigkeiten liegen entlang zweier Straßen. Ansonsten bieten sich die Rundfahrten mit dem Trolley oder der Conch Tour Train an (s. S. 231).

Wenn man am zentralen Punkt, dem **Mallory Square**, losgeht, schlendert man am besten zunächst durch die **Whitehead Street** zum **Key West Aquarium** *(1 Whitehead St. – Ecke Mallory Square)*, zum **Shipwreck Museum (2)** *(1 Whitehead St.)*, gleich um die Ecke *(in der 200 Green St.)* liegt das **Mel Fisher Maritime Museum (5)**, ebenso das **Truman Little White House (6)** *(111 Front St.)*. Dann weiter das **Audubon House (4)** *(205 Whitehead St.)*, danach das **Hemingway Home & Museum (8)** *(in Nr. 907)* und das **Key West Lighthouse (9)** *(938 Whitehead St.)*. Endpunkt der Straße: der **Southernmost Point (10)**.

Von da aus geht es zurück über die Truman Avenue, in die man nun nach rechts abbiegt, bis zur **Duval Street.** Hier liegen viele Souvenirläden und viele der Touristenbars und -lokale. Dazu gehört das **Margaritaville** (Nr. 500, Besitzer ist Jimmy Buffett) sowie **Sloppy Joe's** (Nr. 201, angeblich die Lieblingsbar von Hemingway).

Vielleicht haben Sie auch Lust, durch das alte afrikanisch-karibische Viertel von **Bahama Village** schlendern. Hier gibt es neben schönen restaurierten Häusern einige Boutiquen, Lokale und Kunsthandlungen.

Weltberühmt: der Sonnenuntergang von Key West

Mallory Pier und Mallory Square

Der Mallory Square ist ein Platz mit vielen kleinen Geschäften, Souvenirläden und Boutiquen. Benachbarte Restaurants und Bars laden zum Verweilen ein. Eine halbe Stunde vor Sonnenuntergang wird es hektisch: Alle Welt eilt über den Square zum Mallory Pier. Hier zelebriert man den Sonnenuntergang: Touristen, Gaukler und Hippies, Clowns und Künstler, Popcornverkäufer und Banjospieler sorgen für ein buntes Treiben. In der Bucht legen riesige, die Häuser überragende Kreuzfahrtschiffe an, die allerdings vor Sonnenuntergang verschwunden sind, nachdem die Touris ihre Dollars in Sloppy Joe's Bar vertrunken oder in T-Shirts investiert haben. Dann, wenn die Kulisse von keinem Dampfer verdeckt ist, darf die Sonne malerisch untergehen und die Menschenmenge klatscht. Langsam verteilt sich der Menschenstrom dann in der Altstadt und ihren vielen Restaurants (*www.sunsetcelebration.org*).

⭐ **Sehenswürdigkeiten**
1 Pier House Resort
2 Shipwreck Museum
3 The Wreckers' Museum/Oldest House
4 Audubon House & Tropical Gardens
5 Mel Fisher Maritime Museum
6 Truman Little White House
7 Birthplace of Pan Am/Kelly's Carribean Bar
8 Ernest Hemingway Home & Museum
9 Key West Lighthouse/Keeper's Quarters Museum
10 Southernmost Point
11 Florida Keys Eco-Discovery Center

Key West Downtown

Gulf of Mexico

Fähren nach Fort Myers, Marco Island und Try Tortugas

Pier House Resort

Mallory Square
Old Town Trolley Tours

Shipwreck Museum

Tropical Gardens

Audobon House

Mel Fisher Maritime Museum

The Wreckers' Museum/ Oldest House

Fähren nach Sunset Key

Truman Little White House

Birthplace of Pan Am! Kelly's Carribean Bar

Key West Cemetery

Florida Keys Eco-Discovery Center

Fort Zachary Taylor Hist. State Park

Ernest Hemingway Home & Museum

Key West Lighthouse/ Keepers Quarters Museum

Southernmost Point of Continental USA

ATLANTIC OCEAN

Nelson English City Park

Greyhound Station

0   0,19 mi
0   300 m

❶ Hotels

1 Hyatt Key West Resort & Spa
2 Pier House Resort & Spa
3 Parrot Key Hotel & Resort
4 Heron House Court
5 Eden House
6 Cypress House
7 Key West Bed & Breakfast
8 Amsterdam's Curry Mansion Inn
9 Island City House Hotel
10 Artist House
11 Old Town Manor
12 The Banyan Resort
13 The Marquesa Hotel
14 La Concha Hotel & Spa
15 Heron House
16 Marrero's Guest Mansion
17 The Gardens Hotel
18 The Merlin Guesthouse
19 The Mermaid & The Alligator
20 Paradise Inn
21 Duval House
22 Wicker Guesthouse
23 Seashell Motel & Key West Youth Hostel
24 Sheraton Suites
25 Best Western Key Ambassador Resort Inn
26 Casa Marina Resort

❶ Restaurants/Bars

1 Turtle Kraals
2 Half Shell Raw Bar
3 A & B Lobster House
4 Pier House Beach Bar
5 Hot Tin Roof
6 Bagatelle
7 Sloppy Joe's
8 Captain Tony's Saloon
9 Michaels Restaurant
10 Mangia Mangia
11 Café Marquesa
12 Jimmy Buffet's Margaritaville Café
13 Antonia's Restaurant
14 Seven Fish Restaurant
15 Croissants de France
16 Nine One Five
17 Pisces
18 Martin's
19 El Siboney
20 Restaurant at the La-Te-Da Hotel
21 Louie's Backyard

©*graphic*

Pier House Resort (1)

Dies ist das Vorzeigehotel von Key West mit kleinem Privatstrand und mehreren Einkehrmöglichkeiten (HarbourView Café, Beach Bar, Restaurant). Super Lage und sehr ruhig. Sehenswert ist der Innenhof mit seinen sehr schönen Gartenanlagen, dem Swimmingpool und Koi-Teich *(www.pierhouse.com).*

Museen

Vom Mallory Square kann man gut folgende Museen erkunden:

Shipwreck Museum (2)

In einem „alten" Haus zeigen Darsteller die Geschichte des gesunkenen Schiffs Isaac Allerton, das 1857 auf ein Riff lief. An diesem Beispiel wird gezeigt, wie die „Bergungsindustrie" von gesunkenen Schiffen in Key West entstand. So mancher Seemann, der auf die gesunkenen Schätze wartete, wurde dadurch reich.
Shipwreck Museum, *1 Whitehead St., ① (305) 292 8990, www.keywestshipwreck. com, tgl. 9.30–17 Uhr, Erw. ca. $ 15, Kinder ca. $ 8,60.*

The Wreckers' Museum/Oldest House (3)

In dem „ältesten" Haus von Key West (von ca. 1829) kann man sich ein Bild vom Leben der alten Schiffsplünderer, der „Wrecker", machen. Interessant zu sehen, wie man damals lebte und sich einrichtete.
The Wreckers' Museum/Oldest House, *322 Duval St., ① (305) 294 9501, www.oirf.org, 10–16 Uhr, So und Mi geschlossen.*

Audubon House & Tropical Gardens (4)

Klassiker der Vogelkunde

Der berühmte Naturzeichner John James Audubon hielt sich 1832 einige Wochen hier auf, um Floridas Vogelwelt zu studieren und zu zeichnen. Sein 4-bändiges Nachschlagewerk „Birds of America" gilt als Klassiker. Dieser kurze Aufenthalt von Audubon sollte genügen, um dem nun liebevoll restaurierten Haus einen attraktiven Namen zu geben.

Audubon wurde als Jean Jacques Audubon 1785 als Sohn eines französischen Militärs auf Haiti geboren. Seine Jugend verbrachte er in Frankreich, ging dann aber als 18-Jähriger nach Amerika, da seine Familie im Verlauf der Revolution verarmte. 5 Jahre später heiratete er eine wohlhabende Amerikanerin. Er widmete sich fortan verstärkt dem Zeichnen, insbesondere von Vögeln. Wissenschaftliche Genauigkeit und künstlerische Begabung ließen ihn sein Lebenswerk „The Birds of America" schaffen. 435 der wichtigsten und schönsten Vögel des Kontinents hat er hier illustriert. Seine Aquarelle wurden von einem Kupferstecher in Europa umgesetzt. Das Haus wurde 1830 von Captain John Geiger gebaut, einem der besonders erfolgreichen „Wrecker". Bis 1956 lebten hier Nachfahren von Geiger. Danach bewohnte es ein schrulliger Junggeselle namens Smith. Als er nach 30 Jahren starb, organisierte die Familie Wolfsons im Rahmen einer für Amerika so typischen „Foundation" (Stiftung) die Rettung des lokalhistorisch bedeutsamen Hauses. Der privaten Initiative gelang es, genügend Geld aufzutreiben, um das Haus zu restaurieren und um es mit kostbaren Möbeln des 18. Jh. auszustatten.
Audubon House & Tropical Gardens, *205 Whitehead St., ① (305) 294 2116, www.audubonhouse.com, tgl. 9.30–17 Uhr, Erw. $ 12, Kinder (6–12 J.) $ 5.*

Mel Fisher Maritime Museum

Mel Fisher Maritime Museum (5)

Dieses sehr interessante Museum liegt praktisch gegenüber dem Audubon House. Hier werden u. a. die Schätze und Artefakte der 1662 in einem Hurrikan gesunkenen spanischen Galeonen „Nuestra Señora de Atocha" und „Santa Margarita" ausgestellt. Ganze 16 Jahre (beginnend 1969) widmeten der weltberühmte Schatzsucher Mel Fisher (1922-1998) und seine Crew der Suche nach den Schätzen der „Atocha".

Schatzsucher Nr. 1

Mel Fisher Maritime Museum, *200 Greene St., ☎ (305) 294 2633, www.mel fisher.org, Mo–Fr 8.30–17, Sa/So ab 9.30 Uhr, Erw. $ 15, Kinder $ 5.*

Truman Little White House (6)

Das ehemalige Ferienhaus von Präsident Harry S. Truman kann man besichtigen, wobei der Truman-Annex (zwei Räume, die seine Präsidentschaft und sein politisches Wirken dokumentieren), keinen Eintritt kostet. Bei der Besichtigungstour kann man Trumans Piano und sein Mobiliar sehen sowie sich ein 15-minütiges Video über sein Leben anschauen.

Truman Little White House, *111 Front St., ☎ (305) 294 9911, www.trumanlittle whitehouse.com, tgl. 9–16.30 Uhr, Tour alle 20 Min., Erw. ca. $ 16, Kinder (5–12 J.) ca. $ 5.*

Birthplace of „Pan American World Airways" (7)

Dies war das erste Bürogebäude der Fluggesellschaft Pan Am. Der Flug Nr. 1 startete am 28. Oktober 1927 nach Havanna – gleichzeitig war dies der allererste Linienflug von den USA ins Ausland. Heute ist in diesem Gebäude Kelly's Caribbean

Erstes Büro der Pan Am

Bar, Grill & Brewery untergebracht, in dem noch einige Flugmemorabilien zu bestaunen sind.

Birthplace of Pan Am, *Kelly's Caribbean Bar, Grill & Brewery, 301 Whitehead St., ☎ (305) 293 8484, www.kellyskeywest.com.*

Ernest Hemingway Home & Museum (8)

Dieses Haus kaufte Hemingway im Jahre 1931 für 6.000 $. Damals war es bereits 32 Jahre alt und ziemlich heruntergekommen. Nach einer Renovierung lebte er in diesem typischen „Conch"-Haus etwa 10 Jahre mit seiner zweiten Frau Pauline, bevor er nach Kuba zog. Ende der 1930er Jahre baute Hemingway hier einen Swimmingpool, den ersten in Key West. Oft wird behauptet, Hemingway sei ein Katzennarr gewesen und die hier umherschleichenden Katzen seien Nachfahren der Hemingway-Katzen … Die Fremdenführer erzählen oft, Hemingway habe 50 6–7-zehige Katzen besessen. Dem widersprechen der langjährige Freund Hemingways, Toby Bruce, sowie Hemingways letzte Frau, Mary. Der Schriftsteller habe lediglich 2 Katzen für eine kurze Zeit gehalten, die Vorfahren der vielen Katzen gehörten dagegen dem Nachbarn.

Katzen-Idylle?

Man kann alleine durch das Haus wandeln, sich in dem in Würde gealterten Garten niedersetzen und die umherschleichenden Katzen beobachten.

Hemingways Haus gilt als Touristenattraktion Nr. 1, hier herrscht ein ständiges Kommen und Gehen. Der Reiseschriftsteller Mark Hugh Miller schreibt:
„Der Führer geleitet eine höfliche Besuchergruppe von Zimmer zu Zimmer. Er erzählt etwas über die Kristallleuchter, über die Installation, über die Kachel-Orna-

Hemingway

info

Ernest Miller Hemingway wurde am 21. Juli 1899 in Oak Park (Illinois) geboren. Schon in jungen Jahren entwickelte er sich zu einer sehr eigenwilligen Persönlichkeit. Er lehnte sich – so würde man heute sagen – gegen das Establishment auf: Aus einem eher konservativen Elternhaus stammend (sein Vater war Arzt), stand er in einem steten Spannungsverhältnis zu Schule, gesellschaftlichen Konventionen und der materialistisch ausgerichteten amerikanischen Lebensweise. Im Verlaufe des Ersten Weltkrieges diente er als freiwilliger Sanitäter an der italienischen Front. Die hier gesammelten Erfahrungen dienten ihm als Hintergrund zu seinem Roman *A Farewell to Arms* („In einem anderen Land").

Hemingway gehörte, wie Gertrude Stein einmal bemerkt hatte, zur verlorenen Generation, die nach Identifikationsfiguren suchte. Dies war die Generation, die durch den Ersten Weltkrieg und seine Folgen desillusioniert wurde und nun um künstlerische Ausdrucksmittel für ihre Gefühls- und Gedankenwelt rang. Der Leere und Monotonie der Gesellschaft versuchte Hemingway durch eine „barometrische Genauigkeit" zu begegnen, indem er einen lakonisch-sachlichen Stil anstrebte. Seine Romanfiguren, die sich in einer scheinbar sinnlos gewordenen Welt zurechtfinden müssen, verkörpern die Gefühle und Aktivitäten des damaligen Lebens.

Literarisch wurde Hemingway stark von Gertrude Stein, aber auch Ezra Pound, Mark Twain, Sherwood Anderson und T. S. Eliot beeinflusst.

Um 1937 schuf Hemingway *To Have and Have Not* („Haben und Nichthaben"), einen Roman, dessen Hintergrund das von wirtschaftlichen Krisen geschüttelte Key West bildet. Darin bringt ein karibischer Desperado die Ohnmacht der sozial Benachteiligten zum Ausdruck, während die Oberschicht im Prozess eines kulturellen und sittlichen Niedergangs begriffen ist. Das war natürlich nicht der Stoff, aus dem in Amerika Romane entstanden, denn Sozialkritik war nicht angesagt ... Dementsprechend war dieses Werk nicht sehr erfolgreich. Später war Hemingway Berichterstatter im Nahen Osten und im Spanischen Bürgerkrieg, der den Rahmen für seinen Roman *For Whom the Bell Tolls* („Wem die Stunde schlägt") bildet. Seinen großen Durchbruch erreichte er erst mit *The Old Man and the Sea* („Der alte Mann und das Meer"). 1954 erhielt er für diese Erzählung den Nobelpreis für Literatur.

Hemingway wurde oft als „Haudegen" bezeichnet, der sehr grob, sehr oberflächlich und sehr aggressiv mit anderen Literaten und Kritikern umgehen konnte. Wahrscheinlich waren aber diese Ausbrüche eher eine Art Entladung und Ausgleich, denn er arbeitete sehr hart an seinen Manuskripten. In Wirklichkeit war Hemingway ein sehr sensibler, mitfühlender Mensch, der Unterdrückung zutiefst hasste. Wie schrieb doch Werner Krum in seinem lesenswerten Florida-Buch („Florida", Prestel Verlag, S. 113): *„Ernest Hemingway war in all seiner Explosivität und zugleich Zartheit ein Mensch, der weniger dem Intellekt als den mythischen und schicksalhaften Zusammenhängen zugetan war. In manchen seiner Erzählungen liegt etwas vom ahnungsüberschatteten Ausgeliefertsein gegenüber den Göttern des alten Griechenland."*

Ernest Hemingway beging am 2. Juli 1961 in Ketchum/Idaho Selbstmord.

mente und über Hemingways Frauen im gleichen Atemzug … so, als ob die Frauen, mit denen Hemingway unter einem Dach lebte, ein Teil des Hausstandes des literarischen Genius waren …"

Berühmte Werke In diesem Haus schrieb Hemingway seine berühmten Werke „Wem die Stunde schlägt" (*For Whom the Bell Tolls*), „Schnee auf dem Kilimandscharo" (*The Snows of Kilimanjaro*) und „Haben und Nichthaben" (*To Have and Have Not*). Obgleich Hemingway das Haus bis 1961 besaß, zog er nach der Scheidung von seiner zweiten Frau mit seiner neuen Lebensgefährtin Martha Gelhorn, einer Korrespondentin, nach Kuba. Gelegentlich kehrte er jedoch hierher zurück. Nach seinem Tode wurde das Haus für 80.000 $ verkauft und zwei Jahre später zu einem Museum umgestaltet.

Ernest Hemingway Home & Museum, *907 Whitehead St.,* ① *(305) 294 1136, www.hemingwayhome.com, tgl. 9–17 Uhr, Erw. $ 13, Kinder $ 6.*

Key West Lighthouse/Keeper's Quarters Museum (9)

Es mag verwundern, dass der einst knapp 30 Meter hohe Leuchtturm mitten im Ort steht. Er wurde 1847 erbaut, nachdem ein Hurrikan den alten Leuchtturm an der Küste zerstörte. Ursprünglich war der Turm nur 15 Meter hoch. 15 große Öllampen und etwa 40 cm große Reflektoren zeigten den Schiffen den Weg. 88 Stufen führen nach oben, sodass man einen guten Überblick über die Stadt gewinnt. Man muss sich vorstellen, dass der Leuchtturmwärter täglich hier rauf musste, um die Öllampen zu füllen und die Reflektoren zu säubern. Die Witwe eines Leuchtturmwärters, Barbara Mabrity, nahm diesen Dienst 32 Jahre bis zum Alter von 82 Jahren wahr (nachdem der ursprüngliche Leuchtturm 1846 vom Hurrikan zerstört wurde), bis sie entlassen wurde, weil sie sich im Bürgerkrieg gegen die Unionsstaaten stellte. Key West war zu dieser Zeit eine strategisch wichtige Stelle.

Heute kann man sich auch ein Bild davon machen, wie die Familien damals lebten. Das Haus wurde komplett restauriert. Im

Key West Lighthouse

Southernmost Point

„Keeper's Quarters Museum" gibt es Karten, Fotos und Instrumente zu besichtigen.
Key West Lighthouse/Keeper's Quarters Museum, *938 Whitehead St.,*
① (305) 294 0012, www.kwahs.com, tgl. 9.30–16.30 Uhr, Erw. $ 10, Kinder (ab 6 J.) $ 5.

Southernmost Point (10)

Er markiert den südlichsten Punkt der *kontinentalen* USA, denn Hawaii als 50. Bundesstaat der USA liegt noch deutlich südlicher, aber halt im Pazifik. Bis 1983 stand hier eine Holztafel, die aber oft als Souvenir mitgenommen wurde. Mit diesem Betonklotz – sicherlich dem meistfotografierten in den USA – würden es „Sammler" deutlich schwerer haben. Eine kleine Hintergrundgeschichte: Ronald Reagan lud man zwecks Einweihung ein und wollte ihn motivieren zu kommen, indem man ihm anbot, die hier beginnende South Street nach ihm zu benennen. Da er der Einladung nicht nachkam, blieb alles beim Alten …

☞ Tipp
Nicht weit entfernt von Hemingway Home und Key West Lighthouse liegt westlich der Whitehead Street das **Florida Keys Eco-Discovery Center (11)**, *das eine interessante Reise in die Flora & Fauna der Keys ermöglicht. Anhand von interaktiven Ausstellungen wird hier das schützenwerte Ökosystem Süd-Floridas vorgestellt. Die die Keys umgebende Wasserfläche von ca. 2.900 nautischen Quadratmeilen steht seit 1990 unter Naturschutz und gehört zum* **Florida Keys National Marine Sanctuary**.
Florida Keys Eco-Discovery Center, *35 East Quay Rd., ① (305) 809 4750, http:// floridakeys.noaa.gov/eco_discovery.html. Di–Sa 9–16 Uhr, Eintritt frei.*

info

Zigarren und Rum aus Key West

Key West ist eine alte Zigarrenmetropole. Die geografische Nähe zu Kuba mit seinen Tabakplantagen sowie eingewanderte Zigarrenroller machten Key West in den vergangenen 100 Jahren zu einer wichtigen Produktionsstätte. Da es aber Ärger mit lokalen Gewerkschaften der Zigarrenroller gab, zog die Zigarrenproduktion nach Tampa (Ybor City). Bis vor einem Jahrzehnt gab es nur noch eine einzige Zigarrenfabrikation in Key West, die Key West Cigar Factory. Heute werden – wie vor bald einem Jahrhundert – in Key West an verschiedenen Produktionsstätten Zigarren von kubanischen Einwanderern gerollt, ein guter Arbeiter schafft 300 Stück am Tag.

Seit über 40 Jahren werden in der **Key West Cigar Factory** Zigarren hergestellt *(www.kwcigarfactory.com)*, und noch heute kann man sie auch kaufen (u. a. bei Cork & Stogie, 1218 Duval St., ✆ (305) 517 6419, www.corkandstogie.com). Eine weitere Anlaufstelle ist **Rodriguez Cigars** (113 Fitzpatrick St., ✆ (305) 296 0167, www.rodriguezcigarskeywest.com), ebenfalls eine Zigarrenfabrik mit langer Tradition.

Zur Zigarre bietet sich ein guter Rum an! Diesen kann man in der ersten Rumbrennerei von Key West verköstigen und erwerben. 2014 eröffnet und in einer ehemaligen Coca-Cola-Abfüllfabrik untergebracht, kann die Destillerie, die weißen und braunen Rum (z. B. „Local Rum" oder „Devil's Rum") herstellt, täglich besucht werden. Es werden geführte Touren zu bestimmten Terminen oder nach Absprache (mind. 6 Pers.) angeboten. Abgesehen davon darf man auch so herumschlendern und während des laufenden Arbeitsprozesses Fragen stellen! **Key West First Legal Rum Distillery**, *105 Simonton St. , ✆ (305) 294 1441, www.keywestlegalrum.com. Mo–Fr ab 11, Sa–So ab 12 Uhr, stets bis Sonnenuntergang. Geführte Touren Mo/Mi/Fr um 15 und 15.30 Uhr.*

Key West Cigar Factory

Reisepraktische Informationen Key West

i Informationen

Greater Key West Chamber of Commerce, *510 Greene St., 1st Floor,* *☎ (305) 294 2587, www.keywestchamber.org, www.fla-keys.com, www.keywest.com.*

👁 Touren

Um sich einen Überblick über Key West zu verschaffen, kann man Besichtigungsrundfahrten entweder mit dem **Conch Train** *oder der* **Old Town Trolley** *unternehmen. Empfehlenswerter ist aber eine Erkundung per Motorroller, Elektrowagen, Fahrrad oder zu Fuß.*

The Conch Tour Train: *Verkaufsstand (Ticket Booth): 303 Front St.; 501 Front St.; 901 Caroline St.; 3840 N. Roosevelt Blvd., ☎ (1-888) 916 8686, www.conchtourtrain. com (ca. $ 30, im Internet sind die Tickets günstiger). Es werden auch packages zusam-*

Conch Tour Train

men mit anderen Sehenswürdigkeiten angeboten. Die offenen, überdachten Wagen werden von einer „Lokomotive" durch die Straßen gezogen. Der Conch Train (erstmals 1958 in Betrieb genommen) verkehrt von 9 bis 16.30 Uhr. Abfahrten je nach Andrang in kurzen Abständen. Haltestationen sind der Mallory Square und North Roosevelt Blvd. Depot (zwischen Quality Inn und Travelodge gelegen). Die Tour dauert etwa 1 ½ Stunden und führt an den wichtigsten Sehenswürdigkeiten der Stadt vorbei. Unterwegs sieht man u. a. das Key West Aquarium, das Key West Shipwreck Museum, die Flagler Station, das Hemingway House, Sloppy Joe's Bar, den Mallory Square und das Truman Little White House. Allerdings ist man die ganze Zeit der Dauerberieselung durch den Fahrer ausgesetzt … Unterwegs kann man auch nicht aussteigen.

Old Town Trolley, *1910 N. Roosevelt Blvd.,* ① *(855) 623 8289, ca. $ 30. Tickets gibt es im Internet mit 10 % Rabatt: www.trolleytours.com. Parken möglich am Mallory Square, Hilton Parking Garage oder Key West Welcome Center (N. Roosevelt Blvd.).* Die Trolleys sind Wagen, die der Cable Car von San Francisco nachgebildet sind. Die Trolley-Tour führt etwa an den gleichen Sehenswürdigkeiten vorbei, die auch der Conch Train abfährt. Man kann aber im Gegensatz zum Conch Train an vielen Stellen aus- oder wieder zusteigen. Die Trolleys verkehren etwa zwischen 9 und 16.30 Uhr in halbstündigem Abstand. Dauer: ca. 1 ½ Stunden.
Haltestationen sind:

1. Mallory Square	8. Best Western Key Ambassador
2. Historic Waterfront	9. East Martello Fort
3. Simonton Row	10. Casa Marina
4. Duval St. am La Concha Crowne Pl.	11. Southernmost Point
5. Bahama Village	12. Truval Village
6. Fairfield Inn	13. Angela St. Depot
7. Roosevelt Depot	

Übernachtung

Es gibt eine Vielzahl von Übernachtungsmöglichkeiten. Neben den internationalen Hotels und üblichen Motels gibt es vor allem sehr schöne, individuelle Hotels oder B&B-Häuser, die zumeist geschmackvoll restaurierte „Conch"-Häuser sind (also Holzhäuser, meist eingeschossig, mit großen überdachten Veranden wie sie in den Südstaaten üblich sind).

Redaktionstipps

▶ **Übernachten:** Empfehlenswert sind die individuellen Bed-&-Breakfast-Häuser, sie verfügen meist über mehr Charme als die großen Hotels, besonders schön sind auf Key West, z. B. „Eden House" oder „Cypress House". Wer lieber in einem Resort absteigen möchte: Die „Sheraton Suites" sind besonders großzügig geschnitten und es gibt einen tollen Pool.

▶ **Essen:** Eines der vielen Seafood-Restaurants entlang der Keys sollte einen Lunchstopp wert sein. Die Meeresfrüchte sind immer frisch! In Key West: Dinner mit Blick aufs Wasser im „Pier House"; für den schmalen Geldbeutel und der Atmosphäre wegen: „Half Shell Raw Bar" und kubanisch im „El Siboney" (alle S. 236).

INDIVIDUELLE HÄUSER

Diese Unterkünfte sind im Allgemeinen nicht billiger als die Hotels/Motels „internationalen" Stils (s. u.). Sie sind aber auf jeden Fall individueller, stilvoller und erlebnisintensiver. Die Preise variieren – je nach Saison – stark! Eine Auswahl:

Heron House Court $$$ (4), *412 Frances St.,* ① *(1-800) 932 9119, www.heronhousecourt.com.* Das Haus wurde einst als Wohnraum für Flaglers Arbeiter gebaut, heute ist es ein angenehmes B&B mit 16 Zimmern, AC.

Duval House $$$$ (21), *815 Duval St.,* ① *(305) 294 1666, www.duvalhousekeywest.com.* 28 Zimmer, AC, Pool, sehr gut ausgestattet.

Eden House $$$$ (5), *1015 Fleming St.,* ① *(305) 296 6868, www.edenhouse.com.* AC, Pool, Jacuzzi, Fahrradverleih. Ein gutes Haus im Jugendstil, 1924 erbaut. Im tropischen Garten kann man auf Hängematten oder Korbstühlen relaxen.

Key West Bed & Breakfast (The Popular House) $$–$$$ (7), *415 William St.,* ① *(305) 296 7274, www.keywestbandb.com.* In dem im Bahamas-Stil errichteten Holzhaus von ca. 1898 wurde von der Besitzerin Jody Carlson ein liebevoll dekoriertes B&B eingerichtet. Die acht Zimmer im karibischen Design sind so richtig zum Wohlfühlen. Jacuzzi, Sauna, Gemeinschaftsraum und Garten.

Viele Bed&Breakfast-Unterkünfte sind in restaurierten Häusern untergebracht

The Merlin Guesthouse $$$$ (18), *811 Simonton St., ➀ (305) 296 336, www.his torickeywestinns.com. Freundliche Zimmer, schöner Garten, Swimmingpool.*
Old Town Manor $$$$ (11), *511 Eaton St., ➀ (305) 292 2170, www.oldtownmanor. com. Schönes B&B mitten in der Altstadt mit 14 Zimmern und Suiten mit AC.*
Paradise Inn $$$$ (20), *819 Simonton St., ➀ (305) 293 8007, www.theparadiseinn. com. Gediegenes Haus mit einem tropischen Garten.*
Wicker Guesthouse $$$$ (22), *913 Duval St., ➀ (305) 296 4275, www.wicker housekw.com. Komplex von neuen und restaurierten Häusern inmitten der Altstadt.*
The Mermaid & The Alligator $$$$ (19), *729 Truman Ave., ➀ (305) 294 1894, www.kwmermaid.com. Ein sehr persönlich geführtes, luxuriöses Bed-&-Breakfast-Haus. Ausgezeichnetes Frühstück.*
Marrero's Guest Mansion $$$–$$$$ (16), *410 Fleming St., ➀ (305) 294 6977, www.marreros.com. 13 Zimmer mit AC, schöner Pool.*
Cypress House $$$$ (6), *601 Caroline St., ➀ (305) 294 6969, www.cypresshouse kw.com. Historisches Haus von 1888, als Historic Place gelistet. 22 Zimmer, Pool.*
Artist House $$$–$$$$ (10), *534 Eaton St., ➀ (305)296 3977, www.artisthousekey west.com. Geschmackvoll restauriertes viktorianisches Haus von ca. 1890. 7 Zimmer, AC.*
Heron House $$$$–$$$$$ (15), *512 Simonton St., ➀ (305) 294 9227, www.heron house.com. Dieses Hotel bietet 23 komfortable, mit warmem Holz eingerichtete Zimmer in insgesamt vier Gebäuden, die – ebenso wie der Pool – in einem malerischen Garten gelegen sind. Ein perfekter Ort zum Entspannen.*
Amsterdam's Curry Mansion Inn $$$$–$$$$$ (8), *511 Caroline St., ➀ (305) 294 5349, www.currymansion.com. AC, bestens restauriertes historisches Haus (einstige Winterresidenz eines Millionärs) im viktorianischen Stil mit 28 Zimmern, stilvolle Innen- einrichtung, erstklassiges Frühstück!*

The Gardens Hotel $$$$$ (17), 526 Angela St., ① (305) 294 2661, www.gardens hotel.com. Sehr gepflegtes Haus mit einem schönen alten Garten (die verstorbene Besitzerin Peggy Mills war Gartenarchitektin!). Den Gast erwartet zurückhaltender Luxus, alles ist hell und freundlich. Gelistet in „1000 places to see before you die".

Island City House Hotel $$$$$ (9), 411 William St., ① (305) 294 5702, www.islandcityhouse.com. Tolles B&B-Haus mit tropischem Garten, wo ein Frühstücksbuffet serviert wird.

The Banyan Resort $$$$$ (12), 323 Whitehead St., ① (305) 296 7786, www.the banyanresort.com. Großzügige, sehenswerte Anlage, bestehend aus 7 historischen Häusern, 8 Apartments mit AC, 2 Pools, Tiki-Bar, schöner Gartenanlage.

INTERNATIONAL GEPRÄGTE HOTELS UND MOTELS (AUSWAHL):

Best Western Key Ambassador Resort Inn $$$ (25), 3755 S. Roosevelt Blvd., ① (305) 296 3500, www.keyambassador.com. Mittelklasse-Hotel mit 100 Zimmern, kostenlosem Frühstück und ansprechender Poolanlage.

Parrot Key Hotel & Resort $$$$ (3), 2801 N. Roosevelt Blvd., ① (305) 809 2200, www.parrotkeyresort.com. Schöne, relativ neue Anlage mit 74 Zimmern und 74 Suiten. Alles sehr sauber und gepflegt.

La Concha Hotel & Spa $$$$ (14), 430 Duval St., ① (305) 296 2991, www.laconchakeywest.com. Bereits 1926 eröffnet, hier wohnten schon Ernest Hemingway und Tennessee Williams.

Pier House Resort & Spa $$$$ (2), One Duval St., ① (305) 296 4600, www.pier house.com. Romantisches Traditionshaus mit kleinem Strand, hübschem Pool, tropischem Garten und Spa-Bereich. Bar mit Außenterrasse und HarbourView Café mit schöner Aussicht. Ideal, um den Sonnenuntergang zu betrachten. Komfortable Zimmer und Suiten in unterschiedlicher Größe. 2014 wurde das Pier House von den Lesern des Reisemagazins „Traveler" auf Platz 1 der besten Resorts in Florida gewählt.

The Marquesa Hotel $$$$$ (13), 600 Fleming St., ① (305) 292 1919, www.marquesa.com. Ein professionell geführtes Luxushotel mit 27 Zimmern, aus Holz gebaut, aber innen mit allem Luxus ausgestattet. Besteht aus 4 restaurierten Häusern mit 2 sehr schön in die Anlage integrierten Pools mit Spa. Gutes Restaurant im Hause. Etwas Besonderes für den individuellen Geschmack!

Casa Marina Resort $$$$$ (26), 1500 Reynolds Ave., ① (305) 296 35 35, www.casamarinaresort.com. Dieses Hotel baute hier der Bahnkönig Flagler 1921 am Endpunkt seiner Florida East Coast Railway.

Hyatt Key West Resort & Spa $$$$$ (1), 601 Front St., ① (305) 809 1234, www.keywest.hyatt.com. Luxuriöses Großhotel, geheizter Pool und Spa. Im hoteleigenen SHOR American Seafood Grill kann man mit Blick auf den Golf von Mexiko eine moderne floridianisch-karibisch geprägte Küche genießen.

Sheraton Suites $$$$$ (24), 2001 South Roosevelt Blvd., ① (305) 292 9800, www.sheratonkeywest.com. Großzügige Suiten und auch der lagunenähnlich angelegte Hotelpool sind eine Wucht. Shuttle in die Innenstadt.

FÜR BUDGETREISENDE:

Seashell Motel & Key West Youth Hostel (23), 718 South St., ① (305) 296 5719, www.keywesthostel.com. Preiswerte, gepflegte Jugendherberge, Fahrradverleih. Es werden auch einfache Motel-Zimmer (mit eigenem Bad) angeboten. Internationales Rucksackpublikum, sehr preiswertes Essen.

⚠ Camping

Sugarloaf Key/Key West KOA, *251 State Rd. 939, Sugarloaf Key, ① (305) 745 3549, www.sugarloafkeykoa.com. Privater Campingplatz mit Strand und Bootsvermietung.*

Boyd's Key West Campground, *6401 Maloney Ave., ① (305) 294 1465, www. boydscampground.com. Außerhalb des Ortes gelegen auf Stock Island (Abzweig vom MM 5 nach Süden), Pool, sehr saubere sanitäre Anlagen, teilweise liegen die Plätze am Wasser.*

🍴 Restaurants

Es gibt in Key West unzählige Möglichkeiten, seinen Appetit und Durst zu stillen. Am besten lässt man sich einfach treiben und von einer Augenblickslaune und einem momentanen Eindruck inspirieren. Nichtsdestotrotz ein paar Empfehlungen:

Café Marquesa (11), *600 Fleming St., ① (305) 292 1244, www.marquesa.com. Im Café Marquesa (im gleichnamigen Hotel) kann man abends wunderbar essen. Die Starköchin Susan Ferry überrascht täglich mit neuen Gerichten. Spezialitäten sind u. a. der „Macadamia Crusted Yellowtail Snapper", „Prosciutto Wrapped Black Angus Filet" oder „Conch & Blue Crab Cakes".*

Louie's Backyard (21), *700 Waddell Ave., ① (305) 294 1061, www.louiesbackyard. com. Das 1909 erbaute Haus wurde nach einer Renovierung im Jahre 1971 zu einem Restaurant umgestaltet. Geöffnet zum Lunch und Dinner, teuer, aber man hat einen herrlichen Blick von der Terrasse auf Sonnenuntergang und Meer. Gerichte: kubanisch, karibisch und thailändisch beeinflusst. Viele Fischgerichte! Probieren sollte man als Nachtisch die Key Lime Pie mit einer Pistazienkruste. Mittags isst man bedeutend billiger und kann das Ambiente ebenso genießen.*

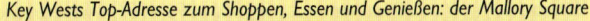

Key Wests Top-Adresse zum Shoppen, Essen und Genießen: der Mallory Square

Bagatelle (6), 115 Duval St., ☎ (305) 296 6609, www.bagatellekeywest.com. Das Restaurant liegt in einem alten, 1884 erbauten Haus. Spezialität: Snapper Rangoon (Fisch mit tropischen Früchten). Man kann auch draußen auf der Veranda essen.

A & B Lobster House (3), 700 Front St., ☎ (305) 294 5880, www.aandblobster house.com. Spezialisiert (seit 1947) auf Fischgerichte. Elegante Atmosphäre, schöner Ausblick vom ersten Stock auf den Hafen. In der Berlin Bar kann man sich Zigarren und einen After Dinner Drink gönnen.

Pisces (17), 1007 Simonton St., ☎ (305) 294 7100, www.pisceskeywest.com. Sehr gute Seafood-Küche mit kreativen Menüs. Nicht ganz billig. Bei Redaktionsschluss geschlossen, Wiedereröffnung angekündigt für Oktober 2015.

Pier House Beach Bar (4), 1 Duval St., ☎ (305) 296 4600, im Pier House Resort, www.pierhouse.com. Tgl. geöffnet von 10–22.30 Uhr, nett für Lunch oder Dinner. Auf der Speisekarte stehen Suppen, Salate, Tacos und Sandwiches, auch hier: viel Fisch. Im Pier House befinden sich auch das **HarborView Café** (Seafood-Restaurant, inspiriert von der karibischen Küche) sowie das elegante **One Duval** (höherpreisig, nur 3- oder 5-Gänge-Menüs).

Half Shell Raw Bar (2), 231 Margaret St., ☎ (305) 294 7496, www.halfshellrawbar. com. Das Geschirr ist hier nicht aus Porzellan, aber der Fisch, die Austern und Muscheln sind ausgezeichnet. Am Historic Seaport gelegen.

Turtle Kraals (1), 231 Margaret St., ☎ (305) 294 2640, www.turtlekraals.com. Gute Fischgerichte, Muscheln, sehr leger – nette Hafenatmosphäre.

Antonia's Restaurant (13), 615 Duval St., ☎ (305) 294 6565, www.antoniaskey west.com: Für Nudel- und Fischliebhaber.

Restaurant at the La-Te-Da Hotel (20), 1125 Duval St., ☎ (305) 296 6706, www.lateda.com. Gute Gerichte mit Elementen der kalifornischen, kubanischen und nahöstlichen Küche.

El Siboney (19), 900 Catherine St., ☎ (305) 296 4184, www.elsiboneyrestaurant.com. Sehr gutes kubanisches Essen für den großen Hunger. U. a. „Paella Valencia" für zwei Personen und preiswerte Fleischgerichte. Allerdings sehr lebendig, d. h. laut. Das „kubanische" wird durch die „Black Bean Soup" deutlich. Tgl. 9.30–21.30 Uhr, keine Kreditkarten!

Michaels Restaurant (9), 532 Margaret St., ☎ (305) 295 1300, http://michaels keywest.com. Feine Küche (v. a. Seafood) zu vernünftigen Preisen. Man kann auch draußen auf einer schönen Gartenterrasse mit Bar essen. Der Clou: das Käse-Fondue! Nur Dinner. Sa–Do von 17.30–19.30 Uhr gibt es auf Wunsch die „Light Side"-Menükarte: kleinere Portionen zu ebensolchen Preisen.

Hot Tin Roof (5) (im Ocean Key Resort), Zero Duval St., ☎ (305) 296 7701, www. oceankey.com. Schön ist, hier beim Sonnenuntergang und mit Blick auf das Wasser und die vorbeiziehenden Boote die tropische Atmosphäre zu genießen. Küche (Seafood) auf hohem Niveau.

Martin's (18), 917 Duval St., ☎ (305) 295 0111, www.martinskeywest.com. Elegantes Restaurant in der Hauptstraße, gehört einem ausgewanderten Deutschen, wie man dem Menü ansehen kann: Dort findet sich u. a. Entenbrust „Schwarzwald" und Wiener Schnitzel, Jägerschnitzel und Grouper Dijon (raffiniert mit Rosmarin-Kartoffeln und Champagnerkraut). Aber auch Seafood steht auf der Karte. Nicht zu verachten: das selbst gebackene Brot! Besonders schön speist man im Garten unter Palmen.

Seven Fish Restaurant (14), 632 Olivia St., ☎ (305) 296 2777, www.7fish.com, in Gehweite von der Duval St. entfernt. Vorzügliche Fischgerichte für jeden Geldbeutel (es gibt aber auch Fleisch), viele Einheimische, dafür weniger Touristen, Reservierung empfohlen.

Mangia Mangia (10), *900 Southard St.,* ① *(305) 294 2469, www.mangia-mangia. com, kein Lunch. In einem alten restaurierten Haus kommen Freunde selbst gemachter Pasta und selbst gemachter Saucen voll auf ihre Kosten. Hinter „Bollito Misto di Mare" verbirgt sich ein leckeres Fischgericht mit Knoblauch, Zwiebeln und Weißwein. Und es gibt fast 350 Weine zur Auswahl! Das Preisniveau ist angenehm niedrig.*

Nine One Five (16), *915 Duval St.,* ① *(305) 296 0669, www.915duval.com. Moderne Küche mit thailändischem Einschlag, schöne Weinbar mit über 20 offenen Weinen.*

FRÜHSTÜCK UND LUNCH

Croissants de France (15), *816 Duval St.,* ① *(305) 294 2624, www.croissantsde france.com. Guter Kaffee und Brötchen zum Frühstück. Im schattigen Garten werden auch ausgezeichnete Crêpes und Croissants, aber auch Salate, Sandwichs und Desserts offeriert.*

🍸 Bars

Sloppy Joe's (7), *201 Duval St.,* ① *(305) 294 5717, www.sloppyjoes.com. Die perfekt vermarktete angebliche Stammkneipe von Ernest Hemingway, sehr groß, sehr laut, 24 Stunden geöffnet! Muss aber nicht sein – man kann auch vorbeigehen!*

Captain Tony's Saloon (8), *428 Greene St.,* ① *(305) 294 1838, www.capttonys saloon.com. „Pirate's Punch" probieren! Sehr beliebt, mit Livemusik.*

Jimmy Buffet's Margaritaville Café (12), *500 Duval St.,* ① *(305) 292 1435, www.margarita villekeywest.com. Ein Livemusik-Club des Popsängers Jimmy Buffet. Gute Fisch-Sandwichs, Key West Shrimps. Tolle Margaritas! Sehr lebendig und immer voll …*

🎁 Einkaufen

Vor allem entlang der Duval St. und am Mallory Market gibt es unzählige Mode-, Schmuck- und Andenkengeschäfte. Eine kleine Auswahl:

Smaragde *gibt es bei Emeralds International Inc., 104 Duval St.,* ① *(305) 294 2060. Außerdem werden Repliken von alten spanischen Münzen angeboten.*

„Inselschmuck" *bietet an: Sunlion Jewelry, 1111 Truman Ave.,* ① *(305) 296 8457.*

Schön bunt: Shop in der Duval Street

Zigarren: *Cork & Stogie, 1218 Duval St.,* ☏ *(305) 517 6419, www.corkandstogie.com, oder Rodriguez Cigars, 113 Fitzpatrick St.,* ☏ *(305) 296 0167, www.rodriguezcigarskey west.com.*

Lime-Saft *von Nellie & Joes (http://keylimejuice.com) gibt es in vielen guten Supermärkten, so auch bei Publix oder Winn Dixie. Geeignet für Margarita-Drinks nach dem Urlaub!*

Bücher

The Red Door Gallery, *812 Caroline St./Ecke Williams St., Bücher, Galerie und Café in einem.*

Key West Island Bookstore, *513 Fleming St.,* ☏ *(305) 294 2904. Buchliebhaber kommen hier auf ihre Kosten, haben sich doch stets viele Schriftsteller in der Stadt wohlgefühlt. Spezialisiert u. a. auf Titel von Hemingway und Tennessee Williams.*

Strände

Wer nach guten Stränden in Key West sucht, wird enttäuscht sein. Die einzigen, grobkörnigen „Sand"-Strände (alle am Atlantik):

Fort Zachary Taylor Beach and Historic State Park: *palmenbestandener Sandstrand, Picknickareal*

Strand in Key West

In allen Varianten möglich: Wassersport

George Smather Beach *entlang dem Roosevelt Blvd.,*
County Beaches (Higgs Beach oder Rest Beach) *am Atlantic Blvd. jenseits der Fishing Pier und*
Simonton Street Beach *am Ende der Simonton St.*

Fahrradverleih
Eine der besten Möglichkeiten, in Key West mobil zu sein, ist das Fahrrad. Die ebenen Straßen und Gässchen sind ideal zum Radeln. Es gibt sehr viele Fahrrad-Verleiher, sozusagen fast an jeder Ecke, hier eine Auswahl:
Tropical Bicycles & Scooter Rentals, *1300 Duval St, ☎ (305) 294 8136, www.tropicalrentacar.com/bike-rental.html. „Beach Cruiser" für ca. $ 10 (24-Std.-Miete).*
The Bike Shop, *1110 Truman Ave., ☎ (305) 294 1073, www.thebikeshopkeywest.com.*
Moped Hospital, *601 Truman Ave., ☎ (1-866) 296 1625, www.mopedhospital.com/rentals.html. Tolle Auswahl an Scootern, z. B. für $ 35/Tag, auch Fahrradverleih.*
A&M Rentals *verleiht Scooter, Fahrräder und elektrische Autos an 2 Verleihstationen: 523 Truman Ave., 513 South St., ☎ (305) 896 1921, www.amscooterskeywest.com.*

Bootsverleih
Florida Keys Boat Rentals, *951 Caroline St., ☎ (305) 797 8954, www.boatrentalskw.com.*
Key West Boat Rentals, *☎ (305) 791 1909, www.boatrentalsofkeywest.com.*

Bootsausflüge
Fury Water Adventures, *☎ (1-888) 976 0899, www.furycat.com. Abfahrten an 5 Orten: Westin Marina, Historic Seaport, Galleon Marina, Marriott Beachside und*

am Ende der Duval St.. Es werden Fahrten mit dem Glass Bottom Boat, Schnorchel- und Jet-Ski-Touren sowie Parasailing angeboten.
Danger Charters, ☎ (305) 304 7999, www.dangercharters.com. Segel-, Kajak- und Schnorcheltouren auf sogenannten „Skipjacks" – Nachbauten traditioneller amerikanischer Segelschiffe aus dem 19. Jahrhundert. Anlegestelle der Boote: Westin Marina.

Busse
Greyhound (☎ (305) 296 9072, 3535 S Roosevelt Blvd., www.greyhound.com) verkehrt 2-mal täglich zwischen Miami und Key West (Abfahrt je einmal morgens, einmal nachmittags, ca. $ 45, 4,5 Stunden).

Flüge
American Airlines (www.aa.com, wird von der regional operierenden Tochter American Eagle angeflogen) verbindet Miami mit Key West, **Silver Airways** (www.silverairways.com) bedient einmal tgl. die Strecke Key West – Fort Myers.

Bootsverbindungen
Mit dem **Key West Express** (www.seakeywest.com, ☎ (1-888) 539 2628) kommt man tgl. in 3,5 Stunden von Fort Myers per Boot nach Key West und zurück. Außerdem gibt es eine Verbindung nach Marco Island (in der Nähe von Naples, s. S. 250).

Andere Verkehrsmittel
In Key West selbst kommt man gut mit einem Fahrrad, Moped oder einem bis zu 25 Meilen schnellen „Conch Cruiser" (2–4-sitzige Elektrowagen, seitlich offen, aber überdacht) voran.
Das Bussystem **City Transit System** (www.kwtransit.com,) verbindet alle touristisch relevanten Stellen.

Ausflug zum Dry Tortugas National Park (Fort Jefferson)

Die Dry Tortugas liegen etwa 113 km westlich von Key West. Der spanische Entdecker Juan Ponce de León kam im Jahre 1513 hierher und war von der Vielzahl an Schildkröten überrascht.

Zwar endet das Straßensystem der Keys in Key West, aber schon 30 km weiter setzen sich die Insel-„Kleckse" fort: Hier liegen die verstreuten Marquesa Keys und später die sieben Inseln der Dry Tortugas. Letztere bilden den 1992 gegründeten Nationalpark, der aber aufgrund seiner schweren Erreichbarkeit sehr wenig besucht wird.

Mit dem Boot auf dem Weg zum Nationalpark beeindruckt das türkisfarbene, klare Meerwasser. Auf dem Meeresgrund sieht man sogar Schiffswracks liegen. In diesem Gebiet fand man auch die spanischen Schatzschiffe Atocha und Margarita. Manchmal sieht man sogar Haie oder große Schildkröten. Auf dem zu den Dry Tor-

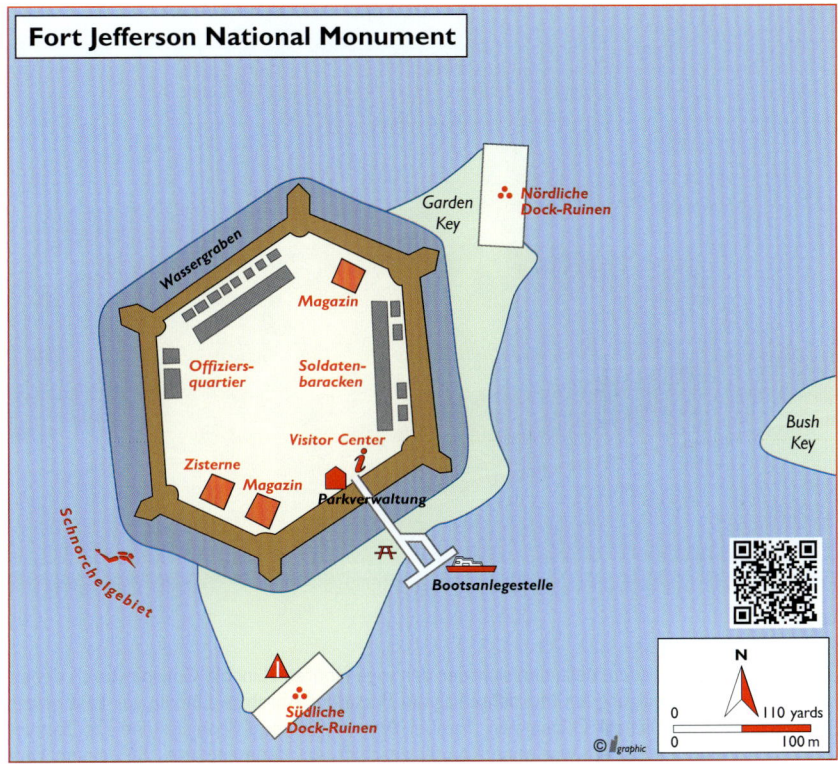

Fort Jefferson National Monument

Garden Key

Nördliche Dock-Ruinen

Wassergraben

Magazin

Offiziers-quartier

Soldaten-baracken

Visitor Center

Zisterne

Magazin

Parkverwaltung

Schnorchelgebiet

Bootsanlegestelle

Bush Key

Südliche Dock-Ruinen

© graphic

N

0   110 yards
0   100 m

tugas gehörenden Garden Key liegt das legendäre Fort Jefferson National Monument, auch als „Gibraltar des Golfes" bezeichnet.

„Gibraltar des Golfes"

Das imposante, sternförmige Fort, im Jahre 1846 als strategischer Stützpunkt im Golf von Mexiko erbaut, nimmt den gesamten Garden Key ein. 2,5 m dicke und bis zu 15 m hohe Mauern lassen das Fort als uneinnehmbar erscheinen. Die militärische Bedeutung der Anlage blieb gering. Im Durchschnitt befanden sich 500 Mann in der Garnison, die zumeist mit dem Ausbau beschäftigt waren. Bis zu 1.500 Soldaten vermochte das Fort zu beherbergen. Das Problem der Trinkwasserversorgung wurde durch ein ausgeklügeltes System von unterirdischen Zisternen gelöst, die das Regenwasser aufnahmen. 1864, als der Bau in seiner heutigen Ausdehnung beendet war, entdeckte man, dass er nicht – wie ursprünglich vermutet – auf festem Korallenstein fußte, sondern auf Sand und Korallenfindlingen. Allmählich senkte sich das Gebäude aufgrund seines hohen Eigengewichts ab und zeigte bald Risse.

Risse im Bau

Während des Bürgerkrieges und weitere 10 Jahre nach dessen Ende diente das Fort als Militärgefängnis. Unter den Gefangenen, die im Jahre 1865 hierher ge-

Fort Jefferson

Gefängnis bracht wurden, befanden sich vier der sogenannten „Lincoln Conspirators", denen eine Beteiligung am Mordanschlag auf Präsident Abraham Lincoln zur Last gelegt wurde: Michael O'Laughlen, Samuel Arnold, Edmond Spangler und Dr. Samuel Mudd. Letzterem warf man Komplizenschaft vor, denn er hatte 1865 einem Verletzten Hilfe bei einem Beinbruch geleistet. Und dieser Verletzte war – ohne dass es Dr. Mudd wusste – der Präsidentenmörder Wilkes Booth. Wie es der hippokratische Eid gebot, behandelte Dr. Mudd den Mörder. Das genügte, um ihn zu lebenslanger Haft zu verurteilen.

Begnadigung eines Unschuldigen Als 1867 im Fort Jefferson eine Gelbfieber-Epidemie ausbrach, half Dr. Mudd bei der Bekämpfung der Seuche unermüdlich, sodass man ihn 1869 begnadigte. Einer Verwandten von Dr. Mudd genügte diese Begnadigung nicht, weil damit immer noch nicht der Verdacht ausgeräumt war, zumindest indirekt am Präsidentenmord beteiligt gewesen zu sein. Bis ins Jahr 2003 gab es immer wieder Initiativen für eine juristische Rehabilitierung Dr. Mudds.

Benannt wurde das Fort nach dem 3. Präsidenten der USA, Thomas Jefferson. 1935 deklarierte es US-Präsident Franklin D. Roosevelt zum Nationaldenkmal.

Auf einer „Self Guiding Tour" kann man sich ein Bild von der Größe der Anlage machen. U. a. kann auch die Zelle besichtigt werden, in der Dr. Mudd eingesperrt war. In einem kleinen Ausstellungsraum gibt es eine Diashow, die über die Geschichte des Forts Auskunft gibt. Auch geführte Touren werden angeboten.

Bush Key

Gleich gegenüber dem Fort liegt, von einer etwa 100 m breiten Meeresstraße getrennt, der Bush Key. Diese Mini-Insel ist Heimat Tausender Rauchschwalben (*Soo-
ty Terns*). Diese Vögel kommen nicht nur aus dem karibischen Raum hierher, sondern sogar aus Westafrika. In den warmen Sand legen die Rauchschwalben ihre
Eier. Das einzige Ei wird von den Vogeleltern sorgsam vor zu starker Sonneneinstrahlung geschützt. Wenn der Nachwuchs geschlüpft ist, tritt er gemeinsam mit
den Eltern den 14.000 km langen Flug nach Westafrika an. Und nach 4 Jahren kommen die Vögel wieder. Die Brutzeit liegt zwischen März und September, deshalb
kann der Key von Februar bis September nicht besucht werden.

Rauch-
schwalben

Reisepraktische Informationen Dry Tortugas National Park (Fort Jefferson)

ℹ️ Information
Dry Tortugas National Park, *P.O. Box 6208, Key West, ☏ (305) 242 7700,
www.nps.gov/drto. Der Eintritt kostet $ 5 und wird von den Fähr- und Flugbetreibern ein-
gesammelt (s. u.).*

⚠️ Camping
*Campen ist möglich, allerdings gibt es keinerlei Versorgungsmöglichkeiten: Alles –
auch Getränke – muss selbst mitgebracht werden. Kosten: $ 3 p. P. pro Nacht.*

☛ Anreise
*Dry Tortugas kann nur mit dem Boot oder per Wasserflugzeug erreicht werden.
Die* **Fähre** *Yankee Freedom III verkehrt ab dem Key West Ferry Terminal, 100 Grinnell
St., Historic Seaport, ☏ (1-800) 634 0939 oder (305) 294 7009, www.drytortugas.com.
Der 110-feet-Aluminium-Katamaran (35 Meilen/Stunde schnell!) ist sehr bequem, da
sehr geräumig (3 Toiletten, Sonnendeck, aber auch schattige Plätze, klimatisierter Salon).
Frühstück, Lunch, Schnorchelausrüstung und eine 45-minütige Fort-Führung sind im Fahr-
preis inbegriffen. Die Überfahrt dauert ca. 2½ Stunden. Erw. $ 170, Kinder (4–16 J.)
$ 125, der National-Park-Eintritt von $ 5 ist inkludiert. Die Fahrt geht pünktlich um 8 Uhr
los (ab 7.30 Uhr kann man an Bord). Camper müssen bereits um 6.30 Uhr da sein. Rückkehr in Key West: ca. 17.30 Uhr).
Halb- oder Ganztagesausflüge mit dem* **Wasserflugzeug** *bietet Key West Seaplane
Adventures an, 3471 South Roosevelt Blvd., (305) 293 9300, http://keywestseaplanechar
ters.com. Halbtagesausflüge kosten $ 299 p. P., Flugzeit pro Strecke 40 Min., Aufenthalt
auf der Insel 2 ½ Std., Abflug um 8/10/12/14 Uhr. Ganztagesausflüge starten um 8 und
10 Uhr, die Zeit auf der Insel beträgt dann 6 ½ Std., Preis p. P. $ 525. Reduzierter Preis
für Kinder unter 12 J., ganz kleine (unter 2 J.) fliegen umsonst mit.*

5. DER SÜDWESTEN: NAPLES UND DIE GOLFKÜSTE BIS TARPON SPRINGS

Von Key West nach Naples

Big Cypress National Preserve

(auch „OASIS" genannt)

Das Big Cypress National Preserve gehört zu den Big Cypress Swamps, einem Gebiet, das insgesamt 6.200 km² umfasst. Die Bezeichnung „Swamp" (Sumpf) mag auf den ersten Blick irreführend sein, denn die Landschaft besteht aus sandigen Inseln, auf denen lichte Pinienwälder wachsen, aus sogenannten Hartholz-Hammocks (Bauminseln), aus feuchten Prärien, trockenen Graslandschaften, Marschen und Mangrovenwäldern. Das

gesamte Gebiet ist eine wahre Wildnis, in die sich der selten gewordene Florida-Panther sowie der Schwarzbär zurückgezogen haben. Schwarzbären ernähren sich

Streckenübersicht

Entfernung: Key West – Naples: ca. 380 km
Empfohlene Route: US 1 von Key West bis Homestead, dann Straße 997 und weiter über den Tamiami Trail (Tamiami = Tampa – Miami) (41) nach Naples.
Alternativ-Strecke: Alligator Alley (Interstate 75). Auf dieser Strecke kann man ein Stück unendlicher Weite kennenlernen. Links und rechts des Highways erstrecken sich bis zum Horizont Grasebenen, später fährt man entlang dem baumbestandenen Big Cypress National Preserve und erreicht dann die Nordteile von Naples. Schnellste Strecke nach Naples.
Reisevorschlag: Wer es nicht eilig hat und sich das Miccosukee Indian Village (s. S. 192) anschauen und evtl. in das Big Cypress National Preserve fahren möchte, dem empfiehlt sich eine Zwischenübernachtung in Everglades City.
Übernachtung: Möglichkeiten in Everglades City, Naples oder Marco Island.
Tanken: Entlang des Tamiami Trail gibt es nur wenige kleine Tankstellen, die nicht immer geöffnet sind. Also besser in Homestead noch einmal volltanken.
Hinweis: Auf dem Tamiami Trail mit Licht fahren.

Redaktionstipps

▸ **Kanutrip** von Everglades City (S. 248).

▸ **Boutiquenshopping** im mondänen Naples (S. 252).

▸ **Übernachten** in **Everglades City**: „The Ivey House Bed & Breakfast" (S. 249); auf **Marco Island**: „Marriott Beach Resort" (S. 252); in **Naples**: „Fairways Inn" (S. 259) oder luxuriös im „Ritz-Carlton" (S. 260).

▸ **Essen**: Das „Vergina" in Naples bietet gute italienische Küche, bei „IM Tapas" geht es spanisch zu (S. 260).

▸ Der westliche Abschnitt des Tamiami Trail bietet zahlreiche schöne Plätze zum **Picknicken**.

▸ **Sehenswürdigkeiten**: ökologische Wanderung im Big Cypress National Preserve (S. 245).

von Flusskrebsen, die in den „Sloughs" (Süßwasserkanälen) leben, sie lieben aber auch die weichen Früchte der Palmetto-Palmen.

Das Gebiet ist zu 1/3 mit Zypressen bedeckt. Bevorzugt wachsen die Zypressen in der Nähe der feuchten Prärien und entlang der Süßwasserflüsse. In der Zeit, als die Miccosukee und Seminolen hier lebten, war die Landschaft in ihrem natürlichen Rhythmus nicht gestört. Erst als der „moderne" Mensch die Sümpfe trockenlegte, um Land für Zuckerrohrfelder und den Anbau von Zitrusfrüchten zu gewinnen, begann die Gefährdung der Ökologie. 1928 war der Tamiami Trail fertig gestellt, der die Sümpfe nun durchzog und Menschen anlockte, die sich als Jäger und Fischer, Viehzüchter und Pflanzensammler niederließen.

So entstanden die kleinen Siedlungen Ochopee, Monroe Station und Pinecrest. Im Jahre 1943 bohrte man bei Sunniland (an der Nordwestecke des heutigen Naturschutzgebietes liegend) erfolgreich nach Erdöl. In den 1960er-Jahren schritt die Trockenlegung des Gebietes weiter voran, die Landspekulation blühte und eskalierte gar 1968 in dem wahnwitzigen Plan, inmitten dieser Naturlandschaft einen riesigen Flughafen zur Entlastung von Miami zu bauen. Doch die sich diesen Plänen energisch widersetzenden Naturschützer siegten.

Anhinga (Schlangenhalsvogel) beim Trocknen der Flügel

Informationen über das Big-Cypress-Ökosystem

Den Untergrund dieser Landschaft bildet Kalkgestein. Die höher gelegenen Flächen sind sandig, hier wachsen bevorzugt Pinien. Die tiefer gelegenen Gebiete werden in der sommerlichen Regenzeit überflutet: Hier wachsen viel mehr Pflanzen, hier lagert über dem Kalkgestein und der Sandschicht Torf. In diesem Gebiet gedeihen Zypressen, auf den höher gelegenen Stellen (Hammocks) Palmen, der Gumbo Limbo sowie andere Harthölzer. Die Flächen, die abhängig von den Regenzeiten mal trocken, mal überflutet sind, werden vom Sägegras eingenommen. Man kann sich leicht vorstellen, wie empfindlich die Pflanzenwelt reagiert, wenn ihr das periodisch im Jahreszyklus auftretende Wasser fehlt bzw. nur in unzureichendem Maße zur Verfügung steht.

Man bekommt einen guten Überblick über die Landschaft des Big Cypress Preserve, wenn man von Fortymile Bend über Pinecrest der Park Loop Road zur Monroe Station folgt, wo man wieder den Anschluss an die US 41 bekommt (*Infos zur Loop Road unter www.nps.gov/ bicy/planyourvisit/scenic-drives.htm. Die Parkverwaltung empfiehlt, sich im Vorfeld bei einem Ranger über den Straßenzustand zu informieren!*). Westlich von Pinecrest liegt das Loop Road Education Center. Vorsicht nach starken Regenfällen – es kann sehr matschig sein.

Selten: der Florida-Panther

Weiter westlich der US 41 zweigt die Turner River Road (Straße 839) genau nach Norden ab und stellt die Verbindung mit dem Everglades Parkway (Alligator-Alley-Verbindung zwischen Miami und Naples/gebührenpflichtig) her.

Wer entlang der 41 in **Ochopee** vorbeikommt, sollte sich unbedingt das kleinste Postamt der USA ansehen (von Miami kommen links an der Straße, 38000 Tamiami Trail E.): Es misst ganze 2,5 mal 2,2 m! Briefe und Karten werden hier per Hand mit einem Sonderstempel abgestempelt und sind dadurch sehr beliebt. *Öffnungszeiten: Mo–Fr 8–10, 12–16 Uhr, Sa 10–11.30 Uhr.*

Kleinstes Postamt der USA

Reisepraktische Informationen Big Cypress National Preserve

ℹ️ Informationen
Entlang des Tamiami Trail (Highway 41)liegen zwei Visitor Center: Von Miami kommend erreicht man zunächst das **Oasis Visitor Center**, ① (239) 695 1201, *weiter Richtung Naples folgt das* **Big Cypress Swamp Welcome Center**, ① (239) 695 4758, *geöffnet tgl. 9–16.30 Uhr, www.nps.gov/bicy. Der Eintritt zum Park ist frei.*
Preserve Headquarters, *nahe Naples und Everglades City, am Highway 41, 5 Meilen östlich der Kreuzung mit State Road 29,* ① (239) 695 2000.

⚠ Camping

In diesem Naturschutzgebiet gibt es acht verschiedene Zeltplätze (Bear Island, Burns Lake, Gator Head, Midway, Mitchell Landing, Monument Lake, Pinecrest, Pink Jeep), nicht alle sind ganzjährig geöffnet. Reservierung notwendig über www.recreation. gov, telefonische Rückfragen sind unter (877) 444 6777 möglich. Die Camping-Gebühr liegt zwischen $ 10–30 pro Nacht. Backcountry Camping ist ebenfalls möglich.

🚶 Wanderungen

Vom **Oasis Visitor Center** am Tamiami Trail führen Wanderwege zu Zeltplätzen in der Wildnis.

Everglades City und Ten Thousand Islands

Endpunkt des Wilderness Waterway

In Everglades City (aber keine Stadt erwarten, der Ort hat nur 500 Einwohner) endet der etwa 160 km lange, in Flamingo beginnende Wilderness Waterway. Everglades City ist der westliche Wasserweg-Zugang zum Everglades National Park. Hier informiert ein Visitor Center über den Nationalpark. Verschiedene Aktivitäten werden angeboten, so kleine Wanderungen mit Park-Rangern durch die flache Chokoloskee Bay, Fahrrad- und Kanuwanderungen sowie Veranstaltungen am Lagerfeuer (*Campfire Talks*). Vor der „Haustür" sozusagen liegen die „Ten Thousand Islands", die zehntausend Inseln. Die Everglades National Park Tours bieten täglich mehrere Touren an. Die Fahrten führen durch Mangrovensümpfe sowie zu mehreren Inseln.

Zudem gibt es das kleine **Museum of the Everglades** (105 West Broadway, Mo–Sa 9–16 Uhr, ☎ (239) 695 0008, www.evergladesmuseum.org), das sich in einer 1927 eröffneten Wäscherei befindet. Hier werden rund 2.000 Jahre Geschichte der Gegend und die ersten Siedlungsversuche gezeigt.

Ideal für Bootsfahrten: Everglades City

Abstecher nach Chokoloskee

Wenn man die kleine Straße von Everglades City nach Süden fährt, erreicht man nach wenigen Meilen das „Ende der Welt". Dort, umgeben von den flachen Gewässern des Golfs von Mexiko, liegt das kleine, verschlafen wirkende Nest Chokoloskee. Hier siedelten schon vor über 2.000 Jahren die Calusa-Indianer. Die ersten Weißen ließen sich gegen Ende des 19. Jahrhunderts hier nieder. Es waren vor allem Jäger, später folgten Familien, die vom saisonalen Jagen, Fischen und Ackerbau lebten. 1906 wurde der urige Smallwood Store eröffnet und blieb bis 1982 in Betrieb. Schon 1974 wurde er in die „National Registry of Historic Places" aufgenommen. Heute ist der Store ein Museum (*www.smallwoodstore.com, tgl. geöffnet*), in dem die Zeit stehengeblieben zu sein scheint. Alltagsgegenstände sowie viele Zeitzeugnisse in Form von Bildern, Prospekten und Zeitungsartikeln erzählen lebendig die Geschichte der Pioniere Südwest-Floridas.

Reisepraktische Informationen Everglades City

i Information
Gulf Coast Visitor Center, *815 Oyster Bar Ln, ① (239) 695 3311, geöffnet von 8–16.30, April–Nov. 9–16.30 Uhr, www.nps.gov/ever, am südlichen Ende des Ortes gelegen (5 Meilen südlich des Highway 41). Hier werden auch Bootstouren und Kanuverleih angeboten.*

Übernachtung
The Ivey House Bed & Breakfast $$–$$$, *107 Camelia St., ① (239) 695 3299, www.iveyhouse.com. Hier werden vier verschiedene Unterkunftsmöglichkeiten angeboten: zum einen Zimmer in einer historischen Lodge, die ursprünglich in den 1920er-Jahren für die Arbeiter des Tamiami-Trails erbaut wurde, oder in einem modernen Inn von 2001 mit schönem Pool-Areal. Zum anderen wird das Angebot erweitert durch ein kleines, privates Cottage (ideal für Familien oder kleine Gruppen) sowie – direkt gegenüber auf der anderen Straßenseite – „The Homestead" mit 3 Schlaf- und 2 Badezimmern. In Zusammenarbeit mit Everglades Adventures (http://evergladesadventures.com) finden mehrfach tgl. geführte Kajak-Touren statt.*

Restaurant
Als Restaurant ist das **Oyster House** *zu empfehlen (901 South Copeland Ave., Highway 29, ① (239) 695 2073, www.oysterhouserestaurant.com), das direkt gegenüber dem Eingang des Nationalparks und der Anlegestelle der Boote liegt und vor allem Seafood-Gerichtet anbietet. Hier kann man auch kleine flache Motorboote sowie Kanus leihen.*

Bootsfahrten in den Nationalpark
Everglades National Park Boat Tours, *① (239) 695 2591, www.evergladesnationalparkboattoursgulfcoast.com. Die Boote fahren von den Park Docks an der Chokoloskee Bay (Route 29) ab, ganz in der Nähe des* **Gulf Coast Visitor Center**. *Die Touren vermitteln einen guten Eindruck von den Mangrovensümpfen und den Ten Thousand Islands.*

Tipp

Einmal im Jahr füllt sich der kleine Ort mit Zehntausenden Menschen, wenn an einem Wochenende im Februar das **Everglades Seafood Festival** *stattfindet. An zahlreichen Ständen werden Meeresfrüchte, aber auch Kunsthandwerk angeboten. Auf Bühnen greifen Country-Musiker in die Saiten, Kinder werden sich besonders über die Karussells freuen. Infos: www.evergladesseafoodfestival.org.*

Collier-Seminole State Park

Auf dem Wege nach Naples führt der Tamiami Trail am Collier Seminole State Park vorbei (gegenüber Marco Island auf dem Festland im Bereich der CR 92/US 41. Das Gebiet ist nach Barron Gift Collier benannt, der sich um die Urbarmachung dieses Landstrichs verdient gemacht hat.

Zwischen Land und Meer   Das ganze Gebiet ist eine Mischregion aus Süß- und Salzwasser – ähnlich dem Everglades National Park. Im Englischen bezeichnet man diese Salzwasser-Süßwasser-Gebiete als *Estuary*, ein Begriff, der einem in Florida häufig begegnen wird. Dementsprechend wechselt die Vegetation von Hartholzbäumen zu den salzwasserresistenten Mangroven. Im Royal Palm Hammock ragen Königspalmen hoch. Das Gebiet wird bei Flut vom Meerwasser überschwemmt, im Sommer dagegen von Niederschlagswasser. Entlang des Royal Palm Hammock Nature Trail (0,9 Meilen) erlebt man hautnah die Fauna und Flora dieses Gebietes. Bootstouren durch den State Park sind preiswert, der Campingplatz ist toll angelegt und liegt sehr idyllisch. **Collier-Seminole State Park**, *20200 Tamiami Trail E., Naples, ① (239) 394 3397, http://floridastateparks.org/collierseminole – 12 Meilen östlich von Marco Island, täglich geöffnet von 8 Uhr bis Sonnenuntergang. Eintritt: $ 5 pro Auto, Camping $ 22 pro Nacht (inkl. Elektrizität und Wasser), Kanus: $ 5,50/Stunde, $ 26,50 pro Tag.*

Tipp

Mit einem Kanu durch die Wildnis paddeln!

Marco Island

Marco Island (14 Meilen südlich von Naples), erreichbar über eine Brücke, die den Marco River überspannt, gibt sich mondäner als die anderen typischen Ferien-Hochburgen an der Atlantik- bzw. hier an der Golfküste. Alles wirkt gediegener, die Bebauung ist – insgesamt betrachtet – nicht ganz so bombastisch wie in den anderen Küstenorten. Das ist nicht zuletzt einer Reihe dem Naturschutz verbundener Vereinigungen zuzuschreiben, die den bauwütigen Investoren entgegentraten. Zwar darf gebaut werden, auch hoch, doch bitteschön: nicht ganz so ausufernd wie anderswo. Publikumswirksam hat man sogar versucht, durch künstlich angelegte Adlerhorste den Greifvögeln die angestammte Heimat zu erhalten.

Gediegen

Marco Village   Trotzdem: Entlang des – sehr breiten und schönen – Sandstrandes reihen sich Hochhäuser (Hotels, Apartments) aneinander. Nur das alte Dorf Marco am Nordende der Insel erinnert mit seinen Holzhäusern an die alte Zeit. Ein Muss-Ziel wird Marco Island deshalb aber nicht …

Alte Zeit? Ja, schon um 500 v. Chr. lebten hier nachweislich Calusa-Indianer. Beweise für diese frühe Besiedelung lieferten die hier gefundenen *Indian Mounds* (indianische Grabhügel) sowie die von Archäologen zutage geförderten indianischen Waffen, Schnitzereien, Werkzeuge und Masken. Auf Marco Island leben heute etwa 16.000 Menschen, wobei diese Zahl insbesondere in der Winterzeit durch Touristen mehr als verdoppelt wird. Früher lebten die Einwohner hier vorwiegend vom Fischfang, vom Muschelverkauf sowie vom Ananasanbau – heute allerdings mehr von den ausgabefreudigen Touristen und wohlhabenden Ruheständlern.

Ein kleines Museum (*180 South Heathwood Dr., ☎ (239) 642 1440, www.themihs.org, geöffnet Di–Sa 9–16 Uhr, kein Eintritt*) widmet sich der Geschichte der Gegend

Am Strand von Marco Island

und insbesondere der Kultur der Calusa-Indianer. Es werden auch Wechselausstellungen lokaler Künstler gezeigt

Zu den Hauptattraktionen von Marco Island gehören die angebotenen Bootsausflüge in allen Variationen: Angeltouren, Dinner und Sunset Cruises, nach Key West, in die Everglades oder einfach nur mit dem geliehenen Pontoon-Boot herumschippern. Hier findet garantiert jeder etwas.

Goodland ist ein altes Fischerdorf bei Marco Island und hat nur etwa 300 Einwohner. 2006 veräußerten Elhanon und Sandra Combs ihren Campingplatz für den weit unter dem Marktwert liegenden Preis von 2,5 Millionen Dollar an das Collier County, um die Einrichtung eines Erholungsparks zu ermöglichen. Inzwischen wurden im Margood Harbor Park ein Volleyballfeld, ein Picknickplatz, ein kleines Museum und vieles mehr eingerichtet. Über mögliche Aktivitäten in Goodland informiert www.goodland.com.

Reisepraktische Informationen Marco Island

ℹ Informationen
Marco Island Area Chamber of Commerce, *1102 N. Collier Blvd., Marco Island, ☎ (239) 394 7549, www.marcoislandchamber.org. Infos über Floridas Paradise Coast bietet auch www.paradisecoast.de.*

Bootsausflug
Marco Island Princess, *951 Bald Eagle Dr., ☎ (239) 642 5415, www.marco islandprincess.com, bietet Lunch-, Sightseeing- und Sunset-Touren.*
Mit dem **Key West Express** (*www.seakeywest.com, ☎ (1-888) 539 2628) kann man von Marco Island einen Tagesausflug nach Key West unternehmen, s. S. 240.*

Übernachtung

The Boat House Motel $$$, *1180 Eddington Place, Old Marco Island,* ☎ *(239) 642 2400, www.theboathousemotel.com. Nur 20 Zimmer (verteilt auf 2 Stockwerke), mit Bootshafen. Sehr gutes Preis-Leistungs-Verhältnis.*

Marco Island Marriott Beach Resort $$$$, *400 South Collier Blvd.,* ☎ *(239) 394 2511, www.marcoislandmarriott.com. Erstklassiges Beachhotel (zwei 11-stöckige Gebäude) mit einem großzügigen Spa-Bereich, Fitness-Center und zwei Golfplätzen.*

Hilton Marco Island Beach Resort and Spa $$$$, *560 S. Collier Blvd.,* ☎ *(239) 394 5000, www.hiltonmarcoisland.com. Das 11-stöckige Strandhotel erfreut sich eines sehr guten Rufs und ist deutlich kleiner als die anderen Großhotels (300 große Zimmer mit Balkonen und unverbautem Blick auf den Golf).*

Restaurants

Das Restaurantangebot ist groß, hier nur eine kleine Auswahl:

Old Marco Crab House, *401 Papaya St., Goodland,* ☎ *(239) 642 7227, www.old marcolodge.com. Das gute Fischrestaurant liegt direkt am Wasser (das Haus wurde 1869 erbaut) und ist u. a. auf Krebse spezialisiert. Sehr gut als Nachtisch: die Key Lime Pie.*

Bistro Soleil, *100 Palm St.,* ☎ *(239) 389 0981, www.bistrosoleil.net. Gehört zu den Olde Marco Inns & Suites (www.oldemarcoinn.com) und bietet französisch angehauchtes Essen, Hauptgericht ca. $ 25–30.*

Sunset Grille, *900 S. Collier Blvd. (in den Apollo Condominiums),* ☎ *(239) 399 0509, www.sunsetgrilleonmarcoisland.com. Auch bei Einheimischen sehr beliebtes, typisch amerikanisches Restaurant mit einem Blick auf den Strand. Angesagt sind Ribs, Sandwichs, Chicken Wings und Shrimp Baskets. Alles ist preiswert und es geht leger zu.*

Cafe de Marco, *244 Palm St.,* ☎ *(239) 394 6262, http://cafedemarco.com. Kleines, seit 1983 existierendes Bistro mit bestem Ruf. Viele erstklassige Fischgerichte, aber auch Lamm- und Geflügelvariationen. „Daily Specials" beachten! Nur abends ab 17 Uhr geöffnet.*

Strände

Tigertail Beach *(im Südwesten der Insel gelegen, am Ende des Hernando Drive, Intersection mit Spinnaker Drive, Parken $ 1,50 pro Stunde): herrlicher Strand mit smaragdfarbenem Wasser und weißem Sand. Café, Kinderspielplatz, Duschen, Toiletten, Vermietung von kleinen Segeljollen und Kajaks.*

Fahrräder/Scooter

Verleih bei **Scootertown**, *1095 Bald Eagle Dr.,* ☎ *(239) 394 8400, www.island bikeshops.com. Zwischen Strand und den Hotels verläuft ein Fahrradweg.*

Naples

Vornehm

Naples vermittelt den – berechtigten – Eindruck eines sehr vornehmen Städtchens wesentlich stärker als Marco Island. Hier leben viele Millionäre, und während einer Fahrt entlang der küstennahen Straße südwärts *(Gulf Shore Boulevard)* kommt man sich vor wie in einer zum Leben erwachsenen Ausgabe von „Schöner Wohnen" … Alles ist super gepflegt, und vielerorts scheinen die Grashalme stündlich gekämmt und die Blumenrabatten täglich gezupft zu werden. Man kann sich die Stadt auch mit

Schöner Wohnen in Naples

einem Trolley ansehen, der acht Mal am Tag an der *Experience Naples Visitor Information (1010 6th Ave. S.) startet und 20 Stationen abfährt (www.naplestrolleytours.com).*

Tipp

Ein Fahrrad leihen und südlich und nördlich des Gulf Shore Boulevard parallel zur Küste entlang fahren. Im Norden geht es dann auf die Crayton Road. Es geht an Villen, eleganten Apartmentanlagen, privaten Siedlungen (stets durch Tore gesichert) und an einigen der gut neunzig Golfanlagen von Naples vorbei.

Naples ist das Pendant zu Palm Beach an der Ostküste, denn es macht dem Promi-Ort am Atlantik mit seiner Mondänität Konkurrenz. Die architektonischen Vorgaben scheinen aus Italien und Spanien zu stammen, und im Einklang mit dem herrlichen Wetter und der vielfältigen Vegetation kann man sich schnell wie in einem irdischen Paradies fühlen. Nur im Norden von Naples wurde der Bau von Hochhäusern erlaubt, im ortsnahen Gebiet am Strand blieb alles flach.

Die Strände hier sind nicht ganz so breit wie auf Marco Island, dafür aber doch deutlich weniger besucht. Lange stand Naples im Schatten der Entwicklung der anderen Regionen Floridas. Wie auch auf Marco Island lebten hier schon vor Christi Geburt Calusa-Indianer. Die ersten weißen Siedler ließen sich im 19. Jh. nieder: 1867 wurde Naples gegründet. Erst als eine Eisenbahnverbindung fertig gestellt war und der Tamiami Trail 1928 Naples mit den anderen Teilen Floridas verband, begann der Aufschwung dieses Ortes. *Eisenbahnanschluss als Entwicklungsmotor*

Heute leben hier ca. 20.000 Menschen, vermehrt durch annähernd 100.000 Gäste in der Wintersaison. Naples ist „Hauptstadt" des Collier County, dem viertgrößten Produzenten von Gemüse in Florida.

Sehenswertes in Naples

Der Ort bietet nicht allzu viele besichtigenswerte Ziele, hier eine Kurzauswahl:

Naples Depot Museum

Alte, restaurierte Bahnstation, gelistet im *National Register of Historic Places*, mit interaktiven Ausstellungen und Exponaten zu den Themen Bahn-Boom in der 1920er Jahren sowie Transport. In direkter Nähe befindet sich auch das Naples Train Museum (*nur Sa 10–14 Uhr geöffnet, Erw. $ 7, Kinder ab 6 J. $ 4*).
Naples Depot Museum, *1051 5th Ave., ☏ (239) 262 6525, www.colliermuseums. com, Mo–Sa 9–16 Uhr.*

The Baker Museum

Das frühere „Naples Museum of Art" liegt im Artis-Naples Center. Hier ist zeitgenössische amerikanische Kunst zu sehen, ausgestellt sind aber auch alte asiatische Exponate. Imposant ist die Glaskuppel im Zentralbereich mit einem außergewöhnlichen Lüster des Glas-Künstlers Dale Chihuly.
The Baker Museum, *5833 Pelican Bay Blvd., ☏ (239) 597 1900, http://artisnaples. org/baker-museum/exhibitions, Di–Sa 10–16, So 12–16 Uhr, Erwachsene $ 10/Kinder frei.*

Naples Pier

Lebendige Szenerie

Seit den Tagen, als Naples nur mit dem Schiff erreichbar war, spielte sich am Pier „das Leben" ab. Im Jahre 1964 zerstörte der Hurrikan Donna den Pier, der jedoch wieder aufgebaut wurde und heute etwa 300 m lang ist. Besonders schön ist es hier zur Zeit des Sonnenuntergangs, aber auch sonst ist den ganzen Tag etwas los: Schaulustige, Spaziergänger und Angler sorgen für eine lebendige Szenerie (*Gulf Shore Blvd. und 12th Ave., www.naplespier.com*).

 Tipp
Vom Pier aus kann man gute Fotos vom Strand machen!

Palm Cottage

Dies ist das älteste Gebäude von Naples (1895) und vermittelt mit seinem Interieur ein Bild vom Leben in der „vor-touristischen" Zeit. Das weiß getünchte Haus mit seiner Veranda erinnert etwas an die Südstaaten oder an Key West.
Palm Cottage, *137 12th Ave., ☏ (239) 261 8164, www.naples historicalsociety.org, es werden Touren durch das Haus angeboten, Infos auf der Homepage.*

Palm Cottage mit Weihnachts-Deko

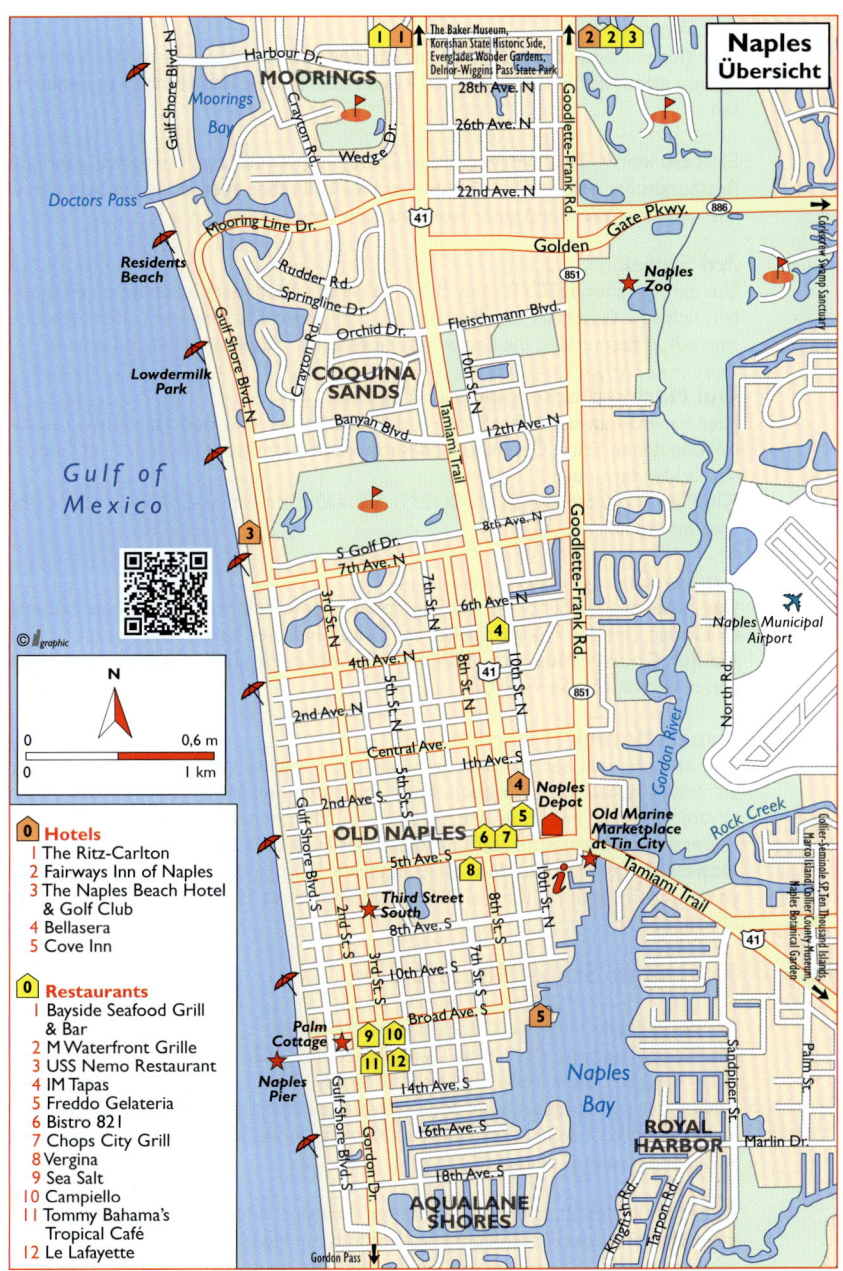

Naples Übersicht

MOORINGS

Harbour Dr.
Gulf Shore Blvd. N
Moorings Bay
Crayton Rd.
Wedge Dr.
28th Ave. N
26th Ave. N
22nd Ave. N

The Baker Museum, Koreshan State Historic Side, Everglades Wonder Gardens, Delnor-Wiggins Pass State Park

Goodlette-Frank Rd.

Doctors Pass
Mooring Line Dr.
Golden Gate Pkwy.
Naples Zoo

Residents Beach
Rudder Rd.
Springline Dr.
Orchid Dr.
Fleischmann Blvd.

COQUINA SANDS
Banyan Blvd.
10th St. N
Tamiami Trail
12th Ave. N

Lowdermilk Park
Gulf Shore Blvd. N

Gulf of Mexico

S Golf Dr.
7th Ave. N
8th Ave. N
3rd St. N
7th St. N
6th Ave. N
8th St. N
10th St. N

4th Ave. N
2nd Ave. N
5th St. N
Central Ave.
Gulf Shore Blvd. S
11th Ave. S

Naples Municipal Airport
North Rd.
Gordon River

OLD NAPLES
5th Ave. S
8th Ave. S
Third Street South
10th Ave. S
Broad Ave. S

Naples Depot
Old Marine Marketplace at Tin City
Tamiami Trail

Palm Cottage
Naples Pier
14th Ave. S
16th Ave. S
18th Ave. S
Gordon Dr.

AQUALANE SHORES
Gordon Pass

Naples Bay
ROYAL HARBOR
Marlin Dr.

Rock Creek

Collier-Seminole St Ten Thousand Islands, Marco Island/Collier County Museum, Naples Botanical Garden

Corkscrew Swamp Sanctuary

Hotels
1 The Ritz-Carlton
2 Fairways Inn of Naples
3 The Naples Beach Hotel & Golf Club
4 Bellasera
5 Cove Inn

Restaurants
1 Bayside Seafood Grill & Bar
2 M Waterfront Grille
3 USS Nemo Restaurant
4 IM Tapas
5 Freddo Gelateria
6 Bistro 821
7 Chops City Grill
8 Vergina
9 Sea Salt
10 Campiello
11 Tommy Bahama's Tropical Café
12 Le Lafayette

N
0 ⸺ 0,6 m
0 ⸺ 1 km

5th Avenue

Hier gibt es elegante Geschäfte, Kunstgalerien und Boutiquen. Es ist sehr kurzweilig, von einem der Straßencafés und Restaurants aus die Flanierenden zu beobachten.

Ein besonderer Tipp: Im Vergina *(s. S. 260)* einkehren. Das italienisch geprägte Restaurant hat Tische direkt an der Straße. Idyllischer aber ist es, im Seitengässchen ein Glas Wein und gutes Essen zu genießen.

3rd Street

Um die Nummer 1220 (Tommy Bahama) geht es besonders lebendig zu. Hier reihen sich edle Geschäfte und Restaurants aneinander. Die (wenigen) alten Gebäude sind schön restauriert, die neuen in gediegenem architektonischen Stil erbaut.

Old Marine Marketplace at Tin City

Hier hat man an der Waterfront alte Fischerhäuser und Bootsschuppen restauriert, in denen heute Geschäfte und Restaurants untergebracht sind. Zum Gucken und Schlendern nett.
Tin City, *1200 5th Ave. South,* ① *(239) 262 4200, Mo–Sa 10–21 Uhr, So 12–17 Uhr, www.tin-city.com.*

Collier County Museum

Lokale Exponate Das Museum, im County-Verwaltungskomplex untergebracht, zeigt lokale Exponate aus der Zeit der Frühgeschichte der Calusa-Indianer bis zur Gegenwart.
Collier County Museum, *3301 Tamiami Trail E.,* ① *(239) 774 8476, www.collier museums.com, Mo–Sa 9–16 Uhr.*

Napels Botanical Garden

Schöne Anlage, in der man sich gerne aufhält, mit einer großen Vielfalt angelegter Gärten (u. a. asiatisch, karibisch, floridianisch) und einem im Zentrum gelegenen „Water Garden" mit Lotus und Wasserlilien. Mit Orchideen-Garten und Schmetterlingshaus, kulinarische Stärkung bietet das Fogg Café *(tgl. 9–15 Uhr).*
Napels Botanical Garden, *4820 Bayshore Dr.,* ① *(239) 643 7275, www.naples garden.org. Tgl. geöffnet von 9–17 Uhr (dienstags erst ab 10 Uhr), Erw. $ 14,95, Kinder (4–14 J.) $ 9,95.*

Koreshan State Historic Site

An dieser Stelle lebte die Glaubensgemeinschaft der Koreshan nach ihrer Weltanschauung. Im Jahre 1869 hatte Cyrus Reed Teed (1839–1908), ein damals 30-jähriger Arzt aus New York, der sich später der Homöopathie verschrieb, einen *„Neuer Messias"* Traum, der ihm vorgab, als ein neuer Messias eine bessere Welt zu entwickeln. Er änderte zunächst seinen Vornamen zu Koresh, der hebräischen Form von Cyrus, was „der Gesalbte" bedeutet.

Das Amerika des 18. und 19. Jh. war unter anderem dadurch geprägt, dass sich Gemeinschaften bildeten, die dem Messianismus anhingen. So gründeten die Shaker schon vor 1800 eine Reihe von Gemeinden, die dem Zölibat und dem Gemeinschaftseigentum verpflichtet waren. Joseph Smith führte nach seiner Vision die Mormonen nach Utah an den Großen Salzsee und George Rapp gründete die Sekte der Harmonists.

Teed war leidenschaftlicher Verfechter eines eigenartigen Weltbildes, der *Cellular Cosmogony*. So lautete auch der Titel seines Buches, in dem er die Physik der Hohlwelt erläuterte. Er war vom Glauben beseelt, dass die Erde nicht im Weltraum schwebe, sondern eine Hohlkugel sei, die auf ihrer Innenseite die Ozeane und Kontinente trüge.

Er ging davon aus, dass die Menschen in dieser Kugel leben würden. Und sich die Sonne, der Mond sowie die Sterne auch darin befänden und nicht irgendwo in einem unendlichen Weltraum. Die Sonne, so Teed, sei aus zwei Hälften zusammengesetzt: eine sei hell, eine dunkel. Durch ihre Drehung entstünden Tag und Nacht. Als Beweis wurden vielerlei Experimente angeführt, die das Weltbild von Kopernikus in Frage stellten. Diese Weltanschauung, so glaubte Teed, vermittle dem Menschen Sicherheit, da dadurch das Universum endlich und damit verstehbar wäre.

1894 kam er mit 200 seiner wohlhabenden Anhänger in die sumpfige Wildnis im Südwesten Floridas, und hier in Estero gründete er die Glaubensgemeinschaft der Koreshan Unity. Das gekaufte Land sollte eine Nachbildung des Garten Eden sein. Estero sollte Neu-Jerusalem werden, und aus der am Höhepunkt ihrer Entwicklung 200 Seelen zählenden Gemeinde sollten – so die Vision – in der Zukunft 10 Millionen Bewohner werden.

In den Anfangsjahren schufen die Anhänger in den von Mücken verseuchten Sümpfen eine eigene Welt mit herrlichen Gärten, Wegen und einer eigenen Infrastruk-

Das einstige Refugium der Koreshan Unity sollte ein neuer Garten Eden werden

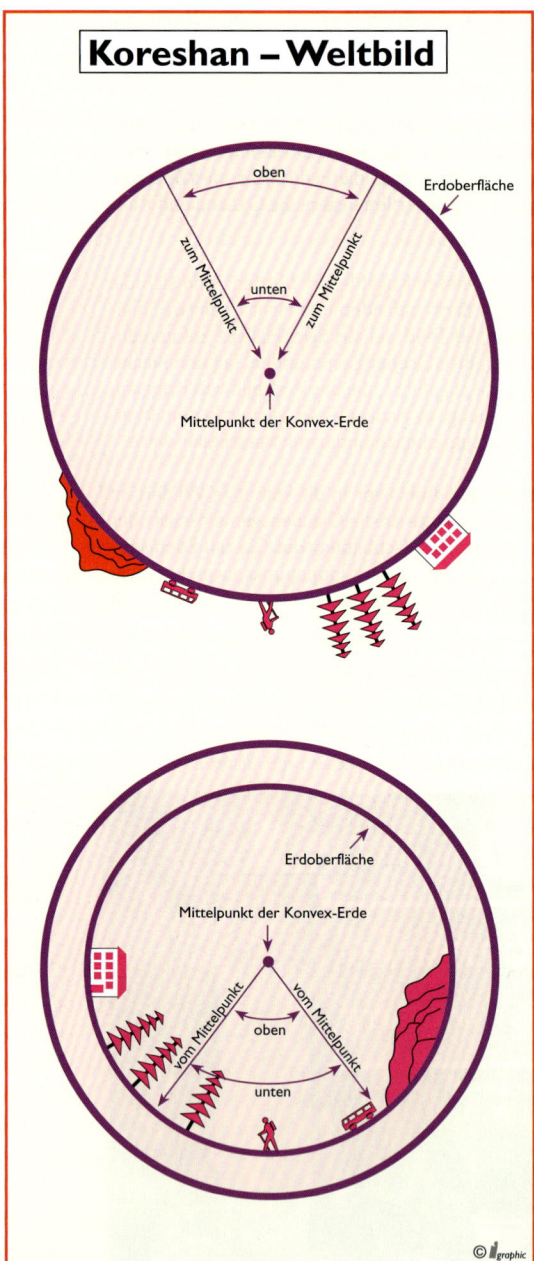

Koreshan – Weltbild

oben

Erdoberfläche

zum Mittelpunkt

unten

zum Mittelpunkt

Mittelpunkt der Konvex-Erde

Erdoberfläche

Mittelpunkt der Konvex-Erde

vom Mittelpunkt

oben

vom Mittelpunkt

unten

© graphic

tur. Alles war Gemeinschaftsbesitz, und die Gemeinde versprach die Sicherung aller Bedürfnisse. Teed verwirklichte damit seiner Meinung nach die Rückkehr zum wahren Christentum.

Im Alltag backte man in der eigenen Bäckerei bis zu 600 Brote, die man auch nach „draußen" verkaufte. Sport sowie Kultur wurden großgeschrieben. Es gab Tennis- und Baseballplätze, in einer eigenen Druckerei wurde eine Wochenzeitung verlegt. Ein eigenes Elektrizitätswerk versorgte die Gemeinschaft mit Strom.

Der Ausbildung der Kinder und Jugendlichen wurde eine große Bedeutung zugeschrieben. Neben der rein schulischen Ausbildung übernahmen die Schüler Aufgaben in der Bäckerei, Druckerei, im Gartenbau, in der Sägemühle, im Laden oder Postamt. Neben sportlicher Betätigung legte man Wert auf eine musische Erziehung. Da sich die Gemeinschaft für die Gleichberechtigung von Frau und Mann aussprach, wurden viele Frauen Anhängerinnen dieser Bewegung. Auf dem Gelände lebten aber Frauen und Männer getrennt, die Kinder wurden von der Gemeinschaft erzogen.

Teed, der von sich glaubte, unsterblich zu sein, starb dennoch 1908. Danach zerfiel die Gemeinschaft allmählich. Während der Weltwirtschaftskrise verkaufte man einen Teil des

Grundbesitzes. Wissenschaftlicher Fortschritt, die beiden Weltkriege und die strenge Auslegung des Zölibats führten zu einer immer stärkeren Schrumpfung der Gemeinde. 1962 starb mit Hedwig Michael das letzte Mitglied dieser Bewegung, zuvor aber übergab man den gesamten Grundbesitz dem Staat.

Koreshan State Historic Site, *US 41 (Tamiami Trail) und Corkscrew Rd. (Estero), www.floridastateparks.org/koreshan, ☏ (239) 992 0311, geöffnet von 8 Uhr bis Sonnenuntergang, Eintritt: $ 5/Auto, Camping: $ 26. Man kann hier am Fluss auch Kanus mieten ($ 25/Tag oder $ 5/Stunde), zudem gibt es geführte Touren zum Koreshan Settlement.*

Reisepraktische Informationen Naples

ℹ️ Information

Visitor and Information Center, *900 Fifth Ave. S., ☏ (239) 262 6141, www.napleschamber.org, www.paradisecoast.com, Mo–Sa 9–17 Uhr.*

🛏️ Übernachtung

Hinweis: Wer preiswerte Übernachtungen sucht und gerne Schnäppchen macht: Am Interstate 75 im Bereich der Exits 101 und 107 gibt es eine Reihe von **Motels**. *Allerdings kein „Naples-Feeling" …*

👉 Ask Renate! Geheimtipp für Naples

Renate war jahrelang Stewardess bei der Lufthansa und als diplomierte Concierge in den besten Hotels der Welt tätig. Nun bietet sie in ihrem privaten Refugium (sehr gepflegt und ruhig) eine großzügige Unterkunft mit Schlafzimmer, Wohnzimmer, Küche, Terrasse und Internet-Anschluss an. Es gibt wohl niemanden, der Florida und insbesondere die Westcoast einschließlich Naples besser erklären und zeigen kann. Mit Frühstück … und tausend Geheimtipps.
Ask Renate: *Renate Riebel, 133 Illinois Dr., ☏ (239) 434 27 57, renateriebel@yahoo.com.*

Renate Riebel

Fairways Inn of Naples $$ (2), *103 Palm River Blvd., ☏ (239) 597 8181, www.fairwaysinnnaples.com. Dieses Motel liegt im Norden der Stadt in einem ruhigen Wohngebiet zwischen Golfanlagen. Die Zimmer haben eine vollständige Kücheneinrichtung. Schwimmbad und schöner Garten vorhanden. 4 Gehminuten zum schier endlosen Vanderbilt-Strand.*

Cove Inn $$–$$$ (5), *900 Broad Ave. S., ☏ (239) 262 7161, www.coveinnnaples.com. Einfaches Haus am Hafen, 50 Zimmer mit Balkon und Blick auf die Boote am City Dock.*
Bellasera $$$ (4), *221 9th St. South (Ecke 3rd St.), ☏ (239) 649 7333, www.bella seranaples.com. Schönes Apartmenthotel (1–3 Schlafzimmer) mit gutem Preis-Leistungs-Verhältnis, Leihfahrräder sind im Preis inbegriffen.*

The Naples Beach Hotel & Golf Club $$$$ (3), *851 Gulf Shore Blvd.,* ☎ *(239) 261 2222, www.naplesbeachhotel.com. Sehr gut geführtes Haus an einem schönen Sandstrand gelegen, Swimmingpool, 18-Loch-Golfplatz, Tennisplätze. Seit 1946 im Besitz und unter Leitung der Watkins-Familie.*

The Ritz-Carlton $$$$$ (1), *280 Vanderbilt Beach Rd.,* ☎ *(239) 598 3300, www. ritzcarlton.com. Das zurzeit vornehmste Hotel von Naples, toller Spa-Bereich, 4 Restaurants, hoteleigener Strand.*

⚠ ### Camping
Naples KOA, *1700 Barefoot Williams Rd.,* ☎ *(239) 774 5455, www.koa.com, 7,5 Meilen südöstlich von Naples, dann ¾ Meile südlich auf dem Highway 951 und ½ Meile östlich auf der TV Tower Rd. Sauna, Swimmingpool, Fahrradverleih. Schöner ist allemal das Campen im* **Collier-Seminole State Park** *(s. S. 250).*

🍴 ### Restaurants
Le Lafayette (12), *375 13th Ave. S.,* ☎ *(239) 403 7861, www.lelafayette.com. Das schmucke Restaurant im Familienbesitz ist ein kulinarisches und optisches Highlight. Höherpreisig.*

Chops City Grill (7), *837 5th Ave. S.,* ☎ *(239) 262 4677, www.chopscitygrill.com. Kreative Gerichte von hervorragender Qualität mit teilweise asiatischen Einflüssen („Beef Satai", Sushi), gute Steaks. Man kann auch draußen sitzen. Kein Lunch.*

Vergina (8), *700 5th Ave. S.,* ☎ *(239) 659 7008, www.verginarestaurant.com. Feine mediterrane Küche mit italienischem Schwerpunkt, man kann außen an der Avenue sitzen und einfach den Vorübergehenden zuschauen. Aber lauschiger ist es, im Seitengässchen neben dem Restaurant zu essen. Gute kräuterreiche italienische Küche, gute Weine. Es geht lebendig und leger, aber stilvoll zu (viel Stammpublikum). Angemessene, nicht extrem hohe Preise.*

Bayside Seafood Grill & Bar (1), *4270 Gulf Shore Blvd. N.,* ☎ *(239) 649 5552, www.baysideseafoodgrillandbar.com. Elegantes Restaurant mit toller Terrasse und Bar. Legerer Service, praktisch keine Touristen.*

Bistro 821 (6), *821 5th Ave. S.,* ☎ *(239) 261 5821, www.bistro821.com. Lebhaftes Bistro mit raffinierten Pasta- und Risottogerichten.*

Tommy Bahama's Tropical Café (11), *1220 3rd St. S.,* ☎ *(239) 643 6889. Lebendiges Café mit Restaurant, Innen- und Außenterrasse. Es gibt gute Salate, Sandwichs, gegrillte Fischgerichte und gratis dazu ein „tropisches" Gefühl. Hier werden auch sehr schöne, an die Karibik erinnernde, eher hochwertige Kleidungsstücke verkauft (T-Shirts, Hemden, Blusen, Shorts etc.).*

Sea Salt (9), *1186 Third St. S.,* ☎ *(239) 434 7258, www.seasaltnaples.com. Restaurant mit lässiger Eleganz, die Küche ist norditalienisch geprägt, im Zentrum steht Fisch und nochmals Fisch. Eher teuer, aber es wird auch entsprechend etwas geboten.*

M Waterfront Grille (2), *4300 Gulf Shore Blvd.,* ☎ *(239) 263 4421, www.mwaterfrontgrille.com. Im Venetian Village gelegen. Die Speisekarte ist übersichtlich, dafür ist alles sehr frisch und hausgemacht. Viele lokale Produkte aus biologischem Anbau werden verwendet.*

IM Tapas (4), *965 4th Ave. N. (zw. US 41 und 10th St.),* ☎ *(239) 403 8272, http://imtapas.com, Mo–Sa ab 17.30 geöffnet. In dem kleinen Bistro europäischen Stils gibt es eine große Auswahl leckerer Tapas, gekocht und serviert werden sie von den beiden äußerst charmanten Eigentümerinnen Isabel Pozo Polo und Mary Shipman.*

Freddo Gelateria (5), *995 5th Ave. Pkwy., ☎ (239) 234 6770, www. freddogelateria.com. Wie der Name vermuten lässt: ein typisch italienisches Eiscafé mit über 20 verschiedenen Sorten.*

Campiello (10), *1177 3rd St. S., ☎ (239) 435 1166, www.campiello. damico.com. Ausgezeichnetes italienisches Restaurant, abwechslungsreiche Speisekarte, nicht nur Pizza. Mit schönem Außenbereich.*

USS Nemo Restaurant (3), *3745 Tamiami Trail N., ☎ (239) 261 6366, www.ussnemorestaurant.com. Von außen unscheinbar und ein Insider-Tipp. Das gehobenere Restaurant ist vor allem auf Fisch spezialisiert. Der Besitzer und Chefkoch Nicolas Mercier stammt aus Kanada und verwöhnt mit außergewöhnlichen Gerichten wie „Macadamia Nut encrusted Mahi Mahi" oder außergewöhnlichen Thunfisch-Gerichten. Reservierung empfohlen!*

Einkaufen für Gutbetuchte

 **Tipp:
Schokoladen-Kunst**

Wer Süßes mag, sollte unbedingt bei Norman Love Confections vorbeischauen! Sagenhaft delikate Konfekte, wunderbare Konditorwaren und dazu bester Kaffee.
Norman Love Confections, *3747 Tamiami Trail N., ☎ (239) 687 7215, www.normanloveconfections.com.*

Mit Liebe hergestellt: allerfeinstes Konfekt

 Einkaufen

Naples hat eine Reihe sehr vornehmer Geschäfte. Die „Rentner", die sich hier niedergelassen haben, gehören zur besonders reichen Schicht – dementsprechend ist das Angebot.
Die meisten Geschäfte liegen an der 5th Avenue sowie der 3rd Street und in Old Naples (am Pier).

Im **Village on Venetian Bay** (4200 Gulf Shore Blvd.) gibt es über 45 Geschäfte und Restaurants.

Die **Waterside Shops** (5415 Tamiami Trail N.) liegen architektonisch sehr schön an angelegten Wasserfällen. Hier geht es eher hochpreisig zu – u. a. hat das Nobelkaufhaus Nordstrom (www.nordstrom.com) hier eine Niederlassung, die keine Designer-Wünsche offen lässt.

Im ebenfalls sehr ansprechend gestalteten **Coastland Center** (1900 Tamiami Trail N.) gibt es Geschäfte mit Markenartikeln und Restaurants.

Strände

Barefoot Beach, guter Sandstrand, am Beginn der State Road 8865 gelegen.
Lowdermilk Beach Park, Abzweigung von der US 41, Millionaire's Row at Gulf Shore Blvd., ebenfalls Sandstrand, Picknicktische, Volleyball-Spielfelder.
Bester langer Sandstrand: im **Delnor-Wiggins Pass State Park**, 11135 Gulf Shore Dr. Sehr gut eingerichtet mit Grillstellen, Picknicktischen, Duschen, Toiletten und Parkmöglichkeiten ($ 6/Fahrzeug).

Bootsfahrten

Pure Naples, 1200 Fifth Ave. S. (US 41 E.), bei Tin City, ☎ (1-888) 995 7096, www.cruisenaplesflorida.com. Geboten werden 1½-stündige Bootsfahrten durch die Bay of Naples und andere Touren, z. B. Dolphin-Watch oder Sunset-Cruises. Zudem im Angebot: Jet-Ski-Verleih, Angel-Touren und Bootsverleih.
The Conservancy of Southwest Florida Nature Center, 1495 Smith Preserve Way (off Goodlette-Frank Rd. nahe 14th Ave. N.), ☎ (239) 262 0304, www.conservancy. org, Mo–Sa 9–16.30 Uhr, Erw. $ 12,95, Kinder (3–12 J.) $ 8,95. Beliebt sind die Fahrten mit dem elektrischen Boot (Abfahrt zwischen 10 u. 14 Uhr), ansonsten kann man auch selber mit dem Kajak durch die schöne Natur paddeln (Single-Kajak für 2 Std. $ 30, Tandem $ 45). Reservierung notwendig!

Bootsverleih

Über Pure Naples, siehe oben, oder im **Naples Bay Resort**, 1500 Fifth Ave. S., ☎ (239) 530 5134, www.nbrboatrental.com, für ca. $ 289 (Mo–Fr) oder $ 349 (Sa–So) pro Tag (9 Std., von 8–17 Uhr).

Fahrradverleih

Naples Cyclery, 813 Vanderbilt Beach Rd., ☎ (239) 566 0600, www.naples cyclery.com. Vermietung für 1, 2, 5 Stunden oder Tage/Wochen.
The Bike Route Naples, 655 Tamiami Trail N., ☎ (239) 262 8373, www.bikeroute naples.com.

Bus

Greyhound, 2669 Davis Blvd., ☎ (239) 774 5660, www.greyhound.com. Nach Miami ca. 3½ Stunden, nach Orlando ca. 7 Stunden, nach Tampa ca. 5 Stunden.

Die Golfküste von Naples bis Tarpon Springs

Streckenübersicht

Entfernung: Naples – Ft. Myers: ca. 55 km (80 km inkl. Sanibel Island)
Empfohlene Route: Der Weg von Naples nach Fort Myers führt stets entlang der US 41 parallel zum Küstenverlauf. Je nach Zeit sind unterwegs einige Abstecher möglich:

- zum **Naples Zoo at the Caribbean Gardens**
- zu den **Everglades Wonder Gardens** nördlich von Naples
- zum **Corkscrew Swamp Sanctuary**

Übernachtung: Empfehlenswert ist es, auf Sanibel Island/Captiva Island zu übernachten, nachdem man das Edison Winter Home in Fort Myers besucht hat. Hier auf den vorgelagerten Inseln, die durch eine mautpflichtige Brücke verbunden sind, kann man die Schönheit der Golfküste in vollen Zügen genießen.

Unterwegs nach Fort Myers

Corkscrew Swamp Sanctuary

Nördlich von Naples zweigt nach Osten die Straße 846 (Interstate 75, Ausfahrt 111, danach CR 846) zum Corkscrew Swamp Sanctuary ab. Dieses Naturschutzgebiet – ein Idyll für Vogelliebhaber – wird von der National Audubon Society unterhalten. *Storchen-Schutzgebiet*

Benannt wurde das 1954 unter Naturschutz gestellte Areal nach dem Fluss, der sich korkenziehergleich durch die Landschaft windet. Es ist die Heimat des Wald-Ibis, einer vom Aussterben bedrohten Storchenart. Die Vögel werden etwa 1 m groß, ihre Flügelspannweite misst bis 1,80 m. Von den ursprünglich 50.000 Exemplaren in den 1930er-Jahren leben heute nur noch ca. 10.000. Über 1.000 Baumnester hüten hier diese Störche und brüten (fast) ungestört ihre Eier aus. Die Nahrung für den hungrigen Nachwuchs holen sie vom 80 km weiter nordöstlich gelegenen Lake Okeechobee.

Naples – Tarpon Springs

Pensacola · Tallahassee · Apalachicola · St. Augustine · Cedar Key · Crystal River · Titusville · Orlando · St. Petersburg · Sarasota · Fort Myers · Palm Beach · Naples · Miami · Flamingo · Key West

N

0 200 km © graphic

Stege in die Wildnis

Durch das sumpfige Gebiet führt ein Holzsteg, von dem aus man u. a. auch Alligatoren und das sehr seltene Zwergsultanshuhn beobachten kann. Die Vegetation wird von Zypressen und Mangroven dominiert. Es gibt hier riesige, bis zu 40 m hohe und 600 Jahre alte Sumpfzypressen, die zu den Ausläufern der südöstlich gelegenen Big Cypress Swamps gehören.

Corkscrew Swamp Sanctuary, *375 Sanctuary Rd. W., Naples, ① (239) 348 9151, http://corkscrew.audu bon.org. Tgl. 7–17.30 Uhr, Erw. $ 12, Schüler (6–18 J.) $ 4.*

Redaktionstipps

▸ **Edison & Ford Winter Estates** besuchen (S. 269).
▸ Stranderlebnis, Muscheln sammeln und Shrimps essen auf **Sanibel Island** (S. 277).
▸ **Übernachten:** Auf Sanibel Island, z. B. im „Island Inn", oder auf Captiva Island im vornehmen „South Seas Island Resort" (beide S. 281f).
▸ **Essen:** In **Ft. Myers** gibt es die besten Meeresfrüchte im unscheinbaren „Prawnbroker" (S. 273); auf **Sanibel Island** bestechen die zahlreichen Shrimp-Restaurants (S. 282).
▸ **Bedeutendste Sehenswürdigkeiten:** Corkscrew Swamp Sanctuary für ornithologisch Interessierte (S. 263); Naples Zoo (S. 264).
▸ **Optimale Zeiteinteilung: 2 Tage. 1. Tag:** Zuerst den Zoo besuchen und dann bis nach Sanibel Island fahren, wo man sich ein Hotel sucht. Den Rest des Tages am Strand genießen und in einem Shrimp-Restaurant essen. **2. Tag:** Strand, Muscheln sammeln und eine ausgewählte Sehenswürdigkeit besichtigen.

Naples Zoo at Caribbean Gardens

Wenn man Naples in nördlicher Richtung verlässt, liegt östlich der US 41 der Naples Zoo. Einst als *Africa Safari Park* von „Jungle Larry Tetzlaff" und seiner Frau „Safari Jane" gegründet, erweiterten ihre Kinder das Gelände zu einem Zoo. Die Gegend erinnerte beide an die für Afrika typische Savannenlandschaft – und die Idee, hier einen Safaripark zu gründen, war geboren. Heute kann man durch den tropischen Zoo spazieren, an Bootsfahrten teilnehmen und beim Füttern der Alligatoren zusehen.

Naples Zoo, *1590 Goodlette-Frank Rd., Naples, ① (239) 262 5409, www.napleszoo.com, tgl. 9–17 Uhr, Erw. $ 19,95, Kinder (3–12 J.) $ 12,95.*

Everglades Wonder Gardens

Bei Bonita Springs (an der alten US 41) liegt diese „Attraktion", nicht unbedingt sehenswert und nicht zu vergleichen mit den Naturlandschaften des Everglades National Park. Der Park wurde als einer der ersten privaten Naturparks schon 1936 eröffnet. Eine Art Gartenzoo, wo man u. a. Panther sowie das vom Aussterben bedrohte Florida-Krokodil sehen kann. Alligatoren-Fütterungen finden fast laufend statt.

Everglades Wonder Gardens, *27180 Old US 41, ① (239) 992 2591, www.ever gladeswondergardens.com. Tgl. 9–17 Uhr, Erw. $ 12,95, Kinder (3–12 J.) $ 7,95.*

Alternativstrecke

Weiterfahrt nach Fort Myers/Sanibel und Captiva Island über die „Inselroute" Lover's Key – Estero Island/Fort Myers Beach (State Road 865).

Bonita Springs

Diese Region hat sich von einem kleinen Camp für Landvermesser zu einem Feriengebiet vor allem für Golfer entwickelt. Einst lebten hier die Calusa-Indianer, die dem heutigen Imperial River Heilkräfte zusprachen. Sie wurden mit der Ankunft der Spanier auf der Suche nach der Quelle der ewigen Jugend stark dezimiert und später vertrieben. Ende des 19. Jh. wurden die ersten Plantagen errichtet. Mit dem Anschluss an die Eisenbahn begann die touristische Karriere.

Der **Bonita Springs Public Beach** (Bonita Beach Road) bietet gute Schwimmmöglichkeiten, Picknicktische und ein Restaurant.

Reisepraktische Informationen Bonita Springs

Information
www.cityofbonitasprings.org, www.fortmyers-sanibel.com

Übernachtung
Homewood Suites by Hilton, Bonita Springs $$, *8901 Highland Woods Blvd., ① (239) 949 5913, www.homewoodsuites.hilton.com. Schönes Hotel mit sehr freundlichem Service, Pool, Suiten mit Küche. Gutes Preis-Leistungsverhältnis.*
Trianon Bonita $$–$$$, *3401 Bay Commons Dr., ① (239) 948 4400, www.trianon. com. Europäisch anmutendes Hotel mit 100 Zimmern, Pool und Frühstück. Schöne Bibliothek mit einem Kamin für die seltenen kalten Tage. Ruhige Lage, nahe zu Geschäften und Restaurants.*
Hyatt Coconut Point Resort & Spa $$$$, *5001 Coconut Rd., ① (239) 444 1234, http://coconutpoint.hyatt.com. Das Luxushotel (18 Stockwerke, 454 Zimmer) bietet u. a. 3 Swimmingpools (darunter einen mit Wasserrutsche, einen weiteren mit Wasserfall) und 3 Restaurants. Zum eigenen privaten Inselstrand geht es mit einer Fähre. Alles ist sehr gediegen mit bestem Service.*

Restaurant
Doc's Beach House, *27908 Hickory Blvd., ① (239) 992 6444, www.docs beachhouse.com. Das Restaurant mit Obergeschoss (schöner Blick auf das Strandleben)*

bietet vom Frühstück bis zum Abendessen alles: Pizzas, Sandwichs, Fischplatten, Steaks … Gleich am Beach House werden Parasailing und Jet Skis angeboten.

Fahrradverleih

Bonita Bike & Baby, ☎ (239) 947 6377 oder (239) 498 229, www.bonitabike andbaby.com. Mobiler Service (Mo–Sa 9–17 Uhr, So geschlossen), die Räder (und Kinderwagen) werden nach telefonischer Bestellung geliefert.

Bootsverleih

Pontoon-Boote können bei **Bonita Boat Rentals** geliehen werden, 26395 Hickory Blvd., ☎ (239) 992 2137, www.bonitabr.com.

Lovers Key State Park

Von der US 41 zwischen Naples und Fort Myers und Bonita Beach geht es auf die SR 865. Über Bonita Beach gelangt man nach Norden zum Lovers Key. Vom Parkplatz aus gelangt man mit einer kleinen Beach-Tram zum herrlich weißen, 4 km langen **Strand**. Die Strandanlage ist sehr gepflegt. Sehr beliebt bei Familien, da der Strand sehr allmählich abfällt. Ideal zum Baden, Wandern (Trails), zum Mieten eines Bootes oder Kanus. Gute sanitäre Einrichtungen, Duschen, Picknicktische. Geringer Eintrittspreis.

Toller Strand!

Reisepraktische Informationen Lovers Key

Information

Zwischen Bonita Beach und Fort Myers Beach, 8700 Estero Blvd., Fort Myers Beach, ☎ (239) 463 4588, www.floridastateparks.org/park/Lovers-Key. Eintritt mit Auto $ 8. Infos und Reservierung von Boots- und Angeltouren sowie Vermietung von Kajaks, Kanus und Fahrrädern ☎ (239) 765 7788.

Übernachtung

Lovers Key Resort $$$$, 8771 Estero Blvd., ☎ (239) 765 1040, www.lovers key.com. Hotel mit 14 Stockwerken und sehr schönen Aussichten aus den oberen Etagen auf den Golf. Sehr schöner, lagunenartiger Swimmingpool. Gutes Restaurant, manche Zimmer haben eine kleine Küchenzeile.

Fort Myers Beach auf Estero Island

Die etwa 8 Meilen lange Insel ist bei weitem nicht so reizvoll wie Sanibel und Captiva Island. Dennoch gibt es hier schöne, weite Strände, aber auch jede Menge Motels, Restaurants und Apartmentanlagen eher billigen Zuschnitts. Etwas „Ballermann" schwingt mit …

Info und Unterkünfte

s. S. 273

Fort Myers

Fort Myers geht auf die Gründung eines Militärpostens im Jahre 1850 zurück, der aufgrund der Auseinandersetzung mit den Seminole-Indianern errichtet worden war. Längst ist die Stadt (ca. 68.000 Einwohner) mit Cape Coral (s. S. 275) zu einer großräumigen Siedlung zusammengewachsen.

Die Stadt der Palmen (offizieller Beiname: *City of Palms*) ist ansprechend angelegt. Herrliche Königspalmen säumen den McGregor Blvd. Die meisten Häuser sind von üppigem Grün und blühenden Bougainvilleen umgeben. Der äußerst starke Zuzug in diese Region hält unvermindert an. Meistens lassen sich hier gut situierte Pensionäre aus dem Nordosten nieder. Und das hat gute Gründe: Nicht nur das Klima und die Stadt sind angenehm, die Nähe zu den vorgelagerten Inseln Sanibel und Captiva Island machen Fort Myers als Wohnort äußerst attraktiv. Haupterwerbszweige sind Tourismus und Landwirtschaft (Viehzucht, Gemüseanbau, Blumenzucht, Fischerei). Aber auch die Lage am breiten Caloosahatchee River ist reizvoll. Er markiert den Beginn des Wasserweges von der Westküste Floridas durch den Lake Okeechobee zur Ostküste bei Stuart.

Stadt der Palmen

Thomas Alva Edison

info

Wir schreiben das Jahr 1885. Thomas Alva Edison ist auf der Suche nach dem perfekten Material für die Glühbirne. Dabei kommt er nach Fort Myers, einem im Vergleich zu heute verschlafenen Nest, und folgt mit seinem Freund Ezra T. Gilliland einem Bambustrail am Caloosahatchee River. Und er entscheidet sich, 1½ Meilen unterhalb des aufstrebenden Fort Myers, an einem Viehtreck mit seinem Freund Land zu kaufen. Noch heute kann man nachvollziehen, wieso es ihm hier am Flussufer so gut gefiel. Die Gillilands übrigens waren es, die Edison mit seiner zweiten Frau, Mina Miller, zusammenbrachten. 1886 heiratete Edison dann im Keystone Hotel von Fort Myers. Unglücklicherweise zerstritten sich beide Familien und Edison kam 14 Jahre nicht nach Fort Myers. Danach kaufte er Gillilands Haus, und nach einer gründlichen Renovierung verbrachte er bis zu seinem Tode 1931 die Winter immer in der Seminole Lodge, wie er sein Anwesen nannte.

In seiner Weitsicht prophezeite Thomas A. Edison bereits 1910: „*There is only one Fort Myers and ninety million people are going to find it out.*" (Es gibt nur ein Fort Myers, und 90 Millionen

Edisons Haus

Menschen werden das herausfinden.) Ihm zu Ehren gibt es das jedes Jahr im Februar stattfindende „Pageant of Light Festival", mit dem man den Geburtstag des Erfinders feiert.

Täglich begegnet man den wegweisenden Erfindungen dieses Mannes, der am 11. Februar 1847 in Milan (Ohio) geboren wurde. Seine Vorfahren kamen um 1730 aus Holland nach Amerika. Es waren einfache, arbeitsame Leute, die als Farmer ihren Lebensunterhalt verdienten. Das kleine Backsteinhaus, in dem Thomas Edison geboren wurde, steht noch heute in Milan. „Al", wie Edison genannt wurde, zeigte schon im Vorschulalter seine besondere Gabe, Dinge nach ihrem Funktionieren zu hinterfragen. Dass ein solches Kind seine Lehrer vor Probleme stellte – keine Frage. In seiner Klasse bildete er (trotz oder wegen seiner extremen Begabung) leistungsmäßig das Schlusslicht. Seine Mutter musste ihn bald von der Schule nehmen und selbst unterrichten. Und da sie Lehrerin war, besaß sie dazu auch die notwendigen Fähigkeiten. Viele Jahre später, als Edison schon ein gemachter Mann war, erkannte er den großen Wert guter Bildung und vergab die berühmten Edison-Stipendien.

Edison eignete sich das meiste Wissen im Eigenstudium an. Schon im Alter von elf Jahren besaß er in Port Huron (Michigan), wohin seine Eltern gezogen waren, ein eigenes Laboratorium. Mit zwölf verkaufte er im Zug von Port Huron nach Detroit Zeitungen und Süßigkeiten. Schon bei diesem seinem ersten Job zeigte er Geschäftssinn: Im Gepäckwagen der Bahn hatte er ein kleines Labor und eine Druckerpresse untergebracht, mit der er die erste im Zug gedruckte Zeitung produzierte und herausgab, „The Weekly Herald". Als Zusatzgeschäft kaufte er entlang der Zugstrecke frisches Obst und Gemüse, um es an Detroiter Markthändler weiterzuverkaufen.

Edisons Labor

Während des Jobs bei der Eisenbahn, der ihm ein gutes Einkommen sicherte, riskierte er eines Tages sein Leben: Er rettet den Sohn eines Bahnhofsvorstehers vor einem herannahenden Eisenbahnwaggon. Der Vater zeigte sich auf seine Weise dankbar: Er führte Edison in die Telegraphentechnik ein. Von da an war Edison von allem, was mit Elektrizität zu tun hatte, fasziniert. In den weiteren Jahren arbeitete Edison als Telegraphentechniker und versuchte stetig, die Telegraphentechnik zu verbessern. In seiner Freizeit erfand er bald den Stromzähler, doch zunächst hatte niemand an dieser Erfindung Interesse. 1869 zog Edison nach Washington und erfand eine neuartige Druckmaschine. Diese Erfindung brachte ihm $ 40.000 ein. Aber Geld bedeutete dem Erfinder nur insofern etwas, als er dadurch neue Experimentiergeräte kaufen konnte.

In der folgenden Zeit erfand er stetig und in wachsendem Tempo neue Dinge, die vielen Tausenden Menschen neue Arbeitsplätze brachten. Er arbeitete oft bis zu 20 Stunden am Tag. Zu seiner außerordentlichen Begabung befragt, antwortete Edison stets: „Genie setzt sich zu 99 % aus Perspiration (Schwitzen) und nur zu 1 % aus Inspiration (Eingebung) zusammen." Seine Mitarbeiter wurden spöttisch als „Schlaflosentruppe" bezeichnet, weil ihr Chef sie ständig in Atem hielt.

Edisons Erfindungen waren bahnbrechend, sein Glaube an den technischen Fortschritt blieb eine nicht erlahmende Triebfeder. Die Liste seiner insgesamt 1.097 Patente reicht von einfach anmutenden Erfindungen (z. B. ließ er sich das erste variable Kinderbett patentieren) bis zu technisch hoch komplizierten Geräten. Er erfand z. B.:
- das **Kohlenkörper-Mikrophon** und verbesserte damit das von Alexander Graham Bell konstruierte Telefon
- das **Grammophon**
- die **Kohlefaden-Lampe**
- den **Generator**
- den **Kinetographen**, einen Filmaufnahme-Apparat (Filmkamera)
- das **Vitaskop**, ein Gerät zur Laufbildprojektion (Filmprojektor)

Thomas A. Edison starb am 18. Oktober 1931 in West Orange (New Jersey).

Edison & Ford Winter Estates

Durch das **Edison Winter Home and Museum**, den entscheidenden Teil der gesamten Anlage, finden Führungen statt. Zunächst überquert man auf der „Tour" die Straße, deren Palmen Edison selbst gepflanzt hat. Er war, so erfährt man, nicht nur ein genialer Erfinder technischer Geräte, sondern ebenso ein begabter Botaniker. Seine beiden Häuser umgab er mit tropischen Pflanzen, insgesamt über 6.000 verschiedenen Arten: So begegnet man in den alten Gärten nicht nur Florida-Palmen und heimischen Blumen, sondern auch Kalabash-Bäumen aus Südamerika, Zimtbäumen aus Asien und alten Feigenbäumen. Lange Zeit verfolgte Edison das Ziel, Bäume mit einem möglichst hohen Kautschukertrag zu züchten. Um die amerikanische Rüstungsindustrie vom Kautschuk-Import unabhängig zu machen, experimentierte er erfolgreich auf dem Gebiet der Herstellung synthetischen Kautschuks.

Die beiden **Häuser**, die man auf dem Rundgang sieht, waren die ers-

Ford Winter Home

Überzeugungen von Thomas Alva Edison

„Genius is 1 % inspiration and 99 % perspiration."
„I shall make the electric light so cheap that only the rich will be able to burn candles!"
„Anything that won't sell, I don't want to invent. Its sale is proof of utility, and utility is success."

Die ersten Fertighäuser

ten Fertighäuser. Sie wurden in Maine (Nordosten der USA) gebaut und dann – zerlegt – per Schiff nach Florida gebracht. In wenigen Tagen waren sie wieder aufgebaut. Beide Häuser haben den gleichen, aber gespiegelten Grundriss. Es wird Edison nachgesagt, dass er eine Abneigung gegen Essensgerüche hatte. So diente das eine Haus später, nachdem er es von seinem Freund Gilliland gekauft hatte, ausschließlich dem Wohnen und Schlafen, das andere dagegen beherbergte die Küche sowie die Esszimmer.

Swimming-pool mit Jahrhundert-Garantie!

Interessant ist der Swimmingpool, den Edison bereits 1910 baute: Mit dem eigenen Edison-Portland-Zement stellte er Beton für die Swimmingpoolwände her und verstärkte die Konstruktion mit galvanisierten Eisenstäben. Bis heute zeigt das Schwimmbad keinerlei Risse! Edison selbst ist nie in dem Pool geschwommen, er hat ihn für seine Kinder gebaut. Schwimmen, so seine Meinung, gehöre zu Vergnügungen, die nur Zeit kosten, aber nichts brächten ... Übrigens: Das Wasser für das Bad stammt aus einem über 300 m tiefen artesischen Brunnen.

Als Edison die elektrische Glühbirne erfunden hatte, · bot er dem Stadtrat von Fort Myers an, kostenlos Straßenlaternen aufzustellen. Doch die Stadtväter winkten ab: Sie befürchteten, dass die Kühe nicht mehr schlafen könnten!

Im **Museum** kann man die ganze Palette von Edisons Erfindun-

Fort Myers • Sanibel Island Cape Coral

Überzeugungen von Henry Ford

„The greatest thing we can produce is character.
Everything else can be taken away from us."
„A market is never saturated with a good product,
but it is very quickly saturated with a bad one."

gen bewundern: u. a. die erste Schallplatte, die noch immer „*Mary had a little lamb*" wiedergibt. Interessant sind die verschiedenen Entwicklungsstufen der Glühbirne, des Grammophons oder das Ford Model T, ein Geschenk des Edison-Nachbarn Henry Ford, dessen Winterdomizil auch zu besichtigen ist. Apropos Nachbarn: Dazu gehörte auch der Reifenzar Harvey Firestone, für den Edison – auf der Suche nach geeignetem Reifen-Kautschuk – viele Experimente durchführte! Im **Laboratorium** sieht man unzählige Flaschen, z. T. noch mit Chemikalien gefüllt. Hier verbrachte Edison einen großen Teil seines Lebens. Der Erfolg fiel ihm nicht in den Schoß. So führte er z. B. über 40.000 Versuche durch, bis er den Akkumulator erfunden hatte. Einer seiner hervorstechenden Persönlichkeitszüge war es, nie etwas aufzugeben, was er sich vorgenommen hatte. Das Laboratorium befindet sich im gleichen Zustand wie zu seinem Tode 1931. Als ob er es gerade erst verlassen hätte …

Fords „Mangoes" ist das etwas schlichtere, 1916 erbaute Ferienhaus von Henry Ford, dem lebenslangen Freund von Edison. Die Familien von Ford und Edison wollten in den Ferien zusammen sein. Man sagt, auf der Veranda habe Ford den V-8-Motor in seinen Grundzügen konzipiert. In einem kleinen Gebäude direkt am Haus kann man Variationen der Ur-T-Modelle bewundern. U. a. das Urmodell eines Pick-up. Der Erfinder der Fließbandarbeit steht aber hier in Fort Myers deutlich im Schatten seines berühmten Nachbarn.

Edison & Ford Winter Estates, *2350 McGregor Blvd.,* ① *(239) 334 7419, www. efwefla.org, tgl. 9–17.30 Uhr. Der Eintritt (Erw. $ 20, Kinder [6–12 J.] $ 11) berechtigt zur Besichtigung beider Häuser (Edisons „Seminole Lodge" und Henry Fords „Mangoes"), inklusive Laboratorium und Museum.*

The Imaginarium Hands-on Museum and Aquarium

Museum zum Anfassen

Untergebracht im ehemaligen Wasserwerk der Stadt, ist dieses Museum für Kinder und Erwachsene gleichermaßen interessant. Im Hands-on Museum (Dinge zum Anfassen) gibt es u. a. ein „*Hurrican Experience*" und 3-D-Filme. Im Aquarium, bestehend aus drei kleinen Innenbecken und einem großen Außenbecken, wird anschaulich erläutert, worin die Unterschiede zwischen Salz-, Brack- und Süßwasser-Biotopen bestehen und wie die Wassertiere darin leben. Auch hier dürfen Tiere angefasst werden.

The Imaginarium Hands-on Museum and Aquarium, *2000 Cranford Ave.,* ① *(239) 321 7420, www.imaginariumfortmyers.com, Mo–Sa 10–17, So erst ab 12 Uhr, $ 12.*

Reisepraktische Informationen Fort Myers

ℹ Information
Lee County Visitor & Convention Bureau, *2201 Second St., Suite 600,* ① *(239) 338 3500, www.leevcb.com, www.fortmyers-sanibel.com.*

Greater Fort Myers Chamber of Commerce, *2310 Edwards Dr., ① (239) 332 3624, https://fortmyers.org.*
Greater Fort Myers Beach Chamber of Commerce, *1661 Estero Blvd., Suite 8, ① (239) 454 7500, www.fortmyersbeach.org, Mo–Fr 9–17, Sa 9–13 Uhr.*

🛏 Übernachtung

Entlang der Cleveland Ave. (Abfahrt „International Airport" von der I 75) liegen zahlreiche Hotels und Motels, u. a. das **Days Inn ($$)** und das **Holiday Inn ($$$)**.
Quality Suites Airport $$, *13651 Indian Paint Ln. (Nähe S Cleveland Ave, nahe Southwest Florida International Airport), ① (239) 768 0005, www.choicehotels.com/ quality-inn. Gutes Preis-Leistungsverhältnis.*
The Dolphin Inn Resort $$, *6555 Estero Blvd., Fort Myers Beach, ① (239) 463 6049, www.dolphininn.net. Nah am Strand gelegen, 20 günstige Zimmer mit Küchenecke, Pool, empfehlenswert.*
Mango Street Inn B&B $$, *126 Mango St., Fort Myers Beach, ① (239) 233 8542, www.mangostreetinn.com. Schöne Unterkünfte mit 1 oder 2 Schlafzimmern und Küche, hilfsbereite Gastgeber. Je nach Saison 3 Nächte Mindestaufenthalt.*
Flamingo Inn Motel $$, *6090 Estero Blvd., Fort Myers Beach, ① (239) 463 9194, http://je-hotels.com/flamingo-inn. Kleine aber saubere Zimmer, nah am Strand gelegen.*
DiamondHead Beach Resort & Spa $$$, *2000 Estero Blvd., ① (239) 765-7654 (Resort), (855) 990 0279 (Reservierungen), www.diamondheadfl.com. Das ebenfalls unmittelbar am Strand gelegene Hotel verfügt über 124 große, gut ausgestattete Zimmer mit tollem Blick über den Golf von Mexiko.*
Hilton Garden Inn $$$, *12600 University Dr., ① (239) 790 3500, www.hiltongarden inn.com. Schöne Außenanlagen, niedrig gebaut, 109 Zimmer mit Mikrowelle, Kühlschrank (Selbstversorger werden sich freuen!). Geräumige Zimmer in Floridadekor (freundlich) mit Marmorbädern, Pool. In der Lobby gibt es ein riesiges Aquarium.*
Gullwing Beach Resort $$$$, *6620 Estero Blvd., Fort Myers Beach, ① (239) 765 4300, www.gullwingfl.com. Condominium-Hotel direkt am Strand, die Suiten mit 1–3 geräumigen Schlafzimmern bieten Platz für die ganze Familie, schöner Pool.*
Pink Shell Beach Resort $$$$, *275 Estero Blvd., Fort Myers Beach, ① (1-888) 222 7465, www.pinkshell.com. Echtes Familienhotel direkt am schönen Strand, etwa 200 Zimmer. Pool für die Kleinen, entspannte Atmosphäre.*

⚠ Camping

Red Coconut RV on the Beach, *3001 Estero Blvd., ① (239) 463 7200, www.redcoconut.com. Campingplatz direkt am Strand.*

🍴 Restaurants

The Veranda, *2122 2nd St., ① (239) 332 2065, www.verandarestaurant.com. Das Restaurant ist in zwei schönen, alten Häusern von 1902 untergebracht. Das Ambiente ist entsprechend. Die Speisekarte orientiert sich an der Südstaatenküche. Gut sind entsprechend der gegrillte Grouper, aber auch der Snapper mit Cajun-Butter ist nicht zu verachten. Lunch gibt es Mo bis Fr 11–14 Uhr, Dinner Mo bis Sa 17.30–22 Uhr. Hauptgericht um $ 30.*
Prawnbroker Restaurant & Fish Market, *13451 McGregor Blvd., ① (239) 489 2226, www.prawnbroker.com. Frische Meeresfrüchte und Fisch – der Besitzer ist Inhaber eines Fischmarktes. Ab 16 Uhr geöffnet.*

Bennett's Fresh Roast, *2011 Bayside Pkwy., ☎ (239) 332-0077, www.bennettsfresh roast.com. Tgl. (6–15 Uhr, wechselnde Speisekarte, frische Salate und Backwaren. Toller Kaffee!*

Ford's Garage, *2207 1st St., ☎ (239) 332 3673, http://fordsgarageusa.com. In diesem einfallsreich ausgestatteten Restaurant geht es leger zu. Man trinkt ein Bier an der Bar, über der ein Auto hängt, oder gönnt sich ein „klassisches" amerikanisches Gericht, z. B. Steak, Salat, Truthahn oder natürlich einen Burger.*

The Connection Bar & Grill, *2282 1st St., ☎ (239) 332 4443. Preiswertes Lokal im Downtown River District mit guten Sandwichs, Crêpes und einer leckeren französischen Zwiebelsuppe. Bar und Außentische. Geöffnet Mo–Do 11–22, Fr bis 24, So 11–16 Uhr.*

Kenwood Lane Grille, *12791 Kenwood Lane, ☎ (239) 728 5400, http://kenwood lanegrille.com. Kreative Küche zu vernünftigen Preisen. Mittags gibt es hausgemachte Suppen, Salate, Sandwiches und Burger, abends wird es dann etwas raffinierter, mit frischer Pasta oder Pilzrisotto. Sehr empfehlenswert!*

Austrian-German Restaurant, *im Royal Palm Square Center, 1400 Colonial Blvd., ☎ (239) 936 8118, www.ag-restaurant.com. Helmut und Helga Heiss servieren neben Wiener Schnitzel auch Tafelspitz, Wild und Kaiserschmarrn. Alles ist liebevoll angerichtet und schmeckt! Mit Biergarten.*

Einkaufen

Eine der zahlreichen **Shopping Malls** ist die **Edison Mall** *(4125 Cleveland Ave., an der Kreuzung US 41 und Colonial Blvd.).* Hier bekommt man in über 160 Läden fast alles, was das Herz begehrt. Auch das **Gulf Coast Town Center** *(9903 Gulf Coast Main St. (I 75, Exit 123), www.gulfcoasttowncenter.com)* bietet eine große Auswahl der gängigen Geschäfte, Kinos und zahlreiche Restaurants. In der Nähe liegt das **Miromar Outlet Center** *(10801 Corkscrew Rd., ☎ (239) 948 3766, in Estero zw. Naples und Fort Myers, Kreuzung I-75 (Exit 123) und Corkscrew Rd./Miromar Outlets Blvd., www.miromaroutlets.com).*

Six Bends Harley-Davidson, *9501 Thunder Rd., ☎ (239) 275 4647, www.six bendshd.com. Hier gibt es alles, was das Biker-Herz begehrt – nicht nur die chromblitzenden Maschinen, sondern auch eine ganze Harley-Modekollektion. Wer sich keine Harley kaufen möchte, kann trotzdem eine Runde drehen – hier kann man sie auch mieten.*

Strand

Fort Myers Beach *(über die SR 865 erreichbar, s. S. 266).* Der Strand ist breit und schön, die hier liegenden Hotels weisen leider mitunter einen „Billigcharakter" auf.

☞ Tipp: per Schnellboot nach Key West

Mit dem **Key West Express** *(1200 Main St., Fort Myers Beach, ☎ (1-888) 539 2628 oder (239) 463 5733, www.seakeywest.com)* kann man sich 300 Landmeilen sparen. Am Morgen um 8.30 Uhr verlässt man mit einem 170-Fuß-Katamaran Fort Myers und kommt gegen 12 Uhr in Key West an. Um 18 Uhr geht es zurück,

Mit dem Katamaran nach Key West

in Fort Myers ist man dann gegen 21.30 Uhr. Kosten: Erw. $ 149, Kinder $ 40–86, Parken $ 10 pro Tag. Der gleiche Fahrpreis gilt auch dann, wenn man am nächsten Tag erst wieder nach Fort Myers möchte. Hinweis: In manchen Monaten legt das Schnellboot dienstags und mittwochs nicht in Fort Meyers Beach ab. Fahrplan checken! Zudem: Das „Boarding" beginnt eine Stunde vor Abfahrt, letzter Aufruf für Passagiere ca. 30 Min. vor Ablegen.

Öffentliche Verkehrsmittel

Lee Tran, ① *(239) 533 8726, www.rideleetran.com, betreibt 24 Buslinien in Fort Myers und Umgebung, zudem den „Park and Ride trolley service" nach und von Fort Myers Beach. Eine Fahrt kostet $ 1,50, ein Tagespass $ 4 (passend zu zahlen).*
Greyhound, *2250 Widman Way, ① (239) 334 1011, www.greyhound.com, u. a. nach Miami, Orlando, Tampa.*

Flughafen

Der Southwest Florida International Airport (Kürzel RSW) wird u. a. von Air Berlin angeflogen. ① (239) 590 4800, 11000 Terminal Access Rd., Fort Myers, www.flylcpa. com. Der Taxi-Konzessionär hier vor Ort ist MBA Airport Transportation, die Preise werden nicht mit Taxameter sondern nach Zonen berechnet (gültig für bis zu 3 Personen), z. B. Zone 1/2 (Airport-City) ca. $ 20/30, Zone 6 (Airport–Sanibel Island) ca. $ 56.

Cape Coral

Das Brachland nördlich des Caloosahatchee River, wo heute Cape Coral liegt, wurde erst Ende der 1950er-Jahre „siedlungsbereit" gemacht. Um das Gebiet für künftige Investoren attraktiv zu gestalten, legte man Kanäle (heute 640 km) und breite Wasserwege an, ergänzt durch ein dichtes Straßensystem. Die ersten Häuser wurden 1958 gebaut, und dank großer nationaler und internationaler Werbekampagnen gelang es, das Land zu verkaufen. Doch so mancher Anleger, der das Gebiet nie in Augenschein genommen hatte, musste beim Besuch vor Ort feststellen, dass sein „Traumgrundstück" sehr weit von Versorgungseinrichtungen entfernt lag, sumpfig war und so gar nicht zum Traum vom palmenbestandenen Florida passte.

Cape Coral (ca. 165.000 Einwohner) ist heute die flächenmäßig zweitgrößte Stadt Floridas und mit zwei mautpflichtigen Brücken (Cape Coral Bridge (1964) und Midpoint Bridge (1997) von Fort Myers über den Caloosahatchee River verbunden, Maut $ 2/nur bei Fahrt nach Cape Coral). Viele Investoren freuen sich mittlerweile über hohe Wertsteigerungen ihrer Häuser und Grundstücke, wenn auch die letzte Wirtschaftskrise dem ungebremsten Wachstums-Optimismus einen gehörigen Dämpfer versetzte. Die erste Besiedlung von Cape Coral begann im Südosten, wo auch der Yacht-Club liegt. Die Bebauung folgte nachher an der „Gold Coast" im Osten sowie dem südlichen Pelican-Gebiet. Die Versorgungs-Infrastruktur hielt natürlich Schritt mit der Entwicklung – es gibt allein vier der beliebten PUBLIX-Supermärkte. Musikfreunden sei ein Besuch des jährlich im März stattfindenden Jazz-und-Blues-Festivals ans Herz gelegt.

☞ **Tipp**
Deutsche Bäckerei „Old Times German Bakery" (1507 S.E. 47th St., ☎ (239) 549 5984). Beliebt wegen ihres deutschen Brotes (tgl. außer So ab 7 Uhr geöffnet).

Pine Island

Einen Ausflug wert ist die Fahrt nach **Pine Island** westlich von Cape Coral über die SR 78. Diese größte Insel an Floridas Westküste (27 km lang, bis knapp 4 km breit) bietet ein eher beschauliches, ländlich-gemütliches Bild. Es gibt keine hohen Häuser, dafür viel Individualität, die sich vor allem in dem kleinen Ort **Matlacha** (auf dem Wege nach Pine Island) widerspiegelt: Alles ist einzigartig, die Gleichför-

Bunte migkeit des z. T. manikürt wirkenden Cape Coral wird hier abgelöst durch Kreati-
„Florida vität: Bunte Kunstgalerien, Boutiquen, Fischrestaurants und typische „Florida cot-
cottages" tages" zeichnen ein buntes Bild der knapp 1.000 Menschen zählenden Gemeinde.

Reisepraktische Informationen Cape Coral und Pine Island

ℹ️ **Information**
Pine Island Chamber of Commerce/ Welcome Center, *3640 Pine Island Rd., Matlacha, ☎ (239) 283 0888, www.pineislandchamber.org.*

🛏️ **Übernachtung**
Bridgewater Inn $$–$$$, *4331 Pine Island Rd., Matlacha, ☎ (239) 283 2423, www.bridgewaterinn.com. In der Künstlerkolonie Matlacha gelegenes Inn, in dem man buchstäblich auf dem Wasser sitzt: Es ist auf einem Pier erbaut. Von der Veranda aus kann man direkt ins Wasser springen, angeln oder Boot fahren.*

🍴 **Restaurants**
Bonefish Grill, *900 S.W. Pine Island Rd., ☎ (239) 574 1018, www.bonefishgrill.com. Für Fisch-Fans gibt es hier eine reichhaltige Auswahl, dazu gute Cocktails.*
Panera Bread, *1830 N. E. Pine Island Rd., ☎ (239) 458 4162, www.panerabread.com. Leckeres Brot und Brötchen (über 20 verschiedene Sorten) frisch aus dem Ofen, zudem gibt es Salate, Sandwiches und Suppen. Ideal zum Frühstück und Lunch.*
Slate's, *4820 Candia St., ☎ (239) 540 6800, www. slatescapecoral.com. Von der karibischen und der Cajun-Küche inspirierte Gerichte, die Betreiber Allan und Nancy Cotter führten vorher 16 Jahre lang das ausgezeichnete Blue Moon Restaurant in St. Croix.*
Duke of Germany, *3816 Chiquita Blvd. S., ☎ (239) 540 2000, www.dukeofgermany.com. Ein-*

Künstlerkolonie Matlacha

fach, aber gemütlich, mit Schwerpunkt auf bayerischer und thüringischer Kost. Hier fühlten sich schon Heino und Axel Schulz wohl.

Einkaufen

Cape Harbour Marina, *5828 Cape Harbor Dr.,* ☎ *(239) 945 6116, www.capeharbour.com. An der Marina in Cape Harbour reihen sich Boutiquen aneinander, die neben Schickem auch Ausgefallenes zu bieten haben (Taschen, Schuhe, Modeschmuck) – z. T. zu durchaus bezahlbaren Preisen.*
Lovegrove Gallery & Gardens, *4637 Pine Island Rd., Matlacha,* ☎ *(239) 283 6453, www.leomalovegrove.com. Entlang der Pine Island Road reihen sich bei Matlacha die bunten Fischerbuden auf, in denen Künstler und Überlebenskünstler ihre Werke verkaufen. In der Lovegrove Gallery z. B. geht es floridianisch bunt zu, im Garten kann man ein leckeres Sorbet genießen – und dabei Hunderte bunt angemalter Kokosnüsse bestaunen.*

Bootsverleih

Paradise Boat Rentals, *3013 Del Prado Blvd. S.,* ☎ *(239) 645 4217, www.bootsvermietung.net. Motor- und Pontoon-Boote verschiedener Größe. Ab $ 295/Tag.*

Umgebung von Fort Myers: Sanibel und Captiva Island

Streckenhinweis

Von Fort Myers erreicht man die beiden Inseln über die palmengesäumte SR 867.

Es gibt zwei Möglichkeiten, diese herrliche Landschaft mit den lang gestreckten Sandstränden zu genießen: Entweder unternimmt man von Fort Myers aus einen **Tagesausflug**. Dann empfiehlt es sich, früh morgens aufzubrechen, um die Ruhe der Landschaft zu genießen – später wird es hektischer, wenn mehr Touristen auf die gleiche Idee kommen. Alternativ kann man einen **2–3-Tage-Aufenthalt** in einem der Beach Resorts einplanen. Dann kann man neben Baden und dem hier verbreiteten Muschelsammeln vor allem die Landschaft per Fahrrad erkunden. Aber auch alle anderen Freizeitmöglichkeiten stehen offen (Kanufahrten, Tennis, Golf, Angeln, Ausflug zum Hochseefischen). *Muschel- und Sandstrände*

Gleich hinter dem Sanibel Causeway (Brückendamm, mautpflichtig, $ 6) liegt rechts die **Informationsstelle** der Chamber of Commerce (s. S. 281), wo man zu Übernachtungen und Aktivitäten Auskunft erhält.

Angenehm fällt auf, dass es auf Sanibel und Captiva Island keine Hochhäuser gibt. Bereits früh widersetzten sich die Bewohner der Inseln einem ungezügelten Bauboom. Zwar konnten sie nicht verhindern, dass 1963 die Brückenverbindung ge- *Keine Hochhäuser*

Auf dem Weg nach Sanibel Island

baut wurde, die eigene Stadtverwaltung erließ aber ein Bauverbot für Hochhäuser. So entwickelten sich beide Inseln zu „edleren" Ferienoasen, die nicht für jeden Geldbeutel erschwinglich sind (obwohl es auch relativ preiswerte Unterkünfte gibt, die allerdings zumeist nicht am Strand liegen).

Die Hauptstraße von Sanibel Island ist der Periwinkle Way, wo es verschiedene Geschäfte, Restaurants, Fahrrad- und Mopedvermieter gibt.

 Tipp: The Great Calusa Blueway

Benannt nach den Calusa-Indianern mäandert der Great Calusa Blueway – ein ca. 190 Meilen langer, markierter Kanu- und Kajak-Trail – an der Küste des Lee County entlang. Er umfasst drei Bereiche (zu allen gibt es eigenes Kartenmaterial!): Der erste konzentriert sich auf die Estero Bay, der zweite auf Pine Islands Sound und Matlacha Pass, der dritte legt den Schwerpunkt auf den Caloosahatchee und seine Nebenflüsse. Ausführliche Informationen zum Trail (Karten, Unterkünfte, Attraktionen etc.) unter: www.fortmyerssanibel.com/calusablueway.

Bowman's Beach (Sanibel Island)

Schildkröten-Paradies

Dieses Gebiet ist unter Naturschutz gestellt, sodass sich an diesem Ort die heimische Pflanzenwelt erhalten konnte. Noch heute finden hier in den Sanddünen heimische Tiere einen sicheren Platz zum Leben. Die Region ist auch eines der letzten Rückzugsgebiete der *Loggerheads* und der *Leatherback Turtles*, jener **Schildkröten**, die ursprünglich an den subtropischen Küsten Floridas heimisch waren. In früheren Zeiten, als Segelschiffe noch lange Zeit auf den Weltmeeren unterwegs waren und Probleme mit dem Proviant hatten, rückten die Schildkröten in den Fokus: Man konnte sie fangen und als lebendige Fleischkonserve mitnehmen. Später trugen zur Ausrottung weltweit Feinschmecker bei, die als Krönung des Genusses die Schildkrötensuppe entdeckten.

Hier an den Küsten von Sanibel und Captiva Island legen noch heute etwa 200 Schildkröten in den heißen Dünen ihre Eier ab, die im Juli/August ausgebrütet werden. Naturschützer achten darauf, dass die unbeholfen wirkenden Tiere bei der Eiablage nicht gestört werden. Später gräbt man die Eier aus, um sie unter Infrarotlicht auszubrüten. Nachdem die kleinen Schildkröten eine lebensfähige Größe erreicht haben, entlässt man sie wieder in die Natur. Man muss allerdings sehr viel Glück haben, um eine Schildkröte zu Gesicht zu bekommen.

 **Hinweis**
Zwischen 7 und 19 Uhr wird am Bowman's Beach eine Parkgebühr von $ 2 pro Stunde erhoben.

Sanibel Island

Loggerheads (Meeresschildkrötenart)

info

Der Lebensraum der so archaisch anmutenden Tiere ist in den letzten Jahrzehnten nicht nur im mediterranen Raum (bis auf eng begrenzte Naturschutzgebiete, z. B. in der Lara Bay auf Zypern), sondern auch auf dem amerikanischen Kontinent stark eingeschränkt worden. Einsame Strände sind weltweit zu einer Rarität geworden.

Die *Loggerhead Turtle* (Caretta caretta) legt allerdings noch immer ihre Eier im heißen Strandsand von Sanibel und Captiva ab. Diese Meeresschildkröte gehört zu einer alten Gruppe von Reptilien und hat, wie die maritimen Säuger (z. B. Delfine und Wale), ihren Evolutionsprozess umgekehrt und sich in die See zurückgezogen. Doch dieser Umkehrungsprozess ist nicht vollständig gelungen: Obwohl Meeresschildkröten sich sehr gut im Wasser zurechtfinden, schnelle Schwimmer sind und lange tauchen können, ist ihre Verwandtschaft zu den an Land lebenden Vorfahren doch unübersehbar. Wie diese müssen auch Meeresschildkröten Luft atmen und an Land zurückkehren, um ihre Eier abzulegen.

Die *Loggerhead Turtle* erreicht eine Länge von etwa 1–1,5 m und wiegt bis zu 150 kg. Die Muttertiere kriechen im Abstand von 2–3 Jahren vorwiegend im Schutze der Nacht an Land, hinterlassen dabei eine Art Raupenspur und graben dann im Sand Nester von 0,5–1 m Tiefe, wo sie ca. 100 Eier ablegen. Beim Rückzug ins Meer glätten sie den Sand wieder und verwischen so ihre Spur.

Muschelsammeln am Strand

Berühmt ist Sanibel Island für seine muschelübersäten Strände. Lebende Muscheln dürfen nicht gesammelt werden, sondern nur leere Schalen.

Zweifelsohne zählen diese Strände zu den muschelreichsten Gebieten der Vereinigten Staaten. Der Grund dafür ist, dass es am Golf von Mexiko keine Felsenriffe gibt, an denen die Muscheln zerrieben werden. Die Gewässer sind sehr warm und flach, die Meeresbrandung sachte. Dazu kommt noch, dass sich auf einem Meeresplateau südlich von Sanibel die Muscheln sozusagen sammeln und zum Strand gespült werden. Die meisten Muscheln findet man im Winter oder nach Stürmen direkt an der Wasserkante. Das ergiebigste Sammelgebiet liegt bei Bowman's Beach und dem Blind Pass (die Enge zwischen Sanibel Island und Captiva Island). Insgesamt wurden über 400 Muschelarten aufgelistet. Besonders beliebt sind die „Sand-Dollars", Jakobsmuscheln (*Scallops*), die seltene Junonia-Muschel (*Junonia Volute*) und die Venusmuschel (*Venus clam*).

Über 400 Muschelarten

Wer nicht selber suchen möchte: Muscheln werden auch verkauft

Unter Muschelsammlern gelten die Strände als Eldorado. Kenner suchen vor allem nach der „Florida Miter" sowie nach seltenen Austernarten. Die Hotels motivieren auch den Laien zum Muschelsuchen und geben dem Besucher schon am Empfang Sammeltaschen mit einer Identifikationskarte der Muschelsorten mit. Der Stadtrat von Sanibel Island allerdings möchte verhindern, dass es bald keine Muscheln mehr gibt. Deshalb dürfen keine lebenden Muscheln mehr mitgenommen werden. Wie wichtig das Muschelsammeln genommen wird, zeigt übrigens die alljährlich am ersten Märzwochenende stattfindende *Sanibel Shell Fair*: Während dieser Muschelmesse sind die Zimmer besonders knapp. Von den Muschelsammlern wird die Gegend um den Leuchtturm auf Sanibel Island favorisiert.

Wer nicht nur sammeln, sondern sich auch die Vielfalt der unterschiedlichen Muscheln ansehen möchte, kann das tun im **Bailey Matthews Shell Museum**, *3075 Sanibel-Captiva Rd., Sanibel Island, ① (239) 395 2233, www.shellmuseum.org, tgl. 10–17 Uhr geöffnet, Erw. $ 11, Kinder $ 5.*

South Seas Island Resort

South Seas Island Resort

Auf Captiva Island dominiert das riesige **South Seas Island Resort**. Dabei handelt es sich um einen professionell angelegten luxuriösen Ferienkomplex, der für jeden Geschmack das Rechte zu bieten vermag. Inmitten einer paradiesischen *Traumhafte* Vegetation, die an die Südsee erinnert, kann man seinen Traumurlaub verbringen. *Strandanlage* Dies ist vielleicht die am besten gelungene Anlage in ganz Florida, und wenn man bereit ist, tief in die Tasche zu greifen, wird man sicherlich nicht enttäuscht werden.

Neben Hotelzimmern werden Ferienhäuser und Ferienwohnungen vermietet. Mehrere Restaurants, Boutiquen, Souvenir- und Lebensmittelläden versorgen den Urlauber. Alle Aktivitäten sind möglich: ob Tennis (11 Plätze), Seaside Golf Course (9-Loch-Platz entlang der Küstenlinie), Wasserski, Schwimmen (20 Swimming-pools, 4 km weißer Sandstrand), Boot- und Fahrradverleih … alles ist vorhanden. **South Seas Island Resort**, *5400 Plantation Rd., Captiva Island, ① (866) 565 5089, www.southseas.com.*

Reisepraktische Informationen Sanibel Island/Captiva Island

i **Information**

Sanibel Island & Captiva Island Chamber of Commerce, *1159 Cause-way Rd., Sanibel Island, FL 33957, ① (239) 472 1080. www.sanibel-captiva.org. Lage: di-rekt rechts hinter der Brücke, die Sanibel Island mit dem Festland verbindet. Aktuelle In-formationen sind hier erhältlich, tgl. geöffnet.*

Übernachtung

Tipp: *Wer ein Apartment mieten möchte, kann das in den USA über die kosten-lose Telefonnummer (800) 656 9111 machen (Royal Shell, 1547 Periwinkle Way, Sanibel Island, www.royalshell.com). Bitte beachten, dass Übernachtungen im Winter häufig den doppelten Preis kosten. Unter $ 100 wird's schwierig, billiger natürlich sind die Übernach-tungen auf dem Festland in Fort Myers.*

SANIBEL ISLAND
The Palm View & Sandpiper Inns $$–$$$, *706 Donax St., ① (239) 472 1606, www.palmviewsanibel.com. Hier stehen ca. 10 unterschiedlich ausgestattete Apartments zur Verfügung, Mindestaufenthalt 2–3 Nächte. Sehr gutes Preis-Leistungsverhältnis.*
Kona Kai Motel $$$, *1539 Periwinkle Way, ① (239) 472 1001, www.konakaimotel. com. 15 Gehminuten zum Strand, sehr großer Pool in tropisch anmutender Gartenanlage.*
Beachview Cottages $$$$, *3325 W. Gulf Dr., ① (239) 472 1202, www.beachview sanibel.com. Farbenfroh liegen sich in einer geschützten Seitenstraße 12 Cottages mit Apartments unterschiedlicher Größe gegenüber. Direkt am Strand gelegen, schöner Pool.*
Island Inn $$$$, *3111 W. Gulf Dr., ① (1-800) 851 5088, www.islandinnsanibel.com. Nettes Resort im alten Florida-Stil.*
Waterside Inn $$$$, *3033 W. Gulf Dr., ① (239) 472 1345, www.watersideinn.net. Zimmer mit Balkon direkt am Strand, schöner Palmengarten mit Liegen am Strand, schö-ner Swimmingpool.*
Sanibel Inn $$$–$$$$, *937 E. Gulf Dr., ① (239) 472 3181, www.theinnsofsanibel. com/sanibel-inn/. 93 Zimmer, sehr schöne Gesamtanlage (Garten mit 600 Palmen) direkt am Strand, Fahrräder und kontinentales Frühstück kostenlos, hoher Freizeitwert.*
Song of the Sea $$$, *863 E. Gulf Dr., ① (239) 472 2200, www.theinnsofsanibel.com/ song-of-the-sea/. Kleine Anlage mit 30 Zimmern (ausgestattet mit einer kleinen Küchen-zeile und Mikrowelle), schön dekoriert, sehr persönlich, einladender Swimmingpool.*

Casa Ybel Resort $$$$–$$$$$, 2255 W. Gulf Dr., ☏ (239) 472 3145, www.casa ybelresort.com. Vermietet werden Apartments mit 1–2 Schlafzimmern, Kochmöglichkeit, Blick auf den Golf. Mindestaufenhalt 2 Nächte, Pool, sehr gepflegte Außenanlagen.

Camping
Periwinkle Park & Campground, 1119 Periwinkle Way, ☏ (239) 472 1433, www.sanibelcamping.com. Schattiger Platz, Swimmingpool, etwa 10 Gehminuten zum Strand.

CAPTIVA ISLAND
Tween Waters Inn $$$$, 15951 Captiva Dr., ☏ (1-800) 223 5865, www.tween-waters.com. Hübsches Resort, das Cottages mit Meerblick, Suiten und Hotelzimmer anbietet. Mit Spa. Höherpreisig …
South Seas Island Resort $$$$–$$$$$ (s. S. 280)

Restaurants
SANIBEL ISLAND
Sweet Melissa's Cafe, 1625 Periwinkle Way, ☏ (239) 472 1956, www.sweetmelissas cafe.com. Die Speisekarte wechselt je nach Saison, die Gerichte sind kreativ und schmackhaft. Es werden auch kleinere Portionen angeboten, sodass man verschiedene Speisen probieren kann. An manchen Abenden gibt es Live-Gitarrenmusik.
Thistle Logde Beachfront Dining, Casa Ybel Resort, 2255 W. Gulf Dr., ☏ (239) 472 9200, www.casaybelresort.com/thistle-lodge/. Gehobene Küche mit floridianischen, europäischen und asiatischen Elementen, direkt am Wasser gelegen.
The Timbers, 703 Tarpon Bay Rd., ☏ (239) 395 2722. Sehr gutes Fischrestaurant, auch bei Einheimischen beliebt.
Gramma Dot's Seaside, 634 N. Yachtman Dr., ☏ (239) 472 2723, www.sanibel marina.com/gramma.html. Direkt an der Marina gelegen, besonders beliebt zum Lunch wegen der guten Sandwiches und Salate, die sonstigen Gerichte sind „typisch amerikanisch". Fürs Dinner wird eine Ankunft vor 20 Uhr erbeten.

Gramma Dot's Seaside

Rosie's Café & Grill, 2330 Palm Ridge Rd./Periwinkle Way, ☏ (239) 579 0807, http://rosiescafesanibel.com. Preiswertes Familienrestaurant für Frühstück, Mittag- oder Abendessen, große Speisenkarte, Terrasse.
The Mad Hatter, 6460 Sanibel Captiva Rd., ☏ (239) 472 0033, www.mad hatterrestaurant.com. Teures, sehr elegantes Restaurant mit schönem Meerblick, kreative amerikanische Küche.
Doc Ford's Rum Bar & Grill, 975 Rabbit Rd., ☏ (239) 472 8311, www.doc fordssanibel.com. Klassische amerikanische Sportsbar. Neben den üblichen Burgern und Salaten gibt es auch überraschend kreative Seafood-Gerichte. Alles frisch und lecker. Viele Stammgäste.

CAPTIVA ISLAND
The Bubble Room, *15001 Captiva Dr., ① (239) 472 5558, www.bubbleroomrestau rant.com/home. Gute Küche (Tipp: die großen Golf-Shrimps in Knoblauchbutter), viele Möbel aus den 1930er und 1940er Jahren im witzigen Ambiente eines alten Florida-Hauses. Die Bedienung läuft in Pfadfinderuniformen herum. Kein Lunch in der Nebensaison (Sommer), ebenso kein Lunch am Wochenende in der Hauptsaison. Reservierung ist ratsam!*

Einkaufen
Knapp 60 Geschäfte gibt es am Periwinkle Place (2075 Periwinkle Way, Sanibel). Alles, was mit Muscheln zu tun hat und was man mit ihnen anfangen kann, gibt es bei **She Sells Sea Shells** *(zwei Läden, 2242 und 1157 Periwinkle Way, Sanibel). Für Selbstversorger bietet das größte supermarktähnliche Angebot* **Jerry's Foods** *(1700 Periwinkle Way).*

Strände
SANIBEL ISLAND
- in der Nähe des Leuchtturms (Sanibel Lighthouse Beach) am Ostende der Insel mit Fishing-Pier. Vorsicht, hier gibt es Strömungen!
- parallel zum East Gulf Drive und West Gulf Drive (Bowman's Beach). Naturbelassene Strände, vor allem für Muschelsucher interessant. Der Zugang erfolgt über die Sanibel Captiva Road in nördlicher Richtung.
- an der Nahtstelle von Sanibel Island und Captiva Island (Blind Pass).
- im Feriengebiet des South Seas Island Resort. Falls es Probleme mit dem Parken auf den wenigen öffentlichen Parkplätzen geben sollte bitte bei der Chamber of Commerce nach Parkplaketten fragen. Das Parken auf den öffentlichen Parkplätzen kostet ca. $ 2/ Stunde!

Fahrradverleih
Billy's Rentals *(Mopeds, Segways und Fahrräder), 1470 Periwinkle Way, Sanibel Island, ① (239) 472 5248, www.billysrentals.com. Fahrräder: ab $ 15/Tag*

Badeparadies Captiva Island

Jim's Rentals, *11534 Andy Rosse Lane, Captiva Island,* ✆ *(239) 472 9656, http://yolo watersports.com. Außer Fahrrädern kann man hier Stühle, Sonnenschirme, Scooter, Paddelboote und weiteres ausleihen. Fahrräder: ab $ 20/Tag.*

👉 Tipp: Fahrradausflug ins J.N. Ding Darling National Wildlife Refuge

Die 4 Meilen lange Einbahnstraße verläuft parallel zur Sanibel Captiva Road. Das Naturschutzgebiet, das 2/3 der Insel einnimmt, ist relativ wenig besucht und eignet sich besonders für eine Fahrradtour. Benannt ist es nach J. N. Darling, der als Karikaturist zweimal den Pulitzerpreis gewann und sich vehement für den Umweltschutz einsetzte. Die Mangrovenwälder, die insgesamt 20 km² bedecken, sind Rückzugsgebiet vor allem der **Rosa Löffler**, die man morgens und am frühen Abend beobachten kann. Sie besitzen einen löffelförmigen Schnabel, mit dem sie in sehr flachen Wassertümpeln nach geeigneter Nahrung suchen. Die besondere Schnabelform unterscheidet sie von den Flamingos, mit denen sie oft verwechselt werden.

Außerdem leben hier Pelikane mit Flügelspannweiten von bald 2 m, Kaninchen, Seeschildkröten, Waschbären und selbstverständlich Alligatoren. Von der Tarpon Bay Marina aus kann man sich auch ein Kanu mieten, um das Gebiet vom Wasser aus zu entdecken.

J.N. Ding Darling National Wildlife Refuge, *das Visitor & Education Center liegt 2 Meilen westlich der Tarpon Bay Rd. an der Sanibel Captiva Rd., www. fws.gov/refuge/jn_ding_darling. Das Center ist von Jan.–April von 9–17, Mai–Dez. bis 16 Uhr tgl. geöffnet. Der Wildlife Drive, die öffentliche Straße in das Refuge, ist offen Sa–Do von 7.30 Uhr bis 30 Min. vor Sonnenuntergang. Freitags geschlossen. Der Eingang ist am Education Center, $ 5 pro Auto, $ 1 für Fußgänger.*

🛶 Bootsverleih

Tarpon Bay Explorers, *900 Tarpon Bay Rd., Sanibel Island,* ✆ *(239) 472 8900, www.tarponbayexplorers.com. Offizieller Konzessionär des Wildlife Refuges, der Pontonboote, Kanus und Kajaks vermietet und geführte Toure anbietet. Zudem: Fahrrad- und Paddleboard-Verleih. Im J.N. Ding Darling National Wildlife Refuge gelegen.*

Sanibel Marina, *634 N. Yachtsman Dr.,* ✆ *(239) 472 2723, www.sanibelmarina.com. Motorbootverleih (kein Bootsschein erforderlich).*

Captiva Kayak Co. & Wildside Adventures, *11401 Andy Rosse Lane (Bayside) an der McCarthy's Marina, Captiva Island,* ✆ *(239) 395 2925, www.captivakayaks.com. Kajaks, Kanus und Segelboote werden vermietet, auch geführte Touren.*

🚢 Touren

Captain Mike Fuery, Grey Pelican Charters, ✆ *(239) 466 3649, www. sanibel-online.com/fuery/. Captain Mike bietet dreistündige Muscheltouren an, bei denen er per Boot mit bis zu vier Passagieren zu besonders muschelreichen Sandbänken fährt und bei der Suche nach seltenen und besonderen Muscheln behilflich ist. Nebenbei gibt es spannende Biologie- und Ökologielektionen. Die Touren starten um 8 Uhr morgens und nur nach Voranmeldung. Kosten: $ 250.*

Vorschläge für Aktivitäten

Die Möglichkeit zu Bootsausflügen sollte man unbedingt wahrnehmen, denn die dem Festland vorgelagerte Inselwelt ist wirklich toll. Wer es sich zutraut, kann mit einem gemieteten Boot (kein Führerschein notwendig) den Intracoastal Waterway entlangfahren. Dabei sollte unbedingt der durch rote und grüne Marker/Bojen gekennzeichnete Weg bzw. die entsprechenden Hafeneinfahrten beachtet werden. Denn außerhalb der Fahrrinne kann es sehr plötzlich sehr flach werden.
Verschiedene Bootstouren werden u. a. von **Captiva Cruises** *angeboten, ① (239) 472 5300, www.captivacruises.com. Abfahrt ab McCarthy's Marina (Andy Rosse Lane) oder South Seas Island Resort (5400 Plantation Rd.). Parkgebühr $ 5 pro Auto.*

Hinweis
Unter zwei Bedingungen sollte man nicht fahren: 1. im Hochsommer, wenn sich die Wetterlage schnell ändert und Gewitter aufziehen. 2. bei windigem Wetter, da es dann an den offenen Stellen des Intracoastal rasch ungemütlich werden kann.

Bootsfahrt nach Cabbage Key

Wer gerne ein paar Stunden auf dem Wasser verbringen möchte und auch etwas für die Romantik einer kleinen Insel übrig hat, sollte einen Ausflug nach Cabbage Key machen (Marker 60 auf dem Gulf Intracoastal Waterway). Hier kann man sich das Cabbage Key Inn ansehen, in dem früher die Fischer Dollarscheine aufgehängt haben, damit sie nach einem schlechten Fang noch Geld für einen Drink hatten. Daraus entstand ein Brauch, und so haben auch spätere Besucher dazu beigetragen, dass die Wände der Gaststube mit Tausenden von Dollarnoten aufgewertet wurden. Man schätzt das Dollar-Vermögen an den Wänden auf $ 20.000–30.000. *Dollarscheine an der Wand*

Reisepraktische Informationen Cabbage Key

ℹ Information und Buchung
Insel an der Westküste nördlich von Captiva und Sanibel Island, nur per Boot/Schiff zu erreichen. Buchung bei **Captiva Cruises** *(s. o.), Erw. $ 40, Kinder $ 25. Die Tour ist auch mit einem gemieteten Boot möglich.*

Übernachtung
Cabbage Key Inn $$$–$$$$$, *① (239) 283 2278, www.cabbagekey.com. Das Insel-Gasthaus, direkt am Intracoastal Waterway gelegen, ist eher rustikal und vermietet 6 einfache Zimmer und 8 Cottages. Mindestaufenthalt 2 Nächte. Marina und ein legeres Restaurant mit schönem Blick auf das Wasser auf der Inselanhöhe vorhanden. Durch die tropische Vegetation verlaufen kurze Trails.*

Bootsfahrt nach Useppa Island

Die kleine Insel ist in Privatbesitz und nur den Mitgliedern des Yachtclubs sowie den Eigentümern der Boote zugänglich. Mit Captiva Cruises kann man die pittores-

Immer den Schildern nach: Cabbage Key

ke Insel aber besuchen, die in den 1920er Jahren ein Mekka für reiche Sportfischer war. Der Verleger Barron Collier baute auf der Insel ein großes Haus, um seine einflussreichen Freunde einzuladen. Dazu gehörten damals Rockefeller, Edison, Dupont und Ford. Heute dient dieses Haus als Clubhaus. Im kleinen History Museum wird die Geschichte des Eilands lebendig. Bei diesem Ausflug, der von Sanibel aus etwa eine Stunde dauert, haben Besucher für die Besichtigungen etwa 2 Stunden Zeit *(Info: www.useppa.com).*

Bootsfahrt nach Boca Grande auf Gasparilla Island

Boca Grande liegt auf Gasparilla Island (s. S. 287). Die Bootstour ab Sanibel dauert ca. 1½ Stunden und man kommt an der Boca Grande Marina an. Von hier aus sind es 10 Gehminuten in den kleinen Ort. Man kann aber auch an der Marina Fahrräder und Golfwagen mieten, um sich auf der Insel zu bewegen. Dafür gibt es z. T. eigene Wege! Im Ort laden eine Reihe Restaurants, Geschäfte und Kunstgalerien zum Verweilen ein. Die *Endlos weite* Insel und der Hauptort Boca Grande vermitteln den Eindruck eines ruhigen, gemüt- *Strände* lichen Florida. Die Strände sind endlos weit und eignen sich gut zum Baden.

Schon um 1700 siedelten hier spanische Fischer, und in den von ihnen errichteten Camps trockneten sie Fische, die sie nach Kuba verschifften. Ab 1900 spielte die Insel vor allem bei **Tarpon-Fischern** eine besondere Rolle. Der Bereich des Boca-Grande-Passes, der die Insel von der Nachbarinsel Cayo Costa trennt, wurde als das beste Fanggebiet für Tarpon bekannt. Das älteste Bauwerk ist der 1890 erbaute **Leuchtturm** am Süd-Ende der Insel, mit einem Golfwagen ab Hafen in ca. einer halben Stunde erreichbar. Hier ist heute ein kleines, sehr informatives Museum untergebracht *(Mo–Fr 10–15 Uhr geöffnet).*

Auf die Insel gelangt man von Sanibel mit Captiva Cruises oder mit einem gemieteten Boot. Weitere Infos zu Gasparilla Island s. S. 287.

Bootsfahrt zum Cayo Costa State Park

Der Cayo Costa State Park ist nur per Boot oder Fähre zu erreichen und liegt direkt südlich von Boca Grande. Ab der Anlegestelle fährt man mit einem offenen Wägelchen und in Begleitung eines Rangers zum Strand. Den Besucher erwarten *Delfine und* 9 Meilen Sandstrände und gute Tierbeobachtungen: Delfine und Manatees tum- *Manatees* meln sich in den herrlichen Gewässern. Es gibt Wanderwege, Schnorchelmöglichkeiten und muschelreiche Strände. Übernachtungsgäste, die zelten wollen oder in einer einfachen Hütte übernachten möchten, müssen sich die Lebensmittel selbst mitbringen. Es gibt aber Koch- und Picknickgelegenheiten im Park. Die Insel eignet sich hervorragend zum Fahrradfahren.

Reisepraktische Informationen Cayo Costa State Park

ℹ️ Information

Cayo Costa State Park, *4 Seemeilen westl. von Pine Island,* ☏ *(941) 964 0375, www.floridastateparks.org/park/Cayo-Costa, Eintrittsgebühr Park: $ 2/Person, Gebühr für Zeltplatz: $ 22 /Nacht, einfache Cayo Costa Cabins $ 40/Nacht.*

🧳 Anreise

Nur erreichbar per Boot/Ausflugsschiff oder Fähre u. a. ab Bokeelia (Pine Island, erreichbar vom Festland/North Fort Myers) über die SR 78.
Tropic Star, *Jug Creek Marina, 16498 Tortuga St., Bokeelia,* ☏ *(239) 283 0015, http:// tropicstaradventures.com. Reservierung erforderlich. Täglich mehrere Fahrten, Zeiten bitte per Telefon erfragen, Erw. $ 32, Kinder $ 25.*
Captiva Cruises, *Andy Rosse Lane, McCarthy's Marina,* ☏ *(239) 472 5300, www. captivacruises.com. Bietet Tagesausflüge an.*

Fort Myers – Sarasota

Streckenübersicht

Entfernung: Fort Myers – Sarasota: 115 km
Empfohlene Route: US 41 über Venice
Reisevorschlag: Zwischenstopp im schönen Städtchen Venice, denn zwischen Sarasota und Venice liegen herrliche Badestrände.
Übernachtung: Sarasota (s. S. 291), wenn genügend Zeit vorhanden, dann in Venice (s. S. 290).

Gasparilla Island

Diese der Westküste vorgelagerte Insel liegt westlich zwischen Fort Myers und Port Charlotte. Zu erreichen ist die Insel von der Straße 41 North aus, Abzweig nach Westen auf die 776 und 771. Von Placida aus führt eine Brücke („Causeway") zur Insel. Im Bereich des Gasparilla Island State Park ist ein wunderschönes Naturschutzgebiet erhalten geblieben, wo in Mangrovenwäldern u. a. Greifvögel ideale Brutvoraussetzungen finden.

Wunderschönes Naturschutzgebiet

Die Insel verdankt ihren Namen dem spanischen Piraten José Gaspar Tomás Rodríguez de Francia (1766–1840) genannt „Gasparilla". Der Hauptort Boca Grande liegt im südlichen Teil der Insel und wurde früher mit einer Bahn mit dem Festland verbunden. Am Südende befindet sich auch der alte Leuchtturm, direkt gegenüber der Insel Cayo Costa. Heute tuckern hier keine Züge mehr, der alte Bahndamm

Marina auf Gasparilla Island

wurde zu einem Fahrradweg ausgebaut. Die tollen Strände sind relativ einsam (weitere Informationen zu Boca Grande s. S. 286).

Erholungs-idylle Wer es noch abgeschiedener mag, sollte auf **Palm Island** übersetzen. Das Palm Island Resort ist von der HarbourTown Marina per Boot zu erreichen. Auf der Insel gibt es keine Autos (man wandert, fährt Fahrrad oder Tram). Hier werden Ferienwohnungen und -häuser vermietet.

Reisepraktische Informationen Gasparilla Island

i Informationen

Boca Grande Area Chamber of Commerce, *480 East Railroad Ave., Boca Grande, ① (941) 964 0568, www.bocagrandechamber.com, Mo–Fr 10–15 Uhr.*
Gasparilla Island State Park, *zu erreichen über den Boca Grande Causeway bei C.R. 775 und Placida, ① (941) 964 0375, www.floridastateparks.org/park/Gasparilla-Island, $ 3 Eintritt.*
Brücken-Maut *für die Boca Grande Swing Bridge, die einzige Straßenverbindung vom Festland nach Gasparilla Island: $ 6/Auto, $ 3/Fahrrad (http://giba.us).*

Übernachtung

Innlet on the Waterfront $$$, *1251 12th St. E., Boca Grande, ① (941) 964 4600, www.theinnlet.com. Einfaches, aber sauberes Haus mit 28 Zimmern.*
Gasparilla Inn and Club $$$$, *500 Palm Ave., Boca Grande, ① (941) 964 4500, www.the-gasparilla-inn.com. Altes, sehr gepflegtes Hotel mit Golfanlagen, 2 Swimmingpools, wovon einer direkt am Meer liegt. 66 Zimmer im Haupthaus, zudem können Cottages und Villen gemietet werden. Alles ist bestens restauriert, das Restaurant strahlt Gediegenheit in heiteren Farben (gelb/grün) aus.*
Palm Island Resort $$$$, *7092 Placida Rd., Cape Haze, ① (1-800) 824 5412, www.palmisland.com. Dieses Hotel liegt auf der Barrier-Insel Palm Island (südlich von Gasparilla Island). Man kann sie nur von der HarbourTown Marina per Boot erreichen. Auf der Insel können sich die Hotelgäste mit einem Bähnchen, zu Fuß oder mit Fahrrädern fortbewegen. Schönes Resort mit Swimmingpools, Tennisplätzen und Möglichkeiten zu allen Arten von Wassersport. Ca. 160 Villen werden vermietet, Mindestaufenthalt 2 Tage.*

Fort Myers – Sarasota

🍴 Restaurants

Besonders gut essen kann man im **Gasparilla Inn** (s. o.).
Loose Caboose, *433 4th St. W./Park Ave., ① (941) 964 0440, http://loosecaboose. biz. Hier kann man guten Lunch einnehmen, Abendessen nur in der Hauptsaison. Das selbst gemachte Eis schmeckt besonders lecker.*
Temptation Restaurant, *350 Park Ave., ① (941) 964 2610. Wirklich eine Versuchung: frischer Fisch vom Grouper, Tuna bis zum Snapper. Seit Jahrzehnten auch bei Einheimischen sehr beliebt, deshalb sind Reservierungen angeraten. Ein Stückchen „Old Florida".*

🚲 Fahrradverleih/Golfwagen

Gasparilla Inn Adventures, *500 Palm Ave, ① (941) 964 4625, www.the-gas parilla-inn.com. Fahrräder, Kajaks, Golfwagen und mehr.*
Golfwagen *werden u. a. direkt am Hafen von Boca Grande vermietet.*

Venice

Um es gleich vorwegzunehmen: Die Gemeinsamkeiten mit dem italienischen Original halten sich in Grenzen … Florida's Venice liegt aber auch am Wasser und ist mit dem Festland durch eine Brücke verbunden, die über den Intracoastal Waterway führt. Drumherum verwöhnt das meist warme Wasser des Golfs von Mexiko Strandliebhaber. Das Städtchen (ca. 21.000 Einwohner) mutet durchaus mediterran an, nicht nur das Klima trägt dazu bei, sondern auch die an Italien angelehnte Architektur. Die Stadt wurde großzügig geplant, breite Alleen, viele Parks, Schatten. Am Südende des Harbor Drive lädt der mit Palmen bestandene Caspersen Beach zum Schwimmen ein. In diesem Gebiet werden von der Flut regelmäßig versteinerte Haizähne angeschwemmt, die man mit Maschenkörben aus dem Sand heraussieben kann. Stolz nennt sich der Ort deshalb (wir sind ja in Amerika …) „The Shark Tooth Capital" (Hauptstadt der Haizähne).

Versteinerte Haifisch- zähne

Tipp für Fahrrad-Fahrer

*Auf einer Strecke von ca. 10 Meilen verbindet der **Legacy Trail** Venice und Sarasota. Der komplett asphaltiere Trail, der dem Verlauf einer alten Bahnstrecke folgt, bietet Gelegenheit für einen abwechslungsreichen Ausflug. Der Weg ist für Autos gesperrt, wird aber auch gerne von Fußgängern, Skateboardern und Inlineskatern genutzt. www. scgov.net/parks/Pages/LegacyTrail.aspx*

Reisepraktische Informationen Venice

Übernachtung

Holiday Inn Express Venice $$, *380 Commercial Court, ① (941) 584 6800, www.hiexpress.com. In einem Vorort gelegen, einfach, aber sauber und günstig. Pool.*
Inn at the Beach $$$, *725 West Venice Ave., ① (1-800) 255 8471, www.innatthe beach.com. Freundlich-legeres typisches Florida-Hotel am Meer, sehr beliebt. Mit Swimmingpool.*
Banyan House $$$, *519 S. Harbor Dr., ① (941) 484 1385, www.banyanhouse.com. Früher ein B&B werden mittlerweile nur noch Suiten und Apartments vermietet, Mindestaufenthalt 7 Tage, Preis pro Woche zwischen ca. $ 700 und 900. Viktorianische Einrichtung in einer mediterran anmutenden Umgebung. Mit Spa und Pool.*

☞ Ein besonderer Tipp …

… von Dirk Rheker, dem Chefredakteur des Florida Sun Magazine:
Leben „wie zu Hause" in einem stilvollen Anwesen, nahe zu Traumstränden und urigen Restaurants
Ein Hauch von „Old Florida" im Herzen von Nokomis: Mit dem „Palm Garden Beach and Tennis Estate" haben die gebürtige Münchnerin Gabriele Charity und ihr amerikanischer Ehemann Bruce eine Enklave der Ruhe für ihre Feriengäste (darunter viele Deutsche) geschaffen. Eine verträumte Alternative zu Kettenhotels und anonymen Bettenburgen! Das Haupthaus im „Tudorstil" (ein bisschen Gotik, ein bisschen Renaissance, wie es die Briten mochten) verfügt über zwei geschmackvoll eingerichtete Ferienwohnungen („Hibis-

cus-Suite" im Erdgeschoss und „Gulf Breeze Suite" im ersten Stock) mit je zwei Schlafzimmern und voll eingerichteter Küche, im Nebenhaus bietet die „Tree House Suite" romantische Abgeschiedenheit. Am Pool und im weitläufigen tropischen Garten laden Liegestühle und Hängematten zum Verweilen ein – hier geht's relaxt zu. Zum feinsandigen Strand von Casey Key gelangt man über eine Brücke in fünf Minuten, urige Fischrestaurants wie das Pelican Alley (www.pelicanalley.com) oder Pop's Sunset Grill (www.popssunsetgrilltogo.com) am Intracoastal Waterway sind bequem zu Fuß zu erreichen. In den 1940er Jahren als Anwesen eines prominenten Arztes erbaut, haben die Charitys das Feriendomizil liebevoll restauriert und kümmern sich heute rührend um ihre Gäste. Und wer will, kann mit Ex-Profi Bruce auf dem hauseigenen Tennisplatz sogar den Schläger schwingen.
Palm Garden Beach and Tennis Estate $$$, *424 Albee Rd. West, Nokomis, www.florida-sarasota.de. Preis pro Woche ca. $ 860 bis 1.150,in der Nebensaison etwas günstiger.*

🍴 Restaurants

Sharky's on the Pier, *1600 S. Harbour Dr.,* ➀ *(941) 488 1456, www.sharkysonthepier.com. Direkt am Wasser gelegenes, sehr legeres Restaurant. Viele gegrillte Fischgerichte. Spezialität: Grouper mit Macadamianüssen und Pasta mit Fisch.*
The Crow's Nest Marina & Restaurant, *1968 Tarpon Center Dr.,* ➀ *(941) 484 9551, www.crowsnest-venice.com. Tolle Lage direkt am Intracoastal mit Blick auf das türkisfarbene Wasser. Gediegenes Restaurant mit sehr guter Küche und Bar, Außenterrasse oben. Leckere Fischgerichte, aber auch interessante Fleischgerichte (sehr gute Steaks) und diverse Salate.*
Casey Key Fish House & Tiki Bar, *801 Blackburn Point, Osprey (ca. 13 km nördlich von Venice),* ➀ *(941) 966 1901, www.caseykeyfishhouse.com. Zwischen Venice und Sarasota im Siedlungsgebiet Osprey findet sich dieses einfache, sympathisch-exzentrische Restaurant, das neben üppigen Portionen frischen Seafoods eine tolle Aussicht auf die Bucht bietet. In der hauseigenen Tiki Bar werden exotische Getränke gemixt.*

🚲 Fahrradverleih

Beach Bikes & Trikes Venice, ➀ *(941) 412 3821, www.venicebikesandtrikes. com. Mobiler Fahrradverleih ohne feste Adresse, tgl. 8.30–18 Uhr, Fahrrad ab $ 23/Tag. Gute Fahrradwege, auch entlang dem Intracoastal Waterway.*

Sarasota

Sarasota (ca. 53.000 Einwohner) war einst die Stadt des Zirkus. Ein „Muss" ist der Besuch der Ringling-Museen sowie der Ringling-Residenz. Wer Erholung sucht, ist auf der vorgelagerten Insel Longboat Key gut aufgehoben. Heute ist Sarasota stolz auf seinen Ruf als Kulturmetropole von Florida: Die Stadt verfügt über mehrere Theater, Orchester, eine Oper und unzählige Kunstgalerien. Die Einwohner gelten als wohlhabend und eher konservativ – „Flippigkeit" wird man hier vergeblich suchen. Besonders schön ist das Viertel um die Main Street und die Palm Avenue.

Kulturmetropole Floridas

Redaktionstipps

▸ **Übernachten**: auf **Longboat Key**, z. B. im „Longboat Key Club" (S. 299).
▸ **Essen**: „Café L'Europe" oder „Columbia Restaurant" (beide S. 299).

Hier gibt es in schön hergerichteten Häusern Restaurants und Antiquitätenläden. Auch die Umgebung an der Marina kurz vor der Brücke über den Intracoastal Waterway ist einen Besuch wert. Es ist ein schönes Erlebnis, hier im Restaurant zu sitzen und dem Treiben am Yachthafen am Intracoastal Waterway zuzuschauen.

Sarasota ist eine der boomenden Küstenmetropolen, wo die Eleganz der neu entstandenen Großbauten keineswegs stört, sondern eher das Stadtbild belebt.

Ringling-Museen

Der Komplex besteht aus verschiedenen Museen und Gebäuden und ist von schönen Gärten umgeben, die auch den Besuch lohnen. Es gibt u. a. Mable's Rose Garden, den Secret Garden und den Millennium Tree Trail.

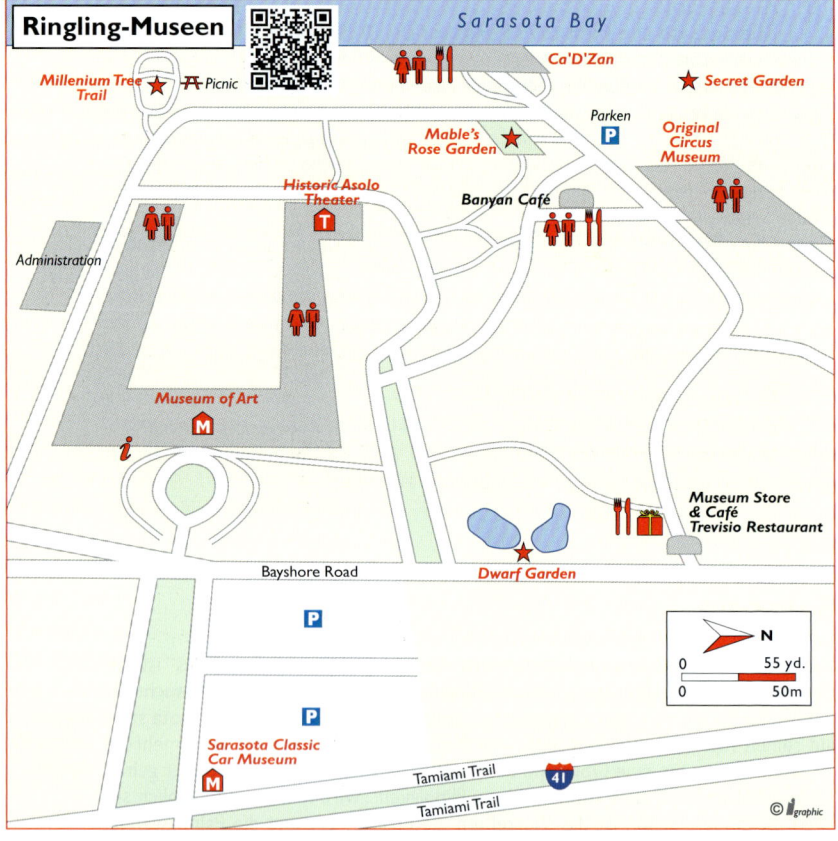

The John and Mable Ringling Museum of Art

Das 1929 erbaute Gebäude wurde im italienischen Baustil errichtet, 1931 wurde das Museum eröffnet. Im Innenhof, von kunstvoll angelegten italienischen Gärten umgeben, steht eine Bronzefigur von Michelangelos David (Nachbildung). Man ist überrascht, welche erstklassigen Gemälde hier zu bewundern sind; u. a. ist hier

John Ringling – Amerikas Zirkuszar

info

John Ringling schrieb Zirkusgeschichte – auf seinen Lebensspuren kann man in Sarasota wandern. Ringling wurde 1866 in McGregor/Iowa geboren. Er war einer von sieben Söhnen deutscher Einwanderer. Seine Kindheit und Jugend verbrachte er in Baraboo/Wisconsin, wo sein Vater als Sattler arbeitete. Im Alter von 4 Jahren besuchte John zum ersten Mal einen Zirkus. Begeistert von den Vorstellungen, arrangierte er zusammen mit seinen Brüdern am folgenden Tage eine Show – und der „Eintritt" brachte ihnen einen Gewinn von 8,67 Dollar. Das war der Anfang. Sie bauten ihre Vorstellungen aus: In den folgenden Jahren führten sie ein dressiertes Schwein und eine Hyäne vor. Als junge Männer zogen die Ringling-Brüder durch den Mittleren Westen. Der Zirkus gewann immer mehr an Ansehen. 1908 kauften sie das Konkurrenzunternehmen von P. T. Barnum auf und etablierten damit den weltberühmten *Ringling Brothers, Barnum and Bailey Circus*: Die „Greatest Show on Earth" war damit geboren.

John war der Motor, der Vordenker und Planer des Zirkusunternehmens. Mit seinen 270 Pfund und seiner Größe von 2 m war er ein wahrer Hüne. Als seine Brüder starben, war er alleiniger Zirkuskönig. Mit seinen Ranchs und Ölquellen im Mittleren Westen, seinen Farmen und Theatern in Wisconsin sowie seinem Grundstückshandel in Florida verdiente er ein Vermögen. Als er mit seiner Frau Mable durch Europa reiste, kaufte er wertvolle Gemälde europäischer Meister. Mit der Zeit trugen beide eine immense Sammlung zusammen.

1909 besuchten Ringling und seine Frau Sarasota. Ihnen gefielen das Dorf sowie die herrliche Küste so sehr, dass sie sich zum Kauf einiger Inseln sowie einiger Meilen auf Longboat Key entschlossen. Sie bauten einen Brückendamm hinüber zum Key und planten den Bau eines großen Hotels. Doch stattdessen baute Ringling den direkt am Wasser gelegenen Herrensitz „Cà d'Zan". Sarasota wurde fortan zum Winterquartier des Zirkus. Später fügte Ringling seinem Anwesen ein Museum hinzu, das die kostbaren Gemäldesammlungen beherbergte. Das Wohnhaus sowie das Museum wurden von kunstvoll angelegten Gärten umgeben, die seine Frau Mable plante. In jener Zeit waren beide Gebäude die wohl imposantesten von Florida.

Wenige Monate vor dem Börsenkrach 1929 starb Mable Ringling. Die Weltwirtschaftskrise raffte John Ringlings Vermögen dahin. Im Jahre 1932 verlor der trübsinnig gewordene Ringling den Einfluss über das Zirkusunternehmen. Er starb 1936, seine Erben, Gläubiger und die Finanzämter stritten 10 Jahre lang über den Nachlass. Heute erinnert man sich dieses Mannes immer dann, wenn man das Wort „Zirkus" in Amerika in den Mund nimmt. Ringling überließ seinen Sitz, das Museum sowie die Kunstsammlung dem Bundesstaat Florida. 1948 fügte die Regierung von Florida dem Anwesen ein Zirkusmuseum hinzu, 1950 das Asolo-Theater, das von Studenten der Florida State University's School of Theatre betrieben wird.

Ringling Museum of Art

eine der größten Rubens-Sammlungen untergebracht. Des Weiteren sind hier Werke von Gianlorenzo Bernini, Anton Raphael Mengs, Piero di Cosimo, Frans Hals und Paolo Veronese zu sehen. Neben den Alten Meistern gibt es Wechselausstellungen zeitgenössischer Kunst sowie eine feste Lichtinstallation von James Turrell mit dem Titel *Joseph's Coat Skyspace*, die man donnerstags und freitags bei Sonnenuntergang ganz intensiv erleben kann (*Extra-Ticket $ 5, vorher online reservierbar*).

Cà d'Zan Mansion

Dies war die Winterresidenz der Ringlings, direkt an der Sarasota Bay gelegen. Das herrschaftliche Haus ist stark an die Architektur des Dogenpalastes in Venedig sowie an den Turm des New Yorker Madison Square Garden angelehnt. Immer, wenn die Ringlings im Haus waren, brannte hier ein besonders helles Licht. Das Haus wurde 1920 fertig gestellt und hat insgesamt 30 Zimmer. Die Räume sind großzügig ausgestattet. Die Fenster enthalten venezianisches Glas, schön sind die Schmiedearbeiten sowie die alten flämischen und englischen Tapeten. „Cà d'Zan" heißt auf venezianisch „Haus des Johannes" (also John, wie der Hausherr mit Vornamen hieß).

Historic Asolo Theater

Ursprünglich stand das Gebäude im italienischen Asolo und wurde 1798 im Rokokostil gebaut. An seiner Stelle entstand 1930 ein Kino, aber man hatte das Asolo-Theater vorher Stein für Stein abgebaut und alles sorgfältig registriert. 1949 kaufte *Italien in* es der Bundesstaat Florida und ließ es hier auf dem Ringling-Gelände wieder auf- *Sarasota* bauen. Das Asolo-State-Theater genießt in den Vereinigten Staaten einen hervorragenden Ruf, zahlreiche Veranstaltungen finden hier statt (Programm auf der Homepage).

Original Circus Museum

Dies ist eine Art Zirkusmuseum mit imposanten, wirklich schönen Zirkuswagen, Requisiten, Lithographien, dekorativen Plakaten und einem Souvenirladen mit Andenken, die sich um das Thema „Zirkus" drehen.

The Ringling, *5401 Bayshore Rd., Sarasota, ☺ (941) 359 5700, www.ringling.org, Abzweigung von der US 41, tgl. 10–17 Uhr, Do bis 20 Uhr, Erw. $ 25, Kinder (6–17 J.) $ 5. Das Gelände der Gärten ist von 9.30–18 Uhr geöffnet.*

Wenn man das Ringling-Gelände verlässt, erwartet einen direkt an der US 41 das

Sarasota Classic Car Museum

Hier kommen Fans alter Automobile (über 100 Ausstellungsstücke) auf ihre Kosten. Besonders sehenswert sind Oldtimer wie ein Packard-Cabrio (Modell 120 aus dem Jahre 1954) oder ein Rolls Royce Silver Wraith von 1955. Ebenso gibt es Autos berühmter Leute zu sehen, z. B. von John Lennon und John Ringling. Das Museum wird ständig ausgebaut und die Ausstellung selbst ist sehr liebevoll gestaltet. *Oldtimer satt*

Sarasota Classic Car Museum, *5500 N. Tamiami Trail, ☺ (941) 355 6228, www.sarasotacarmuseum.org, tgl. 9–18 Uhr, Erw. $ 9,85, Kinder (6–12 J.) $ 6,50.*

Andere besuchenswerte Ziele sind, falls es die Zeit erlaubt:

Myakka River State Park

Ein großes Erholungsgebiet mit sehr schön angelegtem Campingplatz, Wandermöglichkeiten, Bootstouren (Kanu- und Kajakfahrten), Fahrradverleih. Dieser State Park veranschaulicht in eindrucksvoller Weise die Schönheit und Eigenart der floridianischen Landschaften: mit Spanish Moss behangene Zypressen, Palmen, ruhig dahin fließende Gewässer wie der namensgebende Myakka River.

Palmenhaine wechseln mit Eichenwäldern und Nadelgehölzen. Es gibt Sümpfe, Seen – aber auch Prärielandschaften. An den Ufern des Myakka River kann man Weißkopfadler, Ibisse, Geier, verschiedene Kranicharten, Alligatoren, Schildkröten und mit Glück Otter beobachten. Herrlich ist es, mit einem Kanu dahinzugleiten (Vermietung im Park: Myakka Outpost).

Entspannung und Natur pur: mit dem Kajak durch den Myakka State Park

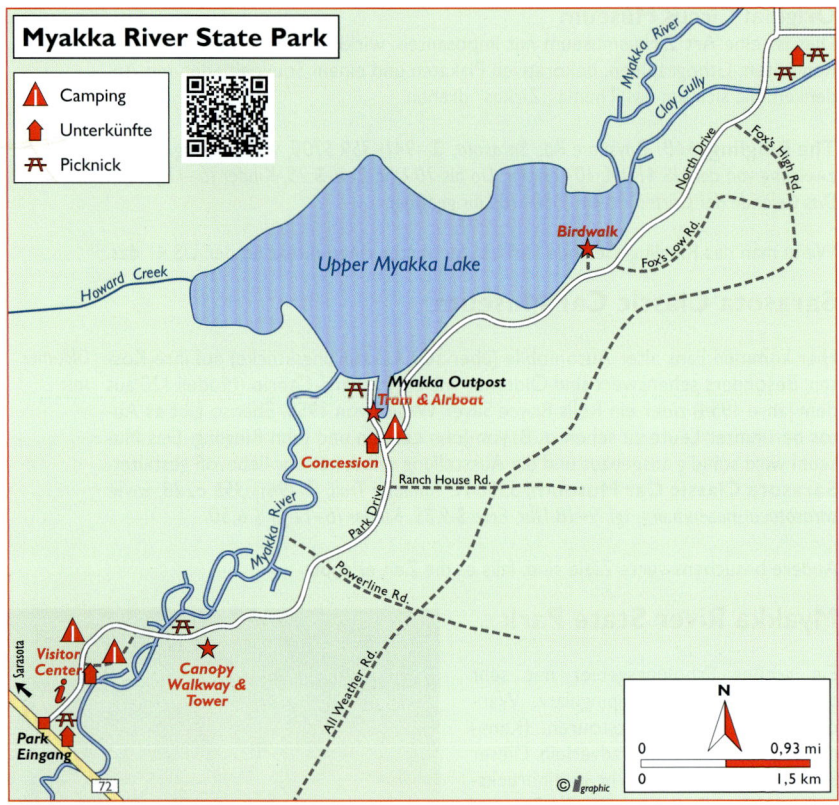

Myakka River State Park

⚠ Camping
⬆ Unterkünfte
🔴 Picknick

Upper Myakka Lake

Howard Creek

Myakka River

Birdwalk

Myakka Outpost
Tram & Airboat

Concession

Ranch House Rd.

Park Drive

Powerline Rd.

All Weather Rd.

Sarasota

Visitor Center

Canopy Walkway & Tower

Park Eingang

72

Clay Gully

North Drive

Fox's High Rd.

Fox's Low Rd.

N

0 ——— 0,93 mi
0 ——— 1,5 km

© graphic

Auch sind (leider!) Airboat-Fahrten möglich. Der „Gator Gal" gehört mit einer Aufnahmekapazität von 70 Personen zu den größten solcher Lärm-Ungetüme. Von Mitte Dezember bis Mai wird zudem eine Tram-Safari-Tour angeboten.

Natur pur   Naturliebhabern stehen zudem insgesamt 63 km sehr gut markierte Wanderwege zur Verfügung. Im Park selbst kann man u. a. von langen Holzstegen und einem Aussichtsturm aus die urwüchsige Natur bewundern.

Myakka River State Park, *13208 State Rd. 72 (27 km südöstlich von Sarasota), ☎ (941) 361 6511, Reservierungen für den Campingplatz unter ☎ (1-800) 326 3521, www.floridastateparks.org/park/Myakka-River, www.myakkariver.org, $ 6/Auto, Camping $ 26/Nacht, es werden auch Hütten ($ 70) vermietet.*

Crowley Museum and Nature Center

Das direkt nördlich des Myakka State Park gelegene Crowley Museum hat sich der Erhaltung und Information über die Natur verschrieben. Auf verschiedenen Naturwegen kann man – z. T. über Stege – mit einem kleinen Büchlein Fauna und Flora

entlang des Weges entde-
cken.
Crowley Museum, *16405
Myakka Rd., Sarasota, ☎ (941)
322 1000, http://crowley
fl.org, Do–So 10–16 Uhr (letzter Einlass), Erw. $ 5, Kinder
(3–18 J.) $ 2.*

St. Armands Key

Im Süden von Sarasota führt
ein Causeway zur Insel. Am
St. Armands Circle laden unzählige Geschäfte zum Shopping ein, tolle Restaurants
machen ein Verweilen sehr
angenehm – die Atmosphäre
mutet mediterran an. Ringling kaufte 1917 die Insel, um

„Wildlife" im Nature Center

bereits damals ein mondänes Einkaufszentrum zu schaffen, umgeben von Gärten *Shopping-*
und den von ihm heiß geliebten Statuen. Zirkuselefanten schleppten damals das *Paradies*
Holz für die erste Brücke an, die heute längst durch eine Betonkonstruktion ersetzt ist, welche den Intracoastal Waterway überspannt. Doch die Weltwirtschaftskrise machte einen Strich durch seine Rechnung. Erst nach 1950 griff man
die Pläne auf und baute das Gebiet fast analog zu Ringlings Plänen aus: Von einem
kreisförmigen Zentrum aus zweigen schattige Straßen sternförmig in alle vier Himmelsrichtungen ab *(www.longboatkeychamber.com)*.

Mote Marine Laboratory & Aquarium

Hier befindet sich eines der anerkanntesten Zentren für Hai-Studien. Neben
Schildkröten und Hummern ist insbesondere der 135.000 Gallonen große Hai-
Tank interessant, in dem sich außer Haien auch Grouper und Barrakudas tummeln.
Man kann dem Treiben unter Wasser durch Glasscheiben zuschauen. Zu empfehlen ist die 1¾-stündige Eco-Boat-Tour auf die Sarasota und Roberts Bay. Mit einem
Netz werden u. a. Fische gefangen, kurz erklärt und wieder freigelassen. Garantiert wird man Delfine sehen!
Mote Marine Laboratory & Aquarium, *1600 Ken Thompson Pkwy., City Island,
östlich der Ziehbrücke zwischen Lido und Longboat Key gelegen, ☎ (941) 388 4441,
www.mote.org, tgl. 10–17 Uhr, Erw. $ 19,75, Kinder (4–12 J.) $ 14,75 (mit dem Ticket erhält man Zugang zum Mote Aquarium, Ann and Alfred E. Goldstein Marine Mammal Research and Rehabilitation Center und Immersion Cinema), mit Bootsfahrt $ 40 (s. u.).*
Sarasota Bay Explorer, *☎ (941) 388 4200, www.sarasotabayexplorers.com, bietet
Bootsfahrten an, die am Aquarium starten, u. a. eine Sea Life Encounter Cruise ($ 27),
Nature Safari ($ 45) und geführte Kajak-Touren ($ 55). Reservierungen werden empfohlen.*

Tipp: die schönste Küstenstraße

Über etwa 20 Meilen führt die Straße 789 von Lido Key über Longboat Key bis nach Anna Maria Island. Die herrliche Strecke führt an wunderbaren Sandstränden vorbei. Anna Maria Island, am nördlichen Ende am Eingang der Tampa Bay gelegen, lädt zu einem Aufenthalt ein (s. S. 301).

Reisepraktische Informationen Sarasota, Siesta Key und Longboat Key

i Informationen

Sarasota County's Official Visitors Center, *14 Lemon Ave. oder 140 University Town Center Dr., Sarasota, ☏ (1-800) 800 3906, www.visitsarasota.org, geöffnet Mo–Fr 10–18, Sa 10–16 Uhr.*
Longboat Key Chamber of Commerce, *5390 Gulf of Mexico Dr., Suite 102, Longboat Key, ☏ (941) 387 9000, www.longboatkeychamber.com. Infos über die Inseln.*
Siesta Key Chamber of Commerce, *5114 Ocean Blvd., ☏ (941) 349 3800, www.siestakeychamber.com, geöffnet Mo–Fr 9–17, Sa 10–16 Uhr.*

🛏 Unterkunft
IN SARASOTA
Hotel Ranola $$$, *118 Indian Place, #6, ☏ (941) 951 0111, www.hotelranola.com. Boutique-Hotel mit 9 Zimmern in einem 1926 errichteten Haus, mitten in Downtown Sarasota gelegen. Moderne Zimmer mit Küche und W-Lan, Parken kostenlos.*
Hotel Indigo $$$, *1223 Blvd. of the Arts, ☏ (941) 487 3800, www.ihg.com. Modern und etwas verspielt eingerichtet, mit Gym, Pool, Bistro und hoteleigenem Fahrradverleih.*
Ritz Carlton $$$$$, *1111 Ritz Carlton Dr., ☏ (941) 309 2000, www.ritzcarlton.com. Sehr luxuriöses Hotel am Ostufer des Intracoastal Waterway (266 Zimmer). Schöne Swimmingpool-Anlage, sehr gutes und teures Restaurant. In Fußnähe zum Yachthafen.*
Hinweis: Die meisten Motels der unteren Preiskategorien liegen am US 41.

AUF SIESTA KEY (SÜDWESTLICH VON SARASOTA)
Siesta Beach Resort & Suites $$$$, *5311 Ocean Blvd., ☏ (941) 349 3211, www.siestakeyflorida.com. Direkt gegenüber des Siesta Beach gelegen, Pool. Zimmer z. T. mit Kitchenette und Jacuzzi.*
Tropical Beach Resorts $$$$, *6717 Sara Sea Circle, ☏ (1-800) 235 3493, www.tropicalbeachresorts.com. Hotel in Strandnähe mit sauberen Zimmern.*
Sunsets on the Key $$$$, *5203 Avenida Navarre, ☏ (941) 312 9797. Saubere Zimmer mit einem hervorragenden Preis-Leistungsverhältnis, „Key-West-Stil", also gemütlich, tropisch, ferienmäßig. Alle 8 Einheiten verfügen über eine komplett eingerichtete Küche mit Mikrowelle.*

AUF LONGBOAT KEY (GEGENÜBER VON SARASOTA)
Sandpiper Inn $$$, *5451 Gulf of Mexico Dr., ☏ (941) 383 2552, www.sandpiperinn.com. Schöne Ferienanlage zu moderaten Preisen, alle Zimmer mit kleinem Garten, privater Strand.*

Longboat Key Club & Resort $$$$–$$$$$, *220 Sands Point Rd., ① (941) 383 8821, www.longboatkeyclub.com. Am Strand gelegen und sehr schön angelegt, zwei 18-Loch-Golfplätze, 223 Zimmer und Suiten mit Küchenzeilen/Pool/Balkon, einige nur für eingebuchte Gäste, offene Restaurants (8), 20 Tennisplätze.*

 ### Camping

Sun-N-Fun Resort, *Highway 780, 7125 Fruitville Rd., ① (1-800) 843 2421, www.sunnfunfl.com. 6 Meilen östlich von Sarasota, großer Swimmingpool, See, Restaurant.*
Turtle Beach Campground, *8862 Midnight Pass Rd., Siesta Key, ① (941) 349 3839, www.scgov.net/turtlebeachcampground/Pages/default.aspx, ca. $ 32–60/Tag je nach Stellplatz und Saison (Zelt oder Campingfahrzeug). Direkt am Strand gelegen, zum Teil schattige Plätze.*
Myakka River State Park, *13208 State Rd. 72 (27 km südöstlich von Sarasota), ① (941) 361 6511, Reservierungen für den Campingplatz unter ① (1-800) 326 3521, www.floridastateparks.org/park/Myakka-River, www.myakkariver.org, $ 6/Auto, Camping $ 26/Nacht, auch Hütten ($ 70). Mitten in ursprünglicher Natur gelegen.*

Restaurants
IN SARASOTA

Michael's on East, *1212 East Ave. S., ① (941) 366 0007, www.bestfood.com. Gutes Restaurant in Downtown Sarasota, mit Fisch- und Pastagerichten, aber auch z. B. Ente. So geschlossen, Sa kein Lunch.*
New Pass, *1505 Ken Thompson Pwy., ① (941) 388 3050, www.newpassgrill.com. Einfaches Lokal mit langer Tradition (seit 1929), günstig und gut, knusprige Fish 'n Ships, aber auch Sandwiches, Hot Dogs und Burger.*
Café Epicure, *1298 N. Palm Ave./Ecke Main St., ① (941) 366 5648, www.cafeepicure srq.com. Das luftige Downtown-Restaurant bietet italienisch geprägte Küche, aber man kann auch ein hervorragendes New York Strip-Steak genießen. Sehr beliebt bei Einheimischen, denn von der Terrasse kann man bei einem Drink wunderbar das umliegende Treiben beobachten.*
Marina Jack, *2 Marina Plaza, ① (941) 365 4232, marinajacks.com. Schöne Lage an der Bay und am Yachthafen vor der Brücke, die über den Intracoastal Waterway nach Lido Key führt. Man genießt eine lebendige Atmosphäre drinnen wie draußen, und es gibt alles, was die moderne floridianische Küche bietet. Zu empfehlen ist der Red Snapper.*
Ophelia's On The Bay, *9105 Midnight Pass Rd., ① (941) 349 2212, www.ophelias onthebay.net. Eine exzellente Adresse für Feinschmecker. Täglich neue, abwechslungsreiche Speisekarte, dazu schöne Aussicht auf die Little Sarasota Bay. Reservierung empfohlen.*
Roessler's, *2033 Vamo Way, ① (941) 966 5688, www.roesslersrestaurant.com. Amerikanische und kontinentale Küche, sehr gutes Essen und guter Service.*

AM ARMAND'S KEY

Café L'Europe, *431 St. Armands Circle, Lido Key, ① (941) 388 4415, http://cafe leurope.net. Neben Meeresfrüchten bekannt für geröstete Ente mit schwarzen Kirschen in Cognac-Sauce, Lammgerichte, gute Weinauswahl – sehr beliebt bei Einheimischen, gepflegte, eher elegante Atmosphäre, gehobene Preise.*
Columbia Restaurant, *411 St. Armands Circle, Lido Key, ① (941) 388 3987, www. columbiarestaurant.com. Restaurant mit spanisch-legerer Atmosphäre, sehr geschmackvollem Salat (unbedingt probieren!) – nicht billig. Klassisch ist der „1905 Salad".*

Crab & Fin, *420 St. Armands Circle, ① (941) 388 3964, http://crabfinrestaurant.com. Beliebtes Fischrestaurant, das vor allem Krebsgerichte und andere Fisch-Köstlichkeiten anbietet.*

AUF LONGBOAT KEY (GEGENÜBER VON SARASOTA)

Euphemia Haye, *5540 Gulf of Mexico Dr., ① (941) 383 3633, www.euphemiahaye. com. Fischgerichte, Lamm, Schnecken, sehr gute Desserts in einer tropischen Umgebung. Nur zum Dinner ab 18 Uhr (Sa ab 17.30 Uhr) geöffnet.*

Moore's Stone Crab, *800 Broadway St., ① (941) 383 1748, www.stonecrab.cc. Altbekanntes Restaurant, das sich seit 1927 auf die Zubereitung von Steinkrebsen bzw. deren Scheren spezialisiert hat.*

Bars

Beach Club, *5151 Ocean Blvd., Siesta Key, ① (941) 349 6311, www.beachclub siestakey.com. Bar mit Livebands, meist Rockmusik.*

Veranstaltungen

*Alljährlich finden in Sarasota mittelalterliche Ritterspiele statt (**Medieval Fair**). Ritter in Rüstungen liefern sich „Kämpfe", Balladen- und Minnesänger ziehen Besucher an, altes Handwerk wird wieder lebendig. Infos: www.sarasotamedievalfair.com, Sarasota County Fairgrounds, 3000 Ringling Blvd.*

Einkaufen

In Sarasota kann man vor allem gut entlang dem St. Armands Circle einkaufen. Allerdings gibt es hier viele teure und exklusive Geschäfte (Designerwaren), vielleicht vergleichbar mit der Worth Avenue in Palm Beach.

Strände

Von Sarasota aus kann man schnell die vorgelagerten Inseln Siesta Key (der hiesige Crescent Beach, 2011 von „Dr. Beach" zum besten Strand der USA gekürt, beeindruckt ebenfalls mit seinem unglaublich feinen Sand und ist dazu dank seines flachen, warmen Wassers besonders gut für einen Besuch mit Kindern geeignet) und Longboat Key (belebter) erreichen. Auf Lido Key gibt es am Südende den South Lido Park mit ebenfalls sehr guten Stränden. Wenn man sich hier „niederlässt", kann man in Tagesausflügen vormittags die Sehenswürdigkeiten von Sarasota und St. Petersburg besuchen und nachmittags am Strand faulenzen. Eine hervorragende Alternative zu den meist stärker bevölkerten Stränden zwischen St. Petersburg und Clearwater Beach.

Segeln

Sara Bay Sailing, *① (941) 914 5132, www.sarabaysailing.com (gegenüber dem Mote Marine Laboratory). Segelschule und Vermietung.*

Bus

Sarasota County Area Transit, *① (941) 861 5000, www.scgov.net/SCAT/. Der öffentliche Nahverkehr, Fahrten u. a. auf die vorgelagerten Inseln, betreibt auch den Longboat Key Trolley.*

Greyhound-Terminal, *19 East Rd., Sarasota, ① (1-800 231 2222). U. a. Verbindungen nach Fort Myers, Miami, Tampa.*

Sarasota – St. Petersburg

Streckenübersicht

Entfernung: Sarasota – St. Petersburg: 60 km
Empfohlene Route: von Sarasota die US 19 (I-275) über den Sunshine Skyway nach St. Petersburg.
Übernachtung: Bei nur einer Übernachtung empfiehlt sich St. Petersburg. Bei zwei und mehr Übernachtungen am besten eines der Hotels an der Küste nehmen.
Strände bei Sarasota: Siesta Key/Longboat Key/Anna Maria Island: westlich von Sarasota. Schöne, weite Sandstrände, die sich vor allem für den Familienurlaub eignen.

Unterwegs nach St. Petersburg – Bradenton

Folgt man der US 19, gelangt man nach Bradenton. Die Stadt (ca. 51.000 Einwohner) ist Zentrum des Manatee County. Durch zwei Brücken ist die Stadt mit Anna Maria Island verbunden, wo es herrliche Sandstrände und Dünen gibt.

Tipp
*Das jährliche **Bradenton Blues Festival** lockt Anfang Dezember Musikfreunde von nah und fern in die Stadt. Berühmte Interpreten geben hier ebenso Konzerte wie junge Talente. Infos: www.braden tonbluesfestival.org.*

Ein Geheimtipp für die Golfküste: Anna Maria Island

Allabendlich wiederholt sich das Spektakel: Kameras klicken, und jeder versucht, den genauen Zeitpunkt abzufangen – wenn die Sonne am Horizont verschwindet. Wer den Zeitpunkt auf die Minute genau voraussagen kann, bekommt im Sandbar Restaurant sogar eine Flasche Sekt. Die berühmten **Sonnenuntergänge** von Anna Maria Island sind sicherlich eine der Attraktionen der Insel, aber bei Weitem nicht die einzige. Die kleine Insel ist über zwei Brücken, die Manatee Avenue und den Palma Sola Causeway, mit der Stadt Bradenton verbunden. Zu den herrlichen Sandstränden und Dünen des südlich der Tampa Bay an der Westküste Floridas gelegenen Eilands hat man es dabei nie weit – die Insel ist nur 2 km breit.

Redaktionstipps

▶ **Baden** im Fort de Soto Park (S. 314) oder am Indian Rocks Beach (S. 319).
▶ **Übernachten**: elegant im „Loews Don CeSar Hotel" (S. 316) oder entspannt auf Anna Maria Island; alternativ dazu in einem Strandhotel, z. B. im „Keystone Motel" (S. 316) oder dem „Palm Pavilion Inn" (S. 317).
▶ **Essen**: edel in „Marchand's Grill" oder gediegene französische Küche im „Chateau France" (beide S. 318).
▶ **Bedeutendste Sehenswürdigkeiten**: de Soto National Memorial (S. 305); The Salvador Dalí Museum (S. 311); Sunken Gardens (S. 314); Fort de Soto Park (S. 314); die Strände von St. Petersburg und Clearwater Beach (S. 319).
▶ **Programm-Vorschlag für den Aufenthalt**
• Unterwegs das de Soto National Memorial in Bradenton besuchen.
• In St. Petersburg: Dalí Museum.
• Baden in St. Petersburg Beach/Clearwater oder Caladesi Island.

Von Sarasota bis Crystal River

Strände wie aus dem Bilderbuch

Die **Hauptorte** im Norden sind Santa Maria, in der Mitte Holmes Beach und am Südende Bradenton Beach. Anna Maria Island liegt sowohl am **Golf von Mexiko** als auch im Intracoastal Waterway. Die Insel verbreitet noch die Atmosphäre des „alten" Florida: Keine Restaurantketten, keine Fastfood-Buden, keine Hotelriesen, dafür eine niedrige Bebauung, fast zu 100 % aus privaten Häusern bestehend, nur ein kleines Shopping Center sowie eine Tankstelle – *that's it.* Viele Einwohner vermieten Zimmer, Ferienhausbesitzer ihr Domizil. Ausflüge nach St. Petersburg, *Guter* Tampa oder Sarasota mit den dortigen Sehenswürdigkeiten sind einfach zu be- *Ausgangs-* werkstelligen: Alle diese Orte erreicht man mit dem Auto in ca. ½–1 Stunde – *punkt für* wenn man es schafft, sich von der entspannten Atmosphäre der Insel und seinem *Ausflüge* Liegestuhl loszureißen.

Nicht nur das Baden an dem meilenlangen, wunderbaren Sandstrand am Golf ist herrlich, auch Radtouren auf der Insel und lange **Strandwanderungen** sind angesagt. Und natürlich **Wassersport**: Boot, Jet-Ski, Parasailing, Kajak fahren und Schnorcheln sind möglich. Wer nicht selber fahren möchte, der mietet sich einfach ein Boot mit Captain …

In den kleinen Open Air Bars und Restaurants oder an einem der Piers kann man sich nach dem Müßiggang bei Seafood stärken. **Drei Piers** gibt es, den Santa Maria Pier, 1910 erbaut, Rod & Reel Pier und den Bridge Street Pier. Auf ersteren kann man sich bei einem kühlen Drink den Sonnenuntergang anschauen.

Im Sommer gibt es auf der kleinen Insel noch etwas anderes zu sehen: **Seeschildkröten**. Die Strände der Insel dienen nämlich nicht nur der menschlichen Erholung, sondern auch als Brutplatz für Schildkröten. Nachts im Mai kommen die

Schwergewichte an den Strand und graben ihre Eier ein – nur die Spuren zum Meer zeugen von der nächtlichen Aktivität. In dieser Zeit sind Häuser direkt am Strand abends wenig beleuchtet, um die Schildkröten nicht zu irritieren.

Reisepraktische Informationen Anna Maria Island

i Informationen

Anna Maria Island Chamber of Commerce, *5313 Gulf Dr. N., Holmes Beach, ① (941) 778 1541, www.annamariaislandchamber.org. Sehr freundliches Personal – ob Fahrradverleih, Bootsanmietung usw. – hier hilft man mit aktuellen Tipps weiter.*

Übernachtung

Harrington House Bed & Breakfast $$$$, *5626 Gulf Dr., Holmes Beach, ① (941) 778 5444, www.harringtonhouse.com. Wunderschönes B&B-Haus am Strand, sehr gepflegt. Es werden auch Bungalows vermietet (direkt gegenüber).*

Sea Isle Motel $$$, *601 N. Bay Blvd., Anna Maria, ① (941) 778 2919, www.seaislemotel.com. Nettes, familiäres Motel mit 6 Apartments mit Küche, Pool, unweit des Fishing Pier (Municipal Pier).*

Blue Water Beach Club $$$, *6306 Gulf Dr., Holmes Beach, ① (941) 778 6688. www.bluewaterbeachclub.com. 29 schöne Apartments für 2–5 Personen mit Küche und Telefon sowie Balkon oder Patio, direkt am herrlichen Strand gelegen. Der Club war eines der ersten Motels auf der Insel und ist seit fast 40 Jahren in deutschem Familienbesitz.*

Anna Maria Beach Cottages $$$$, *112 Oak Ave., Anna Maria, ① (941) 778 1503, www.annamariabeachcottages.com. Ruhig gelegene Apartments, geheizter Pool, Waschküche, in der Nebensaison ab ca. $ 150/Tag und Einheit. Mindestaufenthalt 5 Nächte, außer in der Hochsaison.*

Restaurants
AN DER INTRACOASTAL-SEITE

Rod & Reel Pier, *875 N. Shore Dr., ① (941) 778 1885, www.rodreelpier.com. Einfaches Lokal direkt am Pier mit entsprechend toller Aussicht. Leckere und frische Seafood-Gerichte.*

City Pier Restaurant, *100 S. Bay Blvd., ① (941) 779 1667. Das urige Restaurant ist bei Einheimischen wie Besuchern gleichermaßen beliebt. Die Atmosphäre ist äußerst ungezwungen, Angler warten geduldig auf ihren Fang, eine einfache Bar bietet Bier und andere Getränke. Man kann drinnen oder draußen auf dem Dock essen – und genießt u. a. den Blick auf die imposante Sunshine Sky Bridge in der Ferne. Kulinarisch erwartet den Gast amerikanischer Standard zu günstigen Preisen: Vom Burger bis zum Fish Basket ist die schnelle Küche vertreten. Auf dieser Seite der Insel gibt es allerdings keinen Sonnenuntergang zu sehen, da man nach Osten schaut.*

Waterfront Restaurant, *111 South Bay Blvd., ① (941) 778 1515, www.thewaterfrontrestaurant.net. Täglich geöffnet, direkt an der Tampa Bay mit Blick auf die Sunshine Sky Bridge. Das Restaurant bietet gute amerikanische Küche mit vielen Fischgerichten. Mittlere Preise, leger.*

DIREKT AM GOLFSTRAND

Sandbar Restaurant, *100 Spring Ave., ① (941) 778 0444, www.sandbar-restaurant.com. Wunderschön – direkt am Strand – gelegenes Restaurant mit herrlichem Blick auf*

Urlaubsfeeling pur im Sandbar Restaurant

den Sonnenuntergang. *Typisch amerikanische Gerichte. Allerdings auch viel Seafood, sehr oft spielt draußen eine Live-Band. Wer auf die Minute genau den Sonnenuntergang vorhersagt, gewinnt einen (amerikanischen) Champagner. Keine Reservierungen möglich, also möglichst sehr früh kommen, um garantiert den Sonnenuntergang zu erleben. Empfehlenswert ist auch der sonntägliche Jazz Brunch.*
Beach House Restaurant, *200 Gulf Dr.,* ① *(941) 779 2222, www.beachhouse-restaurant.com. Wie das nördlich gelegene Sandbar Restaurant gibt es hier quasi das gleiche Angebot inkl. Sonnenuntergangsraten (gleicher Besitzer!). Unterschied: Die Anlage ist größer und nicht so gemütlich. Liegt ebenfalls am Sandstrand.*

IM ORT
Hurricane Hank's, *5346 Gulf Dr., Holmes Beach,* ① *(941) 778 5788. Leckeres amerikanisches Essen, gutes Bier, angenehme rustikale Atmosphäre und moderate Preise.*
Old Hamburg Schnitzelhaus, *3246 East Bay Dr., Holmes Beach,* ① *(941) 778 1320, http://schnitzel.house/. Sehr gute Gerichte, der Gast hat u. a. die Auswahl zwischen sechs verschiedenen Schnitzel-Varianten. Reservierung empfohlen.*

Manatee Village Historical Park

Hier kann man sich ein Bild vom Leben der ersten Siedler machen. Zu sehen gibt es ein Gerichtsgebäude (Courthouse) aus dem Jahr 1860, eine Kirche von 1887, einen Krämerladen (The Wiggins Store) von 1903 und ein Siedlerhaus von 1912 (Stephens House – The Settler's House).
Manatee Village Historical Park, *1404 Manatee Ave. E./SR 64,* ① *(941) 749 7165, www.manateeclerk.com/historical/manateevillage.aspx, Mo–Sa 9–16.Uhr, Eintritt frei.*

De Soto National Memorial

Der Memorial Park liegt an der Mündung des Manatee River im Westen von Bradenton, nördlich von Sarasota, und widmet sich Landung des spanischen Konquis-

Auf de Sotos
Spuren

Hernando de Soto

tadors Hernando de Soto, den es auf der Suche nach riesigen Goldschätzen hierher verschlug. Die Zeiten de Sotos werden bei den Vorführungen der Park-Ranger wieder lebendig. Z. B. zeigen sie, wie die Arkebuse, ein einfaches Gewehr aus dem 16. Jh., geladen wird. Über 2,5 Minuten dauert der Ladevorgang, dann wird abgefeuert. Ein Film im Visitor Center veranschaulicht die vier Jahre und 6.500 km lange Suche de Sotos nach den vermeintlichen Reichtümern. Man vermutet, dass de Soto am 30. Mai 1539 hier landete. Über 500 Soldaten begleiteten ihn auf dem Zug nach Norden. Den ersten Winter verbrachten sie in der Nähe der heutigen Florida-Hauptstadt Tallahassee. Der **de Soto Trail** beginnt hier in Bradenton und zieht sich bis nach Tallahassee.

1540 zogen die Spanier weiter nach Norden und schlugen ihren Weg in die Wildnisse von Georgia, South Carolina, North Carolina und ins südliche Tennessee. Dann wandten sie sich nach Süden und kämpften in der Nähe von Mobile gegen Indianer. Den Winter 1540/41 verbrachten sie im Gebiet des heutigen Bundesstaates Mississippi, den Fluss selbst sichteten sie im Mai 1541. Schließlich überquerte die immer kleiner werdende Truppe den Mississippi und gelangte nach Arkansas, wo sie überwinterte. De Soto starb am 21. Mai 1542, verzweifelt und niedergeschlagen, da er das gelobte Goldland nicht gefunden hatte. Der Rest der Truppe kämpfte ums nackte Überleben. Zunächst wollten die Männer auf dem Landweg Mexiko erreichen, doch sie kehrten wieder zum Mississippi zurück. Im Juli 1543 trieben sie flussabwärts, anschließend über den Golf von Mexiko ins mexikanische Tampico.

Über die Landung de Sotos informieren einige Geschichtstafeln:

Knight of Santiago (der Ritter von Santiago): Schon mit 19 Jahren, geschult im Umgang mit Waffen und Pferden, kam de Soto 1520 nach Peru. 16 Jahre später kehrte er in seine spanische Heimat zurück, als reicher Mann, da er viel geplündertes Gold mitbrachte. De Soto konnte wegen dieser Erfolge den spanischen König überzeugen, Florida zu erforschen, zu erobern und der spanischen Krone einzuverleiben. Er tat dies auf eigene Kosten. Am 6. April 1538 startete er von Spanien aus das Unternehmen.

The Landing (die Landung): Die Armada setzte sich aus neun Schiffen zusammen und erreichte am 29. Mai 1539 die Bucht. Die Schiffe waren zum Bersten voll beladen: 700 Mann, 350 Pferde, Bluthunde, Schweine, Waffen und Proviant waren an Bord. Schon am nächsten Tag gingen die Männer an Land, obwohl aus der Ferne Rauchsignale der Indianer sichtbar waren. Man versprach sich viel von Florida: Gold, Silber, Edelsteine und Sklaven – mehr als in Mexiko und Peru zu holen war.

The Spanish Crown (die spanische Krone): De Soto war nicht der einzige Eroberer, der auf Geheiß des spanischen Königs Florida erobern sollte. Das spanische Königshaus war fein heraus, da es kein Risiko einging: Die Expeditionen mussten privat finanziert werden, der größte Teil der erbeuteten Schätze musste dem König übergeben werden.
De Soto hatte keinen Erfolg. Drei Jahre nach seiner Landung starb er an Fieber, sein persönlicher Besitz betrug gerade mal drei Pferde, fünf Sklaven sowie 700 Schweine.

De Soto National Memorial, *75th St. N. W., Bradenton, 8 km westlich vom Stadtzentrum Bradenton, ☏ (941) 792 0458, www.nps.gov/deso, tgl. von Sonnenauf- bis -untergang, Visitor Center und Parkplatz 9–17 Uhr. Von Dezember bis Ostersonntag finden „Living History"-Vorführungen der Park-Ranger statt, im Sommer werden Kajaktouren angeboten. Eintritt frei.*

South Florida Museum, Parker Manatee Aquarium and Bishop Planetarium

Hier gibt es Ausstellungsstücke zur Geschichte Floridas von der Steinzeit bis zur Gegenwart sowie interessante altindianische Exponate zu sehen. In einem 60.000-Gallonen-Wassertank lebt „Snooty", das älteste Manatee in Gefangenschaft. Das Planetarium ist ebenfalls sehr sehenswert: Ab 12 Uhr finden in etwa stündlichem Abstand verschiedene Vorführungen statt.

South Florida Museum, Parker Manatee Aquarium and Bishop Planetarium, *Downtown, 201 10th St., West Bradenton, ☏ (941) 746 4131, www.southfloridamuseum.org, Mo–Sa 10–17, So 12–17 Uhr, Erw. $ 19, Kinder (4–12 J.) $ 14. Die genaue Uhrzeit der Vorstellungen im Planetarium unter o. g. Internetadresse und ☏-Nummer.*

Star des Museums: Snooty

Von hier aus geht es weiter der US 19 folgend Richtung St. Petersburg. Über die Tampa Bay führt der imposante **Sunshine Skyway** *(Gebühr).* Über 17 km lang ist dieses Bauwerk, am höchsten Punkt der Brücke befindet man sich 25 Stockwerke (83 m) über der See. Die Brücke wurde 1954 fertig gestellt, ihre Pfeiler-Konstruktion war für die damaligen Schiffsdimensionen ausgelegt. Bei stürmischer See bekamen später große Tanker immer öfter Probleme beim Hindurchmanövrieren.

83 m über dem Meer!

St. Petersburg und Umgebung

Touristik-
zentrum der
Golfküste

St. Petersburg zählt heute etwa 250.000 Einwohner (Großraum Tampa-St. Petersburg: über 2 Mio. Einw.). Die Stadt, zum Touristikzentrum Nr. I an der Golfküste avanciert, verdankt wie so manch andere Siedlung ihre Entstehung der Eisenbahn. 1885 baute Peter Demens, ein russischer Emigrant, seine Orange Bell Railroad bis zur Pinellas-Halbinsel aus. Er benannte den Ort nach seiner Geburtsstadt St. Petersburg. Das bis dahin verschlafene Nest erlebte einen großen Aufschwung, denn das sonnenreiche, gesunde Klima (350 Sonnentage im Jahr) lockte viele „Yankees" aus dem Norden hierher.

👉 Entfernungen	
St. P. – Sarasota:	60 km
St. P. – Miami:	405 km
St. P. – Key West:	613 km
St. P. – Orlando:	186 km
St. P. – Naples:	336 km
St. P. – Tampa:	32 km

Direkt nach Miami ist St. Petersburg mit seinen Stränden (St. Petersburg Beach) das beliebteste touristische Reiseziel im floridianischen „Winter". Im Vergleich zur Miami-Region ist die Golfküste hier insgesamt etwas ruhiger. Aufgrund seiner vielen Segelyachten und der berühmten Rennen, wie der „Southern Ocean Racing Conference" und der „Southland Regatta" (im Februar), bezeichnet sich „St. Pete's" auch als „Sailing Capital of the World" (Segelhauptstadt der Welt).

The Municipal Pier

Auffallend ist hier am Ende des Piers (730 m) die 1973 errichtete umgestülpte Pyramide, in der sich, auf fünf Stockwerke verteilt, Restaurants und Shopping Mall sowie ein beliebtes Aquarium befanden. Derzeit ist die Pyramide für Besucher geschlossen; allerdings wurde der Plan, das Gebäude abzureißen und den gesamten Pier baulich grundlegend umzugestalten, durch einen Volksentscheid gestoppt. Buntes Leben ringsum: Angler, Straßenkünstler, Boutiquen, Yachten am Wasser.
The Municipal Pier, *Verlängerung der 2nd Ave. N. E., www.stpete-pier.com.*

Pier St. Petersburg

Hotels
1 The Cordova Inn
2 Hotel Indigo
3 Ponce de Leon Hotel
4 Mansion Inn
5 Dickens House
6 Renaissance Vinoy Resort and Golf Club

Restaurants
1 Sea Salt
2 Chateau France
3 Marchand's Grill

Saint Petersburg

Baywalk

Die gemütliche, verwinkelte Mall in Downtown – direkt vor dem Pier gelegen (zwischen 2nd Street N., 2nd Avenue N., 1st Street N. und 3rd Avenue N.) – bietet viele Geschäfte, Restaurants und Unterhaltungsmöglichkeiten. Genau richtig zum Herumschlendern!

Schön zum Shoppen

Florida Holocaust Museum

Das dreistöckige Gebäude beherbergt permanente und temporäre Ausstellungen. Im Erdgeschoss kann man sich über die Zeit von der Weimarer Republik bis zu den Nürnberger Prozessen informieren. Die Geschichte des Antisemitismus, aber auch des heutigen Rassismus wird am Beginn und am Ende der Ausstellung thematisiert. Gegründet wurde das Museum von Walter Lobenberg. Der aus Frankfurt stammende KZ-Überlebende konnte in Polen einen alten Waggon ersteigern, der zum Transport in Konzentrationslager diente. In diesem Wagen fand man einen Mädchenring – ein stummer Zeuge der Gräueltaten. Das Museum bildet sicherlich einen nachdenklichen Kontrast zu den Sonnenstränden der Küste.
Florida Holocaust Museum, *55 5th St. S., ☏ (727) 820 0100, www.flholocaust museum.org, tgl. 10–17 Uhr, Erw. $ 16, Kinder (ab 7 J.) $ 8.*

St. Petersburg Museum of History

In der Nähe des Piers gelegen, vermittelt das Museum einen guten Überblick über die letzten 500 Jahre der regionalen Geschichte. Eine Ausstellung widmet sich der Luftfahrt. Man kann einen Nachbau des Benoist Airboat in Originalgröße bewun-

dern, mit dem der Luftfahrtpionier Tony Jannus ge-
flogen ist. 1914 verkehrte die Maschine zwischen St.
Petersburg und Tampa – sie brauchte für die Strecke
23 Minuten und die Passagiere zahlten ganze $ 5.
St. Petersburg Museum of History, *335 2nd
Ave. N. E., ① (727) 894 1052, www.spmoh.org, Mo–Sa
10–17, So 12–17 Uhr, Erw. $ 15, Kinder (ab 6 J.) $ 9.*

The Salvador Dalí Museum

Das Museum wurde 2011 eröffnet. Bis dahin war die
riesige Sammlung, die innerhalb von 40 Jahren vom
Dalí-begeisterten Ehepaar Morse zusammengetragen wurde, jahrelang im Gebäude eines ehemaligen
Einkaufszentrums zu sehen gewesen, wo jedoch aus
Platzmangel jeweils nur ein kleiner Teil der Werke
ausgestellt werden konnte. Die Morse-Sammlung
umfasst die gesamte Schaffensperiode des Künstlers, besonders aber die bekannten surrealistischen
Werke aus den frühen 1930er-Jahren.

Luftfahrtpionier Tony Jannus im Air Boat

Eleanor Reese und A. Reynolds Morse hielten Dalí für einen der herausragenden *40 Jahre*
Künstler des 20. Jh. Die frisch vermählten Eheleute begegneten den Dalí-Werken *Dalí-*
zum ersten Mal 1941 im Rahmen einer Wanderausstellung und waren hingerissen. *Sammler*
Die beiden traten in Korrespondenz mit Gala Dalí, der Frau des Künstlers. 1942
lud Dalí das Paar zu einem Drink in die King Cole Bar des New Yorker St. Regis
Hotels ein: der Beginn einer lebenslangen Freundschaft.

Am ersten Hochzeitstag kauften sich die Morses ihr erstes Dalí-Bild. Für das kleine Ölgemälde mussten sie 1.250 US$ zahlen – der mitgelieferte antike holländische
Rahmen kostete weitere 1.500 US$. Dalí bestand auf dieser Kombination – die
Morses lernten zum ersten Mal die Verbohrtheit des exzentrischen Künstlers kennen. Innerhalb des nächsten Jahres kauften die Morses drei weitere Dalí-Werke
aus den frühen 1930er-Jahren. Von ihren Freunden wurden sie für verrückt erklärt,
doch in ihrer Begeisterung konnten die beiden den Spott ertragen und investierten
auch in der Folgezeit ihr gesamtes Geld in Dalí.

Anders als viele Sammler betrachtete das Ehepaar Morse diese Kunstwerke nicht *Nur ein Bild*
als Quelle der Geldvermehrung. Sie spekulierten nicht auf Wertzuwachs, sie sam- *weiter-*
melten aus Liebe zu dieser Kunst. Nur ein einziges Bild verkauften sie – auf Drän- *verkauft*
gen von Dalí persönlich, der dem Opernsänger Richard Tucker einen Gefallen er-
weisen wollte.

Die Morses erwarben nur Bilder, die ihnen persönlich gefielen. Vor Ausstellungen
durften sie exklusiv die neuen Werke des Meisters in Augenschein nehmen. Dalí
beriet sie und ließ sie wissen, welche Bilder ihm besonders bedeutend erschienen.
Im Jahr 1954 fuhren die Morses nach Spanien, um Dalís Heimat kennen zu lernen.
Dalí selbst bezeichnete seine katalonische Heimat als den schönsten Ort der Welt.

Bei ihrer Reise erkannten sie, dass Dalís Motive nicht etwa Traumlandschaften waren, sondern eine eigenwillige künstlerische Umsetzung von Eindrücken der Orte und Gegenden, wo er lebte.

Während ihrer jahrzehntelangen Sammelleidenschaft entwickelten sich die Morses zu anerkannten Kennern des Künstlers. A. Reynolds Morse veröffentlichte allein sieben Bücher über Dalí. Eleanor Morse übersetzte eine Reihe von Dalí-Büchern aus dem Französischen und Spanischen ins Englische. Die ungeheure Breite und Vielseitigkeit des Schaffens von Dalí wird in der Ausstellung hier im Museum deut-

info

Informationen zu Salvador Dalí

Salvador Dalí wurde am 11. Mai 1904 in Figueras/Spanien geboren. Ab 1922 besuchte er die Kunstschule von Madrid, wo er sich in verschiedenen Stilen, vom Impressionismus bis zum Kubismus, versuchte und von der metaphysischen Malerei der Zeit beeinflusst wurde. Frühzeitig begann er mit verschiedenen Kunstexperimenten und schloss sich 1928 in Paris den Surrealisten an, mit seiner Schrift „Kritische Methode der Paranoia" leistete er auch einen theoretischen Beitrag zum Surrealismus.

Nach der Hochzeit mit Gala Eluard ließ er sich in Port Lligat nieder. Hier richtete er sich an einer weiten Bucht ein verfallenes Fischerhaus als Wohnung und Atelier her. 1940 verließ Dalí Europa und ließ sich in den Vereinigten Staaten nieder; 1941 brach er mit dem Surrealismus und bekannte sich zur abendländischen Tradition in Form und Thema, verzichtete dabei jedoch nicht auf technische Experimente. Eine umfangreiche Ausstellung im **Museum of Modern Art** im Jahre 1941 und die Veröffentlichung seiner Biografie „Das geheime Leben von Salvador Dalí" im darauffolgenden Jahr erregten erste Aufmerksamkeit; ästhetische Provokationen, Verrücktheiten, Skandale und „lustvolle Selbstentblößung" machten ihn in aller Welt bekannt. In Amerika fand Dalí den geeigneten Schauplatz für zahlreiche selbst inszenierte Spektakel, die seine Kunst inspirierten und zugleich in Werbung und Showgeschäft gewinnbringend umgesetzt wurden.

1974 eröffnete in seinem Heimatort Figueras das Theater–Museum-Dalí, das vielfach als „versteinerte Selbstaufführung" bezeichnet wurde; 1975 wurde in Cleveland/Ohio eine große Bildersammlung der Öffentlichkeit vorgestellt. Im Jahre 1982 starb Dalís Frau Gala, die maßgeblichen Einfluss auf sein Leben und Wirken hatte. Am 23. Januar 1989 starb Dalí und wurde, seinem Wunsch entsprechend, im Innenhof des nach ihm benannten Museums in Figueras beigesetzt. Aus dem weißgrauen Marmor seiner Heimat wurde eine Grabkammer als letzte Ruhestätte errichtet, die von einem Vexierbild seiner Frau und Muse Gala bewacht wird.

Dalí hat sein beachtliches Vermögen und seine Bildersammlung dem spanischen Staat vermacht mit der „inständigen Maßgabe, die Kunstwerke zu erhalten, zu verbreiten und zu schützen". Das Gesamtwerk ist geprägt durch die widersprüchliche, häufig zwiespältige und exzentrische Persönlichkeit Dalís; zu seinen bekanntesten Werken gehören die „Zerrinnende Zeit", die „Brennende Giraffe", die Illustration von Dantes „Göttlicher Komödie", aber auch ein Taxi, in dem es nach Münzeinwurf regnet, oder das „Mund-Sofa".

lich: Er malte in Öl, mit Wasserfarben, er schuf fantasievolle Grafiken und Skulpturen, er lieferte das Design für Stoffe, Möbel, Schmuck … Konservativen Schätzungen zufolge beträgt der Wert der Sammlung über 35 Millionen $. Die Morses überließen der Stadt St. Petersburg ihre Dalí-Sammlung. Die Bedingung: Die Sammlung dürfe nicht auseinandergerissen werden und müsse der Öffentlichkeit zur Verfügung stehen.

35 Millionen Dollar wert!

The Salvador Dalí Museum, *1 Dali Blvd.*, ➀ *(727) 823 3767, http://thedali.org, tgl. 10–17.30, Do –20 Uhr, Erw. $ 24, Kinder (ab 6 J.) $ 10–17.*

Great Explorations! Children's Museum

Dieses Hands-on-Museum ist eine gute Gelegenheit, Kindern zu zeigen, dass Museen nicht immer langweilig sein müssen. Das Anfassverbot – in anderen Museen allgegenwärtig – gilt hier nicht, im Gegenteil! Das Highlight ist der „Touch Tunnel". Hier kann man in der Dunkelheit seine Sinne und seine Orientierungsfähigkeit testen. An weiteren Stationen macht man seine eigene Fernsehsendung, lernt in einem Supermarkt in Kindergröße etwas über gesunde Ernährung oder untersucht und versorgt „kranke" Stofftiere.

Museum zum Anfassen

Great Explorations, *1925 4th St. S.*, ➀ *(727) 821 8992, http://greatex.org, Mo–Sa 10–16.30, So 12–16.30 Uhr, $ 10.*

Die Welt entdecken im Great Explorations

Museum of Fine Arts

Für Kunstliebhaber bietet dieses Museum eine Dauerausstellung von Impressionisten. Man findet hier Werke amerikanischer Künstler wie Whistler, O'Keeffe, Rauschenberg oder Lichtenstein, aber auch europäische Meisterwerke (etwa von Fragonard, Cézanne, Monet, Gauguin, Renoir). Daneben gibt es auch Skulpturen, Fotografien und viele Wechselausstellungen zu sehen.

Museum of Fine Arts, *255 Beach Dr. N. E.*, ➀ *(727) 896 2667, www.fine-arts.org, Mo–Sa 10–17, Do –20, So 12–17 Uhr, Erw. $ 17, Kinder (ab 7 J.) $ 10.*

Chihuly Collection

Glaskunst zum Bestaunen und Selbermachen

Die Ausstellung widmet sich dem Werk des berühmten Glaskünstlers Dale Chihuly, das Gebäude wurde extra zu diesem Zweck entworfen und bildet eine eindrucksvolle Symbiose mit den raumgreifenden und farbenprächtigen Schöpfungen Chihulys. Im dazugehörigen **Morean Arts Center Glass Studio & Hot Shop** (*719 Central Ave., tgl. 12–17 Uhr, Erw. $ 8,95, Kinder (ab 6 J.) $ 4,95*) kann man darüber hinaus Glasbläsern bei der Arbeit zusehen (*tgl. zu jeder vollen Stunde 13–16 Uhr*) und sich auch selbst in dieser Kunst versuchen.

Chihuly Collection, *400 Beach Dr. N.E., ☎ (727)896 4527, www.moreanartscenter. org/content.php?id=90, Mo–Sa 10–17, So ab 12 Uhr, Erw. $ 14,95, Kinder (ab 6 J.) $ 10,95 (Kombiticket mit dem Hot Shop: $ 19,95/12,95).*

Sunken Gardens

Das 20.000 m² große Gebiet ist Heimat von etwa 5.000 verschiedenen Pflanzen – der Besucher taucht hier in ein wahres Blütenmeer ein: Orchideen, diverse Palmenarten, violettfarben blühende Jacaranda-Bäume, Azaleen, Gardenien, Kamelien … Täglich finden auch interessante Vorstellungen mit Papageien statt, deren Dressur gezeigt wird. Der botanische Garten ist bereits gut 100 Jahre alt, Wasserfälle und Teiche mit Koi-Karpfen sprechen die Sinne an. Doch „Vorsicht": Bevor man die „versunkenen Gärten" betritt, muss man sich durch „the World's Largest Gift Shop" hindurchschlängeln, eine ungeheure Ansammlung von noch ungeheurerem Kitsch …

Sunken Gardens, *1825 4th St. N., ☎ (727) 551 3102, www.stpete.org/attractions/ sunken_gardens/index.php, Mo–Sa 10–16.30, So 12–16.30 Uhr, Erw. $ 8, Kinder (4– 11 J.) $ 4.*

Ausflüge in die Umgebung: Fort de Soto State Park und Pinewood Cultural Park

Gute Aussicht

Landschaftlich ansprechend ist eine Fahrt über den Pinellas Bay Way zum Fort de Soto State Park. Dieses Naturschutzgebiet liegt am Mullet Key. Das Fort wurde 1898 erbaut, um die Tampa Bay im Verlauf des Spanisch-Amerikanischen Krieges zu beschützen; die installierten Kanonen wurden aber nie gebraucht. Die Sandstrände sind sehr schön. Von den Aussichtspunkten kann man die einfahrenden Ozeanriesen beobachten und von zwei Piers pittoreske Aussichten genießen. Natürlich gibt es für die Badenden Duschen und saubere Toiletten sind mehrfach vorhanden. Ein sieben Meilen langer Wanderweg sowie Fahrradwege ermöglichen weitere Aktivitäten.

Fort de Soto State Park und Beach, *3500 Pinellas Bayway S., ab Pinellas Bayway zweigt die Road 679 ab (Gebühr $ 1), Camping-Office: ☎ (727) 582 2267, www.pinellas county.org/park, geöffnet von 7 Uhr bis Sonnenuntergang. Wunderbares Camping ist hier möglich (238 Plätze!).*

Ein Ausflug in den Pinewood Cultural Park verspricht dagegen Einblicke in die Geschichte sowie in die Botanik. Im Heritage Village, einem Living History Museum, erlebt man die Sorgen eines Alltags ohne technische Hilfsmittel hautnah. Wie erledigte man die häuslichen und landwirtschaftlichen Aufgaben? Wäsche waschen, Beete wässern und Teppiche ausklopfen – das Leben damals erforderte eine Menge Ausdauer und Muskelkraft. Im Botanischen Garten kann man sich über heimische Pflanzen, ihre Pflege und Aufzucht informieren – oder einfach die Blütenpracht genießen.

Pinewood Cultural Park: *Heritage Village, 11909 125th St. N., Largo, ① (727) 582 2123, Mi–Sa 10–16, So 13–16 Uhr (Juni–August: So geschlossen), Eintritt frei. Florida Botanical Gardens, 12520 Ulmerton Rd., Largo, ① (727) 582 2100, tgl. 7 Uhr – Sonnenuntergang. Eintritt frei. Weitere Infos: www.pinewoodculturalpark.org.*

Reisepraktische Informationen St. Petersburg und Umgebung

ℹ️ Informationen

St. Petersburg/Clearwater Area Convention & Visitors Bureau, *8200 Bryan Dairy Rd., Suite 200, Largo, ① (727) 464 7200, www.visitstpeteclearwater. com, www.stpete.org, www.discoverdowntown.com*

St. Petersburg Area Chamber of Commerce, *100 2nd Ave. N., Suite 150, St. Petersburg, ① (727) 821 4069, www.stpete.com*

✉️ Postamt

1275 66th St. N., Mo–Fr 8.30–17.30, Sa 9–12 Uhr.

🛏️ Übernachtung

IN ST. PETERSBURG *(s. Karte S. 309)*

The Cordova Inn $$–$$$ **(1)**, *253 2nd Ave. N., ① (727) 822 7500, www.cordova innstpete.com. 1921 erbaut, bietet das frühere „Pier Hotel" dem Individualreisenden einen gemütlichen Aufenthalt. Besonders schön ist die Veranda. Fußnähe zur Downtown und zum Pier.*

Ponce De Leon Hotel $$–$$$ (3), *95 Central Ave., ① (727) 550 9300, http:// poncedeleonhotel.com. An der Waterfront gelegenes Boutique Hotel mit 79 geschmackvoll eingerichteten Zimmern. 1922 eröffnet und damit eines der ältesten Hotels der Stadt. Zum Hotel gehört das empfehlenswerte spanische Ceviche-Restaurant. Gutes Preis-Leistungsverhältnis.*

Mansion Inn $$–$$$ (4), *105 5th Ave. N.E., ① (727) 289 2121, http://mymansion inn.com. Das ruhige B&B, im Country Style eingerichtet, bietet insgesamt 13 vor kurzem renovierte Zimmer sowie einen Garten mit Pool. Nette Gastgeber, gutes, im Preis inbegriffenes Frühstück, zentral gelegen (ca. 10 Min. zum Pier zu Fuß).*

Hotel Indigo $$$ (2), *234 3rd Ave. N., ① (727) 822 4814, www.ihg.com. Gediegenes Hotel mit 70 Zimmern, im Stadtzentrum gelegen. Gehört zu einer internationalen Kette – erinnert aber trotzdem etwas an ein B&B, da es teilweise in einem alten (1926) Haus viktorianischen Stils untergebracht ist. Pool und Whirlpool vorhanden.*

Dickens House $$$–$$$$ (5), *335 8th Ave. N. E., ① 822 8622, www.dickens house.com. Sehr gemütliches Haus (fünf individuell eingerichtete Zimmer), umgeben von viel Grün. Drinnen verleihen Holz und alte Möbel das Gefühl von Gediegenheit. Fußnähe zur Downtown. Das Frühstück wird auf der Veranda serviert.*

Renaissance Vinoy Resort and Golf Club $$$$–$$$$$ (6), *501 Fifth Ave. N. E., ① (727) 894 1000, www.marriott.com. 1925 erbautes Hotel. Zu den illustren Gästen*

Historisches Gemäuer in St. Petersburg: das Vinoy Resort

der Vergangenheit zählte kein Geringerer als der Schriftsteller F. Scott Fitzgerald. 347 Zimmer/14 Suiten. Wenn man dort nicht wohnt, sollte man zumindest das Restaurant einmal ausprobieren. Ein Hotel mit Atmosphäre und schönem Blick auf die Tampa Bay. 18-Loch-Golfplatz, Tennisplätze, zwei Swimmingpools, Spa-Bereich, mehrere Restaurants. In Fußweite zur Downtown und zum Pier bzw. dem Baywalk.

ST. PETERSBURG BEACH
Trade Winds Islands Resort $$$$–$$$$$, 5500 Gulf Blvd., ① (727) 367 6461 (Island Grand), 6000 Gulf Blvd. (727) 360 5551 (Guy Harvey Outpost), www.tradewindsresort.com. Strandhotel-Komplex mit elf Restaurants, sieben Pools – und und und … Besonders auch für Kinder geeignet. Das Resort ist unterteilt in Island Grand (378 Zimmer, 207 Suiten – mehr für Familien, viel Unterhaltung für die Kids) und Guy Harvey Outpost (56 Zimmer/103 Suiten).

 Tipp

Entlang dem Gulf Boulevard durch St. Petersburg Beach reiht sich ein Hotel an das andere, alle Kategorien und fast alle US-Ketten sind hier ansässig. Im Süden von St. Petersburg Beach (südlich des Komplexes von Don CeSar) wird die Gegend ruhiger. Hier gibt es eine Reihe preiswerterer, kleinerer Hotels und Guest Houses in Strandnähe, so z. B. das
Keystone Motel $$–$$$, 801 Gulf Way, St. Petersburg Beach, ① (727) 360 1313, www.keystonemotel.com. Das Motel liegt im ruhigen Südteil der Insel direkt am herrlich weiten Sandstrand.

Sirata Beach Resort $$$–$$$$, 5300 Gulf Blvd., ① (727) 897 5200, www.sirata. com. Nettes Strandhotel der mittleren Klasse mit schönem Garten und Swimmingpool.
Beach House Suites $$$$–$$$$$, 3860 Gulf Blvd., ① (1-866) 728 2206, www. beachhousesuites.com. Schicke Suiten mit voll eingerichteter Küche, direkt am weißen Strand gelegen. Unmittelbar neben dem Don CeSar gelegen, sodass man dessen Einrichtungen auf Wunsch mit nutzen kann.
Loews Don CeSar Hotel $$$$–$$$$$, 3400 Gulf Blvd., ① (727) 360 1881, www. loewshotels.com. Erstklassiges Hotel (234 Zimmer/43 Suiten), direkt am Strand gelegen, sehr teuer, aber ein Erlebnis! Der pinkfarbene Bau wurde 1928 eingeweiht. Absolut erste Adresse an der Westküste. Das Restaurant „Maritana Grille" bietet beste floridianische

Küche mit vielen Fischgerichten. Zwei Pools. Eine halbe Meile vom Hauptgebäude entfernt liegen die Beach House Suites by the Don CeSar (s. o.).

ZWISCHEN ST. PETERSBURG BEACH UND CLEARWATER BEACH

reihen sich Motels/Hotels aneinander. Aus der Vielfalt seien vier Häuser herausgegriffen:
Trade Winds Motel $$, 10300 Gulf Blvd., Treasure Island, ② (727) 360 0490. Das kleine Motel zeichnet sich durch maßvolle Preise, Pool und vor allem Sauberkeit aus.
Swashbuckler Motel $$$, 11875 Gulf Blvd., Treasure Island, ② (1-813) 917 7114, www.swashbucklermotel.webs.com. Zum Strand muss man zwar die Straße überqueren, aber das familiengeführte Motel ist sauber und günstig. Pool.
Bilmar Beach Resort $$$, 10650 Gulf Blvd., Treasure Island, ② (727) 360 5531, www.bilmarbeachresort.com. Strandhotel für Familien, direkt am breiten Sandstrand, die meisten Zimmer zum Meer hin. Das Ressort verfügt über zwei Pools, Restaurants und Bars.
Island's End Resort $$$–$$$$, 1 Pass A Grill Way, St. Petersburg Beach, ② (727) 360 5023, www.islandsend.com. Einfache, saubere Cottages mit Kücheneinrichtung. In Fußweite zum Strand, zu Läden und Restaurants.

IN CLEARWATER BEACH

Palm Pavilion Inn $$, 18 Bay Esplanade, ② (1-800) 433 7256, www.palmpavilion inn.com. Gepflegtes Art-déco-Hotel am Strand, dazu gehört der Beachside Grill & Bar (bekannt für seine gute Live-Musik).
Sheraton Sand Key Resort $$$$–$$$$$, 1160 Gulf Blvd., ② (727) 595 1611, http://sheratonsandkey.com. Strandhotel (neun Stockwerke), 375 Zimmer/15 Suiten, vier Restaurants, eines davon die Mainstay Tavern mit Seefahrer-Ambiente, außerdem ein nettes Café am Pool. Großzügig angelegt, eigener Strand und toller Ausblick auf den Golf.
Clearwater Beach Marriott Suites on Sand Key $$$$, 1201 Gulf Blvd., ② (727) 596 1100, www.marriott.com. Das Hotel liegt zwar nicht direkt am Strand (2 Minuten Bus-Shuttle), dafür hat man von jedem Zimmer aus einen Blick auf den Ozean. Große Zimmer mit Küche.
Sandpearl Resort & Spa $$$$$, 500 Mandalay Ave., ② (727) 441 2425, www. sandpearl.com. Luxuriöses Hotel direkt an einem weiten weißen Strand mit 250 schicken Zimmern. Im Spa liegt der Schwerpunkt auf traditionellen Ozean-Therapien, zudem werden Kajaks vermietet und Bootsausflüge angeboten. Es wird Wert auf ökologische Aspekte gelegt – der Pool wird z. B. mit Erdwärme geheizt.

IN SAFETY HARBOR

Safety Harbor Resort & Spa $$$–$$$$, 105 N. Bayshore Dr., ② (1-888) 237 8772, www.safetyharborresort.com. Dieses etwas antiquierte Kurhotel (175 Zimmer, vier Suiten) bietet Thermalquellen sowie Essen aus ökologischem Anbau; ruhig gelegen, Swimmingpool, sehr gute Kurabteilung. Die warmen Quellen speisen noch heute die Pools. Fitnesscenter, Tennisplätze, Restaurant und Tiki-Bar vorhanden. Im kleinen Örtchen Safety Harbor gibt es eine Reihe einladender Geschäfte.

⚠ **Camping**
St. Petersburg/Madeira Beach KOA, 5400 95th St. North, ② (727) 392 2233, www.koa.com. z. T. schattiger Platz, Swimmingpool, Strndnähe (zehn Auto-Minuten).

Tipp

Der schönste Campingplatz: Fort de Soto State Park und Beach
3500 Pinellas Bayway South, ab Pinellas Bayway zweigt die Road 679 ab (Gebühr $ 1), Camping-Office: ☏ (727) 582 2267, www.pinellascounty.org/park. Es gibt 238 Stellplätze, auch für Campingfahrzeuge, alle sind mit Grill und Picknicktisch ausgestattet. Sehr saubere sanitäre Einrichtungen.

 Restaurants
IN ST. PETERSBURG

Sea Salt (1), *183 2nd Ave. N.,* ☏ *(727) 873 7964. http://seasaltstpete.com. In elegantem Ambiente bereitet Fabrizio Aielli aus Venedig leckere Meeresfrüchte zu. Nicht ganz billig. Geöffnet zum Lunch und Dinner, am Wochenende wird auch ein Brunch angeboten.*
Chateau France (2), *136 4th Ave.,* ☏ *(727) 894 7163, www.chateaufrancecuisine. com. In einem viktorianischen Haus von 1901 findet man hier die Küche Frankreichs (fast) pur. Die „Sea Scallops au Caviar" und die Soufflés sind ein Gaumenschmaus. Reservierungen erforderlich, kein Lunch.*
Marchand's Grill (3), *im Renaissance Vinoy Resort gelegen, 501 5th Ave. N. E.,* ☏ *(727) 824 8072, www.marriott.com. Sehr stilvolles Restaurant mit Deckenfresken und tollem Blick auf die Tampa Bay und den Hafen. Sehr gute, abwechslungsreiche Menükarte, die ständig wechselt. Ein Eindruck: Gnocchi mit Wildpilzen, Bouillabaisse, Spargelravioli – alles Zeugnisse von Könnerschaft am Herd. Natürlich teuer. Häufig Livemusik.*
Ansonsten: jede Menge Restaurants im Bereich des **Baywalk-Viertels** *in Downtown.*

IN ST. PETERSBURG BEACH, REDINGTON SHORES
Hurricane Seafood Restaurant, *809 Gulf Way/9th Ave., St. Petersburg Beach,* ☏ *(727) 360 9558, www.thehurricane.com. Am Pass A Grille Beach gelegen. Viele tagesaktuelle Fischgerichte, die nach Belieben zubereitet werden. Sehr beliebt, besonders die Dachterrasse, von der aus man den Sonnenuntergang genießen kann.*
Spinners Rooftop Revolving Bistro and Lounge, *5250 Gulf Blvd., St. Petersburg Beach,* ☏ *(727) 360 1811, www.grandplazaflorida.com/dining/spinners. Die Küche bietet gute, traditionelle Gerichte (Seafood, Steaks, Burger, Pasta; Tipp: der Wildlachs mit Parmesankruste), die Attraktion ist aber das Restaurant selbst: Im zwölften Stock des Grand Plaza Hotel gelegen, hat man von hier einen faszinierenden 360°-Blick über St. Petersburg Beach, eine Komplett-Drehung dauert neunzig Minuten. Am besten kommt man eine Stunde vor Sonnenuntergang, um die Abendsonne und später auch das Lichtermeer zu genießen. Geöffnet zum Lunch und Dinner, unbedingt reservieren!*
The Wine Cellar, *17307 Gulf Blvd., North Redington Beach,* ☏ *(727) 393 3491, www.thewinecellar.com. Guter Wein zu angemessenen Preisen, gute europäische und amerikanische Küche in einer etwas gediegeneren Einrichtung (von außen allerdings ist das Restaurant eher unscheinbar).*
The Lobster Pot, *17814 Gulf Blvd., Redington Shores (südl. Indian Shores),* ☏ *(727) 391 8592, www.lobsterpotrestaurant.com. Mehr als 20 unterschiedliche Hummergerichte und ausgezeichneter Fisch. Und das Schönste ist: Die Preise sind nicht überzogen. Reservierungen sind ratsam.*

IN CLEARWATER/CLEARWATER BEACH UND NÖRDLICH (DUNEDIN)

Bob Heilman's Beachcomber, *447 Mandalay Ave. (North Clearwater Beach),* ① *(727) 442 4144, http://heilmansbeachcomber.com. Dieses Restaurant blickt auf eine über 65 Jahre währende Tradition zurück. Sehr gute Steaks, weitere Spezialitäten u. a.: Shrimps, Lamm und fangfrischer Fisch. Eher höherpreisig, geöffnet zum Lunch und Dinner.*

Frenchy's Southbeach Cafe, *351 S. Gulfview Blvd., Clearwater Beach,* ① *(727) 441 9991, https://frenchysonline.com. Schöne Aussicht, leger, typisch floridianische Speisekarte, preiswert. Tgl. 11–23 Uhr.*

Bon Appetit, *148 Marina Plaza, Dunedin,* ① *(727) 733 2151, www.bonappetitrestaurant.com. Das Lokal bietet eine sehr gute Küche mit aufmerksamem Service in verhalteneleganter Atmosphäre mit Blick auf das Wasser. Direkt am Hafen gelegen, auch auf der Terrasse kann man speisen. Zumeist einheimisches Publikum.*

 Tipp: weltberühmten Delfin besuchen!

Im Clearwater Marine Aquarium kann man der **Delfindame Winter** einen Besuch abstatten, die aufgrund einer Verletzung ihre Schwanzflosse verlor, dank einer Prothese aber schwimmen kann. Ihre Geschichte wurde durch den Film „Mein Freund, der Delfin" (2011), in dem Winter sich selbst „spielte", über die Grenzen der USA hinaus bekannt.

Clearwater Marine Aquarium, *249 Windward Passage, Clearwater,* ① *(727) 441 1790, www.seewinter.com, tgl. 9-18 Uhr, Erw. $ 21,95, Kinder (3–12 J.) $ 16,95.*

 ### Einkaufen

John's Pass Village & Boardwalk, *12901 Gulf Blvd., www.johnspass.com. In Höhe Madeira Beach: nettes Geschäftsviertel, das einem Fischerdorf ähnlich gebaut wurde, mit Boutiquen, Kunstgalerien, Restaurants und einer Promenade entlang dem Wasser.*

 ### Fahrrad fahren

In und um St. Petersburg kann man gut Rad fahren: Unter **www.stpete.org/ parks_and_recreation/city_trails/index.php** *gibt es eine City Bike Map zum Runterladen. Der* **Pinellas Trail** *(www.pinellascounty.org/trailgd) z. B. ist ein 34 Meilen langer Trail, der von Downtown St. Petersburg entlang der Küste über Clearwater bis nach Tarpon Springs führt. Das kostenlose „Pinellas Trail Guidebook" kann man bestellen bei: Pinellas County Planning Dept., 600 Cleveland St., Suite 750, Clearwater,* ① *(727) 464 8200. Mittlerweile gibt es in Florida alle Nase lang einen Fahrradverleih. Für alle, die trotzdem nicht fündig werden:* **Beach Cyclist**, *St. Petersburg Beach, 7517 Blind Pass Rd.,* ① *(727) 367 5001, www.beachcyclistsportscenter.com. Mo–Sa 10–18, So 11–16 Uhr.*

Strände
ST. PETERSBURG BEACH

Entlang der gesamten Küste von St. Petersburg Beach gibt es breite Sandstrände. Besonders schön: **Pass A Grille Beach** *im Süden von St. Petersburg Beach.*

Fort de Soto Park, *wunderschöne Sandstrände, die sich über 11 km und 5 Inseln erstrecken. Der De-Soto-Strand wurde 2005 zum besten der USA gewählt.*

Indian Rocks Beach *und* **Sand Key**: *Richtung Clearwater und besonders für Kinder geeignet: kleine Wellen, wärmeres Wasser, guter Sand zum Burgenbauen.*

IN CLEARWATER/UMGEBUNG

Ben T. Davis Municipal Beach, zwischen Clearwater und Tampa am Courtney Campbell Causeway an der State Road 60 gelegen: ebenfalls sehr für Kinder geeignet, sehr flach und guter Sand. **Achtung: Stachelrochen** (s. S. 84)!

Caladesi Island, beste Sandstrände der Umgebung, 2008 zum schönsten Strand der USA gewählt. Nur mit dem Boot zu erreichen. Regelmäßige Fährverbindungen der Honeymoon Island Recreational Area. Am westlichen Ende der Straße verkehrt eine Fähre (www.caladesiferry.org, ① (727) 734 5263, Erw. $ 14, Kinder (6–12 J.) $ 7, tgl. stündlich Mitte Febr.–Mitte Sept.: halbstündlich) 10–17 Uhr von Honeymoon Island). Hier gibt es auch Wanderwege und Sanddünen. Picknick an schattigen Plätzen möglich. Eintritt $ 8/ Auto. Infos: www.floridastateparks.org/Caladesilsland, ① (727) 469 5918.

Wandern

Boyd Hill Nature Preserve, St. Petersburg, 1101 Country Club Way S., ① (727) 893 7326, www.stpeteparksrec.org/boyd-hill-nature-preserve.html. Im Süden der Stadt gelegenes Gebiet am Westufer des Lake Maggiore, sechs kleinere Wanderwege. Der Park ist Di–Fr von 9–18, Sa 7–18 und So von 9–18 Uhr geöffnet. Erw. $ 3, Kinder (3–16 J.) $ 1,50.

Auch **Caladesi Island** eignet sich gut zum Wandern (Trails).

Bus/Öffentliche Verkehrsmittel

Looper Trolley, ① (727) 821 5166, www.loopertrolley.com, Mo–So 10–17, Fr–Sa –24 Uhr, alle 15 Min. Stoppt an vielen Stellen. Wenn man die 30-Minuten-Runde ab dem Pier fährt, hat man eine Art Stadtbesichtigung. Ticket nur 50 Cent.

Greyhound, 180 9th St. N, ① (727) 898 1496, www.greyhound.com. Nach Miami 6–10 Stunden; nach Orlando 3–4 Stunden; nach Tampa ½ Stunde.

Tampa

Streckenübersicht

Entfernung: Von St. Petersburg kommend, erreicht man nach **ca. 25 km** Tampa über drei die Bucht überspannende Brücken bzw. Dämme:
- über die **Gandy Bridge** (folgt der US 92; beste Variante, wenn man z. B. **Ybor City**, das restaurierte, lateinamerikanische Viertel, besuchen möchte);
- über die **Howard Frankland Bridge** (folgt dem Interstate 275; gut, wenn man ins **Stadtzentrum** will);
- über den **Courtney Campbell Causeway**; (gut, wenn man **von Clearwater aus** Tampa erreichen möchte).

Überblick

Im Vergleich zu St. Petersburg ist Tampa viel stärker industrialisiert und steht mit seinen knapp 350.000 Einwohnern (Großraum Tampa/St. Petersburg: ca. 2,8 Mio. Einw.) hinsichtlich der Bevölkerungszahl an dritter Stelle in Florida, hinter Jackson-

Yachthafen von Tampa

Redaktionstipps

▶ **Unbedingt anschauen: Henry Plant Museum** (S. 326) im ehemaligen, pittoresken Tampa Bay Hotel (heute Teil der Universität).

▶ Den **Zigarrendrehern** in Ybor City zuschauen (S. 327).

▶ **Übernachten:** im „Don Vicente de Ybor Historic Inn" in Ybor City (S. 330).

▶ **Essen:** Ein Knüller ist das „Columbia Restaurant" (vorher reservieren!); gute Steaks gibt es in „Bern's Steak House". Beides seit Jahrzehnten Traditionsrestaurants erster Güte (S. 331f)!

▶ Den Abend in **Ybor City** verbringen – hier ist für jeden etwas dabei, ob Essen gehen, Bars oder Livemusik (S. 332).

▶ **Bedeutendste Sehenswürdigkeiten:** Ybor City (S. 327); der Themenpark Busch Gardens (S. 334); Tarpon Springs (S. 338); Weeki Wachee (S. 341).

▶ **Spaziergang:** Entlang vieler Sehenswürdigkeiten über den neuen Tampa Riverwalk flanieren (S. 324).

▶ **Shopping:** In der International Plaza nahe dem Flughafen: tolles Einkaufen und viele Restaurants (S. 333)!

▶ **Optimale Zeiteinteilung: 1–2 Tage. 1. Tag:** Von St. Petersburg aus kommend, kann man zuerst den Themenpark Busch Gardens besuchen, der sich doch in vielem von den Parks in Orlando unterscheidet. Am Nachmittag spaziert man dann über den Riverwalk und fährt anschließend nach Ybor City, wo sich die Gelegenheit zu einem Bummel durch die Läden bietet, danach essen gehen und den Abend allmählich in einer der Bars bei Livemusik ausklingen lassen. Der **2. Tag** bietet sich an für Ausflüge in den Norden, z. B. nach Weeki Wachee.

ville und Miami. Durch seine Nähe zur Golfküste, dem wichtigen Hafen (rangiert an siebter Stelle in den USA, Verladung von Phosphaten, Vieh, Zitrusfrüchten) und zu den Feriengebieten an der Küste (St. Petersburg Beach/Clearwater Beach) ist die Großregion um Tampa ein schnell wachsendes Ballungszentrum. Der Tampa International Airport ist hochmodern; die im Süden liegende **MacDill Air Force Base** markiert die strategische Bedeutung und ist ein wichtiger Arbeitgeber in der Region. Daneben spielen die Elektroindustrie und der High-Tech-Bereich eine große Rolle.

Die Bucht von Tampa war schon für die Seefahrer des 16. Jh. ein sicherer Zufluchtsort: Juan Ponce de León kam 1521 hierher, Panfilo de Narváez verschlug es 1528 in die Gegend, 1539 schließlich folgte der berühmte Hernando de Soto. In dieser Zeit gab es hier lediglich ein kleines Indianerdorf, wo die Menschen vom Fischfang lebten. Gold fanden die spanischen Konquistadoren auch hier nicht, also zogen sie weiter. Später, im 19. Jh., kamen dann die landhungrigen Pioniere, die hier sesshaft wurden. Die amerikanische Bundesregierung steckte 1824 die Seminolen in ein Reservat, zu dessen Bewachung das Fort Brooke erbaut wurde.

Aus dieser Keimzelle weißer Inbesitznahme entstand Tampa, wie bereits die Indianer die Umgebung nannten. Fort Brooke diente während der Seminolenkriege als Versorgungsstation. In den Jahren 1861 bis 1864 war das Fort von Truppen der Konföderierten besetzt.

Tampas großer Aufschwung begann mit dem Eisenbahn-Anschluss der Stadt an die South Florida Railroad, die dem Eisenbahn-Magnaten Henry B. Plant gehörte. Plant spielte bei der Entwicklung der Westküste eine ähnliche Rolle wie der Eisenbahnkönig Henry Flagler an der Ostküste.

info

Henry Bradley Plant – Eisenbahn-Magnat der Westküste

Henry Bradley Plant wurde 1819 in Connecticut geboren. Er besuchte Florida zum ersten Mal 1853, da er sich von dem milden Klima eine Besserung der angeschlagenen Gesundheit seiner Frau erhoffte. Zunächst arbeitete er als Manager der Adams Express Company, einer Schifffahrtsgesellschaft. Während des Bürgerkrieges blieb er weiter in der Branche tätig, die Gesellschaft wurde allerdings in „Southern Express Company" umbenannt. Nach dem Krieg sammelte Plant Kapital, um die bankrotte Southern Railroad aufzukaufen, und baute das Eisenbahnnetz systematisch aus. Er begann mit der Inbetriebnahme einer lokalen Eisenbahn in Jacksonville. Von hier aus trieb er den Schienenstrang in Richtung Südwesten nach Tampa. 1884 war es so weit: Die Eisenbahnverbindung zwischen Jacksonville, Sanford, Platka und Tampa war hergestellt.

1895 gehörten ihm ein Eisenbahnnetz mit einer Gesamtlänge von etwa 2.400 km und eine Küsten-Schifffahrtslinie mit dem Heimathafen Tampa. Seine Schiffe wickelten Transporte bis Key West und Kuba ab. Plant erkannte schon früh – ähnlich wie Flagler – die Bedeutung des Tourismus. So baute er in Tampa für über 3 Millionen US$ das luxuriöse Tampa Bay Hotel (heute Universitätssitz), dessen Minarett-Türme noch heute das Gesicht Tampas mitprägen.

Plant, so kann man sagen, war der Motor für die Entwicklung der Gebiete an der Westküste. Seine Eisenbahn, der Hotelbau, seine von Tampa auslaufenden Schiffe sowie sein Grundstückshandel lockten viele Neusiedler an. Seinen Namen findet man in der Bezeichnung von Straßen, Hochschulen und sogar einer Stadt wieder: Plant City (östlich von Tampa). Plant starb im Jahre 1899.

Zigarren-Produktion

1886 bekam Tampa einen weiteren Wachstumsimpuls: Vicente Martinez Ybor zog mit seiner Zigarrenproduktion von Key West nach Tampa, andere Zigarrenfabrikanten folgten, so die berühmten Zigarrenhäuser Cuestas und Ignacio Haya. Aus Kuba kamen viele Arbeitssuchende. Die hispanische Bevölkerung siedelte in Ybor City, nordöstlich der Innenstadt von Tampa. Im Verlaufe des Spanisch-Amerikanischen Krieges wurden 1898 Truppen von Tampa nach Kuba entsandt. Das kubanische Freiheitsidol José Martí, ein fanatischer Verfechter der Loslösung Kubas von Spanien, warb unter seinen Landsleuten für den Kampf gegen Spanien. Als 1898 die amerikanischen Truppen die Spanier auf Kuba besiegten, war sein Ziel erreicht. Martí selbst erlebte diesen Erfolg aber nicht mehr: Er starb bereits 1895.

Bei Touristen immer beliebter

Touristisch hat sich Tampa inzwischen zu einer beliebten Adresse entwickelt und bietet gewissermaßen eine ruhigere Alternative zu der flirrenden Metropole Miami. Downtown mit seinem Hafen, dem glitzernden Wasser und den spiegelnden Hochhausfassaden erinnert noch am ehesten an Miami. Dessen pulsierendes „Leisure-Leben" mag Tampas Innenstadt nach wie vor fehlen, dafür lockt die mannigfa-

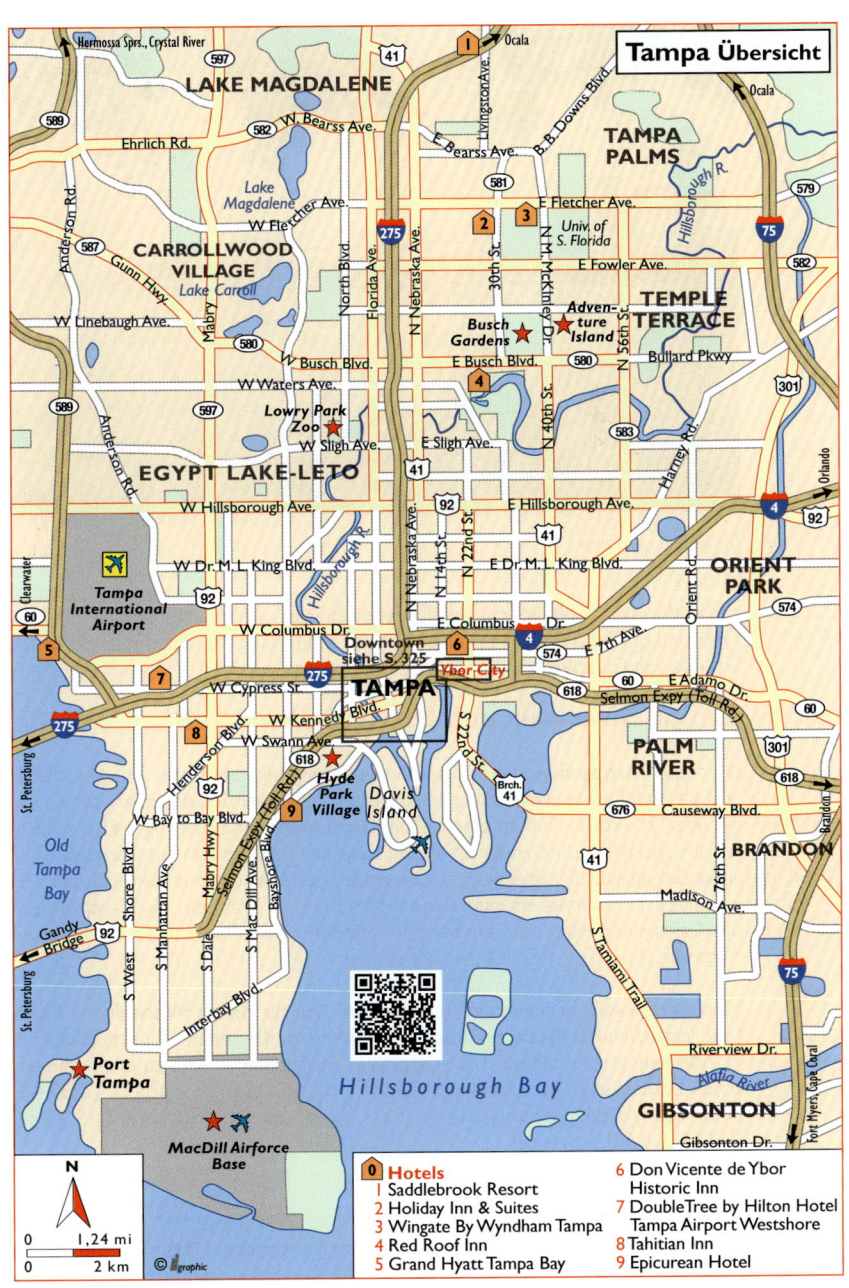

Tampa Übersicht

MacDill Airforce Base

Hotels
1 Saddlebrook Resort
2 Holiday Inn & Suites
3 Wingate By Wyndham Tampa
4 Red Roof Inn
5 Grand Hyatt Tampa Bay
6 Don Vicente de Ybor Historic Inn
7 DoubleTree by Hilton Hotel Tampa Airport Westshore
8 Tahitian Inn
9 Epicurean Hotel

Die Skyline von Tampa

che Kulturszene Einheimische und Reisende ebenso an wie die zahlreichen Restaurants und die Spezialitäten der über 40 Mikrobrauereien – und natürlich die nahen Strände von Clearwater Beach und St. Petersburg.

Tampa Riverwalk und Universitätsviertel

Neue Flaniermeile direkt am Wasser

Der neue **Tampa Riverwalk** (*www.thetampariverwalk.com*) bietet eine gute Gelegenheit, sich Downtown entlang dem Hillsborough River und dem Garrison Channel über 2,5 km zu Fuß zu erschließen. Die durchgehend befestigte Flaniermeile verläuft malerisch durch mehrere Parks; außerdem kommt man quasi en passant an vielen Sehenswürdigkeiten vorbei. Die großzügige Abendbeleuchtung lädt auch zu einem späten Bummel ein, am Ufer hat man die freie Wahl zwischen ansprechenden Cafés und Restaurants, um bei einer Erfrischung das Panorama auf sich wirken zu lassen.

Einen Spaziergang beginnt man am besten am **Curtis Hixon Waterfront Park**. Hier liegt auch das **Glazer Children's Museum**, das (eher kleinere) Kinder in 17 Abschnitten und mittels 170 interaktiver Ausstellungsstücke zu einer spielerischen Entdeckung der Alltagswelt einlädt (*110 W. Gasparilla Plaza, ✆ (813) 443 3861, http://glazermuseum.org, Mo–Fr 10–17, Sa –18, So 13–18 Uhr, Erw. $ 15, Kinder (1–12 J.) $ 9,50*), sowie das

Tampa Museum of Art

Der Museumsbau wurde von dem bekannten Architekten **Stanley Saitowitz** entworfen und im Februar 2010 eröffnet. Die Ausstellung umfasst u. a. Exponate

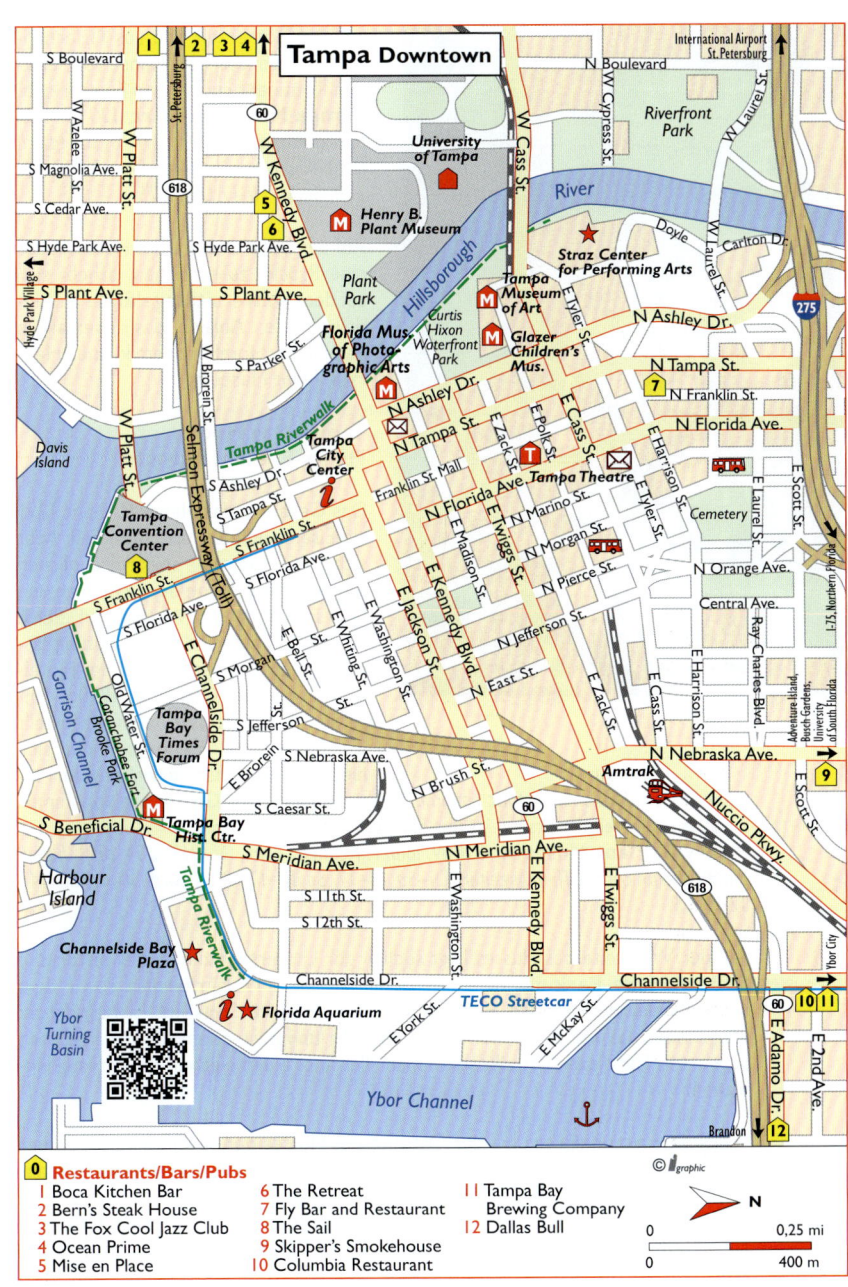

Tampa Downtown

Restaurants/Bars/Pubs

1 Boca Kitchen Bar
2 Bern's Steak House
3 The Fox Cool Jazz Club
4 Ocean Prime
5 Mise en Place
6 The Retreat
7 Fly Bar and Restaurant
8 The Sail
9 Skipper's Smokehouse
10 Columbia Restaurant
11 Tampa Bay Brewing Company
12 Dallas Bull

N

0   0,25 mi
0   400 m

© ilgraphic

Henry Plant Museum

aus der Römerzeit und aus Griechenland. Zeitgenössische Kunst vom eigenen Kontinent rundet den Eindruck ab.
Tampa Museum of Art, *120 W. Gasparilla Plaza, ☎ (813) 274 8130, http:// tampamuseum.org, Mo–Do 11–19, Fr –20, Sa/So 11–17 Uhr, $ 15.*

Auf der anderen Seite des Flusses, über eine Brücke zu erreichen, erhebt sich auf dem **Universitätsgelände** die eindrucksvolle Anlage des ehemaligen Tampa Bay Hotel mit dem kleinen Henry B. Plant Museum.

Tampa Bay Hotel / Henry B. Plant Museum

Das Gebäude, das Henry B. Plant 1891 als Eisenbahnhotel errichten ließ, hebt sich mit seinen minarettähnlichen Türmchen stark von der Skyline ab und fällt so schon von Weitem auf. Seine Größe und aufwendige Gestaltung lassen schnell erahnen, warum der Hotelbetrieb bereits Anfang der 1930er-Jahre aus Rentabilitätsgründen eingestellt werden musste. Heute befindet sich hier die Universitätsverwaltung. Im Museum, einem *National Historic Landmark*, gibt es einiges zur Geschichte von Tampa zu sehen, sehr eindrucksvoll ist der Film zur Stadtgeschichte.
Henry B. Plant Museum, *401 W. John F. Kennedy Blvd., ☎ (813) 254 1891, http:// plantmuseum.com, Öffnungszeiten: Di–Sa 10–17, So 12–17 Uhr, Erw. $ 10, Kinder (4–12 J.) $ 5.*

Westlich des Flusses Auf der Westseite des Flusses liegt südlich der Universität zudem der pittoreske Stadtteil **Hyde Park** mit vielen Gebäuden aus dem 19. Jahrhundert sowie dem sechs Blocks umfassenden Hyde Park Village (*1602 W. Snow Ave., www.hydepark village.com*), das mit interessanten Geschäften und gastronomischen Angeboten aufwartet: Für diesen Distrikt sollte man allerdings einen eigenen Spaziergang einplanen.

Schlendert man hingegen auf der Ostseite des Flusses den Riverwalk in südlicher Richtung weiter, kann man sich dank Schautafeln über berühmte Personen aus Tampa sowie über die Bedeutung der Stadt als Militärstützpunkt informieren. Für eine Rast bietet sich die direkt am Wasser gelegene Bar „The Sail" beim **Convention Center** an (*333 S. Franklin St., ☎ (813) 274 8511, www.tampaconventioncenter. com*).

Wer sich umfänglicher mit der Geschichte Floridas im Allgemeinen und Tampas im Besonderen – von den Anfängen bis in unsere Tage – auseinandersetzen will, sollte dem quasi auf dem Weg liegenden **Tampa Bay History Center** einen Besuch abstatten (*801 Old Water St. ① (813) 228 0097, http://tampabayhistorycenter.org. Tgl. 10–17 Uhr, Erw. $ 12,95, Kinder (ab 4 J.) $ 7,95–10,95*).

Am derzeitigen Ende des Riverwalk, der Richtung Ybor City weiter ausgebaut werden soll, liegen die **Channelside Bay Plaza** (*615 Channelside Dr., ① (813) 223 4250, www.channelsidebayplaza.com*), an der sich ebenfalls zahlreiche Restaurants und Bars angesiedelt haben und von wo eine Tram nach Ybor City startet, sowie das lohnende Florida Aquarium.

Florida Aquarium

Diese Anlage wurde 1995 eröffnet (84 Millionen $ Baukosten!) und stellt eine Art Rekonstruktion der Wasser-Ökosysteme Floridas dar. Das Anwesen liegt direkt am Wasser und ist wegen der blauen, muschelartigen Bedachung gar nicht zu übersehen. Man kann hier die Wasserlebewesen Floridas in ihrer „echten" Umgebung *Super-* beobachten. Sehr gut nachgebildet sind die für Florida typischen, unterirdischen *anschaulich!* Kalksteinhöhlen, Klarwasserquellen, Feuchtgebiete wie Sümpfe etc. Grundgedanke ist es, den Wasserlebensraum Floridas von der artesischen Quelle bis zum Meer zu veranschaulichen.

Interessant ist die **Florida Coral Reefs Gallery**, in der man die herrliche Lebenswelt der Korallen und der Fische bewundern kann. Besonders beliebt sind die Haifütterungen. Und „Action" kommt nicht zu kurz: Kinder ab 6 können mit Fischen schwimmen, Taucher mit Taucherlizenz dürfen zu Haien tauchen. Draußen gibt es die Ausstellung „Explore a Shore": Kinder finden hier eine Wasserrutsche und u. a. ein „Piratenschiff". Mit dem Katamaran „Bay Spirit II" kann man, wenn es die Zeit erlaubt, auf eine 75-minütige Öko-Tour auf die Tampa Bay gehen, um u. a. Delfine zu beobachten.
Florida Aquarium, *701 Channelside Drive, Downtown, Garrison Seaport Center, ① (813) 273 4000, www.flaquarium.org, tgl. 9.30–17 Uhr, Erw. $ 23,95, Kinder (3–11 J.) $ 18,95, Kombi-Ticket inkl. Eco-Tour mit dem Katamaran auf die Bay Erw. $ 49,90, Kinder (3–11 J.) $ 40,90.*

Ybor City

Das bereits erwähnte „Latin Quarter" Tampas bedeckt eine Fläche von bald 5 km². Die „Zigarrenstadt" liegt zwischen der Nebraska Avenue, der 22nd Street, dem Columbia Drive und dem East Broadway. Seit 1886 ließen sich hier namhafte Zigarrenfabrikanten nieder, zuerst der Kubaner Vicente Martinez Ybor. Das bunte, lebendige Völkergemisch von Menschen kubanischer, spanischer und italienischer Abstammung verleiht Ybor City noch heute ein etwas exotisches Flair.

Wie in vielen anderen Städten Amerikas auch besinnt man sich in den letzten Jahren der eigenen Vergangenheit: Nicht Abriss, sondern Restaurierung ist angesagt. *Restaurie-* Tagsüber ist hier allerdings nicht viel los, und man kann sich des Gefühls nicht er- *rung in Ybor City*

Zigarrenhersteller

wehren, dass es die Stadtväter schwer haben, dem alten Viertel neues Leben einzuhauchen.

Mittelpunkt der Zigarrenfabrikation war der Ybor Square *(südlich der 9th Ave., zwischen 13th und 14th St.)*. Hier gründete Ybor seine Fabrik. Die drei ehemaligen Produktionsgebäude gehören inzwischen der Church of Scientology of Tampa. Es gibt immer noch eine Original-Tabakpresse und andere Gegenstände aus der Fabrikzeit zu sehen, überhaupt wurde das ganze Gebäude von Scientology restauriert. Allerdings ist auch die Werbung für die neukirchliche Bewegung allgegenwärtig. Früher saßen hier Hunderte von Arbeitern auf langen Bänken und rollten den ganzen Tag kubanische Tabakblätter zu Zigarren: eine tödlich langweilige Arbeit! Damit die Menschen dabei nicht einschliefen, gab es den Posten eines Vorlesers: Dieser Mann las mit lauter Stimme Passagen aus Romanen vor, trug Neuigkeiten aus Zeitungen zusammen, rezitierte Gedichte.

Zigarren-fabrikanten Bald galten Tampas Zigarren als die besten der Welt. Doch als Kuba keine Tabakblätter mehr liefern durfte, mussten andere Quellen gefunden werden. Um in Zukunft unabhängig zu sein, importierte man nun Tabak aus über zwölf Ländern. Das Ende der Zigarrenmacher läuteten Maschinen ein, welche die stupide Arbeit übernahmen – heute sind nur noch 5 % aller Zigarren von Hand gerollt. In den ansonsten so raucherfeindlichen USA entwickelt sich seit Mitte der 1990er-Jahre ein deutlicher Trend zur „Kultur" des Zigarrenrauchens. Infolgedessen bieten mittlerweile einige Shops in der 7th Avenue handgerollte Zigarren an. Und „Cigar Bars" wurden nicht nur in den USA trendy, sondern auch in Europa.

> **Tipp**
> Wer Lust und Zeit hat: Im **Ybor City Museum State Park** *gewinnt man einen guten Überblick über die Geschichte der Zigarrenherstellung. Das Museum befindet sich in einer umgebauten Bäckerei mit beeindruckenden Wandkeramiken.*
> **Ybor City Museum State Park**, *1818 E. 9th Ave.,* ✆ *(813) 247 6323, www.ybor museum.org, www.floridastateparks.org/park/Ybor-City, tgl. 9–17 Uhr, $ 4 (ab 6 J.).*

Zurzeit gibt es in Tampa fünf große und etwa zehn kleine Zigarrenhersteller, die 500 Millionen Zigarren pro Jahr produzieren.

Das Museum von Ybor City

Kaufen, rauchen und gelegentlich beim Rollen zuschauen kann man u. a. hier:
King Corona Cigars, *1523 E. 7th Ave. Tampa, ☎ (1-888) 241 9109, http://kingcoro nacigars.com, seit fünf Generationen in Ybor City, handgemachte Zigarren im Shop, Café.*
El Sol Cigars, *University Professional Building, 10549 N. Florida Ave., Suite L, ☎ (813) 248 5905, www.elsolcigars.com, einer der ältesten Zigarrenläden Tampas, allerdings inzwischen mit neuer Adresse.*

Die **7th Avenue** und auch die Nebenstraßen gehören neben den Busch Gardens zu den beliebtesten Touristenzielen von Tampa. Tagsüber bieten Antiquitäten- und ausgefallene Textilgeschäfte ihre Waren in den wiederhergerichteten alten Gebäuden an; am Abend strömen besonders die jüngeren Leute in diesen Stadtteil, um sich in einem der zahlreichen Lokale und Musikschuppen zu vergnügen. Mit Sicherheit ist für jeden etwas dabei, ob exquisite Küche oder laute Rockmusik. Der alte Charme geht dabei allerdigs zusehends verloren. *„Szene" der 7th Avenue*

Museum of Science & Industry

Das interessante Wissenschaftsmuseum bietet verschiedene (auch wechselnde) Ausstellungen, u. a. zum Thema Gesundheit und Körper (*The Amazing You*), man kann einen Hurrikan erleben, ein riesiges Dinosaurier-Skelett bestaunen, sich in einen Flugsimulator ($ 5) setzen und im *BioWorks Butterfly Garden* etwas über Schmetterlinge lernen. Zudem gibt es ein IMAX Dome Theatre mit 3-D-Filmen und ein Planetarium. In der *Kids In Charge!* Sektion des Museum können Kinder bis ca. 12 Jahren an Hunderten interaktiver Ausstellungsstücke ihren Spiel- und Wissenstrieb ausleben.
Museum of Science & Industry, *4801 E. Fowler Ave. (Nord-Tampa, gegenüber dem USF Sun Dome, ca. 1,5 Meilen von Busch Gardens), ☎ (813) 987 6000, www.mosi.org, Mo–Fr 9–17, Sa/So 9–18 Uhr, Erw. $ 22,95, Kinder (3–12 J.) $ 18,95 (zzgl. $ 5 fürs Parken).*

Lowry Park Zoo

Besonders gut für einen Besuch mit Kindern eignet sich dieser beliebte Zoo nördlich von Downtown. Hier kann man nicht nur Raubkatzen, Affen und Alligatoren beobachten, sondern sogar mit einigen Zoobewohnern auf Tuchfühlung gehen, ob beim Rochenstreicheln, Giraffenfüttern oder auf einem kleinen Spaziergang mit Kängurus. Außerdem gibt es einige im Preis inbegriffene Fahrgeschäfte.

Lowry Park Zoo, *1101 W. Sligh Ave., ① (813) 935 8552, www.lowryparkzoo.com, tgl. 9.30–17 Uhr, Erw. $ 27,95, Kinder (3–11 J.) $ 20,95.*

Tipp

Mit dem **Tampa Bay CityPASS** *lässt sich bei insgesamt fünf Sehenswürdigkeiten in Tampa, St. Petersburg und Clearwater, darunter Busch Gardens, das Museum of Science & Industry und das Clearwater Marine Aquarium (s. S. 319), gut 50 % des Eintrittspreises sparen. Ein weiterer Vorteil: Mit dem CityPASS kann man ohne Anstellen direkt zum Einlass durchgehen. Allerdings rechnet sich der CityPASS erst, wenn man wenigstens drei der fünf festgelegten Sehenswürdigkeiten (in einem Fall gibt es eine Wahlmöglichkeit zwischen zwei Attraktionen) besuchen möchte.*

Tampa Bay CityPASS, *http://de.citypass.com/tampa. Erw. $ 99, Kinder (3–9 J.) $ 89, erhältlich online sowie bei den vom Angebot umfassten Attraktionen.*

Reisepraktische Informationen Tampa

ℹ Information

Tampa Bay Visitor Center, *615 Channelside Dr., Suite 101A, ① (813) 226 0293, Info@VisitTampaBay.com, www.visittampabay.com.*
Ybor City Visitor Information Center, *1600 East 8th Ave., Ste. B 104, ① (813) 241 8838, www.ybor.org. Mo–Fr 10–17, Sa 11–18, So 12–17 Uhr.*

✉ Post

401 N Ashley Drive, Mo–Fr 8.30–17.30, Sa 8.30–12 Uhr.

🛏 Übernachtung

Hotels in der Nähe der **Busch Gardens** *(2 + 3) s. a. S. 337.*
Red Roof Inn $–$$ (4), *2307 E. Busch Blvd., ① (813) 932 0073, www.redroof.com. Ideal für Besucher von Busch Gardens (1,5 km) – einfach, aber ordentlich.*
Tahitian Inn $$–$$$ (8), *601 S. Dale Mabry Hwy., ① (813) 877 6721, www.tahitian inn.com. Im Süden Tampas (Beach Park) gelegen, 20 Minuten nach Busch Gardens. Preiswertes Hotel in Familienbesitz, 80 frisch renovierte Zimmer und Suiten (mit Mikrowelle und Kühlschrank), schöner Pool, Spa-Angebot, Tiki Bar.*
Don Vicente de Ybor Historic Inn $$$–$$$$ (6), *1915 Avenida Republica de Cuba (Ecke 14th St. und 9th Ave.), ① 241 4545, http://donvicenteinn.com. 16 Zimmer (manche mit Himmelbett) in einem schönen historischen Haus mit schmiedeeisernen Balkonen, in Ybor City.*
DoubleTree by Hilton Hotel Tampa Airport Westshore $$$–$$$$ (7), *4500 W. Cypress St., ① (813) 879 4800, http://doubletree3.hilton.com. Gutes Mittelklassehotel, 5 Min. vom Flughafen entfernt.*

Grand Hyatt Tampa Bay $$$$ (5), *2900 Bayport Dr.,* ① *(813) 874 1234, www. hyatt.com. Luxusklasse-Stadthotel (14 Stockwerke, 442 Zimmer), Blick über Old Tampa Bay. Schöne Außenanlage (Board Walk durch ein Marschgebiet mit vielen Vögeln). Zwei Swimmingpools, zwei Tennisplätze, Bootsverleih, preisgekröntes italienisches Restaurant.*
Epicurean Hotel $$$$–$$$$$ (9), *1207 S. Howard Ave.,* ① *(813) 999 8700, http:// epicureanhotel.com. Das zur Marriott Autograph Collection zählende Hotel öffnete 2013 seine Pforten und bietet 137 gut ausgestattete Zimmer, einen Spa- und Fitnessbereich, mehrere Restaurants und Bars und natürlich einen Pool.*
Saddlebrook Resort $$$$–$$$$$ (1), *5700 Saddlebrook Way (State Rd. 54), Wesley Chapel,* ① *(813) 973 1111, www.saddlebrook.com, zwölf Meilen nördlich von Tampa. Golf- und Tennisresort (800 Zimmer, 420 Suiten), 3 Schwimmbäder, 2 18-Loch-Golfplätze, Arnold Palmer Golf Academy (Golfkurse für alle Könner-Stufen), vier Restaurants, 45 (!) Tennisplätze, Fahrradverleih, und, und, und … Im Übernachtungspreis sind Frühstück und Abendessen inbegriffen.*

⚠ ## Camping
Nur außerhalb Tampas sinnvoll:
Hillsborough River State Park, *15402 US 301 N., Thonotosassa (neun Meilen nördlich von Tampa),* ① *(813)987 6771, www.floridastateparks.org/park/Hillsborough-River. 112 Campingplätze ($ 24), sehr gepflegt mit Picknicktischen, Grill, großem Swimmingpool. Schöne, natürliche Umgebung, Kanufahrten auf dem Fluss ($ 25/2 Std., $ 35/3 Std. $ 50/Tag), sieben Meilen Wanderwege durch die stille Natur, Vermietung von Fahrrädern ($ 10/Std., $ 20/halber Tag, $ 25/Tag), Eintritt $ 6/Auto.*

🍴 ## Restaurants
Bern's Steak House (2), *1208 S. Howard Ave.,* ① *(813) 251 2421, www. bernssteakhouse.com. Das Restaurant gilt als eines der besten Steakhäuser der USA. Außer Steaks gibt es auch hervorragend zubereiteten Fisch! Der Eigentümer David Laxer lässt das exzellente Rindfleisch selbst abhängen, der Kaffee wird eigenhändig geröstet und frische Fische werden im eigenen Salzwassertank gehalten, bis der Gast zum Essen kommt! Das Gemüse stammt von der eigenen Biofarm. Die Steaks werden nach Gewicht und Dicke berechnet. Über 6.800 Weine stehen zur Auswahl – von $ 10 bis 10.000! Das Ambiente ist gediegen: Mahagoni und Lüster verbreiten Eleganz (bitte keine Jeans oder Shorts!). Kein Lunch, Reservierungen sind dringend anzuraten. Teuer.*
Ocean Prime (4), *2205 N. Westshore Blvd. (nahe der International Mall/Flughafen), Tel, (813) 490 5288, www.oceanprimetampa.com. Das moderne, mit Art-decó-Elementen eingerichtete Restaurant serviert hervorragendes Seafood und saftige Steaks mit stets frischen Beilagen, am besten sitzt man auf der Außenterrasse mit Blick auf den kleinen künstlichen See. Sehr gute Weinkarte (am WE gibt es die Flaschen zum halben Preis), zwei schöne Barbereiche, angenehme Bedienung. Nicht ganz billig, aber seinen Preis wert. Geöffnet tgl. zum Lunch (außer So) und Dinner.*
Mise en Place (5), *442 W. Grand Central Ave.,* ① *(813) 254 5373, www.miseonline. com. In diesem Top-Restaurant kreiert Küchenchef Marty Blitz „Modern New American Cuisine" – vorwiegend aus frischen, örtlichen Produkten. Bei den Menüempfehlungen des Hauses liegt man eigentlich immer richtig, ob Hummer und geröstete Ente oder auch Scaloppine mit Ziegenkäse, Apfel-Riesling-Sauce und Spätzle. Sa–Mo geschlossen, kein Lunch am Fr. Die Bar hat auch samstags geöffnet (ab 17 Uhr).*

Fly Bar and Restaurant (7), 1202 N. Franklin St., ☎ (813) 275 5000, http://flybar andrestaurant.com/tampa. *Gute regionale Gerichte und exzellente Cocktails in ausgelassener Atmosphäre, dazu häufig Live-Musik. Auch hier besser reservieren!*

Columbia Restaurant (10), 2117 E. 7th Ave., Ybor City, ☎ (813) 248 4961, www.columbiarestaurant.com. *Traditionsreiches, preisgekröntes Restaurant – seit 1905 in Familienbesitz – mit ausgezeichnetem spanischem Essen. Die Restauranträume sind riesig. Den Salat „Columbia 1905" mit Oliven, Schinken und Käse oder die Paella – sicherlich eine der besten in Florida – muss man probiert haben! Mo–Do 11–22, Fr/Sa –23, So 12–21 Uhr, Mo–Sa 19 und 21.30 Uhr Flamenco-Show (je 45 min, $ 6 p. P.). Nicht ganz billig. Nett ist es auch in der angeschlossenen* **Cigar Bar**, *denn hier kann man nicht nur essen und Live-Jazz (Di–Sa ab 20 Uhr) hören, sondern es werden zudem die besten Zigarren (nach Karte) gereicht.*

Bars/Musik/Pubs

Boca Kitchen Bar (1), 901 Platt St., Tampa, (813) 254 7070, www.bocatampa.com. *Dieses originelle und lebendige Restaurant ist in einer ehemaligen Tankstelle untergebracht. Anders als in Amerika sonst meist üblich kann man hier übrigens auch nach dem Essen so lange sitzen bleiben, wie man will, und die urige Atmosphäre genießen. Das Essen wird aus regionalen Produkten zubereitet, besonders empfehlenswert sind der Fang des Tages und das saisonale und günstige „Staff Meal". Besser reservieren! Geöffnet Mo–Do 11–23, Fr –Sa –24, So –22 Uhr.*

The Fox Cool Jazz Club (3), 5401 W. Kennedy Blvd., ☎ (813) 639 0400, http://foxjazztampa.com. *Beliebt seit über 20 Jahren für guten Jazz. Kleine, aber gute und preiswerte Menükarte.*

The Retreat (6), 123 S. Hyde Park Ave., ☎ (813) 254 2014, http://retreattampa.com. *Das belebte, urig-gediegene Pub ist eines der ältesten in Tampa und ein angenehmer Ort für einen Vorab-Drink oder einen Absacker. Gute Biere vom Fass. Tgl. 15–3, So ab 17 Uhr.*

The Sail (8), 333 S. Franklin St., ☎ (813) 2748420, www.tampaconventioncenter.com/facility-information/sail-pavilion. *In dieser lebendigen Bar beim Convention Center am Wasser kann man entspannt einen Drink oder einen Snack zu sich nehmen und dabei dem Treiben auf dem Riverwalk zuschauen. Geöffnet Mo–Fr ab 14, WE ab 11 Uhr.*

Skipper's Smokehouse (9), 910 Skipper Rd., ☎ (813) 971 0666, http://skippers smokehouse.com. *Restaurant mit Austernbar und geräuchertem Fisch, zudem karibische und Südstaaten-Einschläge, alles sehr urig. Geöffnet Di–So, fast jeden Tag Livemusik, Programm auf der Homepage (meist Reggae, Blues).*

Tampa Bay Brewing Company (11), 1600 E. 8th Ave., ☎ (813) 247 1422, www.tampabaybrewingcompany.com. *Im Centro Ybor gelegene Mikro-Brauerei, die eine große Auswahl an Bieren bietet mit so schönen Namen wie Red Eye Amber Ale, Jack the Quaffer Porter und Wild Warthog Weizen. Auch Restaurant, man kann auch draußen im Patio sitzen.*

Dallas Bull (12), 3322 US 301 N., ☎ (813) 987 2855, www.dallasbull.com. *Etwas für Liebhaber von Country Music, mit über 30 Jahren (allerdings 2006 neu errichtet) einer der ältesten Country Clubs des Landes.*

Einkaufen

Centro Ybor, 1600 E. 8th Ave., www.centroybor.com, *kleineres Shoppingcenter in Ybor City.*

Ybor City, *7th Ave., zahlreiche kleine Spezialgeschäfte, z. B.* **La France**, *Damenober-bekleidung der ausgefallenen Art, 1612 E. 7th Ave.,* ☎ *(813) 248 1381. Vieles ist Second Hand!*

Zigarren: *s. S. 329*

International Plaza, *2223 N. Westshore Blvd. (in der Nähe – südlich – des Tampa International Airport), www.shopinternationalplaza.com. Moderne, große Mall mit den gängigen nationalen und internationalen Marken, Restaurants.*

Hyde Park Village, *1602 W. Snow Ave., www.hydeparkvillage.com. In diesem Ein-kaufsviertel auf der Westseite des Flusses finden sich in pittoresker Atmosphäre viele Ge-legenheiten zum Shoppen und Stöbern, außerdem schöne Bars und Restaurants.*

Feste

Der Stadtteil Ybor City ist für seine Festivitäten bekannt (Infos unter www.ybor cityonline.com, www.ybor.org), unter anderem für das Ybor City Cigar Festival (Novem-ber), den Fiesta Day (Februar) und die Parade **Knights of Santiago** *(Februar, www. knightparade.com), wo die spanische Vergangenheit lebendig wird. Die Italiener feiern sich mit der* **Festa Italiana** *(www.festaitalianatampa.com, März/April).*

Nahverkehr

Auf alt gemachte **Trolleys** *(Teco Line Street Cars, www.tecolinestreetcar.org) ver-kehren von Ybor City nach Downtown und Channelside, Tickets kosten One-Way $ 2,50, ein Tagesticket $ 5 (bei Kauf beim Fahrer muss passend gezahlt werden). Die Trolleys fah-ren Mo–Do 12–22, Fr/Sa 11–2, So 12–20 Uhr.*

Hart *(*☎ *254 4278, www.gohart.org) betreibt die lokale Buslinie ab/bis dem Marion Transit Center, 1211 N. Marion St., z. B. zum Flughafen (einfache Fahrt lokal $ 2). Zudem fahren die In-Town Trolleys von Mo–Fr (6.30–8.30 und 15.30–18 Uhr) für 25 Cent zwi-schen dem Marion Transit Center und Harbour Island und halten auch an diversen Se-henswürdigkeiten und Hotels in Downtown.*

Bus

Greyhound-Terminal, *610 Polk St.,* ☎ *(813) 229 8588, www.greyhound.com. Nach Miami 7–9 Std.; nach Orlando 2–3 Std.; nach Sarasota 2 Std.*

Eisenbahn

AMTRAK-Station, *601 Nebraska Ave.,* ☎ *(813) 221 7600, www.amtrak.com, mehrere Male täglich nach* **Orlando**.

Flughafen

Tampa International Airport, ☎ *(813) 870 8700, www.tampaairport.com, Taxi vom Flughafen in die Innenstadt von Tampa kostet ca. $ 30. Ab Ende September 2015 bietet die Lufthansa wöchentlich fünf Direktflüge von Frankfurt/M. an.*

Ausflug zu Busch Gardens

Die zum Bierkonzern Anheuser-Busch gehörenden Busch Gardens sind nicht nur eine der unbestrittenen Hauptattraktionen in Tampa – dieser Themenpark zählt zu den interessantesten in Florida. Auf 136 ha gibt es Erlebenswertes aller Art, ein wesentliches Thema ist dabei die Tierwelt Afrikas. Im Verlauf des „Skyride" schwebt man über die floridianische „Serengeti Plain" (26 ha), hier leben Giraffen, Löwen, Zebras, Nilpferde, Büffel …

Nicht immer wird der geografische Begriff Afrika ganz genau genommen – einige Tiere stammen auch aus anderen tropischen und subtropischen Regionen der Welt – aber mit 12.000 Tieren (über 250 verschiedene Arten, darunter 30 gefährdete Spezies) können die Busch Gardens mit Recht von sich behaupten, einer der besten Zoos in Amerika zu sein und dabei auch noch mit zahlreichen anderen Attraktionen aufzuwarten wie z. B.:

• atemberaubende Achterbahnen (bes. SheiKra)
• Schlauchboottouren auf dem „Congo",
• botanische Regenwaldanlagen,

Afrika in Florida   • architektonisch interessante Bauten, die fast alle afrikanischen Regionen repräsentieren (Ägypten, Marokko, Sahelzone, Kongo, Kenia u. a.),

• einer „Serengeti-Ebene" mit entsprechenden Tieren,
• einer Tierforschungs- und Aufzuchtabteilung

Fast wie in Afrika …

Das Potpourri an Klischeebildern ist ohne Zweifel eindrucksvoll und mit der nötigen Muße und einem nicht zu kritischen Blick durchaus einen Tagesbesuch wert.

Auf keinen Fall verpassen sollte man die Monorail-Tour durch die Tierwelt der Serengeti und auch eine Vorführung im anmutigen Moroccan Palace ist sehenswert. Die Floßfahrt mit bis zu zwölf Personen auf den Congo River Rapids ist ebenso aufregend und spaßig wie die Wildwasser-Abenteuer Stanley Falls und Tanganyika Tidal Wave.

Die Geschichte der Anheuser Busch Entertainment Corporation

info

Die Busch Gardens in Tampa sind die erste Anlage der heute (nach Disney) zweitgrößten amerikanischen – und weltweit fünftgrößten – Freizeitparkgesellschaft. Die Erfolgsgeschichte begann begann 1959 mit einem kleinen Vogelpark, ein paar afrikanischen Tieren – das Steckenpferd der Busch-Familie – und dem Hospitality Center, wo Produkte der Anheuser-Busch-Brauerei (Marken: Budweiser, Busch) verkauft wurden.

Hauptattraktion war zu dieser Zeit noch die Brauereibesichtigung. Im Laufe der Jahre fanden jedoch immer mehr Besucher ihren Weg hierher, um die afrikanische Tierwelt zu erleben. 1966 kam die erste große Attraktion: die Monorail durch die Serengeti. 1971 wurde der Park umfänglich ausgebaut. Hauptziel war nun, die afrikanische Tierwelt als Ganzes zu präsentieren, aber auch Forschungen über Tierschutz und Arterhalt anzustellen sowie die Pflege kranker Tiere zu gewährleisten. Die natürlichen Voraussetzungen (Klima, Boden) dafür schienen in diesem Teil Floridas günstig. Busch Gardens fand damals so großen Anklang, dass man sich bereits 1972 dazu entschied, einen eigenständigen Firmenzweig zu gründen, der 1979 schließlich gänzlich überging in die **Anheuser Busch Entertainment Corporation (BEC)**.

1975 wurde in Williamsburg (Virginia) ein zweiter Busch Gardens eröffnet sowie 1979 Adventure Island und Sesame Place (Philadelphia). 1989 dann gelang BEC durch den Erwerb von vier **SeaWorld-Parks** (Orlando, San Diego, Cleveland und San Antonio) der Sprung an die zweite Stelle unter den amerikanischen Themenpark-Gesellschaften.

Im Jahr 2009 veräußerte Anheuser Busch sein Freizeitparksegment an die Blackstone Group; seitdem firmiert die BEC unter dem Namen SeaWorld Entertainment.

Zeiteinteilung

4 Stunden: Eigentlich ist es fast zu schade um den hohen Eintrittspreis, den Park für nur 4 Stunden zu besuchen. Hat man nicht mehr Zeit, sollte man sich bei dem Besuch auf die Gebiete **Stanleyville/Congo** (1½ Stunden) konzentrieren, außerdem bleiben 30 Minuten für einen Spaziergang durch Timbuktu und Nairobi, 30 Minuten für die Gorillas und Schimpansen im Myom-

Wildwasser-Vergnügen

be Reserve, 1 Stunde für die Fahrt durch die Serengeti Plain und 30 Minuten für eine weitere Attraktion nach Wahl.

1 Tag: Je früher man startet, desto eher vermeidet man lange Schlangen. Über die Spezialprogramme (in den Theatern, Vorführungen etc.) am besten direkt informieren. Ein Besuch von **Bird Gardens** nimmt ca. 2 Stunden in Anspruch. Nach einem Kaffee und einem 2. Frühstück im Zagora Café kann man sich dann 2 Stunden Zeit für die **Gebiete Stanleyville** und **Congo** nehmen, wobei die Achterbahnen und eine Vorführung im Garden Theater zu den absoluten Highlights für Erwachsene zählen. Sollte der Hunger bereits groß sein, bietet sich anschließend das **Zambia Smokehouse** für den Lunch an.

Alternativ kann man nun entweder mit dem Zug einmal ums Gelände fahren (Abfahrt ab Stanleyville Station) und dabei auch schon einmal einen ersten Eindruck über die Tierwelt in der Serengeti erlangen, oder aber man läuft durch Timbuktu, das vor allem wegen der „Architektur" interessant ist, nach Nairobi. Für das angeschlossene Myombe Reserve sollte man 1–2 weitere Stunden „reservieren".

Außerdem sollte man schauen, wann die Vorführung im Morrocan Palace beginnt bzw. ob Sie für einen selbst von Interesse sein könnte.

Abschließender Höhepunkt ist schließlich die **Monorail-Fahrt** durch die Serengeti Plain. Wer nun aber bis in den Abend hinein bleiben möchte, kann sich noch die Attraktionen im Egypt-Gebiet anschauen. Achterbahn-Fans wiederum haben die Möglichkeit, ihren Magen noch einmal während einer Fahrt mit der „Montu" zu strapazieren.

Busch Gardens, *10165 N. McKinley Dr. (Ecke Busch Blvd. und 40th St.), Tampa, FL 33612, ☏ (1-888) 800 5447, http://buschgardens.com.* **Anfahrt:** *Von Tampa aus auf der I 275 East, Abfahrt Busch Blvd. Von Orlando: I 4 West, dann auf I 75, Exit 265 (Fowler Ave.).* **Öffnungszeiten:** *tgl. mind. 10–18 Uhr, in den Ferien und am Wochenende länger,* **Eintritt:** *$ 87 (ab 3 J.), im Internet diverse Sonder- und Kombi-Angebote, alle Attraktionen sind im Eintrittspreis enthalten. Parken ca. $ 13, vergünstigte* **Kombi-Tickets** *mit u. a. Adventure Island ($ 97, s. u.) oder SeaWorld in Orlando ($ 140).* **Restaurants:** *In den Busch Gardens gibt es mehrere Restaurants, z. B. das Zagora Café (Snacks, 2. Frühstück, Kuchen), Crown Colony Café (Lunch) und das Zambia Smokehouse (u. a. Steak-Restaurant, Gegrilltes). Hinzu kommen zahlreiche Stände mit Getränken und kleinen Snacks.*

Tipps für Erkundungen mit Kindern

- Für **Kleinkinder** gibt es Wickeltische in den meisten Damentoiletten. Kinderwagen/Buggys können gleich am Eingang ausgeliehen werden.
- Kinder unter ca. zehn Jahren werden am meisten Freude haben an den Spielelementen in der **Sesame Street Safari of Fun**, den **Karussells** in Timbuktu und an den Tieren. Besonders die Gorillas und Schimpansen im Myombe Reserve sowie die Tiere der **Serengeti Plain** werden die Kleinen begeistern, während die Teenager eher Spaß an den Achterbahnen und **Schlauchboottouren auf dem Congo** haben werden.
- Auch in diesem Park gilt: Kleineren Kindern einen **Sticker** mitgeben, auf dem vermerkt ist, wo sie wohnen bzw. wo die Familie **im Park** ihren Treffpunkt hat. Mit größeren Kindern gleich zu Beginn einen Treffpunkt ausmachen, wo man sich z. B. zu jeder vollen Stunde verabredet, falls man sich verloren hat.

Adventure Island

Der Wasserpark Adventure Island gehört wie die Busch Gardens zum Anheuser-Busch-Konzern; sollte man beide Parks besuchen wollen, lohnt sich ein Kombi-Ticket. Es mag etwas paradox erscheinen, nur 45 Minuten vom schönen Strand am Golf von Mexiko einen Wasserpark zu errichten, doch dieses speziell inszenierte Wasservergnügen hat fraglos seine eigenen Reize.

Adventure Island wurde 1980 eröffnet und ist 12 ha groß. Mehr als ein Dutzend unterschiedliche Wasservergnügungen – atemberaubende Rutschen, Spiralrutschen, Wellenbad, Lagune, Wasser-Kinderspielplatz und vieles mehr – werden geboten. Dazu gibt es ein Beachvolleyball-Areal, Liegewiesen zum Sonnen, mehrere Café-Restaurants und zwei Souvenirshops. Wer also gerne einen Tag faulenzen mag und zwischendurch immer wieder ins kühle Nass springen möchte, der ist hier richtig. *Adventure Island*, *10001 N. McKinley Dr., direkt bei Busch Gardens (1 Meile nördlich), Tampa, FL 33612, ☎ (1-888) 800 5447, http://adventureisland.com, Eintritt: $ 44 (ab 3 J.), Öffnungszeiten je nach Saison 9/10–17/18 Uhr, manchmal auch länger.*

Wasservergnügen pur

Ausflüge nördlich von Tampa und St. Petersburg

Caladesi Island State Park und Honeymoon Island State Park

Gegenüber dem kleinen, malerischen Ort Dunedin liegt **Caladesi Island**. Die Strände dieser unbewohnten Insel gehören laut „Dr. Beach" zu den saubersten und besten der USA, es gibt Wanderwege und Sanddünen, außerdem Picknickmöglichkeiten an schattigen Plätzen sowie gute sanitäre Einrichtungen (einschließlich Duschen). Man erreicht Caladesi Island lediglich über regelmäßige Fährverbindungen vom **Honeymoon Island State Park** aus, dessen wunderschöne Landschaften nicht nur den namensgebenden Flitterwöchlern, sondern allen Naturfreunden einen eigenen Besuch wert sein sollte. Anders als Caladesi ist Honeymoon Island mit dem Festland verbunden: Man fährt von Dunedin einige Meilen nach Norden und biegt dann in die SR 586 West ein. Nach ca. 2 Meilen ist Honeymoon Island erreicht. Hier verkehrt eine Fähre nach Caladesi Island (*http://caladesiferry.org*, ① (727) 734 5263, *$ 14 Erw./$ 7Kinder (6–12 J.)*) täglich im Stundentakt (*Mitte Febr.– Mitte Sept. halbstündlich, den Rest des Jahres stündlich ab 10 Uhr*).
Caladesi Island State Park: *www.floridastateparks.org/park/Caladesi-Island*, ① (727) 469 5918. Geöffnet von 8 Uhr bis Sonnenuntergang, Eintritt $ 8/Auto (2–8 Personen), $ 2 Fußgänger, Fahrradfahrer.
Honeymoon Island State Park: *www.floridastateparks.org/park/Honeymoon-Island*, (727) 469 5942, Geöffnet von 8 Uhr bis Sonnenuntergang, Eintritt $ 8/Auto (2–8 Personen), $ 2/Fußgänger, Fahrradfahrer.

Tarpon Springs

Anfahrt

- Von Tampa über die 580 und 586 zur US 19, dieser Straße nach Norden folgen (ca. 45 km).
- Von St.Petersburg/Clearwater Anschluss an die US 19 (ca. 35/55 km).

Schwamm-taucher aus der Ägäis

Das etwa 24.000 Einwohner zählende Städtchen wurde 1876 von A. P. K. Safford, einem ehemaligen Gouverneur Arizonas, gegründet. Als um die Jahrhundertwende die kleine Kolonie der Schwammtaucher von Key West dahinschwand, entdeckten Griechen diesen Flecken als Ausgangspunkt, um nach Schwämmen zu tauchen. John Corcoris rief seine Brüder aus Griechenland, weitere 13 Männer aus der Ägäis schlossen sich an. Mit kleinen Schonern fuhren sie hinaus und setzten dann Boote aus, um im flachen Gewässer mit Hilfe langer Stangen Schwämme einzusammeln. Später wagte man sich in tieferes Wasser vor.

Corcoris versah seine Leute mit Taucheranzügen und Kupferhelmen. Der Schwammhandel blühte und erwirtschaftete viele Millionen Dollar pro Jahr, aber 1940 war das Geschäft dahin: Die Schwammbetten wurden von befallen und starben ab. Jahre später trat dann der synthetisch hergestellte Schwamm seinen Siegeszug an – die Naturschwämme wurden zu teuer. Ab 1980 fand man wieder gesunde Schwämme und heute ist Tarpon Springs erneut führend im Handel mit natürlichen Schwämmen. An den Sponge Docks werden wöchentlich Auktionen abgehalten, um die Ernte bestmöglich auf dem Markt zu platzieren.

Ansonsten bestimmen Touristen das Ortsbild, denn Tarpon Springs weiß auch sein griechisches Erbe zu verkaufen. So kehrt man hier nicht immer in Restaurants

Fischerboote bei Tarpon Springs

ein, sondern oft in Tavernen mit Namen wie „Zorbas" oder „Mykonos", die griechisches Essen anbieten – besonders am Dodecanese Boulevard in Hafennähe. Statt an Hamburgern labt man sich hier bevorzugt an Keftedes und Tsatsiki. Auch sonst ist der Ort griechisch geprägt, jedermann scheint hier mit irgendjemandem verbrüdert oder verschwägert zu sein. Und natürlich: überall Schwämme!

Spongeorama/The Sponge Factory
Hier erfährt man alles über Schwämme und Schwammtaucherei (Ausstellung, Filme). Der Eingang in die Ausstellung führt durch einen großen Verkaufsraum, in dem Schwämme und andere Souvenirs verkauft werden. Von hier werden auch Manatee- und Delfintouren angeboten (① *(727) 365 8793 oder (727) 943 2164, http://spongeoramacruiselines.com*).
Spongeorama, *510 Dodecanese Blvd., Tarpon Springs, ① (727) 943 2164, http:// spongeorama.com, 10–18 Uhr (vorher anrufen).*

Tipp
Westlich der Tarpon Avenue am Ufer des Spring Bayou kann man in der Umgebung von viktorianischen Häusern manchmal Manatees beobachten.

St. Nicholas Greek Orthodox Cathedral
Die 1943 errichtete Kirche (*36 N. Pinellas Ave., www.epiphanycity.org*) wurde aus griechischem Marmor errichtet und ist eine Kopie der Hagia Sophia in Istanbul. Sie ist mit Ikonen und schönen Glasmalereien ausgestattet. Am 6. Januar findet das

Epiphany-Fest statt (Fest der Heiligen Drei Könige), zu dem auch der Erzbischof kommt. Er segnet die örtlichen Gewässer und wirft in den Spring Bayou ein Kruzifix, nach dem Jungen tauchen. Sie erhoffen dadurch besonderen Segen für sich und ihre Angehörigen.

Reisepraktische Informationen Tarpon Springs

Vorwahl: 727

i Informationen

Chamber of Commerce, 111 E. Tarpon Ave., ☎ (727) 937 6109, geöffnet Mo–Fr 9–17 Uhr, www.tarponspringschamber.com.

Übernachtung

Hampton Inn & Suites Tarpon Springs $$, 39284 U.S. Hwy 19 N., ☎ (727) 945 7755, http://hamptoninn3.hilton.com. Sauber, große Zimmer, guter Service, großer Pool, moderate Preise: Was will man mehr für eine Nacht auf der Durchreise? **Ashley's Victorian Haven B & B $$$**, 313 N. Grosse Ave., ☎ (727) 505 9152, www.ashleysvictorianhaven.com. Zwei Suiten (max. 4 bzw. 6 Personen) in einem wunderschönen historischen Haus. Freundliche Gastgeber, die gerne Tipps für die Gestaltung des Aufenthalts geben.

Innisbrook für Golffreunde

Golfer-paradies

Westlich von Tarpon Springs liegt ein wahres Paradies für Golffreunde mit zwei 18-Loch-Meisterschaftsplätzen sowie drei weiteren kleineren Plätzen. Der Anfänger hat die Gelegenheit, im The Innisbrook Golf Institute die Grundlagen dieses Sports ebenso erlernen, während der Erfahrene an seiner Abschlagtechnik arbeiten kann. Die fünf Golfplätze – The Copperhead, The Island Course, North Course, South Course und Fox Squirrel Course – liegen in einer bezaubernden, hügeligen Landschaft umgeben von Wäldern und Seen. The Copperhead wird im „Golf Magazine" zu den 100 weltbesten Plätzen gezählt. Das „Florida Golfweek Magazine" hat diese Anlage sogar zur besten in Florida gewählt. Die Gesamtanlage ist sehr großzügig und luxuriös angelegt. Es gibt 14 Tennisplätze, 6 Swimmingpools, Spezialprogramme für Kinder, erstklassige Restaurants.

Hotel-/Restaurantempfehlung Innisbrook

Westin Innisbrook Golf Resort $$$–$$$$, 36750 US 19 N, Palm Harbor, ☎ (727) 942 2000, www.innisbrookgolfresort.com. Das riesige Golfgelände verfügt über fünf Golfplätze, drei Greens zum Üben des Puttens, 14 Tennisplätze, 620 Suiten in 24 2-3-stöckigen Lodges. Es gibt fünf Restaurants, manche Suiten haben Küchenzeilen, sechs Pools (u. a. mit Wasserrutsche). Der Golfer braucht das Gelände nicht zu verlassen; er kann sich hier die Haare schneiden lassen, zur Reinigung gehen, ein Fahrrad mieten ... und wenn es beim „richtigen" Golf nicht klappt, sich auf Minigolf verlegen.

Weeki Wachee

Der lustig klingende Name leitet sich aus der Sprache der Creek-Indianer ab: „wekiwa" heißt Quelle und „chee" bedeutet klein. Die kristallklare Quelle (ganzjährig 72 Grad Fahrenheit = 22 Grad Celsius) speist einen Fluss, der 20 km weiter in den Golf von Mexiko mündet.

Es gibt zwei Attraktionen: Seit 1947 ist Weeki Wachee Schauplatz der **Show der** „Meer-
„Meerjungfrauen". Die Veranstaltung ist sicherlich kitschig, doch die halbstün- jungfrauen"
dige Vorführung lässt rätseln: Wo nehmen die Schönheiten die Luft her? Des Rätsels Lösung: An den verborgenen Seiten des Unterwasser-Theaters gibt es Schläuche mit Sauerstoff – und da verschwinden die Nixen zwischendurch, um Luft zu schöpfen. Das Ganze fordert hartes Üben: Bis man Wasserjungfrau wird, vergeht ein Training von 6–8 Monaten. Die Leichtigkeit, mit der die Nixen die Show absolvieren, ist durchaus beeindruckend. Außerdem gibt es hier drei Wasserrutschen und Schwimmgelegenheiten – im floridianischen Hochsommer ist es ein Genuss, in vergleichsweise kaltem und kristallklarem Wasser zu schwimmen. An einem schönen, weißen Strandabschnitt kann man sich ausruhen (**Buccaneer Bay** – gehört zum Komplex).

Die Anfänge gehen auf Newton Perry zurück, der Taucher bei der US Navy war und jungen Mädchen und Frauen beibrachte, mit Hilfe von Atemschläuchen möglichst lange Unterwassertänze usw. vorzuführen. Bald verkleidete er sie als Meerjungfrauen, und die „Weeki Wachee Mermaids" waren geboren! Ihren Vorführungen kann man heute hinter einer dicken Glasscheibe folgen. In etwa 6 m Tiefe führen sie – choreographisch geschickt unterstützt (der „Vorhang" besteht aus Luftblasen) – ihre Shows vor. Außerdem kann man hier interessante Tiershows sehen (u. a. mit Alligatoren, Schildkröten und Schlangen).
Weeki Wachee, *70 km nördlich von Tampa an der Kreuzung der US 19/SR 50 gelegen, 6131 Commercial Way, ② (352) 592 5656, www.weekiwachee.com, tgl. 9–17.30 Uhr, Vorführungen der Mermaids 12 und 15 Uhr (je nach Saison, vorher nachfragen), Erw. $ 13, Kinder (6–12 J.) $ 8 inkl. Bucaneer Bay.*

🛏 **Übernachtung**
Qualitiy Inn $$, *9373 Cortez Blvd., Weeki Wachee, ② (352) 596 9000. Einfache, saubere Unterkunft mit Pool, Frühstück inklusive. Direkt gegenüber dem Eingang zur Weeki Wachee.*

🍴 **Restaurant**
Bayport Inn, *4835 Cortez Blvd., Weeki Wachee, ② (352) 596 1088), www.bayportinnrestaurant.com. Das rustikale Restaurant mit Bar direkt am Wasser liegt mitten in der Natur. Auf der Karte steht fangfrisches Seafood, das ganz nach Wunsch zubereitet wird, außerdem Burger, Steaks etc. zu günstigen Preisen. In diesem Geheimtipp trifft man eher Einheimische als Touristen. Von der Holzveranda kann man mit etwas Glück sogar Alligatoren beobachten!*

6. ORLANDO UND UMGEBUNG

Auf dem Weg von Tampa nach Orlando

Streckenübersicht

Entfernung: Tampa – Orlando: ca. 140 km (mit Abstechern ca. 200 km).
Empfohlene Route: Von Tampa aus auf dem Interstate 4, der direkt nach Orlando führt (nach Walt Disney World Abzweigung US 192 West).
Übernachtung: Walt Disney World Area, Orlando oder Umgebung (s. S. 405 und 424).

Fantasy of Flight

Sein Gründer Kermit Weeks bezeichnet dieses auf einem ehemaligen Flugplatz eingerichtete Flugzeugmuseum als „World's Greatest Aviation Attraction". Zu sehen gibt es unzählige Flugzeuge, viele davon aus der Zeit vor dem Zweiten Weltkrieg. Leider hat Fantasy of Flights in den letzten Jahren seine Geschäftspolitik geändert und sich verstärkt auf die Ausrichtung privater Events konzentriert. Zwischenzeitlich war das Museum für die Öffentlichkeit gänzlich geschlossen, seit Anfang 2015 ist es saisonal an Wochenenden wieder geöffnet – allerdings auf deutlich kleinerer Fläche als zuvor. Aber Kermit Weeks hat bereits angekündigt, Größeres zu planen. Es bleibt also spannend.

Fantasy of Flights, *1400 Broadway Blvd., Polk City, ☎ (863) 984 3500, www.fantasy offlight.com, Erw. $ 12, Kinder (6–12 J.) $ 8. Das Museum ist nur saisonal (für 2015: ab 20. Nov. bis April 2016) und dann nur am Wochenende (Fr–So 11–15 Uhr) geöffnet, sofern keine private Veranstaltung stattfindet. Die konkreten Termine werden auf der Website veröffentlicht. Unbedingt vorher informieren!*
Anfahrt: vom Interstate 4 Exit 44, dann Richtung Polk City und Fantasy of Flight. An der nächsten Kreuzung links abbiegen, danach ¼ Meile (links).

Legoland Florida

Zweitgrößtes Legoland

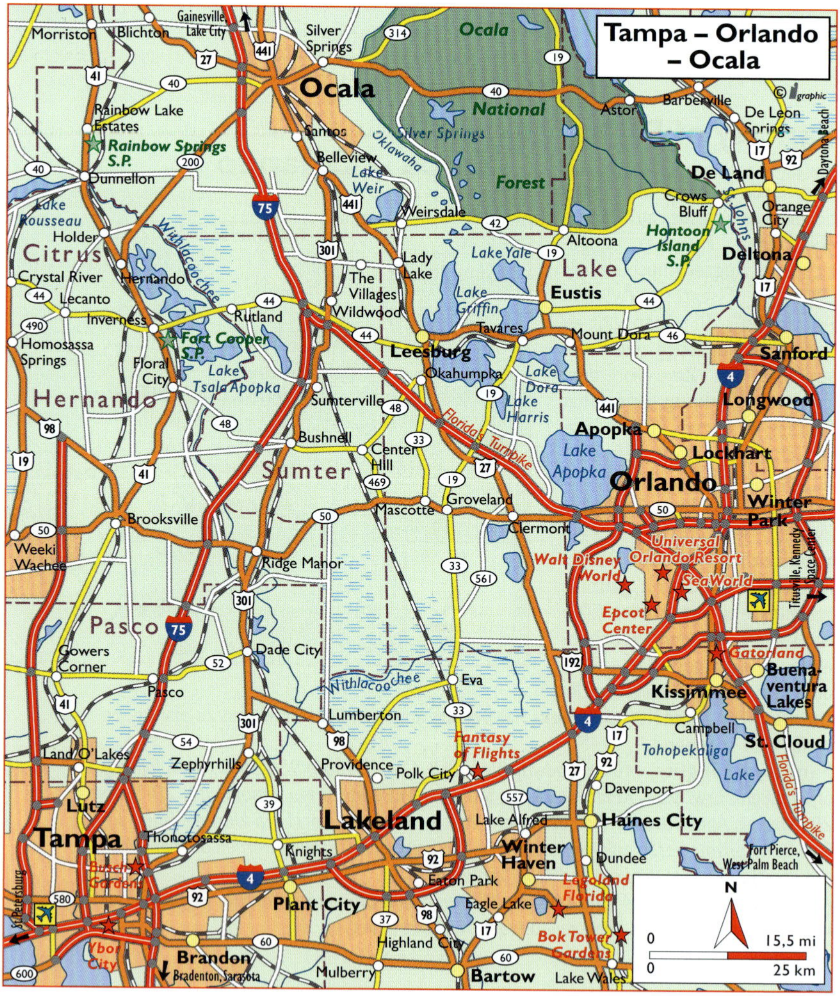

Der zweitgrößte Legoland-Park der Welt öffnete im Oktober 2011 seine Pforten. Er befindet sich auf dem Gelände des historischen Cypress Gardens Adventure Park in Winter Haven, der 2009 endgültig schließen musste. Neben Mini-Welten aus Legosteinen gibt es hier mehr als 50 Attraktionen, Fahrgeschäfte und Shows zu entdecken, die meist auf ein sehr junges Zielpublikum zugeschnitten sind. Angeschlossen ist dem Park der **Legoland Waterpark** mit vielen Rutschen und Spaßbecken. Für Familien mit Kindern bis etwa 10 Jahren kann der Park eine gute Alternative zu Disney und Co. darstellen. Allerdings: Wer vorher schon Disney World oder die Universal-Parks besucht hat, dem wird der Unterschied zu diesen über Jahrzehnte gewachsenen und gut geölten Service-Maschinerien auffallen.

Legoland Florida, *One Legoland Way, Winter Haven, ① (877) 350 5346, florida. legoland.com. Die Öffnungszeiten variieren je nach Saison stark, bitte vorher erkundigen. Auf der Website findet sich eine Übersicht. Der Park öffnet um 10 und schließt saisonabhängig zwischen 17 und 20 Uhr, im Herbst und Winter Di/Mi meist geschlossen. Erw. $ 89, Kinder $ 84, in Kombination mit dem Water Park $ 104/97. 2-Tage-Tickets $ 104/97, mit Water Park $ 119/112. Kombitickets mit den Attraktionen von I-Drive 360 in Orlando (s. S. 353) möglich.*

Bok Tower Gardens

Schon von weitem sieht man den aus rosa und grauem Georgia-Marmor und Florida-Kalkstein gebauten Bok Tower, dessen Fries verschiedene Szenen aus der typischen Tierwelt Floridas zeigt. Der Turm trägt den Namen seines Erbauers, dem amerikanischen Autor und Verleger Edward Bok. Hoch oben gibt es ein Geläut aus 60 Glocken, von denen die größte elf Tonnen wiegt! Berühmt ist der Bok Tower aber vor allem wegen der herrlichen Gartenanlagen: Von Dezember bis Ende März blühen Azaleen; Magnolien und Ka-

Die Tür des Bok Tower

melien kann man von November bis März bewundern; „Live Oaks" (Virginia-Eichen) und Palmen repräsentieren den typischen Baumbestand Floridas.

Bok Tower Gardens, *1151 Tower Blvd., Lake Wales, ① (863) 676 1408, www.bok towergardens.org. Nördlich von Lake Wales gelegen, vom I-4 Exit 55 auf die US 27 Richtung Süden, nach rechts auf CR 17 (Scenic Route), nach ¾ Meile links in die 17 A (Burns Ave.). Der Garten ist tgl. von 8 bis 18 Uhr, das Visitor Center von 9 bis 17 Uhr geöffnet, Glockenspiel-Konzerte (zumeist amerikanische Folklore) finden stets um 13 und 15 Uhr statt, zwischendurch werden kurze Melodien angespielt. Erw. $ 18, Kinder (5–12 J.) $ 8.* — *Glockenkonzerte und Blumenmärchen*

🛏 Übernachtungstipp

Three Oaks Bed & Breakfast $$$, *33 N. Lake Shore Blvd., Lake Wales, ① (836) 676 4470, www. threeoaksbedandbreakfast.vpweb.com. Unterkunft im Südstaatenstil inmitten eines schönen Gartens direkt am See. Ideale Ausgangslage für Ausflüge zu den Bok Tower Gardens, Legoland oder für Tandemtouren um den See. Umfangreiches Frühstück (fünf Gänge!).*

Orlando

 Entfernungen

Von Orlando nach

Kennedy Space Center ..45 mi/72 km   Miami........ 228 mi/367 km
Key West ....371 mi/597 km   Tampa....... 85 mi/137 km

Hinweis: Orientierung in und um Orlando

Den I-4 kann man als Leitlinie ansehen. Von ihm aus sind die wichtigsten Parks und Sehenswürdigkeiten gut ausgeschildert. Der **International Drive (I-Drive)** ist die Unterhaltungsmeile außerhalb von Walt Disney World und verläuft parallel zum I-4. Hier gibt es Hotels, Restaurants sowie Geschäfte und Einkaufszentren. Außerdem liegen hier einige der Themenparks, etwa die Universal Studios oder SeaWorld. Die Innenstadt von Orlando liegt weiter im Nordwesten.

Zeiteinteilung
Orlandos Innenstadt und das Umland werden oftmals unterschätzt. Das ist zwar etwas unfair, da auch diese einiges zu bieten haben, aber auch verständlich: Orlandos herausragende Attraktionen sind nunmal die Themenparks, allen voran Walt Disney World.

2 Tage:
Man sollte den Besuch vornehmlich auf **Walt Disney World** beschränken. Allein dafür sind zwei Tage bereits knapp. Wer trotzdem nur einen Tag durch WDW laufen und am zweiten Tag etwas anderes unternehmen möchte, dem sei ein Besuch der **Universal Studios** oder alternativ dazu – besonders, wenn man mit Kindern unterwegs ist – eines der Wasserparks empfohlen. Einen der Abende sollte man in eine **Dinnershow** gehen.

4 Tage:
Tage 1 + 2: Walt Disney World. Am besten überlegt man sich vorher, welchem Park man den Vorzug geben möchte (Magic Kingdom, Epcot, Hollywood Studios, Animal Kingdom, Wasserparks). Mehr als zwei davon sind kaum zu schaffen und auch dann gilt es, sich gezielt die interessanten Punkte herauszusuchen. Die beliebtesten Parks sind **Epcot** und **Magic Kingdom**.
Tag 3: Mindestens einen Tag braucht man für die Universal Studios. Auch hier sollte man den Besuch vorher planen. Abends kann man z. B. das Hard Rock Café besuchen.
Tag 4: Dieser Tag bietet sich schließlich an für die Alternativen Typhoon Lagoon (Wasserpark), Wet'n'Wild (Wasserpark) oder SeaWorld an. Am späteren Nachmittag vielleicht noch Shopping und am Abend ein Restaurant außerhalb der Themenparks aufsuchen.

Überblick

Orlando wirkt so neu, dass außer einigen Teilen der Innenstadt und dem Gebiet südlich davon kaum etwas älter als 30 Jahre zu sein scheint. Das Convention Center, die modernen Geschäfte und Restaurants am International Drive die immer neuen Attraktionen in und um die Themenparks und und und …

Orlando wurde erst im Verlaufe der Seminolenkriege (1835–1842) besiedelt. Benannt wurde die Stadt vermutlich nach einem während der Indianer-Kriege gefallenen Soldaten gleichen Namens. Lange Jahre befand sich die Stadt in einem Dornröschenschlaf als kleiner, zentraler Ort, umgeben von Orangenbaumhainen. Heute zählt Orlando selbst etwa 255.000 Einwohner, im Großraum leben gut 2,1 Mio. Menschen. Es waren die Entwicklung des Raumfahrtzentrums an der Atlantikküste (Kennedy Space Center) und dann viel stärker noch der Bau von Walt Disney World (WDW), die Stadt und Landschaft nachhaltig verändern sollten.

Die Infrastruktur ist mittlerweile ganz auf die Millionen von Touristen abgestellt. Rund 150.000 Hotelbetten stehen hier zur Verfügung, der **Internationale Flug-**

Redaktionstipps

▶ Die **Themenparks**, von denen Walt Disney World (WDW, S. 363), Universal Studios (S. 410), und SeaWorld (S. 415) die beeindruckendsten sind.

▶ Einkaufsbummel durch die riesigen **Orlando International Premium Outlets** (S. 428).

▶ Wer es beschaulicher mag: ein Besuch im mondänen Städtchen **Winter Park** (S. 355).

▶ **Das Hotel weit im Voraus** von Europa aus buchen. Besonders die Hotels in WDW sind frühzeitig ausgebucht.

▶ **Fortbewegung und Parken:** Alle Parks verfügen über riesige Parkplätze. Aufgrund der Platzgebühren und Verkehrsstaus kann die Fortbewegung mit Shuttle-Bussen sinnvoller sein.

Blick auf den International Drive

Willkommen in Orlando

hafen ist hochmodern und ausgezeichnet an Europa angebunden: Es gibt z. B. Nonstop-Flüge von Frankfurt aus. Neben Walt Disney World haben sich in der Umgebung von Orlando eine Vielzahl von Themen- und Wasserparks etabliert.

Die Hauptverkehrsachse bildet der Interstate 4, der die Innenstadt mit den Themenparks und Vergnügungskomplexen im Süden verbindet. Ganz gleich in welchem Teil der Stadt man sich bewegt: Es empfiehlt sich, sich für einen Tag nicht zu viel vorzunehmen und dem bunten Treiben mit Gelassenheit zu begegnen. Dabei sollte man auch nicht vergessen, die zahlreichen guten Restaurants zu genießen. Was die Themenparks angeht, ist es sicher besser, sich zwei bis drei davon vorher auszusuchen. Dazu gehört natürlich mindestens ein Park in Walt Disney World, auch wenn Universal mit seinen jüngeren Attraktionen stark aufgeholt hat. Unter den Wasserwelten hat sich v. a. Discovery Cove in jüngster Zeit zur Top-Empfehlung gemausert.

Generell ist davon abzuraten, das Basislager für den gesamten Floridaaufenthalt in Orlando aufzuschlagen, denn besonders in der Nebensaison sind die Hotels z. B. entlang der Space Coast (Titusville und Cocoa) oder in St. Petersburg z. T. um einiges billiger.

Attraktionen abseits der Themenparks

Downtown (1)

Die meisten Besucher kommen nicht bis in die Innenstadt Orlandos, obwohl es auch hier einiges zu sehen gibt. Die City selbst ist sehr sauber und gepflegt, um die Bürogebäude herum hat sich eine Reihe sehr guter Restaurants, aber auch einfacher Coffeeshops angesiedelt. Im Osten der Innenstadt liegt der **Lake Eola Park**, eine Oase aus sattem Grün und tiefem Blau inmitten der Wolkenkratzer. Im See liegt ein Springbrunnen, um das Ufer herum führt ein schöner asphaltierter Weg. Für Kinder gibt es einen Spielplatz und das Disney-Amphitheater ist Schauplatz vieler städtischer Events.

Ausgehviertel

Das Leben in der Innenstadt spielt sich vor allem links und rechts der North Orange Avenue ab. Die Ausgeh-Zone um die historische **Church Street Station** (*www.churchstreetdistrict.com*) befindet sich nach Jahren des Umbruchs und Umbaus wieder im Aufwind, viele neue Geschäfte und Restaurants wurden eröffnet. Konzerte, Festivals und Messen sorgen für neuen Schwung im historischen Viertel. Dazu trägt auch die Veranstaltungshalle **Amway Center** bei, in der neben den Spielen des Basketballteams Orlando Magic auch Konzerte und andere Veranstaltungen stattfinden. Auf der anderen Seite der N. Orange Ave., unweit des Lake

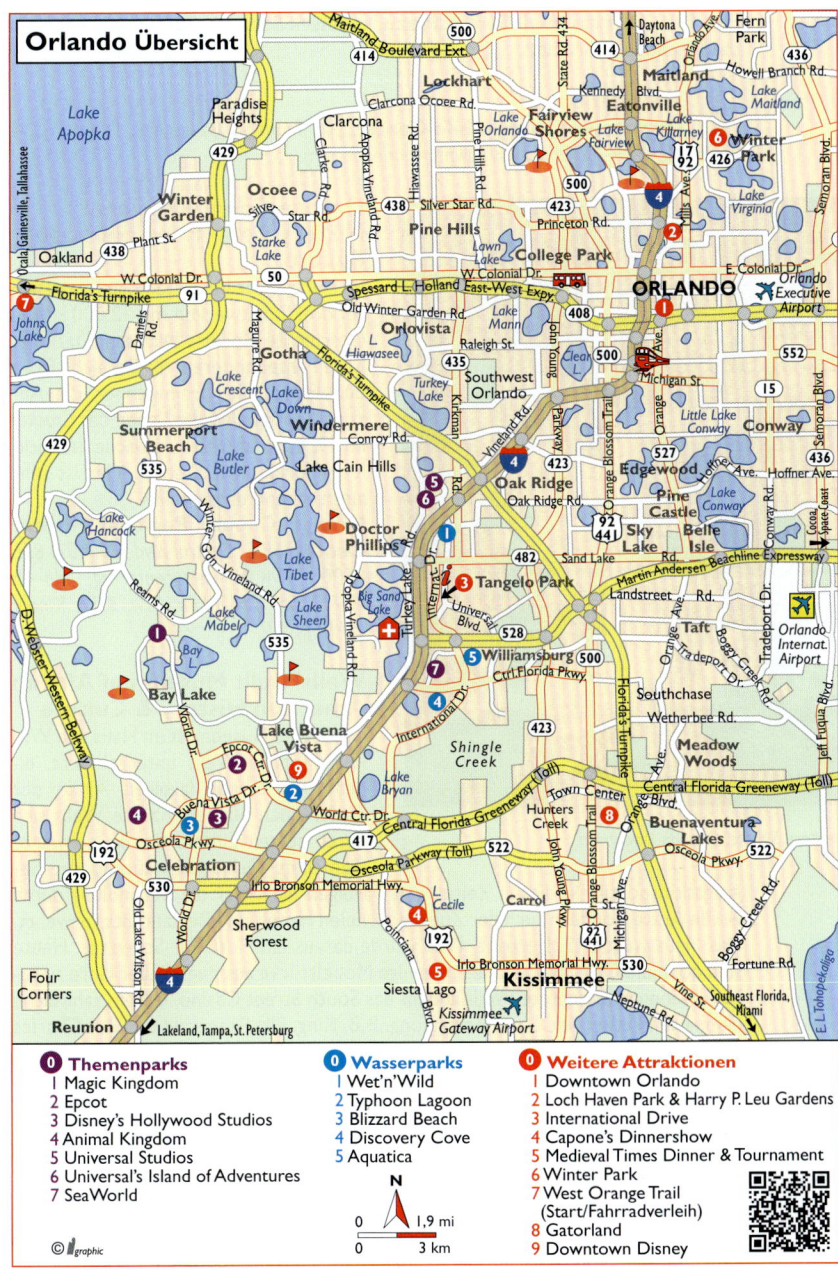

Orlando Übersicht

Themenparks
1 Magic Kingdom
2 Epcot
3 Disney's Hollywood Studios
4 Animal Kingdom
5 Universal Studios
6 Universal's Island of Adventures
7 SeaWorld

Wasserparks
1 Wet'n'Wild
2 Typhoon Lagoon
3 Blizzard Beach
4 Discovery Cove
5 Aquatica

Weitere Attraktionen
1 Downtown Orlando
2 Loch Haven Park & Harry P. Leu Gardens
3 International Drive
4 Capone's Dinnershow
5 Medieval Times Dinner & Tournament
6 Winter Park
7 West Orange Trail (Start/Fahrradverleih)
8 Gatorland
9 Downtown Disney

N

0   1,9 mi
0   3 km

© graphic

Eola Park, liegt das **Wall Street Plaza**, in dessen Bars und Restaurants ebenfalls das Nachtleben brummt.

ℹ Informationen
Downtown Orlando Info Center, *201 South S. Orange Ave.*, ☎ *(407) 254 4636, Mo–Fr 9–17 Uhr, www.downtownorlando.com.*

Heritage Square, Orlando Downtown

Orange County Regional History Center and Heritage Square

Im Herzen der Innenstadt kann man sich auf drei Stockwerken mit 12.000 Jahren Geschichte Floridas befassen. Dazu gehören unter anderem die Bereiche Flora und Fauna, die Ureinwohner, die Ankunft der Spanier, das Leben der *Cracker* im 19. Jh., und die touristische Entwicklung Floridas vor Disney. Alles ist sehr ansprechend dargestellt.
Orange County Regional History Center, *65 E. Central Blvd.*, ☎ *(407) 836 8500, www.thehistorycenter.org, Mo–Sa 10–17, So 12–17 Uhr, Erw. $ 12, Kinder (5–12 J.) $ 9.*

Wells' Built Museum of African American History & Culture

Das kleine Museum ist im Haus von William Monroe Wells untergebracht, einem der ersten farbigen Ärzte der Stadt. Einen Namen machte Wells sich durch seinen Einsatz für die schwarze Gemeinde Orlandos während der Segregationspolitik. In diesen Zeiten war Farbigen nicht nur die Behandlung durch weiße Ärzte, sondern auch der Zugang zu vielen Hotels und Restaurants verwehrt. Das Haus wurde 1921 erbaut, 1926 wurde daraus ein Hotel für Schwarze. Heute sind noch die Original-Fassade und einige Möbelstücke aus den 1920er Jahre zu sehen. Nebenan errichtete Wells zudem das South Street Casino, in dem zahlreiche namhafte Musiker wie Louis Armstrong, B.B. King, Ella Fitzgerald und Ray Charles auftraten. Das Casino wurde 1987 abgerissen. Das Museum zeigt zahlreiche Dokumente zur afroamerikanischen Geschichte.
Wells' Built Museum, *511 S. W. St.*, ☎ *(407) 245 7535, www.wellsbuiltmuseumof africanamericanhistoryandculture.org, Mo–Fr 9–17 Uhr, Erw. $ 5, Kinder (4–13 J.) $ 2.*

Loch Haven Park & Harry P. Leu Gardens (2)

Nördlich der Innenstadt liegt in einer schönen Seenlandschaft der Loch Haven Park. In der von schattenspendenden Bäumen durchzogenen Parklandschaft schlägt das kulturelle Herz der Region. Hier gibt es Kunstmuseen und klassische Theater, die eine ruhige Alternative zu den bunten Themenparks am anderen Ende der Stadt bieten.

Orlando Museum of Art

Das Kunstmuseum verfügt über umfangreiche Sammlungen zu den Themen Afrikanische Kunst, Amerikanische Kunst (18.–20. Jh.) und Kunst der Ureinwohner des gesamten amerikanischen Kontinents von 2000 v. Chr. bis ins 16. Jh. Außerdem werden interessante Wechselausstellungen gezeigt.

Orlando Museum of Art, *2416 N. Mills Ave., ② (407) 896 4231, www.omart.org, Di–Fr 10–16, Sa/So 12–16 Uhr, Erw. $ 10, Kinder (4–17 J.) $ 5.*

Mennello Museum of American Art

Das Museum beherbergt eine permanente Ausstellung des amerikanischen Folk Artist Earl Cunningham (1893–1977) sowie Wechselausstellungen amerikanischer Künstler.

Mennello Museum, *900 E. Princeton St., ② (407) 246 4278, www.mennellomuseum. org, Di–Sa 10.30–16.30, So 12–16.30 Uhr, Erw. $ 5, Kinder (bis 18 J.) Eintritt frei.*

Orlando Science Center

Museum mit vielen technischen „Ausprobierstationen" für die Kleinen, zudem gibt es unter anderem ein Planetarium, Dinosaurierskelette und ein Terrarium mit Alligatoren.

Orlando Science Center, *777 E. Princeton St., ② (407) 514 2000, www.osc.org, So–Do 10–17, Fr/Sa 10–21 Uhr, Erw. $ 27, Kinder (3–11 J.) $ 18.*

Zudem liegen in Loch Haven Park das **Orlando Shakespeare Theater** *(812, E. Rollins St., ② (407) 447 1700, www.orlandoshakes.org)* und das Familientheater **Orlando Repertory Theatre** *(1001 E. Princeton St., ② (407) 896 7365, www.orlando rep.com).*

Harry P. Leu Gardens

Gegenüber des Loch Haven Park, am südlichen Ufer des Lake Rowena, liegt dieser Botanische Garten. Angelegt wurde er von Harry P. Leu und seiner Frau, die von ihren zahlreichen Reisen Pflanzen aus aller Welt mit nach Florida brachten. Ein insgesamt fünf Kilometer langer Weg führt unter anderem zu einer großen Kamelien-Sammlung, dem größten Rosengarten Floridas, einem Kräutergarten und einem Schmetterlings-Zoo. In der Mitte steht das restaurierte Haus der Leus, das nun als Museum dient. Alles in allem eine sehr entspannte Angelegenheit.

Harry P. Leu Gardens, *1920 N. Forest Ave., ② (407) 246 2620, www.leugardens. org, Museum 10–16 Uhr (stdl. Führungen, im Juli geschlossen), Garten tgl. 9–17 Uhr, Erw. $ 10, Kinder (4–12 J.) $ 3.*

International Drive (3)

Schon der Name verheißt Bombastisches: International Drive, das klingt groß, das klingt wichtig. Darunter macht man es nicht in Orlando. Die Straße, gerne auch als **I-Drive** bezeichnet, verdankt ihre Existenz einzig und allein den

Themenparks und dem einhergehenden touristischen Aufstieg Orlandos seit den 1960er Jahren. Mit den Universal Studios und den SeaWorld-Parks (SeaWorld, Discovery Cove und Aquatica) liegen entlang der insgesamt gut 18 km langen Straße die wichtigsten Themenparks außerhalb des Walt Disney World Resort. Außerdem befinden sich hier der Wasserpark Wet'n'Wild sowie zahlreiche Restaurants, Boutiquen, Malls, Outlets und teils abstruse Shows und Ausstellungen. Doch auch wenn sich die wirklich interessanten Punkte auf wenigen Kilometern reihen, zum Flanieren eignet sich die palmenbestandene Magistrale kaum. Dafür ist sie dann doch etwas zu überdimensioniert.

Infos: *International Drive Resort Area/I-Drive Improvement District, 7081 Grand National Dr., Suite 105, ☎ (407) 248-9590, www.internationaldriveorlando.com*

Wet'n'Wild

 Tipps für den Besuch mit Kindern

Rechtzeitig kommen. Der Park hat nicht viele Grünflächen, wer zu spät kommt, muss sein Lager an einem weniger attraktiven Punkt aufschlagen.
Es gibt **ausreichend Fachpersonal (Life Guards)**, welches an den einzelnen Becken auf die Kleinen achtet – was einen selbst aber nicht von der Aufsichtspflicht entbindet.
Die angebotenen Snacks erreichen nur Fastfood-Niveau. Ggf. sollte man etwas zu essen mitbringen. Glasflaschen und Alkohol sind verboten!

Musikevents und Badespaß

Auch heute noch empfiehlt sich dieser 1977 eröffnete Park in Orlando als ein Ziel für abenteuerhungrige Wasserratten. Auf engstem Raum winden sich die Wasserrutschen, wogen die Wellen und ziehen im Sommer Konzerte, Beachpartys und lateinamerikanische Musikveranstaltungen besonders die Teenager an. Wet'n'Wild ist also in keiner Weise langweilig, wenn auch im äußeren Erscheinungsbild weniger attraktiv als die neueren Wasserparks etwa in Disney World. Für kleinere Kinder sind die anderen Wasserparks in Orlando aber besser geeignet.

Gegründet wurde der Park übrigens von dem 2006 verstorbenen George D. Miller, einem der findigsten Köpfe im Geschäft der Wasserthemenparks. Miller hatte in den 1960er-Jahren die Idee für die SeaWorld-Parks entwickelt, bevor er sich ganz auf reine (Wasser-)Spaßparks konzentrierte. Wet'n'Wild war der erste Park dieser Art überhaupt. Inzwischen sind seine Tage jedoch gezählt: Für Ende 2016 ist die endgültige Schließung angekündigt. Universal will 2017 in der Nähe einen neuen Water Park namens Volcano Bay eröffnen. **Wet'n'Wild,** *6200 International Dr., ☎ (407) 351 1800, www.wetnwildorlando.com. Anfahrt: International Dr./Ecke Universal Blvd.* **Öffnungszeiten:** *Der Park öffnet 9.30/10 Uhr und schließt zw. 17 und 21 Uhr. Aktuelle Öffnungszeiten bitte erfragen oder der Website entnehmen.* **Eintritt:** *$ 57, Kinder (3–9 J.) $ 52. Parken $ 13, zudem können Zusatzkosten entstehen durch das Ausleihen von Handtüchern, Schläuchen für die Rutschen oder eines Schließfachs.*

I-Drive 360

In dem im Mai 2015 eröffneten Unterhaltungskomplex des Legoland-Betreibers Merlin Entertainments gibt es einige Restaurants und Shopping-Möglichkeiten. Außerdem finden sich hier u. a. eine Filiale von Madame Tussauds Wachsfigurenkabinett und das Sea Life Aquarium mit einem gläsernen 360-Grad-Tunnel durch den (künstlichen) Ozean. Herzstück und eigentliche Attraktion ist aber das **Orlando Eye**, ein 122 m hohes Riesenrad, von dem man einen fantastischen Panoramablick über Zentralflorida genießt. *Orlando von oben*

I-Drive 360, *8445 International Dr., ☺ (1-866) 228 6438, www.i-drive360.com.* **The Orlando Eye**, *www.officialorlandoeye.com, 10–24 Uhr;* **Madame Tussauds**, *www.madametussauds.com/Orlando. 10–24 Uhr;* **Sea Life Aquarium**, *www.visitsealife.com/orlando, 10–22 Uhr. Eintritt jeweils Erw. $ 25, Kinder (3–12 J.) $ 20, Kombitickets (auch mit Legoland) und Internetbuchung günstiger.*

Titanic: The Artifact Exhibition

Die 2012 neu gestaltete und umbenannte Titanic-Ausstellung lässt Besucher nacherleben, wie es auf dem 1912 gesunkenem Ozeanriesen zugegangen ist. Schauspieler in zeitgemäßen Kostümen führen durch das originalgetreu nachgebaute Interieur des Schiffs, außerdem gibt es ein drei Tonnen schweres Wrackteil zu sehen, das größte, das je geborgen wurde.

Titanic: The Artifact Exhibition. *7324 International Dr., (407) 248 1166, www.premierexhibitions.com/exhibitions/3/3/titanic-artifact-exhibition. Tgl. ab 10, Schlusszeiten saisonabhängig zwischen 18 und 21 Uhr, Erw. $ 22, Kinder (5–11 J.) $ 16.*

Ripley's Believe it or Not!

Das Konzept von „Ripley's Believe it or Not!" scheint noch aus Zeiten zu stammen, in denen Freakshows mit bärtigen Frauen durch die Lande zogen. Tatsächlich entstand die Museumskette im Nachhall der Weltausstellung 1933 in Chicago, auf der Robert Ripley seine Sammlung erstmals in einem *Odditorium* (von *odd* = seltsam) präsentierte. Zu sehen gibt es Skurriles und Makabres wie Schrumpfköpfe oder eine authentische Vampirjägerausrüstung. Die Preise mögen nicht ganz günstig sein, aber wer das Absurde und Erstaunliche mag, ist hier an der richtigen Adresse. Seltsam ist auch das Gebäude selbst: Es scheint in ein Loch zu fallen. *Kuriositätenkabinett*

Ripley's Believe it or Not!, *8201 International Dr., ☺ (407) 345 0501, www.ripleys.com/orlando. Tgl. 9–24 Uhr, Erw. $ 20, Kinder (4–12 J.), $ 13.*

WonderWorks

Architektonisch setzt WonderWorks noch einen auf Ripley's drauf. Statt zu versinken steht das pseudoneoklassizistische Gebäude gleich auf dem Kopf – und macht damit deutlich wie es im Inneren zugeht. Hier gibt es einen Indoor-Kletterpark, eine Laser-Tag-Halle und allerlei quasi-wissenschaftliche Erfahrungsstationen, vom Erdbebensimulator bis hin zur Teslaspule. Alles sehr überdreht – etwas ältere Kinder werden es lieben.

WonderWorks, *9067 International Dr., ☺ (407) 351 8800, www.wonderworksonline.com. Tgl. 9–24 Uhr. Erw. $ 27, Kinder $ 21, inkl. Laser Tag $ 30/24, zzgl. Steuern.*

Dinnershows

Dinnershows sind typisch für Orlando. Wie das Wort bereits verrät, beinhalten sie zwei Dinge: Abendessen und eine Show. Die Shows reichen von einfacher Comedy bis zu aufgeblasenen Events mit typisch amerikanischem Charakter mit säbelrasselnden Piraten oder wagemutigen Rittern. Das Dinner selbst ist meist in Ordnung, bietet aber keine besonderen Höhenflüge. Dafür sind die Getränke manchmal inklusive. Man kann aber nicht auf das Essen verzichten, es ist Bestandteil der Show.

Am International Drive

Wie es sich für die Vergnügungsmeile der Stadt gehört, liegen viele Veranstaltungsorte am International Drive im Süden Orlandos. Eine der aufwendiger gestalteten Shows ist das amüsante **Pirate's Dinner Adventure** in einer Nachbarstraße. Hier sitzen die Gäste, aufgeteilt auf Zuschauerschiffe, rund um eine künstliche Lagune, in der ein altes Segelschiff ankert. Jede Gruppe unterstützt ihren Piraten dabei, die schöne Prinzessin zu retten. Auf der eher lustigen Seite steht die **Outta Control Dinner Show** von WonderWorks. Zum All-you-can-eat-Büffet (Pizza, Salat, Popcorn, Wein und Bier) gibt es hier eine interaktive Ein-Mann-Comedy-Show mit Musik und Magie. Lustig ist auch **Sleuth's Mystery Dinnershow**, obwohl hier während des Abendessens ein Mord geschieht. Es ist die Aufgabe des Publikums, den Täter zu entlarven. Im gleichen Gebäude findet freitags die beliebte **Mama's Comedy Show** statt. Bei dieser gibt es aberwitziges Improvisationstheater, aber nichts zu essen.

Krimi, Comedy und Büffet

Pirate's Dinner Adventure *6400 Carrier Dr., ☏ (407) 206 5102 u. (1-800) 866 2469, www.piratesdinneradventure.com. Erw. $ 66, Kinder (3–11 J.) $ 40, So–Do 19.30, Fr 11.30 u. 20.30, So 20.30 Uhr.* **Outta Control Dinner Show** *9067 International Dr., ☏ (407) 351 8800, www.outtacontroldinnershow.com, Erw. $ 30, Kinder (4–12 J.) $ 20, tgl. 18 u. 20 Uhr.* **Sleuth's Mystery Dinner Show,** *8267 International Dr., ☏ (407) 363 1985 u. (1-800) 393 1985, www.sleuths.com. Erw. $ 60, Kinder (3–11 J.) $ 29, tgl. 19.30 Uhr.* **Mama's Comedy Show,** *Adresse und ☏ wie Sleuth's, www.mamas comedyshow.com. Fr 22 Uhr, $ 10, jeder weitere Besuch $ 5, für Kinder nicht empfohlen.*

> ☞ **Hinweis**
>
> *Bei den meisten Anbietern gibt es einen Discount, wenn man das Ticket bereits vorab im Internet ordert. Reservierungen sind ohnehin meist empfehlenswert. Alle angegebenen Preise zzgl. Steuern!*

In Kissimmee

Orlandos südliche Nachbarstadt Kissimmee ist von Disney World nicht weiter entfernt als Orlando selbst. So erstaunt es nicht, dass man auch hier an der Show- und Glitzerwelt teilhat. Im Mittelpunkt der **Capone's Dinnershow (4)** stehen der berühmte Chicagoer Gangsterboss und das All-you-can-eat-Büffet. Die Location ist eine finstere Bar aus der Prohibitionszeit. Bevor man die riesige Burganlage von **Medieval Times Dinner & Tournament (5)** inmitten der Shopping- und Hotelmalls entlang des US 192 betritt, kann man – für einen zu entrichtenden Sonderbeitrag – das angeschlossene mittelalterliche Dorf besichtigen. Bei der Show

Ab ins Mittelalter

wird ebenfalls eine Mittelalterstory mit zahlreiche Reiterkunststücken aufgeführt, gegessen wird mit den Händen.

Capone's Dinnershow *4740 W. Irlo Bronson Memorial Hwy. (Hwy. 192), Kissimmee,* ☏ *(407) 397 2378, www.alcapones.com. Tgl. 20.00, Mitte Juni bis Mitte Aug. 19.30 Uhr, Erw. $ 64 Kinder (4–12 J.) $ 40.* **Medieval Times Dinner & Tournament**, *4510 W. W. Vine St., Kissimmee,* ☏ *(1-866) 543 9637, www.medievaltimes. Je nach Saison 18 u. 20.30 oder 19 Uhr, Erw. $ 63, Kinder (3–12 J.)*

In Walt Disney World

Auch Walt Disney World bietet verschiedene Dinnershows, die sich teilweise ändern. Zzt. läuft die **Spirit of Aloha Dinner Show** im Polynesian Resort. Artisten und Hula-Tänzerinnen treten im Südsee-Ambiente auf. Dazu gibt es Seafood und orientalische Küche. Im Fort Wilderness Resort läuft die **Hoop-Dee-Doo Musical Revue** mit Kabarett, Wild-West-Tänzen und ebenfalls All-you-can-eat-Angebot mit typisch amerikanischem Essen wie Spare Ribs, Hühnchen, gebackenen Bohnen etc. Noch bodenständiger geht es im gleichen Resort bei **Mickey's Backyard BBQ** zu, bei dem man mit Micky, Minnie und Co. tanzen und einen Grillabend verbringen kann.

Reservierung *(bis 180 Tage im Voraus möglich), Infos und Zeiten unter* ☏ *(407) 939 3463, www.disneyworld.com. Erw. ab $ 61/59/30, Kinder (3–9 J.) ab $ 34. Preise inkl. Steuern.*

Ausflüge von Orlando aus

Winter Park – Kleinod in Zentralflorida (6)

Winter Park grenzt an die nördlichen Teile Orlandos. Der mehr als 100 Jahre alte Ort mit rund 29.000 Einwohnern strahlt Gediegenheit und Eleganz aus. Die eher europäisch anmutenden Restaurants, Bars, Boutiquen und Fachgeschäfte auf der Park Avenue machen die besondere Atmosphäre des Ortes aus. Zentral in Winter Park liegt inmitten schöner Parkanlagen der hübsche Bahnhof, den man fast übersieht. Durch die Siedlungen ziehen sich kleine gewundene Straßen, die oft von mit Spanischem

Idylle in Winter Park

Entspannend: mit dem Boot durch die Kanäle

Moos behangenen Eichen- und Kampferbäumen gesäumt sind. Den besten Eindruck bekommt man bei einer **Bootsfahrt**: An kleinen Seen, die durch malerische Kanäle verbunden sind, liegen vornehme Villen und kleine Schlösser, die den Reichtum widerspiegeln.

Scenic Boat Tours, *312 E. Morse Boulevard, (Seitenstraße, die von der Park Ave. abzweigt), ① (407) 644 4056 www.scenicboattours.com. Bietet von 10 bis 16 Uhr stündlich informative Touren auf kleinen Pontoon-Booten an, Erw. $ 12 Kinder (2–11 J.) $ 6.*

In Winter Park finden sich einige der weniger bekannten **Museen** im Großraum Orlando:

Albin Polasek Museum & Sculpture Gardens

Im Herzen von Winter Park liegt direkt am Lake Osceola das Haus des tschechisch-amerikanischen Bildhauers Albin Polasek. In den Gärten, Galerien und Wohnräumen finden sich rund 200 Werke des wenig bekannten, aber sehr produktiven Künstlers.

Albin Polasek Museum, *633 Osceola Ave., Winter Park, ① (407) 647 6294, www.polasek.org. Di–Sa 10–16, So 13–16 Uhr, der Eintritt zu den Gärten ist frei, Galerie und Haus $ 5 (im Juli/August geschlossen, im Sommer am besten vorher anrufen und Öffnungszeiten erfragen).*

Polasek Museum

Charles Hosmer Morse Museum of American Art

Hier befindet sich die weltweit größte Sammlung der bunten Glasfenster von Louis Comfort Tiffany (1848–1933), zudem zahlreiche weitere Stücke von ihm und Werke anderer amerikanischer Künstler von Ende des 19. bis Anfang des 20. Jh.
Charles Hosmer Morse Museum, *445 North Park Ave., ☉ (407) 645 5311, www. morsemuseum.org. Di–Sa 9.30–16, So 13–16 Uhr, Erw. $ 5 Kinder (bis 12 J.) Eintritt frei.*

Cornell Fine Arts Museum

Das Museum auf dem Campusgelände des Rollins College bietet eine interessante Auswahl von Gemälden und dekorativer Kunst aus allen Epochen, zudem einen schönen Blick auf den Lake Virginia.
Cornell Fine Arts Museum, *Rollins College, 1000 Holt Ave., ☉ (407) 646 2526, www.rollins.edu/cfam, Di–Fr 10–16, Sa/So 12–17 Uhr, Eintritt frei.*

Winter Park Historical Association and Museum

Das schmucke kleine Museum im Farmer's Market informiert über die Geschichte Winter Parks und bietet eine Karte die einen Rundgang zu den historischen Gebäuden und Plätzen der Stadt beschreibt.
Winter Park Historical Association and Museum, *200 W. New England Ave., ☉ (407) 647 2330, www.wphistory.org. Di–Fr 10–16, Sa 9–13 Uhr, Eintritt frei.*

🍴 Restauranttipp

Park Plaza Gardens: *319 Park Ave. S., Winter Park, ☉ (407) 645 2475, www. parkplazagardens.com. Sehr gute moderne amerikanische Küche mit mediterranem Einschlag. Ganztägig geöffnet, mit Café. Sonntags gibt es Brunch ab 11 Uhr.*

West Orange Trail (7)

Auf Floridas Straßen fahrradzufahren ist sicherlich nicht jedermanns Sache (und auch nicht wirklich zu empfehlen). Das Fahrradfahren auf besonders ausgeschilderten **Trails** ist dagegen sehr beliebt.

Auch unweit von Touristenzentren gibt es Dutzende idyllische Wege, zum Beispiel im Norden von Orlando: der **West Orange Trail**, insgesamt 22 Meilen lang. Der vier Meter breite, durchgängig asphaltierte Weg ist sehr bequem zu befahren; die Ausschilderung ist beispielhaft, und unterwegs gibt es alle Nase lang Stationen zum Ausruhen und Picknicken. Beginnen kann man die Tour an

Auf dem West Orange Trail

der Killarney Station. Bei West Orange Trail Bikes and Blades (Kontakt s. u.) kann man sich das Rad ausleihen. Dann geht es geht in östliche Richtung und bald überquert man auf der Fahrradbrücke den Florida's Turnpike und taucht in eine ruhige Landschaft mit Siedlungen und netten Häuschen ein. Schon nach zwei Meilen erreicht man Oakland. Hier ist alles sehr idyllisch: das alte Townhouse, das Post Office, der Brunnen – herrliche Fotomotive mit wunderschönen alten Eichenbäume und ihrem Spanischen Moos.

Zwischen Meile fünf und sechs erreicht man das alte Städtchen Winter Garden. Der Trail läuft in der Mitte der Straße, umrahmt von tropisch anmutender Vegetation und rechts und links liegen verlockende Cafés und Restaurants. Allerdings sollte man sich diese für den Rückweg aufsparen, denn jetzt wird's Ernst: Dass Florida nicht gänzlich flach ist, merkt man spätestens jetzt.

Bei Meile 14 (hier überquert man die SR 435) taucht plötzlich ein buddhistischer Tempel auf – unbedingt anschauen! Nun sind es nur noch fünf Meilen nach Apopka, dem Endpunkt des Trails. Zum Teil fährt man hier lange, schattige Laub-alleen entlang. Und dann ist das Ziel erreicht – nach knapp zwei Stunden ge-mütlicher Fahrt. Kurz vor der Apopka Station darf man sich nun stärken. Im Restaurant „The Catfish Place" genießt man Salate oder Fisch. Zurück geht's oft bergab und in Winter Garden bie-tet sich The Attic Door für ein kühles Getränk an. Die letzten fünf Meilen vergehen nun schnell und nach insgesamt rund sechs Stunden inklusive Fotostopps und Rast kann man auf einen wunderschönen Tag *off the bea-ten track* zurückblicken.

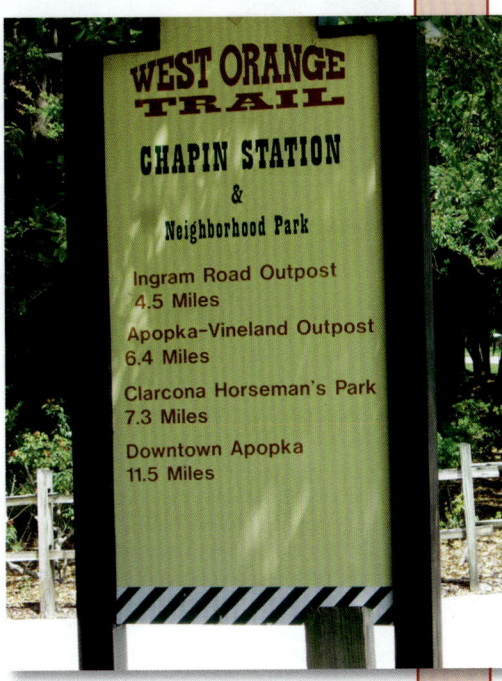

Alles ist gut ausgeschildert

West Orange Trail Bikes and Blades, *17914 State Road 438, Winter Garden, ☎ (407) 877 0600, www.orlandobikerental.com. Mie-te und Anlieferung von Fahrrä-dern zu Hotels möglich, Preis: ab $ 7 pro Stunde und $ 30 pro Tag.*
The Catfish Place – Seafood Restaurant, *311 S. Forest Ave., Apopka, ☎ (407) 889 7980, www. mycatfishplace.com. So u. Mo geschl.*
The Attic Door, *28 W. Plant St., Winter Garden, ☎ (407) 877 0266, www.jrsatticdoor.com. Di-Sa ab 16, So 11–16 Uhr, Mo geschl.*

Gatorland (8)

Als Owen Godwin Sr. 1949 Gatorland eröffnete, war Orlando noch ein unbedeu-tender Fleck auf der Landkarte und Walt Disney bloß ein Zeichentrickfilmprodu-zent im fernen Hollywood. Damals nannte sich der Park noch „Snake Village und Alligator Farm". Im Laufe der Jahre wurde zwar immer wieder erweitert, doch ist der alte Charme erhalten geblieben. Gatorland kann man nicht vergleichen mit Disney World, Universal Studios oder SeaWorld; der Begriff Themenpark mag et-was übertrieben klingen, aber immerhin befindet sich hier auch eine große Alliga-torenfarm. Der zugängliche Parkbereich bildet nur einen Teil des gesamten Kom-plexes.

5.000 Alligatoren

Eingang zum Gatorland

Alligatorenkämpfe Der Park liegt weit im Süden von Orlando und ist 23 ha groß, wovon ein Teil aus einem Sumpfgebiet besteht, in dem die Alligatoren aufgezogen werden. Hauptattraktionen aber sind die kleinen Shows, wie z. B. das „Alligator Wrestling", die Fütterungen sowie die Vorführungen verschiedener Schlangenarten. Dass es auch Rehe, Affen und andere Tiere zu sehen gibt, sei nur nebenbei bemerkt. Für Kinder bietet sich eine Fahrt mit der **Miniatureisenbahn** durch den Park an. Mehr Action verspricht die **Screamin' Gator Zip Line**, an der man in teilweise beachtlicher Höhe über das Parkgelände hinwegfliegt.

Insgesamt sollte man aber nicht zu viel erwarten. Der Park ist klein und eben etwas betagt. Wer sich jedoch für Alligatoren und Schlangen interessiert, ist hier richtig und kann ein paar schöne Stunden erleben. Wer aber Themenparks mit Spannung, Action und den neuesten Achterbahnen bevorzugt, kann sich den Weg hierher sparen.

 Übrigens …

Im Gatorland wurden auch mehrere bekannte Filmszenen gedreht, so z. B. für „Indiana Jones", „Survival" und „Die letzten Dinosaurier".
Wissenswertes über Alligatoren und Amerikanische Krokodile auf S. 188 (Everglades National Park).

Hinter der Anlage befindet sich das **Marschgebiet**, in dem die Alligatoren gehalten werden, um sich zu vermehren. Etwa 25 Männchen und 100 Weibchen sind hierfür ausgesetzt. Ein Steg **(Marsh Walk)** führt über das Sumpfgelände und

zahlreiche Tafeln erläutern Tier- und Pflanzenwelt der Everglades von Florida. Vom **Observation Tower** hat man einen guten Überblick auf das Gelände.
Gatorland, *14501 South Orange Blossom Trail (US 441), Orlando, ☎ (407) 855 5496, www.gatorland.com. Anfahrt: I-4 East Richtung Disney, am Exit 62 ab auf den Central Florida Greeneway (417, Maut), dann am Exit 11 auf den South Orange Blossom Trail (US 441). Öffnungszeiten: tgl. 10–18 Uhr. Eintritt: $ 27, Kinder (3–12 Jahre) $ 19.*

Hontoon Island State Park

Man muss zwar etwas weiter raus, aber abseits des Disney-Trubels lässt sich auch von Orlando aus die Wildnis Floridas erleben. Rund 45 Meilen nördlich von Orlando liegt zwischen drei Flüssen der Hontoon Island State Park. Schon die Anreise per Boot stimmt ein: Idyllisch schlängelt sich der majestätische **St. John's River** durch eine geheimnisvolle Wildnis. Mal erblickt man dichte Wälder mit Sumpfzypressen und subtropischen Oak Trees, mal liegen Alligatoren träge am Ufer, während Ibisse und Fischadler auf Beute warten.

Es geht gemütlich zu: Mit 500 Kilometern ist der St. John's River der längste Fluss Floridas, doch mit nur neun Metern Höhendifferenz zwischen Quelle und Mündung gehört er zu den flachsten Flüssen der Welt. Rafting-Abenteuer sind hier also nicht angesagt. Aufgrund der Gerbsäure der ufernahen Vegetation ist das Wasser sehr dunkel. Im kleinen Ort Astor südlich des Lake George gibt es deshalb bezeichnenderweise das **Blackwater Inn**, wo man unter anderem Alligatorenfleisch probieren kann *(Blackwater Inn, 55716 Front St., Astor, ☎ (352) 759 2802, www.blackwater inn.com).*

Floridas längster Fluss

Der Hontoon Island State Park bietet einfache Ferien-Blockhäuser, einen weitläufigen, schattigen Campingplatz, eine Marina, einen Kinderspielplatz, Barbecue-Stellen und einen winzigen Laden beim Park Ranger. Kein Restaurant, kein Nachtleben – und wenn der Ranger mit seinem Boot bei Sonnenuntergang die Insel verlässt, dann bleiben die wenigen Gäste auf sich allein gestellt. Keine laute Musik stört dann die Stille. So mögen die Timucuan-Indianer einst Florida erlebt haben.
Hontoon Island State Park, *2309 River Ridge Road, DeLand, ☎ (386) 736 5309, www.floridastateparks.org/hontoonisland.* **Anfahrt:** *ca. 45 Meilen von Orlando (ca. 80 Min.) und etwa zehn Kilometer westlich von DeLand, das von Orlando Richtung Norden über den I-4 zu erreichen ist. Die Insel selber ist nur per eigenem Boot oder mit der Fähre erreichbar, die von 8 Uhr bis eine Stunde vor Sonnenuntergang fährt.* **Übernachtungen:** *Camping $ 18, Cabin ab $ 30.* **Transport:** *Empfehlenswert ist das Anmieten eines Kanus beim Park Ranger, um gemächlich die Insel zu umrunden. Eine sehr romantische Unternehmung!*

 Tipp: Hausboot-Tour auf dem St. Johns River

Am schönsten kann man den St. John's River mit komfortablen Hausbooten oder »Pontoons« (flache Boote mit ebenem Deck, auf dem Bänke und Stühle stehen) auf insgesamt etwa 240 Kilometer zwischen dem **Lake George** im Norden und **Lake Monroe** im Süden erkunden. Einen Bootsführerschein

Oft komfortabel ausgestattet: Hausboot auf dem St. Johns River

braucht man dafür nicht. Seinen Anker kann man mitten in der Wildnis werfen, denn man ist vollkommen autark. Es gibt einen Generator an Bord, ein Warmwasser-System, eine Dusche und sogar einen Außen-Gasgrill. Und in der voll ausgestatteten Küche kann man endlich mal all die Rezepte ausprobieren, für die man zu Hause keine Zeit hat ...

Hausboote, wie vieles in den USA entsprechend der Landesgröße dimensioniert, gibt es für zwei bis zehn Personen. Die größeren Boote verfügen sogar über eine Wasserrutsche vom Sonnendeck aus. Doch keine Angst, sie muss nicht zwangsläufig in ein Alligatoren-Maul münden, vielmehr gibt es wunderbare, kristallklare Nebenflüsse, die durch artesische Quellen gespeist werden wie zum Beispiel die Blue Springs.

Verleihstationen für Pontoon- und Hausboote:

Hontoon Landing Resort&Marina, *2317 River Ridge Road, DeLand, ☎ (386) 734 2474, www.hontoon.com. Sehr gepflegte familiäre Anlage, Verleih von Pontoon-Booten ($ 169–189/Tag) und kleineren Fischerbooten ($ 95/Tag). Außerdem werden Touren auf Ausflugsschiffen angeboten (www.blueheronriver tours.com).*

Holly Bluff Marina, *2280 Hontoon Road, DeLand, ☎ (386) 822 9992, www. hollybluff.com, Vermietung von Hausbooten (4–10 Personen), Preise rund $ 825–2.400 entweder für Fr–So oder Mo–Do; auch ganzwöchige Miete möglich. Pontoon-Boote $ 200–250/Tag.*

Tipp: Unter der Woche (Mo bis Do) ein Hausboot mieten, dann ist alles noch ruhiger.

Walt Disney World (WDW): All the Magic

> ☞ Hinweise für den Besuch
>
> - Zur **Zeitplanung**: Am besten nimmt man sich für das Magic Kingdom zwei Besuchstage (+ einen Tag für Epcot und einen weiteren Tag für Typhoon Lagoon oder/und Disney's Hollywood Studios; Minimalprogramm: Ein Tag Magic Kingdom und ein Tag Epcot).
> - Auf jeden Fall an den Eingängen eine **Orientierungskarte** mitnehmen.
> - Gründlich planen und das **Fastpass-System** nutzen.
> - Sonnenschutzmittel und **Kopfbedeckung** mitnehmen, da man manchmal sehr lange in der Sonne stehen muss.
> - **Snacks**, Lunchpakete und Getränke nicht vergessen.
> - Rollstühle, **Kinderwagen** ($ 15) sowie Schließfächer ($ 7) sind an den Eingängen vorhanden.
> - **Regencapes** gibt es in den zahlreichen Souvenirshops für ca. $ 5.
> - Im Folgenden wird Walt Disney World mit der oft benutzten Abkürzung **WDW** bezeichnet.

Tipps für die Planung

Geschichte und Hintergrund

Angefangen hat alles 1963, als Walt Disney den Entschluss fasste, in Zentralflorida den größten Freizeitpark der Welt zu bauen. Die Pläne wurden zunächst geheim gehalten, um die Bodenspekulation nicht anzuheizen. 1965 ließ sich aber nichts mehr verbergen; die Grundstückspreise explodierten. Wo ehemals Sümpfe und Orangenhaine das Landschaftsbild bestimmten, tummelten sich nun Bautrupps und Spekulanten.

Größter Freizeitpark der Welt

Auch nachdem Walt Disney 1966 seinem Krebsleiden erlegen war, gingen die Arbeiten mit über 9.000 Mann unter der Oberaufsicht seines Bruders Roy O. Disney weiter. Am 10. Oktober 1971 öffnete Walt Disney World mit dem ersten Themenpark Magic Kingdom seine Pforten. In seinen Ausmaßen und Attraktionen schlug es von Anfang an sein kalifornisches Pendant Disneyland. Und so sollte es auch bleiben, denn in Anaheim waren keine Expansionen mehr möglich. Skeptiker bezweifelten, dass die erwarteten Besucherströme nach Walt Disney World kommen würden. Sie wurden auf der ganzen Linie widerlegt: Allein in den ersten 15 Jahren zog Walt Disney World 240 Millionen Besucher in die ehemals gottverlassenen Gebiete Mittelfloridas – keine andere Touristenattraktion auf der Welt kann solche Zahlen vorweisen. Den ersten offiziellen Besucherrekord gab es am 29. Dezember 1986 mit 148.000 Menschen. Seitdem hält Disney die Zahlen aber zurück und macht nur vage Angaben. Denen zufolge ist dieser Rekord aber seither mehrmals gebrochen worden.

Ehemals gottverlassen

Mit seinen 113 km² war das von Disney erworbene Gelände so groß wie San Francisco. Um größtmögliche Kontrolle zu erhalten, hatte Walt Disney noch zu Lebzeiten darauf hingearbeitet, für das Gebiet einen gesonderten politischen Status zu erwirken – insbesondere im Hinblick auf das von ihm als Modellstadt geplante Epcot (s. S. 383). 1967, ein Jahr nach Walt Disneys Tod, erklärte das Parlament von Florida das Areal zum „Reedy Creek Improvement District", in dem Disney relativ autonom agieren kann. Im District liegen zwei Ortschaften, Bay Lake und Lake Buena Vista (die Disney-Planstadt Celebration liegt hingegen außerhalb des Bezirks). In beiden Orten residieren eigene Bürgermeister, die von den jeweils rund 20 Einwohnern gewählt werden. Wirklichen Einfluss haben diese Wahlen allerdings nicht, die Oberhoheit obliegt einem Beirat aus Landbesitzern und Disney-Managern. Walt Disney World ist also gewissermaßen tatsächlich ein eigenes Reich.

Schatten-
seiten

Arbeitsplätze

Walt Disney World hat Zentralflorida nachhaltig verändert. Seit der Eröffnung stiegen die Bevölkerungszahlen um knapp 60 Prozent. Skeptiker betonen die Negativseiten: Da sind der wild um sich greifende Hotelboom, der stetig wachsende Verkehr und die steigende Kriminalität. Doch man kann es auch anders sehen. Hier ist eine gewinnbringende Freizeitindustrie entstanden, die eine enorme Wirtschaftsleistung erbringt. Nach eigenen Angaben erwirtschaftet Walt Disney World 2,5 Prozent des Bruttoinlandsproduktes von ganz Florida und beschäftigt in Zentralflorida 75.000 Menschen. Außerdem sind in der Nähe Orlandos weitere Fun Parks entstanden, so z. B. Universal Studios, SeaWorld und Wet'n'Wild, um nur drei zu nennen. Gemeinsam mit den unzähligen Hotels, Motels, Restaurants und Fastfood-Ketten im Umkreis wurden weitere Hunderttausende von Arbeitsplätzen geschaffen.

Glücklichsein
als Tagesziel

Kritiker monieren, dass in Walt Disney World eine heile Welt vorgegaukelt wird. Tatsächlich entspricht dies weitgehend der Leitidee von Walt Disney: Der Besucher sollte seinen Alltag vergessen und sich in einer Welt voller Freundlichkeit und Harmonie wohlfühlen. Ist Walt Disney World also der Prototyp einer freundlicheren, humaneren und damit besseren Gesellschaft? Teilweise trifft das sicherlich zu. Jedem Städteplaner müsste geraten werden, sich einmal hier umzusehen und die eine oder andere Idee aufzugreifen. Nicht nur der fußgängerfreundliche Wegbelag ist es wert, übernommen zu werden …

info

Walt Disney – der Vater von Micky Maus und die Walt Disney Company

Walter Elias Disney wurde am 5. Dezember 1901 in Chicago geboren. Er war das vierte von fünf Kindern. Sein Vater war ein energiegeladener Mensch, was sich scheinbar auf Walt übertrug. Walt verbrachte seine Kindheit auf einer Farm in Marceline/Missouri und war schon als kleiner Junge ein begeisterter Zeichner.

Da die Landwirtschaft immer weniger Geld einbrachte, zog die Familie zunächst nach Kansas City, wo der Vater einen Zeitungsvertrieb übernahm, dann wieder nach Chicago. Mit 16 Jahren illustrierte Walt eine Schülerzeitung und besuchte abends Zeichenkurse. Nach einem kurzen Intermezzo auf dem europäischen Kriegsschauplatz (1918 in Frankreich als Angehöriger des Roten Kreuzes) kehrte er in die Vereinigten Staaten zurück.

In den folgenden Jahren lebte er mehr schlecht als recht als relativ glückloser Illustrator. Er gründete mit dem befreundeten, gleichaltrigen Illustrator Ub Iwerks, der später der erste Micky-Maus-Zeichner wurde, eine Firma, verließ diese aber, als ihm die Kansas City Film Ad Company einen neuen Job anbot. Walt stieg in die Zeichentrickfilmerei ein, die zwar schon erfunden war, die er aber von Anfang an entschieden verfeinerte und technisch fortwährend weiterentwickelte – oft gegen jede wirtschaftliche Vernunft.

1922 gründete Disney ein eigenes Trickfilmstudio. Sein Bruder Roy betreute die finanzielle Seite der Firma. Doch obwohl die von ihnen produzierten Werbestreifen beim Publikum gut ankamen, gingen die Brüder bankrott: Der New Yorker Filmverleiher zahlte einfach nicht. Der erste Zeichentrickfilm Disneys hieß „Alice in Cartoonland", in dem eine Kinderdarstellerin mit animierten Figuren interagierte. Walt zog an die Westküste, doch hier war man an Zeichentrickfilmen nicht interessiert. Trotzdem gelang ein wichtiger Schritt: Ein New Yorker Filmverleih kaufte Zeichentrickfilme der Alice-Serie für $ 1.500 das Stück. 1925 heiratete Walt Disney Lillian Bounds (genannt: Lilly), die als Tuscherin in seiner Firma arbeitete. Aus der Ehe gingen zwei Töchter hervor. Um diese Zeit ließ sich Walt Disney auch seinen charakteristischen Schnurrbart wachsen, um dadurch älter auszusehen und sich so Respekt zu verschaffen.

1928 schlug die Geburtsstunde der Maus, die die Welt verändern sollte: Disney nannte sie zunächst Mortimer, doch Lilly erfand einen griffigeren Namen: **Mickey Mouse** (dt.: Micky Maus). Nun kam der große Erfolg. Die Maus wurde zu einem gefragten Publikumsliebling. Ohne einen Disney-Vorfilm in den Kinos vor der Hauptvorstellung lief nichts. Und schon 1933 floss reichlich Geld in die Kassen: über 5 Mio. $ für Micky-Maus-, Pluto- und Goofy-Filme. Die Filme wurden technisch immer mehr perfektioniert, 1937 landete Disney mit „Schneewittchen und die sieben Zwerge" einen Riesenhit, der bis heute zu den erfolgreichsten Filmen der Kinogeschichte gehört.

Der Zweite Weltkrieg brachte den großen Einbruch, da aus Europa kein Geld mehr floss. Der Firma drohte der Bankrott, nur eine Umwandlung in eine Aktiengesellschaft und Propagandafilme für die Armee (z. B.

Zu Besuch bei der Maus

„Der Fuehrer's Face") konnten den Ruin abwenden. Walt Disney war tief deprimiert. Nach dem Zweiten Weltkrieg, als die Einnahmen aus dem Europa-Geschäft wieder anstiegen, drehte Disney einige hervorragende Dokumentar-, Trick- und Spielfilme, so z. B. „Cinderella" (1950), „Alice im Wunderland" (1951), „Peter Pan" (1953) oder „Die Wüste lebt" (1953). Für sein filmisches Werk gewann Walt Disney insgesamt 26 Oscars – mehr als jeder andere Mensch.

Walt Disneys Persönlichkeit wurde von seinem Lebensweg geprägt: Der Erfolg ließ ihn zunehmend arrogant werden, er entwickelte einen Waschzwang und wurde politisch immer konservativer. Disney avancierte zum Kommunistenhasser und Denunzianten.

Allmählich entwickelte er den Plan, einen Vergnügungspark zu kreieren, in dem man seine Zeichentrickfiguren anfassen konnte. Sein Bruder Roy und die Aufsichtsräte der Disney Productions wollten diesen Ideen aber nicht folgen. So gründete Walt Disney ein eigenes Unternehmen, Disneyland in Los Angeles (Anaheim) wurde 1955 eröffnet – und zum Bombenerfolg.

Die weitere Geschichte ist eine amerikanische Erfolgsstory wie aus dem Bilderbuch: Anfang der 60er Jahre reifte bei Disney die Idee, einen ähnlichen, aber viel größeren Vergnügungspark in Florida zu bauen. Hier wollte er auch seinen Traum von einer Zukunftsgemeinde realisieren, dem späteren Epcot (Experimental Prototype Community of Tomorrow). Er dachte an eine menschenwürdige Modellstadt, in der es keine Ernährungs- und Umweltprobleme gab. Doch die Realisierung seiner Pläne von Walt Disney World erlebte er nicht mehr. Am 15. Dezember 1966 starb der Kettenraucher an Lungenkrebs.

Die Disney Company nach Walt Disneys Tod

Die Geschäfte führte sein Bruder Roy weiter, der aber nicht die Genialität eines Walt Disney besaß. Die Firma wurde zunehmend von geschulten Managern und einberufenen Aufsichtsräten verwaltet. Doch gerade diesen fehlten anfangs die Ideen. Disneys Bilanzen zeigten stetig bergab und eine Übernahme durch einen großen Konzern drohte täglich. Roy Disney verstand es jedoch, sich der Firmenjäger zu erwehren. Mit etwas Glück konnte er mit Michael Eisner, Frank Wells und Jeffrey Katzenberg ein einzigartiges Managertrio zusammenstellen, das Disney in nur zehn Jahren zu einem der schillerndsten Unterhaltungskonzerne der Welt machte.

Das Trio führte ein strenges Konzernregime ein: Früher Arbeitsbeginn, Bezahlung nur nach Leistung, keine Überstundenabgeltung und Disziplin waren Voraussetzung. Dafür blieb der von dem engagierten Managertrio ge-

Walt Disney auf einem Zeitschriften-Cover

neralstabsmäßig geplante Erfolg blieb nicht aus: Die Freizeitparks in Amerika und Japan laufen wie geschmiert und auch die Filmproduktion wuchs ständig. Der Disney Channel entwickelte sich zum zweitgrößten Pay-TV-Sender der Welt. Die produzierten Filme, wie z. B. „Pretty Woman", „Good Morning Vietnam", „Howards End" und „Pocahontas", spielten Riesensummen ein. Mitte der 1990er Jahre produzierte Disney um die 70 Filme im Jahr, wo vergleichbare Studios es nur auf 25 brachten. Zudem hat die Firma erfolgreich expandiert. So gehören nicht nur die Muppets und die Pixar-Studios („Toy Story") zu Disney, sondern auch „Star Wars" und die Superhelden von Marvel („The Avengers", „Iron Man").

Überblick über die WDW-Themenparks

Auch wer bereits den ein oder anderen Freizeitpark besucht hat, vielleicht sogar schon in Disneyland in Paris oder Kalifornien war, den wird allein die schiere Größe des WDW Resort beeindrucken. Walt Disney World ist kein einzelner Park, sondern ein riesiger Komplex aus vier Themen- und zwei Wasserparks sowie eigenen Vergnügungsvierteln und unzähligen, wiederum riesigen, Hotel- und Resortanlagen.

Die vier **Themenparks** sind:
- **Magic Kingdom**: der Klassiker mit viel Disney-Magie.
- **Epcot**: Zukunftsvisionen in Future World, Ländervorstellungen im World Showcase.
- **Disney's Hollywood Studios**: eine Erlebniswelt zum Thema Film, ähnlich den Universal Studios.
- **Animal Kingdom**: Safaris und Afrika-Romantik im Königreich der Tiere.

Die beiden **Wasserparks** sind:
- **Typhoon Lagoon**: Rutschen, Piraten-Flair und ein Wellenbad, das sich auch zum Surfen eignet.
- **Blizzard Beach**: Wasserpark mit alpiner Thematik und wilden Rutschen.

Je nach Art des Tickets (s. S. 403) lassen sich die einzelnen Parks beliebig miteinander kombinieren. Die Resorts und Hotels sowie die Flanier- und Vergnügungsmeile **Downtown Disney** (**9**/Karte S. 349) mit ihren unzähligen (teils sehr guten) Restaurants sowie die kleinere und gediegenere Variante **Disney's Boardwalk** sind frei zugänglich. Für Sportveranstaltungen gibt es im Süden des Resort-Geländes die **ESPN Wide World of Sport**.

Tipps für den Besuch

Planung ist das Wichtigste beim Besuch eines der Themenparks von WDW. Das *Planen!* Zweitwichtigste ist die Bereitschaft, von dem einmal gefassten Plan abzuweichen. Um seine Tage nicht ausschließlich in Warteschlangen oder mit dem ziellosen Umherwandern durch die teils riesigen Anlagen zu verbringen, sollte man sich im Vorfeld überlegen, wann man welche Attraktion besuchen möchte. Zudem sollte man alles **reservieren, was man reservieren kann**. Tische in den Restaurants z. B. lassen sich meist bis zu 180 Tage im Voraus reservieren – und in vielen Fällen ist das auch notwendig. Vor Ort sollte man sich – im Rahmen des so geschaffenen Planungsgerüstes – treiben lassen. Wer versucht, auf Biegen und Brechen sein Tagesprogramm durchzuziehen, tut sich meist keinen Gefallen. Zudem unterschätzt man im Vorfeld oft, dass ein Besuch in WDW nicht nur magisch, sondern auch sehr anstrengend sein kann.

Saison und Besuchszeiten

Eine gute Planung beginnt mit der Wahl des Reisezeitraums. WDW hat zwei Hauptsaisonzeiten, zu denen die Parks meist überlaufen sind. Die **Wintersaison** währt von Mitte Dezember bis Ostern, mit absoluten Besucherspitzen um Weihnachten/Neujahr. Die **Sommersaison** („Family Season") reicht etwa von Mitte Juli bis Ende August. Die besucherärmsten Tage sind generell die (seltenen) Regentage. Die günstigsten Besuchszeiten sind Mitte April (mindestens eine Woche nach Ostern) bis Anfang Juni sowie von September bis Mitte Dezember. Die wenigsten Besucher gibt es nach dem Thanksgiving-Wochenende bis ca. Mitte Dezember. Zwar sind die Parks dann weniger voll, allerdings wird dafür auch das Angebot teilweise heruntergefahren. So gibt es in der Nebensaison weniger Paraden und auch die Feuerwerke bekommt man zu diesen Zeiten nicht immer zu sehen.

Planunghilfen

Disney setzt viel daran, die Erfahrung im WDW so angenehm wie möglich zu machen. Zu den jüngeren technischen Innovationen zählen dabei der Fastpass, My Disney Experience und das MagicBand. Der **Fastpass+** ist eines der effektivsten Instrumente, um die Tage in den Parks gezielt zu planen. Bis zu 30 Tage im Voraus (für Gäste der Disney Resort Hotels: bis zu 60 Tage) kann man pro Tag bis zu drei Attraktionen zu festen Zeiten reservieren. Anstatt dann bis zu zwei Stunden in der Schlange zu stehen, wartet man bei einer Reservierung mit dem Fastpass maximal eine Viertelstunde. Es erklärt sich von selbst, dass sich der Einsatz insbesondere bei den beliebten und überlaufenen Attraktionen lohnt (in Epcot und Disney's Hollywood Studios kann man allerdings jeweils nur eine Top-Attraktion reservieren).

Reservieren per Fastpass+

Hat man alle drei Reservierungen abgearbeitet, kann man an speziellen Kiosks eine vierte vornehmen. Es kann sich also lohnen, alle drei Reservierungen auf den Vormittag zu legen, allerdings ist nicht garantiert, dass man mit der zusätzlichen Option tatsächlich noch das Gewünschte reservieren kann. Im Zweifelsfall heißt es dann also am Nachmittag doch wieder Schlangestehen.

Die Reservierungen für den Fastpass lassen sich nach einer vorherigen Anmeldung online über das Portal **My Disney Experience** verwalten. Dieses bietet auch weitere Planungshilfen, etwa Restaurant-Reservierungen und aktuelle Veranstaltungspläne. Für unterwegs im Park gibt es die gleichnamige **Smartphone App**, die weitere nützliche Features bietet, etwa eine interaktive Karte oder einen Echtzeit-Überblick über die aktuellen Wartezeiten an den verschiedenen Attraktionen. Es gibt zahlreiche inoffizielle Anbieter, die Ähnliches offerieren, von Wartezeiten-Apps bis zu vorgefertigten Tagesplänen (s. Reisepraktische Informationen S. 403).

Allzweckwaffe MagicBand

Vor Ort läuft die Verwaltung der Reservierungen über einen kleinen Chip, der sich in der Eintrittskarte befindet. Die nächste Stufe stellt das sogenannte **MagicBand** dar. Für die Gäste der Disney Resort Hotels ersetzen die dicken bunten Armbänder Zimmerschlüssel, Eintrittskarte und (dank hinterlegter Kreditkartendaten) Bargeld. Auch Besucher, die außerhalb übernachten, können die Armbänder online oder vor Ort erstehen. Mit der technischen Innovation verknüpft Disney hohe Erwartungen in Sachen Besuchersteuerung und Komfort (und hat sich die Entwicklung dementsprechend einiges kosten lassen). Wie sinnvoll das System derzeit ist, muss aber jeder für sich selbst entscheiden.

Einlass & Öffnungszeiten

Für gewöhnlich werden Gäste bereits 10–15 Minuten vor der offiziellen Öffnungszeit in die Parks gelassen, je nach Andrang auch noch früher. Zwar sind zum Zeitpunkt dieses sogenannten *Rope Drop* die Attraktionen noch nicht geöffnet, aber wer rechtzeitig da ist, hat die Chance, als Erster an den beliebtesten Fahrgeschäften zu sein. So können frühes Aufstehen und morgendlicher Stress helfen, langes Anstehen zu vermeiden. Für Gäste der Resort Hotels bietet Disney unter dem Titel **Magic Extra Hours** an bestimmten Tagen morgens und abends verlängerte Öffnungszeiten. Dann sind auch die Fahrgeschäfte bereits vor dem offiziellen Einlass bzw. nach offiziellem Parkschluss geöffnet, für „normale" Parkbesucher sind sie dann allerdings nicht zugänglich.

WDW mit Kindern

 Tipps
- *Für Kinder bis 12 Jahre: ein langer Besuch im Magic Kingdom sowie ein Outdoor-Programm im Ft. Wilderness Resort.*
- *Für Teenager: ein Wasserpark und die Future World von Epcot*
- *Die Stoßzeiten in den Restaurants (11–14 und 18–20 Uhr) vermeiden.*
- *Ein Lunchpaket mitnehmen*

Grundsätzlich ist WDW in fast allen Bereichen optimal auf Kinder eingestellt, so gibt es zahlreiche Spielplätze, Kindersitze in Restaurants und spezielle Kinderprogramme. **Kinderwagen/Buggys** („Strollers", $ 15) und auch Rollstühle können in allen Parks ausgeliehen werden. In allen vier Themenparks gibt es zudem sogenannte **Baby Services**. In diese Räumlichkeiten können sich Eltern mit ihren Kleinkindern zurückziehen. Hier gibt es zudem alles, was man für ein Baby benötigt (Wickeltische, Windeln, Babynahrung, Plastiklöffel etc.).

Da das Essen in den Parks schnell ins Geld gehen kann, empfiehlt es sich, ein paar Snacks bzw. ein **Lunchpaket und Getränke** mitzunehmen. Wer in einem der nahegelegenen Disney-Hotels wohnt, hat den unschätzbaren Vorteil, den Park für einen Mittagsschlaf im Hotel verlassen zu können, um nachmittags ausgeruht zurückzukehren. Das kann den Tag ungemein entzerren.

Bei einigen Fahrgeschäften ist aus Sicherheitsgründen eine **Mindestgröße** vorgeschrieben.

Schminkspaß in der Pirates League

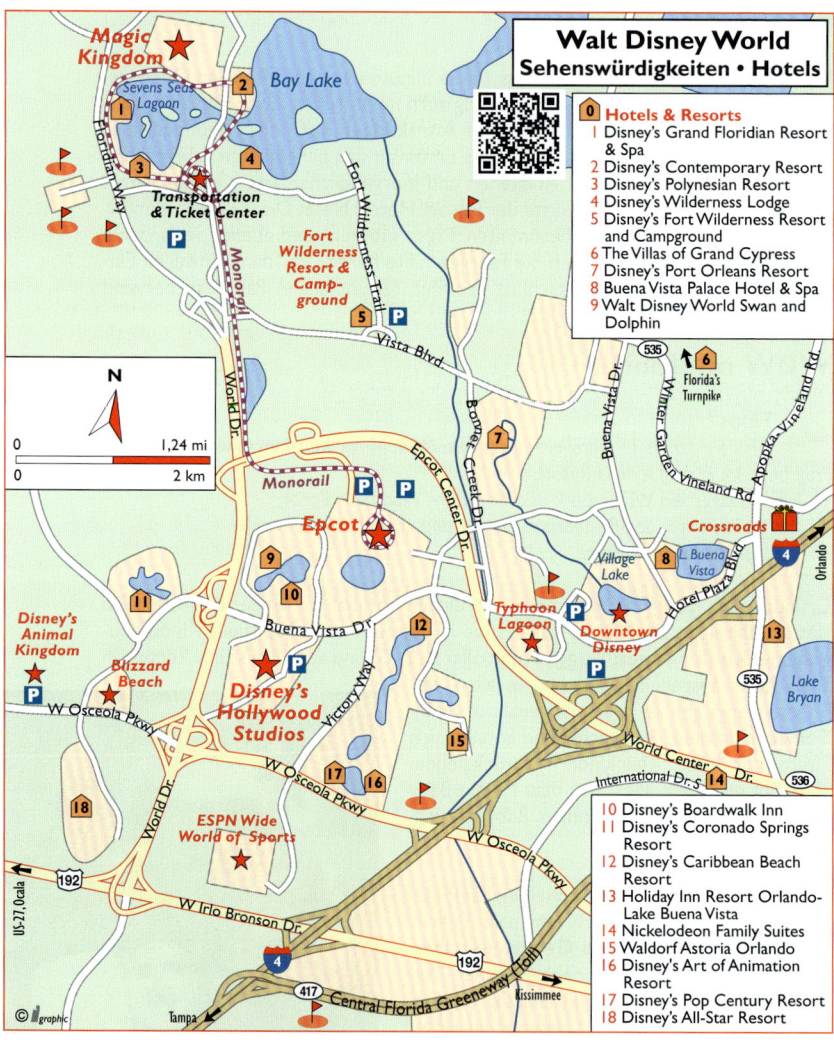

Walt Disney World
Sehenswürdigkeiten • Hotels

0 Hotels & Resorts
1 Disney's Grand Floridian Resort & Spa
2 Disney's Contemporary Resort
3 Disney's Polynesian Resort
4 Disney's Wilderness Lodge
5 Disney's Fort Wilderness Resort and Campground
6 The Villas of Grand Cypress
7 Disney's Port Orleans Resort
8 Buena Vista Palace Hotel & Spa
9 Walt Disney World Swan and Dolphin

10 Disney's Boardwalk Inn
11 Disney's Coronado Springs Resort
12 Disney's Caribbean Beach Resort
13 Holiday Inn Resort Orlando-Lake Buena Vista
14 Nickelodeon Family Suites
15 Waldorf Astoria Orlando
16 Disney's Art of Animation Resort
17 Disney's Pop Century Resort
18 Disney's All-Star Resort

Dies sollte man bei der Tagesplanung berücksichtigen. Für diesen und ähnliche Fälle gibt es bei einigen Attraktionen den **Rider Switch** (auch Line Swap, Child Swap o. ä. genannt). Hierfür stellt man sich in die normale Warteschlange und besorgt sich bei einem der Mitarbeiter einen sogenannten Rider Switch Pass. Wenn man an der Reihe ist, wartet einer der Erwachsenen mit der zu betreuenden Person. Nach der Fahrt kann dieser dann, nach Vorzeigen des Rider Switch Pass, selber fahren, ohne noch einmal in der Schlange warten zu müssen. Dabei darf eine weitere Person mitgenommen werden, die dann sogar zweimal direkt hintereinander fahren kann.

Es empfiehlt sich, einen **Treffpunkt** auszumachen, an dem man sich z. B. immer zur nächstfolgenden vollen Stunde treffen kann, falls man sich verloren hat. Alternativ sollte man (insbesondere kleineren) Kindern im Vorfeld einimpfen, einen Disney-Mitarbeiter anzusprechen, falls sie verloren gehen. Diese sind an den weißen Namenschildern zu erkennen, deren Aussehen sich die Kinder einprägen sollten. Die Mitarbeiter sind für solche Situationen extra geschult und wissen, was zu tun ist. In jedem Fall sollte man an seinen Kindern irgendwie die **wichtigsten Daten** (Name, Handynummer der Eltern, Hotel, evtl. Gesundheitshinweise) befestigen. Hier gibt es vielfältige, fantasievolle Lösungen, von Anhängern über Armbänder und Markierungen an den Schuhen bis hin zu temporären Tattoos. Es kann sinnvoll sein, am Morgen mit dem Handy ein Foto seiner Kinder zu machen, das man im Notfall einem Disney-Mitarbeiter zeigen kann. Denn was für ein T-Shirt das Kind an diesem Tag trägt, ist schneller vergessen, als man glauben mag. Um von vornherein zu vermeiden, dass man sich verliert, gibt es verschiedene Strategien, etwa gemeinsame Erkennungsmerkmale wie die gleichen T-Shirts, Flaggen oder Luftballons an Kinderwagen usw.

Die interessantesten Punkte für **Kinder bis 12 Jahre** finden sich mit Sicherheit im Magic Kingdom. Hier sollte der Schwerpunkt vor allem im Fantasyland liegen, das in den Jahren 2010–2014 ausgebaut und umfassend renoviert wurde. Im Magic Kingdom trifft man auch die meisten klassischen Disneyfiguren.

 **Buchtipp**
Der englischsprachige Führer **Birnbaum's Walt Disney World For Kids** *($ 20) zielt besonders auf* **Kinder im Alter von 7–15 Jahren** *ab und gibt detaillierte Infos. Als offizieller Disney-Guide ist das Buch aber entsprechend gefärbt.*

Magic Kingdom

☞ **Die beliebtesten Stationen für Kinder unter 10 Jahren**
Tom Sawyer's Island; Peter Pan's Flight; Jungle Cruise; It's a Small World; Dumbo, the Flying Elephant; Prince Charming Regal Carousel. Schön für die ganz Kleinen ist **The Many Adventures of Winnie the Pooh**, *eine langsame Fahrt, während der man Winnie Puh und seinen Freunden begegnet. In der* **Pirates League** *kann man sich als Pirat schminken und verkleiden lassen, in der* **Bibbidi Bobbidi Boutique** *gibt's das gleiche für Prinzessinnen. Der Spaß kostet allerdings je nach Ausstattung $ 50–180 – neben dem Eintritt.*

Überblick

Das Magic Kingdom mit seinem ikonischen Schloss ist der Inbegriff des Disney-Themenparks. Das Königreich entspricht in fast allen Punkten den Vorstellungen von Walt Disneys heiler Welt: Es ist sauber, verspricht Spaß und Fröhlichkeit für jedes Alter und erscheint als magische Traumwelt. Die heutige Kommerzialisierung war zwar nicht bis ins letzte Detail von Disney so erdacht, doch war er selbst dem Geld nun auch nicht gänzlich abgeneigt. Disneys Wunsch, alle Menschen glücklich zu machen und zusammenzubringen, lässt sich am besten an dem nahezu überall präsenten Lied „It's a small World" erkennen. Es berieselt die Besucher aus den verschiedensten Lautsprechern und vor allem während der gleichnamigen Musicaltour mit einem Boot, einer der Hauptattraktionen im Park. Ob man nun mit dem Ideal und der Verwirklichung dieser heilen und perfekten Welt immer übereinstimmt, ist eine andere Sache. Respekt sollte man der Idee und seiner einzigartigen Umsetzung allemal zollen. Das Magic Kingdom ist mit Sicherheit ein Vorreiter des Themenpark-Konzepts und alle Versuche, etwas in diesem Stil zu kopieren, sind bei weitem nicht so gelungen.

Der Park erstreckt sich über 57 ha um das zentrale Cinderella Castle herum, ein romantisch anmutendes Märchenschloss mit Türmchen und Zinnen, das in vielen Einzelheiten u. a. dem bayerischen Schloss Neuschwanstein nachempfunden ist. Mit der Aufteilung des Parks in sechs völlig unterschiedliche Themengebiete zielt Disney auf jede Altersgruppe. Entsprechend hoch ist deshalb auch der Besucherandrang, sodass sich ab mittags auf dem verhältnismäßig kleinen Gelände Zigtausende von Besuchern

Redaktionstipps

▸ Auf dem **Space Mountain** in den Weltraum starten (S. 380).

▸ Die **3 O'Clock Parade** ansehen (S. 381).

▸ Die drei **besten Restaurants** im Park: „Tony's Town Square" (italienisch), „Liberty Tree Tavern" (im Kolonialstil mit Neuengland-Küche) und „Disney's Be Our Guest" (französisch inspiriert; für alle Reservierung empfohlen).

▸ Empfehlung für die **Zeiteinteilung**: Mindestzeit: 1 Tag, optimale Zeit: 1½ Tage.

▸ Die drei absolut nächsten **Hotels**: „Grand Floridian Beach Resort", „Contemporary Resort", „Polynesian Resort".

Wartezeiten drängen. Obwohl es nahezu 50 Attraktionen gibt, kommt man kaum umhin, einen Großteil der Zeit in Warteschlangen von zum Teil über einer Stunde Länge zu verbringen. Auslassen sollte man diesen Park aber auf keinen Fall, denn es gibt wirklich viel zu sehen und zu erleben und das Magic Kingdom ist nun mal der Themenpark überhaupt. Reisende aus Europa werden i. d. R. nach einem Besuchstag genug haben. Auch wenn es viel zu entdecken gibt, ist der Bedarf an heiler Welt sowie umfassender optischer und akustischer Berieselung dann häufig gedeckt. Diesen einen Tag sollte man sich aber gönnen.

Magic Kingdom

Die angegebenen Wartezeiten spiegeln durchschnittliche Werte wider. Zu Stoßzeiten und an vollen Tagen können sie deutlich länger sein, an weniger besuchten Tagen oder am frühen Morgen aber auch kürzer. Generell nehmen die Wartezeiten im Laufe des Tages zu mit Spitzen am Nachmittag. Nicht aufgeführt sind die Character Meet&Greets, hier können die Schlangen teils extrem lang sein.

Attraktion	Kurzbeschreibung	Beste Besuchszeit	Wartezeit	Dauer	Fastpass+
WDW Railroad	Eisenbahn im Western-Stil	Jederzeit	Mäßig. Meist ist im Laufe des Tages die Main Street Station am wenigsten voll.	20 Min für die Gesamtrundfahrt	Nein

Adventureland					
Pirates of the Carribean	Audio-Anmatronic-Show, Bootsfahrt	Vormittags oder nach 17 Uhr	Lang, ca. 1 Stunde, teils länger	8 Min	Ja. Empfohlen
Swiss Family Tree House	Spaziergang durch das Baumhaus der Schweizer Familie Robinson	Vor 11.30 oder nach 17 Uhr	Kurz	10–15 Min	Nein
Jungle Cruise	Bootsfahrt durch den Dschungel	Vor 10 Uhr oder gegen Abend	Mittel bis lang, ca. 45–60 Min	8 Min	Ja
Enchanted Tiki Room	Audio-animatronische Vögel, Blumen, viel Musik	Vor 11 oder nach 15.30 Uhr	Mittel	15 Min	Nein
The Magic Carpets of Aladin	Karussell	Vor 10 Uhr oder	Kurz, ca. 15 Min	1 ½ Min	Ja
Frontierland					
Big Thunder Mountain Railroad	Achterbahn mit guten Effekten	Vor 10 Uhr oder ca. eine Stunde vor Schluss	Lang, bis zu 1 ½ Std.	7 Min	Ja. Empfohlen
Splash Mountain	Wildwasserfahrt	Sobald der Park öffnet, zu den Essenszeiten und Paraden, kurz vor Schluss	Lang, oft eine Std. und mehr	18 Min	Ja. Empfohlen
Country Bear Jamboree	Gesangsshow mit audio-animatronischen Bären	Vor 11 Uhr oder zwei Std. vor Schluss	Kurz bis mittel	12 Min	Nein
Tom Sawyers Island	Spaziergang und Spielplätze mit Mississippi-Flair	Jederzeit	Kurze bis mittlere Wartezeit für die Bootsfahrt	Frei wählbar	Nein
Frontierland Shooting Arcade	Schießstand	Jederzeit	Kurz	Ca. 3 Minuten. Je nach Anzahl der Schüsse (50 ct/25 Schuss)	Nein
Liberty Square					
Hall of Presidents	Show mit audio-animatronischen US-Präsidenten	Jederzeit	Relativ kurz	23 Min	Nein
Liberty Square Riverboat	Mississippi-Raddampfer	Jederzeit (Abfahrt halbstündlich)	Relativ kurz	16 Min	Nein
Haunted Mansion	Spukschloss mit Geistern	Vor 11.30 oder nach 20 Uhr	Mittel (schwankt stark)	10 Min	Ja
Fantasyland					
Prince Charming Regal Carousel	Klassisches Pferdekarussell	Jederzeit	Kurz	2 Min	Nein

Mickey's PhilharMagic	4-D-Film mit Szenen aus Disney-filmen	Jederzeit	Mittel	12 Min	Ja
Peter Pan's Flight	Themenfahrt durch die Welt von Peter Pan	Vor 10 Uhr oder nach 18 Uhr	Lang, ca. 70 Min bis zu 2 Std.	3 Min	Ja. Empfohlen.
It's a small world	Bootsfahrt durch die audio-animatronische heile Welt mit viel Gesang	jederzeit	Mittel, meist um die 40 Min	14 Min	Ja
Seven Dwarfs Mine Train	Achterbahn durch das Bergwerk der Sieben Zwerge	Sobald der Park öffnet	Lang, ca. 90 Min, teils über 2 Std.	3 Min	Ja. Empfohlen
Under the Sea: Journey of the Little Mermaid	Themenfahrt durch Arielles Unterwasserwelt	Vor 10.30 Uhr oder ca. zwei Stunden bevor der Park schließt	Mittel bis lang, 45–60 Min	7 Min	Ja
Dumbo the Flying Elephant	Karussellfahrt auf Elefanten	Vor 10 Uhr oder am Abend	Mittel, ca. 30 Min, teils bis zu 1 Std.	1 ½ Min	Ja
Casey Jr. Splash ‚N' Soak Station	Wasserspielstation	Bei gutem Wetter jederzeit	Kurz	Nach Lust und Laune	Nein
The Barnstormer	Kleine Achterbahn	Vor 10.30 Uhr, während der Paraden	Mittel, ca. 30–45 Min, teils mehr als 1 Std.	1 Min	Ja
Mad Teaparty	Karussellfahrt in großen Teetassen	Vor 11 oder nach 17 Uhr	Kurz bis mittel, ca. 20–30 Min	1 ½ Min	Nein
The Many Adventures of Winnie the Pooh	Themenfahrt zu Winnie Puuh und seinen Freunden	Vor 10 Uhr oder 2 Std. vor Schluss	Mittel bis lang, ca. 45 Min, teils über 1 Std.	4 Min	Ja. Empfohlen
Tomorrowland					
Space Mountain	Achterbahn im Weltall	Sobald der Park öffnet oder kurz vor Schluss	Lang. Wirklich lang. Meist ca. 90 Min, es gab schon Schlangen von fast 3 Stunden	10 Min	Ja. Empfohlen
Buzz Lightyear's Space Ranger Spin	Verrückte multimediale Weltraumschlacht	Vor 10.30 oder nach 18.30 Uhr	Mittel, ca. 45 Min, teils deutlich länger	4–5 Min	Ja
Monsters, Inc. Laugh Floor	Comedyshow mit Multimedia-Effekten	Jederzeit, etwa am Nachmittag	Kurz bis mittel, ca. 30 Min	15 Min	Ja. Nicht empfohlen
Stitch's Great Escape	Science-Fiction-Abenteuershow	Jederzeit	Kurz, meist unter 20 Min, teils bis zu 1 Std.	12 Min	Nein

Carousel of Progress	Audio-animatronische Technikgeschichte	Jederzeit	Kurz, meist unter 20 Min	21 Min	Nein
Astro Orbiter	Raumschiff-Karussell	Vor 11 Uhr oder am Abend	Mittel, ca. 45 Min	1 ½ Min	Nein
Tomorrowland Speedway	Rennstrecke mit Miniaturwagen	Vor 11 oder nach 17 Uhr	Mittel, ca. 45 bis 60 Min	4–5 Min	Ja
Tomorrowland Transit Authority PeopleMover	Fahrt in futuristischen Verkehrsmitteln durch Tomorrowland	Jederzeit	Kurz, ca. 10 Min	10 Min	Nein

Orientierung & Strategie

☞ **Hinweis: Mindestgröße**
Für folgende Fahrgeschäfte gibt es eine **Mindestgröße:** *Space Mountain (112 cm), Stitch's Great Escape, Big Thunder Mountain Railroad, Splash Mountain (alle 102 cm), Seven Dwarfs Mine Train (97 cm), The Barnstormer (89 cm), Tomorrowland Speedway (81 cm).*

Die Orientierung im Magic Kingdom ist einfach: Die Hauptstraße – die Main Street U.S.A. – endet an einem zentralen Platz, von dem aus Wege in die sechs Länder abzweigen. Geradeaus erblickt man das Wahrzeichen, das **Cinderella Castle**. Im Uhrzeigersinn schließen sich die sechs Gebiete des Magic Kingdom an: Main Street *Sechs* U.S.A. – Adventureland – Frontierland – Liberty Square – Fantasyland – Tomor- *„Länder"* rowland. Für einen Besuch im Magic Kingdom gilt weiterhin die Devise: gut planen, sich aber auch mal treiben lassen. Man sollte sich den Tag nicht zu voll packen und sich lieber auf einige Höhepunkte konzentrieren oder am nächsten Tag noch ein-mal wiederkommen. Alles sehen und erleben zu wollen, ist ohnehin illusorisch. Nicht vergessen sollte man auch, ausreichend Pausen einzuplanen, insbesondere für das Mittagessen oder (mit Kindern) einen Mittagsschlaf im Hotel. Auch die wahrscheinlichen Wartezeiten sollte man in seiner Planung berücksichtigen.

Je nach Interesse und Zusammensetzung der Gruppe (mit oder ohne Kinder) bie-ten sich verschiedene Schwerpunkte und Besuchsstrategien an. Auf jeden Fall soll-te man per **Fastpass** möglichst weit im Vorfeld diejenigen Attraktionen reservie-ren, die man unbedingt besuchen will und an denen lange Schlangen zu erwarten sind. Um möglichst früh im Park zu sein, sollte man vom TTC aus die Monorail der Fähre vorziehen, auch wenn Letzteres entspannter ist. Es lohnt sich, bis zu einer Stunde, mindestens aber 30 Minuten vor der offiziellen Öffnungszeit am Eingang zu *Früh* sein; nicht nur um die **Welcome Show** zu erleben, sondern vor allem, um einen *aufstehen* früheren Einlass auszunutzen und als einer der Ersten im Park zu sein.

Vom Eingang aus kann man direkt nach der Parkeröffnung zu Fuß eine der Top-At-traktionen ansteuern (z. B. Seven Dwarfs Mine Train, It's a small world, Pirates of the Carribean). So kann man lange Warteschlangen umgehen und gleichzeitig eine Reservierung per Fastpass sparen. Allerdings sollte man auch die Dramaturgie eines Aufenthalts im Magic Kingdom im Auge behalten: Wer den Tag mit dem Space Mountain beginnt, setzt den Thrillfaktor bereits ziemlich hoch; andererseits eignet sich eine entspannte Fahrt durch die Traumwelt von Peter Pan's Flight vielleicht eher für den Nachmittag. Ein anderes beliebtes Vorgehen ist, sich morgens direkt in die WDW Railroad zu setzen, um nach Frontierland zu fahren und als einer der Ersten am Splash Mountain zu sein. Hierbei verpasst man natürlich die Morgenstimmung auf der Main Street U.S.A.

Tipps für den Fastpass

Was den Einsatz des Fastpass betrifft, so kann es sinnvoll sein, alle drei Reservierungen für den Vormittag zu nutzen, um die Möglichkeit einer vierten zu haben. Oftmals ist es aber entspannter, mindestens eine Reservierung in den Nachmittag zu legen. Wenn man ohnehin schon erschöpft und der Park gut gefüllt ist, macht Schlangestehen nämlich noch weniger Spaß. Allerdings verfügen manche Fahrgeschäfte mittlerweile über interaktive Warteschlangen mit eigenen Unterhaltungsangeboten. Diese sind zwar nett gemacht, lenken aber nur teilweise davon ab, was man eigentlich tut: warten. Die Attraktionen, die hauptsächlich aus einem *Meet&Greet* mit Disneyfiguren bestehen, weisen oftmals sehr lange Schlangen auf. Auch wenn man selbst lieber zum Space Mountain will, kann es sinnvoll sein, hierfür den Fastpass einzusetzen. Schließlich ist es nicht jedermanns Sache, zwei Stunden zu warten, um Elsa und Anna aus „Frozen" (dt.: „Die Eiskönigin") zu treffen.

Feuerwerk und Paraden

Interessanterweise bewegen sich die meisten Gäste im Uhrzeiger Sinn durch den Park. Es kann also sinnvoll sein, gegen den Strom zu schwimmen, etwa indem man in Tomorrowland startet. Während der Paraden und während des Feuerwerks sind die Schlangen selbst an den beliebtesten Attraktionen meist beträchtlich kürzer. Ein Besuch zu dieser Zeit lohnt sich aber eigentlich nur, wenn man Feuerwerk und Paraden schon gesehen hat, schließlich gehören diese selbst fast schon zu den Top-Attraktionen. Auch sollte man nach dem Feuerwerk nicht direkt zum Ausgang rennen. Das machen fast alle, entsprechend voll ist es dann auch. Stattdessen kann man die Zeit nutzen, um noch eine Fahrt zu unternehmen oder durch den Park oder die Shops zu schlendern.

Main Street U.S.A.

Guter Überblick

Auf der Straße im Stil einer amerikanischen Kleinstadt zu Beginn des 20. Jh. ist die Welt noch in Ordnung: Auf dem Asphalt verkehren Fuhrwerke und Disney-Figuren, die Gehwege sind gesäumt von kleinen Geschäften und Restaurants. Direkt zu Beginn der Straße unterschreitet man die Gleise der **WDW Railroad.** Die dampfbetriebene Eisenbahn umkreist das gesamte Gelände des Magic Kingdom in ca. 20 Minuten. Stationen gibt es neben der Main Street auch in Frontierland und Fantasyland. Eine gute Gelegenheit, um einen ersten Eindruck vom Königreich zu erhalten. Die vier Lokomotiven wurden früher übrigens in Yucatan (Mexiko) zum Ziehen von Zuckerrohrzügen eingesetzt. Links vom Eingang liegt auch die **City Hall**, das Informationszentrum, in dem man alles Wichtige bekommt, was für die Tagesplanung noch fehlt.

Die Main Street führt schnurgerade auf das **Cinderella Castle** zu. Es ist rund 55 Meter hoch, wirkt aber deutlich größer. Der architektonische Trick, der auch bei den anderen Gebäuden auf der Main Street angewandt wurde, besteht darin, dass die oberen Stockwerke kleiner sind, als sie sein müssten. Hieraus folgt eine sogenannte „erzwungene Perspektive", die die Bauten größer erscheinen lässt. Im Inneren des Schlosses gibt es ein paar Geschäfte und ein Restaurant. Interessanter sind aber die Einzelheiten, die im und am Schloss angebracht wurden, etwa die Glaskunstwerke in den Fenstern oder die goldenen Mosaikarbeiten, die die Geschichte Cinderellas erzählen. *Shops und Spielereien im Märchenschloss*

Adventureland

Zwischen maritimer Tropenwelt und Orient – oder dem, was man sich bei Disney darunter vorstellt – bewegt man sich in Adventureland. Hier kann man nicht nur bei **The Magic Carpets of Aladdin** fliegende Teppiche besteigen, sondern auch das **Swiss Familiy Tree House** der Schweizer Familie Robinson bestaunen. Der Teppich ist allerdings ein Karussell, der Baum aus Stahl und Beton und lohnt den Aufstieg nur bedingt. Die Höhepunkte in Adventureland sind nach wie vor die Jungle Cruise und Pirates of the Caribbean. Bei der **Jungle Cruise** nimmt ein Führer die Besucher mit auf eine Bootstour durch die Tropen. Dabei schnappt ein Krokodil nach dem Boot, Nilpferde und Elefanten tollen im Wasser und am Ufer greift eine Horde Affen ein Buschcamp an. Diese Tour ist insgesamt sehr spaßig, aber auch sehr harmlos und somit auch für die Kleinsten geeignet. *Bootsfahrten durch den Dschungel …*

Etwas düsterer geht es bei den **Pirates of the Caribbean** zu. „Yo-ho-ho" schallt es aus allen Lautsprechern und schon bald wird es zum Ohrwurm. Mit dem Boot geht es direkt hinein in eine Seeschlacht. Man befindet sich mitten zwischen den Kanonenkugeln und wird schließlich Zeuge, wie Piraten, allesamt audio-animatronic-gesteuerte Figuren, eine Stadt erobern und plündern. Das Warten lohnt sich – dies ist eine der Hauptattraktionen im Magic Kingdom, Kinder unter fünf Jahren könnten sich hier aber fürchten. *… die Karibik …*

Auf diesem Fahrgeschäft beruht übrigens der gleichnamige Film (dt. „Fluch der Karibik"), dessen Figuren wiederum in die Tour integriert wurden, sodass man hier u. a. auch Captain Jack Sparrow begegnet. Wem das nicht reicht, kann bei dem noch recht neuen (2013) **A Pirate's Adventure – Treasure of the Seven Seas** mit dem Piratenkapitän auf Schatzsuche gehen, eine Art Schnitzeljagd durch den Disney-Park. Geruhsamer geht es im **Enchanted Tiki Room** zu, in dem man dem Gesang tropischer Vögel lauschen kann. Der Zorn der polynesischen Götter soll auf Kinder aber schon mal erschreckend gewirkt haben. *… und die Südsee*

Frontierland

Frontierland ist das einzige Land des Magic Kingdom, das nicht direkt vom Zentrum aus zugänglich ist. Der Weg ins Wild-West-Gebiet führt entweder durch Adventureland oder über den Liberty Square. Außerdem ist Frontierland auch direkt mit der WDW-Railroad zu erreichen. Es kann sich lohnen, am Morgen direkt nach der Parkeröffnung in den Zug zu steigen, um als einer der Ersten am **Splash Mountain** zu sein und so die langen Schlangen zu umgehen. Der Trip führt kreuz und quer durch den Berg und überrascht oft mit abrupten Richtungsänderungen *Wildwasserbahn*

Auf wilder Fahrt im Frontierland

und Geschwindigkeiten von über 60 km/h, bevor er im Wasser endet. Daneben kann man von den wenigen oberirdischen Punkten die Aussicht über das Magic Kingdom genießen.

Die zweite große Attraktion in Frontierland ist die **Big Thunder Mountain Railroad**. Die Achterbahn kurvt durch rote Sandsteingebilde, Fledermaushöhlen und Goldgräberstädte. Simulierte Erdbeben runden die abenteuerliche Zugfahrt ab. Gemütlicher geht es auf **Tom Sawyer Island** zu, wo man nach einer Bootsfahrt durch die Disney-Version von Mark Twains Mississippi spazieren kann. Das Ganze wirkt ähnlich aus der Zeit gefallen wie das **Country Bear Jamboree**, in dem Bären Country Songs singen, was bei Kindern meist gut ankommt. Wer danach doch noch seine Wild-West-Kindheitsträume ausleben will, kann zum Ballern ins **Frontierland Shootin' Arcade**. Geschossen wird mit einem Kaliber .54 Hawkins Buffalo Rifle, allerdings ohne Kugeln, sondern mit Infrarot.

Liberty Square

Der Liberty Square ist das kleinste Gebiet im Magic Kingdom. Neben einigen Shops und Restaurants legt hier das **Liberty Square Riverboat** zu viertelstündigen Rundfahrten über den See und durch die amerikanische Geschichte ab. Die singenden und Reden schwingenden Präsidenten in der **Hall of Presidents** sind wohl eher für amerikanische Patrioten interessant, während das **Haunted Mansion** eine klassische Geisterbahn darstellt.

Fantasyland

Fantasyland, das ist die klassische Disney-Welt der Märchenverfilmungen, der fliegenden Elefanten und der Kinder, die nie erwachsen werden. Hier eröffnet sich das herzensgute Reich der Märchenwesen, die hier auch überall anzutreffen sind. Direkt hinter dem Cinderella Castle liegt ein Marktplatz, auf dem das **Prince Charming Regal Carrousel** steht; als historisches Karussell das vielleicht am traditionellsten gehaltene Fahrgeschäft im Königreich. Direkt rechts nebenan kann man bei **Meet Anna and Elsa at Princess Fairytale Hall** die Hauptfiguren aus dem Film „Frozen" (dt.: „Die Eiskönigin") treffen. Die langen (!) Schlangen spiegeln den Erfolg des Films wider. Links vom Schloss liegt **Mickey's PhilharMagic**. Hier führen Micky Maus und Donald Duck durch Disneys Kino- und Musikgeschichte. Der

Film beeindruckt nicht nur mit seinen 3D-, sondern auch mit Wasser- und Geruchs-
effekten. Zwei Gebäude weiter liegt **Peter Pan's Flight**. Wie Peter Pan „fliegen"
die Besucher hier durch die Nacht, zu sehen gibt es dabei Szenen aus dem Film. Es
handelt sich um eine der beliebtesten Attraktionen im ganzen Park, die Wartezeiten sind entsprechend lang (bis zu zwei Stunden). Trotz des jüngst mit sehr viel
Liebe zum Detail neugestalteten, interaktiven Warteschlangenbereichs kann sich
der Einsatz des Fastpass also lohnen.

Gegenüber von Peter Pan's Flight liegt **It's a small World**. Die Bootstour durch *Heile Welt*
die klischeebeladenen Länderdarstellungen gehört zu den Klassikern in Disney
World. Das Boot zieht vorüber an singenden Puppen aus aller Welt: indische
Schlangenbeschwörer, russische Volkstänzer, eine deutsche Blaskapelle, dahinter
holländische Windmühlen und Bergziegen auf Schweizer Almen. Die Tour ist kitschig und melancholisch und nicht selten entsteigen gerade die Erwachsenen den
Booten mit feuchten Augen … Wie schön wäre es doch, wenn sich alle Welt vertragen könnte.

Geht man vom Schloss aus nach rechts, gelangt man durch einen zinnenbewährten *Neue*
Mauerzug ins **New Fantasyland**, das in den Jahren 2010–2014 neu gebaut wurde. *Attraktionen*
Mit dem **Seven Dwarfs Mine Train** erwartet einen direkt zu Beginn eine Achterbahn in der Welt von Schneewittchen und den Sieben Zwergen, die sich schnell
zu einer der Top-Attraktionen gemausert hat. Die Fahrt ist nicht ganz so wild und
auch für Kinder geeignet. Links vom Zwergenberg führt der Weg vorbei an **Enchanted Tales with Belle**, in der Belle aus „Die Schöne und das Biest" Geschichten erzählt. Vornehmlich ein *Meet&Greet*, vor allem für Kinder interessant, allerdings ohne Übersetzung. Dahinter liegt pompös auf einem Berg das Schloss aus
dem Film, in dem ein Restaurant untergebracht ist (Disney's Be Our Guest,
s. S. 383). Rechts um die Ecke ist das 2012 eröffnete **Under The Sea: Journey**

Besuch bei Arielle, der Meerjungfrau, im Fantasyland

©Disney

of **The Little Mermaid**. Bei der Tour wird durch verschiedene Figuren mit viel Musik die Geschichte der Meerjungfrau Arielle nacherzählt, die man nebenan in **Ariel's Grotto** auch treffen kann.

Jahrmarkt-atmosphäre

Als nächstes kommt man zum jahrmarktartigen **Storybook Fair**. Mit **Dumbo the Flying Elephant** findet sich hier ein klassisches Karussell, dessen Wagen fliegende Elefanten sind, deren Höhe man selbst steuern kann. Seit dem Umbau wurde die Kapazität durch ein zweites Karussell verdoppelt. Dahinter liegen mit **Casey Jr. Splash ‚N' Soak Station** und dem **Barnstormer** eine Wasserspaßstation für kleine Kinder (Handtuch und Wechselkleidung mitbringen!) und eine kinderverträgliche Achterbahn. Direkt daneben liegen die Station der WDW Railroad und **Pete's Silly Sideshow**, wo man Goofy und Donald Duck als Zauberer und Schlangenbeschwörer treffen kann.

Geht man nun vom Storybook Circus aus zurück und nach links, gelangt man entweder ins Tomorrwoland oder wieder zum Cinderella Castle. So oder so trifft man zunächst auf die **Mad Teaparty**. Dieses wirre Karussell besteht aus mehreren Ebenen, die gegenläufig rotieren, wobei man Drehrichtung und -geschwindigkeit der eigenen Teetasse selbst steuern kann. Daneben liegt **The Many Adventures of Winnie the Pooh**. Hier kann man bei einer gemütlichen Fahrt Winnie Puuh und seinen Freunden begegnen.

Tomorrowland

Zukunfts-visionen

Tomorrowland sieht ein bisschen so aus, wie man sich in den 1950ern das Jahr 2000 vorgestellt hat: ein Raumhafen mit Retro-Charme, irgendwo zwischen Flash Gordon und den Jetsons. 2015 versuchte Disney, mit dem gleichnamigen Film Tomorrowland wieder stärker ins Bewusstsein zu rücken und den Science-Fiction-Gedanken zu revitalisieren. Der Erfolg der Pirates-of-the-Caribbeans-Reihe ließ sich aber nicht wiederholen; trotz George Clooney scheiterte „Tomorrowland" an den Kinokassen.

Trip durchs dunkle All

Zu den Top-Attraktionen gehört der **Space Mountain**, der durchaus den Einsatz des Fastpass rechtfertigt. Durch diesen knapp 60 m hohen Berg jagt eine Achterbahn (ohne Loopings). Nicht die Geschwindigkeit macht das Erlebnis aus, sondern die Tatsache, dass es durch das stockdustere All geht. Man hat keine Ahnung, ob es als nächstes aufwärts oder abwärts geht und gleichzeitig wird man (beinahe) von vorbeifliegenden Asteroiden getroffen.

Das zweite Highlight ist **Buzz Lightyear's Space Ranger Spin**, bei dem man den Spielzeug-Astronauten mit Laserkanonen im Weltraumkampf unterstützt. Publikumsbeteiligung ist auch bei der Show **Monsters, Inc. Laugh Floor** gefragt, die Computeranimationen mit Improvisations-Comedy vermischt. Sie ist für Kinder nur bedingt geeignet, da sie sehr sprachabhängig ist und eine Übersetzung nicht angeboten wird.

Ähnliches gilt für das eher mäßige, aber für Kinder teils gruselige **Stitch's Great Escape**, bei dem einen ein fliehendes Alien über die Schulter hüpft. Das **Carousel** of **Progress** führt als Audio-Animatronic-Show durch den technischen Fort-schritt des 20. Jh. Nach eigenen Aussagen war dies Walt Disneys Lieblingsattrak-tion, damals noch in Disneyland in Kalifornien. Der **Astro Orbiter** ist eine Art Karussell und auch für kleine Kinder geeignet, wenngleich es nicht ganz so harmlos ist, wie es aussieht. Die etwas Größeren dürfen auf dem **Tomorrowland Speed-way** das Gefühl auskosten, sich auf einer Rennstrecke zu befinden, allerdings auf vorgegebener Bahnführung – nicht unbedingt ein Muss. Einblicke hinter die Kulis-sen gewährt der **Tomorrowland Transit Authority PeopleMover** der im Stil eines futuristischen Massentransportsystems die Attraktionen von Tomorrowland abfährt.

Paraden und Feuerwerk

Die **3 O'Clock Parade**, die täglich um 15 Uhr von der Main Street über den Li-berty Square ins Frontierland zieht, ist ein Muss! Disney-Charaktere, Musikgrup-pen, Akrobaten, Geschichtenerzähler usw. nehmen daran teil. Das Programm wechselt im Abstand mehrerer Jahre, die aktuelle Parade heißt **Festival of Fan-** *Nicht* **tasy Parade** und bietet u. a. einen großen Drachen, der tatsächlich Feuer speit. *verpassen:* Am Abend, die Zeiten wechseln saisonbedingt, zieht die beeindruckende **Main** *die Paraden* **Street Electrical Parade** durch den Park, bei der Wagen und Teilnehmer in Tausende bunte LEDs gehüllt sind und Laserstrahlen durch die Luft schwirren. Je nach Saison zieht tagsüber, teils mehrmals täglich, die **Move It! Shake It! Dance & Play It! Street Party** über die Main Street, bei der man zu lauten Beats mit Disneyfiguren tanzen kann.

Ein weiterer Höhepunkt ist **Wishes Nighttime Spectacular**, das große Feuer-werk am Abend über dem Cinderella Castle, das von der Lichtshow **Celebrate the Magic** eingeläutet wird. Wenn es stattfindet (saisonabhängig), sollte man sich dieses Spektakel nicht entgehen lassen.

Um einen guten Platz für die Paraden (nämlich am Flaggenmast auf der Main Street) *Die besten* zu bekommen, kann man seinen Fastpass einsetzen, was sich aber nur sehr bedingt *Plätze für* lohnt. Sinnvoller ist es wohl, sich frühzeitig einen guten Platz zu sichern. Auch hier *Paraden und* muss man teilweise bis zu einer Stunde früher vor Ort sein. Die meisten Besucher *Feuerwerk* beobachten die Paraden von den Seiten der **Main Street** aus, die dementspre-chend voll ist. Orte, die einen guten Blick bieten und nicht ganz so überlaufen sind, finden sich vor allem am Liberty Square und im Frontierland.

Wenn man frühzeitig im **Sleepy Hollow Refreshments** ist, kann man sich einen Tisch mit Blick auf die Brücke sichern und der Parade in Ruhe mit einer Cola zuse-hen. Auch die erhöhten Holzterrassen vor dem **Frontier Trading Post** und den Nachbargebäuden und der überdachte Gang zwischen **Liberty Tree Tavern** und **Diamond Horseshoe** sind keine schlechten Plätze, letzterer vor allem bei Regen.

Für das Feuerwerk lohnt sich der Einsatz des Fastpass nicht. Die angebotenen Plät-ze sind nicht besonders und immer noch überfüllt. Ein guter Blick bietet sich trotz der vielen Menschen von der Main Street. Besonders empfehlenswert ist der er-höhte Haltepunkt der **WDW Railroad** am Parkeingang. Gut geeignet sind auch die Bereiche zwischen Main Street und Tomorrowland. Entspannt ist der kleine Rose Garden. Insbesondere vom **Tomorrowland Terrace Restaurant** hat man einen hervorragenden Blick, es ist dann aber nur im Rahmen der *Wishes Dessert Party* zugänglich (Erw. $ 49, Kinder $ 29 inkl. Dessert-Büffet und Getränke, Reservierung nötig). Aufgrund der Blickachsen sind die Gebiete links der Main Street (Frontierland, Adventureland, Liberty Square) nicht oder nur sehr eingeschränkt zu empfehlen. Für ein Abendessen während des Feuerwerks eignen sich vor allem das **Narcoossee's** im Grand Floridian Resort, das **'Ohana** im Polynesian Resort und der schicke **California Grill** im Disney Contemporary Resort. Man sollte für 30–45 Minuten vor Beginn der Show reservieren und vor Ort um einen Tisch mit *fireworks view* bitten.

Reisepraktische Informationen Magic Kingdom

i Information
Der Hauptinformationsstand befindet sich in der City Hall am Town Square, gleich links vom Eingang. Hier kann man sich eine Karte und einen aktuellen Veranstaltungsplan besorgen. Der Verleih für Kinderwagen, elektrische Scooter und Rollstühle befindet sich direkt am Eingang, unterhalb der Station der WDW Railroad. Am Eingang gibt es auch Schließfächer.

Öffnungszeiten und Preise
s. S. 403

P Anfahrt/Parken
Der riesige Parkplatz am Ticket & Transportation Center (TTC) dürfte mit Sicherheit jedem Ansturm gewachsen sein. Vom Auto aus befördert einen eine Tram zum eigentlichen TTC (Parkplatznummer merken, am besten aufschreiben!). Von dort fahren dann die Monorail und Boote zum Magic Kingdom. Das TTC ist ebenfalls Endstation der Buslinien.
Übrigens: Insbesondere nach dem Feuerwerk kann es abends sinnvoll sein, statt der Direktverbindung zum TTC die Resort Monorail zu wählen. Da diese ebenfalls am TTC hält, lassen sich die Wartezeiten am Magic Kingdom je nach Taktung drastisch reduzieren, dafür dauert die Fahrt etwas länger.

Touren
Für einen Extrabetrag von ca. $ 79 kann man an der vier- bis fünfstündigen Tour „Keys to the Kingdom" teilnehmen, die einen Überblick verschafft und auch mal hinter die Kulissen blicken lässt. Der interessanteste Part ist die Besichtigung des unterirdischen Tunnelsystems. Warteschlangen an vielbesuchten Attraktionen umgeht man dabei aber nicht. Die Touren beginnen in der Regel morgens zwischen 8.30 und 9.30 Uhr, vorher informieren. Zudem gibt es noch andere Touren, Infos auf der Website.

Character Greetings
*Im ganzen Park posieren ständig Micky Maus und andere Disney-Charaktere für die Kinder und geben Autogramme. Daneben gibt es immer wieder einige Veranstaltungen mit verschiedenen Figuren. Neben den festen Einrichtungen wie **Ariel's Grotto** erfährt man Orte, Zeiten und Treffpunkte an der Information oder im Internet.*

🍴 **Restaurants im Magic Kingdom** (allgemeine Hinweise s. S. 407)
Auf der **Main Street** *ist* **Tony's Town Square Restaurant** *(Ostseite des Town Square) am beliebtesten, dessen klassisches Ambiente und italienisches Essen u. a. an den Disneyfilm „Lady and the Tramp" (dt. „Susi und Strolch") erinnern soll. Für den Hunger zwischendurch eignet sich das* **Plaza Restaurant** *(Main Street). Im unter Glas beherbergten* **Crystal Palace** *werden Büffets aufgetischt, zum Abendessen kommt auch mal Winnie Puuh vorbei (an der Adventureland-Brücke).*
Im **Frontierland** *empfiehlt sich das am Liberty Square gelegene* **The Diamond Horseshoe** *im Westernstil. Für den kleinen Appetit lohnt ansonsten ein Stopp im* **Aunt Polly's Landing** *auf der Tom-Sawyer-Insel. Fast ein Muss ist die* **Liberty Tree Tavern** *am Liberty Square, ein auf alt getrimmter Pub mit kalorienhaltiger Landküche. Im* **Fantasyland** *erwartet einen schließlich eine wahrhaft königliche Tafelrunde im* **Cinderella's Royal Table** *(im Cinderella Castle, so früh wie möglich reservieren!), wo Cinderella selbst Hof hält. Das noch recht neue* **Disney's Be Our Guest** *im New Fantasyland bietet französisch inspirierte Küche und ist darüber hinaus der einzige Ort im ansonsten trockenen Magic Kingdom, der Alkohol serviert. Neben einer kleinen Weinkarte gibt es belgisches und französisches Bier – allerdings nur zum Dinner.*

🎁 **Einkaufen**
Keiner der Disney-Parks bietet so viele Souvenirshops – die übrigens durchaus mehr anbieten als bloß Disney-Kitsch. Man sollte sich also ruhig etwas Zeit nehmen, die Main Street (wo es die meisten Geschäfte gibt) entlangzuschlendern. Aber auch in den anderen Abschnitten findet man immer wieder kleine und große Läden. Die größte Disney-Souvenirauswahl gibt es im Emporium an der Main Street.

Epcot

Epcot war Walt Disneys letzter großer Traum. Er hatte vor, hier beispielhaft eine Stadt für 20.000 Menschen zu errichten. Daher auch der Name: Epcot steht für „Experimental Community of Tomorrow". Die Menschen sollten in Hochhäusern in einem autofreien Stadtkern leben. Zur Arbeit sollten sie ausschließlich mit umweltfreundlichen Nahverkehrsmitteln fahren. Dieser Gedanke zur Errichtung einer menschenwürdigen Stadtlandschaft entsprang der Einsicht, dass die Städteagglomerationen der Welt zunehmend menschenunwürdiger wurden und die Umweltzerstörung zunehmen würde.

Dieser Entwicklung wollte Disney seine Vision entgegensetzen und zeigen, dass es auch anders geht, wenn man nur radikal umdenkt und den technischen Fortschritt für und nicht gegen den Men-

Redaktionstipps

▸ Im Pavillon **The Land** bei **Soarin'** über Kalifornien hinweggleiten (S. 387).
▸ Im japanischen „Teppan Edo", im norwegischen „Akershus" oder im „Coral Reef" (den besten Restaurants im Park) essen (S. 392).
▸ Eine Reise durch die Geschichte der Telekommunikation im **Spaceship Earth** erleben (S. 385).
▸ Den **3D-Film** „Captain EO" im Imagination! Pavillon ansehen (S. 387).
▸ Empfehlung für die **Zeiteinteilung**: Mindestzeit: 6 Stunden, optimale Zeit: 1½ Tage.
▸ Die nächsten **Hotels**: u. a. „Walt Disney World Swan and Dolphin" und „Disney's Port Orleans Resort".

schen einsetzt. Epcot sollte ein Experimentierfeld für die Lösung der drängenden Probleme einer industriell geprägten Stadtgesellschaft werden.

Zukunfts-
visionen
Nach Walt Disneys Tod haben seine Nachlassverwalter sich dieses Traumes angenommen – und dabei die Chance verpasst, ihn gemäß seiner ursprünglichen Intentionen zu verwirklichen. Statt Disneys Vision umzusetzen, haben sie 1982 schlicht einen neuen Vergnügungspark geschaffen, der, medial faszinierend umgesetzt, ungebremsten Fortschrittsglauben demonstriert und alle negativen Aspekte ausklammert. Dabei dürfte es auch eine Rolle gespielt haben, dass man zur Finanzierung der Gesamtinvestition von mehr als $ 3 Milliarden nach Sponsoren aus der Wirtschaft wie Exxon und General Motors Ausschau hielt.

☞ IllumiNations

Der allabendliche Höhepunkt in Epcot ist das Spektakel **IllumiNations: Reflections of Earth** mit bunten Lasern und Strahlern, dazu Lichtspielen auf Leinwänden, die auf Flößen im Wasser schwimmen sowie einem Feuerwerk – das Ganze untermalt von imposanter Orchestermusik. Beginn vor Ort erfragen oder im Internet nachschauen – in der Regel aber 21 Uhr.

Beste Ausblicke auf die Beleuchtungsshow:
• von der Außenterrasse des englischen Pubs Rose & Crown
• von der Bar im japanischen Pavillon
• von einem Fensterplatz im Bistro de Paris
• und vom Ufer am Showplace Plaza, dem Platz zwischen Spaceship Earth und Landungssteg der Boote

Für alle guten Punkte gilt: **Rechtzeitig erscheinen!** Beim letzten gilt sogar: 45 Minuten vorher.

Überblick

Anders als das Cinderella Castle im Magic Kingdom liegt das **Spaceship Earth**, die praktisch von überall sichtbare, futuristisch anmutende Weltkugel, nicht in der Mitte, sondern am Eingang von Epcot. Der Park ist etwa doppelt so groß wie das Magic Kingdom und wesentlich weitläufiger. Man sollte sich deshalb auf einige Fuß-
Technik-
visionen und
Welt-
ausstellung
märsche einstellen. Die Warteschlangen sind zwar lang, aber die Wartezeiten sind i. d. R. kürzer als im Magic Kingdom. Das Disney-Management hat dazugelernt und sich bei der Planung von Epcot besser auf große Menschenmengen eingestellt. Problematisch dürfte der Besuch mit kleinen Kindern sein, da viele Attraktionen erst ab ca. 10 Jahren interessant sind.

Epcot gliedert sich in zwei Bereiche. **Future World** ist der klassische Kern des Parks. Hier drehen sich die Attraktionen und Fahrgeschäfte thematisch um verschiedene Zukunfts- und Technikvisionen. Viele der Pavillons werden von Konzernen gesponsert, die diese nutzen, um sich und ihre neuen Entwicklungen zu präsentieren. **The World Showcase** widmet sich hingegen der Vielfalt menschlicher Lebensweisen. In Pavillons werden elf Länder der Erde präsentiert. Dabei pendelt

The World Showcase immer zwischen der Faszination einer dauerhaften Weltausstellung und der architektonisch und choreografisch bis ins Detail umgesetzten Darstellung von Klischees.

Hinweise

Die Attraktionen von Future World öffnen zwei Stunden vor World Showcase und schließen teils auch eher. Für Gäste der Hotels im WDW gibt es einen **zweiten Eingang** *im Westen, direkt am britischen Pavillon. In Bezug auf den* **Fastpass** *sind die Attraktionen in zwei Kategorien (A/B) aufgeteilt, pro Tag kann nur eine Attraktion aus Kategorie A reserviert werden!*

Future World

Spaceship Earth

Die 55 m hohe Aluminiumkugel direkt am Eingang ist das Wahrzeichen von Epcot. Bei der Tour durch das Innere nimmt man in einem Wagen Platz, der an den verschiedenen Entwicklungsstufen der Menschheit vorbeifährt. Von steinzeitlichen Höhlenbewohnern, Hieroglyphen schreibenden Ägyptern und Szenen aus dem alten Griechenland über die Erfindung des Alphabets, des Buchdrucks sowie der audiovisuellen Medien bis hin zum Siegeszug des Telefons und moderner Kommunikationssatelliten: Der Bogen ist von der Prähistorie bis in die Gegenwart gespannt *Entwicklungsstufen der Menschheit*

und alles rauscht im Zeitraffer vorbei. Ebenfalls zu Spaceship Earth zählt der Ausstellungsbereich **Project Tomorrow: Inventing the Wonders of the Future**, in dem der Sponsor Siemens in verschiedenen Spielen auf die technischen Entwicklungen der Zukunft einstimmt.

Innoventions East and West

Diese beiden Innovention-Pavillons sind eine Spielwiese aus Computern und anderen technischen Geräten. Viele große Computerfirmen fungieren als Sponsoren der ständig wechselnden Ausstellungen und Attraktionen. Naturgemäß ändert sich hier alles besonders schnell. Oft wird hier die modernste und wildeste Technik aufgefahren, von Videospielen über Roboter bis hin zu virtuellen Realitäten. Besonders Teenager werden das mögen. Im interessanten Souvenirshop gibt es futuristisch anmutendes Spielzeug – nicht nur für Kinder.

©Disney

Spaceship Earth

Attraktion	Kurzbeschreibung	Beste Besuchszeit	Wartezeit	Dauer	Fastpass+
Spaceship Earth	Fahrt durch die Entwicklungsstufen der Menschheit	Vor 10 oder nach 16 Uhr	Mittel, ca. 45 Min	16 Min	Ja
The Seas with Nemo & Friends Ride	Entspannte Fahrt durch die Unterwasserwelt von "Findet Nemo"	Jederzeit	Mittel, 30–45 Min	4 Min	Ja
Turtle Talk with Crush	Audioanimatronische Begegnung mit Schildkröte	Jederzeit	Mittel, ca. 30 Min	17 Min	Nein
Living with the Land	Bootsfahrt durch die Vergangenheit, Gegenwart und Zukunft der Landwirtschaft	Vormittags oder nach 17 Uhr	Mittel, ca. 45 Min	14 Min	Ja (Kat. A)
Circle of Life	Film über Nachhaltigkeit	Jederzeit	Kurz, meist max. eine Vorstellung	20 Min	Nein
Soarin'	Flugsimulator	Direkt morgens	Lang, ca. 2 Std.	5–6 Min	Ja (Kat. A). Empfohlen
Ellen's Energy Adventure	Multimediashow zum Thema Energie mit pädagogischem Anspruch	Jederzeit	Kurz, meist max. eine Vorstellung	35 Min	Nein
Journey into Imagination with Figment	Fahrt mit Multimedia-Effekten	Jederzeit	Kurz bis mittel, ca. 30 Min	6 Min	Ja
Captain EO	3D-Tanzfilm mit Michael Jackson	Jederzeit	Kurz, meist max. eine Vorstellung	20 Min	Ja
Test Track	Achterbahn im Stil einer Auto-Teststrecke	Direkt morgens oder kurz vor Schluss	Lang, ca. 2 Std. Soll auch schon doppelt so lang gewesen sein	4 Min	Ja (Kat. A). Empfohlen
Mission: Space	Raumfahrtsimulator	Morgens oder am Abend	Mittel (Team GREEN); Mittel bis lang (Team ORANGE)	15 Min	Ja

Die angegebenen Wartezeiten spiegeln durchschnittliche Werte wider. Zu Stoßzeiten und an vollen Tagen können sie deutlich länger sein, an weniger besuchten Tagen oder am frühen Morgen aber auch kürzer. Generell nehmen die Wartezeiten im Laufe des Tages zu mit Spitzen am Nachmittag.

The Seas with Nemo & Friends

Für Kinder

Hier befindet sich ein fast 22 Millionen Liter fassendes Aquarium. Künstliche Korallenriffe sowie etwa 4.500 Meereslebewesen geben einen Einblick in das Leben unter Wasser. Durch dicke, große Scheiben aus Acrylglas kann man in der **Sea-Base** die Meeresbewohner betrachten und Tauchern zuschauen. Zertifizierte Taucher dürfen auch selbst in das Aquarium, für dieses dreistündige Spezialprogramm (**DiveQuest**, $ 175) muss man sich vorher anmelden. Wer nicht über einen Tauchschein verfügt, kann immerhin bei der **Seas Aqua Tour** im Aquarium schnorcheln ($ 140) oder bei der dreistündigen Tour **Dolphins in Depth** in Kleingruppen auf Tuchfühlung mit Delfinen gehen ($ 199).

The Seas ist wohl der am besten für kleinere Kinder geeignete Pavillon in Epcot. Bei der Themenfahrt **The Seas with Nemo & Friends Ride** ist Nemo erneut verschwunden und die Fahrgäste können Dory und Marlin bei der Suche helfen. Beim **Turtle Talk with Crush** kann man sich mit der Schildkröte aus dem Film unterhalten.

The Land

Living with the Land ist eine Bootsfahrt, bei der man einiges über Landwirtschaft in verschiedenen Klimaregionen erfährt. Um das Überleben der Menschheit zu sichern, werden schließlich zukunftsweisende Versuche gezeigt: Klima spielt hierbei keine Rolle mehr, da es in riesigen Gewächshäuser gezielt gesteuert wird. Bei der etwa einstündigen Führung **Behind the Seeds** (Erw. $ 20, Kinder $ 16) kann man dann noch einmal hinter die Kulissen gucken und den ein oder anderen Tipp für den heimischen Garten mitnehmen. Eher für Kinder interessant ist der Film **Circle of Life**, in dem Simba, Timon, Pumbaa und andere Figuren aus „König der Löwen" die Hauptrollen spielen und über Nachhaltigkeit aufklären. *Landwirtschaft und Nachhaltigkeit*

Eine beeindruckende Attraktion in The Land ist **Soarin'**. In diesem Flugsimulator gleitet man über kalifornische Landschaften mit Bergen, Flüssen und Städten hinweg, die Golden-Gate Bridge, der Lake Tahoe und der Yosemite National Park sind nur einige der Sehenswürdigkeiten, die man hier aus der Luft betrachten kann. Lange Wartezeiten!

Universe of Energy

An sich findet hier biederer Grundschulunterricht statt – medial perfekt inszeniert, allerdings schon vor 20 Jahren. **Ellen's Energy Adventure** kombiniert Filme mit einer klassischen Themenfahrt. Im Mittelpunkt steht Schauspielerin und Moderatorin Ellen DeGeneres. Die Story führt weit zurück in prähistorische Zeiten. Die Entstehung der Energiequellen wird ebenso thematisiert wie ihre Nutzung in Gegenwart und Zukunft. In ziemlich unkritischer Weise werden die Vorteile der Atomenergie erklärt, alternative Energien kommen höchstens am Rande vor. Anschließend weiß man: Es darf weiter verschwendet werden. Aber immerhin gibt es Dinosaurier zu sehen. *Woher kommt Energie?*

Imagination!

Hier gibt es Reisen ins Land der Illusionen. Das Fahrgeschäft **Journey into Imagination with Figment** ist eher etwas für die kleineren Besucher. Hier fährt man mit Figment, einem lila Drachen, durch ein Labor und taucht durch allerlei bizarre Effekte tiefer in das Reich der eigenen fünf Sinne ein. Am Ausgang der Fahrt liegt **Imageworks: The What-If Labs**. Hier können sich nicht nur Kinder an verschiedenen spielerischen Stationen austoben. Im 3-D-Kino wird seit dem Tod des King of Pop wieder der Film **Captain EO** mit Michael Jackson in der Hauptrolle gezeigt.

Test Track

Eine der beliebtesten Attraktionen in Epcot: Beim **Test Track** handelt es sich um eine originelle Achterbahn, die wie eine Auto-Teststrecke aufgemacht ist. Wer mitfährt, fungiert quasi als Crash-Test-Dummy, was bei guten 100 km/h schon ein leicht mulmiges Gefühl erwecken kann. Das Fahrgeschäft wurde 2012 aufgemotzt, seither kann man vor der Fahrt sein Auto selbst virtuell designen. Tatsächlich haben die Parameter des Entwurfs aber keinen Einfluss auf das Fahrerlebnis.

Mission: Space

Der Thrill-Faktor hier ist extrem hoch: für alle, die vor nichts mehr Angst haben. Als Mitglied eines Astronautenteams (Rollen als Kapitän, Navigator etc. werden vergeben) wird man in den Weltraum zum Mars katapultiert. Hier weicht man Asteroiden aus oder navigiert in kosmischen Nebeln. Das „Orange Team" steht für das extreme Abenteuer, das „Green Team" lässt es etwas ruhiger angehen (ohne Rotation der Zentrifuge). Für manche dauert die Viertelstunde eine kleine Ewigkeit.

Mars-Exkursion

World Showcase

Überblick

Die elf Länder-Pavillons sind um eine Lagune herum angesiedelt. Von Future World kommend werden die Länder nachfolgend im Uhrzeigersinn dargestellt. Übrigens kommen die Angestellten in den Pavillons meist tatsächlich aus den entsprechenden Ländern. Oftmals sind es Studenten, die für das entsprechende Lokalkolorit sorgen. Daneben unterstützen in allen Pavillons passende Straßenkünstler und Musiktruppen das Ambiente.

👉 **Tipp: Die Gärten von Epcot**

*Eine oft zu wenig beachtete Attraktion im World Showcase sind die opulenten Gärten in Deutschland, Frankreich, UK, Kanada und China. Wer sie in ihrer vollen Pracht erleben will, sollte seinen Besuch so planen, dass er sich tagsüber im World Showcase aufhält. Das ein oder andere Fahrgeschäft in Future World kann man auch im Dunkeln besuchen. Im Frühling findet jedes Jahr zudem das **Epcot International Flower and Garden Festival** statt, bei dem die Länderpavillons aufblühen und saisonale Spezialitäten reichen.*

Attraktion	Kurzbeschreibung	Dauer
Gran Fiesta Tour Starring the Three Caballeros	Bootstour mit den drei Caballeros	7 Min
Reflections of China	360°-Film über China	14 Min
The American Adventure	Audio-animatronische Show über die US-Geschichte	29 Min
Impressions de France	220°-Film über Frankreich	18 Min
O Canada!	360°-Film über Kanada	15 Min

Für die Vorstellungen im World Showcase gilt, dass man meist max. die Zeit der laufenden Vorstellung warten muss. Die Besuchszeit ist jederzeit gleich günstig und sollte davon abhängig gemacht werden, wann man vor Ort ist.

World Showcase mit Kindern

Mit seinen Länderpavillons und den teils recht langen Filme ist das World Showcase für Kinder nicht immer spannend. Um die Sache ein wenig interessanter zu gestalten, verkaufen die Läden im Park sogenannte **Epcot Passport Kits**. Diese enthalten u. a. Sticker, die nach dem Besuch des entsprechenden Pavillons in den beiliegenden Pass geklebt werden können. So wird der Rundgang zu einem kleinen Spiel. In den **Kidcot Fun Stops**, die es in jedem Länderpavillon gibt, kann man den Pass abstempeln lassen. Hier bespaßen Disney-Mitarbeiter Kinder, etwa indem sie ihnen ein paar Brocken der Landessprache beibringen und mit ihnen basteln. Um die Spannung weiter zu erhöhen, bietet sich die interaktive Schnitzeljagd **Agent P's World Showcase Adventure** an. Startpunkte befinden sich an der Odyssey Bridge, dem International Gateway, dem italienischen und dem norwegischen Pavillon. Die einzelnen Rätsel-Missionen führen durch sieben der elf Länderpavillons und dauern jeweils ca. 30–45 Min. Und schließlich kann man auch hier Disneyfiguren treffen. Meistens findet man sie in den passenden Ländern: Mary Poppins in Großbritannien, Pinocchio in Italien, Aladin und seine Jasmin – Orient ist schließlich Orient – in Marokko.

Reisepässe und Schnitzeljagd

Mexiko

Das mittelamerikanische Land erkennt man schon von weitem an der Pyramide. Allein die schiere Größe ist überwältigend. Im Inneren wird geschickt mexikanische Atmosphäre inszeniert. Die **Mexico Folk Art Gallery** zeigt präkolumbianische Kunst. Das Zentrum des Innenraums bildet die **Plaza de los Amigos**, die einem mexikanischen Dorf nachempfunden ist und zu einem kleinen Einkaufsbummel einlädt. Die Bootsfahrt **Gran Fiesta Tour Starring the Three Caballeros** ist vor allem für kleinere Kinder und Fans des Disney-Klassikers „The Three Caballeros" mit Donald Duck ein Vergnügen. Spaß der erwachsenen Sorte bietet **La Cava del Tequila**, eine der beliebtesten Snackbars im Park, die vor allem mit ihrer Auswahl an Agavenschnäpsen punktet.

Volkskunst und Tequila

Norwegen

Die Darstellung des skandinavischen Landes ist im Stil eines norwegischen Dorfes gehalten. Die Gebäude repräsentieren verschiedene typische Baustile aus Bergen, Alesund und Oslo. Am beeindruckendsten sind aber die Replik der Festung Akershus aus dem 14. Jh., in der sich ein Restaurant befindet und der Nachbau einer norwegischen Stabkirche, in der sich die **Stave Church Gallery** befindet. Die Ausstellung widmet sich dem Animationsfilm „Frozen" (dt. „Die Eiskönigin") und zeigt, wie dessen Motive durch die norwegische Geschichte und Kultur inspiriert wurden. Bis 2014 war die Hauptattraktion in Norwegen die Bootsfahrt **Maelstrom**. Diese ist seither aber geschlossen und wird 2016 durch eine neue Themenfahrt mit dem Titel **Frozen Ever After** ersetzt, die sich ebenfalls um den Film „Frozen" drehen wird.

Eiskönigin und nordische Architektur

China

Der Film **Reflections of China** ist sicherlich einer der Höhepunkte im World Showcase. Der in 360-Grad-Technik gedrehte Film ist wohl die beste Werbemaßnahme für das Land. Menschen und Landschaften werden in ihrer Vielfalt eindrucksvoll eingefangen. Auf neun Leinwänden erlebt man u. a. die Wüste von Kansu (Tibet), die tropischen Regenwälder von Kwangtung und die bizarren Flussland-schaften von Kweilin. Eindrucksvoll sind die Aufnahmen der Chinesischen Mauer. Peking wird ebenso gezeigt wie die darin befindliche Verbotene Stadt, in der die Chinesen des Altertums den Mittelpunkt der Welt sahen.

Chinesischer Turm in World Showcase

Der Film wird in der nachgebauten Opferhalle des Himmelstempels (Tiãntán) gezeigt, der als eines der besten Bauwerke der Ming-Dynastie gilt. Die Architektur birgt viel Symbolisches: So stellt der Rundbau in seiner Kreisform den Himmel dar, die rechteckigen Formen sind Symbole für die Erde. Nebenan befindet sich die Ausstellungshalle **House of the Whispering Willows**, in der u. a. ein verkleinerter Nachbau der berühmten Terrakottaarmee zu sehen ist.

Deutschland

Vielleicht vermag der Besucher aus Deutschland anhand des deutschen Pavillons am besten zu beurteilen, wie sehr das World Showcase vor allem eine architektonische Umsetzung von Klischees ist. Kuckucksuhren, Lederhosen, Butzenscheiben, Marktbrunnen, Bierkrüge, Bratwürste … alles ist „typisch deutsch". Filme oder Fahrten

Bayerische Töne werden in Deutschland nicht angeboten, dafür gibt es bayerische Musik und Souvenirshops zur Genüge.

Italien

Auch Italien wird perfekt, d. h. eng an die gängigen Klischees angelehnt, präsentiert. Natürlich musste Venedig herhalten: Markusplatz, ein Nachbau des Dogenpalastes, Gondeln in der Lagune. In den Läden gibt es italienische Waren (Kristall, Lederprodukte, Pasta und Amaretto), größere Attraktionen und Fahrgeschäfte gibt es auch hier nicht, Architektur, Eiscreme und mediterranes Flair müssen genügen.

USA

That's America Die nationalbewusste Selbstdarstellung wird besonders ambitioniert betrieben. Eine halbe Stunde dauert die Präsentation des **American Adventure**. Benjamin Franklin und Mark Twain führen durch die Ereignisse. Von der Landung der Mayflower 1620 bis zum Zusammenschluss der 13 Kolonien zu den Vereinigten Staaten, vom Leben der ersten Siedler bis zu den Goldsuchern wird der Bogen gespannt.

Kunterbunt durcheinander werden dann berühmte Amerikaner vorgestellt: Ob nun Thomas A. Edison, Frank Sinatra, John Wayne, John F. Kennedy, Martin Luther King, Muhammad Ali oder Neil Armstrong – Amerika zeigt hier, wen es hervorgebracht hat. Und natürlich wird auch Walt Disney nicht vergessen.

Japan

Japan präsentiert sich mit einem Schloss, das der Burg Himeji, einem der schönsten Beispiele des japanischen Burgenbaus nachempfunden ist. Darin liegt die **Bijutsu-kan Gallery**, in der wechselnde Ausstellungen zur japanischen Kultur zu sehen sind. Die derzeitige Ausstellung **Spirited Beasts** zeigt die Zusammenhänge zwischen japanischer Mythologie und modernen Animes und Mangas auf. Weitere Bestandteile des japanischen Pavillons sind ein Nachbau der Kaiservilla Katsura in Kyoto, der Zeremonienhalle (Shishinden) des Kaiserpalastes sowie das Torii. Dieses große rote Holztor ist dem des Itsukushima-Schreins nachempfunden und steht wie dieses im Wasser. Sollten gerade die Trommelspieler (Matsuriza) auftreten, lohnt ein kurzes Verweilen mit einem japanischen Snack.

Mangas und Tempelbauten

Marokko

Dieser Pavillon ist der einzige im World Showcase, der tatsächlich von dem dargestellten Land gesponsert wird. Marokko war deshalb auch eng in die gestalterische und architektonische Umsetzung eingebunden, entsprechend authentisch ist der Gesamteindruck. Die marokkanische Atmosphäre wird einerseits durch die Architektur, andererseits durch das hier ansässige Handwerk erzeugt. Ein Minarett, Mosaiken und Souks (arabische Märkte), dazwischen Produkte der Handwerkskunst wie Teppiche, Keramik, Holz- und Ledererzeugnisse sowie Kleidung aus Baumwolle sorgen für einen interessanten Rundgang.

Nordafrikanische Atmosphäre

Frankreich

Natürlich musste ein Eiffelturm her. Daneben untermauern Hausfassaden mit schmiedeeisernen Balkongittern das Gefühl, der Seine sehr nahe zu sein. Und was wäre Frankreich ohne seine Spezialitäten: Croissants und herrlichen Kuchen gibt es in einer Patisserie, in der Maison du Vin kann man sich mit französischen Edeltropfen eindecken, und das Restaurant Les Chefs de France ist eine gute Abendempfehlung, um einen Epcot-Tag zu beschließen. Der Circle-Vision-Film (220°) **Impressions de France** ist wirklich sehenswert. Und anders als bei den Filmen in Kanada und China kann man hierbei sogar sitzen.

Kulinarische Spezialitäten

Großbritannien

Alles „typisch Britische" ist hier zusammengetragen. Trotzdem fehlt es an Atmosphäre. Zwar wird im gemütlichen Pub echtes englisches Bier gezapft, ein rotes Telefonhäuschen steht an einer Ecke, und in den Souvenirläden gibt es Tee. Doch das ist auch fast schon alles …

Toller Pub

Kanada

Als ob man auf einer touristischen Messe wäre – Kanada wird werbewirksam präsentiert. Im Northwest Mercantile Trading Post kann man großkarierte kanadische Holzfällerhemden kaufen, im Restaurant Lachssteak ordern. Beeindruckend ist das Hauptgebäude Hôtel du Canada, das dem Château Frontenac in Quebec nachemp-

Wollhemden gefällig?

funden ist, einem ehemaligen Eisenbahnhotel der Luxusklasse. Der beeindrucken-de 360°-Film **O Canada!** macht mit dem Land der Weite, mit seiner Bevölke-rungsvielfalt und seinen Städten bekannt.

Reisepraktische Informationen Epcot

i   Information und Orientierung

Wahrzeichen von Epcot ist die große Aluminiumkugel, das Spaceship Earth (Raum-schiff Erde), das auf knapp 5 m hohen Stelzen steht. Sowohl direkt am Eingang als auch unterhalb der Kugel des Spaceship Earth gibt es einen Informationsstand. Hier sollte man sich unbedingt eine Karte und einen Veranstaltungsplan besorgen.
*Ein zweiter Eingang (**International Gateway**) befindet sich am britischen Pavillon und ist von den nahegelegenen WDW-Resorthotels zu Fuß oder per Boot zu erreichen. An beiden Eingängen gibt es Rollstühle, Kinderwagen und Schließfächer.*

P   Anfahrt/Parken

Epcot hat einen eigenen Parkplatz, der in der Nähe des Eingangs liegt. Man braucht also nicht wie im Magic Kingdom die Monorail oder die Fähre zu benutzen. Man sollte sich aber auf jeden Fall die Parkplatznummer merken! Verbindungen zum Magic Kingdom bestehen durch die Monorail. Bei der Fahrt bietet sich ein sehr schönes Panora-ma.

¶   Restaurants (allgemeine Hinweise s. S. 407)

Die Restaurants in Epcot sind fast durchgehend recht gut. Aufgrund der breit gefä-cherten Auswahl an internationalen Spezialitäten bietet sich insbesondere das World Showcase für ein Abendessen an. Wie immer gilt allerdings, dass man frühzeitig reservie-ren sollte.

Neben einigen Snackbars und Selbstbedienungsrestaurants gibt es im **World Show-case** folgende lohnenden Restaurants: **La Hacienda des San Angel** und **San An-gel Inn** (Mexiko), **Akershus Royal Banquet Hall** (Norwegen), **Nine Dragons** (China), **Biergarten** (Deutschland), **Tutto Italia** und **Via Napoli** (Italien), **Teppan Eddo, Katsura Grill** und **Tokyo Dining** (Japan), **Marrakesh** und **Spice Road Table** (Marokko), **Les Chefs de France** und **Monsieur Paul** (Frankreich), **Rose and Crown** (Großbritannien) und **Le Cellier Steak House** (Kanada).
In Future World sitzt man im **Coral Reef** (The Seas with Nemo & Friends Pavilion) di-rekt um ein riesiges Aquarium herum, während man im rotierenden **Garden Grill** (The Land) an den verschiedenen Ökosystemen dieser Welt vorbeizieht.

🎁   Einkaufen

Neben einigen Souvenirshops in Future World empfehlen sich vor allem die Ge-schäfte der einzelnen Länder im World Showcase. Jeder Pavillon bietet Landestypisches. Empfehlung: Marokkos arabischer Markt.

Disney's Hollywood Studios

In diesem aktiven Studio kann man bei der Produktion von Filmen und TV-Produktionen zusehen, aber natürlich auch einfach Spaß und Abenteuer erleben. Nachdem die Disney-Leute mit ansehen mussten, wie erfolgreich der Film- und Themenpark der Universal Studios in Kalifornien war, setzten Michael Eisner und seine Leute alles daran, in Florida der Konkurrenz keinen Vorsprung zu lassen. Mit Erfolg: Einige Monate vor den Universal Studios in Orlando eröffneten Disney's Hollywood Studios ihre Tore, damals noch unter dem Namen Disney-MGM-Studios.

Aktiver Betrieb

Im direkten Vergleich geht es – wie bei den Filmen ja auch – bei Disney etwas beschaulicher zu als in den adrenalingetränkten Universal Studios. Die pastellfarben gestrichenen Häuser am Hollywood Boulevard, Sequenzen aus Kinderfilmen und Comics, zahlreiche Spielwiesen und vor allem ein echtes Studio, in dem wirklich Filme gedreht werden und wo man hinter die Kulissen schauen kann, heben Disney von seinem Konkurrenten ab. Man kann beide Parks also nur bedingt vergleichen, es ist eher Geschmackssache. Man sollte sich aber nicht vertun: Nicht alles an Disney's Hollywood Studios ist so harmlos, wie es scheint. Der Rock'n'Roller Coaster, der The Twilight Zone – Tower of Terror oder die Stuntshows treiben den Thrill-Faktor durchaus nach oben. Und leider gilt auch für diesen Park: Die Schlangen sind z. T. sehr lang. Also am besten früh kommen.

Hinter den Kulissen

Redaktionstipps

▶ Für den **Nervenkitzel**: The Twilight Zone – Tower of Terror (S. 394).
▶ Für **Kinder**: The Voyage of the Little Mermaid.
▶ Das **beste Restaurant**: „The Hollywood Brown Derby".
▶ Das **lustigste Restaurant**: „Sci-Fi-Dine-In Theater".
▶ Der beste Platz für **Snacks**: „Hollywood & Vine".
▶ Empfehlung für die **Zeiteinteilung**: Mindestzeit: 4 Stunden, optimale Zeit: 1 Tag.
▶ Die nächsten **Hotels**: „Walt Disney World Swan and Dolphin" und „Boardwalk Inn".

Der Park befindet sich derzeit im Umbruch. In den kommenden Jahren wird er einige große Veränderungen erfahren, auch eine Umbenennung könnte dazugehören. Erste Anzeichen sind schon jetzt zu spüren, so wurden in den letzten Jahren beispielsweise langjährige Attraktionen wie die Studio Backlot Tour oder The Magic of Disney Animation geschlossen. Ja, selbst der riesige blaue Zaubererhut aus dem Zeichentrickklassiker „Fantasia", lange Zeit das Wahrzeichen des Parks, wurde Anfang 2015 entfernt. Im August des gleichen Jahres hat Disney den Bau einer Vielzahl neuer Attraktionen bekannt gegeben, die v. a. auf den Toy-Story- und Star-Wars-Filmen basieren werden.

Überblick

Mit seinen 55 ha ist der Park etwa so groß wie das Magic Kingdom, verfügt aber über deutlich weniger Attraktionen. Auch in seinem Aufbau unterscheidet er sich von den aufgeräumten, ringförmigen Anlagen im Magic Kingdom und in Epcot. Die vertracktere Struktur hat aber den Vorteil, dass man auf alternative Wege ausweichen kann, falls einmal eine der Straßen gesperrt sein sollte. Das kann immer mal wieder vorkommen, sei es aufgrund tatsächlicher Dreharbeiten oder wegen des

Besuchs eines Stargastes. Ähnlich dem Magic Kingdom sind auch die Hollywood Studios in verschiedene Gebiet unterteilt.

Für kleine Kinder

Die Show **Voyage of the Little Mermaid** ist sehr beliebt. Wegen der langen Schlangen mittags sollte man zuerst hierher gehen. **The Great Movie Ride** mag nicht für die ganz jungen Kinder geeignet sein, aber für Kinder ab 7 Jahren ist der Ritt durch die Welt der Filmklassiker durchaus eine Attraktion. **Honey, I shrunk the Kids** ist ein abenteuerlicher Spielplatz für Groß und Klein und auch **Jim Henson's Muppet Vision**, die 3-D-Show mit den in aller Welt beliebten Muppet-Puppen, ist für alle Altersgruppen amüsant. Ebenfalls empfehlenswert ist die Musicalshow **Beauty and the Beast**.

Hollywood Boulevard

Was dem Magic Kingdom seine Main Street U.S.A., ist den Hollywood Studios der Hollywood Boulevard. Die palmengesäumte Straße ist der Auftakt für den Themenpark, hier wuseln Disney- und sonstige Filmfiguren herum und es finden sich viele Geschäfte. Die Straße mündet in einen kreisrunden zentralen Platz, der aus der Luft betrachtet an ein Micky-Maus-Gesicht erinnert. Am Rand steht ein *Filmnostalgie* Nachbau des TLC Chinese Theatre, des Kinos am echten Hollywood Boulevard in L.A., in dem u. a. „Star Wars" seine Premiere feierte. Im Inneren gibt es den **The Great Movie Ride**, eine Themenfahrt, bei der man Szenen aus Filmklassikern wie „Singin' in the Rain", „Casablanca" oder „Alien" nacherleben kann.

Sunset Boulevard

Am Ende des Hollywood Boulevard knickt der **Sunset Boulevard** scharf nach rechts ab. Er ist ebenfalls der gleichnamigen Straße im kalifornischen Los Angeles nachempfunden und von Palmen, Geschäften und Restaurants flankiert. Der Weg führt zu einigen der spannendsten Attraktionen im Park, vielleicht in ganz Orlando. Während es bei der Bühnenshow **Beauty and the Beast** noch romantisch zugeht, wird es wenige Meter weiter im **Rock'n'Roller Coaster Starring Aerosmith** wild und laut. Die Achterbahn beschleunigt in drei Sekunden auf über 100 km/h, im ersten Looping erlebt man bereits die fünffache Erdanziehungskraft. Entsprechende Lichteffekte und extrem laute Musik von Aerosmith komplettieren das schockartige Erlebnis.

Einfach Und als sei das nicht schon schlimm genug, geht es weiter mit **The Twilight Zone**
schrecklich **– Tower of Terror**. Hier betritt man ein heruntergekommenes Hotel aus dem Hollywood der 1930er Jahre. Nach einem kurzen Rundgang geht es mit dem Fahrstuhl in den 13. Stock – und im freien Fall nach unten. Wobei, das stimmt nicht ganz: Der Absturz ist noch schneller als im freien Fall, da er durch einen Motor zusätzlich beschleunigt wird. Das Ganze geht nach einem Zufallsmechanismus siebenmal so. Und wenn man dafür in diesem Moment die Muße hat, kann man aus der Höhe den Blick über das Parkgelände genießen. Das dritte Highlight am Sunset Boulevard liegt ganz am Ende des Weges. **Fantasmic!**, die Abendshow der Super-

lative, schlägt alles an Effekten. Laser, Animationen, über 100 Tänzerinnen und Tänzer, dazu ein Kampf zwischen Gut und Böse – fast 10.000 Zuschauer können diesem Schauspiel folgen, Sitzplätze gibt es für knapp 7.000 (nur zu bestimmten Terminen, frühzeitig da sein oder Fastpass nutzen).

Animation Courtyard

Vom zentralen Platz gelangt man nach rechts durch ein Tor in den **Animation Courtyard.** Mit vielen Licht- und Wassereffekten, Schauspielern und Puppen wird in **Voyage of the Little Mermaid** die Geschichte Arielles heraufbeschworen. Für die ganz Kleinen gibt es nebenan die Liveshow **Disney Junior: Live on Stage.** In der Ausstellung **Walt Disney: One Man's Dream** erfährt man weiterhin einiges über den Mann, dem wir die ganze Magie zu verdanken haben. Geht man die **Mickey Avenue** weiter, gelangt man durch das Tor zum **Pixar Place**. Beide werden manchmal als eigenständige Gebiete gehandelt, aber auch der Prixar Place beherbergt bislang nicht mehr als die **Toy Story Midway Mania** – die es aber in sich hat. Ähnlich wie beim Buzz Lightyear's Space Ranger Spin im Magic Kingdoms fährt man hier in einem Wagen und ballert was das Zeug hält, diesmal unterstützt durch abgefahrene 3-D-Effekte.

Echo Lake

Vom Eingang aus gesehen geht es vom Hollywood Boulevard vorbei am namensgebenden See nach links in das Echo-Lake-Areal. Die drei großen Attraktionen in diesem Teil des Parks beruhen auf den George-Lucas-Filmreihen „Indiana Jones" und „Star Wars". Bei der Show **Indiana Jones Epic Stunt Spectacular!** werden in einem riesigen Kuppelzelt (2.100 Plätze) die aufregendsten Stunts des peitscheschwingenden Archäologen gezeigt und erläutert. Dabei werden auch Freiwillige aus dem Publikum zur Mithilfe aufgerufen. Aber keine Angst, man muss nicht an einem Seil vom Zeltdach herunterschwingen oder versuchen, einer Explosion zu entgehen – das macht Indiana Jones schon selbst.

Stunts vom Feinsten

Star Wars Weekends & The Osborne Family Spectacle of Dancing Lights

Schon lange bevor der Disneykonzern die Rechte am „Star Wars"-Franchise gekauft hatte, waren der Disney's Hollywood Studios ein beliebtes Reiseziel für Fans der Filmreihe: Seit 2003 veranstaltet Disney jährlich die sogenannten **Star Wars Weekends**. An vier aufeinanderfolgenden Wochenenden (Mitte/Ende Mai bis Mitte Juni) stehen die Hollywood Studios dann ganz im Zeichen der Sternenkriege. Micky hantiert mit dem Lichtschwert, bei den Paraden marschieren Stormtrooper auf, der ein oder andere Filmstar schaut vorbei und wer will, kann sein Konterfei aus „Karbonit" erstehen, ähnlich wie es Han Solo in „Das Imperium schlägt zurück" widerfährt. Ein Spektakel ganz anderer Art ist das **The Osborne Family Spectacle of Dancing Lights**. Von November bis Januar erstrahlen die Hollywood Studios im Glanze tausender weihnachtlicher Lichter.

Star Tours – The Adventures Continue entführt hingegen in die Welt von „Star Wars". Die Story dieses 3-D-Flugsimulators wird bei jeder Fahrt aus einzelnen Versatzstücken neu zusammengesetzt. Mal befindet man sich inmitten der Schlacht im Schnee auf Hoth, mal rast man über den Wüstenplaneten Tatooine, stets begleitet von den eher weniger hilfreichen Kommentaren von C-3PO.

Ausbildung zum Jedi-Ritter   Nebenan kann man in der **Jedi Training Academy** sein Kind zum Jediritter ausbilden und gegen Darth Vader kämpfen lassen. Die Show findet mehrmals täglich statt, die Teilnehmerzahl ist jeweils auf zwölf Kinder (4–12 Jahre) beschränkt. Hierfür sollte man sich so früh wie möglich (sprich: direkt nach Eröffnung des Parks) im ABC Sound Studio schräg gegenüber anmelden.

Streets of America

Durch die Straßenzüge von New York und San Francisco hindurch gelangt man in den hintersten Winkel des Parks. Das Areal, in dem die Hausfassaden stehen, war ein Gelände für Außenaufnahmen, bis es als integraler Bestandteil des Parks für die Besucher geöffnet wurde. Auch hier dreht sich alles um den Film. Kurz vor dem Durchgang zur Mickey Avenue gelangt man durch die Front eines nostalgisch gehaltenen New Yorker Filmtheaters zum **Honey, I Shrunk the Kids Movie Set Adventure**, einem Kinderspielplatz, der mit seinen Riesenameisen und überdimensionierten Grashalmen in den Film „Liebling, ich habe die Kinder geschrumpft" versetzt. Gegenüber liegt tatsächlich ein Kino, in dem die **Muppet*Vision 3D** gezeigt wird. Im Mittelpunkt der Show steht immer wieder die rührselige Quasselstrippe Miss Piggy. Geschickt werden hier filmische Elemente mit multimedialen Effekten und audio-animatronischen Figuren kombiniert. In der hintersten Ecke des Parks wartet die aufwendige **Lights, Motors, Action! Extreme Stunt Show**, eine Stunt- und Crashshow mit schnellen Autos und lauten Explosionen.

Gute Inszenierung

Reisepraktische Informationen Disney's Hollywood Studios

ⓘ Informationen & Orientierung
Direkt am Eingang in einem Kiosk am Crossroads of the World erhält man eine Karte und einen aktuellen Veranstaltungsplan. Direkt am Haupteingang (in Oscar's Superstore) kann man auch Kinderwagen und Rollstühle ausleihen. Hier gibt es auch Schließfächer.

P Anfahrt/Parken
Die Parkflächen sind riesig und liegen direkt am Park. Zufahrten gibt es vom Buena Vista Drive und vom World Drive. Die Studios sind nicht an das Monorailsystem angeschlossen, dafür aber gut mit Bussen zu erreichen.

🍴 Die besten Restaurants (allgemeine Hinweise s. S. 407)
The Hollywood Brown Derby, Ecke Sunset Blvd. u. Hollywood Blvd. Das Fine-Dining-Restaurant im Park. Bekannt ist es für den Cobb Salad (Truthahn, Ei, Avocado, Schimmelkäse, Schinken, Tomaten und Salat), dessen Original im gleichnamigen Restaurant in Hollywood kreiert worden ist. Eher elegant, entsprechend teuer.

Sci-Fi-Dine-In-Theater, *am Übergang vom Echo Lake zu Streets of America. Das gesamte Restaurant ist einem Autokino aus den 1950er Jahren nachempfunden, gesessen wird im Cadillac, serviert wird amerikanisches Fastfood.*

Hollywood & Vine, *am Lakeside Circle. Büffet mit amerikanischem Essen im Ambiente der 1930er und 40er Jahre: Gepolsterte Sitzbänke mit Vinylbezug, Aluminiumstühle und Art-Deco-Verzierungen an den Wänden.*

Mama Melrose's Ristorante Italiano, *Backlot/Streets of America. Mama Melrose serviert Pasta, Saltimbocca, ofengebackenes Hühnerfleisch mit Mozzarella und knusprige Calamares.*

50's Prime Time Café, *am Lakeside Circle. Hier geht es zu wie in einer US-Familienserie aus den 1950er Jahren. Während der Mahlzeit kann man an einem Quiz teilnehmen, das gerade in einem alten Fernsehgerät läuft. Dazu wird klassisch amerikanische Hausmannskost serviert.*

Einkaufen

Die meisten Geschäfte befinden sich um den Hollywood Boulevard. Neben Disney-Andenken gibt es hier auch einiges zum Thema Hollywoodfilme. Ein Bummel mag anregend sein, allerdings sind die Einkaufsmöglichkeiten im Magic Kingdom besser.

Animal Kingdom

Das Animal Kingdom ist nicht nur der der flächenmäßig größte – er ist fast dreimal so groß wie das Magic Kingdom –, sondern auch der eigenwilligste unter den vier

Mount-Everest-Expedition à la Disney

©Disney

Disney-Parks. Hier stehen nicht die lauten und schrillen Fahrgeschäfte im Vordergrund. Vielmehr widmet sich der Park einem Thema, das Walt Disney selbst Zeit seines Lebens am Herzen lag: der Schutz der Umwelt und der Tiere. Hier haben über 1.500 Exemplare aus rund 250 verschiedenen Arten ihr Zuhause. Von verschiedenen Beobachtungspunkten, aber auch auf ausgedehnten Fahrten lassen sich die teils exotischen Tiere beobachten.

Aber es wäre nicht Disney, wenn nicht auch hier vieles überzeichnet wäre. Auch im Animal Kingdom gibt es Fahrgeschäfte, Shows und Disneyfiguren. Das gesamte Areal ist in sechs Gebiete unterteilt. In der Mitte liegt Discovery Island, um das herum Oasis, Africa, Asia und Dinoland U.S.A. gruppiert sind. Seit 2014 befindet sich *Zukunfts-* mit **Pandora: The World of Avatar** ein siebtes Gebiet im Bau, das 2017 eröff-
pläne net werden soll. Es wird sich ganz der fantastischen Welt aus James Camerons monumentalen 3-D-Science-Fiction-Spektakel widmen.

Oasis

Direkt nach dem Durchschreiten des Tors befindet man sich in Oasis. Im Grunde ist es nichts weiter, als der hübsch gestaltete Eingangsbereich des Parks. Anders als im Magic Kingdom oder den Hollywood Studios befindet man sich nicht auf einer lebhaften Hauptstraße, sondern mitten in der Natur. Entlang der Wege, die ins Zentrum des Parks führen, gibt es einige Tiere zu beobachten.

Discovery Island

Das Zentrum des Themenparks bildet der **Tree of Life** auf Discovery Island. Der Lebensbaum soll die enge Verbundenheit allen irdischen Lebens symbolisieren. In diesem rund 45 m hohen künstlichen Baum wird die 3-D-Show **It's Tough to Be a Bug** („Es ist hart, ein Käfer zu sein") gezeigt, in der man die Welt aus Perspektive eines Käfers erlebt. Discovery Island ist ein Naturpark mit unzähligen tropischen Tieren, die z. T. hier auch zur Pflege hergebracht werden. Naturkundliche Vorführungen finden mehrmals täglich statt. Die Insel kann man auf verschiedenen
Reiche Trails erlaufen, über Brücken und durch Tunnel und vorbei an Galapagos-Schild-
Tierwelt kröten, Kängurus, Affen, Lemuren, vielen bunten Vögeln und Reptilien.

Africa

Betritt man das afrikanische Gebiet, kommt man zunächst nach **Harambe**, der idealisierten Version eines ostafrikanischen Dorfes. Hier ist u. a. **Kilimanjaro Safaris** ansässig. Die Tour ist sicherlich einer der Höhepunkte im Animal Kingdom.
Safaris und Wie bei einer echten Safari fährt man im offenen Fahrzeug durch die künstliche Sa-
Liveshows vanne, in der sich Giraffen, Löwen, Zebras und Warzenschweine relativ frei bewegen können. Wer lieber selber läuft, kann sich auf dem **Pangani Forest Exploration Trail** auf die Suche nach Gorillas machen. 2014 ist auch das **Festival of the Lion King** nach Africa umgezogen. Die 30-minütige Show bietet viel Tanz, Akrobatik und Musik aus dem „König der Löwen". Die Schmalspurbahn **Wildlife Express Train** verbindet Africa mit **Rafiki's Planet Watch**, das nur auf diesem Wege zu erreichen ist.

Rafiki's Planet Watch

Das abseits gelegene Gebiet beherbergt einen **Streichelzoo** und die **Conservation Station**. Letztere bietet einen kleinen Blick hinter die Kulissen und zeigt die Bemühungen Disneys um den Erhalt der Artenvielfalt und die Gesundheit der im Park ansässigen Tiere. Beim Gang durch **Habitat Habit** nahe der Bahnstation kann man die vom Aussterben bedrohten Tamarin-Affen sehen.

Asia

Die Fahrgeschäfte in Asia erinnern schon eher an einen klassischen Vergnügungspark. Durch die mit dem Dschungel verwachsene Ruinenstadt Anandapur gelangt man zu **Kali River Rapids.** Die Rafting-Tour führt durch eine detailversessene Regenwaldkulisse. Und ja: Man wird nass; garantiert. Beim Spaziergang **Maharajah Jungle Trek** sieht man sich Auge in Auge mit bengalischen Tigern (zum Glück durch eine Glasscheibe), während es bei der Show **Flight of Wonders** v. a. Vögel zu bestaunen gibt. Aus dem Dschungel hinaus, geht es in den Himalaya: Bei der **Expedition Everest** geht es mit einer atemberaubenden Achterbahn auf die Suche nach dem Yeti.

Bei Dinosaur wird man von ebensolchen Urtieren verfolgt

Dinoland U.S.A.

Disneys „Jurassic Park", zum Glück ohne lebende Dinosaurier. Für Schockeffekte ist trotzdem gesorgt: In dem Simulator **Dinosaur** unternimmt man eine Zeitreise und eine Fahrt durch einen Wald voller blutrünstiger Dinosaurier. Die Eindrücke sind erschreckend realistisch und die Tour sicherlich nichts für die Kleinen. Aber wer wirft seine Kinder schon einem Dinosaurier vor? Stattdessen schickt man diese besser zu den **Fossil Fun Games**, auf den **Boneyard**, einen Spielplatz mit Dino-Skeletten, oder das Karussell **TriceraTop Spin.** Auch die Achterbahn **Primeval Whirl** ist vergleichsweise entspannt. Faszinierend, nicht nur für Kinder, ist **Dino-Sue**, die originalgetreue Replik des größten und besterhaltenen Skeletts eines T-Rex, das je gefunden wurde. Ein wenig aus der Rolle fällt die absolut sehenswerte Show **Finding Nemo – The Musical**; hier geht es um Fische, nicht um Dinos.

Gemütlicher geht es auf dem TriceraTop Spin zu

Reisepraktische Informationen Animal Kingdom

i **Information & Orientierung**
Direkt am Eingang links erhält man eine Karte und einen aktuellen Veranstaltungsplan. Hier gibt es auch Schließfächer. Direkt gegenüber kann man bei Garden Gate Gifts Kinderwagen und Rollstühle ausleihen.

P **Anfahrt/Parken**
Die Parkplätze liegen direkt am Park. Animal Kingdom ist nicht an das Monorailsystem angeschlossen, dafür aber gut mit Bussen zu erreichen.

Restaurants (allgemeine Hinweise s. S. 407)
Das **Rainforest Café** *liegt direkt vor den Toren von Animal Kingdom und stimmt mit seiner Dschungel-Atmosphäre schon einmal auf den Park ein. Die Namen der Speisen sind meist exotischer als die Gerichte selbst. Neben viel Italienischem und Burgern gibt es aber auch Kokos-Shrimps u. ä. Etwas authentischer geht es im* **Tusker House Restaurant** *in Africa zu. Das afrikanisch inspirierte Büffet reicht vom orientalischen Hummus über ostafrikanische Fleischgerichte bis zum kapmalaiischen Hähnchencurry. Dazu gibt es afrikanisches Bier wie Tusker oder Harar. Als das beste Restaurant im Park gilt das* **Yak & Yeti** *in Asia. Hier sitzt man auf schweren, lederbezogenen Holzstühlen vor großen Schüssel dampfender Dim-Sum und anderer Spezialitäten aus dem gesamten Asien. Nebenan gibt es auch das einfacher gehaltene* **Yak & Yeti Local Food Cafés**.

Einkaufen
Neben Disney- gibt es diesmal auch eine Menge Ethno-Kitsch sowie eine große Auswahl an Dinosaurier-Accessoires.

Wasserparks

Redaktionstipps

▶ Die **Humunga Kowabunga** herunterrutschen – eine Wasserrutsche über fünf Stockwerke in wenigen Sekunden.
▶ Durch das „Korallenriff" **Shark Reef** schnorcheln – mit echten Haien.
▶ Die **Mayday Falls** in einem Gummiring herunterfahren.
▶ Empfehlenswert ist ein mitgebrachtes **Picknick**. Zahlreiche Tische stehen dafür zur Verfügung. Alkohol und Glasflaschen dürfen nicht mitgebracht werden!

Typhoon Lagoon

Neun Wasserrutschen und Ströme, manche über 130 m lang, führen den Mt. Mayday hinunter. Dieser künstliche Hügel zieht bereits von außerhalb des Wasserparks **Typhoon Lagoon** die Blicke auf sich: Auf seinem Gipfel thront ein leckgeschlagenes Piratenboot, das Wahrzeichen des Parks. Typhoon Lagoon mutet wie ein tropischer Regenwald an. Überall finden sich Höhlen, Lagunen und Felsen, die dem Park seine besondere Atmosphäre verleihen. Tropisch wirkt auch das **Shark Reef**, ein riesiger Salzwasserpool, wo Besucher zusammen mit echten Fischen schwimmen und beim Schnorcheln ein Korallenriff bestaunen können. Für Kinder gibt es gezähmte Attraktionen, für Mutige blitzschnelle Wasserrutschen, gewundene Röhrenslides und vieles mehr. Gemütlich geht es auf dem 700 m langen **Castaway Creek** zu, der durch eine Grotte und Regenwald mäandriert.

Das Herzstück des Parks ist die eigentliche Typhoon Lagoon, auch als **Surf Pool** bekannt. In dem riesigen Becken schlagen hohe Wellen über einem zusammen, die sich auch zum Surfen eignen. Einsteigerkurse ($ 165, Anmeldung erforderlich) finden unregelmäßig dienstags und donnerstags morgens statt. Wer das Becken für sich alleine haben will, kann für den Morgen oder an den Abenden eine private **Surf Session** buchen (ab $ 1.100 für bis zu 25 Teilnehmer inkl. Zuschauer, Surf-Equipment ist mitzubringen. Infos: disneyparks.com/surf).

Wellenreiten!

Blizzard Beach

Blizzard Beach ist wie ein Skigebiet angelegt. Den Mittelpunkt bildet der 27 m hohe künstliche Mt. Gushmore. Von ihm strömen die Schmelzwassermassen herab, auf denen man hangabwärts rutschen kann und die am Fuße des Bergs die Lagune **Melt Away Bay** speisen. Alle Felsen sind weiß angemalt, eine Sprungschanze, ein Sessellift und Häuser im Chalet-Stil sorgen für das Alpenambiente.

Die (komplett erfundene) Entstehungsgeschichte von **Blizzard Beach** ist nicht ganz frei von Absurdität. Angeblich wollte ein Geschäftsmann nach einem Schneesturm auf dem Mt. Gushmore das erste Skigebiet Floridas anlegen. Wie zu erwarten, hielt der Schnee der Sonne Floridas nicht lange stand. Als die Arbeiter gerade damit beschäftig waren, das Areal zu schließen, hörten sie laute Freudenschreie. Kurz darauf beobachteten sie einen Alligator (blau mit rotem Schal), der mit Wonne die vom Schmelzwasser gefüllten Rampen hinabrutschte. So wurde das Skigebiet zum Wasserpark und der Ice-Gator zu seinem Maskottchen.

Redaktionstipps

▸ Die „Sprungschanze", den **Summit Plummet**, hinunterrutschen.
▸ Mit dem Gummireifen den **Teamboat Springs** hinunterfahren.
▸ Mit dem Sessellift auf den **Mt. Gushmore** fahren.

Wie für Disney typisch, setzte man beim Bau von Blizzard Beach noch eins drauf, um die eigene Typhoon Lagoon zu übertrumpfen. Der Mt. Gushmore ist dank der aufgesetzten Sprungschanze insgesamt ein paar Meter höher als der Mt. Mayday. Eben jene „Sprungschanze", der **Summit Plummet**, wurde als steilste Rutsche der Welt konstruiert und der **Cross Country Creek** ist der längste künstliche Schlauchbootfluss in Florida. Auch an kleinere Kinder, für die die großen Rutschen noch zu gefährlich sind, ist gedacht. Das **Ski Patrol Training Camp** ist ein abwechslungsreicher Wasserspielplatz, hier kann man auf Eisschollen balancieren, es gibt verschiedene kleinere Rutschen und eine Seilbahn. Blizzard Beach ist fürwahr ein einmaliges Erlebnis und die Gestaltung des Themas ist disneymäßig gut gelungen.

Downtown Disney

Downtown Disney ist sozusagen der Versuch, die Innenstadt von Orlando vollständig überflüssig zu machen. An den Ufern des Village Lake reihen sich Geschäfte, Nachtclubs und Restaurants und machen Downtown Disney zur Flanier- und *Shopping-* Vergnügungsmeile von WDW. Egal ob Shopping, Abendunterhaltung oder feines *und* Dinner, wer sich nach einem Besuch der Themenparks – oder auch nur einfach so *Vergnügungs-* – auf nahezu traditionelle Weise amüsieren will, ist hier an der richtigen Adresse. *meile* Aber natürlich schlägt auch hier Disney-Vibe voll durch. Das Areal ist per Boot und Bus hervorragend an die Parks und Hotels im WDW Resort angeschlossen, der Eintritt und frei und das Parken kostenlos (sofern man nicht der Park-Service in Anspruch nimmt).

Allerdings kann die Suche nach einem Parkplatz derzeit schwierig sein: Downtown Disney erfährt gerade einen groß angelegten Umbau. Es kann also immer wieder sein, das manche Bereiche nicht zugänglich oder Restaurants und Attraktionen ge- *Bauarbeiten* schlossen sind. Die Arbeiten sollen sich noch bis ins Jahr 2016 hinziehen, dann soll Downtown Disney unter dem Namen **Disney Springs** in neuem Glanz erstrahlen.

Das Areal gliedert sich derzeit in drei Gebiete (nach dem Umbau sollen es vier sein). In direkter Nähe zu den Parkplätzen liegt **West Side**. Neben vielen Restaurants gibt es hier die meisten Entertainment-Angebote. Die Konzerthalle **House of Blues**, die Bowlingbahnen von **Spitsville** und das Dine-In-Kino von AMC zählen dabei fast schon zu den uninteressanteren Punkten. Wild geht es zu bei der *Zirkusshow* Show **La Nouba**, in der Akrobaten und Artisten von Cirque du Soleil auftreten *und* (ab $ 59). Der **Disney Quest Indoor Interactive Theme Park** wird mit seinen *Ballonfahrt* fünf Stockwerken voller Videospiele und 3D-Unterhaltung wohl dem Umbau zum Opfer fallen und der NBA Experience Platz machen. Ein Höhepunkt im wahrsten Sinn des Wortes ist **Characters in Flight**. Hier steigt man mit einem angeleinten Heißluftballon in 120 m Höhe auf und genießt den Blick über WDW (Erw. $ 18, Kinder $ 12 zzgl. Steuern).

Mit seinen Nachtclubs und Bars war **Pleasure Island** lange Jahre der Ort für (feucht-fröhliche) Erwachsenenunterhaltung. Nach einigen Umbauphasen und Neukonzeptionierungen beherbergt die kleine Insel hauptsächlich Restaurants und *Dinner auf* einige kleine Läden. Am Übergang zum **Marketplace „liegt"** die Empress Lilly *dem Rad-* „vor Anker", ein Gebäude in Form eines klassischen Mississippi-Raddampfers. Am *dampfer* Marketplace gibt es viele Restaurants, darunter das bei Kindern beliebte **T-Rex** *oder* **Restaurant**, wo man zwischen Dinosauriern speist. Hier findet sich auch die ers- *zwischen* te Filiale der Kette **Earl of Sandwich**, die tatsächlich vom heutigen Earl of Sand- *Dinos* wich gegründet wurde, einem Nachfahren des „Erfinders" des Sandwichs. Wie der Name andeutet, eignet sich der Marketplace mit seinen vielen Geschäften aber auch hervorragend zum Shoppen.

Reisepraktische Informationen Walt Disney World

Information
Walt Disney World Resort, *Lake Buena Vista, ☎ (407) 939 5277 http:// disneyworld.disney.go.com.*
Daneben gibt es eine Menge inoffizieller Seiten und Blogs, die oftmals geballte und fundierte Informationen bieten. Hierzu zählen u. a. www.wdwinfo.com, www.allears.net, www.wdwprepschool.com, www.touringplans.com sowie www.disneyfoodblog.com (Schwerpunkt auf Restaurants).

Tickets & Preise
Eintritt: *WDW bietet verschiedene Ticketkombinationen an. Ein-Tagestickets kosten derzeit $ 105 (Magic Kingdom) bzw. $97 (alle anderen Parks) und sind auf einen Park beschränkt. Mehrtagestickets sind relativ gesehen günstiger (z. B. zwei Tage $ 92; zehn Tage $ 365) und berechtigen zum Besuch eines frei wählbaren Parks pro Tag. Zusätzlich buchen kann man die sogenannte Park-Hopper-Option, mit der man während eines Tages den Park wechseln kann ($ 50–64, je nach Zeitraum des Tickets) sowie ein Zusatzticket für die Wasserparks ($ 64, unabhängig von der Länge/Anzahl der möglichen Besuche). Park Hopper und Wasserparks zusammen kosten in Kombination mit einem normalen Ticket $ 90, unabhängig von der Gültigkeit des Grundtickets. Ein Einzelticket für einen der beiden Wasserparks kostet $ 58. Downtown Disney ist frei zugänglich und kostet keinen Eintritt. Große Ermäßigungen für Kinder gibt es nicht, unter 3 Jahren ist der Eintritt frei, 3–9-Jährige zahlen im Schnitt ca. $ 10 weniger als den Normaltarif.*
In Kombination mit Hotelbuchungen sind vielfach Sondertarife möglich. Darüber hinaus gibt es Jahrestickets und spezielle Angebote für Menschen, die dauerhaft in Florida leben. Preisangaben zzgl. Steuern.

Öffnungszeiten
Da die Öffnungszeiten je nach Saison und Andrang variieren, sollte man sich am besten im Internet (http://disneyworld.disney.go.com/) oder nach der Ankunft unter ☎ (407) 939 6244 erkundigen.
Wichtig zu wissen ist, dass man die Besucher schon vor der offiziellen Öffnungszeit hineinlässt (s. S. 369, Rope Drop). Generell haben alle Parks ab 9 bis mind. 18 Uhr geöffnet, in der Hauptsaison bzw. wenn es Abendshows wie Feuerwerke gibt auch deutlich länger (z. B. Magic Kingdom in der Hauptsaison bis 24 Uhr). Shops, Lokale und Bars haben ebenfalls teilweise länger auf.

Anfahrt
Via I-4 Exit 64, 65, 67 und US Hwy. 192 (ausgeschildert).
Anfahrt von Orlando: über den I-4 bis zum entsprechenden Exit oder bis zur Abzweigung auf die US 192, dann auf den World Drive, von hier entweder den Schildern zu Walt Disney World oder Epcot oder den anderen Gebieten folgen.
Wenn man von Norden auf dem Turnpike kommt: Die Abfahrt von Clermont nehmen, der US 27 nach Süden folgen und in die US 192 einbiegen. Von hier aus gibt es entsprechende Beschilderungen.
Wenn man von Süden auf dem Turnpike kommt: Auf den I-4 West abbiegen und die Abfahrt am Epcot Center Drive nehmen.

Von Westen auf dem I-4: Die Abfahrt zur US 192 Nord(west).
Vom Orlando Int. Airport: die Rte. 528 (Beeline Expressway) in westlicher Richtung (Tampa). Diese trifft auf den I-4, dem man in westlicher Richtung folgt bis zu einem der o.g. Exits. Entfernung ca. 28 Meilen/45 Kilometer.
Mit einem Shuttle-Bus vom Orlando Int. Airport: Mears Motor Shuttles verkehrt im 10–25-Minuten-Takt (24 Stunden) zwischen Flughafen und allen Hotels auf dem WDW-Gelände. Aus den Innenstädten von Orlando und Kissimmee fahren die Lynx-Buslinien 50 bzw. 56 zum TTC.

P Parken

Aufgrund einer optimalen Verkehrsleitung gibt es keine Parkprobleme. Die einzelnen Themenparks verfügen über teils riesige Parkplätze, die – außer beim Magic Kingdom – fußläufig vom Eingang liegen. Aufgrund der Größe, ist es hilfreich, sich die genaue Parkplatzkennzeichnung zu notieren. Wer Magic Kingdom und Epcot an einem Tag besuchen will, kann sein Auto an einem der beiden Parks stehen lassen, sie sind mit der Monorail verbunden. Ein Parkplatzticket kostet je nach Größe des Autos $ 17–21 und ist für den gesamten Tag für alle Parks gültig. Downtown Disney bietet kostenfreie Parkplätze, ein Parkservice wird für $ 20 angeboten. Gäste der Hotels im WDW-Resort parken auch in den Themenparks umsonst.

Transport

Gäste der Hotels im WDW Resort und Besucher der Themenparks können das Transportsystem in World Disney World kostenfrei nutzen. Shuttle-Busse, Boote und die Monorail verbinden die Resorts und Parks jeweils unter- und miteinander.
Den zentralen Verkehrsknotenpunkt in WDW bildet das Transportation & Ticket Center (TTC) nahe dem Magic Kingdom. Hier kann man zentral parken, Informationen einholen und Eintrittskarten kaufen. Außerdem findet sich hier das Fundbüro. Von der eher prosaisch gehaltenen Station gelangt man mit Bussen zu den verschiedenen Attraktionen sowie mit der Fähre zum Magic Kingdom (s. S. 371). Die Monorail bietet vom TTC Direktverbindungen zum Magic Kingdom und Epcot, eine weitere Linie hält auf dem Weg zum Magic Kingdom in den anliegenden Resorts. Für diejenigen, die von außerhalb kommen und nicht zum Magic Kingdom möchten, ist es meist jedoch praktischer direkt an der jeweiligen Attraktion zu parken.

VIP-Touren

*Die großen Themenparks bieten auch **geführte Touren (VIP-Touren)** durch die Anlagen an, wobei diese Touren in der Regel über Monate im Voraus ausgebucht und sehr teuer sind. So kostet eine private Tour mit freier Zeiteinteilung $ 400–600 pro Stunde, bei einer Mindestzeit von sechs Stunden (bis zu zehn Teilnehmer), eine vorgeplante Tour für Familien mit Kindern unter zehn Jahren gibt es für $ 300 pro Person, zzgl. Steuern. Unschätzbarer Vorteil ist aber: Man steht nicht in den langen Schlangen, sondern wird über eine Hintertür in die vorderste Reihe gebracht und auch zwischen den Parks chauffiert. Infos zu diesen Touren erhält man im Internet oder über das Visitor Center und die Parks selbst (Guest Services).*

Geld

Natürlich kann man mit echten Dollars bezahlen, doch wäre es nicht Disney World, wenn es nicht den Disney-Dollar (Taler) gäbe. Er wird überall in WDW akzeptiert

und auf Wunsch auch als Wechselgeld herausgegeben. Alte und seltene Scheine sind übrigens begehrte Sammlerstücke.
Geldautomaten (ATMs) finden sich in allen Themenparks und geben echte Dollar aus. In den Resort-Hotels sind sie etwas spärlicher, allerdings läuft der Zahlungsverkehr für Gäste ohnehin größtenteils über das MagicBand-System.

Übernachtung in Walt Disney World
s. auch „Reisepraktische Tipps Orlando", S. 424

Auch die Disney-Hotels sind jeweils gemäß eines bestimmten Themas gestaltet. Bereits die Namen verraten alles über Architektur und Innenausstattung. Die disneyeigenen Hotels sind in die Kategorien Value, Moderate und Deluxe Resort Hotel unterteilt. Viele der Zimmer sind sehr groß und beherbergen oft bis zu fünf Personen. Reist man zu mehreren ist das eine gute Option. Kinder unter 18 Jahren schlafen umsonst im Zimmer der Eltern, ab der dritten Person über 18 Jahre wird zum DZ-Preis ein Aufschlag von $ 10–25 p. P. erhoben. Davon abgesehen zahlt man aber für Lage und Namen stets mit. Dafür bieten die Disneyhotels ihren Gästen wiederum Vorteile beim Besuch der Themenparks (Magic Extra Hours, frühere Buchung für den Fastpass), von den kürzeren Wegen ganz abgesehen.

Buchung: Da die offiziellen Adressen meist wenig über die tatsächliche Lage innerhalb von WDW aussagt, wird auf diese hier verzichtet. Stattdessen ist der nächstgelegene Themenpark angegeben. Innerhalb von WDW sind die Hotels gut ausgeschildert, die Buchung erfolgt ohnehin über die Buchungszentrale:
② (407) 939 1936, disneyworld.disney.go.com.

Hinweis
s. Karte S. 370

$$–$$$ VALUE RESORT HOTELS (ab $ 85/DZ)
Disney's Art of Animation Resort (16), nahe Disney's Hollywood Studios
Disney's Pop Century Resort (17), nahe Disney's Hollywood Studios
Disney's All-Star Music Resort (18), nahe Animal Kingdom
Disney's All-Star Sports Resort (18), nahe Animal Kingdom
Disney's All-Star Movies Resort (18), nahe Animal Kingdom

$$$–$$$$$ MODERATE RESORT HOTELS (ab $ 150 pro Nacht/DZ)
Disney's Port Orleans Resort (7), nahe Downtown Disney
Disney's Coronado Springs Resort (11), nahe Animal Kingdom
Disney's Caribbean Beach Resort (12), Epcot Area

$$$$–$$$$$ DELUXE RESORT HOTELS (ab $ 284/DZ, meist deutlich teurer)
In der Luxusabteilung ist die Auswahl am größten, deswegen hier nur eine kleine Auswahl:
Disney's Grand Floridian Resort & Spa (1). An der Seven Seas Lagoon (nahe dem Magic Kingdom) gelegenes Luxushotel mit historischem Ambiente und viktorianischem Stil, inklusive Live-Orchester. Das Hotel hat einen eigenen Strand, an dem man Boote, Segelboote und Surfbretter ausleihen kann. Gleich daneben liegt übrigens die **Wedding Chapel**, die Hochzeitskapelle, in der sich viele Amerikaner trauen lassen.

Disney's Contemporary Resort (2), *am Bay Lake (nahe dem Magic Kingdom).*
Nahezu lautlos gleitet die Monorail durch das Innere des postmodern-klobigen Gebäudes.
Vom zugehörigen Bay Lake Tower eröffnet sich ein hervorragender Blick auf das Magic
Kingdom.

Disney's Polynesian Resort (3), *an der Seven Seas Lagoon (nahe dem Magic King*
dom). Zwischen Wasser, Sand und Bambusbetten fühlt man sich wie in der Südsee.

Disney's Wilderness Lodge (4), *nahe dem Magic Kingdom. 1990 im Stile von rus*
tikalen Nationalpark-Lodges eröffnetes Hotel im Südwesten des Bay Lake am Rande des
Fort Wilderness Resort (s. u.). Luxuriös und stilvoll. Alles ist aus Holz und die riesige Lob
by, deren Holzträger über fünf Etagen reichen, beeindruckt allemal.

Disney's Boardwalk Inn (10), *Epcot Area. Das Hotel liegt an dem Seeufer, an dem*
der Boardwalk entlangführt. Der Stil gemahnt an das viktorianische New England und soll
damit an die alten Pierhotels an der Atlantikküste erinnern, wo sich die Großstädter, z. B.
aus New York, an Wochenenden ausgeruht und amüsiert haben.

⚠ Camping

Disney's Fort Wilderness Resort and Campground (5), *am Bay Lake*
nahe Magic Kingdom. Wer es bodenständiger mag, kann auf diesem im Wald gelegenen
Campingplatz sein Zelt aufbauen oder das Wohnmobil abstellen. Neben Restaurants,
Souvenirshops und Fahrradverleihstationen wird hier auch Kindern viel geboten, etwa eine
Wild-West-Ranch mit Reitmöglichkeiten und Streichelzoo. Am Seeufer gibt es zum Baden
einen kleinen Strand, an dem man auch Boote mieten kann. Abends kann man seine Kin
der zum Character Campfire schicken. Neben Stellplätzen gibt es auch recht großzügige
Cabins für bis zu sechs Personen. Camping $ 50–145, Cabins $ 299–500.

🛏 Nicht zur Disney-Company gehörende Hotels in bzw. nahe WDW

Auch diese Hotels bieten viele Vorteile was die Anfahrtswege zu den WDW-Attraktionen
betrifft. **Holiday Inn Resort Orlando-Lake Buena Vista $$–$$$ (13)**, *13351*
State Rd. 535, Orlando, ☎ (1-0800) 181 6068, www.sunspreeresort.com. Nur eine Mei
le von Disney World entfernt und sehr auf Familien mit Kindern eingestellt. Es gibt hier
auch größere Suiten mit Spielzeug sowie im Sommer ein Kinder-Camp und Theatervor
führungen.

Nickelodeon Family Suites $$$ (14), *14500 Continental Gateway, ☎ (407) 387*
5437, www.nickhotel.com. Zimmer mit 1–3 Schlafräumen, die Kindersuiten sind im Spon
ge-Bob-Stil gehalten, zudem gibt es riesige Poollandschaften, ein 4D-Kino und abendli
ches Unterhaltungsprogramm – ein Paradies für Kinder.

The Villas of Grand Cypress $$$$ (6), *I N. Jacaranda St., ☎ (407) 239 4700,*
www.grandcypress.com. Luxuriöses Vier-Sterne-Hotel, von dem aus man gut alle Attrak
tionen in und um Orlando erreicht. Golffreunde kommen ebenfalls auf ihre Kosten, z. B.
bei einem Besuch der vom Hotel betriebenen Golf-Akademie.

Buena Vista Palace Hotel & Spa $$$$ (8), *1900 E. Buena Vista Dr., Lake Buena*
Vista, ☎ (1-866) 397 6516, www.buenavistapalace.com. Großes, modernes Hotel mit
über 1.000 Zimmern In der Nähe von Downtown Disney.

Walt Disney World Swan and Dolphin $$$$ (9), *1500 Epcot Resorts Blvd.,*
Lake Buena Vista, ☎ (407) 934 4000, www.swandolphin.com. Delfine, tropische Pflan
zen und eine 27-stöckige Pyramide bestimmen Architektur und Ambiente im Dolphin. Von
vielen Zimmern aus kann man die abendliche Lichtershow („Illuminations") in Epcot be

wundern. Das Schwesterhotel zieren zwei 14 Meter hohe Schwäne auf dem Dach. Obwohl nicht von Disney betrieben, bieten beide Hotels ihren Gästen ähnliche Vorteile wie die resorteigenen Hotels (z. B. frühere Fastpass-Reservierungen, Extra Magic Hours usw.).

Waldorf Astoria Orlando $$$$–$$$$$ (15), *14200 Bonnet Creek Resort Lane, ☽ (407) 597 5500, www.waldorfastoriaorlando.com. 497 Luxuszimmer sowie Suiten inmitten des WDW-Resorts. Gratis-Shuttle zu allen Disney-Parks.*

▮ Restaurants

*Unterscheiden muss man zwischen den Hotelrestaurants, den Restaurants, die verstreut über das Gelände liegen (in **Downtown Disney** oder am **Lake Buena Vista**) und schließlich denen in den vier Vergnügungsparks, wobei Epcot mit seinen speziellen Nationalitäten-Restaurants besonders hervorzuheben ist. In vielen Restaurants ist es wegen des Andrangs je nach Saison zwingend erforderlich, einen Tisch zu reservieren.*
Reservierungen *sind teils bis zu 180 Tage im Voraus möglich – und je nach Restaurant muss man diese auch in Anspruch nehmen! Etwa dann, wenn man einen bestimmten Tisch im Victoria & Albert's haben oder im Cinderella Castle mit Cinderella speisen will. Reservierungen kann man unter der ☽ (407) 939 1497 oder (407) 939 3463 bzw. (407) WDW-DINE, im Internet oder über die App My Disney Experience vornehmen.* **Achtung:** *Für bestimmte Restaurants im Park gilt, dass man bei der Tischreservierung seine Kreditkartennummer hinterlegen muss und dass bei Nichterscheinen eine Gebühr zwischen $ 10 und 25 p. P. erhoben wird. Die Frist für eine gebührenfreie Absage einer Reservierung endet um 11.59 Uhr am Tag vor dem Tag, für den man den Tisch reserviert hat.*
Wer mit **Kindern** *unterwegs ist, dem sind die u. g. Restaurants nur sehr bedingt zu empfehlen, dafür sind die Preise zu gesalzen. Günstigere Restaurants, häufig sind es bessere Schnell- bzw. Familien-Restaurants, und auch zahlreiche Buden an den Wegen bieten sich aber überall an. Alternative: Ein mitgebrachtes* **Lunchpaket** *spart Geld und Wartezeit und kann sogar viel besser schmecken. Ein besonderes Erlebnis für Kinder sind aber die* **Character Dinner**, *bei denen man mit Disneyfiguren am Tisch sitzt und die in einigen Restaurants angeboten werden. Auch hier gilt: frühzeitig reservieren.*
Die meisten Restaurants außerhalb der eigentlichen Parks befinden sich in Downtown Disney sowie in den einzelnen Hotels. Hier nur eine ganz kleine Auswahl, alle Restaurants (mit Suchfunktion) finden sich unter http://disneyworld.disney.go.com/restaurants/. Hinweise zu den Restaurants in den Parks in den entsprechenden Reisepraktischen Informationen.

DOWNTOWN DISNEY

The Boathouse, *brandneues Restaurant, das schon mal den Umbau von Downtown Disney ankündigt. Auf der schönen Terrasse direkt am Wasser werden in ruhiger Atmosphäre hervorragende Steaks und Seafood-Gerichte serviert. Daneben gibt es auch ambitioniertere Rezepte wie Kokos-Froschschenkel in Orangen-Chili-Sauce.*
Fulton's Crab House, *www.fultonscrabhouse.com. Auf diesem „Boot" (Empress Lilly) in Pleasure Island, einem nachgebauten Mississippi-Dampfer, gibt es frisches Seafood, aber auch gute Fleischgerichte.*
Planet Hollywood, *☽ (407) 827 7827, www.planethollywoodintl.com/locations/orlando. Die blaue Halbkugel ist kaum zu übersehen. Das uramerikanische Ambiente wird untermalt durch Requisiten aus Hollywoodfilmen. Viele stammen aus Produktionen mit Syl-*

vester Stallone und Arnold Schwarzenegger, aber hier findet sich auch das Boot, mit dem Tom Hanks als „Forrest Gump" Shrimps gefischt hat.

🍴 Hotel & Resortrestaurants

California Grill, *Disney's Contemporary Resort. Gehobenere, moderne Küche mit einem Schwerpunkt auf Grill- und Fleischgerichten sowie Sushi. Es gibt einen (durchaus lässigen) Dresscode und eine gute Bar. Ein sehr guter Ort, um das Feuerwerk über dem Magic Kingdom zu beobachten, sogar die Musik wird eingespielt. Reservieren!*

Chef Mickey's, *Bay Lake Tower in Disney's Contemporary Resort. Küche: amerikanisch/Büffet. Die Attraktion ist Chef Mickey selbst, der abends über die Tische springt und den Kindern dabei Geschichten erzählt.*

Narcoosee's, *Disney's Grand Floridian Resort & Spa. Das Seafood ist mindestens so gut wie die Aussicht über die Seven Seas Lagoon. Aber auch das Filet Mignon ist keineswegs zu verachten.*

'Ohana, *Disney's Polynesian Resort. Morgens speist man hier mit Disneyfiguren, abends wie ein Südseekönig. Es gibt Fleisch von großen Spießen und zwar so viel wie man verträgt. Zurückhaltung ist allerdings geboten: Der grandiose Nachtisch verlangt noch etwas Platz.*

Victoria & Alberts, *4401 Floridian Way in Disney's Grand Floridian Resort, Reservierungsnummer abweichend (407) 939 3862. Teures Gourmet-Restaurant mit einem Stilmix aus viktorianischer Plüschromantik und französischem Louis-XIV.-Gestühl. Die Küche neigt eher zu (gehobenen) traditionell amerikanischen Gerichten. Absolutes Fine Dining (ab ca. $ 150/Person), angemessene (Abend-)Garderobe erforderlich.*

IM UMFELD VON WDW, INTERNATIONAL DRIVE UND I-192
(s. Karte S. 423)

Wer im WDW Resort abgestiegen und mit dem Auto unterwegs oder bereit ist, eine längere Fahrt in Kauf zu nehmen, um die Reisekasse zu schonen oder einfach mal dem Rummel entkomme will, für den lohnt sich Ausflug von WDW allemal. Besonders dann, wenn man Fine Dining zu annehmbaren Preisen genießen möchte. Das Preisniveau außerhalb WDW liegt bei etwa 60–70 % von dem innerhalb der Parkgrenzen. Restaurantempfehlungen für Orlando und Umgebung s. S. 425.

👉 Dinnershows

s. S. 354

Universal Orlando Resort

Zum Universal Orlando Resort, dem größten Konkurrenten von WDW, gehören die beiden direkt nebeneinander liegenden Themen-Parks **Universal Studios** und **Universal's Islands of Adventure** sowie der Wet'n'Wild Waterpark (s. S. 352) und die frei zugängliche Shopping- und Restaurantzone **Universal CityWalk**, die zwischen den Eingängen der beiden Parks liegt. Zudem gehören vier Themen-Hotels zu dem Komplex: das Universal's Cabana Bay Beach Resort, das Loews Portofino Bay Hotel und Loews Royal Pacific Resort sowie das Hard Rock Hotel.

Mit ihren knapp acht Millionen Besuchern (zusammen mit Islands of Adventure ca. 16 Millionen) jährlich zählen die Universal Studios Florida, die erst 1987 für Film- und Videoproduktionen und 1990 für das Publikum eröffnet wurden, zu den beliebtesten Freizeitparks überhaupt. Das ca. 180 ha große Gelände wird von mehr Urlaubern besucht als die viel „größeren" Universal Studios in Hollywood. Kein Wunder, denn in Florida geht es weniger um einen Blick hinter die Kulissen der Filmwelt – hier stehen Vergnügen und hautnahes Miterleben im Vordergrund! 1999 wurden nebenan die **Universal's Islands of Adventure** eröffnet.

Ganz großes Kino

Für Unterhaltung anderer Art wird auf dem **Universal CityWalk** gesorgt. Hier gibt es einen großen Kinokomplex mit 20 Sälen, jede Menge Restaurants und Boutiquen.

Interessant sind in den Universal Studios jedoch nicht nur die Shows und Attraktionen, sondern auch die mit viel Liebe zum Detail gebauten **Kulissen**. Auch wenn

Schneller, höher, lauter: die Achterbahn Hollywood Rip Ride Rockit

in den nachgebauten Straßen von San Francisco, New York und Hollywood über-wiegend Musikvideos und Reklamespots gedreht werden, fühlt man sich hier mit ein wenig Fantasie an das Set eines Spielfilmes versetzt. Bei genauerem Hinsehen verbirgt sich hinter den Kulissen jedoch immer eines der vielen Souvenirgeschäfte oder ein Restaurant.

Universal Studios

Zeiteinteilung

Man braucht mind. einen Tag, um die wesentlichen Attraktionen zu sehen bzw. zu erleben. Wenn man an einem Tag so viele Highlights wie möglich sehen möchte, sollte man mindestens **eine halbe Stunde** vor der offiziellen Öffnungszeit an der Kasse stehen. Vor Beginn des Rundgangs kann man sich nach den **Anfangszeiten** von Shows erkundigen. Als Faustregel gilt: Alles, was man bis zur Mittagszeit ge-schafft hat, ist mit relativ kurzen Wartezeiten verbunden.

Attraktionen (Auswahl)

The Wizarding World of Harry Potter – Diagon Alley

Dieser im Sommer 2014 eröffnete Parkbereich ist eine Ergänzung zum erfolgrei-chen Harry-Potter-Thema im Schwesterpark Islands of Adventure (s. S. 412). Mit dem Hogwarts Express kann man zwischen den Stationen London King's Cross in den Universal Studios und Hogsmeade in Islands of Adventure pendeln (entspre-chendes Ticket für beide Parks notwendig). Die Hauptattraktion im Bereich der Studios ist das 3-D-Erlebnis **Harry Potter and the escape from Gringotts** – eine actionreiche Begegnung mit Kobolden, Trollen und Drachen, mit Lord Volde-mort, aber auch mit den Helden Harry, Ron und Hermine. Die aus den Büchern und Filmen bekannten skurrilen Läden der Diagon Alley sowie an das Thema ange-lehnte Restaurants wie das Leaky Cauldron im Stil eines englischen Pubs lassen den Besucher tief in die Welt Harry Potters eintauchen.

Hollywood Rip Ride Rockit

Superschnelle Achterbahn, die mit 65 mph einen Adrenalinkick garantiert. Die Mu-sik kann man sich vorher aussuchen, und bei der Fahrt wird man gefilmt – falls man es am Ende nicht glauben kann, wo man überall lang gerast ist.

Springfield/The Simpsons Ride

Für Fans der beliebten Zeichentrickserie The Simpsons geht es ins nachgebaute Springfield, wo man sich Moe's Taverne, die Duff-Brauerei, Krusty Burger und an-dere bekannte Serien-Schauplätze aus der Nähe anschauen kann. Die Fahrten **The Simpsons Ride**, bei dem man scheinbar auf einer sabotierten und auseinanderfal-lenden Achterbahn sitzt, und das neue **Kang & Kodos' Twirl 'n' Hurl** mit den Aliens Kang und Kodos sind für die ganze Familie geeignet.

E. T. Adventure
Man kehrt mit der berühmten Fantasiefigur Steven Spielbergs auf seinen Heimatplaneten zurück. Auf der Tour fühlt man sich in ein modernes Märchen versetzt und auch Erwachsene können ihren Spaß daran haben.

Men in Black Alien Attack
Bei der Fahrt kann man mit Laserpistolen auf Aliens schießen und sich selbst als Agent fühlen. Jede der 120 Alien-Figuren hat einen Sensor, der Spezialeffekte aktiviert.

Revenge of the Mummy
Tolle, furchterregende Achterbahnfahrt, die in Dunkelheit mit grandiosen Überraschungseffekten arbeitet. Eine auf Rache sinnende Mumie wird versehentlich von zwei Abenteurern geweckt …

Disaster
Bei der Tour geht es durch die verschiedensten Katastrophen der Filmgeschichte, unter anderem ein Erdbeben in der U-Bahn von San Francisco. Nichts für schwache Nerven.

Twister … Ride it out
Angelehnt an den Film „Twister" kann man hier erleben, was ein Tornado so alles kann – also gut festhalten.

Transformers: The Ride – 3-D
3-D-Erlebnis in der Welt der mächtigen, wandelbaren Roboter – auf dem neuesten technischen Stand, sehr sehenswert, aber meist mit langen Wartezeiten verbunden.

Despicable Me Minion Mayhem
3-D für die ganze Familie: ein Abenteuer mit Gru und den Minions aus den „Ich – einfach unverbesserlich"-Filmen. Hier beginnt der Spaß schon, während man noch in der Schlange steht, es gibt Filmszenen und eine Einführung in die Welt der Minions zu sehen.

Terminator 2: 3-D
Dieses 3-D-Spektakel auf drei Leinwänden zählt sicher zu den aufwendigsten Projekten von Universal Studios Florida. Selbst wer keine großen Sympathien für Arnold Schwarzenegger hegt, sollte dieses Meisterwerk an filmisch realisierten „Special Effects" und inszenierter Täuschungskunst nicht verpassen. Die Übergänge zwischen realer Welt und Scheinwelt sind verblüffend gut verwischt. Einfach überraschen lassen!

3-D-Spektakel

Für Kinder

Der Film **Shrek 4-D** nimmt Szenarien des modernen Märchens „Shrek" auf. Sehr gerne besucht! Zudem gibt es Spielplätze und weitere Fahrten für Kinder wie die für die Kleinen konzipierte Achterbahn **Woody Woodpecker's Nuthouse Coaster**. E. T. Adventure und natürlich Despicable Me Mayhem richten sich ebenfalls an kleinere Kinder.

Kinder-Taugliches

Universal's Islands of Adventure

Der Schwesterpark besteht aus sieben „Inseln" bzw. Themenabschnitten: Port of Entry, Marvel Super Hero Island, Toon Lagoon, Jurassic Park, The Lost Continent, Seuss Landing und **The Wizarding World of Harry Potter – Hogsmeade**. Die Welt des Zauberlehrlings ist die beliebteste Attraktion des Parks. Hier wurden teilweise Original-Kulissen der Filme verwendet, es gibt Butterbeer, Bertie Bott's Every-Flavour Beans, explodierende Bonbons sowie weitere aus Filmen und Büchern bekannte „Spezialitäten" aus Hogwarts.

Attraktionen (Auswahl)

Harry Potter and the Forbidden Journey
Preisgekröntes Aushängeschild des Parks. Im Anschluss an einen Rundgang durch Dumbledores Büro sowie verschiedene Klassen- und Aufenthaltsräume von Hogwarts besteigt man eine „verzauberte Bank" und es geht auf einen atemberaubenden Ritt mit Harry und Ron, währenddessen man Dementoren und anderen dunklen Gestalten der Potter-Welt begegnet.

Dragon Challenge
Achterbahn im Harry-Potter-Thema; die beiden gegeneinander antretenden „Drachen" heißen Hungarian Horntail und Chinese Fireball und fahren unterschiedliche Routen – es sind also quasi zwei Achterbahnen in einer.

The Amazing Adventures of Spider-Man
Mit 3-D-Brille hat man das Gefühl, sich als Spider-Man zwischen den Hochhäusern der Stadt zu bewegen. Eine der beliebtesten Attraktionen.

Zu Besuch in Hogsmeade

The Incredible Hulk Coaster

Die Achterbahn beschleunigt in zwei Sekunden von Null auf 40 mph und raubt einem buchstäblich den Atem.

Jurassic Park River Adventure

Hier muss man den Klauen eines T-Rex entkommen, dabei geht es über Flüsse und durch die Dunkelheit.

Dudley Do-Right's Ripsaw Falls

Ab durch die kanadischen Wälder geht es bei dieser Fahrt, dabei werden Wasserfälle und Stromschnellen überwunden – es kann nass werden.

Feuchte Angelegenheit

Für Kinder

Für Kinder empfehlenswert sind unter anderem **The Cat In The Hat**, eine Tour durch die Szenen des Kinderbuches, oder eine Fahrt mit dem **Sky Seuss Trolley Train**. Möglichkeiten zum Spielen und selbst Entdecken gibt es im **Jurassic Park Discovery Center** und der **Play Area**. **If I Ran The Zoo** ist ebenfalls ein interaktiver Spielplatz, bei dem es exotische Tiere zu entdecken gibt.

Interaktiver Spielplatz

Live Shows

Das Programm der Shows wechselt häufiger, zzt. gibt es **The Eighth Voyage of Sindbad**, eine beeindruckende Stunt-Show, sowie **Poseidon's Fury** mit vielen Spezialeffekten.

☞ Tipp

Von Mitte September bis Anfang November besinnt sich der Park auf die große Tradition der Universal Studios als Schmiede legendärer Gruselfilme und veranstaltet die effektreichen ***Halloween Horror Nights***. Von 18:30 Uhr bis nach Mitternacht erforscht man Spukhäuser, wird von Gespenstern heimgesucht und durchlebt wahrhaft haarsträubende Live-Shows. Nichts für schwache Nerven und deshalb erst für Horrorfans ab 13 Jahren. Die aber werden bei diesem Gruselspaß gänzlich auf ihre Kosten kommen!
Infos: www.halloweenhorrornights.com.

Reisepraktische Informationen Universal Studios

 Informationen und Preise
Universal Studios, *6000 Universal Studios Plaza, Orlando,* ① *(407) 363 8000, www.universalorlando.com. Der* **Eintritt** *kostet für 1 Park/1 Tag $ 102, bei 2 Parks/1 Tag $ 147 und 2 Parks/2 Tage $ 194. Bucht man die Tickets bereits vorher im Internet, kann man bis zu $ 25 sparen.* **Öffnungszeiten** *der Parks variieren, Universal Studios und Adventure Islands öffnen um 9 Uhr und schließen je nach Saison zwischen 18 und 22 Uhr. Der CityWalk ist das ganze Jahr von 11–2 Uhr morgens geöffnet.*

☞ Anfahrt

Über den I-4, von Downtown Orlando kommend Exit 74B, von Kissimmee/WDW kommend Exit 75A. Dann folgt man der Beschilderung zur Main Parking Garage oder zu einem der drei Hotels.

Vom **Flughafen Orlando** geht es über die SR 528 West auf den I-4 East, auf dem man Exit 75A nimmt.

P Parken

Es sind ausreichend Parkplätze vorhanden. Unbedingt die Parkplatzreihe merken! Für die Planung: Die Adresse der Parkareals ist 6000 Universal Boulevard.

☞ Rollstühle/Kinderwagen/Schließfächer

Gibt es alles am Haupteingang – nahe den Guest-Relations-Schaltern.

🍴 Restaurants in den Universal Studios

Grundsätzlich: Das Essen ist zumeist überteuert. Somit sollte man nicht unbedingt einplanen, hier die Hauptmahlzeit einzunehmen. Reservierungen für Islands of Adventure unter ✆ (407) 224 4012, für Universal Studios ✆ (407) 224 3613. Die größte Auswahl gibt es am CityWalk.

Mythos Restaurant, Islands of Adventure, eins der besten Restaurants im Park; in einer Höhle, z.T. originelle Gerichte wie gegrilltes Schwein mit Pistazien-Blaubeer-Kruste. Aber auch Burger und Pasta. Hauptgerichte $ 12–20.

Mel's Drive Inn, Ecke Hollywood Blvd. und 87th Ave., Universal Studios. 50er-Jahre-Diner, das durch seine Atmosphäre und die guten Burger besticht, $ 7–14.

Hard Rock Cafe, am Expo Center, 6050 Universal Blvd., CityWalk, ✆ (407) 224-3663. Amerikanische Küche (Steaks/Burger/Tex-Mex) in einem wie eine Gitarre geformten Gebäude, dem weltweit größten Hard Rock Café. Nicht unbedingt der Küche, aber der Architektur wegen ist es einen Besuch wert, $ 10–35.

🛏 Hotels

Vier Hotels befinden sich auf dem Areal der Universal Studios, die Reservierungsnummer lautet für alle ✆ 888-273-1311. Alle Hotels ab $$$$, und wenn man hier bucht, gibt es einen Universal Express Pass dazu, mit dem man die Schlangen an den Attraktionen umgehen kann. Zudem gibt es Paketangebote mit Eintrittskarten zu den Parks. Für Sommer 2016 ist die Eröffnung eines weiteren Hotels (Loews Sapphire Falls Resort) angekündigt.

Universal's Cabana Bay Beach Resort, 6550 Adventure Way, ✆ (407) 503 4000, neuestes Hotel auf dem Gelände, günstiger als die anderen drei und gut geeignet für Familien mit Kindern.

Loews Portofino Bay Hotel, 5601 Universal Blvd., ✆ (407) 503 1000, im mediterranen Stil, hier soll man sich fühlen wie an der italienischen Riviera.

Hard Rock Hotel, 5800 Universal Blvd. ✆ (407) 503-ROCK (2000), Hotel mit vielen Rock'n'Roll-Erinnerungsstücken, es gibt einen Pool mit Sandstrand.

Loews Royal Pacific Resort, 6300 Hollywood Way, ✆ (407) 503 3000, im Polynesien-Stil.

SeaWorld

SeaWorld Orlando

Die Idee eines maritimen Freizeitparks wurde bereits 1938 mit dem Marinelands of Florida geboren. Dort wurden Anfang der 1950er-Jahre auch die ersten Delfinshows abgehalten. Anfang der 1960er-Jahre übernahm der clevere Geschäftsmann George D. Miller einige der Ideen und ließ einen viel größeren Freizeitpark mit dem Thema Meerestiere bauen: SeaWorld in San Diego. Dieser Park fand so viel Zuspruch, dass Miller weitere errichten ließ, so auch diesen Park in Orlando, der am 15. Dezember 1973 eröffnet wurde.

Bereits zu dieser Zeit war er der größte marine Freizeitpark der Welt. 1989 – George D. Miller hatte sich bereits Mitte der 70er-Jahre zugunsten der Wet'n'Wild-Parks aus dem SeaWorld-Geschäft zurückgezogen – übernahm die finanzkräftige Anheuser-Busch-Brauerei mit ihrer Busch Entertainment Corp. die SeaWorld-Parks. Das machte sich bezahlt, der Park wurde nicht nur auf 70 ha erweitert, sondern erhielt auch zahlreiche neue Attraktionen. 2009 wurde die Entertainment-Division von der Brauerei an die Blackstone Group verkauft und von den neuen Eignern in SeaWorld Entertainment umbenannt.

Größter Marine-Park der Welt

Heute ist SeaWorld of Florida einer der beliebtesten Freizeitparks Amerikas und spricht durch seine Vielseitigkeit nahezu alle Altersgruppen an: Spielplätze und

Beeindruckend: die Orca-Show

Tiershows für die Kleinen, Interessantes und Lehrreiches über das maritime Leben für die Großen. SeaWorld bietet eine harmonische Mischung aus Spaß, Information, Freizeiterlebnis und auch Forschung. In den Forschungsstätten, die man als Besucher nur auf speziellen Touren zu sehen bekommt, werden täglich Tausende von Daten ausgewertet, treffen neueste wissenschaftliche Erkenntnisse und Informationen aus aller Welt ein, werden kranke Tiere gepflegt sowie andere herangezogen. Ein Forschungsschwerpunkt liegt auf dem Gebiet der Renaturierung bzw. Erhaltung der Fauna und Flora der Meere und Ozeane. SeaWorld führt auch Seminare und Kurse zum Thema Meerestiere und ihre Erhaltung durch – meist aber in der Forschungszentrale, dem Hubbs-SeaWorld Research Institute in San Diego.

Symbiose von Unterhaltung und Wissenschaft

Der Park und seine Attraktionen sind durchaus einen **ganzen Tag** wert. Er kann sich absolut mit den Disney-Parks messen, verspricht dabei aber etwas ganz Anderes. Zahlreiche Shows und Attraktionen, von Orca-Vorführungen über Seelöwen und Delfinen bis hin zu einem Tunnel durch ein Hai-Becken, gibt es zu sehen. Für Spaß und Unterhaltung ist zur Genüge gesorgt: eine Tour durch die Arktis, Entspannen an der riesigen Lagune, Tiere zum Anfassen, atemberaubende 3-D-Filme usw. Abgesehen von den hier aufgeführten Hauptattraktionen gibt es noch viele weitere, die nur am Rande Erwähnung finden können.

Tipps für die Erkundung mit Kindern

Kinder werden SeaWorld schon allein aufgrund der vielen Tiere mögen. Es gibt im Park einen Kinderwagenverleih, Schließfächer (z.B. für Schwimmsachen) und Wickelstuben. Schönes Detail am Rande: Die Kinderwagen (*Stroller*) sind geformt wie Pinguine oder Delfine. Es empfiehlt sich, am Kinderwagen Namen, Hotel und Telefonnummer anzubringen. Wer mit seinen Kindern den Spielplatz **Shamu's Happy Harbor** aufsuchen möchte, sollte Badezeug mitbringen, denn dort erwartet einen ein feuchtes Vergnügen.

Für jedes Alter

Für die Altersgruppe bis 9 Jahre: Der Spielplatz (Shamu's Happy Harbor) ist ein Muss, ebenso die Delfine an der Dolphin Cove, wo die Chance besteht, die Tiere anzufassen.
Für die Altersgruppe 10–14 Jahre: Auch diese Kinder mögen an den o. g. Punkten noch Interesse finden. Zudem werden sie begeistert sein von Wild Arctic, der Journey to Atlantis und der Orca-Show.
Die Altersgruppe über 14 Jahre: Wild Arctic, Journey to Atlantis, Orca-Show, Shark-Encounter, Robben und Seelöwen.

Shows

One Ocean

Die Orca-Show wurde u. a. infolge eines schweren Unfalls im Februar 2010, bei dem eine Tiertrainerin zu Tode kam, einigen Änderungen unterzogen. So halten sich jetzt die Trainer nicht mehr mit den Tieren im Wasser, sondern nur noch am Beckenrand auf. Trotzdem ist die Show immer noch ein tolles – und mitunter feuchtes – Erlebnis. Die Wale zeigen kunstvolle Sprünge und eine Art Unterwasserballett. Währenddessen werden auf einer riesigen Leinwand im Hintergrund

Nur Fliegen ist schöner: Fahrt mit dem Manta

eindrucksvolle Unterwasseraufnahmen gezeigt (teilweise live!). Eine alle Altersgruppen ansprechende, 25-minütige Show. Frühes Erscheinen sichert gute Plätze!

In einem riesigen Becken hinter dem Shamu Stadium (6,5 Mio. Liter Wasser) lebt die Familie der SeaWorld-Schwertwale. Außerhalb der Show und direkt „von Angesicht zu Angesicht" wirken sie noch viel eindrucksvoller als von der Tribüne aus. *Schwertwale*

Blue Horizons

Die Show ist eine Mischung aus Musical, Delfin-Show und Akrobatikeinlagen, auch Vögel sind dabei. Insgesamt durchaus sehenswert.

Clyde & Seamore Sea Lion High

Im Sea Lion & Otter Stadium wird derzeit diese bunte und vor allem lustige Show aufgeführt. Hauptakteure sind die beiden Seelöwen Clyde und Seamore sowie Otter und Walrosse. Kinder werden begeistert sein. *Spaß mit Seelöwen*

Pets Ahoy

Keine Wassertiere sondern Hunde, Katzen, Enten, Tauben sowie weitere kleinere Tiere spielen die Hauptrolle in dieser Show. Das Besondere: Sie alle stammen aus Tierheimen.

Rides

Manta

Auf dem Rücken eines Rochens geht es in atemberaubender Geschwindigkeit, mitunter auch kopfüber, auf dieser Achterbahn durch und über die Aquarien. *Super Achterbahn!*

Kraken

Zweite Achterbahn des Parks – hier gibt es keinen Boden, man hat also das Gefühl, frei durch die Luft zu fliegen …

Journey to Atlantis

Eine antike Stadt erhebt sich vor einem griechischen Fischerdorf aus dem Meer. Wasserbahn, auf der man die versunkene Stadt mit ihren faszinierenden, aber auch erschreckenden Seiten erlebt.

Wild Arctic

Per Helikopter in die Arktis Auf einem simulierten Helikopterflug geht es zu einer abgelegenen Forschungsstation in der Arktis. Ein kalter Wind und 28 Stationen, bei denen man Eisbären, Robben, Walrosse und Belugawale zu sehen bekommt, zeigen eindrucksvoll das Leben in der Eiswüste („The Frozen Wonderland"). Auch das Wrack eines englischen Seglers aus dem 19. Jahrhundert ist zu sehen, es bildet den Mittelpunkt dieser künstlichen Polarregion. Mit dieser Attraktion soll den Besuchern die raue Schönheit, aber auch die Gefährdung des arktischen Lebensraumes durch Umwelteinflüsse verdeutlicht werden. Übrigens: Das arktische Meer in der Ausstellung fasst 3,4 Mio. l Wasser!

Sky Tower

Retro-Attraktion, die seit der Öffnung des Parks 1973 besteht. 121 Meter hoher Turm, von dem man eine tolle Aussicht hat.

Mako

Neue Mega-Achterbahn, die für Sommer 2016 angekündigt ist.

Ausstellungen und Aquarien

Perspektiven- wechsel In **Antarctica: Empire of the Penguin** kann man mitten in der floridianischen Hitze einen der kältesten Orte der Erde, die Antarktis, erleben. Auf einer Familien-Themenfahrt sieht man den Südpol aus der Perspektive des kleinen Pinguins Puck. Natürlich gibt es auch echte Pinguine zu sehen. Daneben ziehen riesige Becken mit Mantas, Haien, Seelöwen und Delfinen die Besucher in ihren Bann. Im Bereich **Turtle Trek** ist neben einem Salz- und einem Süßwasserbiotop mit zahlreichen Tieren auch ein 3-D-Film aus der Perspektive einer Meeresschildkröte zu sehen.

info

Informationen zu einigen Tieren im Park

Polarbären: Sie leben ausschließlich im arktischen Bereich. Männliche Bären können bis zu 850 kg schwer und bis zu 2,50 m groß (Länge) werden. Um sich gleich ihrem Habitat anzupassen, werden sie bereits mit einem weißen Fell geboren, das sich aber im Sommer leicht gelb färbt. Eine dicke Fettschicht sowie ein öliges Hautsekret, das sich im Fell festsetzt, sorgen für eine gute Isolation gegen die Kälte. Trächtige Bärinnen verkriechen sich während der letzten sechs Wochen vor der Geburt in einem Unterschlupf und ernähren sich dort ausschließlich von ihrem eigenen Körperfett. Eine kleine Membran über den Augen hält starke UV-Einstrahlung durch die Schneereflexion zurück und die ausgesprochen kleinen Ohren sorgen für einen geringen Verlust an Körperwärme. Polarbären fressen Seehunde, Walrosse, Fische und seltener auch Belugawale.

Belugawale: Beluga bedeutet im Russischen weiß. Doch werden die Jungen grau geboren und erst mit der Zeit färbt sich die Haut. Ausgewachsene Belugawale wiegen zwischen 700 und 1.600 kg und können zwischen 3 und 4,5 m lang werden. Sie leben nur in arktischen Gewässern. Frühe Seefahrer gaben diesem Wal den Spitznamen „See-Kanarienvogel", da er hohe und vogelähnliche Geräusche von sich gibt. Wie andere Wale mit Zähnen sind die Belugawale mit einem echolotartigen Gespür versehen, mit dem sie sowohl Löcher im Eis (zum Luftholen) als auch ihre Nahrung (Tintenfische, Krabben, Fische) ausmachen können.

Ganz nah dran: Wild Arctic

Walrosse: Auch diese eindrucksvollen, urweltlich anmutenden Meerestiere müssen sich gegen die Kälte schützen. Der Verlust an Körperwärme ist nämlich im Wasser 27-mal größer als an der Luft! Eine dicke Fettschicht erledigt dieses bei den Walrossen. Walrosse bevorzugen, wann immer es geht, Eis und Schnee. Nur falls sie dieses nicht vorfinden, begnügen sie sich mit einem Platz auf einer kleinen Felsinsel. Sie leben zumeist in großen Rudeln. Männliche Tiere werden bis zu 3,30 m lang und können an die 1.800 kg schwer werden. Ihre Nahrung besteht aus Krebsen, Muscheln, Fischen, Tintenfischen und auch Vögeln!

Robben: Sie lieben ruhige und schattige Gebiete an Flussmündungen, auf Sandbänken und auf Felsen, die während der Ebbe freiliegen. Robben unterscheiden sich von den Seelöwen durch Klauen und Nägel, winzige Ohren ohne Ohrenflügel und kurze „Paddelflossen", die sich nicht vorwärts drehen lassen und damit nicht für die Fortbewegung an Land geeignet sind. Robben leben in den Ozeanen nördlich der Linie Mexiko-Nordafrika. Männliche Tiere werden bis zu 2 m lang und wiegen zwischen 50 und 160 kg. Sie fressen Fische und Krabben und haben zahlreiche Feinde: Haie, Schwertwale, Polarbären und sogar die größeren Seelöwen. Die Jungen werden außerdem von Kojoten und Adlern angegriffen.

Reisepraktische Informationen SeaWorld of Florida

i Information und Preise

SeaWorld, *7007 SeaWorld Dr., Orlando,* ① *(1-888) 800 5447, www.seaworld. com. Der Haupteingang liegt am Central Florida Pkwy. zwischen International Dr. und Sea Harbour Dr. Direkt hinter dem Eingang liegt linker Hand der Infotresen, wo man alle Informationen und den aktuellen Veranstaltungsplan erhält. Inzwischen bietet SeaWorld auch eine App (für Apple und Android) mit interaktiver Karte, Anfangszeiten von Shows, ständig aktualisierten Wartezeiten, Essensvorbestellung in den Restaurants etc.* **Anfahrt** *von Orlando: I-4 West bis Ausfahrt 72 (Beachline Expressway/FL-528/Airport), dann International Dr. Exit 1. An der Ampel links, dann an 2. Ampel rechts in den Central Florida Pkwy. abbiegen.* **Eintritt:** *$ 97, Kinder (3–9 J.) $ 92, $ 17 Parkgebühr. Daneben gibt es zahlreiche Paketangebote mit anderen Parks (Universal Studios, Busch Gardens, Discovery Cove, Wet'n'Wild) und verschiedene Touren (Behind the Scenes u. a.). Begegnung mit Delfinen ab $ 15. Praktisch ist die Quick Queue: Für einen je nach Saison schwankenden Aufpreis kann man an den langen Schlangen der beliebtesten Attraktionen vorbeimarschieren. Zusatzkosten ergeben sich zudem für Essen und Getränke.* **Öffnungszeiten** *werden dem Besucherandrang angepasst, je nach Saison von 9–18 (Winter), in der Hochsaison bis 22 Uhr. Am besten vorher auf der Homepage nachschauen.*

Touren

Behind the Scenes *(1½ Std., ab $ 30). Hier wird erläutert, wie es hinter den Kulissen aussieht, wie die Tiere gepflegt werden, Forschungsbereiche erläutert usw.*
Expedition SeaWorld: A Guided Tour *($ 79). Sechsstündige geführte Tour inkl. Essen, Platzreservierungen für die Shows und schnellem Zugang zu den Attraktionen.*

Essen

Viele Restaurants schließen recht früh. Deshalb sollte man den aktuellen Dining Guide beachten, den man am Eingang des Parks ausgehändigt bekommt. Reservierungen werden i. d. R. nicht angenommen, nur in den größeren Restaurants bei persönlichem Erscheinen.

Hotel

Renaissance Orlando at SeaWorld $$$–$$$$$, *6677 Sea Harbor Drive,* ① *(407) 351 5555, www.renaissanceseaworldorlando.com, s. S. 425.*

Rollstühle/Kinderwagen/Schließfächer

gibt es im Eingangsbereich.

Discovery Cove

Diese beliebte, wenn auch wahrlich nicht gerade günstige Attraktion gehört zur SeaWorld-Gruppe und liegt nicht weit vom SeaWorld-Park entfernt. Discovery Cove ist ein wahres (künstliches) Tropenparadies. Schwerpunkt dieses Parks ist das Schwimmen mit Delfinen. Aber ebenso erlebnisreich ist das Schnorcheln über *Schwimmen* farbenfrohen Korallenriffen oder das Schwimmen in einem tropischen Fluss mit *mit Delfinen* Wasserfällen und tollen Fischen. In der Freshwater Oasis begegnet man neugierigen Ottern und kleinen Äffchen in einer Regenwaldkulisse. Ein Abenteuer für die ganze Familie!

Anfahrt: *Nahe der Kreuzung Interstate 4/Beeline Expressway, Exit 71 oder 72 (Ausschilderung, gegenüber SeaWorld), ☎ (1-877) 557-7404, www.discoverycove.com.* **Preis:** *je nach Saison ca. $ 229–339 p. P. (ohne das Schwimmen mit Delfinen $ 169–199 p. P.). Im Preis inbegriffen sind Handtücher, Schnorchelausrüstung, Mahlzeiten sowie der unbeschränkte Eintritt für SeaWorld Orlando und Aquatica in einem Zeitraum von 14 Tagen nach dem Besuch von Discovery Cove. Pro Tag werden nicht mehr als 1.000 Besucher zugelassen.*

Aquatica

Mit seinen 60.000 tropischen Bäumen und Pflanzen soll der ebenfalls zur SeaWorld-Gruppe gehörende Park an die Naturschönheiten Neuseelands und Australiens erinnern. Auf über 36 Wasserrutschen in unzähligen Variationen, Tunnelfahrten, Floßtouren und Unterwasser-Grotten mit bunten Fischen kann man hier spielend den ganzen Tag verbringen. Für Kinder dürfte der mit 1.400 km² größte interaktive Wasserspielplatz der Welt ein Traum sein. Doch die Hauptattraktion ist der Dolphin Plunge: In einer durchsichtigen Röhre geht es durch eine Lagune, in der schwarz-weiße Commerson-Delfine schwimmen.

Aquatica, *5800 Water Play Way (gegenüber von SeaWorld), ☎ (1-888) 800 5447, www.aquaticaby*

Besondere Attraktion: der Dolphin Plunge

seaworld.com. **Anfahrt:** *vom Flughafen Hwy. 528/Beachline Expressway Westbound, dann auf den International Drive abfahren und links Richtung SeaWorld (ausgeschildert) abbiegen. Von Orlando Downtown den I-4 West, dann Exit 72 (Hwy. 528/Beachline Expressway East), dann Exit 1 (International Drive), dann wie oben.* **Öffnungszeiten** *sind variabel, der Park öffnet zw. 9 und 10 Uhr und schließt zw. 17 und 21 Uhr. Aktuelle Infos zu den Öffnungszeiten unter ☎ (1-866) 787 4307 oder auf der Website.* **Eintritt:** *$ 57, für Kinder (3–9 J.) $ 52, Parkplatz $ 13. Zudem gibt es Kombi-Tickets mit SeaWorld, Wet'n'Wild, Universal Studios und einigen anderen Parks. Auch hier lohnt es sich, das Ticket vorab im Internet zu ordern.*

Reisepraktische Informationen Orlando

Hinweis
Für die Hotels und Restaurants im Bereich des Walt Disney World Resort s. a. Reisepraktische Informationen **Walt Disney World** (S. 403)

Informationen
Orlando/Orange County Official Visitor Information Center, 8723 International Dr., ☎ (407) 363 5872, www.visitorlando.com, geöffnet tgl. 8.30–18.30 Uhr. Bestens ausgestattetes Touristenbüro mit mehrsprachigen Mitarbeitern. Hier erhält man alle Arten von Karten, Prospekten und Informationen. Zudem Hotel- und Ticketservice.
Kissimmee - St. Cloud CVB, 1925 Irlo Bronson Memorial Hwy. (US 192), Kissimmee, ☎ (407) 742 8200, www.visitkissimmee.com, Mo–Fr 8–17 Uhr.

Wichtige Telefonnummern und Adressen
Notruf: Polizei, Feuer: 911
Krankenhaus: Dr. P. Phillips Hospital, 9400 Turkey Lake Rd., I-4 Exit 71, ☎ (407) 351 8500
24-Stunden-Apotheke: Walgreen's, 408 E. Michigan St., ☎ (407) 843 0956
Zahnärztl. Dienst: 7521 W. Sand Lake Rd., ☎ (407) 354 0044

Geldwechsel/Banken
Die meisten Banken finden sich in der Innenstadt von Orlando. Ebenfalls Geld tauschen lässt sich, wenn auch zu einem etwas schlechteren Kurs, an den Rezeptionen der größeren Hotels. In **WDW** unterhält zudem die Sun Bank zwei Filialen.

Sightseeing und Bootstouren
Orlando Balloon Adventures, 2900 Parkway Blvd, Kissimmee (Treffpunkt für den Ballonstart), ☎ (407) 894 5040, www.orlandoballoonrides.com. Ballonfahrten, nach der Rückkehr gibt's ein Glas Champagner. Ab $ 195 p. P.
Florida Seaplanes, 259 Robin Court, Altamonte Spring, ☎ (407) 331 5655, www.flyfloatplanes.com. Ein besonderes Erlebnis: Mit einem Wasserflugzeug abheben und die Welt von Walt Disney von oben sehen. Ab $ 150 (30 Min. für bis zu drei Personen).
International Heli-Tours, 12651 International Dr., ☎ (407) 239 8687, www.internationalhelitours.com. Angeboten werden Helikopter-Flüge unterschiedlicher Länge. $ 30–400 p. P.

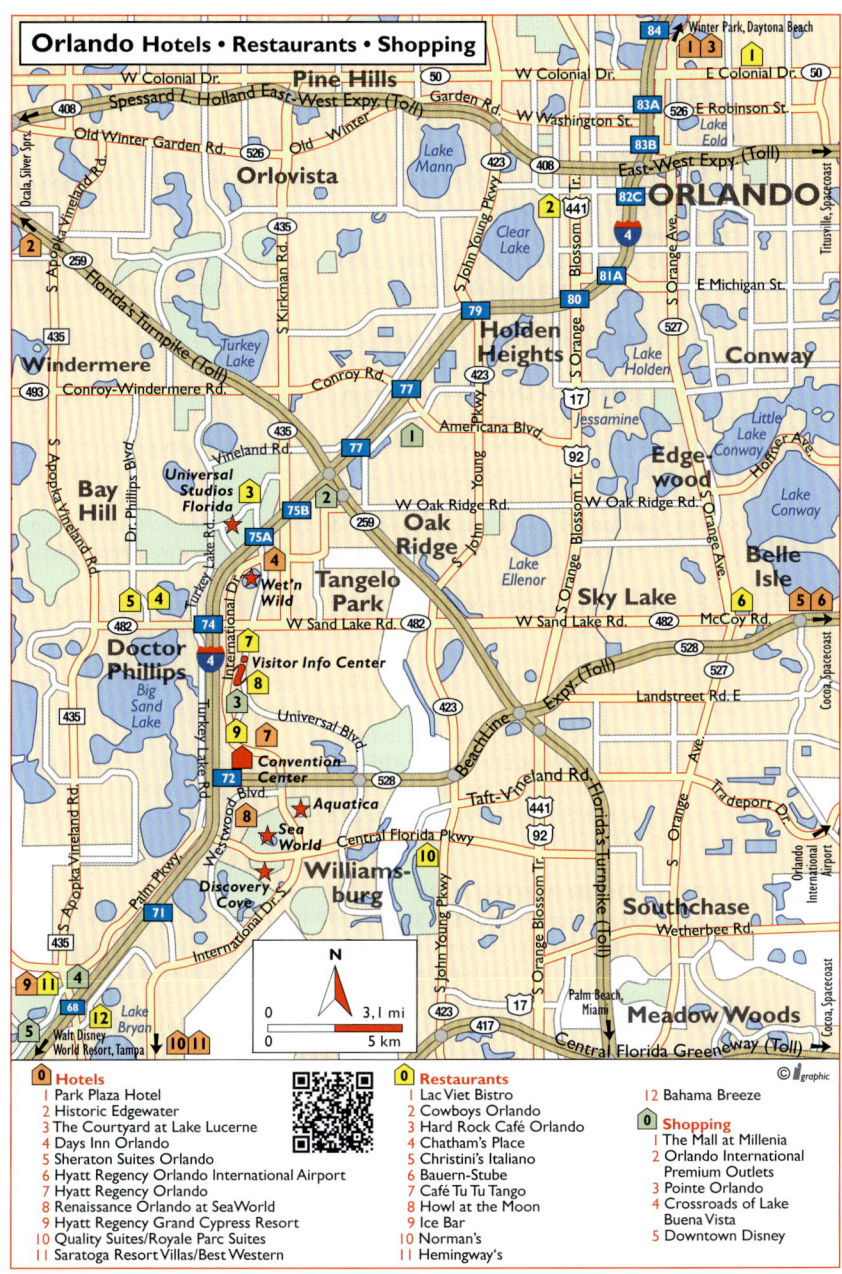

Orlando Hotels • Restaurants • Shopping

Hotels
1 Park Plaza Hotel
2 Historic Edgewater
3 The Courtyard at Lake Lucerne
4 Days Inn Orlando
5 Sheraton Suites Orlando
6 Hyatt Regency Orlando International Airport
7 Hyatt Regency Orlando
8 Renaissance Orlando at SeaWorld
9 Hyatt Regency Grand Cypress Resort
10 Quality Suites/Royale Parc Suites
11 Saratoga Resort Villas/Best Western

Restaurants
1 Lac Viet Bistro
2 Cowboys Orlando
3 Hard Rock Café Orlando
4 Chatham's Place
5 Christini's Italiano
6 Bauern-Stube
7 Café Tu Tu Tango
8 Howl at the Moon
9 Ice Bar
10 Norman's
11 Hemingway's
12 Bahama Breeze

Shopping
1 The Mall at Millenia
2 Orlando International Premium Outlets
3 Pointe Orlando
4 Crossroads of Lake Buena Vista
5 Downtown Disney

© *I graphic*

Bei Kissimmee gibt es zahlreiche Unternehmen, die eine Fahrt mit dem Airboat anbieten, unter anderem
Boggy Creek Airboat Rides, *2001 E. Southport Rd., Kissimmee,* ☎ *(407) 344 9550, http://bcairboats.com/. Ab $ 27 p. P.*

🛏 Unterkunft

Grundsätzlich ist es empfehlenswert, das Hotel bereits im Voraus von Europa aus zu reservieren. Für den Besuch Orlandos und seiner Themenparks gibt es mehrere **Alternativen:**

- *Übernachtung in Orlando oder* **Winter Park**, *um dem Trubel im Umfeld der Parks zu entgehen. Dann muss man aber Fahrzeiten von über 30 Minuten zu den Parks in Kauf nehmen.*
- *In* **Flughafennähe** *wohnen. Die Atmosphäre hier ist aber eher langweilig und zu den Parks ist es auch noch relativ weit.*
- *Am* **International Drive/I-4** *wohnt man preislich in der Mittelklasse und genießt in der Regel einen Shuttle-Service zu den Parks.*
- *Entlang des Hwy. 192 (Irlo Bronson Mem. Hwy., Kissimmee) liegen günstigere Motels.* **Kissimmee** *liegt auch verkehrsgünstiger und näher als Orlando selbst zu Walt Disney World.*
- *Zum* **Campen** *ist nur denjenigen zu raten, die sowieso mit einem Wohnmobil (Camper) durch Florida reisen. Es gibt auch nur einen ernstzunehmenden Campingplatz in WDW, beim Fort Wilderness Resort (s. S. 406).*
- **Familien mit Kindern** *sei empfohlen, ihr Hotel/Motel danach auszusuchen, ob die Kinder zu günstigen Tarifen bzw. kostenfrei im Zimmer der Eltern übernachten können. Letzteres ist meist die Regel.*
- *Beim Erfragen der* **Preise** *sollte man außerdem darauf achten, ob der Shuttle-Service zu den Parks im Preis inbegriffen ist, ansonsten könnte das für eine dreiköpfige Familie schon mal $ 20 extra ausmachen pro Tour.*
- *Für die Hotels in* **Walt Disney World** *sprechen viele Vorteile, auch wenn es teurer wird: Man genießt Privilegien beim Reservieren von Restaurantplätzen sowie auch für Einlassrituale und spart sich lange Anfahrtswege zu diesem größten Themenpark-Areal (Hotels s. S. 405).*

IN ORLANDO/IN WINTER PARK

Historic Edgewater Hotel $$–$$$ (2), *99 West Plant St.,* ☎ *(407) 654 6921, www.historicedgewater.com. Schönes Haus von 1927, direkt am West Orange Nature Trail gelegen (Wander- und Fahrradtrail), eher einfache Zimmer im Retro-Design, ausgiebiges Frühstück.*

Park Plaza Hotel $$$$ (1), *307 S. Park Ave., Winter Park,* ☎ *(407) 647 1072, www.parkplazahotel.com. Sehr elegantes, kleines Landhotel wie in einer Kleinstadt. 27 Zimmer.*

The Courtyard at Lake Lucerne $$$$ (3), *211 N. Lucerne Circle East,* ☎ *(407) 648 5188, www.orlandohistoricinn.com. Die Unterkunft besteht aus vier historischen Häusern aus unterschiedlichen Epochen, insgesamt eine sehr private Atmosphäre. Zur Begrüßung gibt es Wein.*

AM FLUGHAFEN
Sheraton Suites Orlando Airport $$$–$$$$ (5), *7550 Augusta National Dr., ☎ (407) 240 5555, www.sheratonorlandoairport.com. Gepflegte Anlage, sehr guter Service.*
Hyatt Regency Orlando International Airport $$$–$$$$ (6), *9300 Jeff Fuqua Blvd., ☎ (407) 825 1234, http://orlandoairport.hyatt.com. Elegant, tolle Lobby, gutes Restaurant im oberen Stockwerk.*

SÜDLICH VON ORLANDO/INTERNATIONAL DRIVE/I-4
Days Inn Orlando $$ (4), *5858 International Dr. (Ecke Kirkman Rd.), ☎ (407) 351 4410, www.daysinn.com Wenn auch die Zimmer relativ einfach sind, sind sie vollkommen in Ordnung und das Hotel ein Tipp für Preisbewusste.*
Renaissance Orlando at SeaWorld $$$$ (8), *6677 Sea Harbor Dr., ☎ (407) 351 5555, www.renaissanceseaworldorlando.com. Modernes Luxushotel direkt am Eingang von SeaWorld. Die Atriumhalle (Wasserfall, Goldfischteiche, Vogelkäfige etc.) misst 6.500 m² und gilt damit als die größte der Welt. Große komfortable Gästezimmer. Dafür muss man in der Regel allerdings tief in die Tasche greifen. Auf Sonderpreise im Internet achten!*
Hyatt Regency Grand Cypress Resort $$$$ (9), *1 Grand Cypress Blvd., ☎ (407) 239 1234, http://grandcypress.hyatt.com. Eine wirkliche Luxusoase mit zwölf Tennisplätzen sowie drei Golf Courses. Ein hoteleigener See ist ebenso vorhanden wie eine wahre Poollandschaft. Der hohe Glaspalast ist von einer tropischen Pflanzenwelt umgeben.*
Hyatt Regency Orlando $$$$–$$$$$ (7), *9801 International Dr., ☎ (407) 284 1234, orlando.regency.hyatt.com. Großes, modernes Luxushotel (gehörte bis vor einiger Zeit zur Peabody-Gruppe) mit über 900 Zimmern.*

ENTLANG DES US-192 (IRLO BRONSON MEMORIAL HWY.)
Quality Suites/Royale Parc Suites $$$ (10), *5876 W Irlo Bronson Memorial Hwy., Kissimmee, ☎ (407) 396 8040, www.royaleparcsuitesorlando.com. 670 Zimmer, die meisten mit Mini-Küche. Großer Swimmingpool. Sehr familienorientiert. Es gibt hier auch größere Suiten mit Spielzeug, Kinder-Camps und einen Kindergarten.*
Saratoga Resort Villas/Best Western $$$$ (11), *4787 W. Irlo Bronson Mem. Hwy., Kissimmee, ☎ (407) 997 3300, www.saratogaresortvillas.com. „Villas" in mediterranem Stil erbaut. Sehr geräumig (immer 2–3 Zimmer).*

 Camping
IM WDW RESORT
Disney's Fort Wilderness Resort and Campground, s. S. 406

CAMPINGPLÄTZE IN DER ORLANDO-AREA
Kissimmee/Orlando KOA, *2644 Happy Camper Place, Kissimmee, ☎ (407) 396 2400, www.koa.com.*
Fort Summit KOA, *2525 Frontage Road, Davenport (vom I-4 Ausfahrt 55 auf US 27 South), ☎ (407) 424 1880, www.koa.com. Shuttle zu Disney World.*

 Restaurants
Für Restaurants im Gebiet des WDW Resort s. S. 407.
Lac Viet Bistro (1), *2021 E. Colonial Dr., ☎ (407) 228 4000, www.lacvietbistro.com. Gute vietnamesische Küche.*

Hard Rock Café Orlando (3), *6050 Universal Blvd., Universal Studios CityWalk, ☎ (407) 351 7625, www.hardrock.com. Amerikanische Küche. Neben den üblichen Themen (Rockmusik) werden auch Filmthemen in der Dekoration geboten. Hier ist es meist aber auch sehr voll!*

Chatham's Place (4), *7575 Dr. Phillips Blvd., The Marketplace at Dr. Phillips, ☎ (407) 345 2992, www.chathamsplace.com. Nur Dinner. Eine weitreichende Palette verschiedenster Spezialitäten aus aller Welt steht auf der Karte. Hier essen auch viele Einheimische. Eher teuer, dafür auch etwas Besonderes.*

Christini's Italiano (5), *7600 Phillips Blvd., The Marketplace at Dr. Phillips, ☎ (407) 345 8770, www.christinis.com. Sehr gute italienische Küche, wobei die Fischgerichte besonders zu empfehlen sind.*

Bauern-Stube Authentic German Restaurant (6), *S. Orange Ave., ☎ (407) 857 8404, www.bauern-stube.com. Leckere Wurstplatten, Rouladen, Schnitzel, Eisbein, Königsberger Klopse und selbstgemachte Suppen. Alles superlecker – und dazu in „traditioneller" deutscher Gemütlichkeit. So geschl.*

Café Tu Tu Tango (7), *8625 International Dr., ☎ (407) 428 2222, www.cafetutu tango.com. Hier gibt es gute Kleinigkeiten – und im Lokal wird gemalt! Zwanglos, preiswert, sehr gute Tapas.*

Norman's (10), *im Ritz Carlton Orlando, 4012 Central Florida Pkwy., ☎ (407) 393 4333, www.normans.com. Teures, aber erstklassiges Restaurant, dessen Küche asiatische, südamerikanische und karibische Einflüsse vereinigt.*

Hemingway's (11), *One Grand Cypress Blvd., im Hyatt Regency Grand Cypress, ☎ (407) 239 1234. Floridianische Küche am großen Pool des Hotels, nur abends von 18–22 Uhr.*

In der Icebar

Bahama Breeze (12), *8735 Vineland Ave., ☎ (407) 938 9010, www.bahamabreeze. com. Belebtes Lokal der beliebten Kette mit Terrasse, Bar und Live-Musik. Karibisch inspirierte Speisekarte. Am International Drive gibt es eine zweite Filiale.*

Im Gebiet **Crossroads** westlich von WDW (am I-4) finden sich zudem einige Familienrestaurants.

Pubs/Livemusik/Nightlife/Revue
Neben den hier aufgeführten Lokalitäten s. auch die Informationen zu den Dinnershows auf S. 354.

Cowboys Orlando (2), *1108 S. Orange Blossom Trail (US 441), www.cowboysorlan do.com. Country & Western Club. Livemusik Di–Sa, So geschl.*

Howl at the Moon (8), *8815 International Dr., ☎ (407) 354 5999, www.howlatthemoon.com. Singalong-Pianos laden zum Mitsingen ein, tgl. bis 2 Uhr morgens geöffnet.*

Ice Bar (9), *8967 International Dr., (407) 351 0361, www.icebar orlando.com. Wer es lieber etwas kühler hat: Hier ist alles aus Eis.*

Einkaufen/Shopping Malls (Auswahl)

The Mall at Millenia (1), *4200 Conroy Road, ☎ (407) 363 3555, www.mallatmillenia.com (Abzweig I Abfahrt östlich der Kreuzung Florida's Turnpike/Interstate 4 Richtung Osten (Orlando Downtown). Dies ist die beste, größte und eleganteste Mall mit sehr guten Restaurants. Hier gleich drei Tipps:*

• **Chinesisch** *speist man hervorragend im* **P.F. Chang's China Bistro** *(☎ (407) 345 2888, www. pfchangs.com). Man kann drinnen und auf der Außenterrasse essen. Die Speisen werden nach individuellem Wunsch unterschiedlich scharf zubereitet. Hervorragend sind u. a. die vegetarischen Gerichte. Durchschnittliche Preise.*

Shopping-Paradies Millenia Mall

• **Italienisch** *wird man im* **Brio Tuscan Grille** *(☎ (407) 351 8909, www.brio italian.com) verwöhnt. Frische und Vielseitigkeit garantiert die (schnelle) Küche. Man kann auch im Außenbereich essen. Durchschnittliche Preise.*

• *Hervorragende* **Steaks** *und* **Seafood** *gibt es bei* **The Capital Grille** *(☎ (407) 351 2210). Eher hohe Preise.*

Orlando International Premium Outlets (2), *4951 International Dr., www. premiumoutlets.com. 180 günstige Fabrikläden, u. a. Levis, Calvin Klein, Oshkosh und Guess. Im Umkreis dieser Factory Stores gibt es auch noch andere Outlet Malls. Für günstige Einkäufe ist dies also* **die** *Region.*

Pointe Orlando (3), *9101 International Dr., ☎ (407) 248 2838, www.pointeorlando. com. Schmucke Freiluft-Mall am International Drive. Vertreten sind viele internationale Marken und eine paar gute Restaurants und Bars. Schön zum Flanieren in den Abendstunden. Okt–Mai Mo–Sa 12–22, So 12–20, Juni–Sept Fr–Sa 12–21, So 12–20 Uhr.*

Crossroads of Lake Buena Vista (4), *Kreuzung I-4/Rte. 535 in Buena Vista (gegenüber von WDW Buena Vista). Einkaufszentrum mit 24-Stunden-(Edel-)Supermarkt, vielen kleineren Geschäften für den täglichen Bedarf, einer Post (2 Blocks weiter), MittelklasseHotels und einigen Familienrestaurants.*

Downtown Disney (5), *an der Buena Vista Lagoon. Geschäfte mit Kunsthandwerklichem und vor allem aber einem ausgiebigen Sortiment an Disney-Souvenirs (teuer).*

🔴 Theater, Musical und Orchester

Orlando Broadway, *100 South Eola Dr., Suite 101 (Büroadresse!), ☎ (1-800) 448 6322, http://orlando.broadway.com. Auf verschiedenen Bühnen der Stadt werden Broadwayshows mit Künstlern aus New York aufgeführt.*

Orlando Philharmonic Orchestra, *Bob Carr Performing Arts Centre, 401 West Livingston Street, ☎ (407) 770 0071, www.orlandophil.org.*

Orlando Shakespeare Theater, *812, E. Rollins St. (Loch Haven Park), ☎ (407) 447 1700, www.orlandoshakes.org.*

Orlando Repertory Theatre *1001 E. Princeton St. (Loch Haven Park), ☎ (407) 896 7365, www.orlandorep.com.*

🤾 Sportveranstaltungen

Wer hat nicht schon von ihm gehört, dem legendären Basketball-Team, den **Orlando Magic**? *Sie spielen im Amway Center (400 W. Church St., www.amwaycenter. com). Tickets sind früh ausverkauft, aber versuchen kann man es ja mal: ☎ (407) 916 2400, www.nba.com/magic/.*

✈ Flughafen

Der moderne **Orlando International Airport** *befindet sich südöstlich der Innenstadt und nordöstlich von WDW. Man nimmt den I-4 Exit 74A (Rte. 482) in östlicher Richtung (Sand Lake Rd.) oder den gebührenpflichtigen Beeline Expressway (Rte. 528). Die größeren Hotels bieten einen* **Shuttle-Service.**
Infos unter www.orlandoairports.net.

🚗 Mietwagen

Am Flughafen und in der Stadt sind alle größeren Mietwagenfirmen vertreten, u.a.
Avis: *☎ (1-888) 849 0277 (Flughafen), www.avis.com*
Budget: *☎ (1-800) 621 2380 www.budget.com*
Dollar: *☎ (1-866) 434 2226, www.dollar.com*
Hertz: *☎ (407) 859 8400 (Flughafen), www.hertz.com*

Am Orlando International Airport

 Öffentliche Verkehrsmittel

Stadtbusse: *LYNX, das Bussystem von Zentralflorida, bedient das öffentliche Bussystem in Orlando und den umliegenden Landkreisen. Die Haltestellen sind mit einem rosafarbenen Bus gekennzeichnet, Fahrplan unter www.golynx.com. Entlang des International Drive lohnt die Nutzung der Busse, ansonsten aber ist es doch reichlich umständlich. Zudem verkehren auch andere, private Unternehmen entlang des International Drive.*

Straßenbahn: *Die I-Ride Trolleys verkehren den ganzen Tag etwa alle 20 Min. entlang des International Drive und halten an 107 Stationen (www.iridetrolley.com)*

Überlandbusse: *Das Greyhound-Terminal befindet sich in der 555 N. John Young PKWY, ☏ (407) 292 3440 oder gebührenfrei: (1-800) 454 2487, www.greyhound.com.*

Eisenbahn: *Folgende 3 AMTRAK-Bahnhöfe gibt es im Umland von Orlando: 1400 Sligh Blvd. (Orlando), 150 West Morse Blvd. (Winter Park) und 111 Dakin Street (Kissimmee). Infos: ☏ (1-800) USA-RAIL. Zwei Passagierzüge halten an diesen Bahnhöfen: der* **Silver Meteor** *und der* **Silver Star**. *Infos unter www.amtrak.com*

Shuttle zu den Attraktionen

Nahezu alle Hotels bieten einen Shuttle-Service (bzw. sind telefonisch mit einem solchen verbunden) zu den wesentlichen Attraktionen sowie zum Flughafen. Dieses ist eigentlich die bequemste Art der Fortbewegung innerhalb der Stadt.

7. ZENTRALE UND NÖRDLICHE ATLANTIKKÜSTE

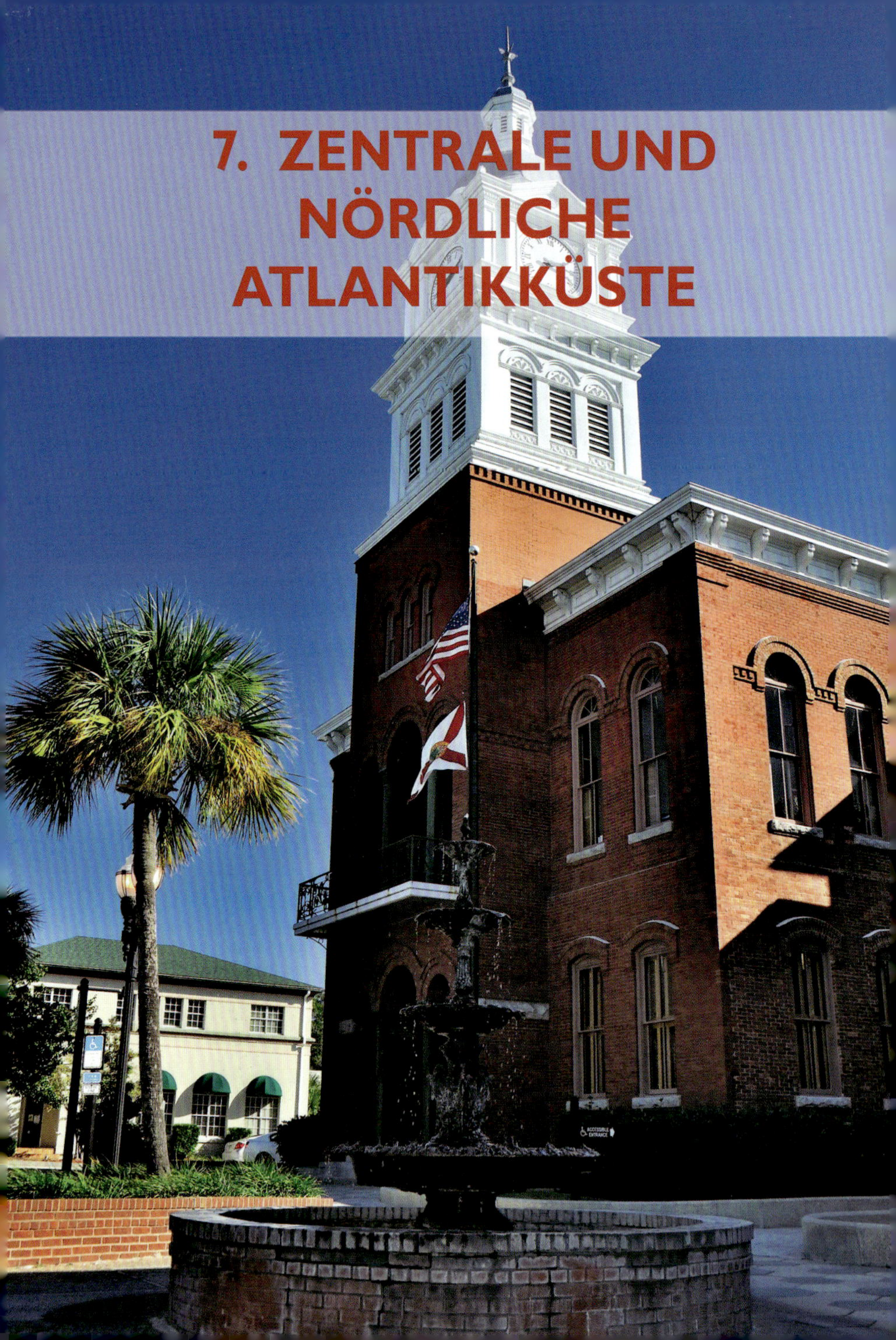

Kennedy Space Center und die Space Coast

Streckenübersicht

Entfernung: Orlando – Kennedy Space Center: 56 mi/90 km
Empfohlene Route: Von Orlando folgt man Rte. 528 Ost (am Flughafen vorbei, gebührenpflichtig). Später zweigt man auf die Rte. 407 ab und kommt über den NASA Parkway direkt zum Besucherzentrum.
Achtung: Immer den Schildern „Kennedy Space Center" folgen, **nicht** nach Cape Canaveral fahren!
Übernachtung: Titusville oder Cocoa Beach (Bademöglichkeit im Atlantik)

Floridas Atlantikküste war schon immer ein prädestinierter Platz für entscheidende historische Entwicklungen: Hier gründeten die Spanier die älteste Siedlung auf dem Kontinent, von hier aus starteten 1969 die ersten Menschen zum Mond. Das NASA Kennedy Space Center, von den Organisatoren zwischenzeitlich zum Spaceport USA deklariert, ist längst ein äußerst beliebtes und attraktives touristisches Ziel. Infotainment at its best!

Der Besucher hat die Möglichkeit, sich im Verlauf von 4–6 Stunden einen Überblick über die faszinierende Raumfahrtgeschichte an einem Ort zu verschaffen, an dem wichtige Kapitel dieser Geschichte geschrieben wurden.

Zentrale und nördl. Atlantikküste

Sehenswertes an der Space Coast

Astronaut Hall of Fame

In Titusville an der Rte. 405 (NASA Parkway) lohnt sich ein Besuch der **United States Astronaut Hall of Fame and Space Camp**. Hier werden die Astronauten der Mercury-Missionen geehrt und Filme aus der Geschichte der amerika-

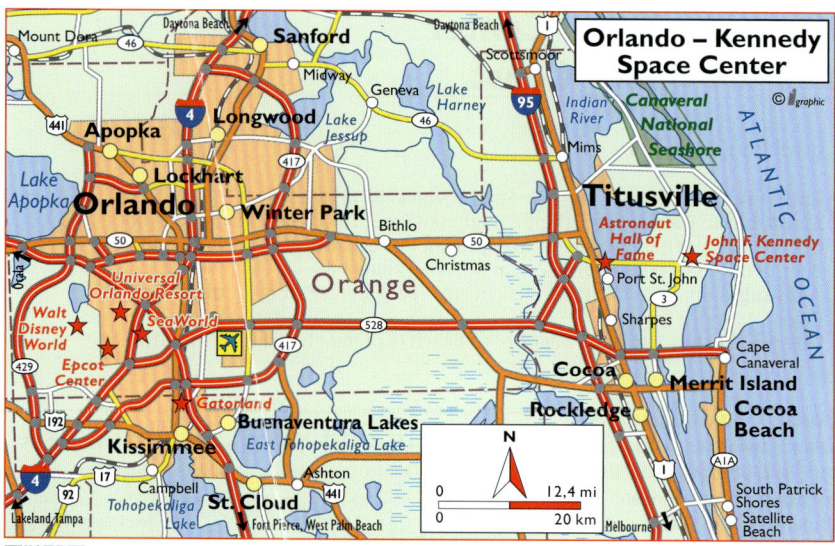

nischen Raumfahrt gezeigt, dazu gibt es gibt verschiedene Simulatoren und Hands-on-Stationen.

Astronaut Hall of Fame, 6225 Vectorspace Blvd., Titusville ℑ (321) 449 4444, www.kennedyspacecenter.com/astronaut-hall-of-fame.aspx, tgl. 12–17 Uhr, Erw. $ 27, Kinder (3–11 J.) $ 23, inkl. Eintritt zum Kennedy Space Center $ 50, Kinder $ 40.

Redaktionstipps

▸ **Übernachten**: In Titusville gibt es eine Reihe von Motels, z. B. das „Best Western Space Shuttle Inn" (S. 444).

▸ **Essen gehen**: in „Florida's Seafood Bar & Grill" (S. 445).

▸ **Sehenswürdigkeiten in der Umgebung**: Strände entlang der Atlantikküste, besonders im Merritt Island Wildlife Refuge (S. 433).

▸ **Besuchszeiten des Space Center**: Mindestzeit: 4 Stunden; optimale Zeiteinteilung: 1 Tag. Anfahrt von Orlando: 1½ Std. Im Space Center 5–6 Stunden (einschl. des Besuchs der Astronaut Hall of Fame: 7 Stunden).

Astronaut Hall of Fame

Naturschutzgebiete

Kaum zu glauben, aber wahr: In unmittelbarer Nachbarschaft zu den ehemaligen Abschussrampen der Weltraumfähren liegen die Naturschutzgebiete **Merritt Island Wildlife Refuge** und **Canaveral National Seashore** (über SR/Rte. 405 östlich von Titusville zu erreichen). Hier kommen Vogelfreunde und Strandwanderer auf ihre Kosten, zudem kann man Kanu fahren. In den beiden Headquarters ist Kartenmaterial erhältlich. Die einmaligen Strände sind relativ wenig besucht, Restaurants und Umkleidekabinen sowie Duschen sucht man aber vergeblich. Es gibt nur einfache Toiletten an den Strandparkplätzen.

Naturschutz-gebiete

Für Vogelfreunde: Merritt Island

Merritt Island Wildlife Refuge, *Anfahrt: von der I 95 den Exit 220 (Titusville, State Road 406 Exit). Auf der SR 406 (Garden Street) vier Meilen, über die Max Brewer Causeway Bridge. Hier beginnt das Refuge, nach etwa vier Meilen liegt rechts das Visitor Center. Auch bei Titusville gibt es einen Eingang. Das Visitor Center ist geöffnet Mo–So 9–16 Uhr (April–Okt.: So geschlossen), Refuge Headquarters ☎ (321) 861 0667, www.fws.gov/refuge/Merritt_Island/.*
Canaveral National Seashore, Park Headquarters, *212 S. Washington Ave., Titusville, ☎ (321) 267 1110, www.nps.gov/cana, Mo–Fr 8–16.30 Uhr. Park geöffnet tgl. 6–18 Uhr. Das Apollo Visitor Center (7611 S. Atlantic Ave., ☎ (386) 428 3384) ist geöffnet tgl. 9–17 Uhr; Infos gibt es außerdem im Eldora Statehouse, ☎ (386) 428 3384, Fr–So 12–16 Uhr. $ 5/Auto, $ 1 p. P. für Fußgänger und Fahrradfahrer.*

Geschichte der unbemannten und bemannten Raumfahrt

Raketen waren lange Zeit eher Thema der utopischen Literatur. Der Traum, die Welt in Windeseile zu umrunden, ja gar zu fernen Planeten und Sternen zu reisen, beflügelte die Fantasie. Erst im 20. Jahrhundert gelang es Wissenschaftlern in Europa, die Grundlagen für den Raketenantrieb zu entwickeln. Was man im Kennedy Space Center nicht erfährt: Alle grundlegenden Entwicklungen, welche die spätere Raumfahrt erst ermöglichten, wurden in Europa gemacht. Namen wie Ganswindt, Hohmann und Oberth, später von Opel, Winkler und von Braun – um nur einige zu nennen – gehören in die Liste der Pioniere.

Im Verlauf des 2. Weltkrieges wurden ab 1942 in Peenemünde an der Ostsee die ersten flugtüchtigen Raketen konstruiert und gebaut. Hier erfolgte der entscheidende Quantensprung zur Verwirklichung der Raumfahrtziele durch die Erfindung des sogenannten ballistischen „Trägerraketensystems" (A 4). Den Durchbruch brachte die berühmte „Wunderwaffe" V 2, eine Langstrecken-Überschallrakete, an der **Wernher von Braun** mitwirkte. Die V 2 besaß ein leistungsfähiges Flüssigkeitsraketentriebwerk sowie ein autonomes Trägheitslenksystem und konnte so senkrecht ohne Rampe starten. 1944 überbrückte eine „A4/V" aus Peenemünde bereits über 300 km in Überschallgeschwindigkeit.

Nach dem 2. Weltkrieg teilten sich die USA und die UdSSR die „Beute" an deutschem Raketen-Know-how. Beide Weltmächte experimentierten weiter mit dem A-4-System. Bis 1957 erreichten die Raketen lediglich die Schichten der Hochatmosphäre, erst der Sputnik der Sowjets durchbrach das Fenster zum Weltall. Der „Sputnik-Schock" rüttelte die Amerikaner auf: Sie unternahmen verstärkte Aktivitäten in Wissenschaft und Technik, um mit den Russen gleichzuziehen, ein Wettlauf, der selbst den Kalten Krieg überdauerte.

Fast wie live dabei: die Shuttle Launch Experience

info

Das Space-Shuttle-Programm und Zukunftspläne

Das US-Space-Shuttle-Programm entstand aus der Idee, wiederverwertbare Raumfahrzeuge zu bauen, die nicht – wie die bisher üblichen Raketen – nach einer einzigen Mission im Museum landeten oder verschrottet wurden. Man versprach sich davon eine gewaltige Kostenersparnis. Der erste Space-Shuttle-Flug fand 1981 statt: Die Raumfähre Columbia absolvierte am 12. April erfolgreich ihren Jungfernflug. Sie war noch nicht mit einem Docking-Adapter für die Internationale Raumstation ausgestattet und konnte daher nicht für eine der späteren Hauptaufgaben der Shuttles genutzt werden, nämlich die Besatzung der ISS hin- und herzutransportieren. Insgesamt wurden fünf raumflugfähige Space Shuttles gebaut, die zusammen 135 Einsätze absolvierten.

Zwei Aspekte spielten bei dem Beschluss, das Space-Shuttle-Programm einzustellen, eine Hauptrolle: Zum einen hatte sich die Hoffnung auf eine Kostenersparnis nicht erfüllt, da der Start eines Shuttles bei weitem teurer war als der Start einer herkömmlichen Rakete und sich so die Einsparung an Materialkosten nicht rechnete. Zum anderen nahmen die Sicherheitsbedenken immer weiter zu, insbesondere nachdem zwei der Fähren (die Challenger 1986 und die Columbia 2003) verunglückt und die Besatzungen ums Leben gekommen waren. Die endgültig letzte Space-Shuttle-Mission wurde im Juli 2011 erfolgreich absolviert.

Verschiedene Nachfolgeprojekte der Shuttles wurden bereits angekündigt, einige gingen nie über die Planungsphase hinaus, andere wurden während der Fertigstellung abgebrochen. Auch das von George W. Bush 2004 initiierte Constellation-Programm, das mittelfristig bemannte Mondflüge und langfristig bemannte Marsflüge vorsah, stand aus Kostengründen immer wieder in der Kritik und wurde 2010 von Barack Obama eingestellt. Es gibt aber schon wieder ein neues Projekt, das auf die Entwicklungsarbeit des Constellation-Programms aufbaut: Das Orion MPVC (früherer Name: Multi-Purpose Crew Vehicle (MPCV)) soll erneut bemannte Weltraumflüge ermöglichen, für das Jahr 2021 ist sein erster bemannter Flug zum Mond vorgesehen. Ob Orion MPVC jemals tatsächlich das Weltall erreicht, bleibt abzuwarten.

Tabellarische Übersicht über die Entwicklung der Raumfahrt

1945	Nach dem 2. Weltkrieg emigrieren viele Raketenfachleute in die USA. Hier experimentiert man bis 1951 mit den erbeuteten V 2 – der richtige Mann ist auch gleich mitgekommen: Wernher von Braun.
1957	Am 4.10. startet die UdSSR den Sputnik I.
1958	Die NASA (National Aeronautics and Space Administration) wird gegründet. Der erste amerikanische Satellit „Explorer I" startet am 31.01.1958.
1959	Lunik 2 (UdSSR) landet hart auf dem Mond. Im gleichen Jahr umrundet Lunik 3 den Mond und macht die ersten Aufnahmen von der Rückseite.
1961	Mit Wostok I (12.04.) ist Juri Gagarin der erste Mensch im Weltall. Flugdauer: 1 Stunde 48 Min. Die Amerikaner schaffen den Anschluss: Mit Alan Shepard ist am 5. Mai der erste Amerikaner im Weltall (15 Min).
1962	John Glen umkreist am 20. Februar als erster Amerikaner die Erde. Der Flug dauert bereits 4 Stunden 55 Min.
1963	Mit Valentina Tereschkowa ist die erste Frau im All.

1965	Mariner 4 erreicht den Mars.
1966	Der UdSSR gelingt die erste weiche, unbemannte Mondlandung.
1967	Die UdSSR führt im Weltall zwei Raumfahrzeuge zusammen.
1969	D i e Sternstunde der Raumfahrt: Am 20. Juli betreten als erste Menschen Neil Armstrong und Edwin Aldrin den Mond. Das Mutterschiff Apollo 11 umkreist mit dem Astronauten Michael Collins unterdessen den Mond. Weitere Apollo-Flüge folgen (bis 1972 werden insgesamt 17 Apollo-Flüge unternommen).
1973	Die Raumstation Skylab wird auf die Erdumlaufbahn geschickt.
1975	Mit Apollo 18 und Sojus 19 führen Amerikaner und Sowjets ein Koppelmanöver im Weltraum durch.
1981	Mit der Columbia beginnen die ersten Space-Shuttle-Flüge. Die wiederverwendbare Raumfähre, die mit Raketenantrieb startet und wie ein Flugzeug landet, soll programmmäßige Raumflüge durchführen. Bis 1986 werden 24 Space-Shuttle-Flüge erfolgreich durchgeführt. Die ersten Space Shuttles starteten zwar vom Kennedy Space Center aus, landeten aber auf dem kalifornischen Luftwaffenstützpunkt Edwards. Später landen die Space Shuttles auch auf der 5 km langen Landebahn hier auf dem floridianischen Raketengelände.
1983	Vom 28.11.-8.12. ist der deutsche Physiker Ulf Merbold mit an Bord der Columbia und arbeitet im Spacelab.
1986	Am 28. Januar explodiert die Challenger nach nur einer Minute und zwölf Sekunden. Alle sieben Astronauten sterben. Mit an Bord war erstmals eine Privatperson: die Lehrerin Christa McAuliffe. Das Shuttle-Programm wird gestoppt.
1988	Nach zweijähriger Pause startet am 1.10. die Discovery ins All. Nach vier Tagen wird der Flug erfolgreich abgeschlossen. Bereits einige Wochen später bewältigt die Atlantis eine erfolgreiche Geheim-Mission. Unterdessen haben die Sowjets mit den Amerikanern gleichgezogen: Ihre unbemannte Weltraumfähre – Buran („Schneesturm") genannt und äußerlich dem Space Shuttle sehr ähnlich – landet nach dem Jungfernflug im November in Baikonur.
1995	Der defekte Teleskop-Satellit „Hubble" kann repariert werden. Dieses gilt als Bewährungsprobe für die NASA, deren Gelder drastisch gekürzt werden sollten unter der Clinton-Regierung.
1998	Erster US-Flug zum Bau der neuen Weltraumstation ISS.
2003	Die Columbia verglüht im Landeanflug auf die Erde. Ursache: Defekte am Hitzeschild! Das Programm wird wieder ausgesetzt.
2006	Der Flugbetrieb der Space Shuttles wird wieder aufgenommen und planmäßig bis 2011 weitergeführt.
Seit 2011	Am 21. Juli landet die Atlantis zum letzten Mal in Cape Canaveral. Die Ära der US-Raumfähren geht damit zu Ende. Am 14. November startet eine russische Sojus-Rakete mit zwei russischen und einem amerikanischen Astronauten an Bord zur Raumstation ISS. Das russische Weltraumprogramm ist seit dem Ende der amerikanischen Shuttles derzeit die einzige Möglichkeit, die ISS weiter besetzt zu halten. Die USA arbeiten aber an einem Nachfolgeprogramm der Shuttles, außerdem bemüht man sich, private Raumfahrtunternehmen an der Versorgung der ISS zu beteiligen. Mittel- bzw. langfristig sind auch bemannte Flüge zum Mond und sogar zum Mars geplant. Konkrete Planungen sind allerdings immer wieder von finanziellen Kürzungen seitens der US-Regierung betroffen.

Besichtigungspunkte im Kennedy Space Center

Das Kennedy Space Center umfasst eine Fläche von 56.600 ha Land und Gewässer inklusive der Naturschutzgebiete Merritt Island Wildlife Refuge und Canaveral National Seashore (s. S. 433). In unmittelbarer Nähe zu den Errungenschaften moderner Technik und am Tor zum Weltraum existieren also geschützte Zufluchtsgebiete für über 200 Vogelarten, wie den Weißkopfseeadler, den Ibis, den Reiher und den Storch, sowie für verschiedene Säugetiere und Reptilien, darunter 6.000 Alligatoren. Entsprechend gerne betont die NASA die friedliche Koexistenz von Natur und Raumfahrttechnologie.

Riesige Fläche

Redaktionstipps

▸ Einen **3D-Film** im IMAX Theater ansehen (S. 439).
▸ Die Raketen im **Rocket Garden** (S. 438).
▸ Eine **Busfahrt** durch die reale Anlage des Kennedy Space Center unternehmen (S. 442).
▸ Die **Space Shuttles** von innen besichtigen (S. 440).

Informationen für den Besuch

Information: **NASA Kennedy Space Center** *(Spaceport USA), TWRS, Kennedy Space Center, Ticket-Reservierungen und allgemeine Anfragen ☎ (1-866) 737 5235, www.kennedyspacecenter.com.*

Öffnungszeiten und Preise: *tgl. von 9–17 (Sept.–Mai) bzw. 19 Uhr (Apr.–Aug.)), normales Ticket $ 50 (Kinder (3–11 J.) $ 40) inkl. Bus-Tour, Imax-Theater, Shuttle Launch Experience, Ausstellungen und Astronaut Hall of Fame, ist innerhalb einer Woche am einem zweiten Tag noch für die Astronaut Hall of Fame gültig.* **Zusätzlich** *kann man folgende geführte Touren/Aktivitäten buchen:* **KSC Up Close** *(Erw. $ 25, Kinder (3–11 J.) $ 19, Dauer ca. 2–2,5 Stunden), Reservierung (empfohlen) unter ☎ (1-866) 737 5235, die Anzahl der Touren hängt von der aktuellen Nachfrage ab;* **Cape Canaveral Then and Now** *($ 25, Kinder (3–11 J.) $ 19, ca. 3–3,5 Stunden),* **Lunch with an Astronaut** *(Erw. $ 29,99, Kinder (3–11 J.) $ 15,99, Reservierung unter o.g. ☎ empfohlen, tgl. um 12.15 Uhr, Dauer neunzig Minuten),* **ATX – Astronaut Training Experience**, *Teilnahme ab 14 J., $ 175 (bei der „Familienversion": Kinder (7–11 J.) $ 165): Intensives Kennenlernen des Kennedy Space Center mit echten Simulationsprogrammen, wie sie bei Astronauten angewendet werden. Tgl. 8.30–ca. 13 Uhr. Detailinfos: www.kennedyspace center.com/visitKSC/atx.asp. Reservierungen (☎ (1-)866) 737 5235) sind dringend erforderlich, zugelassen ist man je nach Programm ab 7 (ATX Family) bzw. ab 14 Jahren. Bestimmte Vorschriften wie Gewicht, Größe und gesundheitsrelevante Faktoren müssen beachtet werden.*
Ankunft: *Vom Parkplatz gelangt man zu Fuß zunächst an der Freiluftausstellung alter Raketen vorbei zum Ticketverkauf. Den Film im IMAX-Theater sollte man sich vor der Tour anschauen, das ist unsere beste Einstimmung.*
Busrundfahrten: *Es werden Busrundfahrten angeboten, die als Shuttle-Service eingerichtet sind und eine individuelle Erkundung ermöglichen. Sie starten um 10 Uhr und dauern ca. zwei Stunden. Alle 15 Min., letzte Abfahrt um 14.30 Uhr (im Eintrittspreis inbegriffen).*
Space Shop: *Der etablierteste Souvenirshop innerhalb des Visitor Complex preist sich selbst als das weltgrößte Geschäft für Weltraumpräsente: U. a. wird hier eine mit Gold*

beschichtete Überlebensfolie angeboten, Astronautenkost, Plastikraumfähren, Aufkleber etc.

Fototipp: *Sehr schöne Motive findet man im Rocket Garden (Raketengarten) direkt am Eingang. Ebenso kann man versuchen, ein Bild mit einem Astronauten zu schießen. Meist bewegt „er" sich in der Nähe des Galaxy Center, also dort, wo es auch den IMAX-Film zu sehen gibt.*

Kinder: *Auf dem Spielplatz* **Children's Play Dome** *am Rocket Garden können die Kleinen spielen, auch der Film könnte gefallen. Die Bustour ist nur Kindern über zwölf Jahren zuzumuten, dürfte diese dann aber mit zunehmendem Alter durchaus faszinieren.*

 Hinweis

Informationen über die nächsten **Raketenstarttermine** gibt es auf der Homepage, ebenso Tickets sowie unter ☏ (1-866) 737 5235. Um einen Raketenstart live im KSC mitzuerleben, muss man vorher reservieren. Infos unter www.kennedyspacecenter.com. Auch die NASA twittert: www.twitter.com/ ExploreSpaceKSC.

Tipp: Die Beobachtung eines Starts in den Urlaub einzuplanen ist allenfalls absoluten Weltraum-Enthusiasten zu empfehlen, da es wegen des Wetters oder technischer Probleme oft zu Verschiebungen kommt.

Rocket Garden

Am Raketengarten kommt man auf dem Weg vom Parkplatz zum Eingang vorbei. Die Raketen – originalgetreue Modelle – aus allen Epochen der Raumfahrt sind fotogen senkrecht aufgerichtet. Sehenswert ist vor allem die Weltraumkapsel mit

Rocket Garden

dem Zugangsarm, wie ihn die Apollo-11-Besatzung (Armstrong, Aldrin und Collins) benutzt hat. Es finden täglich mehrere Touren statt. Nebenan liegt der **Children's Play Dome**, ein Spielplatz für die Kinder unter elf Jahren.

IMAX Theater

Im IMAX-Kino kann man tolle 3D-Filme schauen, zzt. laufen „Hubble 3D", der die Geschichte des Weltraumteleskops erzählt, gesprochen von Leonardo DiCaprio, und „Journey to Space 3D", der die zukünftigen Projekte der NASA, z. B. eine

Marsmission, vorstellt und von Patrick Stewart, als Captain Picard aus „Star Trek: The Next Generation" selbst ein Weltraum-Routinier, erzählt wird.

Astronaut Memorial

Diese Einrichtung gilt seit der Einweihung am 9. Mai 1991 als National Monument. Der „Space Mirror" ist 42,5 Fuß (ca. 13 m) hoch und 50 Fuß (ca. 15,2 m) breit. Im spiegelnden Marmor sind die Namen der Astronauten eingraviert, die bei Weltraummissionen ihr Leben verloren. Die sich drehende Struktur, als „Raumspiegel" bezeichnet, folgt der Sonne am Himmel. Dem Beobachter wird dadurch der Eindruck vermittelt, als ob die Namen der Astronauten in den Wolken schwebten.

Eine Jury hatte unter 756 Entwürfen auszuwählen, den Zuschlag bekam das Architektenkonsortium Holt, Hinshaw, Pfau und Jones aus San Francisco. Die Finanzierung der 6,2 Millionen US$ teuren Gedenkstätte erfolgte durch den erfolgreichen Verkauf von Challenger-Autonummernschildern in Florida.

Space Shuttle Plaza

Warten lohnt! Hier ist die Hauptattraktion ist das originalgetreue Modell der Raumfähre Explorer. Im Inneren des Modells kann man den Arbeitsplatz der Astronauten näher in Augenschein nehmen und so ihren Alltag an Bord besser verstehen. Das Warten in der Schlange lohnt sich! Außerdem gibt es notwendige Gerätschaften für Raketenstarts zu sehen: einen riesigen Treibstoff-Tank und ein Doppel-*Booster* (Raketenantrieb)!

Space Shuttle Atlantis

Stolze 100 Millionen Dollar kostete die Mitte 2013 eröffnete Ausstellung, deren Zentrum der originale Space Shuttle Atlantis ist, der 2011 als letzter NASA-Shuttle aus dem All zurückkehrte. Auf mehr als 8.000 m² kann man hier nicht nur die über dem Boden hängende Raumfähre aus der Nähe betrachten, sondern auch ein originalgroßes Modell des Hubble-Teleskops. Außerdem kann man sich dank interaktiver Module selbst im Shuttleflug üben und sich umfassend über die verschiedenen Weltraumflüge informieren.

Ein echter Astronaut, allerdings im Ruhestand: Winston Scott

Shuttle Launch Experience

In großen Simulatoren kann man hier nachempfinden, wie der Start eines Space Shuttle auf den Körper der Astronauten wirkt. Auf einer simulierten Reise ins Weltall wird man dann realitätsnah „gerüttelt und geschüttelt", samt entsprechenden Geräuschen und projizierten Videosimulationen. Man hört den Hauptmotor röhren, man erlebt, wie die Kraftstofftanks abgetrennt werden, und im All öffnet sich dann die Dachluke: Der Blick auf die Erde vom Weltraum aus ist faszinierend. Über zehn Jahre arbeitete die NASA zusammen mit drei Shuttle-Astronauten daran, das 60-Millionen-Dollar-Projekt so realitätsnah wie möglich zu konstruieren. Auch bei dieser beliebten Attraktion kann es zu längeren Wartezeiten kommen.

☞ Tipp: Lunch mit echten Astronauten!

Die NASA bietet zu bestimmten Terminen für Besucher einen Lunch mit echten Astronauten an (s. S. 437). Man kann dabei Fragen stellen, Autogramme mitnehmen und sich wie ein Mitglied des NASA-Teams fühlen. Termine sind über das Internet abrufbar: www.kennedyspacecenter.com. Der Lunch kann nach Voranmeldung über die Website zusammen mit dem Eintrittsticket gebucht werden. Zudem gibt es mehrmals am Tag das Astronaut Encounter, bei dem ehemalige Astronauten Rede und Antwort stehen. Daten auf der Homepage.

Die Katastrophen beim SpaceShuttle-Programm

Dass die Weltraumfahrt immer ein Wagnis bleibt, haben die beiden Unglücke mit den Space Shuttles Challenger und Columbia bewiesen. In beiden Fällen verursachten „Kleinigkeiten" die Katastrophe:
- Die Challenger explodierte am 28.1.1986, weil ein Gummiring nicht die notwendige Qualität besaß.
- Die Columbia verglühte am 1. Februar 2003 in der Erdatmosphäre, weil der Hitzeschild beschädigt wurde.

Die Öffentlichkeit glaubte, die Unglücke seien durch mangelnde Wartung und insbesondere durch Nachlässigkeit verursacht worden, doch man vergisst dabei schnell, wie komplex eine Weltraummission ist. Die Unfallforschung wurde intensiviert, die von der NASA etablierte unabhängige Untersuchungsgruppe „Columbia Accident Investigation Board" gab Anregungen, wie z. B. Beschädigungen am Hitzeschild nach dem Start durch Kameras begutachtet werden können und wie Astronauten im All Reparaturen am Hitzeschild durchführen können. In der Folge wurden an die Flügel des Shuttle 60 Beschleunigungs- und Temperaturfühler angebracht, die ungewöhnliche Vorgänge anzeigten.

Die drei verbliebenen Space Shuttles Discovery, Atlantis und Endeavour konnten – trotz aller aufgrund möglicher Materialermüdung nach der langen Einsatzzeit geäußerten Zweifel – ihre Flüge zur Internationalen Weltraumstation ISS sicher und planmäßig durchführen.

Kennedy-Space-Center-Busrundfahrt

Die Busse fahren auf einer Rundstrecke folgende Punkte an:
* die **LC-39-Beobachtungsplattform**
* das **Apollo/Saturn V Center**

LC-39 Observation Gantry (Beobachtungsplattform)

Von der 20 m hohen Beobachtungsplattform hat man einen tollen Rundblick über das Gelände und insbesondere auf die Abschussrampen 39 A und 39 B.

Man blickt auf die Startplätze der früheren Apollo- und Space-Shuttle-Flüge. Hier wurden 52.000 Kubikmeter Stahlbeton verbaut. Beim eigentlichen Start verspritzten Düsen binnen 20 Sekunden über 1,1 Millionen Liter Wasser, um die Flammen zu ersticken und den Rampenbereich abzukühlen. Entlang der in Stellung gebrachten Rakete befanden sich zwei Wartungstürme. Der höhere Turm ist unbeweglich, blieb also auch während des Starts stehen, der niedrigere war mittels Rädern schwenkbar. Über diese Türme erfolgte der Zugang zur Rakete, um den Astronauten den Einstieg zu ermöglichen, die Tanks zu füllen oder um Nutzlasten zu laden.

Aus der Entfernung sieht man auch das **Vehicle Assembly Building** (Montagehalle für die Raumfähren/Shuttles), mit einer Höhe von 160 m und einem Grundriss

von über 3 ha angeblich eines der größten Gebäude der Welt. Allein die an der Seite aufgemalte amerikanische Flagge umfasst 5.000 m², jeder Stern fast 2 m groß. Zugang zum Gebäude bekommt man nur während spezieller Touren, die aber nicht immer angeboten werden (Infos auf der Website).

Das Apollo/Saturn V Center

mit einer originalen Saturn-V-Rakete (mit Raumkapsel war sie 111 m hoch) ist durchaus beeindruckend. Die Saturn V beförderte die Apollo-Missionen zum Mond. Zudem gibt es hier Simulatoren sowie zahlreiche Anlagen und Anschauungsobjekte zum Thema „Mondfahrt", u. a. kann man echtes Mondgestein berühren. Eine weitere Ausstellung präsentiert Originalausrüstungsstücke der Apollo-Missionen, z. B. historische Raumanzüge.

Die Saturn V

Weitere Touren/Aktivitäten

Live-Einblick ins Astronauten-Trainingsprogramm: die buchbare Astronaut Training Experience

Dem Trend zu hautnahen Erlebnissen folgt auch das Kennedy Space Center. Es gibt ein Halbtagesprogramm, das man buchen kann: die Astronaut Training Experience. Man unternimmt zunächst eine Sondertour, u. a. zu den Space-Shuttle-Startrampen. Dann geht es weiter über Gravitationstraining zum mehrachsigen Bewegungstrainer. Zuvor erhält man von einem NASA-Astronauten Instruktionen. In einem Space-Shuttle-Simulator geht es dann ins Weltall … Es handelt sich hier um echte, für Astronauten konzipierte Programme, Simulationen und Übungen. **Zulassungsvoraussetzungen:** Alter mindestens 14 Jahre, bestimmtes Gewicht, Größe, allgemeiner Gesundheitscheck. Es gibt auch eine „entschärfte" Familienversion des Programms, an der Kinder ab 7 J. teilnehmen dürfen. *Infos s. S. 437.*

KSC Up Close Tour

Diese sehr interessante Tour *(Infos s. S. 437)* führt an Einrichtungen vorbei, in denen die Space Shuttles sowie die Astronauten für die nächsten Flüge vorbereitet wurden. Man gewinnt bei dieser Tour auch den nächstmöglichen Blick auf die Abschussrampen, die Landeeinrichtungen, die Transporter für montierte Shuttles und nicht zuletzt auf das massive Vehicle Assembly Building.

Cape Canaveral: Then and Now

Bei diesem Programm *(s. S. 437)* wird ein Stückchen Geschichte der Raumfahrt erlebbar: Man besucht die Abschussrampen der Mercury-, Gemini- und Apollo-Programme, u. a. auch den Komplex, von dem Alan Shepard als erster Amerikaner *Landebahn der Space Shuttles*

Vehicle Assembly Building

in den Weltraum geschossen wurde. Das Apollo/Saturn Center steht ebenfalls auf dem Programm.

Journey to Mars: Explorers Wanted

Dieser Bereich des KSC umfasst eine Live Show, verschiedene interaktive Stationen und Multimedia-Präsentationen. Es geht – wie könnte es anders sein – um die Zukunft der Weltraumforschung. Die Show „Explorers Wanted" findet mehrmals tgl. statt (genaue Termine bei der Ankunft im Visitor Complex erfragen!) und stellt neue mögliche Ziele von Weltraumexpeditionen vor und möchte Interesse und Begeisterung für künftige Projekte wecken. Besonders interessant ist die Vorführung eines Mars-Rover-Modells.

Reisepraktische Informationen
Umgebung des Kennedy Space Center/Space Coast

Vorwahl: *321*

ℹ️ Informationen

Chamber of Commerce, *2000 S. Washington Ave.,* ① *(321) 267 3036, www.titusville.org, Mo–Fr 9–17 Uhr.*

🛏️ Übernachten
IN TITUSVILLE/WESTLICH DES KENNEDY SPACE CENTER

In **Titusville** *gibt es eine Vielzahl von Übernachtungsmöglichkeiten, so z. B.:*
Hampton Inn Titusville $$, *4760 Helen Hauser Blvd.,* ① *(321) 383 9191, http:// hamptoninn.hilton.com. Angenehmes und sauberes Hotel mit 86 Zimmern. Pool und Fitnesscenter, kein Restaurant!*
Holiday Inn Titusville Kennedy Space Center $$, *4715 Helen Hauser Blvd.,* ① *(321) 383 0200, www.ihg.com. Sauberes und gepflegtes Haus, 123 ansprechende Zimmer. Mit Pool, Fitnesscenter, Restaurant und Bar.*
Best Western Space Shuttle Inn $$, *3455 Cheney Hwy.,* ① *(321) 269 9100, www.bestwesternflorida.com. Sehr sauberes und ordentlich geführtes Motel mit hervorragendem Preis-Leistungs-Verhältnis.*
Casa Coquina del Mar B&B $$–$$$, *4010 Coquina Ave.,* ① *(321) 268 4653, www.casacoquina.com. Hübsches B&B mit acht charmanten, individuellen Zimmern, freundlichen Besitzern und gutem Frühstück.*

IN COCOA BEACH/SÜDLICH DES KENNEDY SPACE CENTER

Surf Studio Beach Resort $$, *1801 S. Atlantic Ave.,* ① *(321) 783 7100, www.surfstudio.com. Sehr gutes Preis-Leistungs-Verhältnis, motelähnlich, schöne und gepflegte Außenanlagen.*
International Palms Resort & Conference Center Cocoa Beach $$$, *1300 N. Atlantic Ave.,* ① *(321) 783 2271, www.internationalpalms.com. 500 moderne Zimmer/119 Suiten, Restaurant, Pub (am Wochenende), zwei Pools, zwei Tennisplätze. Sehr gut für Kinder geeignet.*
Cocoa Beach Hilton Oceanfront $$$$, *1550 N. Atlantic Ave.,* ① *(321) 799 0003, www3.hilton.com. Das Hotel liegt direkt am Strand und bietet deshalb nach stra*

paziösen Besichtigungen einen besonders schönen Aufenthalt. 295 geräumige Zimmer, zwei Restaurants, großer Pool mit Patio und Tiki Bar, Fitnesscenter, Fahrradverleih. Der Strand ist bekannt für die guten Surfbedingungen.

Camping
Jetty Park Campground, 400 E. Jetty Rd., Cape Canaveral, ➀ (321) 783 7111, www.jettypark.org. Sauberer Campingplatz, 150 Zeltplätze, südlich von Cape Canaveral. Strandlage, Grillmöglichkeit.
Manatee Hammock Park, 7275 S. Highway 1, ➀ (321) 264 5083, www.brevard county.us/ParksRecreation/Campgrounds. Südlich von Titusville gelegen, Pool.

Restaurants
IN TITUSVILLE
Dixie Crossroads Seafood Restaurant, 1475 Garden St., ➀ (321) 268 5000, www.dixiecrossroads.com. Zwei Meilen östlich des Interstate 95, Exit 220 (Garden Street). Überaus beliebt und daher immer voll. Reservierungen werden nicht angenommen. Frischer Fisch in allen Zubereitungsformen, örtlich gefangene Rock Shrimps, außerdem Steaks und natürlich Salat. Den Fisch kann man in 3–4 Gewichtsklassen bestellen. Sehr gut ist der Catfish, aber auch der Mahi Mahi und der Maine Lobster (Hummer) munden. Sehr zivile Preise. So–Do 11–21, Fr/Sa –22 Uhr.

IN COCOA BEACH
Pompano Grill, 110 N. Brevard Ave., ➀ (321) 784 9005, www.pompanogrill.com. Der kleine Familienbetrieb macht äußerlich nicht so viel her, das Essen und der Service können sich aber sehen lassen. Frische Meeresfrüchte (Tipp: der Fang des Tages), Pasta, Fleischgerichte, vegetarische Speisen und köstliche Desserts – hier wird jeder satt! Geöffnet Do–Sa 17.30–21 Uhr.
Florida's Seafood Bar & Grill, 480 W. Cocoa Beach Cswy., ➀ (321) 784 0892, www.floridas-seafood.com. Leckeres Essen und preislich in Ordnung. Geöffnet tgl. 11–22 Uhr.

Bus
Greyhound, 1220 S. Washington Ave., ➀ (321) 267 8760, www.greyhound. com. Nach Miami sechs Stunden, nach Orlando eine Stunde.

Titusville – Daytona – St. Augustine

Dieser Streckenabschnitt folgt der Atlantikküste in nördlicher Richtung. Stets liegen Badestrände sozusagen entlang der Straße. Während Titusville als Ausgangspunkt zum Kennedy Space Center Amerikas Tor zum Weltall darstellt, geht es auf dieser Strecke durch das eher lärmende Daytona Beach, berühmt für die hier stattfindenden Autorennen. Später erreicht man ruhigere Gefilde: St. Augustine, die älteste Stadt der Vereinigten Staaten, liegt schon eher abseits des Massentourismus und ist mit seinem spanischen Ambiente ein schöner Ort zum Verweilen und Umherschauen.

Streckenübersicht

Entfernungen:
• **Titusville – Daytona Beach:** 74 km
• **Daytona Beach – St. Augustine**: 85 km

Es stehen mehrere parallel verlaufende **Straßen** zur Verfügung:
• Man kann dem Interstate 95 North folgen (schnellste Verbindung mit Abzweigungen nach Daytona Beach sowie St. Augustine).
• Oder man folgt dem Highway US A1A. Die A1A führt stets so nah wie möglich an den Stränden entlang und ist damit landschaftlich die schönere Strecke.

Übernachtung: Wer viel Zeit hat, kann einen Badetag einlegen und an einem Strandort übernachten. Das Etappenziel St. Augustine bietet eine breite Palette von Übernachtungsmöglichkeiten, Daytona Beach ist eher überlaufen und „laut". Kompromiss: St. Augustine Beach.

Redaktionstipps

▶ Einen **Strandtag** in Daytona Beach einlegen (S. 446).
▶ Durch die **Altstadt von St. Augustine** schlendern (S. 458).
▶ Der Besuch des **Oldest House** (S. 464) und **Fort Castillo de San Marcos** (S. 458) lohnt sich besonders.
▶ **Übernachten:** in **Daytona Beach**: „Perry's Ocean Edge Resort" (S. 452); in **St. Augustine**: „Conch House Marina Resort" oder besser in einem der individuellen Häuser, z. B. im „Carriage Way" oder im „Westcott House" (S. 466f).
▶ **Essen:** in **St. Augustine**: spanisch-südamerikanisch im „Columbia Restaurant" oder urig im „Scarlett O'Hara" (S. 468).
▶ **Bedeutendste Sehenswürdigkeiten:** Marineland of Florida (S. 455); die historische Innenstadt von St. Augustine (S. 458) und für Autofans: der Daytona International Speedway (S. 448).
▶ **Optimale Zeiteinteilung: 2 Tage. 1. Tag:** Auf dem Weg nach St. Augustine braucht man sich nicht allzu lange aufzuhalten, für das Marineland sollte man ca. zwei Stunden einplanen. Da in St. Augustine alles in Laufweite ist, kann man einfach den Rest des Tages durch die Altstadt schlendern. **2. Tag:** Am besten nimmt man sich für die Museen und andere Attraktionen in St. Augustine den ganzen Tag Zeit.

Daytona Beach

Daytona Beach (62.000 Einwohner) ist einer der quicklebendigsten Badeorte der Atlantikküste. Man kann dies auch getrost als „Rummel" bezeichnen ... Im Vergleich zu Miami Beach oder Fort Lauderdale gilt Daytona als „Billig-Ziel". Insbesondere im Frühjahr, wenn die Collegestudenten Ferien haben und aus dem Norden den Sonnenstränden zueilen, geht es hier hoch her. Und auch während der hier stattfindenden Autorennen ist Daytona Beach mehr als überlaufen.

Entlang des 37 km langen und 150 m breiten Sandstrandes reiht sich ein Hotel bzw. Motel an das andere. Die zentrale Lage Daytonas – Walt Disney World, Kennedy Space Center, Silver Springs bei Ocala oder St. Augustine sind im Rahmen von Tagesausflügen erreichbar – lockt auch viele Familien mit Kindern an: Strand und Sightseeing lassen sich gut verbinden, zudem lässt es sich hier kostengünstig leben. Am Pier sowie den Strand entlang gibt es jede Menge preiswerter Restaurants.

Ebenso einmalig wie fragwürdig ist die „Attraktion", mit dem Wagen den Strand

Titusville – Daytona Beach – St. Augustine

N

| 0 | 15,5 mi |
| 0 | 25 km |

© graphic

Jacksonville
Vilano Beach
Picolata
St. Augustine
★ *Castillo de San Marcos National Monument*
St. Augustine Beach
Bostwick
Elkton
Crescent Beach
Spuds
Putnam
Palatka
San Mateo
Summer Haven
Marineland
Satsuma
St. Johns
Flagler
Palm Coast
Pomona Park
Bunnell
Beverly Beach
Flagler Beach
Crescent City
Crescent Lake
Codys Corner
Lake George
Ocala
Pierson
Volusia
Ormond Beach
Daytona Beach
Barberville
Astor
De Leon Springs
South Daytona
Port Orange
Daytona International Speedway
Ponce Inlet
National
De Land
Samsula
New Smyrna Beach
Edgewater
Forest
Crows Bluff
Hontoon Island S.P.
Altoona
Orange City
Deltona
Oak Hill
Lake
Lake Monroe
Eustis
Osteen
Canaveral National Seashore
Mount Dora
Sanford
Scottsmoor
Lake Dora
Midway
Geneva
Lake Harney
Indian River
Apopka
Longwood
Lake Jessup
Mims
Lockhart
Orlando
Winter Park
Bithlo
Titusville
Lake Apopka
Astronaut Hall of Fame
John F. Kennedy Space Center
Christmas
Universal Orlando Resort
SeaWorld
Port St. John
Walt Disney World
Epcot Center
Sharpes
Cape Canaveral
Tampa
Fort Pierce, West Palm Beach
Melbourne, Fort Pierce
Orange
Cocoa
Merrit Island

ATLANTIC OCEAN

St. Johns River

Streckenweise darf der kilometerlange Sandstrand mit dem Auto befahren werden

von Daytona und New Smyrna entlangzufahren. Ab 1902 fanden hier Autorennen statt, denn der fest gepresste Sand gestattete hohe Geschwindigkeiten. Zwar finden die Autorennen längst auf dem 2,5 Meilen langen Daytona International Speedway statt, doch auf Teilabschnitten des Strandes ist das Herumkurven mit dem eigenen Vehikel nach wie vor erlaubt, wenn auch nur mit einer Höchstgeschwindigkeit von zehn Meilen pro Stunde (s. Kasten). So fährt man zwischen Badenden, Sonnenanbetern, ausgebreiteten Handtüchern, Hot-Dog-Buden und parkenden Autos praktisch direkt an der Wasserkante entlang. Hier schwimmen zu gehen ist daher ein eher zweifelhaftes Vergnügen, obwohl der Strand an sich sehr schön ist und die Brandung eigentlich zum Baden im Meer einlädt.

 Strandfahren am Daytona Beach

Autos am Strand

Vor einigen Jahren gab es in Daytona eine Bürgerinitiative, die einen autofreien Strandabschnitt durchsetzte. Erlaubt ist das Fahren jetzt nur noch
- zwischen den Granada und Seabreeze Boulevards (außer zwischen Millsap Avenue und Andy Romano Park)
- zwischen International Speedway Boulevard und Emilia Avenue
- zwischen Beach Street und 200 Yards nördlich des Ponce Inlet und südlich des Ponce Inlet bis zur 27th Avenue (New Smyrna Beach).

Weitere Regeln:
- Der Fahrbereich ist mit Holzpfählen markiert.
- Man muss für die Fahrten bezahlen! (Jahresticket $ 100, Tagesticket $ 10)
- Fahrten sind von November bis April nur zwischen Sonnenaufgang und Sonnenuntergang und von Mai bis Oktober nur von 8 bis 19 Uhr gestattet.

Ruhige Alternative

Südlich von Daytona Beach geht es geruhsamer zu. Hier liegt Ponce Inlet und in der Umgebung des Lighthouse Point Park ist die Natur noch das, was sie sein sollte.

Daytona International Speedway

Für alle Rennsportfans ein kleines Muss: Auf dem Daytona International Speedway werden vor bis zu 168.000 Zuschauern mehrere populäre Rennen, u. a. das tradi-

Daytona – Ort der Autorennen

Schon in der Frühzeit des Automobils entdeckten von der Geschwindigkeit besessene Enthusiasten die Vorzüge des festen Sandstrandes von Daytona. Hier konnte man Geschwindigkeitsrekorde aufstellen, von denen man anderenorts nur träumte.

1902 wurde der erste Wettbewerb gestartet, den Ransom Olds und Alexander Winton mit aufsehenerregenden Spitzengeschwindigkeiten von 92 km/h für sich entschieden. Doch das war erst der Anfang – 1906 rasten die Schnellsten schon mit über 200 km/h über den feuchten Sand. 1935 erreichte Sir Malcolm Campbell gar knapp 450 km/h! Die weiteren Geschwindigkeitsweltrekorde wurden später auf dem Bonneville Speedway am Rande des Großen Salzsees von Utah aufgestellt.

Berühmt wurde Daytona für seine **Stock-Car-Rennen**. Stock Cars unterscheiden sich nicht wesentlich von Serienwagen, allerdings sind sie „aufgemotzt", stellen im Gegensatz zu „echten" Rennwagen aber keine besonderen Anforderungen an die Fahrer.

U. a. folgende Rennen finden heute auf dem Daytona International Speedway, einem 4 km langen D-förmigen Rundkurs, statt:
- Daytona 500 (500 Meilen) im Februar
- Red Bull Global Rallycross im Juni (Tourenwagen)
- Coke Zero „400" im Juli (Stock Cars)
- Rolex 24 At Daytona, Ende Januar/Anfang Februar (Sportwagen).

Daytona konkurriert mit den Autorennen in Indianapolis. Während der Kurs in Indianapolis oval ist, wurde die Rennstrecke in Daytona D-förmig gebaut, was auf der Geraden extrem hohe Geschwindigkeiten erlaubt.

tionelle Daytona 500, gefahren. Täglich werden verschiedene Touren angeboten, etwa die 90-minütige All-Access-Tour, bei der man hinter die Kulissen schauen und z. B. die Räume der Fahrer und die Werkstätten sehen kann.
Daytona International Speedway, *1801 W. International Speedway Blvd., ☏ (1-800) 748 7467 (Tickethotline) oder (386) 254 2700, www.daytonainternational speedway.com. Ticket Office Mo–So 9–17 Uhr. All Access Tour tgl. 10–15 Uhr, Erw. $ 23, Kinder (6–12 J.) $ 17, je zur vollen Stunde. Speedway Tour (30 Min.), tgl. 11.30, 13.30, 15.30 und 16 Uhr, Erw. $ 16, Kinder $ 10.*

Museum of Art & Sciences (MOAS)

Das sehenswerte Kunst-, Geschichts- und Wissenschaftsmuseum bietet über 30.000 Ausstellungsstücke, darunter die größte Sammlung kubanischer Künstler außerhalb Kubas sowie amerikanische und chinesische Kunst. Das angeschlossene Charles and Linda Williams Children's Museum ist ein *hands-on*-Wissenschaftsmuseum für Kinder (4–14 Jahre). Im Root Family Museum kann man zudem die weltweit größte Sammlung von Erinnerungsstücken an Coca-Cola, über 800 Teddybären, alte Autos und zwei alte Eisenbahnen bestaunen.

Die Coca-Cola-Ausstellung im MOAS

Neu ist das 2011 eröffnete Helene B. Roberson Visible Storage Building. Hier werden weitere Teile der riesigen Sammlung des Museums hinter Glas ausgestellt.
Museum of Art & Sciences, *352 S. Nova Rd., ① (386) 255 0285, www.moas.org. Mo–Sa 10–17, So 11–17 Uhr, Erw. $ 12,95, Kinder (6–17 J.) $ 6,95.*

Southeast Museum of Photography

In dem zum Daytona State College gehörenden Museum finden sehenswerte Wechselausstellungen zum Thema Fotografie statt, zudem gibt es Lesungen, Filme und Workshops.
Southeast Museum of Photography, *Daytona State College, 1200 W. International Speedway Blvd. (Building 1200), ① (386) 506 4475, www.smponline.org. Di–Fr 11–17, Mi bis 19, Sa/So 13–17 Uhr, Juni/Juli und Dezember Di–So 12–16 Uhr, Anfang – Mitte Aug. und Mitte Dez. – Mitte Jan. geschlossen, Eintritt frei.*

Halifax Historical Museum

Das Museum, untergebracht in einem Handelshaus von 1910, beschäftigt sich mit der Geschichte von Daytona Beach und Umgebung, die von Artefakten von 5000 v. Chr. über Ausstellungsstücke der Ureinwohner, der spanischen und britischen Kolonialzeit bis zum 2. Weltkrieg und den heutigen Autorennen reicht. Zudem gibt es ein kleines Kino.
Halifax Historical Museum, *252 S. Beach St., ① (386) 255 6976, www.halifax historical.org. Di–Fr 10.30–16.30, Sa 10–16 Uhr, Erw. $ 5, Kinder (bis 12 J.) $ 1.*

Ponce de León Lighthouse

Der hübsche rote Leuchtturm, zwölf Meilen südlich von Daytona Beach, wurde 1887 errichtet, als die Gegend noch Mosquito Inlet hieß. Nach jahrelanger Restaurierung durch die *Ponce de Leon Inlet Lighthouse Preservation Association* wird Floridas höchster Leuchtturm (ca. 53 m) heute von jährlich über 140.000 Menschen besucht. Nach Bewältigung der 203 Stufen hat man einen schönen Blick auf die Strände der Umgebung. Im angeschlossenen Museum, einst die Unterkunft der Leuchtturmwärter, kann man sich über die Geschichte sowohl des Leuchtturms als auch der hier lebenden Familien und von Daytona Beach informieren. In einem Gebäude ist eine umfangreiche Ausstellung von Fresnelschen Stufenlinsen zu sehen.
Ponce de León Lighthouse, *4931 South Peninsula Drive, ☎ (386) 761 1821 www. ponceinlet.org. Tgl. 10–18, in der Hauptsaison (Ende Mai – Anfang September) bis 21 Uhr, Erw. $ 5, Kinder (bis 11 J.) $ 1,50.*

Marine Science Center

In dieser Einrichtung, in der vor allem Seevögel und Schildkröten gepflegt werden, können sich Groß und Klein über die Flora und Fauna der Meeresregion informieren. Kindern wird besonders das Stachelrochenstreicheln Spaß machen. Nur ca. fünf Gehminuten vom Leuchtturm entfernt.
Marine Science Center, *100 Lighthouse Dr., Ponce Inlet, ☎ (386) 304 5545, www. marinesciencecenter.com. Di–Sa 10-17, So 12–17 Uhr (letzter Einlass: 16.30 Uhr), Erw. $ 5, Kinder (3–12 J.) $ 2.*

Sonnenbaden in Daytona Beach

info

Geiz ist geil – auf Rockefeller-Art

Ormond Beach entstand, als der Eisenbahnmagnat Flagler seine Bahnlinie nach Süden trieb. Wie immer baute er gleich ein Hotel am schönen Strandabschnitt, um zusätzlichen Gewinn zu erzielen. Im mondänen Ormond Hotel kehrte auch die Prominenz ein, so Henry Ford und John Rockefeller. Obwohl damals schon unendlich reich, war Rockefeller stets darauf aus, alles möglichst billig zu bekommen. Schon für ihn galt: „Geiz ist geil!" Als er erfuhr, dass andere Gäste weniger bezahlten als er, wurde er so wütend, dass er umgehend gegenüber dem heute nicht mehr bestehenden Hotel ein Grundstück kaufte und dort 1918 seine Residenz „The Casements" baute. Diese Villa, heute Kulturzentrum und auf der Liste der *National Historic Places*, kann man besichtigen. U. a. gibt es hier das authentisch möblierte Rockefeller-Zimmer zu besichtigen sowie den originellen Strandkorb mit verglasten, runden Fenstern.

The Casements, *25 Riverside Drive, ① (386) 676 3216, www.ormondbeach.org/ index.aspx?nid=433. Touren Mo-Fr 13-16, Sa 10-12 Uhr (Start jeweils zur vollen Stunde).*

Reisepraktische Informationen Daytona Beach

 Informationen
Halifax Area Advertising Authority, *126 E. Orange Ave., ① (386) 255 0415, www.daytonabeach.com.*

Übernachtung
Es gibt unzählige Unterkünfte an der Atlantic Ave. direkt am Strand, vom Hotel über Motels bis zu B&B.

Plaza Resort and Spa $$–$$$, *600 N. Atlantic Ave., ① (386) 257 2677, www.pla zaresortandspa.com. Das traditionsreiche Hotel bietet über 300 klimatisierte Zimmer unterschiedlicher Kategorien und z. T. mit beeindruckendem Seeblick. Großer Pool, Spa-Bereich, freies WLAN.*

Coquina Inn B&B $$–$$$, *544 S. Palmetto Ave., ① (386) 254 4969, www.coquina inn.com. B&B-Haus mit nur vier Zimmern, gut für Individualreisende, ruhig in einer Seitenstraße gelegen, tolles Frühstück!*

Bahama House $$$, *2001 S. Atlantic Ave., ① (1-888) 687 1894, www.daytona bahamahouse.com. Das direkt am Strand liegende Hotel bietet 95 nette Zimmer mit Meerblick, die meisten mit Kochmöglichkeiten. Pool vorhanden. Sehr gutes Preis-Leistungsverhältnis.*

River Lily Inn B&B $$$$, *558 Riverside Drive, ① (386) 253 5002, www.riverlilyinn bedandbreakfast.com. Schönes historisches Haus von 1904, sechs einladende, individuell gestaltete Zimmer und ein herzförmiger Pool – ideal, um ein paar Tage auszuspannen.*

Hilton Daytona Beach Oceanfront Resort $$$$, *100 N. Atlantic Ave., ① (386) 254 8200, www.daytonahilton.com. Das eleganteste Haus am Strand mit mehreren Restaurants und allen Annehmlichkeiten eines weltläufigen Hotels, 744 Zimmer mit Meeresblick, insgesamt sieben Restaurants, Bars und Lounges, dazu zwei Pools und ein Spa- und Fitnessbereich.*

Perry's Ocean Edge Family Resort $$$$, *2209 S. Atlantic Ave., Daytona Beach-Shores, ① (386) 255 0581, http://perrysoceanedge.com. Große Hotelanlage direkt am*

Strand. Man sollte unbedingt darauf achten, ein Zimmer mit Blick aufs Wasser zu bekommen. Die ca. 30 % teureren Suiten mit eigener Küche lohnen sich! Gut geeignet für Familien mit Kindern. Bekannt für die „homemade" Donuts, die zum Frühstückskaffee serviert werden.

⚠ Camping
Es gibt zahlreiche Campingplätze in und um Daytona Beach, unter anderem:

Tomoka State Park, 2099 North Beach St., Ormond Beach, ① (386) 676 4050, vom US 1 in Ormond Beach ostwärts, auf Highway 40, dann ca. vier Meilen nach Norden (Schilder), www.floridastateparks.org/tomoka. Schattige Plätze, Swimmingpool, Kanuverleih. $ 24 pro Nacht.

Daytona Beach KOA, 3520 South Nova Rd., Port Orange, ① (386) 767 9170, http://koa.com, südlich von Daytona Beach (vom I-95 Exit 256 nehmen, zwei Meilen östlich bis Nova Road, dann eine Meile auf der Nova Road, Platz liegt links). 350 Plätze, Pool, ca. zehn Min. zum Daytona Speedway und zu den Stränden.

🍴 Restaurants
Down the Hatch, 4894 Front St., Ponce Inlet, ① (386) 761 4831, www.down-the-hatch-seafood.com. Hier gibt es gute Fischgerichte (u. a. Langusten) und man schaut auf den Halifax River (nahe Ponce de León Inlet Lighthouse, südlich von Daytona). Abends laden hier Fischer ihren Fang ab.

Anna's Italian Trattoria, 304 Seabreeze Blvd., ① (386) 239 9624, www.annasitaliancuisine.com. Gemütliches Restaurant mit leckerer Pasta und den klassischen Desserts Italiens. Geöffnet Di–So 17–22 Uhr.

Hog Heaven, 37 N. Atlantic Ave., ① (386) 257 1212, www.hogheavendaytona.com. Legeres Restaurant mit guten Fleischgerichten (Grill).

Hyde Park Prime Steakhouse, im Hilton Daytona Beach Ocean Front Resort (s. o.), ① (386) 226 9844, www.hydeparkrestaurants.com. Nicht ganz billig, aber es lohnt sich: Großartige Steaks, aber auch Sea Food, dazu ein sehr aufmerksamer Service und ein toller Blick über den Strand und auf den Atlantik. Wenn möglich, sollte man auf der Außenterrasse speisen und sich noch einen Drink an der Bar gönnen.

Carrabba's, 2202 International Speedway Blvd., ① 255 3344, www.carrabas.com. Italienische Küche in üppigen Portionen – ideal für Familien. Geöffnet tgl. 11–23 Uhr.

Don Vito's Italian Restaurant, 137 W. International Speedway Blvd., ① (386) 492 7935, http://donvitosrestaurant.com. Rustikale italienische Küche zu günstigen Preisen. Lecker und frisch, nette Atmosphäre. Di–So 16–21 Uhr, Mo geschlossen.

Aunt Catfish's on the River, 4009 Halifax Drive (Port

Das Caribbean Jack's

Orange), südlich von Daytona, ☎ *767 4768. Das Restaurant liegt direkt am Intracoastal Waterway und ist auf Catfish (amerikanischer Wels) spezialisiert. Großzügige Salatbar. Geöffnet Mo–Sa 11.30–21, So ab 9 Uhr.*

Caribbean Jack's, *721 Ballough Rd.,* ☎ *(386) 523 3000, www.caribbeanjacks.com. Sehr schöne Bar, die meisten Gäste sind Einheimische. Man kann direkt zur Hafenseite (kleiner Yachthafen) sitzen mit Blick auf den Waterway, gemütlich auf Schaukelbänken. Typische, gute amerikanische Gerichte. Geöffnet Mo–Do, So 11–22, Do–Sa –24 Uhr.*

▼ Nachtleben/Bars

Razzles Nightclub, *611 Seabreeze Blvd.,* ☎ *(386) 257 6236, www.razzles nightclub.com/thebank. High-Tech-Disco, hier ist immer etwas los! „Hottest spot in Daytona", hält sich schon seit Jahren. Geöffnet 20 bis 3 Uhr morgens.*

The Bank & Blues Club, *700 Main St., http://daytonabeachmainstreet.com. In einem Bankgebäude aus den 1920er Jahren gibt es jede Menge Live-Musik (Blues und Rock). Das aktuelle Programm findet sich auf der Website.*

⬛ Einkaufen

Volusia Mall, *1700 W. International Speedway Blvd, www.volusiamall.net. U. a. sind hier Sears, Dillard's, eine Menge Spezialgeschäfte sowie Restaurants und Imbisse vertreten. Geschäftszeiten 10–21 Uhr.*

Daytona Flea and Farmers Market, *2987 Belleview Ave., www.daytonaflea market.com. Einer der größten Trödelmärkte in den Südstaaten. Fr/Sa/So 9–17 Uhr.*

Downtown Historic District, *300 S. – 300 N. Beach St. Hier gibt es Antiquitäten, Bücher, Kleidung, Schmuck, Schuhe sowie kulinarische Spezialitäten. Schön zum Bummeln.*

☞ Veranstaltungen

Daytona ist berühmt für die **Bike Week** *(Feb./März, www.daytonachamber. com/daytonabikeweek), eines der größten Harley-Davidson-Treffen des Landes. Noch ein weiteres Treffen der Biker:* **Biketoberfest** *(www.biketoberfest.org), jährlich am 3. Wochenende im Oktober. Zu beiden Terminen kommen Tausende Besucher (während der Bike Week über 300.000), zumeist Harley-Fans und –Besitzer. Entsprechend steigen die Hotelpreise – frühe Reservierung dringend empfohlen.*

Beim **Turkey Run** *(www.turkeyrun.com) treffen sich am Thanksgiving-Wochenende Hunderte Oldtimer am Speedway.*

Beim Eröffnungsrennen der NASCAR-Saison im Februar, dem **Daytona 500***, wird es ebenfalls voll in der Stadt.*

🚌 Bus/Nahverkehr

Votran *(Volusia County Public Transport System, www.votran.org, Ticket $ 1,75) betreibt das städtische Bussystem und die Beachside Trolleys, die von Januar–September entlang der Atlantic Avenue verkehren.*

Greyhound-*Terminal: 138 S. Ridgewood Ave.,* ☎ *(386) 255 7076 – mehrfach täglich nach Miami.*

✈ Flughafen

Vom Daytona International Airport (www.flydaytonafirst.com) fahren regelmäßig Shuttle-Busse nach Daytona Beach.

Marineland of Florida (Dolphin Conservation Center)

Marineland ist der älteste Meerestierpark der Welt und wurde bereits 1938 einge- *Ältester* richtet. Ebenfalls wegweisend war der Park mit der Einführung von Delfinshows *Marine-Park* Anfang der 1950er Jahre. Seit einem umfassenden Umbau im Jahr 2006 werden zwar keine Shows mehr angeboten, aber man kann die Tiere als Besucher beobachten oder an einer der Aktivitäten wie „Schwimmen mit Delfinen" teilnehmen. Weiterhin beeindruckt das große **Meerwasseraquarium** (Oceanarium), dazu ermöglicht die Lage von Marineland direkt am Strand eine gelungene Symbiose der Themen „Meerestiere" und „Ozean". Bereits der Duft des Meeres trägt zu diesem Eindruck bei.

Marineland ist zwar kein Highlight, besticht aber durch seinen – wie die Amerika- *„Down on* ner zu sagen pflegen – „Down-on-Earth-Charakter". Wohl ist der Park keinen *Earth"* Umweg wert, aber sollte man sowieso in Daytona Beach verweilen bzw. von dort nach St. Augustine fahren, dann sollte man hierfür ca. zwei Stunden Zeit einplanen.

Marineland ist übrigens nicht nur Freizeitpark: Im angeschlossenen Whitney Institute wird auch Meeresforschung betrieben.
Marineland of Florida, *9600 Ocean Shore Blvd., St. Augustine,* ☎ *(904) 471 1111, www.marineland.net. Von Daytona Beach entlang des A1A nach Norden fahren, dann trifft man auf den Park. Von Daytona Beach: 40 Minuten, von St. Augustine: 25 Minuten. Geöffnet tgl. 9–16.30 Uhr, Erw. $ 12,95, Kinder (3–12 J.) $ 7,95; Interaktivprogramme mit Delfinen: z. B. Discover Dolphins $ 175–195, Schwimmen mit Delfinen $ 215–235 (je nach Saison). Bitte dazu unbedingt vorher anmelden, da vor dem Schwimmen Instruktionen erfolgen.*

Reisepraktische Informationen Umgebung Marineland of Florida

🛏 Übernachtung
Hammock Beach Resort $$$, *200 Ocean Crest Dr., Palm Coast,* ☎ *(386) 246 5500, www.hammockbeach.com. Schönes Familienresort am Strand, ca. sechs Meilen vom Marinecenter entfernt.*

⚠ Camping
Direkt am Marineland gibt es einen Campingplatz (Marineland's Camping Resort, 9741 Oceanshore Blvd.). Reservierungen: ☎ *(904) 471 4700.*

St. Augustine

Geschichtlicher Überblick

Die älteste von Europäern gegründete Stadt Amerikas – wer vermutet sie schon in *Älteste Stadt* Florida? Ponce de León, der spanische Eroberer, betrat hier 1513 zwischen dem

Altstadt von St. Augustine

Gebiet des Mantanzas Inlet und dem San Sebastian River floridianischen Boden. Ja, er wurde – ungewollt – zum Namensgeber des Bundesstaates. Da es kurz nach Ostern war und alles blühte, war das Land für ihn „Pascua Florida", was so viel wie „blühende Ostern" bedeutet. Das Land, das er vorfand, eignete sich nicht zum Ackerbau, auch gab es hier keine Schätze, Gold schon gar nicht. Dennoch hatte de León so seine Vorstellungen: Als Gouverneur von Puerto Rico hatte er von den dortigen Indianern vernommen, dass es hier einen Jungbrunnen geben solle, der allen Männern ewige Jugend verleihe …

Nachdem de León ein zweites Mal Florida besucht hatte, wurde er in Indianerkämpfe verwickelt und entkam schwer verletzt.

Der damaligen Rechtsauffassung gemäß hatte bereits de León das Gebiet in spanischen Besitz gebracht. Eine zweite Inbesitznahme im Namen der spanischen Krone fand am 8. September 1565 statt, als Admiral Pedro Menéndez de Avilés St. Augustine als erste dauerhafte europäische Siedlung auf dem amerikanischen Kontinent gründete. Jamestown wurde erst 42 Jahre später gegründet! 1564 hatten die Franzosen im Gebiet des heutigen Jacksonville an der Mündung des St. Johns River das Fort Caroline errichtet. Die Gründung von St. Augustine war also nichts ande- *Gegen die* res als die Betonung des spanischen Besitzanspruchs gewesen. Menéndez schuf da- *Franzosen* mit eine Ausgangsbasis gegen die Franzosen. Und nur zwölf Tage später griffen die Spanier das Fort Caroline an und besetzten die Festung. Die Franzosen hatten das Pech, aufgrund eines Hurrikans ihre Flotte zu verlieren. Auf das Meer auszuweichen war nicht möglich, weshalb sie sich auf dem Land den Spaniern stellen mussten. Im Süden von Anastasia Island, südlich von St. Augustine, kam es dann zu einem tödlichen Gefecht, in dem beinahe alle Franzosen ihr Leben verloren.

Ponce de León

info

Der spanische Konquistador wurde 1474 in Santervas/Spanien geboren. 1493 begleitete er Kolumbus auf dessen zweiter Reise nach Westindien. Auf der Insel Hispaniola in der Karibik diente er als Soldat, von 1502 bis 1504 kämpfte er hier gegen die Einheimischen. 1508 erkundete er Puerto Rico, entdeckte Gold und gewann die Insel für Spanien. 1512 landete er auf der sagenumwobenen Insel Bimini, wo er den legendären Jungbrunnen suchte. Ein Jahr später erreichte er Florida in der Nähe des heutigen St. Augustine und erklärte das Gebiet zum spanischen Besitz.

Ponce de León unternahm noch mehrere Schiffsreisen nach Florida, erkundete den Küstenverlauf und verschaffte Spanien einen ersten Überblick über die indianischen Siedlungen. Ihm wurde angetragen, die Indianer Südfloridas niederzumetzeln, da diese Kannibalen seien. Nach einer Reihe von Schlachten segelte de León an die Südwestküste und landete wahrscheinlich in der Umgebung des heutigen Port Charlotte. Hier revanchierten sich nun die Indianer für die erlittene Schmach. De León wurde ernstlich von einem Pfeil verwundet. Die Überlebenden seines Trupps segelten zurück ins spanische Kuba, wo de León 1521 starb.

Florida fiel nun in die Hände der Spanier. St. Augustines strategische Funktion war es, fremde Mächte von einer Inbesitznahme fernzuhalten. Sein Hafen hatte eine geografisch herausragende Bedeutung, war er doch der nördlichste in der Neuen Welt, der die Ansprüche der spanischen Krone zu verteidigen hatte. An St. Augustine – wie an der gesamten Ostküste Floridas – fließt der warme Golfstrom vorbei. Mit einem Tempo von 1,8 km/Stunde brachte er den Seglern der Vergangenheit den nötigen Heimschub. St. Augustine war für die mit Gold und Silber beladenen, aus Mittelamerika kommenden Galeonen ein willkommener Zwischenlandepunkt auf dem Weg nach Europa.

Nördlichster Hafen

Bis 1763 vermochten die Spanier ihre Stellung mithilfe des inzwischen erbauten steinernen Fort Castillo de San Marcos zu halten. Dann nahmen die Engländer bis 1783 die Stadt ein. Von 1783 bis 1821 erlangten die Spanier ihren Einfluss wieder, seit 1821 gehört die Stadt zum Gebiet der Vereinigten Staaten.

In der jüngeren Stadtgeschichte spielte der Eisenbahnkönig Henry Flagler eine entscheidende Rolle: In den 1880er-Jahren baute er St. Augustine zum Hauptquartier seiner Florida East Coast Railroad Company aus.

Heute zählt die Stadt etwa 14.000 Einwohner. Die Wirtschaftsgrundlage sind kleine Werften, Fischverarbeitung, Buchbindereien, Druckereien und der Tourismus.

Henry Flagler – der Eisenbahnmagnat

Stadtrundgang

Tipp:
Kutschfahrt

Einen guten Überblick über die Stadt kann man sich während einer Kutschfahrt verschaffen, die innerhalb von ca. einer Stunde an den wichtigsten Sehenswürdigkeiten von St. Augustine vorbeiführt. Diese Fahrten beginnen und enden an der Avenida Menéndez in der Nähe des Castillo de San Marcos (*http://countrycarriages. net*).

Ausgangspunkt für einen Stadtrundgang ist nach Besuch des **St. Augustine Visitor Center (1)** (*gegenüber dem Castillo, 10 Castillo Dr., s. S. 466*) am besten das

Castillo de San Marcos National Monument (2)

Tour durch das Fort

Dies ist die älteste Steinfestung auf dem Boden der USA. Die von einem breiten Wassergraben umgebene Anlage hat die Form eines vierstrahligen Sterns. An jeder Ecke dieses „Sterns" befinden sich kleine Wachtürme, die auch als „Pfefferbüchsen" bezeichnet werden.

Zu Beginn des Jahres 1565 stand hier ein Holzfort, das im Laufe der Jahrzehnte durch acht weitere Forts ersetzt wurde. Alle Holzbauten fielen jedoch entweder Indianerübergriffen, Angriffen der Engländer oder Bränden zum Opfer. Ab 1672 baute man es deshalb zu einer wuchtigen Steinfestung aus. Als Baumaterial verwendeten die Spanier einen auf der benachbarten Insel Anastasia gebrochenen Muschelstein, den sogenannten „Coquina", da sich diese zementähnliche Mischung aus Muschelresten leicht verarbeiten ließ. Außerdem ist dieses Material etwas elastisch, sodass Kanonenkugeln bei ihrem Aufprall abgefedert wurden. Benannt wurde das Fort nach dem Heiligen Markus (San Marcos).
Castillo de San Marcos, *1 Castillo Dr., ☏ (904) 829 6506, www.nps.gov/casa, tgl. 8.45–17.15 Uhr, $ 7, Kinder unter 16 J. frei, wenn in Begleitung eines Erwachsenen.*

Fototipp
Vom Fort aus hat man einen schönen Überblick auf die mittelalterlich wirkende Stadt. Beim Rundgang entdeckt man die alten, längst patinierten Kanonen.

Unterkünfte
1 Alexander Homestead
2 Carriage Way Bed and Breakfast
3 Pirate House Inn
4 Conch House Marina Resort
5 La Fiesta Ocean Inn & Suites
6 Casa Monica Hotel
7 Casa de Solana

8 Victorian House Inn
9 Kenwood Inn
10 Bayfront Westcott House
11 St. Francis Inn

Restaurants
1 Casa Benedetto's Ristorante
2 Schooner's Seafood House

3 Le Pavillon
4 The Floridian
5 Columbia Restaurant
6 Scarlett O'Hara's Bar
   and Restaurant
7 Collage
8 Gypsy Cab Company
9 A1A Ale Works

St. Augustine

★ Sehenswürdigkeiten

l Visitor Center	7 Government House Museum
2 Castillo de San Marcos N. M.	8 Flagler College
3 Fountain of Youth	9 Lightner Museum
4 Colonial Quarter Museum	10 Villa Zorayda Museum
5 Oldest Wooden School House	ll Oldest House
6 Pirate and Treasure Museum	12 Ripley's Believe it or Not!

N

| 0 | 219 yd |
| 0 | 200 m |

Der Übersicht wegen sind die Karten nicht maßstabsgetreu, sondern leicht verzerrt.

Die Chronologie des Forts in Stichworten

1565–1675	In dieser Zeit existieren an dieser Stelle neun Holzforts, die nacheinander Angriffen, Bränden oder der Verwitterung zum Opfer fallen. Die Königin Mariana ordnet deshalb 1669 die Errichtung einer steinernen Festung an. Der Vizekönig von Mexiko verfügt 1670 die Summe von 12.000 Peseten und später jährlich 10.000 Peseten zum Bau.
1672	Baubeginn
1695	Die Festung ist in ihren Grundzügen fertiggestellt (Mauern, Bastionen, Unterkünfte).
1704–1705	Um einen weiteren Schutz vor Angriffen zu gewährleisten, wird an der nördlichen Stadtgrenze ein Erdwall aufgeschüttet.
1718–1719	Ausbau des Erdwalls an der West- und Südseite der Stadt.
1738	Kasematten werden gebaut.
1752–1756	Der Bau der Kasematten wird abgeschlossen. Über dem Tor wird das königliche Wappen angebracht.
1763–1783	Die Engländer besetzen das Fort.
1821	Das Fort fällt an die Amerikaner.
1825	Das Castillo de San Marcos wird in Fort Marion umbenannt. Francis Marion (1731–1795) gilt als einer der großen Helden der amerikanischen Revolution, der sich als „Swamp Fox" einen Namen machte.
1837	Das Fort dient als Gefängnis. Der berühmte Seminolenführer Osceola ist hier arretiert.
1924	Die Festung wird zum National Monument erklärt.
1942	Das Fort erhält seinen ursprünglichen Namen Castillo de San Marcos zurück.

Blick vom Castillo, links im Bild die Pfefferbüchse

Die St. George Street

Fountain of Youth National Archaeological Park (3)

Der Brunnen befindet sich nördlich des Visitor Information Center in der Magnolia Ave. In diesem ältesten archäologischen Park der USA gibt es Reste eines indianischen Bestattungsplatzes zu sehen, daneben eine Ausstellung zur spanischen Ko-
lonialisierung, ein Planetarium und natürlich die legendäre Quelle. Auch die Besu- *Kostprobe*
cher dürfen von diesem Wasser, das besonders reich an Eisen und Schwefel ist, *vom*
trinken und hoffen, dass es ihnen ihre Jugend wiederbringt oder zumindest erhält. *Jungbrunnen*
Fountain of Youth Archaeological Park, *11 Magnolia Ave., ☏ (904) 829 3168,*
www.fountainofyouthflorida.com. Tgl. 9–18 Uhr (Eintritt bis 17 Uhr), Erw. $ 15, Kinder
(6–12 J.) $ 9.

St. George Street

Wieder vorbei am Visitor Information Center geht es nun südwärts. Bevor man
die St. George St. erreicht, geht es zunächst durch das **City Gate (Stadttor)** mit
einem kleinen befestigten Wall, wie er früher das Castillo umgab. Durch das Tor
taucht man in die alte spanische Stadt ein – eine Art Freilichtmuseum mit vielen Su-
perlativen, wie „Oldest School", „Oldest House" oder „Oldest Store". Auf den ersten Blick wirkt sie allerdings etwas touristisch.

Hauptstraße ist die als Fußgängerzone gestaltete St. George Street. An ihr reihen *Hauptstraße*
sich mehr als 50 liebevoll restaurierte Häuser aneinander, viele mit Souvenirläden *= Fußgänger-*
oder Restaurants. Interessant und auch für einen Besuch mit Kindern geeignet ist *zone*
das hiesige **Colonial Quarter Museum (4)** (*33 St. George St., ☏ (904) 342 2857,*

http://colonialquarter.com. Tgl. geöffnet 10–18 Uhr, Erw. $ 12,99, Kinder (5–12 J.) $ 6,99)*, in dem das 18. Jahrhundert buchstäblich zum Leben erwacht, etwa bei der Vorführung historischer Handwerkspraktiken.

Oldest Wooden School House (5)

Dieses alte Schulgebäude aus Zypressen- und Zedernholz ist über 200 Jahre alt. Auch wenn das Haus aussieht wie das älteste Amerikas, sollte man es nicht mit „The Oldest House" verwechseln. In Broschüren kommt auch nicht immer so deutlich heraus, welches Haus tatsächlich das älteste auf dem Kontinent ist.

The Oldest Wooden School House

Oldest Wooden School House, *14 St. George St., ☎ (888) 653 7245, www.oldest woodenschoolhouse.com. So–Do 9–18, Fr–Sa 9–20 Uhr, Erw. $ 4,95, Kinder (6–12 J.)* $ 3,95.*

Pirate & Treasure Museum (6)

Besonders für Familien mit Kindern ist dieses Museum eine willkommene Abwechslung zu verstaubten Reliquien und „langweiligen" alten Häusern. Hier wird Geschichte auf kindgerechte Art, also zum Anfassen und Mitmachen präsentiert. Der Besucher kann selbst zum Seeräuber werden und sich im Binden von Knoten üben, die Schiffsglocke läuten und die Kanone bedienen.
Pirate & Treasure Museum, *12 S. Castillo Dr., ☎ (877) 467 5863, http://thepirate museum.com. Tgl. 10–19 Uhr, Erw. $ 12,99, Kinder (6–12 J.) $ 6,99.*

Government House Museum (7)

Am Ende der Fußgängerzone liegt das Government House aus dem frühen 17. Jh. In diesem Museum kann man Silber- und Goldmünzen aus spanischen Schiffswracks bewundern. 300 Ausstellungsgegenstände dokumentieren auf ihre Weise fünf Jahrhunderte Geschichte. Das Museum liegt am Hauptplatz, der **Plaza del la Constitución** (*Cathedral Pl./King St.*). Den Platz überragt die **Cathedral of St. Augustine**, Sitz der ältesten katholischen Gemeinde der USA, zwischen 1793 und 1797 erbaut und nach einem Brand 1887 neu errichtet.
Government House Museum, *48 King St., ☏ (904) 823 2212. Tgl. 10–17 Uhr, Erw. $ 7,99, Kinder (5–12 J.) $ 5,99.*

Flagler College (8)

Ein Stück weiter die King St. entlang liegt das Flagler College. Der Eisenbahnkönig Henry Flagler errichtete hier sein luxuriöses *Ponce de León Hotel*. Da man ein Eisenbahnunternehmen nur sinnvoll betreiben kann, wenn man auch genügend Passagiere hat, baute Flagler bekanntlich entlang der Eisenbahnlinien große Hotels. Seit 1967 ist hier das Flagler College untergebracht. *Ehemaliges Luxushotel*
Flagler College, *74 King St., Termine für Führungen unter: http://legacy.flagler.edu/pages/tours, Erw. $ 10, Kinder (4–12 J.) $ 1.*

Das Flagler College

Lightner Museum (9)

Das Museum liegt gegenüber dem Flagler College und war ebenfalls ein luxuriöses Flagler-Hotel, das „Alcazar" (1887 erbaut). Heute beherbergt es die alten Kunstwerke des Hotels, Möbel, Porzellan, Musikinstrumente und -automaten.
Lightner Museum, *75 King St.,* ① *(904) 824 2874, www.lightnermuseum.org. Tgl. 9–17 Uhr, Erw. $ 10, Kinder (ab 12 J.) $ 5, mit Café Alcazar.*

Villa Zorayda Museum (10)

Das Haus stellt eine Kopie eines Teils der Alhambra in Granada dar. Im Verhältnis 1:10 wurde das Gebäude 1883 errrichtet und besticht durch sein maurisches Mauerwerk sowie die schönen Fenster, die zusammen mit arabischen Stilelementen eine tolle Liebe zum Detail widerspiegeln. Nach langen Jahren der Renovierung kann man es nun wieder besichtigen.
Villa Zorayda, *83 King St.,* ① *(904) 829 9887, www.villazorayda.com, Mo–Sa 10– 17 Uhr, So 11–16 Uhr, Erw. $ 10, Kinder (7–12 J.) $ 4, Audio Tour $ 15 bzw. $ 7 (Kinder).*

Zurück auf der George St. geht es anschließend vorbei am **St. Francis Inn** (*St. George/St. Francis St.*), einer Pension des frühen 18. Jh. (heute empfehlenswertes B&B), zur St. Francis St. Hier liegt das „Oldest House".

Oldest House (11)

Die Architektur ist ein Gemisch spanischer, britischer und amerikanischer Einflüsse. Während das Untergeschoss aus Sandstein besteht, fügten die Engländer einen 2. Stock aus Holz an. Das Haus ist etwa 250 Jahre alt und beherbergt ein kleines Museum.
Oldest House, *14 St. Francis St.,* ① *(904) 824 2872, www.staugustinehistoricalsocie ty.org, tgl. 10–17 Uhr, Erw. $ 8, Kinder (ab 6 J.) $ 4 (inkl. Manucy Museum und Page L. Edwards Gallery).*

Folgt man nun der Straße einfach nach Osten, kommt man automatisch in die Avenida Menéndez. Zur linken Seite liegt dann die Statue von Ponce de León. Wieder nach links kreuzt man die St. George St. und kann sich in einem der hübschen Restaurants – vielleicht im Columbia – stärken.

Nördlich der City Gates, an der San Marco Ave., liegt die **Mission of Nombre de Dios**, jener Ort, an dem angeblich *Pedro Menéndez de Avilés* 1565 gelandet sein soll.

Ripley's Believe It or Not! (12)

Ein „Museum" zum Staunen! Die Ansammlung von Kuriositäten, Verrücktheiten und illusionistischen Gegenständen gewährleistet einen kurzweiligen Aufenthalt.
Ripley's Believe It or Not!, *19 San Marco Ave.,* ① *(904) 824 1606, www.ripleys. com/staugustine, tgl. 9–20 Uhr, Erw. $ 14,99, Kinder (5–11 J.) $ 7,99.*

Wer war Robert Ripley?

Robert Ripley wurde am 15. Dezember 1893 in Kalifornien geboren und rstarb am 27. Mai 1949. Er arbeitete als Comiczeichner und Rundfunkreporter. Seine Reisen führten ihn um die ganze Welt und er nahm dabei die Gelegenheit wahr, Kuriositäten und Histörchen (im Englischen als „Oddities" bezeichnet) zu sammeln. Ripley publizierte diese Sammlung in Form von Comicstrips und Radiosendungen unter dem Titel „Ripley's Believe It or Not!".

1933 eröffnete er in Chicago das erste Ripley-Museum, ein sogenanntes „Odditorium", in dem er seine Sammelsurien ausstellte. Mittlerweile gibt es weltweit mehr als 30 Museen dieser Art, in Florida u. a. in Orlando und Key West.

Ausflugsziele von St. Augustine aus

St. Augustine Alligator Farm Zoological Park

Der Besuch dieser bereits 1893 gegründeten Alligatorenfarm lohnt unbedingt. Am interessantesten ist wohl das Begehen eines im Naturzustand belassenen Alligatorenhabitats; vom Hochsteg aus kann man sich die Ungetüme ansehen. Übrigens: Alligatoren können zwar gewaltig mit ihren Zähnen zuschlagen, doch da sie nur sehr schwache Muskeln haben, gelingt es mit Leichtigkeit, ihr Maul mit einer Hand geschlossen zu halten (doch ausprobieren sollte man dies lieber nicht!). Es finden stündlich Alligatoren-Vorführungen statt, ebenso Fütterungen. Außerdem gibt es u. a. chinesische **Krokodile** zu sehen, die vom Aussterben bedroht sind und deren Population hier vergrößert werden soll.

Sehenswert!

Einen herrlichen Platz haben hier auch **Riesenschildkröten** gefunden, die täglich nachmittags mit dekorativen Obst- und Gemüsetellern verwöhnt werden. **Schlangen** nehmen ebenso einen breiten Raum ein und es gibt entsprechende Vorführungen. Die Erklärungen relativieren die Angst vor Schlangen, so erfährt man z. B., dass in den USA mehr Menschen durch Begegnungen mit Hunden oder Rehen umkommen.

Eine weitere Attrakton ist die Hochseil- und Kletteranlage **Crocodile Crossing**. Hier kann man an verschiedenen Ziplines über die Köpfe der Alligatoren hinweggleiten.
St. Augustine Alligator Farm Zoological Park, *4 km südlich der Stadt an der A1A gelegen, 999 Anastasia Blvd., ☏ (904) 824 3337, www.alligatorfarm.com, tgl. 9–17, im Sommer bis 18 Uhr, Erw. $ 22,95, Kinder (3–11 J.) $ 11,95.*

St. Augustine Lighthouse and Museum

Der jetzige Leuchtturm stammt aus dem Jahre 1874 und ersetzte seinen Vorgänger aus der spanischen Zeit, der bereits 1565 erbaut wurde. Von oben kann man einen schönen Ausblick genießen. Das Museum ist im ehemaligen Leuchtturm-Häuschen

Orientie-
rungspunkt
rote Spitze

untergebracht. Heute weist der Leuchtturm den Schiffen nicht mehr den Weg, dafür ist er für den Fremden mit seiner roten Spitze ein Orientierungspunkt.
Lighthouse and Museum, *direkt gegenüber der Alligatorenfarm gelegen, 81 Light-*
house Ave., ① (904) 829 0745, www.staugustinelighthouse.com, tgl. 9–18 Uhr, Erw.
$ 9,95, Kinder (bis 12 J.) $ 7,95.

Vilano Beach

Der kleine Ort, nördlich von St. Augustine gelegen und mit einer Brücke über den
Intracoastal Waterway mit dem Festland verbunden, entwickelt sich zunehmend
zu einem kleinen touristischen Magneten mit netten Restaurants, Cafés und einem
überschaubaren, dafür aber lebendigen Zentrum (*www.vilanobeachfl.com*).

Reisepraktische Informationen St. Augustine

Information
Visitor Information Center, *10 S. Castillo Drive, ① (904) 484 5160, www.*
ci.st-augustine.fl.us; tgl. 8.30–17.30 Uhr; Infomaterial, Film, großer Parkplatz, von dem
aus Old Town und das Castillo gut zu Fuß zu erreichen sind (Parkplätze in der Innenstadt
rar!), s. auch http://staugustine.com.
St. Augustine, Ponte Vedra & The Beaches Visitors & Convention Bu-
reau, *29 Old Mission Ave., ① (1-800) 653 2489, www.floridashistoriccoast.com.*

Sightseeing-Touren
Red Train, *die kleine rote Eisenbahn, fährt entlang der wichtigsten Sehenswür-*
digkeiten (mit Erläuterungen), an allen Haltestellen kann man aus- und wieder einsteigen,
die Tour dauert ca. 90 Min., die Bahn fährt zw. 8.30 und 17 Uhr ca. alle 15–20 Min., auch
Thementouren im Angebot, Tickets Erw. $ 23,99, Kinder $ 9,99, www.redtrains.com.

☞ Tipp: für Furchtlose

Ghost Tours of St. Augustine (*4 Granada St., ① (904) 829 1122, www.*
aghostlyexperience.com, diverse Touren ab $ 17) bietet geführte Grusel-Tou-
ren mit geschichtlichem Hintergrund an.

Übernachtung
MOTELS/HOTELS *(s. Karte S. 458/459)*
Conch House Marina Resort $$–$$$ (4), *57 Comares Ave., ① (904) 829 8646,*
www.conch-house.com. Motel im tropisch-floridianischen Stil, 23 Zimmer. Im Restaurant
werden vor allem karibische Küche, aber auch Steaks und Seafood serviert.
La Fiesta Ocean Inn & Suites $$$–$$$$ (5), *810 A1A Beach Blvd., ① (904) 471*
2220, www.lafiestainn.com. Schöne Unterkunft in Strandnähe.
Casa Monica Hotel $$$$–$$$$$ (6), *95 Cordova St., ① (904) 827 1888, www.*
casamonica.com. In der Innenstadt gelegenes burgähnliches, historisches Haus von 1888,
luxuriös restauriert mit 138 Zimmern, sehr gutes Restaurant (s. u.), Pool, beeindruckende
Lobby, die originalgetreu rekonstruiert wurde.

Tipp: gut und preiswert

Pirate Haus Inn $$ (3), 32 Treasury St., ☎ (904) 808 1999, http://piratehaus.com. Sehr saubere, helle Zimmer, komplett eingerichtete Küche, Grillmöglichkeit. Im Preis inbegriffen ist Frühstück, bei dem es Pfannkuchen (Pancakes) gibt – so viele, wie man essen kann.
Weitere preiswerte Übernachtungsmöglichkeiten findet man in der San Marco Avenue im Bereich der Mündung zum US Highway 1.

BED AND BREAKFAST
Ähnlich wie z. B. in Key West gibt es in St. Augustine eine Vielzahl toller B&B-Häuser – hier eine Auswahl:
St. Francis Inn Bed and Breakfast $$–$$$$ (11), *279 George St., ☎ (904) 824 6068, www.stfrancisinn.com. 17 Zimmer in einem Haus von 1791, liebevoll restauriert und gepflegt, kleiner Swimmingpool, s. auch www.staugustineinns.com.*
Casa de Solana $$$–$$$$ (7), *21 Aviles St., ☎ (1-877) 824 3555, www.casadesolana.com. 10 Zimmer in einem über 250 Jahre alten, vornehmen Haus. Empfehlenswert: eine Massage auf dem eigenen Zimmer!*
Kenwood Inn $$$–$$$$ (9), *38 Marine St., ☎ (904) 824 2116, www.thekenwoodinn.com. In der Altstadt gelegen, gediegen eingerichtet, nur zehn Zimmer/vier Suiten, Swimmingpool, kontinentales Frühstück im Preis inbegriffen.*
Alexander Homestead $$$–$$$$ (1), *14 Sevilla St., ☎ (904) 826 4147, www.alexanderhomestead.com. 1880 erbautes Haus mit sechs Zimmern, sehr gemütlich und stilvoll.*
Carriage Way Bed and Breakfast $$$–$$$$ (2), *70 Cuna St., ☎ (904) 829 2467, www.carriageway.com. Sehr schön restauriertes altes Holzhaus mit Balkonen, 13 gemütliche Zimmer sowie ein Cottage für bis zu sechs Personen, kostenlose Fahrräder.*
Victorian House Inn $$$–$$$$ (8), *11 Cadiz St., ☎ (904) 824 5214, www.victorianhousebnb.com. Altes, restauriertes B&B-Haus mit nur zwölf Zimmern, alle wunderbar und individuell eingerichtet.*
Bayfront Westcott House $$$$ (10), *146 Avenida Menendez, ☎ (904) 805 4602, www.westcotthouse.com. Sehr schön und aufwendig restauriertes Haus mit nur 8 Zimmern, direkt am Wasser gelegen.*

ST. AUGUSTINE BEACH
Wer lieber ein Hotel am Strand haben möchte, kann südlich der Stadt in St. Augustine Beach übernachten (eine Reihe von Hotels und Motels), z. B.
Best Western Seaside Inn $$–$$$, *541 A1A Beach Blvd., ☎ (904) 461 9990, http://bestwesternflorida.com. Angenehmes Hotel der Kette, direkt am Atlantik. Das Hotel wird nach umfassender Renovierung voraussichtlich Ende 2015 wiedereröffnen.*

 Camping
Die schönsten Campingplätze liegen an der A1A, z. B.:
Anastasia State Recreation Area, *St. Augustine (Anastasia Island), 1340-A A1A South, ☎ (904) 471 2033, www.floridastateparks.org/anastasia. Schattig, sehr sauber, stadtnah, sehr schnell überfüllt, $ 28/Nacht.*
North Beach Campresort, *4125 Coastal Highway (A1A N), St. Augustine, ☎ (904) 824 1806, www.northbeachcamp.com. Mit Swimmingpool und Zugang zum Strand, auch Hütten zu vermieten. Ab $ 47/Nacht.*

Bryn Mawr Ocean Resort, 4850 AIA South, St. Augustine, ☎ (904) 471 3353, www.brynmawroceanresort.com. Mit großem Schwimmbad und direktem Strandzugang, viele Stellplätze. Ab $ 112/Nacht (drei Nächte Minimum).
Hilfreich ist auch: www.abfla.com/parks.

🍴 Restaurants

Entlang der St. George St. reihen sich Läden, Cafés, Restaurants sowie Imbissstände aneinander.

Le Pavillon (3), 45 San Marco Ave., ☎ (904) 824 6202, http://epav.com. Französische Küche, seit über 35 Jahren eine Institution in der Stadt. U. a. sehr gute Fischgerichte, Lamm, Austern. Den angebotenen Sauerbraten und das Wiener Schnitzel braucht man nur bei Heimweh zu essen. Mittlere Preise. Zu Lunch und Dinner geöffnet. Ausgewählte Weinkarte.

The Floridian (4), 39 Cordova St., ☎ (904) 829 0655, www.thefloridianstaug.com. Abwechslungsreiche, aber durchgehend hochqualitative Küche aus regionalen Produkten und zu fairen Preisen. Die mögliche Wartezeit am besten mit einem Glas Wein an der Bar überbrücken. Die Salate sind eine Wucht.

Casa Benedetto's Ristorante (1), 165 Vilano Rd., ☎ (904) 471 5999, www. casabenedettos.com. Bella Italia in Florida: In diesem sympathischen italienischen Restaurant kommen ebenso authentische wie leckere sizilianische Gerichte auf den Tisch, vom Seafood bis zur Pasta. Geöffnet tgl. außer So 12–21, Fr/Sa –22 Uhr.

Columbia Restaurant (5), 98 St. George St., ☎ (904) 824 3341, www.columbia restaurant.com. Spanische Atmosphäre und spanische Gerichte (Ableger des Stammhauses in Tampa). Sehr gute Zubereitung, u. a. Paella, verschiedene Fischgerichte (gut: Snapper) und der berühmte Salat mit einem Dressing, das vor den Augen der Gäste zubereitet wird.

Scarlett O'Hara's Bar and Restaurant (6), 70 Hypolita St., ☎ (904) 824 6535, www.scarlettoharas.net. Im alten Holzhaus geht es richtig urig zu: Auf der Veranda kann man in Schaukelstühlen Platz nehmen, Sänger sorgen für Kurzweil. Preiswerte amerikanische Küche mit Burgern, Sandwiches und paniertem Fisch – alles gut.

Gypsy Cab Company (8), 828 Anastasia Blvd., ☎ (904) 824 8244, www.gypsycab. com. Gutes, preiswertes Essen, köstliche Cajun-Shrimps, wechselnde Speisekarte mit z. T. europäischen und asiatischen Einflüssen, sonntags wird gebruncht. Tgl. geöffnet 11–22 (So ab 10.30) Uhr.

Collage (7), 60 Hypolita St., ☎ (904) 829 0055, www.collagestaug.com. Das Restaurant, das zu Recht „artful global dining" verspricht, liegt im historisch-gemütlichen Innenstadtbereich. Die preisgekrönten, raffinierten Fisch-, Fleisch- und Pastagerichte sind exzellent zubereitet und liebevoll angerichtet. Hohes Preisniveau, tgl. ab 17.30 Uhr, Reservierung empfohlen.

Schooner's Seafood House (2), 3560 N. Ponce de Leon Blvd., ☎ (904) 826 0233, www.schooners-seafood.com. Seit mittlerweile 20 Jahren gibt es hier eine reiche Auswahl an Seafood, das ganz nach Wunsch gegrillt oder frittiert auf den Tisch kommt. Zum Lunch und Dinner geöffnet.

AIA Ale Works (9), Avenida Menendez/King St., ☎ (904) 829 2977, www.alaale works.com. Gilt als eine der besten Microbreweries in Florida; zum Red Brick Ale oder anderen Sorten gibt es gute „Brotzeiten" (Mo–Fr 16–19 Uhr Happy Hour). Geöffnet tgl. 11–23.30, Fr/Sa –1 Uhr.

Wein und mehr

Im gemütlichen Geschäft **The Gifted Cork** (*64-A Hypolita St., ➀ (904) 810 1083, www.thegiftedcork.com*), mitten im historischen St. Augustine, kann man besondere Weine aus Kalifornien, Washington, Oregon, aber auch aus Südafrika, Neuseeland, Argentinien, Chile und der „alten" Welt (Spanien, Frankreich, Deutschland) kaufen. Toll sind die nachmittäglichen Weinproben: fünf Weine für $ 5 darf man kosten und das Glas behalten. Außerdem gibt es edle Süßigkeiten, Zubehör wie Korkenzieher, Kühler etc. und originelle Geschenkideen.

 Einkaufen
In der Fußgängerzone St. George Street gibt es viele Souvenirläden und Modegeschäfte (Badesachen). Hinter dem Lightner Museum (75 King St.) haben sich einige Antiquitätenhändler niedergelassen.

 Strände
*Schöne Sandstrände findet man entlang von **St. Augustine Beach** südlich der Stadt. Im Bereich des Anastasia Island State Park gibt es ebenfalls tolle weiße Strände (www.floridastateparks.org/anastasia).*

Fahrradverleih
Solano Cycles, *32 San Marco Ave., ➀ (904) 825 6766, www.solanocycle.com, tgl. 10–18 Uhr.*

Bus
Greyhound, *1711 Dobbs Rd., Ecke Malaga St., ➀ (904) 829 6401.*

Weiter in den Norden

Jacksonville

Jacksonville liegt abseits der „touristischen Wahrnehmung" und ist doch Floridas bevölkerungsreichste (ca. 843.000 Einwohner) und flächenmäßig größte Stadt (2.264 km²). Im Mündungsbereich des längsten Flusses Floridas gelegen – des St. Johns River – und nahe am Atlantik, atmet die Stadt maritimes Flair: Im bedeutenden Industriehafen werden vor allem Autos verschifft, außerdem liegt hier eine Basis der US-Marine. Dieses Nebeneinander stört mitunter den Wirtschaftssektor, da die Marine stets Priorität genießt. Aus diesem Grunde verlagerte Mercedes seine Import-Aktivitäten nach Brunswick an der Küste Georgias.

In der Umgebung lebten schon vor 6.000 Jahren Indianer (Timucua), doch erst ab 1791 etablierte sich hier eine ständige Siedlung. Jacksonville wurde 1901 durch eine Feuersbrunst zerstört, die von einer Matratzenfabrik ausging. Fast 2.400 Häuser fielen den Flammen zum Opfer und über 10.000 Menschen wurden obdachlos.

Feuersbrunst

Heute präsentiert sich die Stadt – vor allem von der Seite des St. Johns River aus – als eine überschaubare Metropole. Im Innenstadtbereich dominieren Hochhäuser, und die Skyline versprüht im Zusammenspiel mit dem breiten Wasser des Flusses etwas „Manhattan feeling". Am Wasser liegen im Stadtbereich am Süd- und Nordufer *river walks*: schön angelegte Wege und Promenaden, um die Stadt oder die Skyline (vom Südufer des St. John River) zu bewundern. Hier auf der *Southbank*

Museen liegen einige Museen. Eines davon ist das **Museum of Science and History** (*MOSH*), eine sehenswerte Mischung aus Wissenschaftsmuseum und Hands-on-Museum. Neben wechselnden Programmen gibt es u. a. Ausstellungen zur Fauna, zur Unterwasserwelt und zur Geschichte der Region.

MOSH, *1025 Museum Circle, ☏ (904) 396 6674, www.themosh.org, Mo–Do 10–17, Fr 10–20, Sa 10–18, So 12–17 Uhr, Erw. $ 10, Kinder (3–12 J.) $ 6.*

Sehens- Weiter westlich am Fluss liegt das **Cummer Museum of Art & Gardens**. Es
wertes handelt sich um eines der sehenswertesten Kunstmuseen Floridas, das hochkaräti-
Kunst- ge Kunst von 2100 vor Chr. bis ins 21. Jh. aus verschiedensten Regionen der Welt
museum zeigt und dazu eine schöne Gartenanlage bietet.

Cummer Museum of Art & Gardens, *829 Riverside Ave., ☏ (904) 356 6857, www.cummer.org, Di 10–21, Mi–Sa 10–16, So 12–16 Uhr, Erw. $ 10, Kinder $ 6.*

Besonders interessant ist das am Nordufer gelegene Einkaufszentrum **Jacksonville Landing** (*2 W. Independent Dr., www.jacksonvillelanding.com*) mit Schiffsanlegestellen, Restaurants, u. a. einer Microbrewerie, und Geschäften. Hier befindet sich

Jacksonville Landing

Skyline von Jacksonville

auch das **Jacksonville Maritime Heritage Center**, in dem man alles rund um die Seefahrtsgeschichte von Jacksonville findet, u. a. viele Modellschiffe.

Jacksonville Maritime Heritage Center, *Jacksonville Landing, 2 Independent Drive, Suite 162, ① (904) 355 1101, www.jacksonvillemaritimeheritagecenter.org, Di–Sa 11–17 Uhr.*

Timucuan Ecological & Historic Preserve/ Fort Caroline National Monument

Im Nationalpark, innerhalb der Stadtgrenze Jacksonvilles gelegen, liegt das **Fort Caroline National Monument**, das an die kurze französische Herrschaft in Florida im 16. Jh. erinnert. Am Fort befindet sich das Timucuan Preserve Visitor Center mit der Ausstellung „*Where the waters meet*" über das Leben im Meer im Nordwesten Floridas.

Zudem lohnt ein Besuch der **Kingsley Plantation** (*11676 Palmetto Ave.*), einer inmitten der Dschungel- und Marschlandschaft gelegenen ehem. Reisplantage mit dem ältesten Plantagenhaus in Florida. Hier lebten Zephaniah Kingsley (1814–43) und seine dunkelhäutige Gattin Anna Madgigine Jai, die er 1811 samt ihrer gemeinsamen Kinder freiließ und als seine Ehefrau anerkannte. *Ältestes Plantagenhaus Floridas*

Fort Caroline National Monument, *12713 Fort Caroline Rd. (14 Meilen nordwestlich der Downtown, vom Hwy. 95 die Abfahrt Florida Route 9A), ① (904) 641 7155, www. nps.gov/timu, tgl. 9–17, frei. Die Kingsley Plantation wird derzeit renoviert, das Gebäude unter der Woche geschlossen. Am Wochenende werden allerdings Touren angeboten (11–15 Uhr). Infos unter ① (904) 251 3537 sowie 251 3626.*

Reisepraktische Informationen Jacksonville

i Information
Es gibt vier Visitor Information Centers in der Stadt (Infos unter www.visitjackson ville.com), u. a.

Visit Jacksonville Office, 208 North Laura St., Suite 102, ☎ (1-800) 733 2668. Mo–Fr 9–17 Uhr.

Beaches Visitor Center, 380 Pablo Ave., Jacksonville Beach, ☎ (904) 242 0024, Di– Sa 10–16.30 Uhr.

Unterkunft
The Jenks House B & B $$, 2804 Post St., ☎ (904) 387 2092, www.the jenkshouse.com. Zwei recht einfache, aber gemütliche Zimmer mit viel Holz, zentral in Jacksonville Downtown gelegen.

The Riverdale Inn $$$–$$$$, 1521 Riverside Ave., ☎ (904) 354 5080, www.river daleinn.com. Zehn elegante, in antikem Design eingerichtete Zimmer, in der Nähe des Memorial Park gelegen.

Essen & Trinken
River City Brewing Company, 835 Museum Circle, ☎ (904) 398 2299, www.rivercitybrew.com. Am Südufer des St. Johns River, genau gegenüber der Skyline der Stadt mit einem weiten Blick über den Fluss. Das Speisenangebot ist weit gefächert und von einer Qualität, die sich von den Kettenrestaurants deutlich abhebt. Das Bier kommt aus der eigenen Mikrobrauerei.

The French Pantry, 6301 Powers Ave., ☎ (904) 730 8696. In diesem sehr beliebten Café muss man zwar Wartezeiten einkalkulieren, dafür wird man köstlichen leichten Speisen (Tipp: die Chicken Bruschetta) und Leckereien belohnt. Mo–Fr 11–14.15 Uhr.

Amelia Island

„Insel der acht Flaggen"

Hinter Jacksonville zweigt bei **Callahan** der Hwy. A1A ab, der nach **Amelia Island** führt. Die nördlichste der zu Florida gehörigen Barrier Islands hat eine lange Geschichte und ist die einzige Gemeinde der USA, die unter acht verschiedenen Flaggen gelebt hat – daher der Beiname *Isle of Eight Flags*. Nicht nur Franzosen, Spanier, Engländer und Konföderierte, sondern auch eher unbekannte „Souveräne" wie die *Patriots of Amelia Island* und *Green Cross of Florida* hissten, wenn auch nur für kurze Zeit, ihre Flaggen über der kleinen Stadt. Zudem ist sie der Geburtsort der modernen Shrimp-Industrie. Ihren heutigen Namen gaben ihr die Engländer nach Prinzessin Amelia, Tochter von König George II.

Lange war die Insel Schmugglerparadies und Piratenheimat, als Anfang des 19. Jh. ausländische Schiffe keine amerikanischen Häfen anlaufen durften. Der zu Spanien gehörende Hafen von Fernandina Beach entwickelte sich zu einem überaus beliebten Umschlagplatz für Sklaven, Alkohol und Luxusprodukte. Als man sich 1821 den USA anschloss, endete diese anrüchige Zeit. Bereits 1826 hatten über 50.000 Menschen aus dem Norden Amelia Island als *Summer Resort* entdeckt und starteten den bis heute andauernden Touristenstrom.

Strand von Amelia Island

Die ehemalige Plantageninsel der Engländer hat sich im 20. Jh. zum Ferien- und Wassersportparadies mit großem Angebot für Golfer, Tennisspieler, Fischer, Wassersportler, Bootsfreaks und Ballonfahrer gemausert. Endlose Sandstrände, außergewöhnliche Hotels – wie das noble *Ritz Carlton* oder die *Amelia Island Plantation* – und kulinarische Highlights, namentlich Shrimps und andere Meeresfrüchte, machen die Insel zu einem Geheimtipp. Besonders idyllisch ist ein Spaziergang im Bereich der Altstadt mit ihren vielen hübsch restaurierten Südstaatenhäusern.

American Beach: das erste afro-amerikanische Resort Floridas

info

Mitte der 1930er Jahre kauften die Gründer der Versicherung *Afro-American Life Insurance* Land am südlichen Ende von Amelia Island. Abraham Lincoln Lewis, einer der Gründer, war einer der ersten farbigen Millionäre Floridas. Die Gegend wurde in den Zeiten der Segregationspolitik bekannt als *American Beach* und die Restaurants und Nachtclubs zogen Größen wie Ray Charles und James Brown an. Heute stehen noch ca. 100 Häuser aus den 1940er und 1950er Jahren und American Beach ist der erste Stopp des *Florida's Black Heritage Trail*. Die Urenkelin von Lewis, MaVynee Betsch, zeitweise Opernsängerin in Europa, kämpfte ihr Leben lang für die Erhaltung der Natur sowie das Andenken und die Geschichte von *American Beach* und wurde deshalb *The Beach Lady* genannt. Sie spendete ihr gesamtes Vermögen ihrer Sache und starb 2005 verarmt an Krebs.

Fernandina Beach (Old Town)

Die gemütliche viktorianische Altstadt war einst eine Siedlung der Timucuan-Indianer, die diesen Ort wahrscheinlich wegen seiner Lage am Amelia River und des fruchtbaren Bodens wählten. Die Spanier legten die Stadt 1811 nach dem typischen Bebauungsplan ihrer Kolonien an, mit der Plaza de la Constitución (Plaza San Car-

Altstadt von Amelia Island, auf der Ecke der älteste Saloon Floridas

los) in ihrer Mitte, ein ganzer Block Grünfläche, die zum nebenan gelegenen Fort Clinch State Park gehört. Der ursprüngliche Ort begann nach Ende des Bürgerkriegs zu wachsen und besteht heute aus 52 Blocks, in denen sich die alte viktorianische Architektur mit modernen Bauten abwechselt. Hier gibt es zahlreiche Läden und Restaurants. Weiterhin sehenswert ist der alte Friedhof Bello Cemetery.

Die Stadt konnte sich ihren alten Charme auch deswegen bewahren, da die erste **Eisenbahnstrecke** von Henry Flagler (s. S. 27) nicht hier vorbeiführte und es somit keinen Massentourismus aus dem Norden gab. Später allerdings war Fernandina der Startpunkt für die erste Strecke, die quer durch Florida führte und den Golf mit dem Atlantik verband, und zwar mit Cedar Key.

Amelia Island Museum of History
Im kleinen Geschichtsmuseum kann man sich über die Region informieren, u. a. gibt es ein Timucuan Village der ersten Bewohner, eine Ausstellung über den Bürgerkrieg und die Florida Railroad sowie die spanische Missionierung.
Amelia Island Museum, *233 S. Third St., Fernandina Beach, ☏ (904) 261 7378, www.ameliamuseum.org, Mo–Sa 10–16, So 13–16 Uhr, geführte Touren 11 und 14 Uhr, $ 7.*

Reisepraktische Informationen Amelia Island

i **Information**
Amelia Island Tourist Development Council, *102 Centre St., Fernandina Beach, ☏ (904) 277 0717, www.ameliaisland.com, www.oldtownfernandina.org, www.fbfl.us.*

Unterkunft

Florida House Inn B&B $$$, 20–22 S. 3rd St., ☏ (904) 491 3322, www. floridahouseinn.com. Eines der ältesten Hotels Floridas, 1857 von der Florida Railroad eröffnet. Unter anderem Präsident Ulysses S. Grant, Jose Marti und Laurel & Hardy betteten hier ihre prominenten Häupter. Heute kann sich jedermann in einem der 16 individuell eingerichteten, allesamt behaglichen Zimmer (einige mit Kami•n) einquartieren und die historische Atmosphäre genießen. Restaurant und kleines Pub angeschlossen. Wer auf Strand verzichten mag, ist hier richtig!

Hoyt House B&B Inn $$$, 804 Atlantic Ave., ☏ (904) 277 4300, hhtp://hoythouse. com. Das gemütliche Haus aus dem Jahr 1905 bietet zehn Zimmer, einen Pool im schönen Garten, mehrere Wohnzimmer und Fahrräder. Die Restaurants der Altstadt können gut zu Fuß erreicht werden – rundum empfehlenswert.

Seaside Amelia Inn $$$–$$$$, 2900 Atlantic Ave., ☏ (904) 261 9972, www.sea sideameliainn.com. Dieses schöne Hotel mit Pool liegt direkt am Strand und bietet 46 gut ausgestattete Zimmer unterschiedlicher Kategorien auf drei Etagen. Gutes Frühstück!

The Addison on Amelia Island B&B $$$$, 614 Ash St., ☏ (904) 277 1604, www. addisononamelia.com. 15 romantische Zimmer in drei Häusern im Antebellum-Stil, die um einen hübschen Hof herum erbaut sind, sehr nette Gastgeber.

Elizabeth Pointe Lodge $$$$–$$$$$, 98 S. Fletcher St. (Hwy A1A), ☏ (904) 277 4851, www.elizabethpointelodge.com. Idyllisch direkt am Meer gelegenes, romantisches kleines Hotel mit 25 Zimmern.

Amelia Island Plantation $$$$–$$$$$, 39 Beach Lagoon Rd., ☏ (904) 261 6161, www.aipfl.com. Hotelkomplex mit unterschiedlichen Übernachtungsmöglichkeiten (Cottages, Apartments, Hotelzimmer), vielfältige Freizeitmöglichkeiten wie Golf, Tennis, Spa, Shopping Village, Segway-Touren … Schöne Lage direkt am Strand und umgeben von einem großen Park.

Unterkunft mit Blick aufs Meer

Die Touristeninformation im alten Bahnhof

Ritz-Carlton Amelia Island $$$$$, 4750 Amelia Island Pkwy., ☏ (904) 277 1100, www.ritzcarlton.com. Das Richtige für Genießer: geräumige Zimmer, Laden-passage, Top-Service, Pools, Fitness-Center, Golf- und Tennisplätze und Privatstrand. Kleiner Nachteil: Das Hotel ist vom Bau her nicht besonders ansprechend („Klotz"), dafür aber ist das „Drumherum" sehr schön. Es gibt einen attraktiven, Lounge-ähnlichen Platz an einer offenen Feuerstelle.

🍴 Essen und Trinken

Café Karibo, 27 N. 3rd St., ☏ (904) 277 5269, www.cafekaribo.com. Sehr nettes, lässiges Restaurant mit einem lauschigen Außenbereich unter schattenspendenden Bäumen. Überaus freundliche Bedienung, variantenreiche, z. T. asiatisch angehauchte Gerichte, natürlich auch Burger. Bei Einheimischen sehr beliebt.

T-Ray's Burger Station, 202 S. 8th St., ☏ (904) 261 6310, www.traysburgerstation.com. Burger und gutes Südstaaten-Frühstück, meist voll. Originell: Das Lokal ist in einer – seit 2008 geschlossenen – Exxon-Tankstelle untergebracht.

Brett's Waterway Cafe, 1 S. Front St. (Ende Centre St., am Fernandina Harbor), ☏ 261 2660. Bekannt für Seafood und Steaks sowie hausgemachte Desserts zu anständigen Preisen, dazu eine schöne Aussicht. Geöffnet zum Lunch und Dinner.

Sliders Seaside Grill, 1998 S. Fletcher Ave., ☏ (904) 277 6652, www.sliderseaside.com. De nach eigenem Bekunden einzige Tiki-Bar am Fernandina Beach ist eine gute Adresse für Jung und Alt: Strandfeeling pur, lokale Talente sorgen für Live-Musik, für die Kinder gibt es einen Spielplatz. Auf der Speisekarte stehen frisches und abwechslungsreiches Seafood, Steaks und Salate. Tgl. geöffnet von 11 bis Minimum 22 Uhr, am Sonntag kann man ab 10 Uhr brunchen.

Salt, im Ritz Carlton (s. oben), ☏ (904) 277 1100. Zählt seit Jahren zu den besten Restaurants in den ganzen USA (Chef Richard Laughlin). Mehrgängige Menüs, die ihren (gehobenen) Preis wert sind.

Palace Saloon, 117 Centre St., ☏ (904) 491 3332, www.thepalacesaloon.com. Einer der ältesten Saloons in Florida mit einem abwechslungsreichen Abendprogramm und gut ausgestatteter Bar. Geöffnet Di–Do 16.30–22, Fr–Sa –2 Uhr.

👉 Veranstaltungen

Alljährlich findet Ende April/Anfang Mai auf Amelia Island das **Isle of the Eight Flags Shrimp Festival** statt mit zahlreichen Ständen, Aktivitäten und einer Piraten-Parade (www.shrimpfestival.com).

In der Altstadt gibt es hübsche kleine Läden und Galerien

Aktivitäten

Kajak- und Paddeltouren durch Marsch und Bäche, aber auch Yogakurse auf dem Meer bietet **Kayak Amelia** *(① (904) 251 0016 oder 261-5702, www.kayakamelia. com) an.*

Charter Fishing und Bootsausflüge sind möglich von der Fernandina Harbor Marina, z. B. mit der **Amelia Island Charter Boat Association** *(① (904) 261 2870, www. ameliaislandcharterboatassociation.com).*

Alles, was das Surfer-Herz begehrt, vermietet der sehr beliebte **Pipeline Surf Shop** *(① (904) 277 3717, www.pipelinesurfshop.com).*

Auf **Reitausflüge** *spezialisiert sind Kelly Sea Horse Ranch (① (904) 491 5166, http:// kellyranchinc.net) oder Ride the Beaches of Amelia (① (904) 277 7047; www.amelia horsebackriding.com).*

Abstecher zum Okefenokee Swamp (Georgia)

Streckenhinweis

Von Jacksonville geht es über die 23 (Kings Road) nach Folkston, elf Meilen südwestlich liegt der Ost-Eingang zum Park.

Der **Okefenokee Swamp** ist eines der größten Sumpfgebiete der USA. Er bedeckt eine Fläche von 1.770 km², misst an der breitesten Stelle (West-Ost) 32 km und an der längsten (Nord-Süd) 64 km. Gut 90 Prozent des Gebietes stehen als **Okefenokee National Wildlife Refuge** unter Naturschutz. Wie ein Schwamm

Waschbärensiesta

speichert das Sumpfgebiet Wasser und wird so zum Quellgebiet des Suwannee River, der in den Golf von Mexiko mündet, und des St. Mary's River, der in den Atlantik fließt. Die flachgründigen Seen mit ihrem tiefbraunen Wasser werden von schwimmenden Pflanzeninseln durchsetzt. Diese entstanden aus abgestorbenen Wasserpflanzen, bilden eine locker-fruchtbare Torfmasse, auf der erst niedrige Gräser, dann Kiefern, Zypressen oder Magnolien wachsen. Wegen der schwammigen Bodenbeschaffenheit nannten die Indianer diese Stellen *okefenokee*, „das Land der bebenden Erde". Je unzugänglicher die Gebiete sind, desto mehr stellen sie ein Paradies für alle wasserliebenden Tiere dar. Neben (scheuen) Alligatoren leben hier unzählige Gänse, Wasservögel, Otter, Schildkröten und Frösche.

Reisepraktische Informationen Okefenokee Swamp

Vorwahl *912*

 ### Anfahrt und Öffnungszeiten
Das Okefenokee National Wildlife Refuge hat drei Haupt- und zwei Nebeneingänge. Von Jacksonville am schnellsten zu erreichen ist der östliche Eingang bei Folkston: **Osteingang: Suwannee Canal Recreation Area**, *elf Meilen südwestlich von Folkston (via US Hwy.1 und Hwy. 23/121, 4159 Suwannee Canal Rd.). Im zugehörigen* **Richard S. Bolt Visitor Center** *gibt es einen Buchladen, eine Ausstellung, einen Observation Tower und einen Film, zudem in der Umgebung Wanderwege, Picknickplätze und die Möglichkeit, Boote und Fahrräder zu mieten,* ☎ *(912) 496 7836, Visitor Center tgl. 9–16 Uhr, der Park ist 30 min. vor Sonnenaufgang bis 19.30 Uhr (März–Okt.) bzw. 17.30 Uhr (Nov.–Feb.) geöffnet. Eintritt $ 5 pro Auto/7 Tage gültig. Weitere Infos unter www.fws.gov/okefenokee.*

Das Gebiet bietet einige **Kanu-Trails**, *diverse früher befahrbare Trails sind nach einem Brand 2011 allerdings nach wie vor geschlossen. Wer in der Wildnis campen möchte, muss sich vorher anmelden unter ☎ (912) 496 3331 (Mo–Fr 7–10 Uhr), $ 15 pro Person/ Nacht.*
Okefenokee Adventures: *der Konzessionär des Parks bietet die o. g. Aktivitäten, Infos unter ☎ (912) 496 7156, www.okefenokeeadventures.com.*

Nordeingang: Okefenokee Swamp Park, *13 km südlich von Waycross (GA) am Hwy 121, ☎ 283 0583, www.okeswamp.com, tgl. 9–17.30 Uhr, Erw. $ 15, Kinder (3–11 J.) $ 14. Über Holzstege, in den Ausstellungen, auf Bootstrips (45 min.: Erw. $ 25, Kinder (3–11 J.) $ 20) oder bei einer Rundfahrt mit der kleinen roten Okefenokee Railroad gewinnt man einen Eindruck der Natur der Swamps. Hier erlebt man die Tiere in ihrer natürlichen Umgebung.*

ℹ Information
Waycross Tourism and Visitor Center, *315-A Plant Ave., im historischen Train Depot (Bahnhof, ausgeschildert), ☎ 283 3744, www.swampgeorgia.com.*

⚠ Camping
Laura S. Walker State Park, *Hwy. 177 (nahe Okefenokee Swamp), 5653 Laura Walker Rd., Waycross, ☎ 287 4900, www.gastateparks.org/info/lwalker, Campground-Büro tgl. 8–17 Uhr; 44 Stellplätze (ab $ 30) am See, mit Golfplatz, Wanderwegen, Angelgelegenheit und Bootstouren.*

Bootstour durch den Okefenokee Swamp

8. NORDEN UND NÖRDLICHE GOLFKÜSTE

St. Augustine – Tallahassee

Streckenübersicht

Entfernungen: St. Augustine – Tallahassee (über Madison/Monticello): ca. 380 km
Empfohlene Route: Folgt man der hier beschriebenen Strecke, gelangt man in den touristisch viel weniger besuchten *Panhandle*, den Pfannenstiel Floridas. Dem Naturliebhaber eröffnen sich hier wahre Paradiese: kristallklare Quellen und Flüsse, endlose Pinienwälder, verträumte Städtchen mit Südstaaten-Charme und romantische alte Holzhäuser.

Unterwegs nach Tallahassee

Wenn man St. Augustine oder Jacksonville verlässt, überquert man bald den unwahrscheinlich breiten St. Johns River. Auf Naturfreunde wartet das ausgedehnte Forstgebiet des **Osceola National Forest** bei Lake City. Zwischen Live Oak und Madison liegt ein weiteres Naturjuwel: der **Suwannee River State Park**. Und in den abgelegenen Städtchen wie Madison und Monticello kann man die alte Südstaatenatmosphäre schnuppern.

Tallahassee, die Hauptstadt Floridas, gefällt durch die harmonische Mischung von alten, schön restaurierten Bauten und modernen Gebäuden – alles eingebettet in eine hügelige, waldreiche Landschaft, deren Straßen oft von Bäumen gesäumt sind, von denen melancholisch wirkend das Spanische Moos herabhängt.

Von St. Augustine geht es zunächst auf der Straße 207 in südwestlicher Richtung nach Palatka. Kurz vor Palatka überquert man den imposanten St. Johns River, der weniger einem Fluss als einem großen See ähnelt. Von Palatka aus folgt man in westlicher Richtung der Straße 20 nach Gainesville, wo man auf den Interstate 75 North abbiegt. Auf diesem geht es weiter nach Nordwesten, dann über den Hwy. 47 bis nach Watertown und schließlich auf den US 90 West, der über Madison und Monticello nach Tallahassee führt.

Floridas Norden

Pensacola · Tallahassee · St. Augustine · Apalachicola · Cedar Key · Titusville · Crystal River · Orlando · St. Petersburg · Sarasota · Palm Beach · Fort Myers · Naples · Miami · Flamingo · Key West

N

0   200 km   © ilgraphic

Redaktionstipps

▸ Bootstouren über die glasklaren Quellen der **Silver Springs** (S. 485).
▸ **Kanutour** im Suwannee River State Park (S. 490).
▸ **Übernachten:** in **Ocala** im „Hilton Ocala" (S. 488); in **Tallahassee** im „Governors Inn" (S. 501) oder in der „The Lodge at Wakulla Springs" (S. 507) 20 km südlich der Stadt.
▸ **Essen:** in **Tallahassee** Steaks im „Andrew's Capital Grill & Bar" (S. 502).
▸ **Bedeutendste Sehenswürdigkeiten:** die Naturschönheiten des Ocala (S. 482) und des Osceola National Forest (S. 488); die glasklaren Quellen Silver Springs (S. 485) und Wakulla Springs (S. 506); in Tallahassee das State Capitol (S. 497) und die Canopy Roads (S. 500).
▸ **Optimale Zeiteinteilung: 2 Tage.**
1. Tag: Fahrt nach Tallahassee, dabei ausreichend Zeit nehmen für Silver Springs bzw. Wakulla Springs. Übernachten in Tallahassee. **2. Tag:** Morgens das State Capitol, den Old Cemetery und die Canopy Roads ansehen, anschließend zur Pebble Hill Plantation und/oder nach Wakulla Springs.

Abstecher

Von der Strecke St. Augustine – Palatka kann man kurz hinter Palatka auf die FL 19 zum **Ocala National Forest** abbiegen (s. S. 482).
Bei Lake City zweigt man nach Osten zum **Osceola National Forest** ab (s. S. 488).
Bei Ellaville zweigt man zum **Suwannee State Park** ab (s. S. 490).

Ocala National Forest

Im strengen Sinne handelt es sich beim Ocala National Forest (1.547 km²) nicht um ein Naturschutzgebiet, sondern durchaus um eine forstwirtschaftlich genutzte Landschaft. Im Unterschied zu den National Parks oder State Parks darf in einem National Forest – kontrolliert – abgeholzt und wiederaufgeforstet werden.

Wie in den Everglades spiegeln sich geringe Unterschiede in der Landhöhe sofort in der **Vegetation** wider: In den tieferen, sumpfigen sowie in den weiten, ebenen Gebieten herrschen **Kiefern** vor; auf den Hügeln haben sich **Hartholzgewächse** festgesetzt. Doch die besonders charakteristische Vegetationsform ist die so genannte **„Big Scrub"**. Man findet sie insbesondere in den etwas höher gelegenen westlichen und zentralen Teilen des Gebietes. Unter Big Scrub versteht man die Verbreitung einer Sandkiefer mittlerer Höhe, die wahrscheinlich ein Relikt eines ehemals von Kalifornien über Mexiko bis nach Zentralflorida reichenden wüstenähnlichen Pflanzengürtels ist. Sandkiefern sind hervorragend an trockenes, heißes Klima angepasst. Inselartig heben sich kleinere Gebiete mit hohen Kiefern ab (Pats Island, Hughes Island).

Neben der interessanten Vegetation bietet der Ocala National Forest vor allem besuchenswerte Quellen und Seen.

Salt Springs Recreation Area

Hier sprudelt salziges Wasser hoch, das einer geologisch alten Quelle aus den Zeiten, als Florida noch unter dem Meeresspiegel lag, entstammt. Ganzjährig bleibt die Wassertemperatur von 22 °C konstant, täglich quellen fast 200 Mio. Liter Wasser aus dem Untergrund.

Salt Springs Recreation Area, *14152 State Rd. 19 N., Salt Springs (direkt neben der Stadt Salt Springs gelegen, nahe der Kreuzung mit CR 316, 35 Meilen östlich von Ocala über den I 75),* ✆ *(352) 685 2048, www.recreation.gov.*
Der **Campingplatz** *ist von vielen Langzeiturlaubern besetzt*

Im Ocala National Forest

Baden in den Salt Springs

(„Snowbirds" aus dem Norden). An der Marina südlich des Gebiets kann man Kanus, Pontoon-Boote oder die 16 Fuß langen Carolina Skiffs mieten. $ 5 Parkgebühr an der Marina.

Juniper Springs Recreation Area

Kristallklare Quellen   Super Bademöglichkeiten, Kanufahrten, Wanderwege. Das Quellwasser (zusammen mit den Fern Hammock Springs pro Tag etwa 50 Millionen Liter) hat hier ebenfalls eine konstante Temperatur von 22 °C. Ein toller Tipp für Naturfreunde. Man kann hier den sieben Meilen langen Juniper Creek mit einem Kanu herunterfahren (Abholservice). Zudem gibt es einen schönen, bereits 1930 angelegten Campingplatz.

Juniper Springs Recreation Area, *26701 East Hwy. 40, Silver Springs, ☎ (352) 625 3147, www.juniper-springs.com u. www.recreation.gov. Camping $ 23.*

> **!**   **Achtung!**
> **Von Jägern und Bären: Vorsicht in den Wäldern!**

Während der Jagdsaison von November bis Januar sollte man im Wald mit leuchtend orangefarbenen Westen unterwegs sein. Hier wird scharf geschossen. Um zu vermeiden, dass Bären einem auf die Pelle rücken, sollten Essensvorräte auf Campingplätzen stets luftdicht verschlossen gehalten werden, ebenso sollte Abfall stets in die Abfalltonnen entsorgt werden. Auch getragene Kleidungsstücke gehören nicht ins Zelt, vielleicht haftet ihnen noch der Geruch vom letzten Grillen an. Sollte man trotzdem einem Bären zu nahe kommen, sollte man ihm klar machen, dass er es mit einem Menschen zu tun hat: Die Arme auf und ab bewegen, Geräusche machen und sich dann l a n g s a m rückwärts zurückziehen. Wegrennen empfiehlt sich nicht. Der Bär ist schneller.

Alexander Springs Recreation Area

Das Gebiet liegt in einem unberührten subtropischen Wald mit Kiefern, Eichen und Palmen. Die kristallklare Quelle (sie liefert mehr als 300 Millionen Liter pro Tag) lockt Schwimmer, Taucher und Sonnenhungrige an. Es gibt einen sieben Meilen langen Kanu-Trail (Kanuverleih mit Abholservice). Der Paisley Woods Trail (22 Meilen, ausgeschildert) steht Bikern zur Verfügung. Campingmöglichkeit.

Alexander Springs Recreation Area, *49525 CR 445, Altoona, ① (352) 669 3522, www.recreation.gov, Camping $ 18–22.*

Clearwater Recreation Area

Relativ einsam im Südosten des Ocala National Forest gelegen. Es gibt hier einen schönen See, den man per Kanu befahren kann. Auch hier führt der 22 Meilen lange Fahrradweg Paisley Woods Trail führt vorbei. Campingplatz (schattig) vorhanden.

Clearwater Recreation Area, *24511 County Rd. 42, 49525 CR 445, Altoona, ① (352) 669 0078, www.recreation.gov.*

i Informationen

Weitere Camps mit Zeltmöglichkeiten *sind u. a.: Big Bass Camp, Delancy East, Delancy West, Fore Lake, Hopkins Prairie, Lake Dorr, Lake Eaton.*
Infos zu allen Camps auch unter: www.forestcamping.com/dow/southern/ocal.htm.
Ocala National Forest, *Lake George Ranger District, 17147 E. State Rd. 40, Silver Springs, ① (352) 625 2520, Mo–Fr 7.30–16 Uhr, www.fs.usda.gov/ocala.*
Pittman Visitor Center, *45621 State Rd. 19, Altoona, ① (352) 669 7495.*
Die Visitor Center sind je nach Saison unterschiedlich geöffnet, in jedem Fall vorher anrufen und Öffnungszeiten erfragen.

Streckenhinweis

Wer noch weiter in das ursprüngliche Florida reisen möchte und eventuell auf ungewöhnlichem Wege die Ostküste z. B. bei St. Augustine anpeilt, hier ein Hinweis: Von Salt Springs erreicht man über die US 19/FR 43 (Sandstraße) die Fort Gates Ferry. Diese Fähre fährt täglich (außer Di) zwischen 8.30 und 17.30 Uhr nach Bedarf über den St. Johns River ($ 10). Es handelt sich hierbei um die älteste Fähre in Florida, sie ist seit 1856 in Betrieb und transportiert auch Fahrzeuge über den Fluss. Auf der anderen Seite gelangt man nach Crescent City. In der Nähe gibt es ein sehr rustikales Camp: das Gateway Fish Camp (Adresse: 229 Fort Gates Ferry Rd., Crescent City, ① (386) 467 2411). Hier werden sehr preiswerte, einfache Häuschen vermietet.

Weiterfahrtmöglichkeit über die SR 309 nach Palatka von hier über den St. Johns River (Brücke) und die SR 100 und 207 nach St. Augustine. Die Fähre ist auch in die andere Richtung nutzbar.

Silver Springs

Im Westen der ausgedehnten Waldgebiete von Ocala liegt der Silver Springs State Park. Bereits seit 1878 fahren an diesen Süßwasserquellen **Glasbodenboote**, die angeblich sogar hier erfunden wurden. Diese artesische Quelle zählt zu den größ- *Glasboden-boote* ten der Welt. Das kristallklare Wasser erlaubt schöne Blicke in die Unterwasserwelt. Außerdem kann man in diesem Park Bootstouren durch die tropische Flussvegetation Floridas unternehmen und die Wege unter den Schatten spendenden Bäumen versprechen einen erholsamen Spaziergang. Kinder werden Interesse finden an den einzelnen Tiervorführungen und -erläuterungen, von denen die über den großen weißen Alligator mit Sicherheit zu den Höhepunkten gehört. Auch ein Karussell und einen Spielplatz gibt es.

Silver Springs State Park, *5656 E. Silver Springs Blvd., Silver Springs (an der State Road 40 gelegen, westlich des Ocala National Forest), ➀ (352) 261 5840, www.silver springs.com, tgl. 9–17 Uhr, .*

Angeschlossen an den Park ist auch der **Wild Waters Park** *(tgl. 10–18 Uhr, Tageskarte $ 33, Kinder $ 28, im Winter geschlossen) mit Rutschen, Flüssen und Wellenbad.*

🛏 Übernachtung

Days Inn Silver Springs/Ocala East $$, *5751 E. Silver Springs Blvd, Silver Springs, ➀ (352) 236 2575. Einfaches und günstiges Hotel.*

---

info

Wieso gibt es in Florida riesige, kristallklare Quellen?

Der Untergrund weiter Teile Floridas wird von einer Kalkschicht gebildet, dem sog. *Floridan Aquifer* (Grundwasserleiter). In diesem porösen Gestein wird Wasser nicht nur gespeichert, sondern auch klar gefiltert und bildet Floridas größten Süßwasservorrat. Über dem Floridan Aquifer liegen weitläufige, Wasser sperrende Lehmschichten. Die wellenförmige Lage der Schichten führt dazu, dass das im Kalk in Mulden lagernde Wasser stark unter Druck gerät. Ist dieser Druck größer als der Gegendruck der Lehm- und Tonschicht, bricht das Wasser in Form einer artesischen Quelle aus.

Im nördlichen Florida gibt es etwa 30 Quellen, die mehr als 3 m³ Wasser pro Sekunde fördern. Die besonders bekannten Quellen sind:

Rainbow River (bei Dunnellon)
Homosassa Springs
Silver Springs (bei Ocala), bis zu 30 m tief
Wakulla Springs (südlich von Tallahassee)

Abstecher zur Senioren-Gemeinde The Villages

Streckenhinweis

Von Ocala aus über den Hwy. 27/301 in Richtung Süden, The Villages liegt dann auf der linken Seite.

Der erste Eindruck ist der eines Disney-Parks für ältere Menschen. Alles ist sehr gepflegt und sauber, die Blumenbeete und Rasenflächen sehen aus wie manikürt, alles ist stets frisch angestrichen. Auf einem Gebiet von riesigen Ausmaßen leben hier 80.000 Menschen, verteilt auf verschiedene *gated communities* in unterschiedlicher Ausstattung und Preislage. Die Häuser kosten etwa 150.000 bis weit über eine Million Dollar.

Aus dem eigenen Village gelangt man durch ein elektrisches Tor zu den Verbindungsstraßen, die zu kleinen Shopping- und Dienstleitungszentren führen. Außer Autos sind die Hauptverkehrsmittel Golfwagen, die zum Teil herrlich aufgemotzt sind und auf speziellen Wegen, die kleinen Autobahnen ähneln, flitzen. Es gibt Musik- und Theateraufführungen, Golf-, Softball- und Poloanlagen, Kinos, Fitness- und Wellness-Center und fast jede weitere denkbare Art der Zerstreuung, Aktivität und Entspannung. Im Hintergrund ist alles bis ins kleinste Detail reglementiert. Eigene kreative Gartengestaltung? Fehlanzeige! Hausveränderungen, etwa eine andere Wandfarbe? Forget it! Enkelkinder mehr als drei Wochen im Haus? Nicht erlaubt. In jedem Haus muss ein Bewohner mindestens 55 Jahre alt sein. Das Paragraphenwerk der Regulierungen lässt jeden deutschen Beamten erblassen, aber diese Ordnung scheint hier vielen Menschen Halt zu geben. Man will seinen Lebensabend ohne Stress und Mühen einfach genießen, jeder Tag ist kostbar. *Strikte Ordnung*

🛏 Übernachtung und Restaurants

Es gibt viele Übernachtungsmöglichkeiten. Die schönste, da am Wasser gelegen, ist das **Waterfront Inn Sumter Landing $$$**, *1105 Lake Shore Dr., Lake Sumter Landing, The Villages, ① (352) 753 7535, www.waterfrontinnvillages.com. Zum Schlendern, Einkaufen und Essengehen bieten sich Lake Sumter Landing und Spanish Springs Town Square an. Hier gibt es viele Geschäfte und Restaurants.*

Ocala

Ocala ist die Stadt der Pferde und eignet sich als Quartier, wenn man die Silver Springs und den Ocala National Forest besuchen möchte. In Ocala leben heute etwa 57.000 Menschen, die – neben den vielen Beschäftigten im Gesundheitswesen und im sozialen Bereich – vor allem von der Pferdezucht, dem Anbau von Zitrusfrüchten und Gemüse sowie dem Abbau von Kalkstein leben. Das Klima dieser Region eignet sich in besonderer Weise zur Zucht von Araberpferden. In Ocala und dem Marion County gibt es heute ca. 600 Pferdezuchtfarmen und ein wenig erinnert die parkähnliche Landschaft mit den langen Zäunen und tiefgrünen Wiesen an England. *Stadt der Pferde*

👉 Folgende Gestüte können besichtigt werden

Ocala Stud Inc., *4200 S. W. 27th Ave., 2 Meilen westlich der FL 200, ① (352) 237 2171, www.ocalastud.com (vorher anrufen). Hier wurden berühmte Pferde gezüchtet; u. a. gibt es einen Trainingsparcours sowie ein Schwimmbecken für Pferde.*
Bonnie Heath Farm, *7145 N. W. 125th St. Rd., Reddick, gute 14 Meilen nördlich von Ocala, ① (352) 591 1014, www.bonnieheathfarm.com (vorher anrufen). Mitte der 1950er Jahre wurde die berühmte Pferdezucht aufgebaut. Der Hengst Needles war die erste Züchtung aus Florida, die das Kentucky Derby gewann.*

Appleton Museum of Art

Das sehr sehenswerte und stilvolle Museum wurde 1984 aus italienischem Marmor erbaut. Finanzier war der Pferdezüchter Arthur I. Appleton. Zu sehen sind etwa

6.000 Exponate aus der präkolumbischen Zeit, daneben Antiquitäten aus Europa, dem Orient und Afrika. Besonders sehenswert sind die Objekte der europäischen Kunst aus dem 19. Jh.

Appleton Museum of Art, *4333 E. Silver Springs Blvd., ✆ (352) 291 4455, www.appletonmuseum.org, Di–Sa 10–17, So 12–17 Uhr, Erw. $ 8, Kinder (bis 9 J.) Eintritt frei.*

Reisepraktische Informationen Ocala

Information

Visitor Center, *im historischen National Bank Building, 112 N. Magnolia Ave., ✆ (352) 438 2800, www.ocalamarion.com, geöffnet Mo–Fr 8–17 Uhr.*

Übernachtung

Holiday Inn Ocala Conference Center $$–$$$, *3600 S. W. 38th Ave., ✆ (352) 629 9500, www.holidayinn.com. Angenehmes Hotel der Kette, sauber, mit beheiztem Swimmingpool.*

Hilton Ocala $$$$, *3600 S.W. 36th Ave., ✆ (352) 854 1400, www.hiltonocala.com, 196 Zimmer. Nett gelegenes Hilton mit schöner Lobby und gutem Restaurant (Arthur's, s. u.).*

Restaurants

Entlang der US 200 gibt es eine Vielzahl an z. T. guten Restaurants (allerdings meist Ketten), z. B. **Outback** *(4899 E. Silver Springs Blvd., australische Atmosphäre, Steaks und Bier),* **Olive Garden** *(3363 S. W. College Rd., italienische Küche) oder* **Chilli's** *(11290 S. W. 93rd Court Rd., mexikanisch).*

Besonders empfehlenswert sind außerdem:

Arthur's, *3600 S. W. 36th Ave., ✆ (352) 390 1515, www.hiltonocala.com, im Hilton Ocala. Gediegenes Ambiente, gute amerikanische Küche, sonntags Brunch.*

Harry's Seafood Bar & Grille, *24 S. E. 1st Ave., ✆ (352) 840 0900, www.hookedonharrys.com. Durchgehend geöffnet. Kreolisch inspirierte Küche, gutes Preis-Leistungs-Verhältnis.*

Camping in der Umgebung von Ocala

Silver Springs Campers Garden, *3151 N. E. 56th Ave., Silver Springs, ✆ (352) 236 3700, www.silverspringsrvpark.com. Campingplatz mit Swimmingpool, direkt gegenüber den Quellen von Silver Springs.*

Osceola National Forest

Streckenhinweis

Östlich von Lake City, über die US 90 zu erreichen. 1,1 Meilen hinter dem Örtchen Olustee gibt es dann Hinweisschilder links vom Campingplatz.

Das etwa 650 km² große Waldgebiet – nach dem Seminolenführer Osceola benannt – ist hauptsächlich mit Pinien bestanden. Teile des Gebiets sind sumpfig, dort

Osceola National Forest Campsites

wachsen vor allem Zypressen. Es ist ein urwüchsiges Gebiet, das von Wanderwegen, durchzogen ist, die zum 1.400 Meilen langen **Florida-Trail** gehören.

Olustee Battlefield Historic State Park

Hier fand am 20. Februar 1864 die größte Schlacht des Bürgerkriegs in Florida statt. Mehr als 10.000 Soldaten waren an dem fünfstündigen Gefecht beteiligt. Der erbitterte Kampf forderte hohe Verluste auf beiden Seiten und endete mit einem Sieg der Konföderierten. Die Schlacht wird jährlich im Februar nachgespielt.
An der US 90 gelegen, 15 Meilen östlich von Lake City, ✆ (386) 758 0400, www.florida stateparks.org/park/Olustee-Battlefield, Visitor Center tgl. von 9–17 Uhr geöffnet.

Reisepraktische Informationen Osceola National Forest

i **Informationen**
Osceola Ranger District, *24874 US Hwy. 90, Olustee, ✆ (386) 752 2577, www.fs.usda.gov/osceola*
The Depot Visitor Center, *5923 Pine St., Sanderson, ✆ (386) 752 0147, Fr–So, 9–16 Uhr.*

⚠ **Camping**
*Am Nordufer des **Ocean Pond** gibt es einen sehr schönen Campingplatz. Hier kann man auch schwimmen, angeln oder auf markierten Trails wandern. Sehr saubere sanitäre Anlagen, $ 6–18.*

Abstecher zum Ichetucknee Springs State Park

Streckenhinweis

Südwestlich von Lake City am Hwy. 27, in der Nähe von Fort White

Entspanntes Vergnügen: Tubing auf dem Ichetucknee River

Der glasklare Ichetucknee River fließt etwa 6 Meilen durch schattige Bauminseln bis er den Santa Fe River erreicht. Von Ende Mai bis Anfang September ist *tubing*, Wildwasserfahrten auf großen Gummireifen, die Hauptaktivität auf diesem Flussabschnitt, aber man kann auch Schnorcheln, Kanu fahren oder wandern. Von Oktober bis März kann man im Blue Hole auch richtig tauchen (Tauchschein erforderlich). Das Equipment kann außerhalb des Parks ausgeliehen werden.

Ichetucknee Springs State Park, *12087 S.W. US Hwy 27, Fort White,* ① *(386) 497 4690, www.floridastateparks.org/ichetuckneesprings, tgl. 8 Uhr bis Sonnenuntergang geöffnet, Visitor Center Mo–Fr 8–16 Uhr, $ 6/Auto, Kanu fahren/Tubing $ 5.*

Suwannee River State Park

Abseits vom Tourismus   Dies ist ein wunderbares Gebiet zum Erholen, denn aufgrund seiner Lage abseits der Pfade des Massentourismus ist der Suwannee River State Park nur wenig besucht.

Der Suwannee River ist ein viel besungener Fluss. Floridas Staatshymne heißt „Old Folks at Home". In diesem Lied verewigte der Komponist Stephen Foster den Flussnamen, da er die Melodie des Worts „Suwannee" mit dem Süden der USA assoziierte – und das, obwohl er den Fluss niemals selbst gesehen hatte. Übrigens:

Auf Foster gehen auch die Lieder „Oh, Susanna" und „My Old Kentucky Home" zurück.

Der Suwannee entspringt in den Okefenokee Swamps in Südgeorgia und fließt 240 Meilen (384 km) durch Florida, bevor er in der Nähe der Stadt Suwannee in den Golf von Mexiko mündet. Im Oberlauf ist der Fluss schmal und windet sich zwischen hohen Kiefern und stattlichen Zypressen z. T. an steilen Ufern entlang. Die Zuflüsse des Alapaha, Withlacoochee und Santa Fe River sorgen für größeren Wasserzulauf: Hier beginnt der Suwannee breiter zu werden. Es gibt in diesem mittleren Teil viele Flachstellen und Sandbänke. Besonders reizvoll sind die glasklaren Quellen, von denen die Troy und Falmouth Springs besonders beeindruckend sind. Im unteren Lauf verschwinden die Sandbänke und der breite Fluss mündet mit seinem kalten Wasser in den Golf von Mexiko.

Im Gebiet Suwannee River State Park mündet der Withlacoochee River in den Suwannee. Im Park kann man campen und kleine oder größere Wanderungen (bis 18 Meilen) und Kanutouren auf dem Suwannee River Wilderness Trail (s. u.) unternehmen.

Vielbesungen: der Suwannee River

ℹ️ **Information**
Suwannee River State Park, 3631 201st Path, Live Oak (der Park liegt 13 Meilen westlich von Live Oak an der US 90), ✆ (386) 362 2746, www.floridastateparks.net/suwanneeriver, tgl. von 8 Uhr bis Sonnenuntergang geöffnet, $ 5/Auto, Kanuverleih. **Campen im Park** $ 22, einfache Cabins $ 100/Nacht.

🔺 **Camping**
Spirit of the Suwannee Music Park, 3076 95th Dr., Live Oak, (7 Meilen nördlich an der US 129), in dichtem Wald gelegen, mit umfassenden Angebot an Musikveranstaltungen ✆ (386) 364 1683 www.musicliveshere.com. Camping ab $ 25/Nacht.

Suwannee River Wilderness Trail: unterwegs in Floridas Wasserwildnis

ℹ️ **Information**
Ausführliche Infos zu allen Camps, Einrichtungen, Kanuvermietern etc. unter www.floridastateparks.org und beim **Tourism Center Nature & Heritage**, 10499 Spring St., White Springs (an der Kreuzung Hwy. 136 und US 41), ✆ (386) 397 1091.

Eine wunderbare Idee: Die Wildnis entlang des Flusses ist von verschiedenen Stellen aus zugänglich und mit der notwendigen Infrastruktur versehen. Auf einer Länge von 207 Meilen (330 km) wurde ein System mit *Hubs*, *River Camps* und *Rest Areas* angelegt. Der Trail beginnt am Stephen Foster Folk Culture Center Park bei White Springs. Die Träger des Erholungsgebiets sind staatliche Stellen und private Konzessionäre.

Stationen am Trail

Hubs: sind die zentralen Zugangsstellen zum Fluss, ausgestattet mit Toiletten, Waschmöglichkeiten, Campingplätzen und einfachen Holzhäusern zum Übernachten.

River Camps: befinden sich zwischen den Hubs und liegen für Kanufahrer in Tagesweite entfernt. Auch sie sind mit sanitären Anlagen und Gemeinschaftseinrichtungen wie z. B. mit Mückenschutz ausgestatteten Essräumen versehen. Für Campingfreunde gibt es eingerichtete Zeltplätze mit ebenem Untergrund (Holzplattformen) oder einfache Plätze in der Natur. Die River Camps stehen Kanuwanderern, Fahrradfahrern, Wanderern und Reiter zur Verfügung.

Rest Areas: liegen zwischen den Hubs und River Camps und dienen als Pausenstationen.

Entlang des Trails liegen einige State Parks.

Stephen Foster Folk Culture Center Park

Der Park liegt an den Ufern des Suwannee und ehrt mit seinem Namen den Komponisten Stephen Foster. Vom Glockenturm (Carillon Tower) des Parks kann man viermal täglich seinem Song „Old Folks at Home" hören. Aktivitäten umfassen wandern, Fahrrad fahren, Kanu fahren. Zudem gibt es ein kleines Museum in Erinnerung an den Komponisten *(tgl. 9–17 Uhr).*

11016 Lilian Saunders Dr./Hwy. 41 N., White Springs, ☏ (386) 397 4331, www.floridastateparks. org/stephenfoster. Eintritt $ 5, Camping $ 20, Cabin $ 100/ Nacht.

Anfahrt: *Lage an der US 41 in White Springs. Vom Interstate 75 fährt man auf der SR 136 ca. 4 Meilen in Richtung Osten.*

Wes Skiles Peacock Springs State Park

Im Park liegen 2 größere Klarwasser-Quellen und 6 „Sinkholes" (Einbruchhöhlen) in natürlichem Zustand. Ein Eldorado für Taucher.

18081 185th Rd. (Administration Office), Live Oak, ☏ (386) 776 2194, www.floridastateparks.org/

Suwannee River Wilderness Trail

peacocksprings, $ 4, Tauchen $ 15 (man benötigt einen Tauchschein – nur im Gebiet des Orange Pink Sink ist das Tauchen erlaubt). **Anfahrt zum Parkeingang:** *Von Live Oak fährt man auf der SR 51 nach Südwesten (ca. 17 Meilen) bis nach Luraville. Dann biegt man links in die 180th Street ein und folgt dieser 2 Meilen.*

Troy Spring State Park

In der Tiefe der Quelle liegt ein altes Dampfschiff aus dem Jahre 1863, das hier versenkt wurde, um eine Beschlagnahme zu verhindern. Es gibt hier hübsche Rastplätze, einen Landungsplatz für Kanufahrer und tolle Schwimm- und Schnorchelgelegenheiten.

674 N.E. Troy Springs Rd., Branford, ☎ (386) 935 4835, www.floridastateparks.org/troy spring, $ 5 /Auto, $ 15 Tauchgebühr (nur mit Tauchlizenz). **Anfahrt:** *von Branford 6 Meilen nach Norden auf de HWY 27, dann nach rechts in die CR 425/Troy Springs Rd. (hier weitere 1,3 Meilen, Parkeingang liegt rechts).*

Am Fanning Springs State Park

Fanning Springs State Park

Die Quelle liefert fast 250 Millionen Liter Wasser täglich. Wunderschön sind hier das Schwimmen und das Schnorcheln.

18020 N.W. Highway 19, Fanning Springs, ☎ (352) 463 3420, www.floridastateparks. org/fanningsprings, $ 6/Auto, einfacher Campingplatz $ 5 (nur für die, die auf dem Wilderness Trail unterwegs sind), Cabins $ 100/Tag (für bis zu 7 Personen), Tauchen $ 15. Anfahrt: An der US 19 bei Fanning Springs

Manatee Springs State Park

Die riesige Quelle liefert fast 400 Millionen Liter Wasser täglich, die dem Suwannee River zufließen. Im Winter schwimmen hier Manatees (Seekühe), um das dann

Glasbodenbootfahrt

als warm empfundene Wasser zu genießen. Herrliche Schwimmgelegenheit! Wander- und Radfahrwege.
11650 N. W. 115th St., Chiefland, Florida, ☎ (352) 493 6072, www.floridastateparks.org/ manateesprings, $ 6/Auto, Camping $ 20, **Anfahrt:** *Abzweig von der US 19/98, nördlich von Chiefland in die SR 320 – nach 6 Meilen ist man am Ziel.*

Kanuverleih

Suwannee Guides & Outfitters, *PO Box 304, Suwannee, ☎ (352) 542 8331, www.suwanneeguides.com, bietet im Fanning Springs und Manatee Springs State Park Kanus (inkl. Shuttle-Service) und geführte Touren an.*

Madison

Das kleine Landstädtchen (ca. 3.000 Einwohner) lohnt einen Aufenthalt. Das Wardlaw-Smith House (*103 N. Washington St.*) wurde 1860 als ein typisches Herrenhaus im Stil des amerikanischen Südens erbaut. Heute steht es unter Denkmalschutz und dient als Konferenzzentrum.

Tipp
Übernachtung abseits und zwischendurch

Wer – weil Wetter und Umgebung gut gefallen – eine schöne, ruhige Übernachtungsstelle sucht, dem sei das **Grace Manor Bed and Breakfast Victorian Inn** *in Greenville zwischen Madison und Monticello empfohlen. Das stilvolle Haus wurde 1898–1902 erbaut und ermöglicht nostalgisches Wohnen im Stil des amerikanischen Südens. Alle vier Zimmer sowie das Cottage sind individuell mit alten, schönen Möbeln ausgestattet. Im elegant anmutenden Dining Room wird das Frühstück serviert und nach Vereinbarung kann man hier ein Candlelight Dinner genießen. Und ein Swimmingpool ist auch vorhanden.*

Adresse: *117 S. W. US 221, Greenville,* ☎ *(850) 948 5352, www.gracemanorinn.com.* **Anfahrt** *über US 90 und US 221 S, etwa 2 Meilen nördlich des Interstate 10, Exit 241 (von hier nur 38 Meilen nach Tallahassee), Preisniveau wie bei guten B & B; DZ $ 85–125.*

Monticello

Zentraler Punkt des 1827 gegründeten Ortes ist das alte Gebäude des Kreisgerichts (County Courthouse) mit seiner silbrig glänzenden Kuppel. Benannt wurde der Ort (2.500 Einwohner) nach dem Landgut von Präsident Thomas Jefferson in Virginia.

In früheren Zeiten war der Ort florierender Handelsmittelpunkt des Umlands, mit seinen vielen Baumwollplantagen. In dieser Zeit des Reichtums und des Wohlstands entstanden die meisten der noch heute teils sehr schön erhaltenen Häuser, so u. a. das Monticello Opera House

Monticellos County Courthouse

(1890). Doch als die Pflanzungen vom mexikanischen Baumwollkäfer zerstört wurden, nahm der wirtschaftliche Wohlstand ein Ende.

Die im Norden des Ortes gelegene Altstadt besteht aus schönen Alleen und gut restaurierten alten Häusern. Unikum von Monticello ist ein im Juni stattfindender **Spuckwettbewerb** mit Wassermelonenkernen.

Reisepraktische Informationen Monticello

Information
Monticello Chamber of Commerce, *420 Washington St.,* ☎ *(850) 997 5552, www.monticellojeffersonfl.com.*

Übernachtung
1872 John Denham House $$, *555 W. Palmer Mill Rd.,* ☎ *(850) 997 4568, www.johndenhamhouse.com. Ebenfalls ein sehr gediegenes Haus teils sehr großen Zimmern, das 1890 von John Denham erbaut wurde, einem schottischen Einwanderer, der hier als Baumwollhändler und Schiffsmakler tätig war.*
The Cottage Bed and Breakfast $$$–$$$$, *295 W. Palmer Mill Rd.,* ☎ *(850) 342 3541, www.thecottagebedbreakfastandrestaurant.4t.com. Kleines, gemütliches B&B-Haus inmitten grüner Wiesen und schattiger Eichen. Stilvolle Einrichtung. Wunderschön ist der „Venetian Garden" Nach Vereinbarung kann man hier auch zu Abend essen. Im Ort gibt es außerdem einfache Motels (z. B. das sehr preiswerte* **Super 8 Motel** *im Kreuzungsbereich Interstate 10/US 19,* ☎ *997 8888, www.super8.com) sowie dazugehörige typisch amerikanische Restaurants wie Arby's, Pizza Hut und Konsorten.*

Tallahassee

Überblick und Geschichte

Hauptstadt Wer weiß schon, dass **Tallahassee die Hauptstadt von Florida** ist! Die wenigsten Touristen kommen in den *Panhandle*. Sie bringen sich damit um die Gelegenheit, eine wirklich charmante, historisch gewachsene Stadt kennenzulernen. Schon vor der Ankunft der europäischen Eroberer siedelten hier Apalachee-Indianer. Bereits Hernando de Soto traf hier 1539 die Häuptlinge, um sich nach der Umgebung und vermeintlichen Schätzen zu erkundigen. De Soto verbrachte hier den Winter und soll hier das erste Weihnachtsfest auf nordamerikanischem Boden gefeiert haben. 1633 errichteten die Spanier eine Reihe von Missionsstationen, so u. a. auch die San Louis Mission. 1704 bezwangen die Engländer Spaniens Bastionen und verjagten auch die Indianer. Aus dieser Zeit soll der Name *Tallahassee* stammen, der in der Sprache der indianischen Bevölkerung so viel wie „alte Stadt" oder „verlassene Felder" bedeuten soll.

1824 wurde das eigentliche Tallahassee als Hauptstadt von Florida gegründet. Die beiden um diesen Status rivalisierenden Städte, St. Augustine im Osten und Pensacola im Westen, lagen 600 km weit auseinander. Man einigte sich so ziemlich auf die Mitte, eben auf Tallahassee. Auch als Florida 1845 zum 27. Bundesstaat der USA wurde, behielt Tallahassee seinen Rang als Hauptstadt.

Südstaaten- Heute leben in Tallahassee etwa 180.000 Einwohner. Die Stadt versprüht noch im-
Charme mer typischen Südstaaten-Charme: Alleen, von deren Bäumen das Spanische Moos herabhängt, versteckt liegende herrschaftliche Häuser, in Würde gealterte Gärten,

Das Old State Capitol (dahinter das New Capitol)

ein renoviertes Altstadtviertel und relativ wenige Hochhäuser haben ein ruhiges, behäbiges Stadtbild erhalten. Über die Hälfte der Menschen arbeitet in Behörden. Arbeitsplätze bieten aber auch die Holzindustrie, Verlage und Druckereien. Unbescheiden bemerkt ein lokaler Prospekt, dass Tallahassee wie Rom auf sieben Hügeln liegt, die zu den Apalachian Mountains gehören.

Sehenswertes in der Stadt

Florida State Capitol (1)

Das Kapitol strahlt die Vornehmheit alter amerikanischer Regierungssitze aus. Die Säulengänge, die Kuppel sowie die einfache Innenausstattung vermitteln einen würdigen Eindruck. Mit dem Bau wurde bereits 1839 begonnen, allerdings wurde das Gebäude in etlichen Etappen vergrößert, so 1845 und 1902. Denn: Ursprünglich (1845) lebten im gesamten Florida nur 58.000 Menschen, 1902 waren es bereits 530.000 und heute sind es fast 20 Millionen. Kein Wunder, dass die Verwaltung deshalb auch mehr Raum beanspruchte.

So wurde denn 1978 das **New Capitol** eingeweiht, ein eher schmuckloser, einfallsarmer Bau – aber mit immerhin 22 Stockwerken. Hier offeriert sich an klaren Tagen ein toller Ausblick auf die Stadt und sogar bis nach Georgia. Die fast 250 Kirchtürme signalisieren: Wir sind im *Bible Belt*. Auf dem gleichen Stockwerk übrigens gibt es die Florida Artists Hall of Fame, wo man den Berühmtheiten Ray Charles, Burt Reynolds, Ernest Hemingway und Tennessee Williams huldigt.

Das New Capitol

Florida State Capitol, 400 S. Monroe St./Apalachee Pkwy., ① *(850) 487 1902, www.flhistoriccapitol.gov, Mo–Fr 9–16.30, Sa 10–16.30, So 12–16.30 Uhr, Eintritt frei, Spenden willkommen.*
New Capitol, 400 S. Monroe St., ① *(850) 488 6167, Touren starten am Welcome Center am West Plaza Eingang des Capitols, Infos auch unter www.flsenate.gov u. www. myfloridacapitol.com.*

Museum of Florida History (2)

In dem unlängst renovierten Museum findet man interessante Exponate zu Floridas Vergangenheit sowie aktuelle Ausstellungen. Permanente Bereiche sind „Florida in the Civil War", „World War II" und – wohl vor allem für Liebhaber von historischen Schiffen interessant – „Naval Ships Named Florida". Die jüngste Dauerausstellung „Forever Changed: La Florida 1513–1821" wurde 2012 eröffnet. Ihr Schwerpunkt liegt auf der turbulenten Zeit zwischen der Ankunft der Europäer in Florida und der Eingliederung in die Vereinigten Staaten und insbesondere auf dem Zusammenleben verschiedener Kulturen. Zu den interessantesten Ausstellungs-

stücken des Museums gehören ein altes Indianer-Kanu (ein so genanntes *Dugout*) und das Skelett eines Mastodons, das man bei Wakulla Springs fand. Im Andenkenladen des Museums gibt es eine gute Auswahl von Literatur über Florida.
Museum of Florida History, *R.A. Gray Building, 500 S. Bronough St., ① (850) 245 6400, www.museumoffloridahistory.com, Mo–Fr 9–16.30, Sa 10–16.30, So 12–16.30 Uhr.*

info

Spanisches Moos

In vielen Gegenden Floridas, insbesondere im mittleren und nördlichen Teil, hängen schleierartig Pflanzen an Bäumen herunter, die eine melancholische Stimmung verbreiten, ja fast gespenstisch wirken. In der Umgangssprache bezeichnen die Amerikaner sie als *Spanish Moss* (Spanisches Moos). Botanisch betrachtet handelt es sich um *Epiphyten*. Damit sind Gewächse gemeint, die auf anderen Pflanzen, bevorzugt Bäumen, wachsen, ohne diesen allerdings Nährstoffe zu entziehen. Die Epiphyten haben Systeme entwickelt, die es ihnen ermöglichen, eigenständig Wasser und Nährstoffe aufzunehmen und zu speichern. In Florida sind die Epiphyten mit der Ananaspflanze verwandt und nicht, wie man dem Namen nach vermuten würde, mit Moos. Da die Pflanze sich selbst versorgt, ist sie auch kein Schmarotzer. Wird aber das Gehänge zu schwer und zu dicht, kann es den Baum allmählich abwürgen, weil es ihm Licht und Luft wegnimmt.
Zum Spanischen Moos gibt es einen kleinen Mythos: Einst habe sich ein spanischer Eroberer in ein indianisches Mädchen verliebt. Er kaufte es, doch die Schöne mochte den Konquistador nicht leiden. Sie flüchtete auf einen Baum, doch der Verehrer folgte ihr. Von oben ließ sie sich in einen kristallklaren Teich fallen. Als der Spanier ebenfalls vom Baum ins kühle Nass springen wollte, verfing sich sein Bart im Geäst und blieb als Spanisches Moos zurück.

Bäume mit Spanischem Moos

Tallahassee Übersicht

★ **Sehenswürdigkeiten**
1 Florida State Capitol
2 Museum of Florida History
3 Canopy Roads
4 Old City Cemetery
5 Mission San Luis Living History Village
6 Pebble Hill Plantation
7 Alfred B. Maclay Gardens State Park
8 Lake Jackson Mounds Archaeological State Park
9 Natural Bridge Battlefield Historic State Park
10 Wakulla Springs State Park

❶ Restaurants
1 Sage
2 Barnacle Bill's Seafood Restaurant
3 Waterworks

Downtown siehe S. 503

Tallahassee Museum

N

0   2 mi
0   3,2 km

©graphic

Canopy Roads (3)

Spanish
Moss

Als *Canopy Roads* bezeichnet man Straßen, deren Baumbestand dicht mit Spanischem Moos behangen ist. Diese Schleier sind typisch für Bäume der Südstaaten, die über den Straßen tunnelartige Baldachine bilden. In Tallahassee gelten neun Straßen offiziell als Canopy Roads. Die schönsten dieser Alleen sind die Meridian Rd., das Gebiet Monroe St./Park Ave. sowie das Gelände vor dem alten Kapitol.

Old City Cemetery (4)

Lohnender
Spaziergang!

Eingerahmt von Call St. und Park Ave. sowie M. L. King Blvd. und Macomb St. liegt der alte Friedhof der Stadt. Die Gräber stammen noch aus dem frühen 19. Jh. Die verschiedenen Grabsteine, die mit Spanischem Moos behangenen Bäume und die kontrastreiche Kulisse des New State Capitol im Hintergrund machen einen Spaziergang hier lohnend.

Der kleine Friedhof auf der gegenüberliegenden Seite der Call St. bietet sogar noch interessantere Gräber, so z. B. das eines Neffens von Napoleon, der in der Nähe eine Plantage besessen hat.

Mission San Luis Living History Village (5)

Hier kann man rekonstruierte Gebäude aus der spanischen Zeit sowie eine Indianersiedlung der Apalachee erkunden. 1675 lebten hier in der Indianersiedlung mindestens 1.400 Menschen. 1704 flohen die Apalachee, nachdem sie von Creek-Indianern sowie den britischen Soldaten fortgejagt wurden. Sie brannten zuvor ihre Siedlung nieder.
Mission San Luis Living History Village, *2100 W. Tennessee St., ✆ (850) 245 6406, www.missionsanluis.org, Di–So 10–16 Uhr, Erw. $ 5, Kinder (6–17 J.) $ 2.*

Idyllisch: Fahrradwege in Flussnähe

👉 Tipp

Ein wunderschöner Tag: mit dem Fahrrad von Tallahassee nach St. Marks oder zu den Wakulla Springs
Wo früher Dampflokomotiven Baumwolle von den Plantagen in die Häfen transportierten, verläuft heute ein Radweg, der St. Marks Historic Railroad State Trail. Der 20 Meilen lange asphaltierte Weg führt zum großen Teil durch das Waldgebiet des **Apalachicola National Forest**. Endpunkt ist das Fischerdorf **St. Marks** am Zusammenfluss des St. Marks River und des Wakulla River. Das Schönste ist: Man kann unterwegs zu den glasklaren Wakulla Springs abzweigen (4 Meilen vom Trail entfernt). Der Zugang befindet sich am Capital Circle Trailhead, 4778 Woodville Hwy.

Reisepraktische Informationen Tallahassee

 Informationen
Tallahassee Area Visitor Information Center, *106 E. Jefferson St., ☎ (850) 606 2305 o. (1-800) 628 28 66, www.visittallahassee.com, Mo–Fr 8–17.*

 Übernachtung
Wie üblich liegen an den Ausfallstraßen die **Häuser der Motelketten**, *besonders an der N. Monroe St. (Interstate 27, hier Baymont Inn, Quality Inn, La Quinta Inn, Country Inn & Suites, Super 8 etc.).*
Aloft Tallahassee Downtown $$–$$$ (3), *200 N. Monroe St., ☎ (850) 513 0313, www.alofttallahassee.com. Modern und eher auf jüngeres Publikum zugeschnitten. Gutes Preis-Leistungsverhältnis. „Downtown" heißt hier aber auch: Nichts für allzu lärmempfindliche Schläfer.*
The Little English Guesthouse $$–$$$ (1), *737 Timberlane Rd., ☎ (850) 907 9777, www.littleenglishguesthouse.com. Wunderschönes, mit viel Engagement geführtes Haus mit nur 3 Zimmern. Die Inhaber geben gerne Auskünfte und Tipps für Unternehmungen. Gutes Frühstück.*
DoubleTree by Hilton Hotel Tallahassee $$$ (4), *101 S. Adams St., ☎ (850) 224 5000, http://doubletree3.hilton.com. 2 Blocks vom Kapitol entfernt, Swimmingpool, angenehm schlichte Zimmer.*
Governors Inn $$$–$$$$ (5), *209 S. Adams St., ☎ (850) 681 6855, www.thegov inn.com. Altes restauriertes Haus mit weltläufiger Atmosphäre, Nähe State Capitol – von*

👉 Tipp

16 Meilen westlich der Stadt in Quincy (über den Highway 90 erreichbar): **McFarlin House $$–$$$$**, 305 E. King St., Quincy, ☎ (850) 875 2526, www.mcfarlinhouse.com. Sehr stillvolles, gemütliches Haus, gebaut 1895, umgeben von einer gepflegten Anlage mit Azaleen und Spanischem Moos. Auf Wunsch wird z. B. für $ 70 ein romantisches Dinner im Zimmer, im formellen Dining Room oder auf der Veranda serviert. Oder wie wär's mit einem Bad bei Kerzenschein mit Champagner für $ 30? (Vorbestellungen für Dinner und Bad 3 Tage im Voraus erbeten).

Geschäftsleuten und Regierungsbeamten bevorzugt, am Wochenende auch für Touristen angenehm.

Hotel Duval $$$$ (2), 415 N. Monroe St., ① (850) 224 6000, www.hotelduval.com. Anstelle des alteingesessenen Plaza Hotels eröffnete hier ein schickes Boutique-Hotel mit drei Restaurants, jede Etage ist in einem anderen Farbton gehalten, alles sehr elegant.

⚠ Camping

Tallahassee RV Park, 6504 Mahan Dr., ① (850) 878 7641, www.tallahasseervpark.com. Pool, Preis pro Stellplatz ab $ 46.

Silver Lake Campground, Anfahrt: Westlich von Tallahassee gibt es die Kreuzung der SR 263 und 20. Ab hier folgt man der SR 20 knapp vier Meilen in westlicher Richtung bis ein Schild den Weg nach links Richtung Silver Lake anzeigt. Von hier folgt man der Silver Lake Rd. Weitere drei Meilen. Schön angelegt in der Natur mit Tischen, Grills und sauberen sanitären Einrichtungen. Sandstrand am See, Wandermöglichkeiten.

🍴 Restaurants

Andrew's Capital Grill & Bar (4), 228 S. Adams St., ① (850) 222 3444, www.andrewsdowntown.com. Restaurant mit einem Mix aus amerikanischem und italienischem Essen (diverse Fleisch- und Fischgerichte sowie Pasta) – mittlere Preise, sehr lebendig, So geschl.

Altstadt von Tallahassee

Sage (1), 3534 Maclay Blvd., ① (850) 270 9396, www.sagetallahassee.com. Kreative, moderne Küche, französisch und kreolisch inspiriert. Serviert wird im stilvollen Innenraum oder auf der Terrasse. Gute Weinkarte. Mo geschl., So nur Brunch.

Barnacle Bill's Seafood Restaurant (2), 1830 N. Monroe St., ① (850) 385 8734, http://barnaclebills.com (ohne "www"). Besonders zu empfehlen für Freunde von Austern und geräuchertem Fisch, aber auch Steaks und Pasta bereichern die vielseitige, lebendige Speisekarte, die zum Mixen einlädt. Rustikale Atmosphäre.

AUSSERHALB:

Spring Creek, 33 Ben Willis Rd., Crawfordville, ① (850) 926 3751. 40 km südlich der Stadt am Ende der SR 365 liegt mitten im Wald dieses rustikale, gute Fischrestaurant. Viel tagesfrischer Fisch. Alkoholische Getränke müssen mitgebracht werden. Mo geschl.

🍸 Bars

Fermentation Lounge (5), 113 All Saints St, ① (850) 727 4033. Viele verschiedene Biere, auch Selbstgebrautes. Beliebt und entsprechend voll, besonders freitags.

Tallahassee Downtown

0 Hotels
1 The Little English Guesthouse
2 Hotel Duval
3 Aloft Tallahassee Downtown
4 DoubleTree by Hilton Hotel Tallahassee
5 Governors Inn

0 Restaurants/Bars
1 Sage
2 Barnacle Bill's Seafood Restaurant
3 Waterworks
4 Andrew's Capital Grill & Bar
5 Fermentation Lounge

Waterworks (3), 1133 Thomasville Rd., ☎ (850) 224 1887. Jazz und DJ-Musik mit einer alten Tiki-Bar. Auch kleine Speisekarte.

Fahrradverleih
Great Bicycle Shops, 1909 Thomasville Rd., ☎ (850) 224 7461, www.great bicycle.com.

Bus
StarMetro ☎ (850) 891 5200, www.talgov.com/starmetro. Tallahassees öffentliche Busse.
Greyhound Terminal 112 W. Tennessee St. Ecke N. Duval St., ☎ (850) 222 4249, www.greyhound.com.

Sehenswertes in der Umgebung

Pebble Hill Plantation (6)

Südstaaten-Plantage

Die Gartenanlagen, die Ställe und das Herrenhaus von 1820 vermitteln den Eindruck einer Südstaaten-Plantage. Das Herrenhaus ist heute ein Museum mit alten Möbeln, Silber und Bildern von John James Audubon. Wunderschön sind auch die umliegenden Gärten und Parkanlagen.

Pebble Hill Plantation, *1251 US Hwy. 319, ☎ (229) 226 2344, www.pebblehill.com. 5 Meilen südwestlich von Thomasville über die US 319 zu erreichen. Park und Haupthaus Di–Sa 10–17, So 12–17 Uhr, Erw. $ 5, Kinder (2–12 J.) $ 2.*

Die Pebble Hill Plantation

Alfred B. Maclay Gardens State Park (7)

Tolle Gärten

Dies war ursprünglich der Wintersitz des New Yorker Finanziers Alfred B. Maclay. Die Möblierung entspricht der Zeit um 1920. Die herrlichen Gärten, 1923 angelegt, gehören heute dem Staat Florida. Insbesondere im Frühjahr empfängt den Besucher eine faszinierende Vielfalt blühender Blumen und Sträucher (u. a. Kamelien, Azaleen, Palmettos, Magnolien). Im Lake Hall darf man schwimmen und Kanu fahren. Dies ist ein wunderbarer Platz für ein Picknick – Tische und Grillstellen gibt es am Ufer, und für Wanderer und Fahrradfahrer steht ein 5 Meilen langer Trail zur Verfügung.

Alfred B. Maclay Gardens State Park, *Abzweigung von der US 319, 3540 Thomasville Rd., Tallahassee, ☎ (850) 487 4556, www.floridastateparks.org/maclaygardens. $ 6/Auto Park. Die Gärten sind tgl. 9–17 Uhr zugänglich, Jan–April (blooming months), Erw. $ 6, Kinder 2–12 J. $ 3. Der Wintersitz kann nur Jan–April besichtigt werden (9–17 Uhr).*

In den Maclay Gardens

Lake Jackson Mounds Archaeological State Park (8)

Diese indianischen Grabhügel liegen in der Nähe des Lake Jackson, Abzweigung von der US 27 North. Der größte misst etwa 100 m im Durchmesser und erhebt sich 12 m hoch. Man fand hier Gegenstände aus präkolumbischer Zeit wie Halsketten, Armreifen, Fußketten und Deckmäntel.

Lake Jackson Mounds Archaeological State Park, *3600 Indian Mound Rd., ☏ (850) 922 6007, www.floridastateparks.org/lakejackson, $ 3/Auto, tgl. von 8 Uhr bis Sonnenuntergang geöffnet.*

Natural Bridge Battlefield Historic State Park (9)

Schauplatz der zweitgrößten Bürgerkriegs-Schlacht in Florida. Hier setzte im Jahr 1865 eine bunt zusammengesetzte Verteidigungstruppe aus Studenten, Männern aus der Zivilbevölkerung und professionellen Soldaten der konföderierten Südstaaten den anrückenden Einheiten der Union erfolgreich Widerstand entgegen. Damit ist Tallahassee die einzige östlich des Mississippi gelegene Hauptstadt eines konföderierten Staates, die im Verlaufe des amerikanischen Bürgerkrieges (1861–1865) nicht von Unionstruppen besetzt werden konnte.

Jährlich wird dieser Verteidigungskampf hier nachgespielt, und zwar stets am ersten Sonntag nach dem 6. März.

Natural Bridge Battlefield Historic State Park, *7502 Natural Bridge Rd., 6 Meilen östlich von Woodville (südlich von Tallahassee), ☏ (850) 922 6007, www.florida stateparks.org/naturalbridge, www.nbhscso.com, $ 3/Auto, tgl. von 8 Uhr bis Sonnenuntergang geöffnet.*

Wakulla Springs State Park (10)

22 km südlich von Tallahassee liegen die Wakulla Springs. Inmitten einer Waldland-schaft, die von Pinien, Laubbäumen und Zypressen bestimmt wird, liegt in einer
Kristallklare Tiefe von 55 m die kristallklare Quelle. Pro Minute sprudeln aus dem alten Ero-
Quelle sionstrichter etwa 600.000 Liter Wasser, die den Wakulla River ergeben. Damit befindet man sich direkt an einer der größten und tiefsten Quellen der Welt.

Bei einer Glasbodenbootsfahrt kann man diese Wunderwelt unter Wasser genie-ßen und den Fischschwärmen wie in einem Aquarium zuschauen. Auf dem Grund
Unterwasser- der Quelle liegen Knochen eines Mastodons, eines urzeitlichen Rüsseltieres. Wie
welt die Skelettteile in die Quelle gelangten, ist rätselhaft. Wissenschaftler nehmen an, dass diese Urtiere im Verlauf der Kaltzeiten über die Gebirgsketten von Georgia und Alabama nach Florida gelangten und wahrscheinlich bei der Überquerung der zugefrorenen Quelle einbrachen. Amerikanische Mastodons – dem heutigen Ele-fanten verwandt – lebten in Nordamerika bis zum Ende des Pleistozän. Ein Teil des noch im Handel befindlichen fossilen Elfenbeins stammt von dieser Art.

Schön zum Schwimmen: die Wakulla Springs

Das Wort *Wakulla* stammt aus der Sprache der Seminolen und soll so viel wie „seltsames Wasser" bedeuten. Die Indianer und später auch die Spanier betrach-teten das Wasser der Quelle als heilsam. Von Ponce de León wird gesagt, dass er mit seinen Leuten auf der Suche nach dem legendären Jungbrunnen den St. Marks River hinauffuhr. Bei Fort St. Marks verließen sie ihre Segelschiffe und fuhren den Wakulla River stromaufwärts, bis sie zu der Quelle gelangten. Die Indianer, welche an der Quelle lebten, begrüßten die Männer freundlich. Die Spanier schwammen und fischten, doch ebenso wenig wie bei St. Augustine fanden sie hier ihre Verjün-gung. Die Schönheit der Quelle ließ Ponce de León dennoch nicht los. Er kehrte 1521 zurück, wurde diesmal aber von feindlich gestimmten Indianern im Verlaufe einer Schlacht so schwer verletzt, dass er kurz nach seiner Rückkehr nach Havan-na starb.

Die einzige Unterkunft vor Ort ist die **Lodge at Wakulla Springs**, dort gibt es auch **zwei Ausstellungsstücke**, die man sich nicht entgehen lassen sollte:
In der Eingangshalle liegt „**Old Joe**", der **legendäre Alligator**, welcher ein biblisches Alter von annähernd 200 Jahren erreichte und etwa 320 kg wog. Seine Heimat lag direkt an der Quelle auf einer Sandbank, gegenüber dem zum Schwimmen zugelassenen Teil des Flusses. Am 1.8.1966 wurde Old Joe von einem Unbekannten erschossen. Heute kann man Old Joe in seinem Plexiglaskasten anschauen, auf dem steht: „This is Old Joe's first and only cage." Zu betrachten gibt es ebenfalls einen **Mastodon-Zahn**, den man 1949 aus der Wakulla-Quelle heraufholte.

Die Glasbodenbootsfahrt (*Erw. $ 8, Kinder (3–12 J.) $ 5*) sollte man nach Möglichkeit am späten Vormittag unternehmen, wenn die Sonne das Quellgebiet voll bescheint und man sehr gut in die Tiefe schauen kann. Eine andere angebotene Fahrt, die ca. 30 Min. dauert, führt etwa eine Meile den Wakulla River abwärts. Hier kann man die vielfältige Vogelwelt, Alligatoren, sich sonnende Schildkröten und eine üppige Vegetation bestaunen. Ebenso kann man sich hier sehr gut beim Schwimmen im relativ kühlen Wasser erholen. Von einem Sprungturm ist es möglich, in das kristallklare Wasser zu springen. Auf einem kleinen kurzen Wanderweg durch das bewaldete Gebiet um die Quellen kann man sich etwas die Füße vertreten.

Herrliches Schwimmen

Reisepraktische Informationen Wakulla Springs State Park

ℹ Information
Edward Ball Wakulla Springs State Park, *465 Wakulla Park Dr., von Tallahassee über die SR 61 nach Süden bis zur Kreuzung mit der SR 267, ☏ (850) 561 7276, www.floridastateparks.org/wakullasprings, $ 6/Auto.*

🛏 Übernachtung
The Lodge at Wakulla Springs $$$, *550 Wakulla Park Drive, ☏ (850) 421 2000 www.wakullaspringslodge.com. Sehr schöne, idyllische Lage direkt im Park an der großen Quelle, sehr gute Bademöglichkeiten.*

The Lodge at Wakulla Springs ist die einzige Unterkunft im State Park

Tallahassee – Pensacola

Streckenübersicht

Entfernung: Tallahassee – Pensacola: ca. 310 km (mit den im Text beschriebenen Abstechern ca. 100 km mehr).
Empfohlene Route: von Tallahassee entlang des Interstate 10.
Übernachtung: Wer es nicht zu eilig hat, kann unterwegs z. B. in Marianna einen Stopp einlegen (vor allem, wenn man einen Kanutrip plant).
Achtung: Zeitumstellung! Zwischen Tallahassee und den Florida Caverns wird die Zeit um eine Stunde zurückgestellt. Aus 12 Uhr in Tallahassee wird 11 Uhr an den Florida Caverns.

Unterwegs nach Pensacola

Marianna

Marianna ist ein kleines Örtchen mit ca. 9.500 Einwohnern, hübschen Häusern und einer zur Erholung einladenden Umgebung. Das Städtchen trägt den etwas hochtrabenden Beinamen „Belle of the Panhandle".

Reisepraktische Informationen Marianna

Übernachtung
The Hinson House $$, *4338 Lafayette St., ① (850) 526 1500, http://phonl. com/hinson_house/. Das Haus (ca. 1922) ist hübsch und gemütlich eingerichtet und verfügt über 5 Zimmer. Ganzjährig ist ein Weihnachtsbaum zu bewundern, der fast 4 m hoch ist und der je nach Jahreszeit dekoriert wird. Ein üppiges Frühstück ist inbegriffen.*
Quality Inn $$, *2175 Hwy. 71 South, ① (850) 526 5600, an der Fl 71 N, Ausfahrt 21 von der I 10, www.qualityinn.com. Sauberes Mittelklassehotel, Swimmingpool. Auf der gleichen Straße liegen Ramada Inn, Super 8 Motel, Best Western, Hampton Inn, Holiday Inn Express, alle von vergleichbarer Qualität.*

Camping
Arrowhead Campsites, *4820 Highway 90 East, ① (850) 526 7578, www. arrowheadcamp.com. Schöne Lage am Meritt's Mill Pond, Swimmingpool. Picknick-Areal, gute Angelmöglichkeiten. Camping $ 26, Cabins ab $ 60.*
Three Rivers State Park, *7908 Three Rivers Park Rd., Sneads, ① (850) 482 9006, www.floridastateparks.org/threerivers, Anfahrt: 30 km östlich über die US 90, dann 2 Meilen nördlich auf der Fl 271. Hier liegt am Ufer des Lake Seminole der schöne Campingplatz (gute Angel- und Wandermöglichkeiten). $ 3 /Auto, Cabin $ 65, Zeltplatz $ 16.*

Kanus/Tube-Fahren und Kanuverleih
Bear Paw Adventures, *2100 Bear Paw Lane, ① (850) 482 4948, www.bear pawescape.com. Kanu- und Tubetouren auf dem Spring Creek, der nach 2 Meilen in den Chipola River mündet. Hier geht es weitere 2 Meilen stromabwärts.*

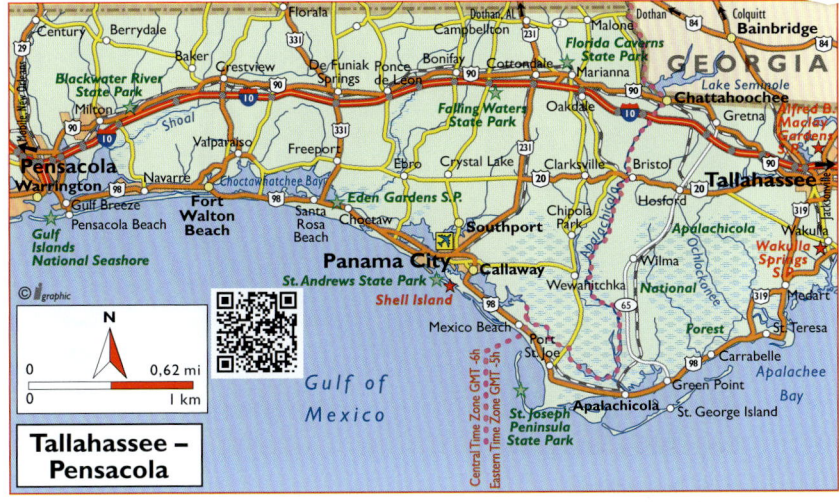

Tallahassee – Pensacola

Florida Caverns State Park

3 Meilen nördlich (an der SR 166) des kleinen Örtchens Marianna befindet sich der Florida Caverns State Park. Dieses Kalksteingebiet ist ein geologisches Relikt aus jener Zeit, als Florida noch unter der Meeresoberfläche lag und sich die Skelette der Meerestiere allmählich zu Kalkstein verdichteten. Durch einsickerndes Wasser wurden über die Zeit Hohlgänge aus dem Gestein ausgewaschen. Entstanden ist dadurch ein ca. 22 m unter der Oberfläche liegendes Höhlenlabyrinth mit einer eindrucksvollen Tropfsteinlandschaft. 1818 sollen sich hier im Zuge des Einmarsches von General Jackson (dem späteren US-Präsidenten und dem Schlachtensieger von New Orleans 1815) Indianer versteckt haben.

Florida Caverns State Park, 3345 Caverns Rd., Marianna, ① (850) 482 1228, www.floridastateparks. org/floridacaverns, $ 5/Auto für den Park, Tropfsteinhöhlen Erw. $ 8, Kinder (3–12 J.) $ 5, keine Touren am Di u. Mi.

Auf dem Campingplatz gibt es sehr schöne schattige Plätze. Ein kurzer Weg vom Campingplatz führt zur Blue Hole Spring Swimming Area (manchmal geschlossen, vorher anfragen) mit einem kleinen Sandstrand. Camping $ 20.

Redaktionstipps

▸ Die Tropfsteinhöhlen der **Florida Caverns** (S. 509).

▸ Die **historischen Distrikte** in Pensacola (S. 514).

▸ **Übernachten:** in **Pensacola** im „Pensacola Grand Hotel" (S. 518) im alten Bahnhofsdepot.

▸ **Essen:** Burger in **Pensacola** im „McGuire's Irish Pub" (S. 518) oder Seafood in **Pensacola Beach** im „Flounder's Chowder House" (S. 522).

▸ **Optimale Zeiteinteilung: 2–3 Tage.**
1. Tag: Für die 400 km nach Pensacola am besten nicht zu spät losfahren, besonders wenn man unterwegs die Florida Caverns besichtigen möchte. Übernachten in Pensacola.
2. Tag: Die historischen Distrikte von Pensacola und andere Sehenswürdigkeiten in und um Pensacola anschauen. Anschließend zum Übernachten nach Pensacola Beach fahren. Evtl. noch Zeit fürs Baden einplanen, abends leckeres Seafood essen.
3. Tag: Ein ganzer Tag an den herrlichen Stränden des Golfs von Mexiko.

In den Tropfsteinhöhlen

👉 **Hinweis**
Da die Temperatur hier zwischen 15 und 19 Grad Celsius beträgt, empfindet man dies besonders im Sommer als lausig kalt. Also Jacke mitnehmen!

info

Tropfsteinhöhlen

Unter Tropfstein versteht man in der Geologie verschieden geformte Gebilde, die vorwiegend aus Kalziumkarbonat (CaCo3) bestehen. Sie entstehen dadurch, dass kalkreiches Wasser aus Gesteinsfugen herabtropft und verdunstet. An den Decken der Tropfsteinhöhlen bilden sich herabhängende Stalaktiten. Am Boden wachsen ihnen dann Stalagmiten entgegen. Manchmal verbinden sich Stalaktiten und Stalagmiten zu Stalagnaten als durchgehende Tropfsteinsäule.

Chipola River Paddling Trail

Durch das Kalksteinsystem bei Marianna fließt der Chipola River. Auf dem Fluss werden sehr erlebnisreiche Kanufahrten angeboten: Der wunderschöne Chipola Paddling Trail ist ein Teil von Floridas „Greenways-and-Trail"-Systems. Er beginnt an der Stelle wo die SR 166, die von Marianna in den Florida Caverns State Park führt, den Fluss überquert. Die Gesamtlänge des Trails, der leicht zu befahren ist, misst 51 Meilen, die Strömung beträgt 2–3 Meilen/Stunde. Es empfiehlt sich nicht, *Kanufahrt* den ersten Teil des Trails, also zwischen State Park und Brücke, zu befahren, da er einiges abverlangt: Hier ist das Wasser sehr flach und die Bäume hängen extrem tief.

Die Strecke schlängelt sich durch Wälder und Sümpfe, teils sind die Ufer von Kalkfelsen gesäumt. Man sieht Biber, Alligatoren und jede Menge Schildkröten. Wenn der Chipola River wenig Wasser führt, ist er an manchen Stellen extrem flach. Eine solche besonders extreme Stelle sind die „Look and Tremble Falls" unterhalb der Brücke der State Road 274, wo es schon einmal passieren kann, dass man das Kanu tragen muss.

Die einzelnen Abschnitte untergliedern sich wie folgt:		
	wo?	**Abschn. in Meilen**
1.	Florida Caverns State Park – Brücke SR 166	1
2.	SR 166 Brücke (1 Meile nördlich von Marianna – hier Einsetzen des Kanus)	
3.	SR 280 Brücke/ Magnolia Road, 1 Meile westlich der SR 71	10
4.	SR 278 Brücke/ Peacock Bridge Road, 1 Meile westlich der SR 71	10
5.	SR 274 Brücke – 3 Meilen westlich von Altha	8
6.	SR 20 Brücke – 1 Meile östlich von Clarksville	10
7.	SR 71 Brücke – Scotts Ferry	13

 Infos und Karten
unter www.dep.state.fl.us/ gwt/guide

 Kanuverleih
Chipola River Outfitters, *Hwy. 71, Altha,* ☎ *(850) 762 2800, www.chipolariveroutfitters.com. Verleih von Kanus, Tubes und SUP-Boards, Drop-off- und Abholservice.*
Bear Paw Adventures, *Marianna, s. S. 508.*

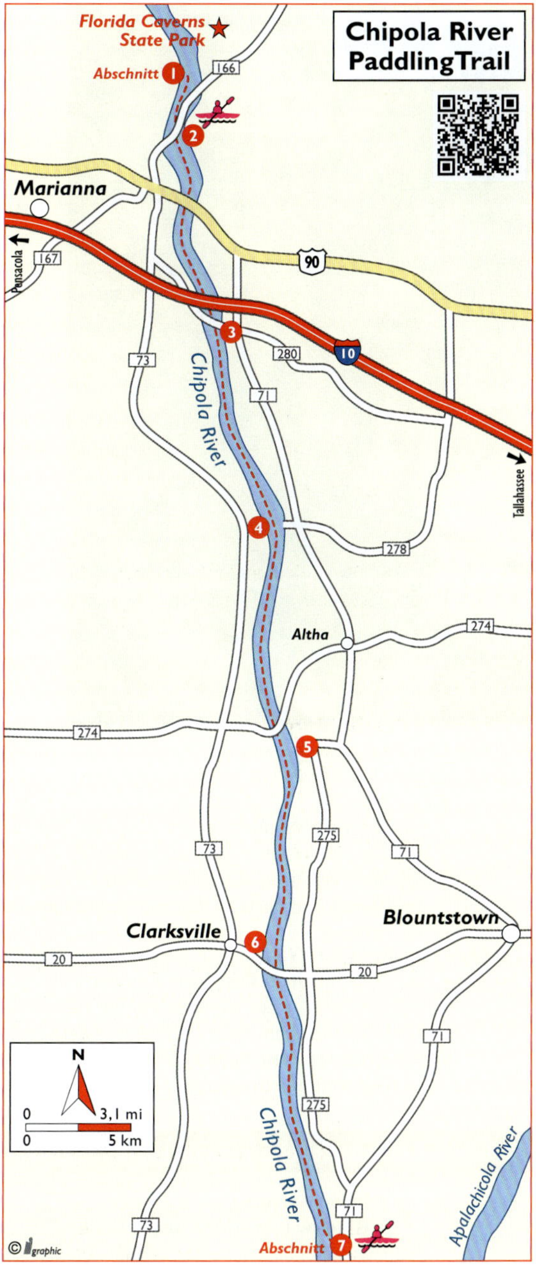

Chipola River PaddlingTrail

Florida Caverns State Park
Abschnitt **1**
166

2

Marianna

Pensacola

167

90

3
280
73
71
10

Chipola River

4
278

Altha
274

5
274

73
275
71

Clarksville   **Blountstown**
6
20   20

71

N
0   3,1 mi
0   5 km

Chipola River
275

71

Apalachicola River

73
73

© graphic
Abschnitt **7**

Floridas höchster Wasserfall: Falling Waters

Falling Waters State Park bei Chipley

An der State Road 77 A etwa 3 Meilen südlich der Ortschaft Chipley liegen die Falling Waters. Hier stürzt ein Wasserfall in eine 30 m tiefe Doline, einen Karsttrichter. Der Wasserfall ist zwar hübsch anzuschauen, aber mit einer Höhe von 24 m nicht der imposanteste Vertreter seiner Art. Dennoch: Da Florida ein sehr flaches Gebiet ist, gilt ein Wasserfall schon als kleines Naturwunder; und dieser ist sogar der höchste im gesamten Bundesstaat. Zusätzlich gibt es in dem Gebiet schöne Wander- und Bademöglichkeiten.

Falling Waters State Park, *1130 State Park Rd., Chipley, ① (850) 638 6130, www.floridastateparks.org/fallingwaters, $ 5/Auto, Camping $ 18.*

Blackwater River State Park

Dieses Naturschutzgebiet liegt nordöstlich von Milton und verfügt über einen Campingplatz, Bademöglichkeiten und viele Wanderwege; u. a. ist der Red Ground Trail bekannt, ein alter Handelsweg der Indianer. Sehr zu empfehlen ist eine vier- bis sechsstündige Kanufahrt auf dem glasklaren, durchschnittlich 70 cm tiefen Blackwater River, dessen Flussbett sandig und dessen Ufer von Magnolien und Zedern gesäumt ist.

Outdoor-Abenteuer   Inmitten der Wälder, 12 Meilen nördlich von Milton/Highway 87, liegt das **Adventures Unlimited Outdoor Center**. Hier gibt es preiswerte Unterkünfte, einen Campingplatz, einen Kanuverleih für Fahrten auf den kristallklaren Flüssen sowie einen Seilrutschen-Park; ein kleines Abenteuer und ein großer Spaß.

Adventures Unlimited, *8974 Tomahawk Landing Rd., Milton, (850) 623 6197, www.adventuresunlimited.com.*

Reisepraktische Informationen Blackwater River State Park

ℹ Information
Blackwater River State Park, *7720 Deaton Bridge Rd., Holt, ① (850) 983 5363, www.floridastateparks.org/blackwaterriver, $ 4/Auto, Camping $ 20.*

🛏 **Übernachtung**

Schoolhouse Inn $$–$$$, *auf dem Gelände von Adventures Unlimited, Kontakt, s. o. Gemütliches Schulgebäude aus dem Jahre 1920, das Adventures Unlimited als Hotel betreibt. Die Zimmer sind nach Schriftstellern und Künstlern benannt und bodenständig aber stilvoll eingerichtet. Kompetente Vermieter, die viel über Aktivitäten in der Umgebung berichten können.*

Holiday Inn $$–$$$, *8510 Keshav Taylor Drive, Milton,* ① *(850) 626 9060, www. ichotelsgroup.com. Üblicher Mittelklasse-Standard.*

⚠ **Camping**

Campen ist auf dem State Park Campground möglich, aber auch auf dem Gelände von Adventures Unlimited (s. o.).

Pensacola

Überblick

Pensacola zählt heute etwa 52.000 Einwohner. Mit viel Hingabe restauriert man seit einigen Jahren den Stadtkern. Obwohl Pensacola auch moderne Gebäude hat, spürt man atmosphärisch und architektonisch doch sehr stark den Einfluss des alten Südens. Viele der Villen sind von großen, von Spanischem Moos bedeckten Eichen umgeben, die historischen Häuser entlang der Hauptstraße besitzen noch immer herrliche Balkone und schmiedeeiserne Gitter. *Schön restauriert*

Pensacola ist das „Western Gate to the Sunshine State", also das westliche Einfallstor nach Florida mit seinen blendend weißen Stränden, die sich ostwärts über etwa 160 km erstrecken. Die Pensacola Bay ist der einzige Tiefwasserhafen des Bundesstaates – ein geografischer Vorteil, der Wirtschaft und Geschichte der Stadt maßgeblich bestimmte und noch immer bestimmt. Noch immer ist der Hafen der größte Arbeitgeber in der Stadt. Ansonsten lebt die Bevölkerung neben dem langsam steigenden Aufkommen an Touristen vor allem von der Herstellung von Papier und chemischen Produkten (Nylon) sowie der Weiterverarbeitung von Holz. Seit 1914 ist Pensacola zudem Sitz der US Navy. Nach intensiven Studien fand diese heraus, *US Navy* dass die Stadt ein idealer Standort für die Luftwaffenflotte ist, denn die Anzahl der klaren Tage ist sehr hoch. Auch die Naval Air Station ist heute ein bedeutender Arbeitgeber für die gesamte Region.

Geschichte

Pensacola blickt auf eine sehr wechselhafte Geschichte zurück und verdient streng genommen – statt St. Augustine – den Titel der „ältesten europäischen Stadt in *Älteste Stadt?* den USA". Schon 1559 errichtete der Spanier Tristán de Luna auf Wunsch des spanischen Königs Phillip II. hier eine Siedlung – sechs Jahre vor der Gründung St. Augustines durch Pedro Menéndez de Avilés im Jahre 1565. Doch der provisorische Ort wurde zwei Jahre später wieder aufgegeben. Erst 1752 belebten die Spanier

Schmiedeeiserne Balkone in Pensacola

durch Gründung einer dauerhaften Siedlung diese Stelle. Über den Ursprung des Namens ist man sich nicht einig: Einige meinen, er leite sich von den Indianern ab, die hier gelebt hatten. Eine andere Version behauptet, es handele sich hierbei um eine Mutation von Peñíscola, einer spanischen Hafenstadt.

City of Five Flags
Pensacola trägt den Beinamen „City of Five Flags" (Stadt der fünf Flaggen):
- Die ersten Siedler hissten die rot-gelb-rote Flagge **Spaniens**.
- 1719 wehte hier die Tricolore, nachdem die **Franzosen** die Spanier nach drei Seeschlachten besiegt hatten.
- 1763 hissten die **Briten** hier den Union Jack, bis die Spanier 1781 das Gebiet wieder übernahmen.
- 1821 schaffte es Andrew Jackson, Florida den Spaniern abzukaufen – nun wehte das **Sternenbanner der USA** über den Dächern der Stadt.
- Während des Bürgerkriegs (1861–1865) stand Florida auf Seiten der **Konföderierten Staaten** und kämpfte unter der Stars-and-Bars-Flagge.

Sehenswertes in Pensacola

Seville Historic District/Historic Pensacola Village (1)

Mitten in Downtown, etwa zwischen der S. Tarragona St. und der 9th Ave. erstreckt sich von der Küstenlinie bis fast an den Hwy. 98 der Seville Historic District. In diesem Gebiet, oft auch Pensacola Historic District genannt, befand sich die erste permanente Siedlung der spanischen Eroberer. Für die Aufnahme in das

★ Sehenswürdigkeiten

1 Seville Square Historical District/
   Historic Pensacola Village
2 Palafox Street
3 North Hill Preservation District

4 National Naval Aviation Museum
5 Fort Pickens
6 Gulf Islands National Seashore

🄾 Unterkünfte

1 Noble Manor B&B
2 The Pensacola Grand Hotel (Crowne Plaza)
3 Residence Inn Pensacola Downtown

🄾 Restaurants

1 Jasmine Fusion
2 Pot Roast & Pinot
3 1912 Restaurant
4 McGuire's Irish Pub

National Register of Historic Places waren aber die gut erhaltenen Gebäude ausschlaggebend, die hauptsächlich aus der Zeit nach dem Bürgerkrieg stammen. Der namensgebende Seville Square befindet sich im Südwesten des District.

Das historische Herz Pensacolas liegt am Rande des Seville Historic District: Hier bilden 27 gut erhaltene, dicht beisammenliegende Gebäude das **Historic Pensa-**

Alte Häuser im Historic District

cola Village. Elf der Gebäude sind für die Öffentlichkeit zugänglich, drei fungieren als Museum. Das Herzstück des Historic Pensacola Village bildet das **T.T. Wentworth Jr. Florida State Museum** *(330 S. Jefferson St.)*. Die umfangreiche Sammlung zur Geschichte Floridas geht zurück auf den Unternehmer T.T. Wentworth. Das Museum ist im ehemaligen Rathaus der Stadt untergebracht, das 1908 im spanischen Missionsstil erbaut wurde. Auf drei Stockwerken beherbergt das Museum ein Sammelsurium von Exponaten zu Geschichte und Natur des westlichen Floridas, vom Cola-Automaten bis zur mumifizierten Katze.

Einblicke in die Traditionen des Handwerks bietet das **Museum of Industry** *(200 E. Zarragossa St.)*. Direkt nebenan liegt das **Museum of Commerce** *(201 E. Zarragossa St.)*, in dem eine Straße um 1900 nachgebildet ist, inklusive einer Druckerei, Pferdewagen und Straßenbahn. Kinder werden im liebevoll gestalteten **Pensacola Children's Museum** *(115 E. Zarragossa St.)* spielerisch an 450 Jahre Geschichte herangeführt. Sehenswert ist auch die **Old Christ Church**, die älteste Kirche Floridas von 1835. Zu den bedeutenderen Häusern gehören das 1871 im Greek-Revival-Stil erbaute **Dorr House** *(311 S. Adams St.)* und das **Lavalle House** *(203 E. Church St)*, eines der ältesten Stadthäuser (Baujahr 1805) und ein typischer Vertreter der kreolischen Architektur der Golfküste. Das **Julee Cottage** *(205 E. Zarragossa St.)* ist weniger wegen seiner Architektur als wegen seiner Geschichte interessant: Hier lebte eine freigelassene Sklavin.

Historische Gebäude

 Informationen & Tickets: *Tivoli High House, 205 E. Zarragossa St., ☎ (859) 595 5990, www.historicpensacola.org, Öffnungszeiten (auch Museen): Di–So 10–*

16 Uhr, Tickets beinhalten das gesamte Village, die Museen und geführte Touren (Di–So 11, 13 u. 14.30 Uhr) und sind eine Woche gültig. Erw. $ 6, Kinder (3–15 J.) $ 3.

Palafox Street (2)

Die Nord-Süd-Achse der Stadt ist zugleich ihre Lebensader. Insbesondere am Palafox Place, dem mittleren Abschnitt der Straße, reihen sich zwischen historischer Bausubstanz mit schmiedeeisernen Balkonen die Bars, Geschäfte und Galerien. Hier liegt auch das im spanischen Barockstil gehaltene Saenger Theatre, die *Grand Dame of Palafox*, wo regelmäßig Shows, Musicals und klassische Hollywoodfilme gezeigt werden. Einen Kontrast dazu bildet der Palafox Market, der jeden Samstag auf der N. Palafox Street stattfindet. Hier bieten Farmer und Kunsthandwerker Lokales, Saisonales und Selbstgemachtes.

Saenger Theatre, *118 S. Palafox St, ☏ (850) 595 3880, www.pensacolasaenger.com.*
Palafox Market, *Martin Luther King Jr. Plaza, N. Palafox St., zwischen Wright St. und Garden St., www.palafoxmarket.com, Sa 9–14 Uhr.*

North Hill Preservation District (3)

Nördlich des Seville Historic District liegt dieses Villengebiet der wohlhabenden Leute, etwa zwischen 1870 und 1930 erbaut. Die alten Villen liegen in herrlichen, schattigen Parks unter alten, mit Spanischem Moos behangenen Bäumen.
Weitere Informationen: *www.historicnorthhill.com.*

 Tipp: USS Oriskany

35 km vor der Küste liegt das Wrack der **USS Oriskany**. Der Flugzeugträger wurde am 17. Mai 2006 planmäßig versenkt, um ein künstliches Riff zu bilden. Heute ist das sogenannte (Achtung: Wortspiel) Great Carrier Reef Heimat einer lebhaften Unterwasserwelt und gilt als einer der beliebtesten Tauchspots in den USA. Noch bildet die USS Oriskany das **größte künstliche Riff der Welt**. Allerdings gibt es Pläne, vor der Küste bei Naples ein größeres anzulegen.

USS Oriskany, *30˚ 02.555' N, 087˚ 00.397' W. In Pensacola gibt es verschiedene Anbieter, die Tauchgänge und Chartertouren zum Wrack anbieten. Dazu gehören u. a. MBT Divers (3920 Barrancas Ave., ☏ (850) 455-7702, www.mbt divers.com) und Florida Dive Pros (7203 W. Hwy. 98, ☏ (850) 456 8845, www. florida-divepros.com). Das Tauchen ist hier nicht ganz ungefährlich, weswegen einige Erfahrung vorausgesetzt wird.*

National Naval Aviation Museum (4)

Südwestlich der Innenstadt liegt der Marinefliegerstützpunkt **Naval Air Station Pensacola**. Bereits 1826 errichteten die USA hier den Pensacola Navy Yard, um die Kontrolle über die Piraterie und den Schmuggel im Golf zu erlangen. 1914 wurde dann eine Fliegerschule gegründet, aus der das Superteam der Navy, die Kunstflugstaffel der Blue Angels, hervorging. Auf dem Marinefliegerstützpunkt und den umliegenden Militäranlagen arbeiten heute 16.000 Soldaten und 7.400 Zivilisten.

Original-
Flugzeuge

Aber der Stützpunkt beschert Pensacola nicht nur viele Arbeitsplätze, sondern auch eine seiner wichtigsten Sehenswürdigkeiten. Im **National Naval Aviation Museum** sind etwa 150 Flugzeuge ausgestellt, darunter viele Ungetüme, denen man von ihrer Form her kaum die Flugtauglichkeit bescheinigen würde, aber auch historisch bedeutsame Flugzeuge sind hier zu sehen, etwa die NC/4, das erste Flugzeug, das 1919 den Atlantik überquerte. Für Geschichts-Fans kann ein Besuch im nahegelegenen **Fort Barrancas** lohnend sein, interessanter ist allerdings das Fort Pickens auf dem nahegelegenen Santa Rosa Island (s. S. 520). Ein eindrucksvoller Blick über Pensacola und den Golf eröffnet sich, wenn man die 177 Stufen des **Pensacola Lighthouse** erklimmt. Wer die Flugshow der Blue Angels vom Leuchtturm aus beobachten möchte, sollte sich früh genug auf den Weg machen.

National Naval Aviation Museum, 1750 Radford Blvd., ✆ (850) 452 3604 www.navalaviationmuseum.org, tgl. 9–17 Uhr, Eintritt frei, Filme im IMAX Theatre kosten $ 8,75, es gibt verschiedene Flugsimulatoren ($ 6–20). Flugvorführungen der Blue Angels meist Di u. Do 11.30 Uhr.

Fort Barrancas, 3182 Taylor Rd., ✆ (850) 934 2600 www.nps.gov/guis, tgl. 8.30–16.30 Uhr.

Pensacola Lighthouse, 2081 Radford Blvd, ✆ (850) 393 1561, tgl. 10–17.30 Uhr, Erw. $ 6, Kinder (bis 12 J.) $ 4.

👉 **Tipp**

Reist man von Gulf Shores/Orange Beach an, empfiehlt sich der Besuch vor dem Erreichen der Innenstadt.

Reisepraktische Informationen Pensacola

ℹ️ **Informationen**

Visit Pensacola Welcome Center, *1401 E. Gregory St., Pensacola, ✆ 800 434 1234, www.visitpensacola.com. Mo–Fr 8–17, Sa 9–16, So 10–16 Uhr.*

🛏️ **Übernachtung**

Noble Manor B&B $$$–$$$$ **(1)**, *110 W. Strong St., ✆ (850) 434 9544, www.noblemanor.com. Schöne Zimmer in einem Haus im Tudor Revival Style mitten im North Hill Preservation District, leckeres Frühstück, Pool.*

Residence Inn Pensacola Downtown $$$ (3), *601 E. Chase St., ✆ (850) 432 0202, www.residenceinnpensacoladowntown.com. Praktische Zwei-Zimmer-Suiten mit Küche, Pool, sehr empfehlenswert.*

The Pensacola Grand Hotel (Crowne Plaza) $$$$ (2), *200 E. Gregory St., ✆ (850) 433 3336, www.pensacolagrandhotel.com. Gutes Hotel zwischen opulentem Retro-Schick und moderner Eleganz mit interessanten architektonischen Einfällen: Die Lobby ist das restaurierte Louisville and Nashville Railroad Depot von 1912. Entsprechend nah liegt das Hotel an den Gleisen; und die sind noch in Betrieb. Die Lage ist dennoch unschlagbar.*

🍴 **Restaurants**

McGuire's Irish Pub (4), *600 E. Gregory St., ✆ (850) 433 6789, www.mcguiresirishpub.com. Eine irisch-amerikanische Institution. Deftige Gerichte in großen Por-*

tionen, herausragende Steaks und Burger, außerdem Pasta, Seafood und irisches Essen. Liebevoll eingerichtet. Lebhafte Atmosphäre.

1912 Restaurant (3) *im* **Crowne Plaza** *(Adresse s. o.),* ➀ *(850) 433 3336. Französische Küche, sehr gute Fischgerichte, förmliche Atmosphäre mit historischem Touch.*

Jasmine Fusion (1), *119 E. Nine Mile Rd.,* ➀ *(850) 478 0393, www.jasminefusion. com. Tolle Thai-Küche mit angeschlossener Bar. Es werden auch Thai-Kochkurse vom Küchenchef persönlich angeboten. Mo geschlossen.*

Pot Roast & Pinot (2), *321 E. Cervantes St.,* ➀ *(850) 607 7336, www.potroastpinot. com. Herzhafte Schmorgerichte, mit Fleisch und vegetarisch, hervorragende Salate und ein umfangreiches Angebot an Sandwichs. Gediegene Bistro-Atmosphäre und eine Weinkarte, die so umfangreich ist, dass man mit einem iPad durch sie navigieren muss.*

Feste

Jährlich etwa Mitte bis Ende Mai findet die **Fiesta of Five Flags** statt. Gefeiert wird die abwechslungsreiche Historie der Stadt (Umzüge, Kunstausstellungen, Theatervorführungen über die Landung de Lunas 1559 etc.). Infos: www.fiestaoffiveflags.org.

Busse

Greyhound, 505 W. Burgess Rd., im Norden der Stadt, ➀ (850) 476 4800. www.greyhound.com.

Pensacola Beach und Umgebung

Von Pensacola aus geht es über die 3 Meilen lange **Pensacola Bay Bridge**. Links neben der neuen Brücke existiert immer noch ihr Vorgänger, spöttisch bis stolz als der „längste Angelpier der Welt" bezeichnet. Auf halber Strecke liegt auf einer Halbinsel **Gulf Breeze**, die bevorzugte Wohnstadt der wohlhabenden Bürger von Pensacola.

Die Pensacola Bay Bridge

Pensacola Beach ist noch weitgehend unverbaut

Über die nächste Brücke gelangt man nach **Santa Rosa Island**, wo der Ferienort **Pensacola Beach** liegt. Lange haben es die strengen Baubestimmungen nicht zugelassen, Häuser zu errichten, die höher als 11 m sind. Mittlerweile haben sich die Vorschriften aber geändert und die ersten höheren Gebäude recken sich in den Himmel. Ein Bauboom hat hier aber noch nicht eingesetzt, sodass Pensacola Beach sich den Charakter einer überschaubaren Feriensiedlung in jeder Beziehung bewahrt hat. Der Eindruck einer niemals fertigen und immer im Umbruch befindlichen Zusammenwürfelung von Buden, Motels und urigen Holzhäusern sucht seinesgleichen entlang der Küste des Panhandle.

Zusammen-gewürfelt

Es bietet sich an, ein paar Tage zu bleiben, um im Ort Strand, Seafood und das „Laisser-faire" zu genießen. Zudem lohnt sich ein Besuch des **Fort Pickens (5)**. Das Fort wurde 1829 erbaut und während des Bürgerkrieges von Unionstruppen besetzt, die von hier aus die Zufahrt nach Pensacola blockierten. Hier war auch der berühmte Apachenhäuptling Geronimo inhaftiert – „A nice guy!" befanden seine Wärter.

Naturliebhaber sollten sich näher umsehen im **Gulf Islands National Seashore (6)**, das sich östlich und westlich von Pensacola Beach erstreckt. Auf einem „Dune Nature Trail" im westlichen Gebiet werden viele Pflanzen erläutert (Infos in der Ranger-Station einige Meilen westlich von Pensacola Beach).

Die Gulf Islands und die weißen Strände

Zu den Gulf Islands – Golfinseln – gehört eine Kette dem Festland vorgelagerter Inseln, die sich von Biloxi bis östlich von Pensacola über etwa 240 km in west-östlicher Richtung erstreckt. Die Inseln liegen stets in Sichtweite des Festlandes und gelten als „Barrier Islands", als Barrieren-Inseln, die das Festland vor den Stürmen schützen. Die Stürme können aber dazu führen, dass die Inseln geteilt werden (z. B. 1969 Ship Island/Mississippi) bzw. in Wellenrichtung wandern. So sind die Eilande in ständiger Veränderung begriffen: Sie wandern konstant in westliche Richtung. An der Golfseite erheben sich Dünen. Zur offenen Meerseite sind diese Dünen von salzwasserresistenten Pflanzen bewachsen. Hinter den Dünen wachsen Büsche und wenige Bäume. In dem Bereich zwischen den Barrieren-Inseln und dem Festland ist das Wasser weniger salzhaltig. Diesem eher seichten Gewässer werden auch Nährstoffe vom Festland zugeführt, sodass sich dort ein sehr differenziertes marines Leben halten kann.

Strahlend weiße Strände an der Westküste

Die Strände entlang des ca. 160 km langen Miracle Strip (Wunderstreifen) zwischen Pensacola und Panama City sind zum größten Teil sehr sandig und blendend weiß. Die Erklärung dafür ist relativ einfach: Die geografische Ausrichtung des Panhandle entspricht ziemlich genau einer Ost-West-Achse. Die Wellen des Golfs von Mexiko prallen im Winkel von 90 Grad in kurzer Folge und mit voller Energie auf das Land. So wird der Sand immer feiner zerrieben. Durch eine stark ausgeprägte Rückströmung der Wellenbewegung unter der Wasseroberfläche werden unreine Bestandteile aus dem Sand wieder herausgespült. Ebenso gibt es entlang dem Miracle Strip auch keine Flüsse, die Schlamm ins Meer transportieren und verunreinigend wirken können. Der einzige Fluss, der Choctawhatchee River östlich von Fort Walton Beach, lädt seine Schmutzfracht in der gleichnamigen Bucht ab. Die weißen Strände hören genau dort auf, wo der Panhandle langsam nach Südosten abschwingt, südöstlich von Panama City (hinter Port St. Joe). Von dort an gibt es sie nur noch auf den vorgelagerten Inseln.

Reisepraktische Informationen Pensacola Beach und Umgebung

i Information

Santa Rosa Island Authority - Visitors Information Center, *735 Pensacola Beach Blvd., Gulf Breeze/Pensacola Beach, ☎ (850) 932 1500, www.visitpensacolabeach.com. Kurz hinter der Brücke, in Pensacola Beach (an der Dreieckskreuzung).*

Flounder's Chowder House

Übernachtung

Days Inn Pensacola Beach $$$, *16 Via de Luna, ☎ 934 3300, www.daysinn.com. Alle Zimmer mit Mikrowelle, Kaffeemaschine und Kühlschrank.*

APARTMENTWOHNUNGEN

Soundside Holiday Beach Resort $$$, *19 Via de Luna Dr., ☎ (850) 934 2500 o. (1-800) 874 0402, http://holidaybeachresort.com.*

Eden $$$$, *16281 Perdido Key Dr., ☎ 492 3336 oder (1-800) 523 8141, www.edencondominiums.com. Auf der westlichen Nachbarinsel Perdodo Key, südwestlich von Pensacola. Luxuriöse Apartments. Alle Zimmer mit Balkon zum Golf.*

⚠ Camping

Fort Pickens Campground, *☎ (850) 934 2621, www.nps.gov/guis/. Am Ft. Pickens am westl. Ausläufer von Santa Rosa Island gibt es einen relativ ruhigen Campingplatz, der von den Rangern des Gulf Islands National Seashore verwaltet wird. $ 26, Camper müssen sich zw. 8 und 17 Uhr an der Fort Pickens Ranger Station registrieren.*

🍴 Restaurants

Flounder's Chowder House, *800 Quietwater Beach Blvd., ☎ (850) 932 2003, www.flounderschowderhouse.com. Mit Blick auf den Golf kann man auf einem Holzkohlegrill zubereitete frische Fische genießen, Livemusik.*

Peg Leg Pete's, *1010 Ft. Pickens Rd., ☎ (850) 932 4139, www.peglegpetes.com. Austern und Krabbenbeine (Crablegs) sind die Spezialität hier. Man sollte früh da sein oder reservieren, die lange Schlange spricht für die Qualität. Gleich unterhalb des rustikalen Lokals befindet sich ein Beachvolleyball-Feld.*

Die nördliche Golfküste: Pensacola – Apalachicola

Unterwegs nach Apalachicola

Streckenübersicht

Entfernung: Pensacola – Apalachicola: ca. 280 km

Empfohlene Route: Die Strecke (US 98) nach Panama City führt nur zeitweise am Wasser entlang. Hinter Fort Walton Beach aber gibt es mehrere Stichstraßen zur Küste (Scenic C 30 A), bei genügend Zeit lohnt sich ein Abstecher. Auch in Panama City Beach (liegt noch vor der Stadt Panama City selbst) führt der US 98 nicht direkt an der Küste entlang. Es empfiehlt sich also, am Ortseingang nach rechts auf den „Scenic 98" zu fahren, der auf ca. 18 Meilen die Freizeit- und Hotelanlagen am Wasser passiert.

Reisevorschlag: Am besten meidet man die Rummelplätze wie Fort Walton Beach und Panama City. Man versäumt hier außer fragwürdigen Attraktionen und zerstörter Natur wirklich nichts. Das Gebiet wird etwas abwertend als „Redneck Riviera" bezeichnet, als Ferien- und Partyort für Farmer aus Alabama und Georgia. Fort Walton Beach und Panama City Beach sind laute Orte voller Reklameschilder. Tipp: schnell durchfahren!

Nördliche Golfküste

Redaktionstipps

▸ Die **„Puderzucker"-Strände** entlang des Golfs von Mexiko – besonders auf St. George Island (S. 533).
▸ **Übernachten:** in Apalachicola, unterwegs in Destin, Seagrove oder Panama City Beach. Empfehlung für **Destin** ist das „Hilton Sandestin Beach Hotel" (S. 524), für **Apalachicola** das „Gibson Inn" (S. 532).
▸ **Essen:** Austern im „Boss Oyster" in **Apalachicola** (S. 533).
▸ **Bedeutendste Sehenswürdigkeiten:** Eden Gardens State Park (S. 525); Shell Island (S. 528); die Scenic Route C 30 (S. 529); der Fischereihafen (S. 530) und das John Gorrie Museum (S. 530) in Apalachicola.
▸ **Optimale Zeiteinteilung: 2 Tage. 1. Tag:** Zügig bis Port St. Joe fahren und von dort die Scenic Route C 30 nehmen. Übernachtung entlang der Strecke. **2. Tag:** Nach Apalachicola fahren, das John Gorrie Museum anschauen und durch die Stadt und zum Fischereihafen spazieren. Dort Austern-Lunch. Entweder im Gibson Inn übernachten oder in ein Haus auf St. George Island fahren (vorher reservieren!). Einen evtl. **3. Tag** zur Erholung auf St. George Island bleiben.

Von Pensacola Beach geht es in westliche Richtung über die SR 399, die bei Navarre wieder auf den US 98 trifft. **Fort Walton Beach** zeichnet sich durch nichts Besonderes aus und wenn man nicht am Hochseefischen interessiert ist, bietet auch **Destin** nichts Aufregendes – abgesehen von den schönen weißen Stränden und den vielen Hotels.

Reisepraktische Informationen Destin und Umgebung

🛏 Übernachtung

Eine schöne Unterkunft auf dem Weg nach Apalachicola gibt es östlich von Destin, Abzweigung von der US 98 E: **Hilton Sandestin Beach $$$$$**, *4000 Sandestin Blvd. S., Destin, ☎ (850) 267 9500, www.sandestinbeachhilton.com. Das Hotel liegt direkt am Strand, die Anlagen sind großzügig und gepflegt, der Strand ist fantastisch und nicht überlaufen.*

⚠ Camping

Camp Gulf, *10005 Emerald Coast Pkwy., Destin, ☎ 1 877 226 7485, www.campgulf.com. Direkt am Strand und mit Pool.*

Auch **Seagrove Beach** *empfiehlt sich als Übernachtungsort: Dazu fährt man auf die 30 A ab. Hinter den Sanddünen liegen blendend weiße Strände mit kristallklarem Wasser. Und hier kann man noch Einsamkeit genießen.*

🏖 Strände

Praktisch alle Strände zwischen Pensacola und Apalachicola sind strahlend weiß und fein wie Puderzucker, das Wasser ist türkis- und aquamarinfarben und sehr sauber. Besonders schön sind Perdido Key, Eastern Key in der Nähe von Pensacola, Grayton Beach State Park (östl. von Fort Walton), St. Andrews State Recr. Area (östl. von Panama City), Beacon Hill, St. Joseph Peninsula State Park (zwischen Panama City und Apalachicola) sowie die Strände auf St. George Island.

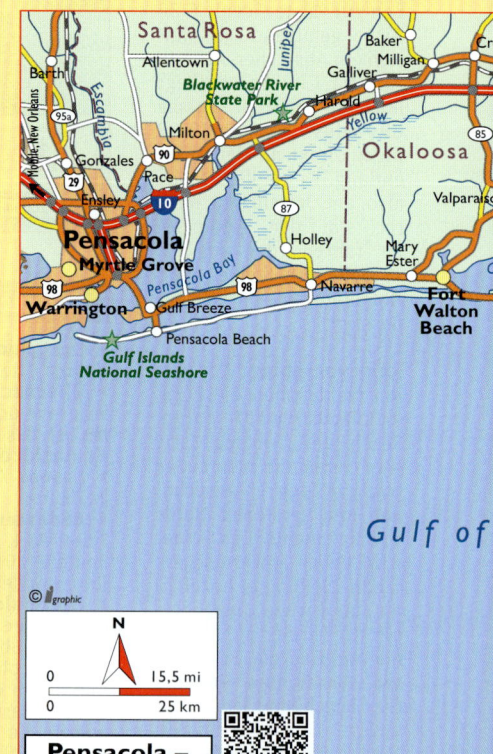

Östlich von Destin gibt es zwei kleine Highlights:

Grayton Beach State Park

Der Strand gilt manch einem als einer der besten in den USA, auch wenn es davon offenbar sehr viele gibt. Der Park bietet eine schöne Kombination aus pulvrigem weißem Sand, Lagunen im Hinterland, Wanderwege (Grayton Beach Nature Trail, 3 Meilen, Startpunkt am Parkplatz). Zudem gibt es einen Campingplatz sowie einfache, aber saubere Unterkünfte. Auch Kanus kann man hier mieten.

Grayton Beach State Park, *357 Main Park Rd., Santa Rosa Beach, ☽ (850) 267 8300, www.floridastateparks.org/graytonbeach, $ 5/Auto, Camping $ 24–30, Cabins $ 110–130. Der Park ist erreichbar über die US 98, dann nach Süden der 283 folgend, etwa auf halbem Weg zwischen Destin und Panama City.*

Eden Gardens State Park

Bei Point Washington liegt der **Eden Gardens State Park**, in dem die zweistöckige Antebellum-Villa und der gepflegte Garten sehenswert sind. Es ist eine wunderschöne Oase mit Eichen, von denen Spanisches Moos herabhängt. Die Familie

Wesley, reich geworden durch Holzhandel, residierte hier ab 1897. Die wunderschönen Möbel aus der Zeit Louis XVI. sind eine Augenweide. Zum Rasten gibt es im Park ein ruhiges Picknick-Plätzchen.

Eden Gardens State Park, *181 Eden Gardens Rd., Santa Rosa Beach, ① (850) 267 8320, www.floridastateparks.net/edengardens, tgl. 8 bis Sonnenuntergang, $ 4; Wesley House: Führungen Do–Mo, stdl. von 10–15 Uhr, $ 4, Kinder $ 2.*

Panama City/Panama City Beach

Falls man bereits genügend Strand und Sonne in Pensacola genossen hat, erübrigt sich auch ein längerer Halt in Panama City Beach, das mit seinen zahlreichen Hochhausbauten und überdimensionalen Reklameschildern eher abschreckend wirkt.

„Redneck-Riviera" — Andererseits ist hier in der *Redneck Riviera* auch viel los: Panama City Beach hat sich in den vergangenen Jahrzehnten zum Touristenziel Nr. 1 in Florida entwickelt. Die Urlauber aus den Südstaaten scheuen den weiten und teuren Weg bis nach Miami oder gar Key West. Für Reisende, die einen Tag Rummel über sich ergehen lassen möchten, ist dies eine geeignete Stelle, ansonsten empfiehlt sich: den Tag auf Shell Island verbringen oder einfach weiterfahren.

info

Was ist ein Redneck?

Mit *Redneck* bezeichnet man abfällig jene Menschen aus den Südstaaten, deren Ansichten rückständig und deren Nacken aufgrund der Arbeit auf den Feldern von der Sonne rot verbrannt sind. Und man assoziiert mit diesem Begriff so allerlei, ein bisschen von dem, was man bei uns umgangssprachlich als „Proll" bezeichnet. Also Trinken, Lautsein und Ausschweifen sind angesagt.

Reisepraktische Informationen Panama City/Panama City Beach

ℹ Informationen
Panama City Beach Convention & Visitors Bureau, *17001 Panama City Beach Pkwy., ① (1-800) 722 3224, www.visitpanamacitybeach.com, tgl. 8–17 Uhr.*

🛏 Übernachtung
Beachbreak By The Sea $$, *15405 Front Beach Rd., ① (850) 234 6644, www.beachbreakbythesea.com. Sauberes Motel direkt am Strand, Pool, inkl. Frühstück. Strandbar direkt nebenan (Barefoot Beach Club).*
Flamingo Motel & Tower $–$$, *15525 Front Beach Rd., ① (850) 234 2232, www.flamingomotel.com. Persönliches, familienfreundliches Haus. Die meisten Zimmer bieten Meeresblick und eine Kochmöglichkeit mit Kühlschrank und Mikrowelle.*
Edgewater Beach Resort $$$$, *11212 Front Beach Rd., Panama City Beach, ① 855 874 8686, www.edgewaterbeachresort.com. Riesiges Luxus-Resort direkt am Strand. Sehr schöne Swimmingpoolanlage mit Wasserfällen und einer beeindruckenden tropischen Bepflanzung.*
Wyndham Bay Point Resort $$$–$$$$$, *4114 Jan Cooley Dr., ① 236 6000, www.wyndham.com. Überdimensionale Ferienhotel-Anlage an der Grand Lagoon (nicht di-*

rekt am Golf), eingebettet in ein großes Golfgebiet. Sehr schön, abgelegen und exklusiv, Preise entsprechend. Beim Zimmer sollte man darauf achten, dass es Blick auf die Lagune bietet, nicht auf den Golfplatz.

🍴 Restaurants

Capt. Anderson's, *5551 N. Lagoon Dr., ① (850) 234 2225, www.capt anderson.com. Von hier aus kann man die Fischer beobachten, wenn sie mit ihrem Fang anlanden. Dementsprechend gibt es auch eine hervorragende Auswahl an Fisch, die z. T. vom Tagesfang abhängt. Sehr beliebt, keine Reservierungen, kein Lunch, So geschl.*

Andy's Flour Power Bakery, *3123 Thomas Dr., ① (850) 230 0014, www. andysflourpower.com. Sandwiches, Muffins, Omeletts, frische Säfte. Sehr beliebt, auch bei Einheimischen.*

J Michael's Restaurant & Oyster Bar, *3210 Thomas Dr., ① (850) 233 2055, www.jmichaelstheoriginal.com. Familienrestaurant, entspannte Atmosphäre, Seafood und Burger in guter Qualität.*

Strand auf Shell Island

🚤 Bootsverleih/Bootsausflüge

Shell Island Boat Rentals and Tours, *3605 Thomas Dr., Treasure Island Marina, Panama City Beach, ① (850) 234 7245, www.shellislandtours.com. Bootsverleih (Pontoon-Boat $ 299/Tag), Touren nach Shell Island, Schnorcheltouren. Bei den Blue Dolphin Tours ($ 49) kann man zu den Delfinen ins Wasser springen und mit ihnen schwimmen.*

Bus

Greyhound, *917 Harrison Ave., ① (850) 785 6111, www.greyhound.com.*

St. Andrews State Park

Dieser ruhige State Park liegt an der südöstlichen Landzunge von Panama City Beach, durch einen Wasserweg von Shell Island getrennt. Der weiße Sand und das türkisfarbene Wasser laden zum Schwimmen ein. Sehr gute Campingmöglichkeiten. Es gibt Naturwanderwege und man kann Alligatoren, Füchse, Seevögel und (seltener) Schlangen beobachten. Während des Frühjahrs und im Sommer werden Bootsfahrten zur gegenüberliegenden Insel Shell Island angeboten.

St. Andrews State Park, *4607 State Park Lane, Panama City, ① (850) 233 5140, www.floridastateparks.org/standrews, $ 8/Auto, Camping $ 28.*

Zauberhaftes Wasser im St. Andrews State Park

Shell Island Shuttle, *4607 State Park Circle, im St. Andrews State Park,* ☎ *(850) 233 0504, www.shellislandshuttle.com. es werden auch Schnorcheltouren angeboten und Kajaks vermietet.*

Shell Island

Ein Besuch dieser Insel, die südöstlich vor Panama City Beach liegt, nimmt einen Tag in Anspruch. Es erwartet einen eine herrlich ungestörte Natur: über 12 km *Naturidylle* weißer Sandstrand, Dünen … und Ruhe. Von Panama City Beach aus erreicht man Shell Island mit einem Boot in ca. 45 Minuten (*$ 15, s. o. Shell Island Shuttle*). Man sollte eine gute Kopfbedeckung und viel Sonnencreme mitnehmen – es gibt hier praktisch keinen Schatten.
Visit Shell Island, *3901 Thomas Dr., Panama City Beach,* ☎ *(850) 215 7046, www. visitshellisland.com.*

Badeorte Weiter entlang der Küste wird es wieder etwas ruhiger und kleine Orte wie **Mexico Beach** und **Port St. Joe** laden eher zum Baden ein als das überfüllte Panama City Beach. Besonders Mexico Beach ist sehr beschaulich und hat eine Ruhe bewahrt, wie man sie sonst nur noch an den ausgesprochen abgelegenen Stränden vom Panhandle vorfindet. Kleine Motels, aber auch Bungalows und einfache Holzhütten laden zur Übernachtung ein. Die Amerikaner nennen diese Plätze *Hideaways* („Verstecke"). Luxus, Trubel und vornehme Restaurants sucht man hier vergeblich.

> **!** **Achtung!**
> **Zeitumstellung** zwischen Mexico Beach und Port St. Joe. Es gilt jetzt die Eastern Time. Die Uhr um muss eine Stunde vorgestellt werden (aus 11 wird 12 Uhr).

St. Joseph Peninsula State Park

Hinter Port St. Joe, wo 1838 die erste Verfassung von Florida unterzeichnet wurde, führt die „**Scenic Route C 30 A**" einen attraktiven Küstenstreifen entlang. Hier bestimmen nicht mehr Strände, sondern von Palmen und Kiefern besetzte Uferwälder, in denen unauffällig kleine Häuser auftauchen, das Landschaftsbild. Der Umweg beträgt nur 5 Meilen.

Von dieser Route führt auch noch eine Stichstraße (SR 30 E) zum **St. Joseph Peninsula State Park**, der auf einer Halbinsel mit wenig besuchten Stränden aufwartet. Die Strände hier – „Dr. Beach" zählt sie zu den besten in den USA – sind weiß und fein wie Zucker. Man kann hier campieren (es gibt auch komfortable Cabins), Kanu fahren, angeln, wandern und Fahrrad fahren. Inzwischen gibt es sogar einen tollen, 20 km langen Fahrradweg (St. Joseph Peninsula Trail). Ab Ende Oktober kann man Schildkröten sichten (*Loggerhead Turtles*). Aufgrund guter geografischer Gegebenheiten gibt es sehr gute Vogelbeobachtungsmöglichkeiten, 240 verschiedene Arten leben hier.
Amerikas beste Strände

St. Joseph Peninsula State Park, *8899 Cape San Blas Rd., Port St. Joe, ① (850) 227 1327, www.floridastateparks.org/stjoseph, $ 6/Auto, Cabins $ 100/Nacht (sehr schön gelegen!), Camping $ 24, „Primitive and Youth Camping" $ 5. Natürlich sind Grill- und Kochmöglichkeiten sowie gute sanitäre Anlagen vorhanden.*

Apalachicola

Überblick

Apalachicola an der sog. *Forgotten Coast* ist mit seinen rund 2.200 Einwohnern heute ein eher ruhiger Flecken. Der Name des kleinen Städtchens leitet sich aus der Sprache der hier einst ansässigen Indianer ab und bedeutet so viel wie „die Leute von der anderen Seite". Eine alternative Übersetzung – die sich vor allem in Apalachicola Beliebtheit erfreut – lautet „Land der freundlichen Leute". Nachgewiesen ist, dass es in der Gegend schon vor etwa 10.000 Jahren eine indianische Besiedlung gab.

Weiße Siedler kamen erst spät nach Apalachicola, da das Gebiet nur schwer zugänglich war: Der Fluss mündet in eine flache Meeresbucht und von der Mündung ins Hinterland erstreckten sich weitläufige Sümpfe und Flussverzweigungen. Seit 1821/22 entwickelte sich Apalachicola auf Initiative des damaligen Präsidenten James Monroe dennoch zu einem bedeutenden Hafen für den Umschlag von Baumwolle. Entlang des Apalachicola River entstanden große Plantagen, Dampfschiffe holten die Baumwolle hier ab und brachten die für die Farmen benötigten Waren.

Apalachicola ist Sitz des Franklin County, dabei aber ein weitgehend unberührtes Kleinstädtchen im tiefen Süden geblieben. Weil Supermarktzentren fehlen, gleichzeitig aber viele historische Gebäude im Ortskern schön restauriert sind, fühlt man sich leicht in eine andere Zeit versetzt. Die Übersichtlichkeit des Ortes erlaubt es, die
Trip in die Vergangenheit

Südstaaten-Flair in Apalachicola

kleinen Straßen einfach abzulaufen. Immer wieder ist man geneigt, sich in eines der hübschen, von Schatten spendender Vegetation umgebenen Häuser zu verlieben.

Austern Im Hafen dreht sich heute alles um das Thema Austern: Hier strömt das Wasser des Apalachicola River in den Golf von Mexiko und bietet so eine der besten und nährstoffreichsten Umgebungen für die Austernzucht. Denn für die Austernzucht eignen sich am besten Mischgewässer von Salz- und Süßwasser. Tatsächlich werden die Austern aus der Bucht von Apalachicola von Köchen und Kritikern zu den besten der Welt gezählt. 90 % der gesamten Austernernte Floridas stammen von hier, auf über 4.000 Hektar (5 % der Bucht) kultivierten Austernbänken wird die Delikatesse produziert. Die Austern-Fischer ernten die Schalentiere mit der Hand, so wie vor 100 Jahren. Doch neben Austern spielt auch der Fang von Krabben, Shrimps und anderem Meeresgetier eine bedeutende wirtschaftliche Rolle

Hafen

Der kleine Hafen ist ein beschaulicher Ort mit Atmosphäre geblieben. Hier liegen einige Austern-Restaurants und –Schiffe und man kann mit Fischern Kontakte knüpfen, um zu den Austernbänken hinauszufahren und bei der Ernte zuzusehen.

John Gorrie State Museum

Dieses Museum ist dem Erfinder der Eismaschine gewidmet, dem wohl berühmtesten Bürger dieses Städtchens. Hier steht eine Nachbildung der ersten Eismaschine, deren Original in der Smithsonian Institution in Washington DC untergebracht ist. **John Gorrie State Museum**, *46 6th St., ☎ (850) 653 9347, www.floridastateparks. org/park/John-Gorrie-Museum, Do–Mo von 9–17 Uhr, $ 2, Kinder (bis 5 J.) Eintritt frei.*

John Gorrie, der Erfinder der Eismaschine

John Gorrie wurde 1803 auf der Karibikinsel Nevis geboren und wuchs in South Carolina auf. Er studierte Medizin und kam 1833 als Arzt nach Apalachicola. Er war ein aktiver Mensch und wurde bald zu einer der wichtigsten Persönlichkeiten in dem aufstrebenden Baumwollhafen. Außer als Arzt agierte er zeitweise als Postmeister, Bürgermeister und Mitglied des Stadtrats. Doch in der Hauptsache widmete er sich den Kranken.

Besondere Mühe bereitete es ihm, die vielen Malariakranken zu versorgen, die mit hohem Fieber daniederlagen. In jener Zeit wusste man noch nicht, dass Moskitos den Menschen mit Malaria infizieren. Vielmehr ging man davon aus, dass die heiße, feuchte Luft der niedrig gelegenen, von Sümpfen durchsetzten Gebiete die Krankheit hervorrufe. Gorrie bemühte sich, die Leiden der Malariakranken zu lindern, indem er sie in dunkle, kühle Räume legte. Doch es war sehr teuer, mit Hilfe von aus Neuengland stammendem Eis die Räume kühl zu halten. Außerdem war der Transportweg zu lang. Er suchte nach besseren, effektiveren Möglichkeiten.

Das Gorrie Museum

So erfand er eines Tages die Eismaschine. Niemand wollte ihm glauben, dass er Eis herstellen könnte. Als die Kunde in die nördlichen Staaten gedrungen war, dass ein unbekannter Arzt mit Hilfe einer ominösen Maschine Eis produzieren könne, verhöhnte man ihn gar. Es gäbe unten am Golf einen Verrückten, so eine Zeitung, der behaupte, dass er wie Gott Eis herstellen könne.

1845 war John Gorrie in der Lage, 10 Eisblöcke pro Tag herzustellen. Er ließ sich die Erfindung patentieren. Die kühle Luft, nun beliebig verfügbar und nicht mehr abhängig vom zufälligen Eintreffen eines Transportschiffes mit Eis, linderte die Fieberleiden seiner Patienten. Doch seine Erfindung wurde zunächst nicht wahrgenommen. Kein Wunder, denn der Eisverkauf war lukrativ und befand sich in den Händen reicher Kaufleute aus Neuengland. Sie fürchteten Konkurrenz und verspotteten die Erfindung als lächerliche Sache eines Wichtigtuers.

John Gorrie starb 1855. Erst nach seinem Tod wurde seine Erfindung in ihrer ganzen Bedeutung erkannt. Und wenn man heute in der Hitze Floridas einen klimatisierten Raum betritt oder etwas Kühles trinkt: Ohne den Erfindergeist des umtriebigen Arztes aus Apalachicola wäre dies nicht möglich.

Reisepraktische Informationen Apalachicola

i Informationen

Apalachicola Bay Chamber of Commerce und Visitor Center, 122 Commerce St., ☎ *(850) 653 9419, www.apalachicolabay.org.*

Übernachtungen

Rancho Inn $$, 240 Hwy 98 W, ☎ *(850) 653 9435, www.rancho-inn.com. Das einfache Motel ist blitzsauber, die Besitzer leben auf dem Grundstück. Pool vorhanden, ebenso gibt es in allen Zimmern einen Kühlschrank und eine Kaffeemaschine.*

The Bryant House Bed & Breakfast $$–$$$$, 101 6th St., ☎ *(888) 554 4376, www.bryanthouse.com. In dem stilvoll hergerichteten Haus von 1897, umgeben von einem Rosengarten mit einer gigantischen, 150 Jahre alten Magnolien, erwartet den Gast eine heimelige Atmosphäre. Jedes der drei Zimmer hat eine andere Einrichtung und eine andere Farbe.*

Coombs House Inn $$–$$$, 80 6th St., ☎ *(850) 653 9199, www.coombshouseinn. com. Äußerst gepflegtes Bed & Breakfast im Stil der alten Südstaaten – extrem gemütlich.*

The Gibson Inn $$$, 51 Ave. C, ☎ *(850) 653 2191, www.gibsoninn.com. Ein herrliches, altes Landhotel im Südstaatenstil, schön restauriert und von einer überdachten Veranda umgeben, auf der man es sich im Schaukelstuhl bequem machen kann. Unten befinden sich ein gutes Restaurant (Gormley's) sowie eine einladende Bar. Die 30 Zimmer sind mit alten Möbeln ausgestattet. Super: die Suite. Wer etwas Südstaatenflair schnuppern möchte, der ist hier richtig aufgehoben.*

Südstaatenatmosphäre im Coombs House Inn

Restaurants

Entlang des Hafens im Süden der Stadt finden sich viele Restaurants, ebenso im Gibson Inn (s. o.).

Seafood Grill and Steakhouse, 100 Market St., ☎ (850) 653 9510, Seafood, „the worlds largest fried fish Sandwich" und leckere Desserts.

Boss Oyster, 125 Water Str., ☎ (850) 653 9364, www.bossoyster.com. Besonders zu empfehlen, direkt am Apalachicola River gelegen, 2 Blocks entfernt vom Gibson Inn. Hier gibt es frische Austern in allen Variationen. Das rustikale Lokal dient auch den Fischern als Snackstopp.

Cafe con Leche, 234 Water St., ☎ (850) 653 2233. Besonders für Frühstück und Lunch, leckere frische Backwaren, toller Kaffee. Viele Einheimische. Auch Kunsthandwerk und Schmuck lokaler Künstler wird verkauft.

Tamara's Cafe Floridita, 71 Market St., ☎ (850) 653 4111, www.tamarascafe.com. In diesem Bistro, einem Mix aus floridianischem und südamerikanischem Flair (Tamara stammt aus Venezuela), werden z. T. sehr kreative Seafood-Gerichte angeboten. Verlockend sind die selbst gemachten Desserts, etwa die Torta tres leches, eine südamerikanische Überraschung ...

Sollte man probieren: Austern

The Owl Cafe, 15 Ave. D, ☎ (850) 653 9888, www.owlcafeflorida.com. Auf zwei Ebenen „Homemade food" genießen, vor allem natürlich frische Austern und leckere Shrimps.

Veranstaltungen

Jährlich findet das Florida Seafood Festival in dem Städtchen statt, www.floridaseafoodfestival.com, bei dem es neben zahlreichen kulinarischen Attraktion auch ein Austern-Wettessen gibt, ein Blue-Crab-Rennen, Kochwettbewerbe und vieles mehr.

Bootstouren

Backwater Guide Service, 301 Ave. B, Scipio Creek Marina, ☎ (850) 899 0063 www.backwaterguideservice.com. Spezialisiert auf Angeltouren in die Bay oder den Golf, aber auch Sightseeingtouren (Boot bis zu 6 Personen, 2 Stunden $ 175).

Umgebung von Apalachicola

St. George Island

Östlich von Apalachicola gelangt man über die Gorrie Bridge und anschließend über eine gebührenpflichtige Brücke zur beschaulichen Ferieninsel St. George Island. Endlose feine Sandstrände ziehen im Frühjahr und Sommer die Tages- und Wochenendbesucher, besonders aber die etwas betuchteren Urlauber an. Letztere wissen zu schätzen, dass es auf der Insel vor allem schöne, z. T. sehr originelle Strandbungalows zu mieten gibt. Wer also Strand, eine eigene Küche und mehr

Superweiße Pulverstrände

Platz als im Hotel liebt, dem ist die Anmietung eines solchen Hauses absolut zu empfehlen. Übrigens sinkt die Wassertemperatur fast nie unter 20–22 °C. Das gefällt vor allem den zahlreichen Tauchern, die oft von weiter kommen.

St. George Island State Park

Unberührte Natur

In diesem 720 ha großen State Park erwartet den Besucher eine unberührte Dünen- und Strandlandschaft (32 km Strand!), aber auch Marschen und Kiefernwälder. Einen Zeltplatz und Wanderwege durch die Dünen gibt es ebenfalls. Für Tagesbesucher empfehlen sich die schönen Picknickplätze. Ornithologen werden die vielfältige Vogelwelt zu schätzen wissen. Für sie ist der am Campingplatz beginnende, etwa 4 km lange Wanderweg zum Gap Point zu empfehlen.

Der Leuchtturm von St. George

Zudem gibt es ein kleines **Lighthouse Museum**. Der alte Leuchtturm von 1852 war 2005 zusammengebrochen. In mühsamer Arbeit wurden einzelne Teile aus dem Schutt von Freiwilligen gesäubert, aus den National Archives in Washington wurden die Originalpläne besorgt und Ende 2008 war der rekonstruierte Turm dann fertig und kann besucht werden.
St. George Lighthouse, *2 B E. Gulf Beach Dr., ☏ (850) 927 7744, www.stgeorge light.org, Mo–Sa 10–17 Uhr, So 12–17 Uhr, Do geschlossen, $ 5.*

Reisepraktische Informationen St. George Island

ℹ Information
St. George Island Visitor Center & Lighthouse Museum, *2 E. Gulf Beach Dr., St. George Island, ☏ (850) 927 7744, www.seestgeorgeisland.com.*
Dr. Julian G. Bruce St. George Island State Park, *1900 E. Gulf Beach Drive, ☏ (850) 927 2111, www.floridastateparks.org/stgeorgeisland, $ 6. Campingmöglichkeit (s. u.).*

Übernachtung
Buccaneer Inn $$–$$$, 160 W. Gorrie Drive, ☏ (850) 927 25 85, www.bucc inn.com, Mittelklassehotel in Strandnähe, große Zimmer, z. T. mit Küchenzeile.
St. George Inn $$$, 135 Franklin Blvd, ☏ (850) 927 2903, www.stgeorgeinn.com., Historisches Bed & Breakfast. Ca. 500 m zum Strand.

HÄUSER
Aufgrund der überschaubaren Auswahl an Hotels ist das Anmieten eines Ferienhauses keine schlechte Idee. Während der Saison von März bis Mai gilt 1 Woche als Minimumperiode, ansonsten 2 Tage. Die Preise variieren von $ 300 bis 2.000/Woche, je nach Ausstattung und Saison. Man sollte sich aber im Voraus über die Entfernung zum Strand informieren. Häuser vermittelt:
Collins Vacation, 60 E. Gulf Beach Dr., ☏ (850) 927 2900, www.collinsvacation rentals.com.

Restaurants
Die meisten Restaurants liegen kurz hinter der Auffahrt nach St. George Island an der rechten Seite – einfache, typisch amerikanische Verpflegung. Zu empfehlen für Snacks oder zum Lunch:
BJ's Pizza and Subs, 105 West Gulf Beach Drive, ☏ (850) 927-2805, www.sgipizza. com. Frische Sandwiches und Pizzen zum selbst zusammenstellen. Man kann draußen sitzen und es gibt ein Spielzimmer für Kinder.

Camping
St. George Island State Park, Adresse s. o. Schön angelegter Campingplatz mit guten sanitären Einrichtungen, $ 24. Reservierung über www.reserveamerica.com oder ☏ (1-800) 326 3521.

Fahrradverleih
Jolly Roger Beach Shop, 139 W. Gorrie Dr., ☏ (850) 927 3993, www.jolly rogersgi.com.

Apalachicola National Forest

Östlich von Apalachicola zweigt nach Norden die Straße 65 ab und führt direkt in das Naturschutzgebiet des Apalachicola National Forest, der sich bis nach Tallahassee erstreckt. Mit 2.561 km² ist er der größte Nationalforst in ganz Florida. Pinien, Zypressen und Zedern bestimmen die Vegetation. Drei größere Flüsse durchziehen das Gebiet. Die Silver Lake Recreation Area (s. S. 502) im Nordosten bietet Campingplätze, Schwimm- und Wandermöglichkeiten.
Apalachicola Ranger District, 11152 N.W. State Route 20, Bristol, ☏ (850) 643 2282, www.fs.fed.us/r8/florida/apalachicola

Apalachicola – Crystal River

Streckenübersicht

Entfernung: Apalachicola – Crystal River: ca. 400 km
Empfohlene Route: Von Apalachicola geht es über die US 98 East bis Perry. Hier biegt man auf die 19/98 nach Süden ein. In Chiefland wechselt man auf die State Road 345 und gelangt so nach Cedar Key. Zurück von Cedar Key über die State Road 24 nach Otter Creek. Hier erreicht man wieder die US 19/98, die südwärts zum Etappenziel Crystal River führt.
Reisevorschlag: Ein Abstecher nach Cedar Key.
Übernachtung: In Cedar Key oder Yankeetown, falls Zeit vorhanden, sonst am besten in Crystal River.

Unterwegs nach Crystal River

Die Fahrt auf diesem Streckenabschnitt führt durch eine monoton wirkende Landschaft, die flach und mit Pinien bestanden ist. Der Küstenverlauf schwenkt allmählich nach Südosten (*Big Bend*). Hier gibt es quasi keine Badestrände mehr, die Küste ist z. T. mit Mangroven bewachsen, urtümlich und wild.

Etwa 80 km östlich von Apalachicola zweigt hinter dem Flecken Medart eine Stichstraße zur Küste ab. Hier liegt **Spring Creek**. Eine verschlafen wirkende Gegend

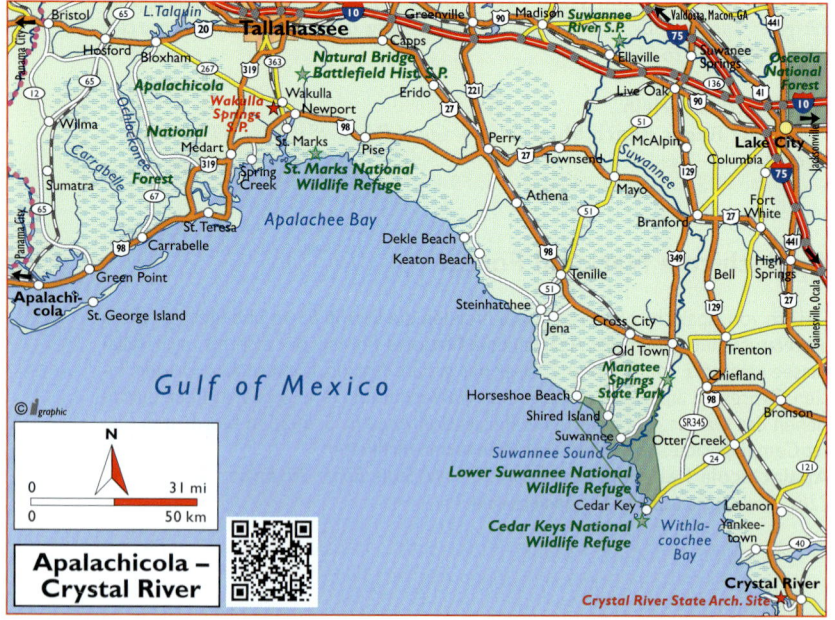

Unterwegs nach Crystal River

ist es schon, doch in diesem kleinen Fischerort gibt es sehr gute Fischrestaurants mit lokalen Spezialitäten. Immer wieder zweigen Seitenstraßen ab, die in ein unberührtes Florida einladen, etwa nach **Steinhatchee**.

Steinhatchee

Von der US 19 bei Tennille auf die State Road 51 nach Westen (knapp 12 Meilen)

Steinhatchee ist ein kleiner Küstenort an der sog. Nature Coast. Der Ort ist bekannt für seine Jakobsmuscheln. Die klaren Mündungsflüsse und das warme Golfwasser sorgen für einen idealen Lebensraum, weshalb Steinhatchee auch als „Florida's Scallop Capital" bezeichnet wird. Nur zu Beginn der Muschelsaison, die vom 1. Juli bis zum 10. September dauert, ist hier wirklich etwas los. Dann sind hier etwa 1.000 Besucherboote in der **Dead Man's Bay** unterwegs, um auf Muscheljagd zu gehen. In dieser Zeit sollte man unbedingt seine Unterkunft vorher buchen!

Sonst geht es hier eher beschaulich zu und vielleicht ist gerade das ein Grund, hier haltzumachen. Außerdem: Jeder, der aufs Fischen aus ist, kommt hier voll auf seine Kosten. Es werden Offshore-Touren angeboten, bei denen man Snapper, Amberjack und Grouper angeln kann, und im Inland lohnt es sich, nach Forellen Ausschau halten.

Redaktionstipps

▸ Die **Seekühe** im Crystal River (S. 543).

▸ Der Naturzoo **Homosassa Springs Wildlife Park** (S. 545).

▸ **Übernachten:** in **Cedar Key** das urige „Island Hotel" und in **Crystal River** das „Plantation Inn" (S. 541 und 546).

▸ **Essen:** An diesem Küstenabschnitt sollte man die guten Fischrestaurants nicht versäumen, so z. B. „Tony's Seafood Restaurant" (S. 542) in Cedar Key, noch uriger aber sind die kleinen Restaurants in Spring Creek.

▸ **Optimale Zeiteinteilung: 2 Tage. 1. Tag:** Zuerst kurz nach Spring Creek fahren. Sollte es bereits Mittagszeit sein, kann man hier ein Fischrestaurant aufsuchen. Danach schnell nach Cedar Key fahren, für das man sich 2–3 Stunden Zeit nehmen sollte (alternativ hier Mittag essen). Für Yankeetown benötigt man nicht viel Zeit – kann man auch auslassen. Übernachten in Crystal River. **2. Tag:** Den Tag vor allem dazu nutzen, die Seekühe im Crystal River zu bewundern. Anschließend kann man evtl. noch den Homosassa Springs Wildlife Park besuchen.

Reisepraktische Informationen Steinhatchee

 Information

Es gibt kein Visitor Center. Informationen finden sich unter www.steinhatchee.com.

Übernachtung

Steinhatchee River Inn $$, 1111 Riverside Dr., ☎ (352) 498 4049, www. steinhatcheeriverinn.net. Einfaches, freundlich gestaltetes Motel nahe an der Marina gelegen, 17 Zimmer mit kleiner Kücheneinrichtung, Grillmöglichkeit und Swimmingpool vorhanden.

**Steinhatchee Landing Resort $$$$**, 203 Ryland Circle, ☎ (352) 498 3513, www. steinhatcheelanding.com. Direkt am urwüchsigen Steinhatchee River liegt dieses Resort mit seinen kleinen Häuschen inmitten einer gepflegten, aber doch wildromantischen Anlage mit Südstaaten-Flair. Besonders geräumig ist das Presidential Cottage, wo der ehemalige US-Präsident Jimmy Carter seine Ferien verbrachte (entsprechend teuer, bis zu 450 US$/Tag, dafür bietet es auch drei Schlafzimmer).

Restaurants

Roy's Waterfront Restaurant, 100 1st Ave. S.W., ☎ (352) 498 5000, www. roys-restaurant.com. Bekannt für seine frischen Fischgerichte. Schöner Platz, um Sonnenuntergänge zu beobachten, tgl. 11–21 Uhr.

Fiddler's, 1306 S.E. Riverside Dr., ☎ (352) 498 7427, www.fiddlersrestaurant.com. Das rustikal-gemütliche Lokal liegt direkt am Wasser und ist bekannt für seinen guten Grouper (Zackenbarsch). Und wenn man selbst Fisch gefangen hat: Das Lokal bereitet ihn für den Angler zu. Beliebt sind auch die Cesar's Salads mit Grouper oder frischen Shrimps. Mo–Do 16–22 Uhr, Fr u. Sa auch zum Lunch geöffnet.

Das Steinhatchee Landing Resort

 **Bootsverleih**
River Haven Marina and Hotel, *1110 Riverside Dr.,* ① *(352) 498 0709,*
www.riverhavenmarinaandmotel.com. Verleih von Kajaks (mit Bring- bzw. Abholservice)
und Fischerbooten. Vermittlung professioneller, lizenzierter Führer. Vermietung von Unter-
künften (Zimmer, Cottages und Mobile Homes).
Outta Here Charters, *1411 1st Ave. N.,* ① *(352) 498 2493, www.outtaherecharters.*
com, bietet Airboattouren und Angelausflüge (inshore), auch nachts, $ 300/bis zu drei
Pers., Nachttouren max. zwei Pers.
Big Bend Charters, *(877) 852 3474, www.bigbendcharters.com. Angeltrips (inshore*
und offshore) für bis zu sechs Pers. ($ 600–1.200), auch Kayak-, Tauch- und Zwei-Tage-
Trips ($ 2.500).

Cedar Key

Gut 5 km vor der Küste liegt das kleine, verträumte Dörfchen Cedar Key, umge- *Verträumt*
ben von der gleichnamigen Inselgruppe, im Golf von Mexiko. Etwa 700 Menschen
leben hier von der Austernzucht und vom Fischfang. Und seit einigen Jahren kommen über die Dammverbindung auch verstärkt Touristen, meist Tagesbesucher, in
den noch immer beschaulichen Ort.

Cedar Key bezieht seinen Namen aus einer Zeit, als um den Ort herum noch Zedern wuchsen. Die Geschichte des modernen Cedar Key beginnt im Jahr 1843, als
die Vereinigten Staaten hier planmäßig Menschen ansiedeln ließen. Bald darauf
brach ein wahrer Boom aus. Ab 1861 war Cedar Key der Endpunkt einer Eisenbahnverbindung quer durch Florida, die in Fernandina an der Nordostküste Floridas startete. 1865 erwarb der Bleistiftfabrikant Eberhard Faber ausgedehnte Flä- *Holz für*
chen der Zedernwälder und ließ sie in den nachfolgenden Jahren für seine Bleistift- *Bleistifte*
produktion radikal abholzen. Zwischen 1870 und 1895 florierten hier sogar Schiffswerften. Der Aufstieg der Stadt, die zwischenzeitlich die zweitgrößte in Florida
war, endete 1896, als ein gewaltiger Hurrikan die Inselgruppe verwüstete und die
letzten Zedern zerfetze.

Die stürmischen Zeiten sind vorbei. Heute wartet Cedar Key mit besonderen
Qualitäten auf, die manche Urlauber so schätzen: Ein pittoresker, teils restaurier-

---

☞ **Tipp:** Cedar Key Railroad Trestle Nature Trail

Seit 1932 der letzte Zug nach Cedar Key verkehrte, hatte sich die Natur die
Trasse zurückerobert. Als in den 1990ern Cedar Keys zweiter, diesmal touristischer Aufstieg begann, wurde ein kleiner Abschnitt der Bahnstrecke unter Schutz gestellt. Heute findet sich hier ein beschaulicher, liebevoll ge-
pflegter Wanderpfad von nur rund einem Kilometer Länge. Hier haben sich
nicht nur die Spuren der blühenden Geschichte von Cedar Key, sondern auch
dessen urwüchsige Natur erhalten.
Cedar Key Railroad Trestle Nature Trail, *der Eingang zum Pfad liegt an*
der Grove Street, die am nahe am Ortseingang von der SR 24 abgeht. www.
floridasnaturecoastconservancy.org/Completed%20Projects.html.

Landschaft bei Cedar Key

ter Ortskern, gute Fischrestaurants und drumherum kleine Inseln, Wasser und Wildnis. Wer sich vom „Urlaubsstress" erholen will, ist hier sicher nicht am falschen Ort.

Cedar Key Museum State Park & Cedar Key Historical Society Museum

In den beiden Museen des Städtchens widmen sich der lokalen und regionalen Geschichte. In und um das St. Clair Whitman House, benannt nach dem ersten Museumsgründer von Cedar Key, findet sich das **Cedar Key Museum State**. Neben Ausstellungsstücken zur Bleistift-Vergangenheit des Ortes (Faber-Castell) finden sich hier zahllose Dinge, die der rührige Museumsgründer im Laufe seines Lebens sammelte, darunter jede Menge Muscheln. Im **Cedar Key Historical Society Museum** kann man alte Fotografien sehen, ebenso Exponate zur indianischen Geschichte. Neben der Geschichte der Bleistift- und Holzindustrie sind hier auch die Aktivitäten des lokalen Hafens zu einer Zeit, bevor sich Tampa als Großhafen an der Westküste etablierte, dokumentiert.

Cedar Key Museum State Park, 12231 S.W. 166 Court, ➀ (352) 543 5350, www.floridastateparks.org/cedarkeymuseum, Do–Mo 9–17 Uhr, $ 2, Kinder (bis 5 J.) Eintritt frei.

Cedar Key Historical Society Museum, 609 2nd St., ➀ (352) 543 5549, www.cedarkeyhistoricalmuseum.org, So–Fr 13–16, Sa 11–17 Uhr, $ 1.

Cedar Keys National Wildlife Refuge

Nur über das Wasser gelangt man zu den 13 Inseln, die um Cedar Key herum das Naturschutzgebiet **Cedar Keys National Wildlife Refuge** bilden. In den Wäldern und Sümpfen leben geschätzte 20.000 Vögel, darunter Nachtreiher, Ibisse und

Braunpelikan und in jüngerer Zeit wachsen im warmen Wasser des Golfs auch wieder Mangroven. Das Innere der meisten Inseln ist gesperrt, nur die Strände sind von Sonnenauf- bis -untergang zugänglich. Lediglich Atsena Otie Key lässt sich erkunden; hier finden sich die verfallenen Reste einer Siedlung, der historischen Keimzelle des Städtchens Cedar Key.

Informationen *www.fws.gov/cedarkeys*

Reisepraktische Informationen Cedar Key

Information

Cedar Key Chamber of Commerce, *450 2nd St., ① (352) 543 5600, geöffnet Mo–Sa 10–17 Uhr, www.cedarkey.org.*

Übernachtung

Park Place Motel $$, *211 2nd St., ① (352) 543 5737, www.parkplaceincedar key.com. Relativ einfaches, aber sehr gut geführtes Motel. Viele der Zimmer bieten einen Blick aufs Meer.*

Island Hotel $$–$$$, *373 2nd St., ① (352) 543 5111, www.islandhotel-cedarkey. com. Uriger Holzbau aus dem Jahre 1859 mit 10 Gästezimmern. Das restaurierte Hotel verstrahlt den Charme historischer Zeiten. Das kleine Restaurant ist auf Seafood spezialisiert.*

Cedar Key Bed and Breakfast $$–$$$$, *810 3rd St., ① (352) 543 9000, www. cedarkeybandb.com. Stilvolles Haus aus dem Jahr 1880 mit schöner Inneneinrichtung (Antiquitäten). 9 Zimmer und nette Gastgeber.*

The Island Place $$$, *Ist & C St., ① (352) 543 5307, www.islandplace-ck.com. Modernes, aber dem Stil des Ortes angepasstes Hotel, Apartments mit Blick auf das Meer, Swimmingpool.*

Camping

Sunset Isle RV Park & Motel, *11850 S.W. State Rd. 24, ① (352) 543 5375, www.cedarkeyrv.com. $ 39–50/Stellplatz. Auf einer der Hauptinsel vorgelagerten Insel liegt dieser gepflegte Platz direkt am Wasser. Auch einfache Zimmer und Cottages vorhanden.*

Restaurants

Blue Desert Café, *12518 Hwy 24, ① (352) 543 9111. In der bunten Hütte werden frische Fischgerichte und Pizzas zubereitet. Lecker ist die Seafood-Pizza mit geräuchertem Lachs, würzigen Shrimps, Austern und Tintenfisch. Die Wartezeit kann gut mit einem Bier überbrückt werden.*

Pier am Ortsrand von Cedar Key

Tony's Seafood Restaurant, *597 2nd St., ① (352) 543 0022, www.tonyschowder. com. Super Seafood in lockerer Atmosphäre, berühmt ist der Clam Chowder. Moderate Preise.*

Golfcartverleih
Cedar Key Gulf Kart Company, *8030 A St., ① (352) 543 5300, www.gulf kart.com. Vermietung von Golfcarts, die sich hervorragend eignen, um die Insel auszu- kundschaften (ab $ 25/2 Stunden).*

Bootsverleih/-touren
Tidewater Tours, *302 Dock St., ① (352) 543 9523, www.tidewatertours.com. Verleih von Fischerbooten (8 Stunden, je nach Größe $ 180–325) und Pontoon-Booten (3 Std. ab $ 135). Bietet auch Bootstouren auf den Flüssen und zu den Inseln.*
Kayak Cedar Keys, *6027 A St., ① (352) 543 9447 www.kayakcedarkeys.com. Verleih von Kayaks ($ 25–35/3 Stunden) und Stand Up Paddle Boards ($ 25/3 Stunden), auch ge- führte Touren.*

Yankeetown

Dorfidylle Auf der Höhe von Inglis erreicht man den Abzweig nach Yankeetown. Viele be- zeichnen diesen kleinen Ort als eine Idylle mit Charme. Die Siedlung zieht sich am Withlacoochee River entlang. An der Küste gibt es keinen Sandstrand, sondern Wälder und Marschgelände. Die Gründung des Ortes im Jahr 1922 geht auf den Anwalt A.F. Knotts zurück. Deshalb hieß der Ort zunächst Knotts, bis ihn der lo- kale Briefträger wegen der Besucher aus den Nordstaaten einfach Yankeetown nannte.

A.F. Knotts gelang es, der Bodenspekulation einen Riegel vorzuschieben, indem er jedem Landkäufer die Pflicht auferlegte, innerhalb eines Jahres den Grund zu be- bauen. Er eröffnete 1923 die Izaak Walton Lodge, in der er Freunde aus seiner Hei- mat im Mittleren Westen beherbergte. Inzwischen befindet sich hier ein Restau- rant mit Blick auf den idyllisch vorbeifließenden Withlacoochee River.

Restaurant
Riverside Inn at Izaak Walton Lodge, *Riverside Drive at One 63rd St., ① (352) 447 4899, www.izaakwaltonlodge.com. Gemütliches Restaurant mit einer Aus- wahl an bodenständigen Gerichten bei unbezahlbarer Aussicht.*

Crystal River

Crystal River ist eine Küstenstadt an der Kings Bay im Citrus County. Hier lässt sich, ebenso wie im Hinterland, noch ein Stück authentisches Florida erleben. Denn hier befindet man sich noch nicht in den Sphären des Massentourismus. Dennoch kommen vor allem im Winter viele Besucher nach Crystal River, um die *Manatees* (Seekühe) zu beobachten, die sich dann in den warmen Oberlauf des gleichnamigen Flusses zurückziehen. Aber auch während des restlichen Jahres kommen in Crystal River alle auf ihre Kosten, die etwas mit Golf, Bootsfahrten und Tauchen im Sinn haben.

Sehenswertes in Crystal River

Der Crystal River ist ein Schutzgebiet für Manatees. Vor allem in der Winterzeit (November bis März) flüchten die kälteempfindlichen Meeressäuger aus der See in die von gleichmäßig warmen Quellen gespeisten Flüsse.

Der Unterlauf des Crystal River ist in drei Schutzzonen eingeteilt:
*   **Idle Speed Manatee Area:** 1. Okt.–31. März: In dieser Zeit dürfen Boote nur im Schritttempo in den durch Schilder ausgewiesenen Zonen fahren. Erfahrungsgemäß gibt es in diesen Regionen während der Winterzeit größere Herden. *Schutzzonen für Seekühe*
*   **Slow Speed Manatee Area:** 1. Okt.–31. März: Hier muss man sehr langsam fahren, um jede Störung der Tiere zu vermeiden.
*   **Manatee Sanctuary:** In diesem Bereich sind Bootsfahrten, Schwimmen und Tauchen untersagt.

Manatees – Seekühe

info

Diese urweltlich-plump wirkenden Tiere sind äußerst gutmütig: Ihr Lebensrhythmus ist vom Schmusen, der Nahrungsaufnahme und vom Ruhen bestimmt. Manatees gelten als sehr friedfertig und neugierig. Taucher berichten, dass sich die Seekühe gerne auf Kontakte einlassen und es lieben, gekrault zu werden.

Ihr bevorzugter Lebensraum sind flache, trübe und pflanzenreiche, küstennahe Gewässer. Hier haben sie als einzige Pflanzenfresser unter den Meeressäugern genügend Nahrung und hier sind sie auch vor eventuellen Feinden wie Haien, Krokodilen oder Schwertwalen sicher. So schnell kann ihnen natürlich nichts etwas anhaben: Manatees besitzen eine 3 cm dicke Haut, und ihr Blut gerinnt äußerst schnell – Feinde können also bei Verletzungen kaum angelockt werden.

Die bis über ½–1 Tonne wiegenden Tiere bewegen sich gemächlich, nur etwa 2 bis 3 km in der Stunde. Sie können nur auf kurzen Strecken von 100 bis 200 m bis auf 20 km/h beschleunigen. Bis zu 40 kg Wasserpflanzen vertilgen sie am Tag, und dafür lassen sie sich 10 Stunden Zeit. Den Rest verbringen sie mit

info

Schlafen, besser gesagt mit Dösen, denn sie müssen etwa alle 5 Minuten zum Atmen auftauchen. Sie mögen es überhaupt nicht, wenn die Temperatur des Wassers unter 20 ˚C sinkt: Dann bewegen sie sich zu den Quellen der Flüsse Floridas, wo das Wasser ganzjährig konstant über dieser Temperatur liegt.

Die Zoologen titulieren die Seekühe als „Sirenen". Dieser Begriff leitet sich aus dem spanischen Wort „Sirenas" (Meerjungfrauen) ab. Die deutsche Bezeichnung „Seekuh" ist da realitätsgetreuer, da diese Meeressäuger wie normale, landständige Weidetiere Pflanzen fressen, nämlich Seegras, Tang und andere Wasserpflanzen. Am nächsten verwandt sind die Seekühe mit Elefanten, und richtigerweise müssten sie daher „See-Elefanten" heißen. Als sich vor etwa 70 Millionen Jahren Amerika von Afrika im Zuge der Kontinentalverschiebung trennte, muss die Absplitterung von den afrikanischen Vettern passiert sein. Die Ähnlichkeit zu Elefanten wird durch Gebiss, Lage der Zitzen und der Art des Gehirns untermauert.

Gutmütig und urweltlich: Manatees

Als Meeressäuger ordnen Biologen die Manatees zwischen Walen und Robben ein. Wie Wale, aber im Unterschied zu Robben, watscheln Seekühe nie auf das Land. Ihre Vorderflossen haben ausgeprägte Ellenbogen-, Hand- und Fingergelenke – und so können sie sich geschickt vor unfreiwilligen Strandungen schützen. Leider sind diese gemütlichen und friedlichen Tiere vom Aussterben bedroht. In Florida leben schätzungsweise etwa 1.000 Exemplare. Viele sterben aufgrund von Verletzungen durch die vielen, überall auf Floridas Gewässern flitzenden Boote. Aber auch plötzliche Kälteeinbrüche machen den Tieren zu schaffen. Dann erliegen sie Lungenentzündungen. In Florida sind zum Schutze der Manatees 22 Gebiete ausgewiesen, wo man nicht mit Booten fahren darf bzw. wo es nur erlaubt ist, im Schritttempo zu fahren.

Crystal River Archaeological State Park & Crystal River Preserve State Park

Im heutigen **Crystal River Archaeological State Park** haben die Indianer, die hier zwischen 200 v. und 1400 n. Chr. gelebt haben dürften, große Grabhügel, sogenannte **Indian Mounds**, hinterlassen. Der große Tempelhügel hat eine Gesamtlänge von 70 m. Im Visitor Center kann man indianische Gegenstände besichtigen. Die Anlage liegt sehr idyllisch und grenzt nach Süden an den Crystal River. Unbedingt sollte man auf die Anhöhe gehen, die über einem Mound liegt und einen herrlichen Blick über Landschaft und Fluss bietet. In Nachbarschaft zu der archäologi-

Crystal River Archaeological State Park

schen Stätte liegt der **Crystal River Preserve State Park**, in dem man auf 9 Meilen Wander- und Fahrradwegen die Natur entdecken kann. Das Gebiet eignet sich auch hervorragend zum Angel oder für Kanufahrten. Für die Heritage-Eco-Bootstouren (*Mo, Mi u. Fr 10.13 u. 13.30, $ 15, Kinder 6–12 J. $ 10*) sollte man vor allem im Frühling rechtzeitig da sein, da die Plätze auf der *Monroe* oft ausverkauft sind.

Crystal River Archaeological State Park, *3400 N. Museum Point., 2,5 Meilen westlich der US 19 N., ① (352) 795 3817, www.floridastateparks.org/park/Crystal-River-Archaeological, Museum Do–Mo 9–17 Uhr, $ 3/Auto für den Park.* **Crystal River Preserve State Park**, *3266 N. Sailboat Ave., Crystal River, ① (352) 563 0450, www.flo ridastateparks.org/crystalriverpreserve, der Eintritt ist frei, das Visitor Center ist am Wochenende geschlossen.*

Homosassa Springs

Der **Ellie Schiller Homosassa Springs Wildlife State Park** ist einen Besuch wert! Vom Visitor Center wird man mit dem Pontoon-Boot in den Park gefahren. Der relativ kleine, aber schön angelegte Naturzoo beherbergt nahezu alle in Florida heimischen Tiere in natürlicher Umgebung, so u. a. Alligatoren, Key-Deers, Weißkopfseeadler, Flamingos und Anhingas. Auch den seltenen Florida-Panther kann man aus der Nähe sehen! Im Sommer gibt es sogar Manatees samt Nachwuchs zu bewundern.

Sehenswerter Naturzoo!

Park-Ranger erläutern zu bestimmten Zeiten die Lebensweise und die Lebensbedingungen dieser Seekühe. Eine Vorführung der Manatees – sie werden u. a. mit Sa-

Flamingos im Ellie Schiller Homosassa Springs Wildlife State Park

lat gefüttert – bringt dem Besucher diese urweltlichen Tiere näher (Zeiten für die *Educational Programs* auf der Homepage). Besonders interessant ist die sogenannte *Fish Bowl*, eine Art Unterwasser-Observatorium: Hier kann man Manatees und verschiedene Fische unter Wasser beobachten.

Homosassa Springs Wildlife Park, *4150 S. Suncoast Blvd., 7 Meilen südlich von Crystal River. Einfahrt 1/4 Meile westlich vom US 19 (Beschilderung), ☏ (352) 628 5343 oder 628 2311, www.homosassasprings. org, www.floridastateparks.org/ homosassasprings, tgl. 9–17.30 Uhr, $ 13.*

Reisepraktische Informationen Crystal River und Homosassa Springs

ℹ️ Informationen

Citrus County Visitor & Convention Bureau, *9225 W. Fishbowl Drive, Homosassa, ☏ (352) 628 9305, www.visitcitrus.com.*

🛏️ Übernachtung

Chassahowitzka Hotel $$, *8551 W. Miss Maggie Drive, Homosassa, ☏ (352) 382 2075, www.chazhotel.com. Der ideale Ort für Angler, da nah am Chassahowitzka River gelegen. Auch geführte Angeltouren werden angeboten. Gutes Frühstück.*

Homosassa Riverside Resort $$–$$$, *5297 S. Cherokee Way, Homosassa, ☏ (352) 628-2474, www.riversideresorts.com. Die Zimmer sind einfach und eher altmodisch eingerichtet. Das Besondere hier ist die Lage direkt am Fluss. Also: Nach Zimmer mit Blick aufs Wasser fragen!*

Quality Inn $$, *4486 N. Suncoast Blvd., ☏ (352) 563 1500, www.qualityinn.com. Sauberes Mittelklasse-Motel mit üblichem Standard am nördlichen Ortseingang*

Plantation Inn and Golf Resort $$$–$$$$, *9301 W. Fort Island Trail, Crystal River, ☏ (352) 795 4211, www.plantationinn.com. Neben einem 27-Loch-Golfplatz, auf dem auch die Florida Women's Open stattfinden, bietet dieses Resort in legerer Atmosphäre nahezu alles für einen Aktivurlaub: Tennis, Schwimmen, Bootsfahrten, Tauchschule – und das alles zu zivilen Preisen. Das Resort liegt direkt an den Ufern des Crystal River, schöner Blick von Swimmingpool und vom Restaurant auf den Fluss, nette Bar.*

Camping

Lake Rousseau RV & Fishing Resort, *10811 N. Coveview Terrace, ① (352) 795 6336, www.lakerousseaurvpark.com, z. T. schattige Plätze, auch am Wasser. Swimmingpool. Lage: 7 Meilen nördlich (zunächst US 19) von Crystal River. Dann 4 Meilen ostwärts auf dem Highway 488, dann eine Meile nordwärts zum Campingplatz.*

Restaurants

West 82° Bar & Grill, *im Plantation Inn and Golf Resort (s. o.). Hier isst man sehr gepflegt bei sehr schönem Ausblick. Gekocht wird teils mit regionalen Zutaten, schwerpunktmäßig Seafood und Steaks.*

Peck's Old Port Cove, *139 North Ozello Trail (9 Meilen westl. vom Highway 19), ① (352) 795 2806. Lokaler Geheimtipp: superfrische Fischgerichte, tolle „Garlic Crabs". Etwas außerhalb gelegen bietet das Restaurant eine malerische Anfahrt.*

Charlie's Fish House & Seafood Market, *224 N.W. HWY 19, Crystal River, ① (352) 795 3949. Legeres Fischrestaurant mit Imbisscharakter mit fangfrischem Fisch direkt am Hafen, moderate Preise.*

Pizza Joint, *7973 W. Dunnellon Rd., Dunnellon, ① (352) 564 1300, www.pizzajoint. webs.com. Winzig-kleine, mehr als unscheinbare Pizzeria mit echtem Holzkohleofen „in the Middle of Nowhere". Wird von Einheimischen nahezu überrannt. Man sitzt an einfachen Tischen, die fast völlig mit den riesigen Pizzen zugedeckt sind. Alkoholfreie Getränke holt man sich einfach aus dem Kühlschrank, Bier oder Wein kann man sich selber mitbringen. Mo geschl.*

Einkaufen

Heritage Village, *Downtown Historic Crystal River, N. Citrus Ave. (zweigt vom US 19 ab), www.theshoppesofheritagevillage.com. Eine Anzahl netter, kleiner Geschäfte in hübschen z. T. alten Gebäuden.*

Tauchen/Bootsverleih/ Manatee-Begegnungen

Plantation Inn and Marina Shop, *am Plantation Inn am Crystal River gelegen, ① 795 4211, www.crystalriverdivers. com: Hier werden Boote und Tauchausrüstungen ausgeliehen. Ebenso kann man Tauchkurse und Schnorchelkurse belegen oder mit den Manatees schwimmen.*

Manatee Tour and Dive, *267 N.W. 3rd St., Crystal River, ① 795 1333, www. manateetouranddive.com. Manatee-Touren, Tauchexkursionen, Pontoon-Bootverleih, Kanuverleih, Airboot-Touren.*

Können stundenlang dösen: Manatees in den warmen Quellen

Bird's Underwater Dive Center, *320 N.W. Highway 19, ① 563 2763, www.birdsunderwater.com. Manatee-Schnorcheltouren, Kajakverleih.*

A Crystal River Kayak Company, *1332 S.E. US Hwy 19, ① (352) 795 2255, www. crystalriverkayakcompany.com. Verleiht Kajaks und bietet zahlreiche geführte Touren am Crystal River.*

Alternativ-Strecke: von Crystal River nach Orlando

Streckenübersicht

Entfernung: Crystal River – Orlando: ca. 160 km

Empfohlene Route: Von Crystal River gelangt man über State Road 44 nach Inverness. Weiter geht's bis Wildwood, wo man den Florida Turn Pike (gebührenpflichtig) erreicht. Über die Abfahrt Leesburg/Clermont kommt man zum Citrustower. Von Clermont geht es auf die US 27 südwärts und dann auf die 192 (an Walt Disney World vorbei). Zum Flughafen folgt man dem Interstate 4 North, dann der 528 (Bee Line).

Reisevorschlag: Dieser Streckenabschnitt führt durch das mittlere Florida zurück nach Orlando. Hier erwartet den Besucher eine noch zum größten Teil unberührte, stille Szenerie. Die Landschaft mit vielen Seen, Flüssen und Orangenhainen mag man nach den lauten Küstenorten zu Recht als Idylle empfinden.

Übernachtung: Spektakuläres darf man nicht erwarten, dafür aber eine herrliche Umgebung, so recht zum Erholen. Hierfür ist insbesondere ein Aufenthalt in Inverness zu empfehlen, z. B. im The Lake House.

Unterwegs nach Orlando

Inverness

Das kleine Städtchen Inverness ist Sitz des Citrus County und in seiner persönlichen Art typisch für das „andere Florida". Das Citrus County verfügt über ein ausgezeichnetes Klima. Und auch hier im Hinterland bietet sich eine grandiose Natur. Das gesamte Gebiet ist von Seen und Flüssen durchzogen und insbesondere die Landschaft des Withlacoochee River ist so fantastisch, dass dagegen selbst die Everglades verblassen.

Der Ort liegt an einer weit verzweigten Seenplatte, den Tsala Apopka Lakes. Für Fischer gilt dieses Gebiet als beste Angelregion für den großen, schmackhaften *Bass*. Zum Glück ist Inverness nicht in den Händen des Massentourismus und damit ein besonderes Ziel für Individualisten, die Florida jenseits der touristischen Wegelagerer entdecken möchten.

Zudem ist Inverness ein idealer Ausgangspunkt für Ausflüge in die nähere und fernere Umgebung. Crystal River und Homosassa sind von hier aus sehr gut zu erreichen, nach Disney World und Tampa gelangt man bequem in 1 ½ Stunden und auch St. Augustine ist bloß 2 Stunden Autofahrt entfernt.

Withlacoochee Bicycle Trail

Die Gegend eignet sich außer für Bootsfahrten auch gut für Fahrradtouren. Von Inverness kann man auch mit dem Rad zum Turner Camp am Withlacoochee River fahren, um von hier mit einem Kanu dem breiten Fluss zu folgen. Der **Withlacoochee Bicycle Train** ist ein schön angelegter Fahrradweg, der sich von Inverness – einer alten, stillgelegten Bahnlinie folgend – nach Süden und Norden erstreckt. Der Weg ist asphaltiert und führt über viele Kilometer durch unberührte Landschaft.

Redaktionstipps

▸ **Kanufahrt** auf dem Withlacoochee (S. 87).
▸ **Fahrradtour** auf dem Withlacoochee Bicycle Trail nach Floral City (S. 549).
▸ Ausflug zum **Rainbow River** nördlich von Dunnellon (Schwimmen und Kanufahren auf einem kristallklaren Fluss) (S. 552).
▸ Auf dem Weg nach Orlando: Stopp im hübschen Mount Dora (S. 554).
▸ Fahrt mit einem Boot durch den Mount Dora Canal.
▸ **Übernachten**: im idyllischen „Lake House" oder im „Holiday Inn Express" (beide Inverness, S. 552).
▸ **Essen**: im „Fisherman's Restaurant" (S. 554).

Am Withlacoochee River beim Turner's Camp

Fahrradweg Auf dem Weg nach Floral City (ca. 12 km) im Süden kann man unterwegs zum idyllischen **Fort Cooper State Park** abzweigen. Hier gibt es einen sehr netten überdachten Rastplatz, der überaus liebevoll gestaltet ist. In Floral City lohnt es sich dann, kurz nach links auf die Orange Ave. zum Shamrock Inn abzubiegen, einem irisch-rustikalen Landrestaurant, wo man zur Rast einen guten Hamburger und ein kühles Bier bekommt.

Wenn man dem Fahrradweg weitere 12,5 km folgt, gelangt man an den Withlacoochee (links vom Fahrradweg). Auf einem schönen Steg kann man dann die herrliche Flusslandschaft genießen. Florida pur!

i **Infos**
zum Trail auch unter www.railstotrailsonline.com. **Suncoast Bicycles,** 322 N. Pine Ave., ① (352) 637 5757, www.suncoastbicycles.com. Fahrradverleih direkt am Trail.

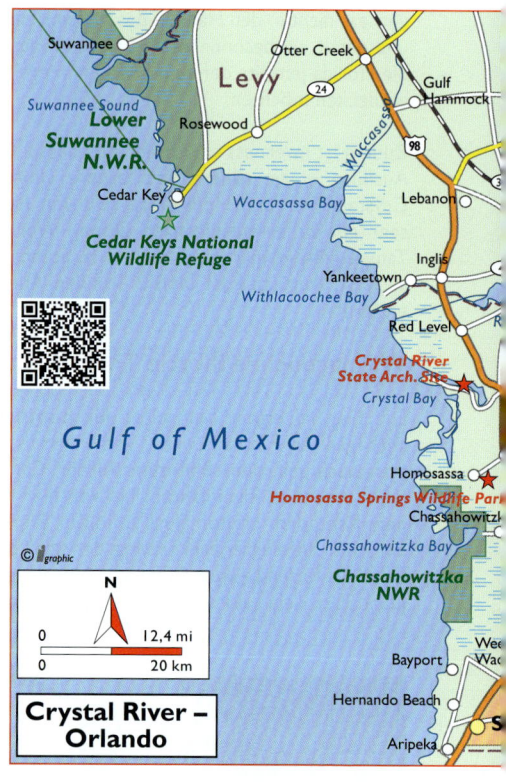

Crystal River – Orlando

Fort Cooper State Park

Die erfrischenden Quellen des **Lake Holathlikaha** waren ein sehr beliebter Genesungsort der verwundeten Soldaten während des 2. Seminolenkrieges. 1836 baute hier das First Georgia Bataillon of Volunteers ein Palisadenfort, um die Verwundeten vor Seminolenübergriffen zu schützen.

Der See ist absolutes Naturschutzgebiet. Ist der Wasserstand hoch genug, kann man hier baden. Sonst vergnügen sich hier Angler. Motorboote sind nicht erlaubt, *Wanderwege* aber es gibt die Möglichkeit, Kanus zu leihen. Es sind 5 Meilen Wanderwege angelegt, die durch die urwüchsige Natur führen. Vogelliebhaber kommen hier ebenfalls auf ihre Kosten. Außerdem gibt es einen kleinen, einfachen Campingplatz, der auch per Fahrrad von Inverness (Abzweig ca. 2 Meilen südlich) erreichbar ist.
Fort Cooper State Park, 3100 S. Old Floral City Rd. (Abzweig von der US 41 2 Meilen südlich von Inverness nach Osten (ausgeschildert), ① (352) 726 0315, www.floridastateparks.org/fortcooper, geöffnet von 8 Uhr bis Sonnenuntergang, $ 3/Auto, einfacher Campingplatz $ 5, Kanus und Paddelboote werden verliehen.

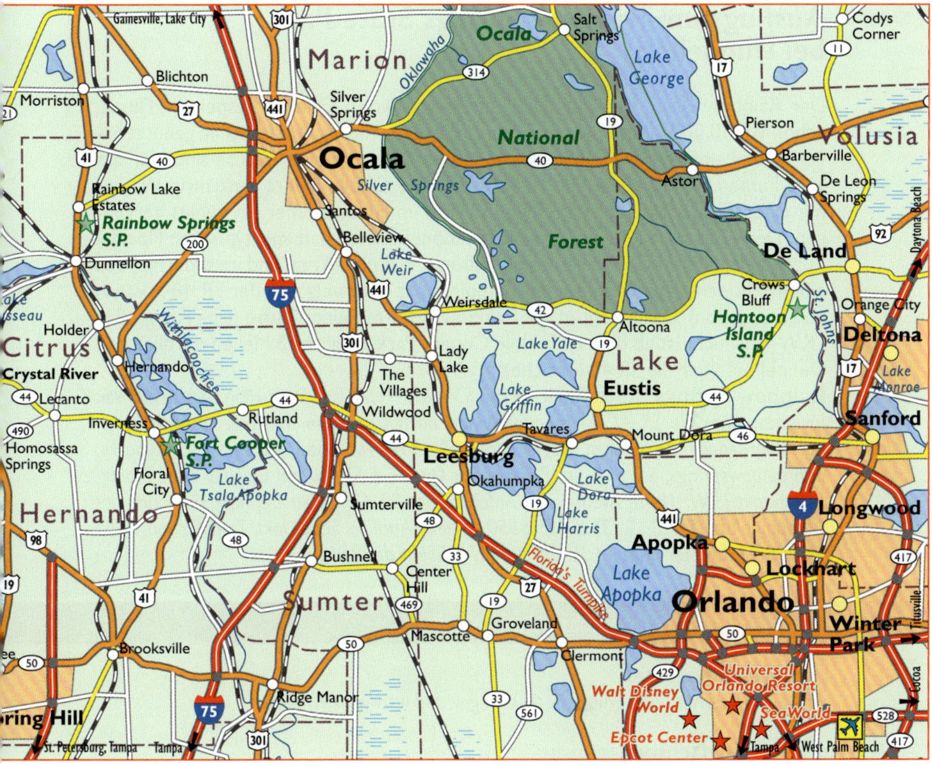

The map shows the region around Ocala National Forest, with place names including Gainesville, Lake City, Ocala, Marion, Volusia, De Land, Deltona, Sanford, Leesburg, Orlando, Winter Park, Longwood, Lockhart, Apopka, Eustis, Mount Dora, Tavares, Bushnell, Inverness, Crystal River, Brooksville, Clermont, Groveland, Walt Disney World, Epcot Center, SeaWorld, Universal Orlando Resort.

The Old Courthouse Heritage Museum

Das 1912 erbaute Courthouse wurde im Jahre 2000 vollständig restauriert. Im alten Gerichtssaal (Old Courtroom) wurde 1961 teilweise der Film „Follow That Dream" mit Elvis Presley gedreht. Neben der Lokalgeschichte erfährt man viel über Floridas Prähistorie, über Indianer und die ersten Siedler. Alles ist sehr liebevoll arrangiert und einen kurzen Besuch wert.

The Old Courthouse Heritage Museum, *One Courthouse Square, ☎ (352) 341 6427, www. cccourthouse.org, Mo–Fr 10–16 Uhr, Eintritt frei.*

Old Courthouse in Inverness

Ausflug zum Rainbow Springs State Park bei Dunnellon

Der Rainbow River ist einer jener aus kristallklaren Quellen gespeisten Flüsse. Schon vor 10.000 Jahren mögen Indianer diese Quelle als Wasserstelle genutzt haben. Der Rainbow River ist die viertstärkste Quelle in Florida. Toll sind hier das Schwimmen, Schnorcheln und Kanufahren. Die Quelle liefert ganzjährig Wasser mit einer Temperatur von ca. 22 Grad – also im Hochsommer ein kühles Vergnügen. Der Fluss liegt in einer traumhaft schönen Landschaft mit typischer Florida-Vegetation. In dem Gebiet gibt es ein schönes Picknick-Areal und im südlichen Teil einen schönen, separat gelegenen Campingplatz (Abzweig von der SR 484 östlich von Dunnellon). Das Befahren des Rainbow River mit einer **Tube** (eine Art großer LKW-Schlauch) ist ab dem K. P. Hole County Park möglich (3 Meilen nördlich von Dunnellon, über die SR 41 erreichbar).

Rainbow Springs State Park, *19158 S.W. 81st Place Rd., Dunnellon.* **Anfahrt:** *von Inverness über die SR 41 (Hernando/Holder) nach Dunnellon, von hier ca. 2,5 Meilen nach Norden, der Abzweig ist ausgeschildert. ① (352) 465 8555, www.floridastateparks. org/rainbowsprings, $ 2 p. P. am Eingang zur Quelle, $ 5/Auto am Eingang zum Tubing-Startpunkt (S.W. 180th Avenue Rd., Anfahrt über SR 484), hier befindet sich auch der Campingplatz ($ 30), ① (352) 465 8550. Tubing (April bis Sept.) inkl. Transfer vom Parkplatz $ 15. Letzter Start 14.15 Uhr (um 17 schließt der Park).*

Reisepraktische Informationen Inverness

ℹ️ Informationen

im Internet unter www.inverness-fl.gov und www.visitcitrus.com.

Übernachtung

Holiday Inn Express $$, *903 Gulf to Lake Highway 44, Inverness Richtung Crystal River, ① (352) 341 3515, www.hiexpress.com. Hotel mit 55 Zimmern und 20 Suiten, einige mit Jacuzzis. Beheiztes Schwimmbad, Fitnessraum. Ruhige und doch verkehrsgünstige Lage.*

Central Motel $–$$, *721 US Hwy 41 S., ① (352) 726 4515, www.centralmotel.com. Sauberes, preiswertes Motel mit Swimmingpool und eigenem Restaurant. Liegt direkt am Fahrrad-Trail.*

The Lake House $$$, *8604 E. Gospel Island Rd., ① (352) 344 3586, www.thelake-house.biz. Toll für alle, die ländliche Idylle mögen. Direkt am Lake Henderson (Hochdeck mit Liegestühlen) gelegen und auch für einen längeren Aufenthalt geeignet. Super Frühstück, schön und geschmackvoll eingerichtete Zimmer. Besitzerin Cathy kümmert sich mit Liebe um die Gäste und gibt wertvolle Tipps für die Gestaltung des Aufenthalts.*

Quality Inn Conference Center at Citrus Hills $$, *350 E. Norvell Bryant Highway, Hernando, ① (325) 527 0015. Das Hotel liegt etwa 15 km westlich von Inverness an der Golfanlage von Citrus Hills und hat 50 modern eingerichtete Räume. Entspricht amerikanischen Standard-Hotels. Restaurant und Swimmingpool vorhanden.*

Ferienhäuser *in einer sehr gepflegten* **Golf-Anlage** *(Restaurant und Schwimmbad vorhanden) vermietet das Golf Resort Lakeside, 4555 E. Windmill Dr., ① (352) 637 1140, www.valkusa.com, Haus inkl. Golfen pro Woche ab ca. $ 1.000–1.200.*

Ländliche Idylle – The Lake House

☞ Tipp

Es ist nicht immer leicht, eine originelle Unterkunft mit persönlichem Ambiente zu finden. Hier ein besonderes *hideaway*, eine gut versteckte Oase: In der hügeligen Landschaft westlich von Inverness, nur über eine schmale Stichstraße zu erreichen, liegt die **Running Deer Lodge**, geführt von der sympathischen Engländerin Susan Hill und ihrem floridianischen Ehemann Mickey. Das Haus verfügt über ein riesiges Wohn- und Esszimmer mit hohen Decken und Kamin sowie einem Blick in die große offene Küche. Fast alles ist holzgetäfelt, wirkt warm und einladend. Die Gästezimmer sind geräumig und gemütlich. Die idyllische Lage lädt zu langen Spaziergängen ein, nach denen man in der Barbecue-Area mit kleiner Bar entspannt die Ruhe genießen kann. Natürlich gibt es ein gediegenes Frühstück und sogar einen *afternoon-tea*. Und nach Inverness, Crystal River oder Homosassa ist es nur ein Katzensprung.

Running Deer Lodge $$, *11043 S. Running Deer Point, ① (352) 341 2675, runningdeer@centurylink.net. Abzweig von der County Road 480, ca. 12 Meilen südwestlich von Inverness. Ca. $ 90/DZ, vorher anmelden!*

⚠ Camping & Blockhütten
River Side Lodge, *12561 E. Gulf To Lake Hwy. (an der SR 44, von Inverness kommend kurz vor dem Fluss auf der linken Seite), Inverness, ① (352) 726 2002, www.riversidelodgerv.com. Von vor 30 Jahren nach Florida ausgewanderten Deutschen betrie-*

benes Resort am Withlacoochee River. Zeltplatz ab $ 30, Cabin mit Küche $ 80–120. Zudem werden Kanus und Boote vermietet.

🍴 Restaurants in der Umgebung von Inverness

Fisherman's Restaurant, 12311 E. Gulf to Lake Highway (US 44 East Inverness-Wildwood, in Höhe des Withlacoochee River), ☏ (352) 637 5888, www.fishermans florida.com. Einfaches, von vielen Einheimischen besuchtes Restaurant mit preiswerten Gerichten. Probieren sollte man den Grouper-Fisch oder – etwas gewagter – das Alligatorensteak. Mo/Di geschl.

Deco Café, 109 Courthouse Sq., ☏ (352) 341 5400, www.thedecocafe.com. Das kleine Café bietet guten Kaffee, raffiniert zubereitete Salate und Sandwiches, natürlich ein gutes Frühstück sowie leckeren Kuchen.

Stumpknockers, 110 W. Main St., ☏ (352) 726 2212, www.stumpknockersonthe square.com. Einfache, ehrliche Südstaatenküche, nette Bar und das Flair eines Nachbarschafts-Restaurants. Lecker sind Catfish und Grouper.

Pizza Joint, Dunnellon, s. S. 547 (Crystal River).

🚤 Airboot-Touren

Wild Bills Airboat Tours, 12430 Gulf to Lake Highway, ☏ (352) 726 6060, www.wildbillsairboattour.com bieten erlebnisreiche Touren auf dem malerischen Withlacoochee River an. An der SR 44 zwischen Inverness und Wildwood gelegen, von Inverness aus kommend nach Osten, kurz vor dem Fluss an der rechten Seite.

🛶 Kanu-/Bootsverleih
Bei der River Side Lodge (s. o.)

Von Inverness kann man nun über die US 44 nach Osten fahren, um dann auf die US 75 South zu gelangen, die auf den Turnpike (gebührenpflichtig) nach Orlando führt. Ein wunderschöner Umweg ist ein Abstecher nach Mount Dora, für den man am besten eine Zwischenübernachtung einplant. Hierfür fährt man über die US 44 nach Westen bis Leesburg, um danach der US 441 nach **Mount Dora** zu folgen.

Mount Dora

Schöne Lage

Mount Dora liegt am Rande einer großen Seenplatte, zu der neben dem Lake Dora auch der Lake Eustis, der Lake Griffin und der Lake Harris gehören. Der Ort liegt idyllisch auf für Florida ungewöhnlich hohen Hügeln, von denen man auf den See hinabschaut. Im Ortskern gibt es eine Reihe hübsch restaurierter viktorianischer Häuser. Viele Antiquitätengeschäfte laden zum Shopping ein, ebenso gibt es eine Reihe gemütlicher Restaurants.

Bootsfahrt auf dem Kanal

Besonders empfehlenswert ist das Anmieten eines Boots, um vom Lake Dora durch den Dora Canal zum Lake Eustis zu fahren. So erschließt sich die Schönheit der Landschaft am allerbesten. Der Dora Canal ist eine malerische Verbindung zwischen beiden Seen. Eine fantastische Vogelwelt, Alligatoren und Schildkröten bevölkern den Urwald aus Sumpfzypressen.

Durch den Dora Canal

Reisepraktische Informationen Mount Dora

Informationen

Chamber of Commerce, 341 Alexander St., ☏ (352) 383 2165, ci.mount-dora.fl.us.
Weitere Informationen unter www.visitmountdora.com.

Übernachtung

Maison en Ville $$, 644 N. Donnelly St., ☏ (352) 385 3919, www.maisonenvillefl.com. Mitten im Ort gelegenes Haus, die meisten Zimmer haben eine Küchenecke.

The Lakeside Inn $$$, 100 N. Alexander St., ☏ (352) 383 4101, www.lakeside-inn.com. Das 1883 gegründete Hotel zählt zu den „Historic Hotels of America" und wurde 2011 gründlich renoviert. Die Lage direkt am See ist toll. Es gibt einen eigenen Strand, ein Sonnendeck direkt am See und einen herrlichen Swimmingpool, zusätzlich ein eigenes Restaurant mit nostalgischem Flair (Beauclaire) sowie eine gemütliche Bar (Tremain's Lounge). Herrlich: der Blick von der Veranda auf den See – man sitzt hier auf Schaukelstühlen.

Mount Dora Historic Inn $$$, 221 E. 4th Ave., ☏ (352) 735 1212, www.mountdorahistoricinn.com. Um 1880 erbautes, sehr stilvolles Haus, das ruhig auf einem großen Gelände liegt. Jedes Zimmer sieht anders aus, da es mit schönen alten Möbeln gemütlich eingerichtet ist.

Christopher's Inn $$$, 539 Liberty Ave., ☏ (352) 383 2244, www.christophersinn.net. Das Haus wurde 1886 erbaut, bietet geschmackvolle Zimmer und ein tolles Frühstück.

Magnolia Inn Bed and Breakfast $$$–$$$$, *347 E. 3rd Ave.,* ➀ *(352) 735 3800, www.magnoliainn.net. Dieses mehrfach preisgekrönte Hotel bietet vier urgemütliche, jeweils individuell eingerichtete Zimmer im Haupthaus sowie eine separat gelegene Suite. Exzellentes Frühstück! Kinder erst ab 14 J.*

🍴 Restaurants

Beauclaire, *im Lakeside Inn (s. o.). Lunch und Dinner im stilvollen Ambiente eines historischen Hotels. Insbesondere sind lokale Fischgerichte zu empfehlen (Grouper, Catfish).*

The Goblin Market Restaurant, *330 Dora Drawdy Way,* ➀ *(352) 735 0059, www.goblinmarketrestaurant.com. Lunch und Dinner, Mo geschlossen, So nur Lunch. In einer kleinen Gasse liegt dieses sehr gemütliche, liebevoll mit Bücherwänden und Gemälden eingerichtete Restaurant. Nicht ganz billig, dafür auch gehobene Küche. Mo geschl.*

Yalaha Bakery, *8210 County Rd. 48, Yalaha,* ➀ *(352) 324 3366, www.yalahabakery. com, tägl. 8–17 Uhr, ca. 30 Minuten Fahrzeit von Mount Dora, aber es lohnt sich: Es duftet nach frisch gebackenen Broten und Brötchen, in den Vitrinen locken Bienenstich, Streuselkuchen, Schokoladentorten und verführerische Blätterteigtaschen. Außerdem gibt es ganzjährig Stollen. Und wer danach Lust auf etwas Herzhaftes hat: Es gibt auch Wiener Schnitzel.*

Gutes Brot und leckerer Kuchen in der Yalaha Bakery

Einkaufen

In Mount Dora gibt es jede Menge kleiner Geschäfte, die mit „Antiquitäten", Kunst und Krimskrams handeln. Je länger man hier herumläuft, desto eher kauft man wieder etwas, das man garantiert nicht braucht …

Rundflüge

Beaver Air Tours, ☎ 612 812 1223, www.lakecountryairservice.com. John Justad fliegt mit seiner „Beaver" von Oktober bis April über die See- und Flusslandschaft – ein super Erlebnis. $ 50 p. P. für 25 Min. bei 5 Personen, Abflug vom Lakeside Inn (s. o.).

Abstecher nach Eustis

Der kleine Ort am gleichnamigen See strahlt geradezu ländliche Idylle aus: Orangenplantagen, Pferdezucht und Baumschulen bestimmen die produktive Wirtschaft. „Downtown Eustis" ist liebevoll restauriert, die Stadt bemüht sich um mehr Besucher. Niedliche Spezialgeschäfte, schmucke Restaurants, ein origineller Friseurladen überraschen mit ihrem Charme. Ein kleiner Höhepunkt ist das wunderschöne Bay Street Theatre. Seit 1974 werden hier Komödien und Dramen aufgeführt. Das Gebäude von 1922 ist ein kulturelles Kleinod inmitten von Seen, Wäldern und Plantagen. Im 1983 eröffneten Eustis Historical Museum kann man viel über die lokale Geschichte erfahren und die gepflegte Dockanlage am Lake Eustis bietet sich für eine Pause an.

Restaurierter Ortskern

Restaurant

The Cuban Place, 1 N. Eustis St., ☎ (352) 357 4000, www.thecubanplace. com. Sehr sympathisches kubanisches Restaurant im Familienbesitz; hier wird noch selber geköchelt. Gute, schmackhafte kubanische Küche, selbst Hauptgerichte unter 15 €, große Vielfalt, klein – aber fein! Persönliche, nette Bedienung – man fühlt sich auf Anhieb drinnen und draußen wohl.

Clermont

Hier steht der Citrus Tower. Aus 70 m Höhe blickt man über Orangenhaine und kann im Souvenirladen alles kaufen, was mit Orangen und Zitrusfrüchten zu tun hat. Und wer noch etwas anderes probieren möchte: Die Lakeridge Winery bietet Touren und Weinproben an. Etwa 2.300 Flaschen am Tag werden hier abgefüllt, u. a. aus der Traube Florida hybrid bunch, einer den klimatischen Bedingungen Floridas bestens angepassten Rebsorte.

Lakeridge Winery & Vineyards, 19239 U.S. 27 North (3 Meilen südlich vom Exit 285 vom Florida Turnpike), Clermont, ☎ (1-800) 768 9563, www.lakeridgewinery.com, Touren (ca. 45 min.) und Weinproben Mo–Sa 10–17 Uhr, So 11–17 Uhr.

9. ALTERNATIVSTRECKE: VON ORLANDO ENTLANG DER ATLANTIKKÜSTE NACH MIAMI

Streckenübersicht

Entfernungen:
- **Orlando – Titusville:** ca. 70 km
- **Titusville – West Palm Beach:** ca. 240 km
- **West Palm Beach – Miami:** ca. 110 km

Empfohlene Route: über die 50 bzw. den Beeline Expressway (528) zum I-95. Wer es eilig, hat folgt nun dem I-95 südwärts und verlässt diesen nur an Punkten, die er besuchen möchte. Schöner aber ist es, auf der küstennäheren US 1 zu fahren, von der aus man immer wieder über die vorgelagerten Inseln auf den A1A abzweigen kann. Diese Strecke ist um ca. 70 Meilen und 2–3 Fahrtstunden länger als die

über den Interstate. Schöne Strände belohnen aber für den Umweg.

Strände:
- im **Merritt Island Nat. Wildlife Refuge**,
- auf **Hutchinson Island**,
- zwischen **Jupiter Beach** und **Boca Raton** reihen sich 25 Strandabschnitte. Hier gibt es Parkplätze, Toiletten, Picknicktische und Sonnenschirmverleihe. Besonders schön (allerdings z. T. felsig) sind Jupiter Beach und Coral Cove. Empfehlenswert ist die Strandanlage Spanish River in Boca Raton.

 Hinweis
Zu **Titusville,** *der* **Space Coast** *und dem* **Kennedy Space Center** *ab* S. 431.

Zwischen Titusville und West Palm Beach

Dieser Streckenabschnitt zieht sich entlang der Atlantikküste und besticht vor allem durch die zahlreichen schönen Strände an der sogenannten „Treasure Coast". Besonders **zwischen Jupiter Beach und Boca Raton** kann man sich dem Badevergnügen hingeben. Ansonsten bietet die Strecke bis Palm Beach keine besonderen Höhepunkte und die in einigen Broschüren aufgeführten Museen und Sehenswürdigkeiten haben nur lokalen Charakter. Zu vielen der dort angesprochenen Themen gibt es weitaus attraktivere Plätze in Florida.

Redaktionstipps

▸ Die **Villen am Strand von Palm Beach** (S. 564).
▸ Wer mit Kindern unterwegs ist: **Lion Country Safari Park** (S. 566).
▸ Eine Übernachtung im luxuriösen „The Breakers Hotel" (S. 564 u. 568) in Palm Beach oder im historischen „Riverside Hotel" (S. 575) in Fort Lauderdale.
▸ **Essen:** in **Palm Beach** exquisit im „Café L'Europe" oder im „Café Boulud" (S. 568).
▸ **Bedeutendste Sehenswürdigkeiten:** die Küste im Allgemeinen, besonders am A1A und südlich von Jupiter Beach; das Florida Oceanographic Coastal Center bei **Stuart** (S. 562); das Flagler Museum (S. 564) und das The Breakers Hotel (S. 564) in **Palm Beach**; Shopping im Mizner Park von **Boca Raton** (S. 569); die „venezianische" Stadtanlage in **Fort Lauderdale** mit ihren vielen Kanälen, die Strände (S. 569).
▸ **Optimale Zeiteinteilung: 2 Tage. 1. Tag:** Am ersten Tag sollte man sich etwas treiben lassen. Nicht die Sehenswürdigkeiten vor Palm Springs sind die Empfehlung, sondern die Küstenlandschaft, soweit man sie zwischen den Häusern zu sehen bekommt. Bis Palm Beach sollte man aber schon fahren und dort zumindest das „The Breakers Hotel" anschauen und besonders hier auch einmal auf dem A1A fahren, um die imposanten Luxusvillen zu bestaunen. Übernachten in Palm Beach oder später in Fort Lauderdale. **2. Tag:** Diesen Tag könnte man für die Besichtigung (z. B. Bootstour) von Fort Lauderdale nutzen und noch einmal in die Wogen des Atlantiks springen. Nachmittags kann man z. B. nach Miami fahren, wo man im Norden evtl. noch The Cloisters of the Monastery of St. Bernhard besichtigen kann (S. 141).

Jensen Beach

Bei **Fort Pierce** sollte man unbedingt auf den A1A abzweigen, denn der führt über **Hutchinson Island**, das mit schönen Stränden lockt. Die Insel ist so lang, dass sie in verschiedenen Countys liegt. Rein praktisch, etwa für die Postzustellung, werden die verschiedenen Teile den auf dem Festland liegenden Orten Fort Pierce, Jensen Beach und Stuart zugerechnet.

Reisepraktische Informationen Jensen Beach

ℹ Informationen
Jensen Beach Chamber of Commerce, *1900 Ricou Terrace*, ☏ *(772) 334 3444*, *www.jensenbeachchamber.biz*.

🛏 Übernachtung
Coral Reef Motel $$, *2680 N.E. Indian River Dr.*, ☏ *(772) 334 1474*, *www.coralreefmotel-jensenbeach.com*. *Günstige Unterkunft im 1950er-Jahre-Stil, direkt am Strand.*
Hutchinson Island Marriott Beach Resort & Marina $$$$–$$$$$, *555 N.E. Ocean Blvd., Hutchinson Island*, ☏ *(772) 225 3700*, *www.marriott.com*. *In diesem luxuriösen Resort mit Privatstrand kann man Golf und Tennis spielen oder sich ein Boot oder auch Wasserski leihen. Hervorragend für einige erholsame Tage geeignet (Tennisplätze, mehrere Pools, privater Strand). Es gibt u. a. auch Apartments zu mieten (mit Küche).*

🍴 Restaurants
Conchy Joe's Seafood, *3945 N.E. Indian River Dr.*, ☏ *(772) 334 1130*, *www.conchyjoes.com*. *Sehr rustikales, sehr legeres Restaurant, das alles auftischt, was das Meer zu bieten hat.*
11 Maple Street, *3224 N.E. Maple St.*, ☏ *(772) 334 7714*, *www.elevenmaple.com*. *So/Mo geschlossen. Gehobene leichtere Küche mit täglich wechselnden Gerichten mit dem Schwerpunkt auf Fisch. Aber auch die leckeren Fleischgerichte, z. B. Wildfleisch auf Holzkohle gegrillt, sind empfehlenswert.*

🤿 Schnorcheln und Tauchen
Deep Six Dive & Watersports, *2525 N.W. Hwy., Stuart*, ☏ *(772) 692 2747, Mo–Sa 9–21, So 10–18 Uhr.*

Zwischen Miami und Titusville

N

0 — 31 mi
0 — 50 km

©ilgraphic

Florida Oceanographic Coastal Center

Forschungs-
station

Kurz vor Erreichen des Fischerortes **Stuart** (heute eher eine Yacht-Marina mit leb-
haftem Ortskern) liegt rechterhand das Florida Oceanographic Coastal Center.
Hier unterhält die Florida Oceanographic Society eine Forschungsstation mit Laboratorium, in das man z. T. Einblick erhält. Um die Gebäude herum ist ein Lehrpfad
(*Nature Trail*) zum Thema Strand- und Küstenvegetation angelegt. Besonders interessant sind hier die Erläuterungen bezüglich der Mangroven. Des Weiteren gibt es
im Museum Informationen über das Ökosystem Riff und die Meeresflora und -fauna.
Florida Oceanographic Coastal Center, *890 N.E. Ocean Blvd., Stuart, ☺ (772)
225 0505, www.floridaocean.org. Mo–Sa 10–17, So 12–16 Uhr, der Nature Trail schließt
jeweils eine Stunde eher, Erw. $ 12, Kinder $ 6.*

Das gegenüberliegende **Elliott Museum** bietet einige Erfindungen des Tüftlers
Sterling Elliott, u. a. eine Adressiermaschine und ein vierrädriges Fahrrad sowie ein
paar alte Autos und Spielzeug.
Elliott Museum, *825 N.E. Ocean Blvd., Stuart, ☺ (772) 225 1961, www.elliott
museumfl.org. Tägl. 10–17, Erw. $ 14, Kinder (6–12 J.) $ 6.*

Jupiter

Jupiter mit seinen rund 58.000 Einwohnern ist ein durchaus vornehmer Ort und
Wohnsitz einiger Prominenter. Auf dem vorgelagerten Jupiter Island leben knapp
700 Menschen. Als Wahrzeichen Jupiters gilt der 1860 gebaute rote Leuchtturm,
der sich heutzutage besichtigen lässt. Vom US 1 aus kann man das **Jupiter Inlet
Lighthouse** nicht verfehlen. Im angeschlossenen Museum, eingerichtet in restaurierten Militär-Baracken aus dem 2. Weltkrieg, gibt es eine Ausstellung zur Lokalgeschichte mit dem Titel *Five Thousand Years on the Loxahatchee* sowie Wechselausstellungen.
Jupiter Lighthouse & Museum, *500 Captain Armour's Way, ☺ (561) 747 8380,
www.jupiterlighthouse.org. Tägl. 10–17 Uhr, Mai–Dez. Mo geschl. Letzte Leuchtturmtour
um 16 Uhr, Erw. $ 10, Kinder (6–18 J.) $ 5 (Führung und Museum).*

Gischt-
spritzende
Felsen

Auf Jupiter Island empfiehlt sich neben den Stränden noch das **Blowing Rocks
Preserve**, ein etwa 30 ha großes Naturreservat, in welchem die Pflanzenwelt der
Dünen und Küsten Südfloridas geschützt wird. Benannt ist das Gebiet nach dem
Sandstein am Ufer, durch dessen Erosionslöcher die Gischt teils bis zu 15 m in die
Luft gepresst wird.
Blowing Rocks Preserve, *tgl. 9–16.30 Uhr, ☺ (561) 744 6668, www.nature.org. Zu-
gang zum Strand $ 2).*

West Palm Beach/Palm Beach

Palm Beach ist sicherlich der **vornehmste Ort** in Florida. Hier ist das alte Geld   *Mondän*
Amerikas zu Hause. Dynastien wie die Vanderbilts, die Kennedys oder die Astors
hatten und haben hier Anwesen und natürlich ist „man" nicht über die touristischen Gaffer erbaut, die einen Blick in dieses vermeintliche Schlaraffenland werfen
möchten. Und so hat man in Schaufenstern schon Sticker gesehen, auf denen stand:
„If it's tourist season, why can't we hunt them?" Viele Eigentümer der herrlichen
Villen wohnen nicht ständig in Palm Beach. Sie genießen ihren Besitz meist nur
etwa von November bis Ostern. In dieser Zeit lässt man sich bei Empfängen und
Wohltätigkeitsbällen sehen, bei denen man für ein Gedeck gerne $ 1.000 und mehr
ausgibt. So steigt die Einwohnerzahl von gewöhnlich rund 9.000 Menschen saisonal
auf über 20.000 an.

Seinen Aufstieg verdankt Palm Beach dem Eisenbahnmagnaten Flagler und seiner   *Aufstieg*
Vision, dass Floridas Zukunft im Tourismus läge. Seine Eisenbahnlinie, die Florida   *dank Flagler*
East Coast Railway, brachte Gäste direkt in seine Luxushotels in St. Augustine,
Daytona, Miami und Key West. In Palm Beach setzte er sich mit dem legendären
Hotel The Breakers selbst ein Denkmal. Noch immer ist es eines der luxuriösesten Hotels der USA. Schon in der Anfangszeit war man darauf bedacht, dem Ort
ein eher europäisches Ambiente angedeihen zu lassen. Der Architekt Adison Miz-   *Europäisches*
ner brachte spanische Stil- und Bauelemente wie Türmchen, Arkaden, Plätze, Gie-   *Ambiente*
beldächer und kleine Innenhöfe in die Gestaltung ein.

Seinen Namen verdankt Palm Beach den **Kokospalmen**. Ursprünglich waren die
Pflanzen hier nicht heimisch, aber 1878 strandete an der Küste ein spanisches
Schiff, das etwa 20.000 Kokosnüsse geladen hatte. Die damaligen Siedler verloren
keine Zeit, sich die unverhoffte Fracht zu sichern und die Nüsse einzupflanzen. Da-
mit wollten sie den Grundstock für eine kommerzielle Kokosnuss-Industrie legen.
So kam Palm Beach zu seinen Palmen und damit zu seinem Namen.

Shopping und Restaurant Mall in Palm Beach

Auf der anderen Seite des Intracoastal Waterway, gegenüber von Palm Beach mit seinen supervornehmen Villen und der von Palmen gesäumten Einfahrtsallee, liegt die **Schwesterstadt West Palm Beach**. Einst als Trabantenstadt und Arbeitersiedlung erbaut, hat West Palm Beach heute rund 100.000 Einwohner und ist Verwaltungssitz des Palm Beach County. Im Jahre 2000 standen das County und seine Hauptstadt im Mittelpunkt von Wahlunregelmäßigkeiten. So manche böse Zunge behauptet, diese Vorgänge hätten die Präsidentschaftswahl zugunsten von George W. Bush entschieden.

Sehenswertes in Palm Beach

Flagler Museum

Das heutige Flagler Museum ist in Whitehall untergebracht, dem restaurierten Privathaus des Eisenbahnmoguls. Gebaut im Jahre 1902 diente es Flagler und seiner dritten Frau als Winterresidenz, bis er wenige Jahre später auf den marmornen Stufen einen Sturz erlitt, an dessen Folgen er 1913 starb. Ab 1925 diente das Gebäude als Hotel, 1960 wurde es in ein Museum umgewandelt. Hier gibt es kostbare Möbel, Porzellan, Gemälde und andere wertvolle Ausstattungsgegenstände zu bewundern. Im Hof steht der Rambler, Flaglers privater Eisenbahnwaggon.
Flagler Museum, *One Whitehall Way, ☎ (561) 655 2833, www.flaglermuseum.us. Di–Sa 10–17, So 12–17 Uhr, Erw. $ 18, Kinder (13–17 J.) $ 10, (6–12 J.) $ 3.*

The Breakers Hotel

Das durch Flagler erbaute Hotel hieß ursprünglich Palm Beach Inn und war ein riesiger Holzbau. Dieser brannte ebenso nieder wie der (ebenfalls hölzerne) Nachfolgebau. 1925 wurde das neue The Breakers nach 12-monatiger Bauzeit fertiggestellt. Das Hotel ist längst zu einer amerikanischen Institution geworden und zählt in den USA zu den allerbesten Nobelherbergen. Auch wer nicht hier übernachtet, kann z. B. am Sonntagvormittag zum Brunch kommen und die großzügige Atmosphäre dieses Hauses kennenlernen. In der opulent gestalteten Lobby kann man sich auch als Besucher umsehen.
The Breakers Hotel, *One S. County Rd., Palm Beach. Weitere Informationen s. u.*

 Tipp: Villen anschauen!

Besonders tolle Häuser liegen am *S. Ocean Boulevard* und manche haben über die Straße einen Privatzugang zum Strand. Zu den bekanntesten Anwesen zählt die Villa **Mar-a-Lago**, die sich auch in Disney World nicht schlecht machen würde. 1984 kaufte Donald Trump das Herrenhaus für schlappe $ 8 Mio. und verwandelte es in einen Privatclub. Aber auch die Seitenstraßen haben einiges zu bieten. Wer seinem Luxus-Voyeurismus nachgehen möchte, schlendert am besten zu Fuß durch die Stadt. Oft hat man einen guten Blick auf die Anwesen, vor allem dann, wenn der Rolls Royce gerade einfährt. Welche Prominenz sich hier verbirgt, ist meist nicht öffentlich bekannt. Die Adressen der Vanderbilts, Kennedys, Astors usw. bleiben geheim.

Palm Beach Lake Trail

Sehr schön ist auch folgender **Spaziergang am Intracoastal Waterway**: Wenn man über die Brücke nach Palm Beach und seine Palmenallee kommt, liegt linker Hand ein kleiner Park. Von hier führt in nördliche Richtung immer am Wasser entlang der Palm Beach Lake Trail, ein Fußweg, der schöne Blicke bietet: Rechts liegen schicke Villen und links schaut man auf Yachthäfen und die City von West Palm Beach.

Worth Avenue

Ebenfalls sehenswert ist die Worth Avenue mit ihren extravaganten Geschäften. Ein Bummel hier unterstreicht den Eindruck von Eleganz und Reichtum. Am besten setzt man sich einfach in ein Café oder eines der kleinen Restaurants in den Innenhöfen, um das Flair des Orts wahrzunehmen.

Sehenswertes in West Palm Beach

West Palm Beach liegt auf dem Festland und ist durch die Lake Worth Lagoon, einen Teil des Intracoastal Waterways, von Palm Beach getrennt. Der Fahr-

weg über eine Ziehbrücke beträgt 2 Meilen. Seit den 1990er-Jahren erlebt West Palm Beach einen Aufschwung. Der Stadtkern wurde seither attraktiver gestaltet. Der **CityPlace** ist tagsüber eine Art Freiluft-Shoppingcenter, am Abend pulsiert hier das Nachtleben. Und nur eine halbe Meile entfernt liegt die **Clematis Street** mit ihren Restaurants und Geschäften. Auch hier tummeln sich am Abend die Menschen. Jeden Donnerstag findet unter dem Namen Clematis by Night ein kleines Musikfestival statt, für das ein Teil der Straße für den Verkehr gesperrt wird (*www. clematisbynight.net*).

Norton Museum of Art

Nicht nur als Notfallplan für Regentage lohnt ein Besuch im Norton Museum of Art. Hier finden sich neben modernen amerikanischen Künstlern wie Edward Hopper, Georgia O'Keeffe und Jackson Pollock auch französische Impressionisten oder ein Gauguin. Erbaut wurde das Museum vom Stahlbaron Ralph Norton im Jahr 1941.
Norton Museum of Art, *1451 S. Olive Ave., West Palm Beach, ✆ (561) 832 5196, www.norton.org. Di–Sa 10–17, Do –21, So 11–17 Uhr, Erw. $ 12, Kinder (bis 12 J.) Eintritt frei.*

Peanut Island

Als im Jahr 1918 nördlich von Palm Beach ein künstlicher Durchfluss vom Intracoastal Waterway zum Atlantik geschaffen wurde, entstand aus dem ausgehobenen Material die kleine Insel Peanut Island. Ihren Namen verdankt sie ihrer angedachten Funktion als Umschlagplatz für Erdnussöl. Aus diesen Plänen ist aber nie etwas geworden. Stattdessen beherbergt die renaturierte Insel seit 2005 einen
Badespaß Park, inklusive Campingplatz und einem künstlichen Riff. Hier gibt es ideale Bedin-
und gungen zum Baden, Schnorcheln und für kurze Wanderungen sowie ein kleines Ku-
Kennedys riosum: einen Atomschutzbunker für John F. Kennedy, der seine Ferien gerne in
Bunker Palm Beach verbrachte. Heute dient der Bunker als Cold-War-Museum.
Peanut Island, *6500 Peanut Island Rd. (561) 845 4445, www.pbcgov.com/parks/pea nutisland. So–Do 7.30–15, Fr bis 21, Sa 10.30–18 Uhr (Büro), der Park ist geöffnet von Sonnenauf- bis -untergang. Camping $ 28–56/Stellplatz (Reservieren!). Die Insel ist mit dem eigenen Boot oder dem Water Taxi zu erreichen (s. S. 568).*
Kennedy Bunker, *(561) 832 7428, www.pbmm.org. Di–So 11–16 Uhr, VIP Tour $ 25, sonst Erw. $ 14, Kinder (5–17 J.) $ 8. Die Führung umfasst auch die historische Coast Guard Station.*

Lion Country Safari Park

Löwen! Dieser außerhalb von Palm Beach gelegene Freizeitpark ist vornehmlich der Tierwelt Afrikas gewidmet. Auf einer etwa einstündigen Rundfahrt durch ein großes Wildgehege fährt man mit dem Auto (Fenster müssen geschlossen bleiben!) wie auf einer Safari durch Gebiete wie die „Serengeti", den „Hwange-Nationalpark" oder das „Kalahari Bushveldt". Dabei werden sich besonders Kinder an den Elefanten, Nashörnern, Affen, Giraffen und Antilopen erfreuen. Übrigens sind viele der Tiere nur zur Pflege in Florida und werden nach ihrer Genesung wieder in Afrika ausgesetzt. Anschließend an die Fahrt durchs Gehege bietet sich dann noch ein Besuch des Vergnügungsparks an, wo es neben kleineren Tieren auch Karussells, Bootstouren, Picknickplätze und ein Selbstbedienungsrestaurant gibt.

Lion Country Safari Park, *2003 Lion Country Safari Rd., am Southern Blvd. W. (US 441/98/SR80), Loxahatchee, ① (561) 793 1084, www.lioncountrysafari.com. Etwa 18 Meilen westlich des I-95, tgl. 9.30–17.30 Uhr, Ticketschalter schließen eine Stunde eher, Erw. $ 31,50, Kinder (3–9 J.) $ 23.*

Reisepraktische Informationen Palm Beach und West Palm Beach

 Informationen

Palm Beach County Convention and Visitors Bureau, *1555 Palm Beach Lakes Blvd., Suite 800, West Palm Beach, ① (561) 233 3000 u. 800 554 7256, www.palmbeachfl.com.*

Übernachtung *s. Karte S. 565*

Palm Beach Hibiscus $$$–$$$$ (2), *213 S. Rosemary Ave., Palm Beach, ① (561) 833 8171, www.palmbeachhibiscus.com. Gemütliches B&B mit freundlicher Atmosphäre und einer schönen Bar.*

Grandview Gardens $$$–$$$$$ (5), *1608 Lake Ave., West Palm Beach, ① (561) 833 9023, www.grandview-gardens.com. Mitten in einem wunderschönen, exotischen Garten gelegen, bietet das Hotel 35 große, gut ausgestattete Zimmer mit jeweils eigener Terrasse sowie zwei sehr individuelle, denkmalgeschützte Ferienhäuser.*

Brazilian Court $$$$ (3), *301 Australian Ave., Palm Beach, ① (561) 655 7740, www.thebraziliancourt.com. 80 Zimmer, elegante, spanisch anmutende Atmosphäre, ausgezeichnetes Restaurant (Café Boulud, s. u.). Schöne, persönliche Atmosphäre, Pool, Fahrradverleih.*

PGA National Resort & Spa $$$–$$$$$, *400 Ave. of the Champions, Palm Beach Gardens, ① (800) 863 2819, www.pga-resorts.com. Hervorragendes Golfhotel, etwa 12 km nördlich von Palm Beach.*

Palm Beach bietet schöne Strände

Palm Beach Historic Inn $$$–$$$$ (4), 365 S. County Rd., Palm Beach, ① 832 4009, www.palmbeachhistoricinn.com. Nur neun Zimmer, in der Stadt gelegen, sehr geschmackvoll.

The Breakers $$$$$ (1), 1 S. County Rd., Palm Beach, ① (888) 727 1649, www.thebreakers.com. Dieses Luxushotel bietet vom 300-$-Zimmer bis zur 3.000-$-Suite alles, was das Herz begehren könnte. Darunter Tennismöglichkeiten und Golf, Fahrradverleih und alle Arten von Wassersport.

🍴 Restaurants

The Italian Restaurant (2), 1 S. County Rd., Palm Beach, ① (1-888) 273 2537. Im The Breakers Hotel; Pizza, Pasta und Salate – klassisch und in überraschenden Varianten – in gehobenem Ambiente. Sehr kinderfreundlich.

Café Boulud (4), im Hotel Brazilian Court, 301 Australian Ave., Palm Beach, ① (561) 655 6060, www.cafeboulud.com. Hervorragende, eher leichte französische Küche. Empfehlenswert ist das kräuterreiche Lamm, aber auch die Fischzubereitungen sind vom Feinsten. Toll sind auch die gelegentlich angebotenen kleinen Menüs. Teuer!

Café L'Europe (5), 331 S. County Rd., Palm Beach, ① (561) 655 4020, www.cafeleurope.com. Spezialitäten: Lachs, Kapaun, Kalbsgerichte und Lamm. Sehr teuer. Kein Lunch, Reservierung notwendig.

Bice (6), 313 Worth Ave., Palm Beach, ① (561) 835 1600, www.palmbeach.bicegroup.com. Sehr italienische Küche mit vielen Kräutern: Die Aromen von Basilikum und Oregano liegen in der Luft. Gemütliche Außenterrasse.

The Chickpea (3), 400 Clematis St., West Palm Beach, ① (561) 755 5151, www.thechickpea.com. Der kleine Imbiss bietet orientalische Sandwichs im Baukastensystem, gefüllt mit veganen Falaflen oder Fleisch. Das hervorragende Hummus erklärt die oftmals langen Schlangen, die aber schnell und dennoch freundlich abgearbeitet werden.

Testa's Restaurant (1), 221 Royal Poinciana Way, Palm Beach, ① (561) 832 0992, www.testasrestaurants.com. Alteingesessenes Restaurant mit reichhaltiger Speisekarte.

☞ Tipp: Palm Beach Lake Trail mit dem Fahrrad

Dieser markierte, knapp 13 km lange Weg führt zu den schönsten Häusern von Palm Beach. Der Trail beginnt südlich der Royal Park Bridge an der Society of the Four Arts.
Fahrräder mieten kann man beim **Palm Beach Bicycle Trail Shop**, 223 Sunrise Ave., ① (561) 659 4583, www.palmbeachbicycle.com.

🪓 Strand

Im Bereich des **Phipps Ocean Park** (südlich von Palm Beach, parallel zum A1A) gelangt man zu schönen Stränden. An diesem Strandabschnitt fließt der Golfstrom näher als irgendwo anders an der Küste der USA vorbei.

🚤 Wassertaxi

Palm Beach Water Taxi, 98 Lake Dr., West Palm Beach, Sailfish Marina Resort, (561) 844 1724, www.sailfishmarina.com/water-taxi. Geführte Sightseeingtouren (90 Min., tgl. 10, 12, 14, 16 Uhr, Erw. $ 30, Kinder $ 15), Shuttle nach Peanut Island ($ 12–20), Charter-Möglichkeiten.

Bus
Greyhound, *205 S. Tamarind Ave., West Palm Beach,* ☏ *(561) 833 8534, www.greyhound.com.*

 Eisenbahn
AMTRAK-*Station: 201 S. Tamarind Ave., www.amtrak.com.*

Delray Beach und Boca Raton

Weiter auf dem Weg nach Miami passiert man mehrere Strandstädte. **Delray Beach** zieht vor allem hippes Publikum an. Das Leben in den Cafés und Boutiquen spielt sich vor allem auf der Atlantic Avenue ab, die von der Küste ins Inland führt. Neben dem schönen **Atlantic Dunes Beach** zieht es Besucher und Einheimische vor allem an den öffentlichen Stadtstrand, an dem eine lockere Atmosphäre herrscht. Lange war Delray Beach der beliebteste Surf-Spot von ganz Florida.

In der Stadt spürt man noch immer die Einflüsse der afroamerikanischen und japa-nischstämmigen Bevölkerung. Sehenswert ist das **Morikami Museum & Japanese Gardens**. Das ehemalige Herrenhaus eines Ananasfarmers und Pioniers aus Miyazu liegt inmitten einer großen Gartenanlage. Heute dient es als Museum. Die japanische Kultur wird dem Besucher durch mehr als 7.000 Exponaten nahege-bracht. Das Museums-Restaurant (Cornell Café) ist für seine exzellente modern-japanische Küche berühmt. *Japanische Geschichte in Florida*
Morikami Museum & Japanese Gardens, *4000 Morikami Park Rd., Delray Beach,* ☏ *(561) 495 0233, www.morikami.org. Di–So 10–17 (Restaurant 11–15 Uhr), Erw. $ 16, Kinder (6–15 J.) $ 9.*

Weiter im Süden liegt **Boca Raton**, die mondänste der Küstenstädte zwischen Palm Beach und Fort Lauderdale. Hier haben auch viele wohlhabende Deutsche eine Residenz. Zu sehen gibt es in der Stadt zwar nichts, doch ist der **Mizner Park** (*Federal Hwy., zwischen Palmetto Park Rd. und Glades Rd.*) ein Shopping Village, wel-ches mit seinen ausgesuchten Geschäften, Cafés und Restaurants den betuchten Bewohnern der Stadt alle Ehre macht. Darüber hinaus verfügt Boca Raton über ei-nige schöne Strände, empfehlenswert ist der geschützte **Spanish River Park**. *Residenz der Wohl-habenden*

Fort Lauderdale

Fort Lauderdale zählt immerhin 172.000 Einwohner und ist im Winter und Früh-jahr ein bevorzugtes Reiseziel für Erholungssuchende. Trotzdem konnte sich die Stadt ihr individuelles und mondänes Flair erhalten. 1838 errichtete hier der Major William Lauderdale im Zuge der Seminolenkriege ein Holzfort, das nach dem Rückzug der Truppen 1857 allmählich verfiel. Später erbaute man in Fort Lau-derdale das sogenannte House of Refuge, eine Zufluchtsstätte für Schiffbrüchige.

Der entscheidende Anstoß zur Stadtentwicklung kam durch den Eisenbahnan-schluss von Flagler. Doch so recht mochte sich die sumpfige Landschaft nicht zur

Villen am Kanal: Fort Lauderdale

Bebauung eignen. Charles Green Rodes hatte folgende Idee, die das Stadtbild noch heute entscheidend prägt: Er entwässerte die Sümpfe durch das Ausheben von **parallel zueinander laufenden Kanälen**, mit dem gewonnenen Aushub schüttete er die dazwischen liegenden Flächen auf und **gewann so Siedlungsland**.

Venedig
Floridas
Heute weist Fort Lauderdale insgesamt ca. 300 km Wasserwege auf, der größte Teil davon sind künstliche Kanäle. Stolz trägt die Stadt den Beinamen „Venice of America" („Venedig Amerikas") und auch die Bezeichnung als „Yachting Capital of the World" verweist auf die Verbundenheit mit dem Wasser. Besonders beliebt ist Fort Lauderdale bei Studenten, die den Badeort während der Weihnachts- und Frühjahrsferien (*Spring Break*) in Scharen besuchen. Auch wenn die ganz wilden Zeiten vorbei sind, ist Fort Lauderdale während der Studenteninvasion ein weniger besuchenswertes Ziel, es sei denn, man möchte das laute und zum Teil skurrile Treiben beobachten.

Was der Tourist nur beiläufig erfährt, wenn er die Randzonen der Stadt durchquert: Fort Lauderdale ist eine Stadt des Handels. Vor allem sind hier Schiffswerften und neuerdings auch High-Tech-Industrien angesiedelt. Das Umland der Stadt produziert Zitrusfrüchte, ebenso gibt es große Rinderfarmen. Port Everglades, der Hafen, verfügt über drei Terminals. Der Tiefseehafen liegt an der Mündung des Stranahan River und man kann von hier aus zu einem Kurztrip auf die Bahamas starten.

High Tech

Orientierung

Der Highway A1A, der parallel zur Küste verläuft, heißt im Stadtgebiet Atlantic bzw. Seabreeze Boulevard. Im Bereich zwischen Las Olas Boulevard und Sunrise Boulevard liegt der schönste Strandabschnitts im Stadtgebiet. Der Las Olas Boulevard führt nach Westen und ist die Flanier- und Einkaufsmeile der Stadt.

Sehenswertes

Fort Lauderdale Beach

Entlang dem Strand reihen sich Restaurants, Geschäfte und Hotels. Schön zum Promenieren! Nach der Renovierung für $ 26 Millionen tummeln sich auf der Fort Lauderlade Beachfront auch viele Fahrradfahrer und Jogger. Strandnah liegen folgende Sehenswürdigkeiten:

International Swimming Hall of Fame Museum and Aquatic Complex

Zwei gigantische Schwimmbecken mit je zehn Bahnen und 50 m Länge befinden sich hier. Im Museum sind Exponate (Medaillen, Trophäen) von weltweiten Schwimmwettbewerben zu sehen. Dem fünffachen Olympiasieger und Tarzan-Darsteller Johnny Weissmuller und Mark Spitz, der bei den Olympischen Spielen 1972 siebenmal Gold gewann, ist ein eigener Raum vorbehalten. Von Spitz steht hier sogar eine lebensgroße Wachsstatue. Derzeit gibt es Planungen, die Hall of Fame nach Santa Clara (Kalifornien) zu verlegen, dies wird aber frühestens in der zweiten Hälfte 2016 erfolgen.
International Swimming Hall of Fame Museum and Aquatic Complex, *1 Hall of Fame Dr., ① (954) 462 6536, Museum Mo–Fr 9–17, Sa/So 9–14 Uhr, $ 8, Pool Mo–Fr 8–16, Sa/So 9–17 Uhr, www.ishof.org.*

Bonnet House

Auf einem idyllischen, subtropischen Anwesen, das an die alten Tage des südlichen Floridas erinnert, liegt die ehemalige Winterresidenz des Malerehepaars Frederic und Evelyn Bartlett. Man achte auf die Affen, die in den Bäumen herumturnen.
Bonnet House, *900 N. Birch Rd., ① (954) 563 5393, www.bonnethouse.org, Di–Sa 9–16, Führungen stdl. von 9.30–15.30, Erw. $ 20, Kinder (6–12 J.) $ 16.*

Downtown Fort Lauderdale/Las Olas Boulevard

Wo vor hundert Jahren eine matschige Straße durch die Sümpfe nach Fort Lauderdale Beach führte, pulsiert heute die Lebensader von Fort Lauderdale. Der **Las Olas Boulevard** reicht von der Küste bis nach Downtown. Seinen Beginn markiert das kantige Gebäude der Bar **Elbo Room**, eines legendären Spring-Break-Schauplatzes, der seit Jahrzehnten junge Partygänger anzieht. Wem nicht nach *Tequila Shots* zumute ist, begibt sich weiter in die Innenstadt. Vor allem zwischen der S. E. 10th Ave. und dem Hwy. I/S. E. 6th Ave. reihen sich auf der palmenbestandenen Allee die Restaurants, Cafés und Boutiquen. Kurz hinter dem NSU Museum of Arts endet der interessante Teil des Boulevard.

Lebensader der Stadt

Hier liegt Las Olas Riverfront, ein eigentlich ganz schmucker Einkaufskomplex, dessen glorreiche Zeiten allerdings sehr kurz waren und schon wieder vergangen sind. Nur noch wenige Ladenbesitzer harren hier aus, darunter eine recht gute Pizzeria. Vom Dock hinter dem Komplex starten Sightseeingboote und auf den Wasserwegen des floridianischen Venedig sieht man Reichtum pur: Exorbitante Villen mit ihren tollen Außenanlagen und Prachtyachten lassen staunen.

Fort Lauderdale

Hotels
1. Sea Spray Inn
2. Blue Seas Courtyard
3. The Westin
4. The Pillars Hotel
5. Riverside Hotel
6. Marriott's Harbor Beach Resort
7. Hyatt Regency Pier 66

Restaurants
1. Cap's Place
2. The Ambry
3. Chima Brazilian Steakhouse
4. Rocco's Tacos & Tequila Bar
5. Le Café de Paris
6. Chef's Palette
7. Old Heidelberg
8. Hard Rock Cafe

Las Olas Riverfront ist nicht zu verwechseln mit dem Las Olas Riverwalk, der schmucken Promenade, die sich vom **Broward Center for Performing Arts** bis zum **Historic Stranahan House** am Ufer des New River entlangschlängelt. Ein schöner Spaziergang, der einiges Sehenswertes bietet.

Informationen: *www.lasolasboulevard.com und www.goriverwalk.com*

Sehenswürdigkeiten in der Innenstadt

NSU Museum of Art

Eines der eindrucksvollsten Kunstmuseen Floridas wartet mit Werken von Salvador Dalí, Andy Warhol, Henri Matisse und Pablo Picasso auf. Ebenso entwickelt sich die Sammlung kubanischer, afrikanischer und südamerikanischer Kunst immer mehr zu einem Juwel. Zudem gibt es interessante Wechselausstellungen zu sehen.
Museum of Art, *1 E. Las Olas Blvd., ① (954) 525 5500, www.nsuartmuseum.org. Di–Sa 11–17 Uhr, Do –20, So 12–17 Uhr, Erw. $ 12, Kinder (13–17 J.) $ 5.*

Museum of Discovery & Science/Blockbuster IMAX-Theater

Dieses Museum ist eines der populären Lernmuseen für Kinder und Jugendliche. Grundthemen sind die regionale Pflanzen- und Tierwelt. Für Regentage empfehlenswert.
Museum of Discovery & Science, *401 S. W. 2nd St., ① (954) 467 6637, www.mods.org, Mo–Sa 10–17, So 12–18 Uhr, am Wochenende ist das IMAX-Theater länger geöffnet, Erw. $ 19, Kinder (2–12 J.) $ 15 für Museum und IMAX, auch Einzeltickets möglich.*

Stranahan House

Das älteste Gebäude des gesamten Countys (1901) diente dem aus Ohio zugezogenen Frank Stranahan als Wohnhaus und als Handelsposten mit den Seminolen, bis er sich infolge der Wirtschaftskrise 1929 in den benachbarten New River stürzte. Heute ist in dem schönen, säulenbestandenem Holzhaus ein kleines Museum untergebracht.
Historic Stranahan House, *335 S. E. 6th Ave., ① (954) 524 4736, www.stranahanhouse.org. Besuch nur im Rahmen einer geführten Tour, tgl. 13, 14 u. 15 Uhr, $ 12. Spaßig ist auch die River Ghost Tour (So. 19.30 Uhr, $ 25, Reservierung erforderlich), die das Museum gemeinsam mit dem Water Taxi anbietet.*

Die Kanäle von Fort Lauderdale

Sehenswürdigkeiten außerhalb von Fort Lauderdale

Butterfly World

Der nach eigener Aussage größte Schmetterlingspark der Welt beherbergt 5.000 Schmetterlinge 80 verschiedener Arten. Auf dem schön angelegten Rundweg durch verschiedene Gärten kann man zudem Vögel beobachten. 1988 wurde Butterfly World von dem pensionierten Elektroingenieur Ronald Boender gegründet, der damit sein Hobby der Schmetterlingszucht auf eine neue Ebene hob. Er leitet den Park bis heute.

Butterfly World, *3600 W. Sample Rd., Tradewinds Park, Coconut Creek, 10 Meilen nördlich von Fort Lauderdale. Man fährt den I 95 bis zur Sample Rd., dann westwärts Richtung Tradewinds Park; ① (954) 977 4400, www.butterflyworld.com. Mo–Sa 9–17, So 11–17 Uhr, Erw. $ 27, Kinder (3–11 J.) $ 22.*

Ah-Tha-Thi-Ki Museum

Ah-Tha-Thi-Ki heißt „Ort zum Lernen". Das 1997 im Indianer-Reservat Big Cypress eröffnete Museum widmet sich der Geschichte und der Kultur der Seminolen. Neben Kunsthandwerklichem sind u. a. eine traditionelle Begräbnisstätte, ein Jagdcamp und ein Zeremonienplatz zu sehen. Ein Naturlehrpfad und Touren (mit Geländewagen und/oder mit dem Airboat) in die Swamps werden ebenfalls angeboten.

Indianer-Museum

Ah-Tha-Thi-Ki Museum, *Big Cypress Seminole Indian Reservation, 34725 West Boundary Rd., HC-61, Box 21-A, Clewiston, ① (863) 902 1113, www.ahtahthiki.com. Anfahrt: I-75 nach Westen bis zum Exit 49 und dann auf dem BIA 1281 (Snake Rd.) 17 Meilen nach Norden. Gesamtstrecke von Ft. Lauderdale: 64 Meilen, tgl. 9–17 Uhr, $ 10, Kinder (bis 4 J.) Eintritt frei.*

Reisepraktische Informationen Fort Lauderdale

ℹ Informationen

Greater Fort Lauderdale Convention & Visitors Bureau, *100 E. Broward Blvd., Suite 200, ① (954) 765 4466, www.sunny.org.*

👁 Besichtigung

Einen guten Eindruck von den Villen und den Kanälen von Fort Lauderdale erhält man bei einer Tour mit der auf Südstaaten-Steamer getrimmten „Jungle Queen", (tgl. um 10.30 und 13, Mo/Di auch 17 Uhr vom Bahia Mar Yacht Basin). Die Tour dauert etwa drei Stunden und kostet für Erwachsene ca. $ 25, Kinder $ 15. Ebenso gibt es eine „Barbecue & Shrimp Dinner Cruise" täglich um 17.30 Uhr (mit Variety Show, Kosten: Erwachsene ca. $ 45, Kinder $ 22). Das Essen wird als All-you-can-eat-Buffet angeboten. Bahia Mar Yachting Center, 801 Seabreeze Blvd., ① (954) 462 5596, www.junglequeen.com.

👉 Tipp: Water Taxi (Wasser-Taxi)

Die Kanäle und damit das „echte" Fort Lauderdale kann man mit dem Wasser-Taxi erkunden. Es gibt 19 Anlegestellen, die Boote verkehren von 9.30 Uhr bis nahezu Mitternacht. Mit dem All-Day-Pass kann man nach Belieben zu- und aussteigen. Tagesticket Erw. $ 26, Kinder (5–11 J.) $ 12, ① (954) 467 6677, www.watertaxi.com.

🛏 Übernachtung

Die Broschüre „Superior Small Lodging", die man im Touristenbüro erhält, bietet eine Auswahl von Hotels und Apartments in der mittleren Preisklasse. Alle Infos auch un-

ter www.superiorsmalllodging.com. Entlang des Atlantik-Boulevards liegen viele gängige Hotels/Motels. Abgesehen von den Hostels in Fort Lauderdale liegen die preiswerteren Übernachtungen in Pompano Beach oder Hollywood.

Blue Seas Courtyard $$$ (2), 4525 El Mar Dr., Lauderdale-by-the-Sea, ☎ (954) 772 3336, www.blueseascourtyard.com. In mexikanischem Stil errichtetes Boutique Hotel mit tropischem Garten und Pool – der ideale Ort zum Entspannen.

Sea Spray Inn $$$ (1), 4245 El Mar Dr., Lauderdale-by-the-Sea, ☎ (954) 776 1311, www.seasprayinn.com. Saubere, im Florida-Stil eingerichtete Zimmer, alle mit Küche und Internetanschluss, die meisten mit Balkon mit Blick auf den Atlantik. Gutes Preis-Leistungsverhältnis.

Riverside Hotel $$$–$$$$ (5), 620 E. Las Olas Blvd., ☎ (954) 467 0671, www.riversidehotel.com. Am historischen Las Olas Blvd. im Zentrum liegt das alte, sehr schön restaurierte und renovierte Hotel und vermittelt das Gefühl einer vergangenen Zeit. 220 Zimmer, Swimmingpool.

The Westin Beach Resort $$$$ (3), 321 N. Ft. Lauderdale Beach Blvd., ☎ (954) 467 1111, www.westinftlauderdalebeach.com. Gute Lage am Strand, 500 große Zimmer, schneller Internetzugang, nett gestaltete Swimmingpool-Anlage.

The Pillars Hotel at New River Sound $$$$ (4), 111 N. Birch Rd., ☎ (954) 467 9639, www.pillarshotel.com. Kleines, kolonial anmutendes Hotel mit 19 schicken Zimmern und vier Suiten in unmittelbarer Nähe zum Strand. Die meisten Zimmer haben einen Blick auf den Intracoastal Waterway. Sehr schön und entsprechend oft ausgebucht.

Hyatt Regency Pier 66 $$$$–$$$$$ (7), 2301 S. E. 17th St., ☎ (954) 525 6666, www.pier66.hyatt.com. 384 Zimmer, darunter 8 Suiten, Pier Top Lounge mit tollem Panoramablick auf den Intracoastal Waterway und das Meer vom 17. Stockwerk (dreht sich alle 66 Minuten), Yachthafen, 3 Swimmingpools, 6 Restaurants.

Marriott's Harbor Beach Resort $$$$$ (6), 3030 Holiday Dr., ☎ (954) 525 4000, www.marriottharborbeach.com. 602 Zimmer, 14 Stockwerke. Die Zimmer sind groß und in tropisch anmutenden Farben gestaltet. Die direkte Lage am Strand sowie das Spa sind die Besonderheiten des Hotels.

🛏 Jugendherbergen

Bridge II Hostel, 506 S.E. 16th St., ☎ (954) 522 6350, www.bridge-hostel-fort-lauderdale.com. Youthhostel in Fort Lauderdale mit Gemeinschaftsschlafräumen (ab $ 30), Doppelzimmern ($ 60) und Apartments mit voll eingerichteter Küche; Pool, Grillmöglichkeit, schneller Internetzugang, sehr sauber.

⚠ Camping

Kozy Kampers RV Park, 3631 W. Commercial Blvd., ☎ (954) 731 8570, www.kozykampers.com. Ruhige, schattige Anlage, nahes Restaurant, zentrale Lage zu Fort Lauderdale.

Yacht Haven Park and Marina, 2323 State Rd. 84, ☎ (954) 583 2322, www.yachthavenpark.com. Lage am New River, beheizter Pool und Spa.

Paradise Island RV Resort, 2121 N. W. 29th Court, ☎ (954) 485 1150, www.paradiserv.com. Gute Lage zu allen Besichtigungspunkten im Osten und Westen, großer beheizter Pool mit Sonnenschirmen und Tischen, gepflegt.

🍴 Restaurants

Old Heidelberg (7), 900 State Rd. 84, (954) 463 6747, www.heidelbergfl. com. Restaurant in bayerischem Dekor mit guter deutscher Küche und deutschen Bieren und Weinen, gegründet von einem deutschen Metzgermeister. Wer deftige Küche schätzt, kann sich hier an Würsten und Braten laben. 2008 hat Stephan Liebe das Lokal übernommen. Die ehemaligen Besitzer, die Eheleute Dörrenberg, betreiben nebenan einen Delikatessenladen (Old Heidelberg Deli) mit allem, was dem Deutschen gegen Heimweh hilft, von selbst gemachter Wurst über deutsche Schokolade bis zum Mehrkornbrot.

Chef's Palette (6), 1650 S. E. 17th St., ☎ (954) 760 7957. In diesem Restaurant tischen Studenten der School of Culinary Arts ihre Kreationen auf. Durch große Glasfenster kann man den Köchen auf die Finger sehen. Sehr gutes Essen zu zivilen Preisen. Nur Do/ Fr zum Lunch (12.30–14.30) und zum Dinner (18–20 Uhr) geöffnet.

Le Café de Paris (5), 715 Las Olas Blvd., ☎ (954) 467 2900. Sehr gute, französisch ausgerichtete Küche mit zivilen Preisen nahe dem Riverside Hotel. Erfreut sich auch bei Einheimischen großer Beliebtheit.

Chima Brazilian Steakhouse (3), 2400 E. Las Olas Blvd., ☎ (954) 712 0580, www.chima.cc. Für Fleischliebhaber ein Traum: brasilianisches Rodizio; gegrilltes Fleisch verschiedener Art wird von großen Spießen am Tisch serviert. Dazu gibt es eine umfangreiche Salatbar.

Cap's Place (1), 2765 N. E. 28th St., Lighthouse Point, ☎ (954) 941 0418, www.caps place.com. Das Restaurant liegt auf einer Insel und ist ab Cap's Dock (N. E. 18th Court) per Boot erreichbar. Gute Fischgerichte, originell.

Rocco's Tacos & Tequila Bar (4), 1313 E. Las Olas Blvd., ☎ (954) 524 9550, www. roccostacos.com. Hier wähnt man sich fast schon „South of the Border": Bei Rocco's kommen im passenden Ambiente exzellente mexikanische Gerichte auf den Tisch, zudem birgt die beispielhaft bestückte Bar über 200 verschiedene Tequilas.

The Ambry (2), 3016 E. Commercial Blvd., ☎ (954) 771 7342, www.ambryrestaurant.com. 1981 gründeten die Wirtsleute Huber das Restaurant The Ambry gemeinsam mit ihrem Freund Gerd Müller. Nachdem „Der Bomber der Nation" nach München zurückgekehrt war, legte sich auch der Ansturm deutscher Touristen. Dafür wurde das Lokal mit seiner deutschen Küche bei Einheimischen immer beliebter. Aus guten Gründen: Von Spätzle über Schnitzel bis hin zum Sauerbraten braucht der Magen nicht nur zu träumen. Dazu gibt es deutsches Bier vom Fass, serviert in stilechtem Ambiente.

Hard Rock Cafe (8), 1 Seminole Way, Hollywood (ca. 18 km südlich von Fort Lauderdale), ☎ (954) 315 9112, www.hardrock.com/cafes/hollywood-fl. Im Seminole Hard Rock Hotel & Casino untergebracht, sitzt man auch in dieser Filiale der weltberühmten Kette umgeben von Souvenirs der Rockgeschichte und lässt sich dabei Steak, Pizza, Burger oder einen der großen Salatteller schmecken. Dies kann der Musik-Fan auch gut mit dem Besuch eines der Rock- und Popkonzerte verbinden, die regelmäßig im Hotel stattfinden.

🎁 Einkaufen

Sawgrass Mills Factory Outlet Mall, 12801 W. Sunrise Blvd., Lage: 10 Meilen westlich der Stadt zwischen dem Interstate 95 und dem Sawgrass Express Way, geöffnet Mo–Sa 10–21.30, So 11–20 Uhr, www.simon.com/mall/sawgrass-mills. Die riesige, in Form eines Alligators angelegte Mall bietet 350 sogenannte Factory Stores, in denen Markenhersteller wie Adidas oder Calvin Klein ihre Produkte direkt an den Kunden verkaufen.

„The Colonnade Outlets at Sawgrass", *gleiche Öffnungszeiten wie oben, Adresse: 1800 Sawgrass Mills Circle. Hier gibt es besonders exklusive Outlets, so z. B. von Burberry, Escada und Boss.*

Bootsverleih

Um die Kanäle von Fort Lauderdale zu erkunden, lohnt es sich, ein Boot zu mieten, um auf eigene Faust eine Bootstour zu unternehmen.
Fort Lauderdale Boat Rentals, *Bahia Mar Yachting Center, 801 Seabreeze Blvd., ① (954) 779 3866, www.fortlauderdaleboatrentals.com.*

☞ Tipp

Wer sich für Boote interessiert, sollte sich die **Fort Lauderdale Boat Show** nicht entgehen lassen, die jährlich im späten Oktober bzw. frühen November stattfindet und über tausend verschiedene Boote präsentiert: vom rustikalen Katamaran bis zur mondänen Luxusyacht. Infos: www.showmanagement.com.

Strände

Hollywood Beach, John Lloyd State Park (bei Surfern beliebt) sowie die Fort Lauderdale Beach Promenade (zwischen Sunrise Blvd. und S. W. 17th St.).
Entlang dem A1A gibt es einen breiten Sandstrand, der mit Rettungsschwimmern besetzt ist.

Tauchen und Schnorcheln

Vor der Küste lässt sich in einer Vielzahl künstlicher Riffe eine lebhafte Unterwasserwelt erforschen. Viele dieser Riffe haben sich auf Schiffswracks gebildet, so etwa auf der 1984 aufgelaufene und ein Jahr später versenkte Mercedes I, die sich auch beim Schnorcheln erkunden lässt.
Ocean Diving *4960 N. E. 2nd Ave., Pompano Beach, ① (954) 943 3337, www.oceandiving.com. Bietet Tauchgänge zu diesem und vielen weiteren Wracks an.*

Öffentliche Verkehrsmittel

Sun Trolley, *① (954) 761 3543, www.suntrolley.com. Die Trolley-Busse kann man durch Winken anhalten, es gibt keine Haltestellen, die Fahrt ist kostenlos. Die Route führt zu den Haupt-Sehenswürdigkeiten wie Fort Lauderdale Beach, Museum of Art, etc. Genaue Route auf der Website.*

Busse

Greyhound, *515 N. E. 3rd St. am Federal Highway, ① (954) 764 6551, www.greyhound.com. Die Busfahrt nach Miami dauert 45 Minuten, tägl. ca. 10 Verbindungen, ca. $ 12.*

Zug

Tri-Rail, *① (1-800) 273 7545, www.tri-rail.com. Verbindet Fort Lauderdale mit Miami im Süden und West Palm Beach im Norden, Hin- und Rückfahrt Miami ca. $ 8. Mit dem **Tri-Rail Shuttle Bus** kommt man kostenlos zu den Stationen.*

10. ANHANG

Kleiner kulinarischer Sprachführer

Teigwaren
biscuit: weiche Brötchen
bread: Brot
cookies: Kekse
cornbread: Maisbrot
Danish pastry: Blätterteigstückchen
muffins: kleine Teekuchen
hush puppies: Pfannkuchen aus Maismehl
pancake: Pfannkuchen
rolls: Brötchen (weich, nicht so knusprig)
rye bread: Roggenbrot
sandwich: belegtes Brot
shortcake: Mürbeteigküchlein mit Früchten und manchmal Sahne
waffles: Waffeln (wird oft mit einem Aufstrich aus salziger Butter und Ahornsirup gegessen)
white bread: Weißbrot
crispies: knusprige Getreideflocken
cornflakes: unterschiedliche Getreideflocken

Belag
Bologna sausage: Mettwurst
butter: meist salzige Butter
cottage cheese: Hüttenkäse
jam: Marmelade
jelly: Gelee
maple syrup: Ahornsirup
peanut butter: Erdnussbutter, sehr beliebt bei Kindern

Eierzubereitungen
bacon and eggs: Eier mit Schinkenspeck
boiled eggs: gekochte Eier
ham and eggs: Eier mit Schinken
scrambled eggs: Rührei
sunny side up: Spiegeleier, dabei gibt es folgende Varianten: „over" bedeutet auf beiden Seiten fest gebraten „over easy" bedeutet auf beiden Seiten leicht knusprig gebraten

Vorspeisen (appetizers)
soup: Suppe, verschiedene Arten
crab bisque: Krabbencremesuppe
shrimp cocktail: Shrimpscocktail, meist mit Tomatensauce
cole slaw: roher, geschnitzelter Kohl, in Sauce angemacht

Fleisch-Hauptgerichte
beef: Rind
pork: Schwein
lamb: Lamm
turkey: Truthahn
chicken: Hähnchen
veal: Kalb
prime rib of beef: Rinder-Rippenstück
steak: Steak
Steak ist *das* typisch amerikanische Hauptgericht. Die Bezeichnungen der einzelnen Steakstücke sind auch auf den Karten besserer Restaurants nicht immer präzise. So werden englische, französische und amerikanische Schnitte angeboten. Grob eingeteilt kann man Folgendes erwarten:
- Das deutsche Filet gibt es auch im Amerikanischen (als Filet, Chateaubriand, Tournedo, Mignon und Teil des Porterhouse- und kleineren T-Bone-Steaks).
- Die Stücke aus unserem Roastbeef-Bereich (Lende) entsprechen je nach Schnitt dem Sirloin, Rumpsteak oder Entrecote.

- Außerdem gibt es noch das Clubsteak (Mittelrücken) und das Roundsteak (aus der Keule).

Steaks werden auf unterschiedliche Weise zubereitet, die Bedienung wird den Gast stets danach fragen:

well done: ganz durchgebraten, also innen auf keinen Fall mehr rot

medium: halb durchgebraten, innen rot-rosa, außen etwas angekrustet

rare: innen ganz roh, nur außen gebraten

Fisch-Hauptgerichte

seafood: Fischgerichte
fish chowder: Fischgemüsesuppe
clam chowder: Muschelgemüsesuppe
clams: Herz-Muscheln
crab: Imperial-Krabbe
king crabs: große Alaska-Krebse
lobster: Hummer
oysters: Austern (meistens werden sie roh gegessen, oft auch gebraten angeboten)
shrimps: Krabben bzw. Garnelen
scallops: Jakobsmuscheln

Beilagen

vegetables: Gemüse
French fries: Pommes frites
chips: gebratene Kartoffelscheiben
baked potatoes: in Folie gegarte Kartoffeln
salads: Salate: meist sehr frisch, oft gibt es eine salad bar (Salatbar) zur Selbstbedienung. Zu den Salaten werden amerikaweit die gleichen Saucen gereicht (nur Spitzenrestaurants scheren hier aus der Reihe):
French dressing: Sauce mit Mayonnaise
thousand islands: Sauce mit Paprikastückchen
blue cheese: Käsesauce
vinaigrette: Essig und Öl
chicken salad: Hühnersalat
turkey salad: Putensalat
tuna salad: Thunfischsalat

Nachtisch (dessert)

ice cream: Eis, in Amerika besonders sahnig und sehr gut
hot fudge sundae: Eis mit dicker Schokoladensauce
pie: Torte. Es gibt die unterschiedlichsten pies. Besonders beliebt sind apple pie (Apfeltorte) und die Florida-typische key lime pie (Zitronencremetorte).

Kubanische Spezialitäten

tostones: gebratene Kochbananenstreifen
malanquitas: knusprige Kartoffelscheiben
sopón marinero: Suppe mit Schalentieren, Reis, Erbsen, scharfen Pfefferschoten
sopa de frijoles negros: schwarze Bohnensuppe mit viel Knoblauch, Oliven, Schweinefleisch
arroz con pollo: Huhn und Safranreis
piccadillo: scharf gewürztes Hackfleisch mit Pfefferschoten, Knoblauch, Tomaten, Zwiebeln, manchmal auch Oliven
palomilla: kubanisches Steak
tocino del cielo: Nachtisch aus Zucker und Eigelb
tres leches: leichter Biskuitkuchen, der mit Milch durchtränkt wird.

Literaturverzeichnis

 Hinweis
Bei vielen touristischen Vertretungen, z. B. zu Miami und Orlando, kann man sich Informationsmaterial nach Hause schicken lassen. Adressen bei den jeweiligen Regionen.

Geschichte und Kultur

Böhm, Andrea, Die Amerikaner. Reise durch ein unbekanntes Imperium (Herder Verlag 2004). Das Buch ist inzwischen vergriffen, aber antiquarisch leicht zu bekommen und die enthaltenen Reportagen sind immer noch eine lohnende Lektüre.

Bryson, Bill, Streiflichter aus Amerika. Die USA für Anfänger und Fortgeschrittene (Goldmann Verlag 2009). Amüsante Darstellung des Lebens in den USA und der Gedankenwelt der Amerikaner.

Düßmann, Jörn, Vier Jahre Florida (BoD 2008). Kurzweiliges Buch über einen Auswanderer, der ein Motel in Daytona aufmacht und über Alltagsepisoden berichtet.

Emmerich, Alexander, Geschichte der USA (Theiss, 2. Auflage 2013). Konzise und aktuelle Einführung in die Geschichte der Vereinigten Staaten.

Gassert, Phillip / Häberlein, Mark / Wala, Michael, Kleine Geschichte der USA (Reclam, 2008). Ein übergreifender Abriss der historischen Entwicklung in den USA.

Heutmann, Ludger / Kirchholtes, Angelika, Überwintern in Florida: Wie wir den amerikanischen Alltag erleben (Wagner Verlag 2014). Unterhaltsamer Erfahrungsbericht über das tägliche Leben in Florida.

Hudson, Charles, The Southeastern Indians (6. Aufl. 1992). Das beste Handbuch über die Indianer des Südostens.

Kuralt, Charles / Glusker, Irwin, Southerners: Portrait of a People (1986). Interessante Studie über das Gemüt der Südstaatler.

Mak, Geert, Amerika! – Auf der Suche nach dem Land der unbegrenzten Möglichkeiten (Pantheon 2014). Lesenswerte Auseinandersetzung mit dem amerikanischen Traum und der US-amerikanischen Lebenswirklichkeit.

National Park Foundation, The Official Guide to America's National Parks (14. Aufl. 2012). Kurze und bündige Übersicht über alle wichtigen Adressen für Nationalparks und National Monuments. Gegliedert nach Staaten.

Raeithel, Gert, Geschichte der nordamerikanischen Kultur, 3 Bände (Zweitausendeins, Frankfurt/M 1997). Umfassender Überblick über die Geschichte und die gesellschaftliche Entwicklung der USA.

Reep, Roger L. / Bonde, Robert K., The Florida Manatee: Biology and Conservation (2006). Interessantes über die Seekühe.

Shoemaker, Lisa, Amerikanisch kochen (Die Werkstatt 2009). Kulinarische Einstimmung.

Tocqueville, Alexis de, Über die Demokratie in Amerika (u. a. Reclam UB 8077). Einführung in die amerikanische Politik und Gesellschaft aus der Feder eines französischen Gesandten im 19. Jh. – immer noch aktuell.

Watzlawick, Paul, Gebrauchsanweisung für Amerika: Der Klassiker (Piper, 5. Auflage 2014). Ein „respektloses" Brevier über den amerikanischen Alltag, wenngleich z. T. etwas in die Jahre gekommen.

Wichmann, Dominik, Jenseits von Utopia. Amerikanische Träume (Picus Verlag 2000). Eine reisejournalistische Annäherung an das Land und den Mythos USA.

Wilson, Charles Reagan / Ferris, W. (Hrsg.), Encyclopedia of Southern Culture (Chapel Hill/London, 1989). Das einzige umfassende Nachschlagewerk über den Süden der USA, steht in vielen Uni-Bibliotheken.

Zacharasiewicz, Waldemar, Die Erzählkunst des amerikanischen Südens (Darmstadt 1990). Guter allgemeiner Überblick über die Literatur der Südstaaten.

Englischsprachige Reiseführer

Birnbaum's Walt Disney World: The Official Guide (Disney Editions). Jährlich neu erscheinendes, sehr kommerziell und Disney-freundlich aufgemachtes Kompendium. Beschreibt aber alles in und um Walt Disney World.

Fodor's Florida, Fodor's Travel Publication. Nach geografischen Regionen gegliederte Übersicht. Gute Tipps. Jährlich neu.

Frommer's, Bände „Disney World and Orlando" und „Florida": Macmillian Travel Publications. Die Bücher sind etwas unübersichtlich gestaltet, bieten aber gute Adressen und Tipps.

Molloy, Johnny, A Paddler's Guide to Everglades National Park (University Press of Florida, 3. Auflage 2015). Alles, was man für eine erfolgreiche Tour durch die Everglades wissen muss.

Sapp, Rick, Camping Florida: A Comprehensive Guide to Hundreds of Campgrounds: Sehr guter Campingführer (Falcon Press 2009).

Belletristik

Hiaasen, Carl, Große Tiere (Goldmann Verlag 2009). Wie in vielen seiner Bücher mixt der Erfolgsautor auch in diesem Roman rund um einen – fiktiven – Vergnügungspark floridianisches Lokalkolorit mit ökologischem Engagement und vor allem mit skurrilen Figuren. Die Sunshine-State-Variante des (Comedy-)Regionalkrimis.

Stichwortverzeichnis

Abbildungsverzeichnis
Bilder von Michael Iwanowski, außer:
Andreas Iwanowski: S. 16, 29, 31, 40, 44, 45, 48, 49, 53, 71, 81, 96, 107, 120, 122, 125, 127, 128, 130, 131, 140, 144, 147, 158, 163, 164, 168, 171, 173, 175, 176, 179, 181, 182, 187, 188, 190, 193, 195, 197, 200, 219, 220, 222, 233, 235, 237, 248, 264, 286, 288, 350, 430, 432, 433, 434, 438, 440, 442, 443, 448, 473, 474, 475, 476, 477, 478, 479, 496, 497, 498, 502, 504, 505, 506, 507, 510, 514, 516, 519, 521, 530, 532, 546
Apalachicola Chamber of Commerce: S. 531, 533, 534
Jörg Bajewski: S. 365
Jules Vernes Undersea Lodge: S. 209
Lori Hutchek/istockphoto: S. 142
Marco Island and Everglades CVB: S. 75 (Mitte), 97, 191, 251
Museum of Art & Sciences (MOAS): S. 450
National Park Service: S. 69, 203 (John Brooks), 205, 247
Orlando/Orange County Convention & Visitors Bureau, Inc. ®: S. 347, 348, 357, 360, 412, 426
Panama City CVB: S. 480, 527, 528
Sarasota CVB: S. 295, 297, 307
Sea World/Aquatica ©: S. 417, 419, 421
Sea World Parks & Entertainment: S. 415
St. Petersburg CVB: S. 28, 307, 310, 311, 316
Tampa Bay & Company: S. 324
The Breakers: S. 26
Universal Orlando Resort ©: S. 409, 412
Visit Florida: S. 12, 103, 211, 214, 238, 244, 246, 276, 329, 483, 484, 544, 547
Volkmar Janicke: S. 36, 225, 339
Walt Disney World ©: S. 342, 369, 378, 379, 385, 390, 397, 399 (2x), 342
Wikimedia Commons/Averette (Lizenz CC-BY-3.0): S. 345
Buchrückseite und S. 594: alle Andreas Iwanowski, außer U4, Nr. 1: Michael Iwanowski

Holen Sie sich die Sonne Floridas ins Haus!

Florida individuell

Florida ist neben Kalifornien eines der beliebtesten Reiseziele in den USA, das ganzjährig zahlreiche Besucher anlockt. Die Kombination aus Traumstränden, trendigen Großstädten und Freizeit- oder Nationalparks sind für Viele ein Muss. Innerhalb von nur drei Jahren erscheint bereits die dritte Auflage des kompakten Reiseführers „101 Florida":

Der Florida-Experte Michael Iwanowski schafft es, nicht nur die Hauptattraktionen des Sunshine States kenntnisreich vorzustellen, sondern auch zahlreiche kaum bekannte Attraktionen aufzuspüren, wie zum Beispiel eine Fahrt mit dem Hausboot auf dem gemächlich fließenden St. Johns River, in Chokoloskee auf den Spuren der Pionierzeit wandeln, im Grayton Beach Park kristallweiße Strände entdecken, kubanisches Flair in Ybor City spüren und bei einer Kanutour auf dem Suwannee River Natur pur erleben.

„Ihr Reiseführer hat uns für unseren Florida-Aufenthalt sehr gute Dienste geleistet und uns interessante Orte und Erlebnisse beschert. Vielen Dank dafür." **Ein Leser**

Das komplette Verlagsprogramm unter:
www.iwanowski.de

Bahamas individuell

Von den rund 700 Inseln der Bahamas sind nur 30 bewohnt: Die traumhaften Strände waren mehrfach die Kulisse von James-Bond-Filmen und die wunderschöne Unterwasserwelt lockt Taucher aus aller Welt an. Wer den Luxus toller Resorts und die Abgeschiedenheit einsamer Strände gleichermaßen liebt, kann auf den Bahamas beides kombinieren. Die Inselgruppe erfreut sich wachsender Beliebtheit als Hochzeitsreiseziel oder als Verlängerung einer Florida-Reise. Am schönsten sind die Bahamas von Dezember bis April.

Der erfahrene Reisejournalist Stefan Blank schildert die Besonderheiten der wichtigsten Inseln und verrät viele Tipps für einen individuellen Urlaub. Die vielen Farbfotos laden zum Träumen ein. Detaillierte Karten, die gratis per QR-Code auf das Smartphone oder Tablet-PC geladen werden können, erleichtern die Orientierung.

Das komplette Verlagsprogramm unter:
www.iwanowski.de

Karibik individuell

Die Karibik ist eine der beliebtesten Ziele für Kreuzfahrtschiffe. Die faszinierende Insel-welt der Kleinen Antillen mit ihren Traumstränden und der bunten Vielfalt verschiedener Völker und Lebensweisen zieht zunehmend auch „Inselhopper" an. Die 10., aktualisierte Auflage des bewährten Reisehandbuchs wendet sich an Individualisten, die abseits der bekannten Touristenpfade Wert auf das Besondere legen: Mehr als 100 Restaurant- und Ausgehtipps führen zu landestypischen Adressen. Unter den 200 Übernachtungstipps fin-den Selbstversorger neben klassischen Hoteladressen auch Bed & Breakfast-Unterkünfte sowie einfache Appartements. Erstmals können alle 25 Detailkarten kostenfrei auf das Smartphone oder Tablet-PC geladen werden.

„Ich habe nun schon mehrere Reiseführer von Ihrem Verlag und ich muss sagen, es sind die Besten!!! Als Individual-Reiser wirklich sehr hilfreich!"   **Eine Leserin**

Das komplette Verlagsprogramm unter:
www.iwanowski.de

Amerika individuell

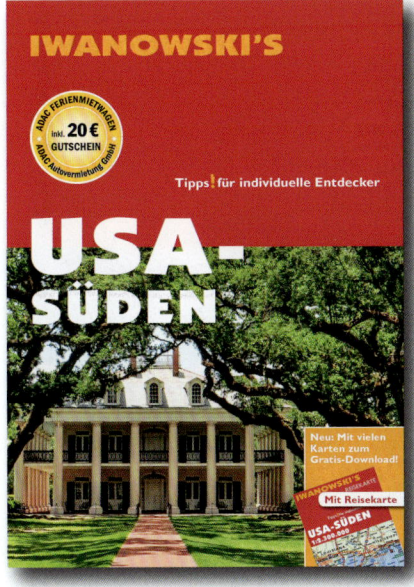

Der USA-Kenner Dirk Kruse-Etzbach präsentiert auf 612 Seiten des bewährten Individual-Reiseführers zahlreiche Informationen für eine gelungene Selbstfahrer-tour durch die Staaten Arkansas, Louisiana, Mississippi, Alabama, Tennessee, South Carolina, Georgia mit Abstechern nach North Carolina und Florida.

Die Rundreisevorschläge orientieren sich an verschiedenen Zeitbudgets von zwei- bis vier Wochen. Erstmals können die 45 Detailkarten mit den eingezeichne-ten Sehenswürdigkeiten als PDF auf das Smartphone, den Tablet-PC oder den PC heruntergeladen bzw. ausgedruckt werden.

„...ich möchte Ihnen sagen, wie toll ich Ihr Buch finde, es ist wirklich hervorragend ich liebe es und bin schon fleißig am weiterempfehlen... Sie haben echt ein super tolles Buch hier zusammengestellt und es war die beste Entscheidung, dies zu kaufen."

Eine Leserin

Das komplette Verlagsprogramm unter:
www.iwanowski.de

Amerika individuell

Die Ostküste von Maine bis Florida zählt zu den beliebtesten Urlaubsregionen der USA: Vor allem New York ist das Lieblingsziel der Deutschen mit rund 608.000 Gästen 2013 – das sind mehr als in Los Angeles und Miami zusammen! Rund 70 Seiten des 608 Seiten starken Standardwerks „USA-Ostküste" befassen sich daher mit dem „Big Apple". Detaillierte Tourenvorschläge mit vielen praktischen Infos führen durch die Staaten Connecticut, Delaware, Washington D.C., Florida, Georgia, Maine, Maryland, Massachusetts, New Hampshire, New Jersey, New York, North & South Carolina, Pennsylvania, Rhode Island, Tennessee, Virginia und Vermont. Praktisch für den City-Trip: Erstmals können die 38 Stadtpläne und Detailkarten als PDF-Datei per QR-Code auf das Handy oder den Tablet-PC geladen werden, sodass der gewichtige Reiseführer auch einmal im Hotel bleiben kann.

„Ob Neuseeland, Kanada, USA, etc., die Iwanowski-Reiseführer haben uns immer begleitet und viele nützliche und interessante Tipps gegeben." **Eine Leserin**

Das komplette Verlagsprogramm unter:
www.iwanowski.de

IWANOWSKI'S

FLORIDA – **Autorentipps**

Michael Iwanowski bereist die USA seit mehr als 30 Jahren. Er kennt das gesamte Gebiet wie seine Westentasche, denn seit nun mehr als 20 Jahren hat er im nordwestlichen Teil Floridas eine neue Wahlheimat gefunden. Auf seinen ständigen Reisen per Auto, Fahrrad oder Boot lernt er immer neue verborgene „Schätze" kennen, die in diesem Buch zu finden sind.

Der Autor und Verleger Michael Iwanowski gibt Ihnen hier nützliche Tipps und individuelle Empfehlungen:

1. TIPP

Auf der Suche nach wenig besuchten Stränden? **Gasparilla Island** und **Anna Maria Island** sind traumhaft schön und vom internationalen Tourismus noch unentdeckt! **S. 287** und **301**

2. TIPP

Auf jeden Fall sollte man eine Bootstour einplanen, sei es ein Tagesbesuch von Key West mit einem **Katamaranboot** oder ein paar entspannte Tage mit dem Hausboot auf dem St. Johns River, **S. 274** und **361**

3. TIPP

Ein Bad in einem der kristallklaren Flüsse Floridas ist herrlich erfrischend. Z.B. in **Wakulla Springs** oder am **Rainbow River**, **S. 506** und **552**

TOP-TIPP

Das **Gibson Inn** in Apalachicola versetzt den Besucher mitten in den „tiefen Süden": In einem malerischen Haus mit wunderschöner Veranda und einem gepflegten alten Dining Room kann man die ruhige Atmosphäre des historischen Ortes so richtig genießen, **Seite 532**